U0531966

浙江师范大学研究生教材建设基金资助
浙江师范大学中国语言文学一流学科建设成果
浙江师范大学丝路文化与国际汉学研究院研究成果

国家社会科学基金重大招标项目"13-14世纪丝路纪行文献整理与研究"成果
浙江师范大学研究生新形态教材

# 中外交流与 13-14世纪丝路纪行 文学研究

邱江宁 唐云芝 等 编著

Sino-Foreign Exchanges and
Literary Researches
on the 13th-14th Century Silk Road

中国社会科学出版社

# 图书在版编目(CIP)数据

中外交流与 13-14 世纪丝路纪行文学研究/邱江宁,唐云芝等编著.—北京:中国社会科学出版社,2022.12
ISBN 978-7-5227-0823-2

Ⅰ.①中… Ⅱ.①邱…②唐… Ⅲ.①中外关系—文化交流—文化史—13-14 世纪②中国文学—古典文学研究—13-14 世纪 Ⅳ.①K240.3②I206.4

中国版本图书馆 CIP 数据核字(2022)第 219816 号

---

| 出 版 人 | 赵剑英 |
| --- | --- |
| 责任编辑 | 郭晓鸿 |
| 特约编辑 | 杜若佳 |
| 责任校对 | 师敏革 |
| 责任印制 | 戴 宽 |

---

| 出　　版 | 中国社会科学出版社 |
| --- | --- |
| 社　　址 | 北京鼓楼西大街甲 158 号 |
| 邮　　编 | 100720 |
| 网　　址 | http://www.csspw.cn |
| 发 行 部 | 010-84083685 |
| 门 市 部 | 010-84029450 |
| 经　　销 | 新华书店及其他书店 |

---

| 印　　刷 | 北京君升印刷有限公司 |
| --- | --- |
| 装　　订 | 廊坊市广阳区广增装订厂 |
| 版　　次 | 2022 年 12 月第 1 版 |
| 印　　次 | 2022 年 12 月第 1 次印刷 |

---

| 开　　本 | 710×1000　1/16 |
| --- | --- |
| 印　　张 | 35.5 |
| 插　　页 | 2 |
| 字　　数 | 530 千字 |
| 定　　价 | 188.00 元 |

---

凡购买中国社会科学出版社图书,如有质量问题请与本社营销中心联系调换
电话:010-84083683
版权所有　侵权必究

# 目 录

前言 …………………………………………………………………（1）

绪论 …………………………………………………………………（1）

第一章 中外交流与13—14世纪丝路纪行文学创作的繁荣 ……（10）
  第一节 13—14世纪汉文纪行文献的整理与研究 …………（10）
  第二节 13—14世纪非汉语纪行文学文献的整理与研究 ……（15）

第二章 中外交流视角与13—14世纪丝路纪行创作的研究及
      深度解读·西游纪行系列 ………………………………（19）
  第一节 西游纪行系列之一：《长春真人西游记》的
        研究与细读 ……………………………………（20）
  第二节 西游纪行系列之二：《西游录》及西域诗
        研究与细读 ……………………………………（36）
  第三节 西游纪行系列之三：《黑鞑事略》研究与细读 ………（54）
  第四节 西游纪行系列之四：《西使记》研究与细读 …………（71）

第三章 中外交流视角与13—14世纪丝路纪行创作的研究及
      深度解读·西南丝路纪行系列 …………………………（86）
  第一节 西南纪行系列之一：李京《云南志略》及其云南诗
        研究与细读 ……………………………………（87）

第二节　西南纪行系列之二：黎崱《安南志略》及相关
　　　　安南纪行诗研究与细读 …………………………（113）

**第四章　中外交流视角与13—14世纪丝路纪行创作的研究及
　　　　深度解读·草原丝路纪行系列** ………………………（133）
第一节　元代上京纪行诗中的行旅诗细读 …………………（134）
第二节　上京纪行诗中的蒙古风俗诗细读 …………………（147）
第三节　上京纪行诗中的气候风物诗细读 …………………（160）

**第五章　中外交流视角与13—14世纪丝路纪行创作的研究及
　　　　深度解读·海上丝路纪行系列** ………………………（174）
第一节　海上丝路纪行系列之一：《真腊风土记》
　　　　研究及细读 …………………………………………（175）
第二节　海上丝路纪行系列之二：《岛夷志略》
　　　　研究及细读 …………………………………………（193）
第三节　海上丝路纪行系列之三：高丽—中国纪行诗
　　　　研究及细读 …………………………………………（209）
第四节　海上丝路纪行系列之四：日本—中国纪行诗
　　　　研究及细读 …………………………………………（225）

**第六章　中外交流视角与13—14世纪纪行作品的深度解读·
　　　　东游纪行系列** ……………………………………………（241）
第一节　东游纪行系列之一：《出使蒙古记》研究及细读 ……（242）
第二节　东游纪行系列之二：《鲁不鲁乞东游记》
　　　　研究及细读 …………………………………………（259）
第三节　东游纪行系列之三：《马可·波罗行纪》
　　　　研究及细读 …………………………………………（276）
第四节　东游纪行系列之四：《伊本·白图泰游记》
　　　　研究及细读 …………………………………………（295）

## 目录

**第七章 中外交流视角与13—14世纪纪行作品的深度解读·城市生活系列** ············ (313)
 第一节 13—14世纪的国际城市之一：和林 ············ (314)
 第二节 13—14世纪的国际城市之二：上都 ············ (339)
 第三节 13—14世纪的国际城市之三：大都 ············ (352)
 第四节 13—14世纪的国际城市之四：杭州 ············ (365)

**代结语篇 13—14世纪丝路拓通背景中的跨文化书写**
  ——以元人作品为中心 ············ (393)

**附录一 线上课程讲稿内容** ············ (410)
 西游纪行系列之一——《长春真人西游记》············ (410)
 深度解读《长春真人西游记》选段 ············ (412)
 西游纪行系列之二——耶律楚材及其西行经历 ············ (416)
 耶律楚材《西游录》及西域诗选读 ············ (419)
 西游纪行系列之三——《黑鞑事略》选读 ············ (423)
 深度解读《黑鞑事略》选段 ············ (425)
 西游纪行系列之四——《西使记》············ (428)
 深度解读《西使记》选段 ············ (430)
 西南纪行系列之一：云南纪行 ············ (433)
 深度解读：李京云南纪行诗《金沙江》············ (436)
 西南纪行系列之二：安南纪行 ············ (438)
 深度解读：傅若金安南纪行诗《陀览驿》············ (440)
 草原丝路纪行系列之一：上都纪行 ············ (444)
 上都路线纪行——周伯琦《扈从集前序》选读 ············ (446)
 上都风物：贡师泰《上都诈马大宴》诗选读 ············ (448)
 海上丝路纪行系列之一：东海纪行之一：高丽—中国纪行 ······ (451)
 东海纪行系列之一：高丽文人李穑的中国纪行诗《天寿节日
  臣穑从本国进表陪臣入观大明殿》讲读 ············ (454)

深度解读:海上丝路纪行系列之二:东海纪行系列之二:
　　日本纪行 ………………………………………………………(457)
东海纪行系列之二:日本纪行:王恽《泛海小录》选读 …………(460)
海上纪行系列之三:《真腊风土记》选读 …………………………(463)
海上纪行系列之四:《岛夷志略》 …………………………………(466)
深度解读《岛夷志略》选段 …………………………………………(469)
西方东游纪行系列之一:《出使蒙古记》 …………………………(471)
深度解读:柏朗嘉宾《出使蒙古记》选段 …………………………(473)
东游纪行系列之二:《鲁不鲁乞东游记》选读 ……………………(476)
东游纪行系列之三:《马可·波罗游记》 …………………………(479)
深度解读《马可·波罗游记》选段 …………………………………(482)
东游纪行系列之四:《伊本·白图泰游记》选读 …………………(485)

**附录二　13—14世纪丝路纪行作品目录提要** ……………………(489)

**参考文献** ……………………………………………………………(535)

# 前　言

　　13—14世纪是世界历史发生重大转折的关键时期。在这期间，由于蒙古人的崛起以及蒙古人对世界的征略活动，完全打破了欧亚大陆自公元7世纪以来被伊斯兰—阿拉伯帝国所阻隔的政治壁垒。而蒙古人在征战过程逐渐统一完善的驿站系统，也使得欧、亚大陆之间交往变得颇为畅通，这无形中缩短了东、西方的空间距离，以此，13—14世纪，蒙古人活跃的时期，是东、西方交流相当兴盛的时期，中国也借助畅通的海陆丝绸之路第一次实现了沙漠与海洋两大出口的全球性开放格局。

　　就蒙古人的征略活动而言，从13世纪初，成吉思汗统一蒙古高原，建立蒙古国开始，到1260年蒙古国分裂为止，蒙古人的三次西征以及对西夏、金朝、南宋等王朝的征战行为，13—14世纪的世界"消失的国家超过20个，包括西夏、金、宋、哈剌契丹、花剌子模帝国、亦思马因王国、阿拔斯王朝、鲁木塞尔柱王朝、大马士革和阿勒颇的阿尤布王朝、弗拉基米尔—苏兹达里公国、钦察部落联盟、克烈汗国、乃蛮部落联盟以及蒙古草原上的塔塔儿部。这只是一些例子，很多独立的公国、王国、汗国和苏丹国在蒙古帝国崩溃之后都消失了。在50年之内，欧亚版图无可挽回地改变了"[1]，蒙古国也因此成为横跨欧亚，东起今太平洋之滨，西达东地中海，南邻印度，西接

---

[1] ［美］梅天穆：《世界历史上的蒙古征服》，马晓林、求芝蓉译，民主与建设出版社2017年版，"导言"第22页。

伊斯兰、基督教世界的大帝国。而就蒙古人征略行为所产生的影响而言，尽管蒙古人征略天下过程中，"马首所向，蔑有能国"① 的肃杀行径带给文明社会毁灭性的摧残，却也"将以前闭塞之路途，完全洞开"，不仅各民族可以集聚一处，而且还使全体民族，"互换迁徙"②。欧亚大陆自东向西并存的四个大文化圈——东亚以中国为中心的汉文化圈、中亚和西亚的伊斯兰文化圈、南亚的印度文化圈以及东地中海与欧洲的基督教文化圈——"在经济上和精神上进行交流成为可能"③。

借助蒙古人开拓的疆域和驿路体系，中国在13世纪世界体系中的地理位置变得十分重要。"因为它连接着北方的陆上商路和同样重要（甚至更为重要）的印度洋海路。当这两条线路同时充分地发挥作用时，特别是当中国处于统一状态，因而成为连接两条线路的'畅通无阻的沟通媒介'时，世界贸易线路是完整的"④，中国与世界的关联程度也因此前所未有的频繁密切，诚如其时汪大渊的体验所谓"海外岛夷无虑数千国，莫不执玉贡琛，以修民职；梯山航海，以通互市。中国之往复商贩于殊庭异域之中者，如东西州焉"⑤。

海、陆丝绸之路的拓通既推动了中国和东亚、西亚、南亚文化圈的密切往来，又促使和激生了基督教文化圈开启"西方往东看"的丰富历程，13—14世纪"丝路"纪行文学创作的大繁荣便是中国与世界频繁往来并增进相互认知的最好证明。据统计，这个时期独立成卷的"丝路"纪行作品计百余种，其中汉文文献近80种，外文文献近30种，另有纪行诗文数千篇，此外一些史籍的相关内容也值得注意。总之，其数量之丰富，远超自公元3世纪汉朝拓境西域直到12世纪的宋

---

① （元）宋子贞：《中书令耶律公神道碑》，李修生主编：《全元文》卷八，凤凰出版社2004年版，第1册，第178页。
② 《白寿彝文集·中国通史》，河南大学出版社2008年版，第318—319页。
③ ［英］道森编：《出使蒙古记》，吕浦译，周良霄注，中国社会科学出版社1983年版，第30页。
④ ［美］珍妮特·L.阿布-卢格霍德：《欧洲霸权之前：1250—1350年的世界体系》，杜宪兵、何美兰、武逸天译，商务印书馆2015年版，第336页。
⑤ （元）汪大渊：《岛夷志略后序》，苏继庼校释：《岛夷志略校释》，中华书局1981年版，第385页。

朝，九个多世纪以来所有纪行创作数量的总和①。通过 13—14 世纪的丝路纪行作品可以发现，不仅"中国形象"被其他文化圈的人们认知和认同的程度大大提高，"世界形象"也在中国人的认知体系中轮廓逐渐清晰。

《中外交流与 13—14 世纪丝路纪行文学研究》是我本人担任首席专家的国家社科基金重大招标项目"13—14 世纪丝路纪行文学文献整理与研究"的阶段性成果，也是我主持的线上课程"中外交流与 13—14 世纪丝路纪行文学研究"的线下辅助性、新形态教材。该线上课程于 2020 年获得浙江省优秀研究生课程立项。它以研究问题导向为经，以文献文本的解读和阐析为纬，从 13—14 世纪元朝中国海宇混一，东、西方海、陆丝绸之路全面贯通的背景入手，从历史、地理、思想、文化诸领域着手爬梳其时东、西方交流的内容，在打破学科界限的前提下，拓展涉猎文献的广度和深度，并获得对当时纪行文本更综合、更通透的解读效果。课程总共三十五讲，分文献概述系列、西游丝路纪行系列、西南丝路纪行系列、草原丝路纪行系列、海上丝路系列、东游丝路纪行系列等六个系列，是一门主要针对研究生、博士生而开设，强调和关注文献搜集广度，文本解读深度，围绕研究问题的发现与延展，注重研究视角、研究方法探索的专业课程。

书稿内容由我与我的学生们合作完成：由我确定书稿框架与章节，唐云芝辅助组织撰写。我本人撰写书稿的前言、绪论、第一章以及附录内容。第二章由薛国礼撰写；第三章由唐云芝撰写；第四章由毛栎嘉撰写；第五章由刘茗与唐云芝、毛栎嘉、吴莉娜、薛国礼共同完成；第六章由吴莉娜撰写；第七章由毛栎嘉、任天晓、唐云芝共同完成。"代结语篇"是唐云芝关于 13—14 世纪丝路拓通背景中跨文化书写的专题研究论文。论文从跨文化视角思考丝路纪行创作对元代文学视域的拓展，指出这种纪行写作浪潮，可以让人们看到丝绸之路拓展，中外交流频繁背景中 13—14 世纪文学值得关注的独特风貌。这也正是本

---

① 主要以张星烺《中外交通史料汇编》、杨镰主编《全元诗》、李修生主编《全元文》为统计对象。

书期待彰显的重要主题。书稿的两个附录：附录一是线上课程讲稿的主要内容；附录二是13—14世纪丝路纪行作品目录提要。该目录提要是"13—14世纪丝路纪行文学文献整理与研究"重大招标项目的成果反映，它以时间为序，对13—14世纪产生的丝路纪行作品进行文献性的提要解释。在每条按语中，除简要的作品解释外，主要证以相关的作者自序或同时代作家序言，少数重要的现代学者考证也酌情录入。

  本课程的上线运行以及书稿的正式出版得到了浙江师范大学研究生院、人文学院的经费支持，也得到了浙江师范大学江南文化研究中心、丝路纪行文献与文学研究中心的热情支持，在此致以最诚挚的谢意。

邱江宁

2021年7月1日

# 绪　　论

我们进行任何研究，都必须要有文献和数据的支撑。陈寅恪在《陈垣敦煌劫余录序》中指出："一时代之学术，必有其新材料与新问题。取用此材料，以研求问题，则为此时代学术之新潮流。治学之士，得预于此潮流者，谓之预流（借用佛教初果之名）。其未得预者，谓之未入流。此古今学术史之通义，非彼闭门造车之徒，所能同喻者也"①。陈寅恪的这段经典论断常常被学者们反复引用，因为它揭示了学术研究的基本路径，那就是用新材料探求新问题才能成就一代学术的新潮流。

我们知道，王国维曾经提出过著名的二重论证法，虽然它的目的在于揭示论证的方法与理念，但最根本的问题依旧是材料的发现与使用。王国维指出：

> 吾辈生于今日，幸于纸上之材料外更得地下之新材料。由此种材料，我辈固得据以补正纸上之材料，亦得证明古书之某部分全为实录，即百家不雅驯之言亦不无表示一面之事实。此二重证据法，惟在今日始得为之。虽古书之未得证明者，不能加以否定，而其已得证明者，不能不加以肯定，可断言也。②

---

① 陈寅恪：《陈垣敦煌劫余录序》，《陈寅恪先生论集》，台北：中研院历史语言研究所1971年版，第219页。
② 王国维：《古史新证》，《古史新证——王国维最后的讲义》，清华大学出版社1994年版，第2—3页。

从王国维的这段关于"二重证据法"讨论可以看出,所谓"二重证据法"的基础与根本问题还是在于新材料的获得。在王国维的时代,人们开始意识到考古发现的重要性,所以他提出要将考古发现与纸本文献进行比对和核实,而这样做的目的还是要获得新材料。只有在获得确凿无疑的新材料之后,才能对新问题下断言,最终领航时代学术的新潮流。

在强调新材料的获得的同时,我们做研究还要注意新问题。而新问题的发现,它的学术基础,笔者认为是要追求当下性,要有时代意识。

就今天的古代文献、文化以及文学研究发展情况来看,13—14世纪丝绸之路纪行文献与文学研究诚可谓代表当代学术新潮流之一。诚如陈寅恪所指出的那样,敦煌学代表了20世纪学术的新潮流:"自发见以来,二十余年间,东起日本,西迄法英,诸国学人,各就其治学范围,先后咸有所贡献"①,13—14世纪丝绸之路纪行文献的整理与研究自17世纪以来便吸引了全世界优秀学者的目光。诸如东亚的日本、韩国,北亚的俄罗斯、蒙古国,西亚的伊朗,欧洲的英国、法国、荷兰、德国、瑞典,美洲的美国等国家的学者从考古、历史、地理、语言、文学、美学、艺术、中外交流等诸多领域加以关注。那些享誉世界的东方学家像多桑、雷慕沙、亨利·玉尔、斯坦因、那珂通世、沙畹、箭内亘、巴托尔德、伯希和、韩百诗、岩村忍等,都是丝路文献尤其是13—14世纪丝路文献整理与研究的著名学者。在中国,自18世纪西北边疆历史地理学研究和元史研究兴起,13—14世纪丝路纪行文献的整理与研究即吸引了代表他们自己所处时代最优秀的学者,诸如钱大昕、徐松、魏源、张穆、洪钧、李文田、沈曾植、王国维、陈寅恪、陈垣、张星烺、冯承钧等,都颇有贡献。

21世纪以来,尤其是2013年中国政府"一带一路"(The Belt and Road,缩写B&R,即"丝绸之路经济带"和"21世纪海上丝绸之路"的简称)倡议的提出,包括13—14世纪丝路纪行文献与文学研究在内的丝绸之路相关研究成为当代中国学术发展的最新潮流。

---

① 《陈垣敦煌劫余录序》,第219页。

# 绪　论

## 一

我们为什么要强调13—14世纪的丝绸之路研究，而且还要加上"13—14世纪"这么一个时间限制呢？因为13—14世纪是传统世界格局发生重大变革的时期。从13世纪初蒙古国的建立到13世纪中叶蒙古国的分裂，成吉思汗黄金家族统治的大元王朝和四大汗国确立起13—14世纪世界格局的基本框架，东、西方之间的通道被全面打通，从陆地到海上，亚、欧大陆以丝绸之路为纽带的互联互通体系得以逐步形成。13—14世纪"丝路"纪行文学的创作是伴随着蒙古国的崛起而大规模密集出现的，它与蒙古人征服世界的进程，尤其是他们的三次西征密切相关。

我们可以先来回溯蒙古人的世界征略进程。首先是成吉思汗时代统一蒙古高原及对世界的征略。在成吉思汗统一蒙古高原各部之前，高原上分布着几个强大的游牧部落，如塔塔儿部、篾儿乞部以及漠北中部的克烈部和西部的乃蛮部，等等。从12世纪末到13世纪初，铁木真先依附中部的克烈部，打败篾儿乞部，在逐步扩大势力和影响之后，于1196年，打败强大的塔塔儿部，统一蒙古草原东部，然后在1203年打败克烈部。再凭借其超凡的军事领导能力和在草原征战过程中建立的训练有素的军队，于1204年前后打败西部最强劲的乃蛮部，从而完成对蒙古草原的控制，并于1206年的忽里勒台大会上被尊为"成吉思汗"，建立大蒙古国。之后，帝国相继向东、向西扩张。向东：从1205年起对西夏发动了五次攻战；从1208年起，对金朝发动1211—1217年、1217—1223年两个阶段的蚕食侵略之战。向西：自1211年开始，逐步使蒙古西部的区域诸如哈剌鲁部、西辽（蒙古人称喀喇契丹）、花剌子模、吉利吉思、康里等地并入帝国的版图，进而形成以蒙古为中心，横贯中亚区域，包括黑海以东至印度河以及钦察草原的广大地区的帝国疆域格局。向西的征略行动尤其以1219—1223年征花剌子模（又称第一次西征）而著名。蒙古军队的第一次西征使蒙古势力深入中亚、东欧等地，为后来的钦察汗国和伊利汗国的建立奠定了基础。

其次是窝阔台时代蒙古人对世界的征略。窝阔台一生的征略主要体现于灭金和长子西征，同时还包括继承父亲未竟的灭西夏扫尾工作。1227年，在成吉思汗去世不久，西夏灭亡；1234年，金朝灭亡。灭金使得蒙古人在中原和中亚建立了巩固的统治。1235—1236年，窝阔台又组织发动由拔都率领的"长子西征"，又称第二次西征。战争从1236年春蒙古军队集结完毕向西推进开始，直至1241年窝阔台去世，以15万之众横扫欧亚，从保加尔边境一直打到亚得里亚海东岸，一路战胜了保加尔、钦察、罗斯、波兰、匈牙利，并攻入了塞尔维亚、保加利亚、波希米亚以及奥地利首都维也纳近郊，西征的结果，蒙古的版图从太平洋至亚得里亚海，从北冰洋到波斯湾，欧洲各国此疆彼界、相互隔膜的情形被大大改变。

蒙古人大规模的世界征略进程在蒙哥汗去世后最终结束。在蒙哥汗的规划经略之下，发动了对南宋、大理以及西亚的征略活动。蒙哥令其二弟忽必烈于1252年率大军远征大理，三弟旭烈兀1253年率军攻打西亚地区，旭烈兀的军事行动又被称作第三次西征。1258年，蒙哥亲率大军攻打南宋，等等。到1259年蒙哥去世之际，蒙古人所征略的地域包括天山南北、中亚、西亚、印度、欧洲东部、伊朗高原至阿拉伯以及俄罗斯、波兰、匈牙利等地[1]，帝国就疆域面积而言，东濒阿姆河，西临地中海，北界里海、黑海、高加索，南至波斯湾；所控制区域北起蒙古高原，南达东南亚，西至匈牙利平原，东濒日本海，亚欧大陆首次在一个游牧汗国的控制下被联结为一个整体。蒙古帝国控制的区域与国家有：南朝鲜、北朝鲜、越南、缅甸大部、老挝大部、巴基斯坦东北部、印度北部、阿富汗、伊朗、伊拉克大部、土耳其、哈萨克斯坦、乌兹别克斯坦、吉尔吉斯斯坦、塔吉克斯坦、土库曼斯坦、格鲁吉亚、阿塞拜疆、亚美尼亚、土耳其大部、俄罗斯、乌克兰、白俄罗斯、罗马尼亚、保加利亚等，总面积约4500万平方公里，诚可谓"征尘落尽即为家"。

蒙古人的世界征略军事行动给世界人民和世界文明带来巨大灾难

---

[1] 曾向吾：《中国经营西域史》，商务印书馆1936年版，"导言"第8页。

和毁灭的同时，也使东西方世界之间实现了极为广泛且密切的交流，"蒙古人西征，将以前闭塞之路途，完全洞开，将各民族集聚一处"①。我们知道，在蒙古人的大型军事行动之前，东、西方世界的政权国家和区域长期处于"各有君长，兵众分弱，无所统一"②的割据之态，而蒙古三次西征的最大结果，即"使全体民族，使之互换迁徙"③，这不仅仅指蒙古人打破了各个政治统辖的疆界，更指蒙古人对于东、西道路拓通的贡献。

蒙古时代开启之后，"他们在国土上遍设驿站，给每个驿站的费用和供应做好安排，配给驿站一定数量的人和兽，以及食物、饮料等必需品"④，这些拓通的驿路在蒙古人的征略大军过去之后，"开放给商人、传教士"，"使东方和西方在经济上和精神上进行交流成为可能"⑤。13—14世纪丝路纪行文学创作的巨大繁荣正是建立在壁垒扫清、驿站畅通的基础上的。从成吉思汗的征略时代开始，帝国的驿站即以漠北（又称岭北，指中国北方沙漠、戈壁以北的广大地区，现分属于今俄罗斯、蒙古国、中国、哈萨克斯坦等国家）为中心由东北部向中亚区域密集地铺设开来。漠北交通线大体为：由中原北上，经漠北、和林，再趋金山，折而南下至别失八里，然后沿阴山（今天山）北麓抵阿力麻里，由此西向塔剌思，向西北可达欧洲，向西南则入波斯，此路在13世纪上半叶是连接华北与西域的主要交通线路。在征服西夏和金并控制关中地区之后，自先秦至唐代中期中、西方世界间的交通干线，即由中原经河西至西域并向西延伸的交通线路被拓通⑥。

成吉思汗之后，他的子孙不仅继续着父辈的开藩建汗事业，更重要的是将成吉思汗时代开启的东、西方"丝路"拓通事业制度化、细

---

① 《白寿彝文集·中国通史》，河南大学出版社2008年版，第318—319页。
② （东汉）班固：《汉书》卷九二《西域传》，中华书局2002年版，第3930页。
③ 《白寿彝文集·中国通史》，河南大学出版社2008年版，第318—319页。
④ ［伊朗］志费尼：《世界征服者史》上册，J. A. 波伊勒英译，何高济译，商务印书馆2007年版，第32页。
⑤ ［英］道森编：《出使蒙古记》，吕浦译，周良霄注，中国社会科学出版社1983年版，第29—30页。
⑥ 闫国疆：《蒙元初期的丝绸之路与国家治理》，《河海大学学报》2016年第2期。

密化。先是窝阔台汗，他不仅拓通了中原通往漠北以及东欧诸国的道路，而且第一次将驿路命名为站赤，并使其建设制度化。窝阔台曾经这样总结自己一生的功业说道："灭金，立站赤，设诸路探马赤，无水处使百姓凿井，朕之四功。"① 在窝阔台汗时代，由于灭金以及第二次西征的拓展，蒙古又增设了从蒙古本土通往察合台和拔都封地、从和林通往中原汉地的驿站。察合台的封地，史载"自畏兀儿之边（hudhud）伸展到撒麻耳干和不花剌止"②，就是说察合台的封地从畏兀儿之边到阿姆河地区的草原地带③（也就是今天的新疆至中亚的草原地带）；拔都的封地：东起也儿的石河（额尔齐斯河），西到斡罗思，南起巴尔喀什湖、里海、黑海，北到北极圈附近（即今天的俄罗斯大部分地区及周边区域）。

在蒙哥汗时期，大理被灭，云贵高原并入帝国版图。西征军拓疆几万里，先后攻取波斯南部的卢尔人政权，再攻灭波斯西部的木剌夷国，再灭阿拔斯王朝，灭亡叙利亚的阿尤布王朝，攻占了小亚细亚大部分地区；在东路军与南宋的交战中，南宋辖下的四川北部大部分地区也被蒙古人攻占。西亚及西南丝绸之路得以拓通和兴盛。蒙哥汗去世后，由蒙古国分裂出来的元朝更加加强了驿站的布局。《元史》认为蒙古人对驿站重要性的认知以及对驿站建设的重视程度前所未有：

> 凡站，陆则以马以牛，或以驴，或以车，而水则以舟。其给驿传玺书，谓之铺马圣旨。遇军务之急，则又以金字圆符为信，银字者次之……而站户缺乏逃亡，则又以时签补，且加赈恤焉。④

从这段话知道，元朝的驿站有陆站和水站，以官方制作的符牌为

---

① 柯劭忞：《新元史》卷四《太宗本纪》第1册，吉林人民出版社1995年版，第57页。
② 《世纪征服者史》（Tarik-i Jahangusha），可疾维尼波斯文刊本，卷一，第31页，转引自刘迎胜《西北民族史与察合台汗国史研究》，中国国际广播出版社2012年版，第104页，注释17。
③ 刘迎胜：《西北民族史与察合台汗国史研究》，第70页。
④ 《元史》卷一〇一《兵志四》，中华书局1976年版，第9册，第2583页。

凭证，如果负责驿站的民户有不够或者逃亡的，要及时签补，而且要妥善贴补赈济，让站户安心服务驿站。正因为这样，元代驿站所发挥的作用也比前朝要大得多，堪称13—14世纪之最："于是四方往来之使，止则有馆舍，顿则有供帐，饥渴则有饮食，而梯航毕达，海宇会同，元之天下，视前代所以为极盛也。"①

## 二

在蒙古人的东拓西征以及密集的驿站建设背景下，13—14世纪的世界达成广泛的互联互通。海、陆丝绸之路的便利不仅实现了人们的世界行走之梦，更让13—14世纪欧亚大陆包括以基督教文化圈、伊斯兰—阿拉伯文化圈、东南亚文化圈和印度文化圈在内的四大文化圈的相互交流与相互影响达到了空前的程度。广泛的中外交流推动了13—14世纪"丝路纪行文学"的繁荣。

所谓"丝路纪行文学"，首先要弄清楚"丝路"的概念。"丝路"是"丝绸之路"的简称。"丝绸之路"的说法，最早来自19世纪（1877年）德国地质地理学家李希霍芬著作《中国》一书的定义，是指中国与中亚、印度等古代西域间以丝绸贸易为媒介的交通路线。20世纪德国历史学家郝尔曼在《中国与叙利亚之间的古代丝绸之路》中，又将丝绸之路拓展，认为是中国古代经过中亚通往南亚、西亚以及欧洲、北非的陆上贸易通道。而法国汉学家沙畹在其所著《西突厥史料》中提出，"丝路"有海路和陆路两道；日本学者三杉隆敏在他1967年出版的《探索海上丝绸之路》中初次提出"海上丝绸之路"。所以综合历来东、西方学者对"丝绸之路"的认识与定义，"丝绸之路"可以泛指古代中国与世界之间在经济、政治、文化等诸多方面进行交流的主要区域与道路，它实际是一片交通路线网，从陆路到海洋、从戈壁瀚海到绿洲，途经无数城邦、商品集散地等社会区域，而来往于这片交通网络的人有士兵与海员、商队与僧侣、朝圣者与游客、学者与技艺家、奴婢和使节、得胜之师和败北将军以及寻找出路的迁徙

---

① 《元史》卷一〇一《兵志四》第9册，第2583页。

人群等，很显然，这些东、西方之间发生的事件、往来的人群赋予了"丝绸之路"丰富的意味①。比起中国以其他商品与世界贸易而形成的交通路线，丝绸之路更加绵长，历史更为悠久，而且丝绸所具有的利润含量、技术成分、文化意味更高，更能刺激中国以及世界的神经。斯文·赫定说：丝绸之路是"穿越整个旧世界的最长的路。从文化—历史的观点看，这是连接地球上存在过的各民族和各大陆的最重要的纽带"②。

"纪行"，是指记载旅游路上的所见所闻的创作，与最早见于南北朝之际"行记"的意思相近。"丝路纪行文学"，是沿承我们古代大文章学的概念，包括由"丝路"出行而产生的诗词、散文以及道里记、风俗记、游方记、异物志、杂传、地志等，凡僧人用来记西行求法，使臣用来记行程道里，奉命交聘者用以记外交通聘，从驾征行者用以记征途行役以及商旅之士载记其道里行程、所见风物等多在其列。以作者的身份而论，有僧人纪行、聘使纪行、文臣纪行、个人纪行之类；以体式而论，常见的有纪传体、行录体、笔记体、综述体；内容上多述行程经见、山川道里、风俗民情，传奇述异，境界奇绝，异彩纷呈，内涵丰厚；写法上常以第一或第三人称口气叙事写人，写景抒情，所有丝路纪行文学兼具围绕丝绸之路而产生的地理志、人物记和游记、杂记等文体要素与著述的特征。

13—14世纪的丝路纪行文学创作极其丰富，这与我们刚刚解释的世界格局改变，海、陆丝绸之路拓通的背景密切相关。我们可以看到，在13—14世纪，独立成卷的"丝路"纪行作品计百余种，其中汉文文献80余种，外文文献近30种。值得注意的是，《金》《宋》《元典章》《大元一统志》《经世大典》《宪台通纪》《元史》《新元史》等史著中诸如市舶志、地理志、食货志、外国传、驿站和列传以及国外史书诸如拉施特丁《史集》、志费尼《世界征服者史》、哈沙尼《完者都

---

① 邱江宁：《13—14世纪"丝绸之路"的拓通与"中国形象"的世界认知》，《江苏社会科学》2019年第4期。
② [瑞典]斯文·赫定：《丝绸之路》，江红、李佩娟译，新疆人民出版社1996年版，第214、215页。

算端史》《瓦撒夫史》等著作中，也包含了大量内容丰富的纪行创作篇章，非常值得探研与辑录。我们这么罗列的意思是要告诉大家，13—14世纪"丝路"纪行文学创作数量，远远超过从汉朝到北宋九个多世纪所有"丝路"纪行文学文献数量的总和，非常值得研究。

还需要指出的是，由于 13—14 世纪间，东、西方世界的密切往来，这个时期的中国文学并不能拘囿于中国范畴，它是世界性的，实际需要用"13—14 世纪时期的文学"才能指称清晰；这种世界性特质是围绕丝绸之路而展现的，它在创作上表现为纪行创作的巨大繁荣；它的创作群体包括走出中国腹地的中国作者和进入中国领域的人们；这些创作所带来的影响也具有相当程度的世界性。因此我们也可以说，13—14 世纪丝路纪行文学是其时中外之间广泛交流的见证与体现，而"中外交流与 13—14 世纪丝路纪行文学研究"这门课程的开设以及相关研究的开展也正是建立在中国与世界之间频繁而深入的对话基础之上。这是课程的魅力所在，也是研究的意义所在。

# 第一章　中外交流与13—14世纪丝路纪行文学创作的繁荣

伴随着13—14世纪海、陆丝绸之路的大拓通，丝路纪行文学的创作非常繁荣。这一时期独立成卷的"丝路"纪行作品约计百余种，其中汉文文献80余种，外文文献近30种。就数据而论，13—14世纪"丝路"纪行文学创作数量远超自汉至宋九个多世纪所有"丝路"纪行文学文献数量的总和。就语种而论，关于13—14世纪丝路纪行创作的文献可以大致分为汉文文献以及包括波斯—阿拉伯文献、以英语为主的欧洲语种文献在内的外语纪行文学文献。

## 第一节　13—14世纪汉文纪行文献的整理与研究

13—14世纪丝路纪行文学文献中的汉文文献，即以汉文写作为主的纪行创作。在13—14世纪，汉文写作的主体不仅指全部中国作者，还应该包括高丽、安南、日本等区域和国家用汉语写作的作者。汉文纪行文献是13—14世纪丝路纪行文学文献的主要部分，而像上京纪行诗文在元代中晚叶馆阁文人群体的推动下，从馆阁文人到普通士绅，影响波及整个时代，堪称一代制作。

我们按照路线、区域的相似度，将这些汉文纪行创作粗略地拆分为东、西、南、北四个方向的系列，首先从西向纪行系列说起。为什么从西向纪行系列说起呢？这是因为蒙古人崛起于西北，13—

## 第一章 中外交流与13—14世纪丝路纪行文学创作的繁荣

14世纪"丝路"纪行文献是伴随着蒙古国的崛起而繁荣的创作类型，与蒙古人的世界征略活动以及驿站建设密切相关。所谓西向纪行，主要是人们从中原区域前往蒙古人活动的蒙古、中亚甚至东欧区域的纪行创作。

13世纪初蒙古人的崛起和军事征略活动，引起西夏、金、宋等蒙古国周边国家和区域的关注，中土诸国使臣以及宗教人士沿着西夏、金、宋以及蒙古人拓通的驿道追谒蒙古大汗，出现大量西游纪行诗文。

就陆上丝绸之路而言，其线路有：从大都出发往东北行，经过辽朝时期的驿站，可到达奴尔干城（今俄罗斯特林）；从大都出发北行，可到达和林（今蒙古国哈剌和林）；从大都西行，经宣德（今河北宣化）、和林再向西北行可到达莫斯科、那窝果罗（今俄罗斯诺夫哥罗德）；从大都到和林后再向西南行或西行，可到达阿里麻里（今新疆旧霍城）。以上诸路在衔接汉唐以来的丝绸之路后，总汇于西辽故都虎思窝鲁朵（今俄罗斯托克马克东）和可失哈耳（今喀什市）。再西行，可达西亚名城撒麻耳干（今撒马尔罕）、察赤（今塔思干）、塔剌思（今江布尔）、巴里黑（今阿富汗瓦齐拉巴德）。

围绕蒙古人的活动，中原出现以耶律楚材《西游录》（1227年）、李志常《长春真人西游记》（1227年）、刘郁《常德西使记》（1263年）等为代表的"西行"著作，纪行创作开始繁兴。13—14世纪的西向纪行作品还有刘祁《〈乌古孙仲端〉北使记》、赵珙《蒙鞑备录》、彭大雅《黑鞑事略》、张德辉《岭北纪行》、刘敏中《诸国臣服传记》、列班·扫马《列班·扫马游记》、袁桷《拜住元帅出使事实》、察罕《圣武亲征录》、周致中《异域志》、廖莹中《江行杂录》、潘昂霄《河源志》、陈准《北风扬沙录》、葛逻禄乃贤《河朔访古记》、熊梦祥《析津志》、萧洵《元故宫遗录》、刘佶《北巡私记》、殷奎《关外纪行》等17部作品。

说过西向纪行文学创作系列之后，我们接着说北向纪行文学创作系列。为什么接着说北向纪行系列呢？这依旧与蒙古人的活动密切有关。北向纪行系列主要体现为中原区域沿着草原丝路前往上都的上京纪行诗文。1260年以后，蒙古帝国分裂为元朝和其他汗国，元王朝为加强与西北宗王的联系，实行两都巡幸制，"草原丝路"畅通而且文化交流相当频繁。由于元朝实行"两都巡幸制"，大量馆臣、僧侣、商贩穿行于大都和上都之间的"草原丝路"，留下大量纪行创作。据周伯琦《扈从集前序》序言所载，大都到上都，一路须经：昌平、龙虎台（新店）、居庸关，直到沙岭。以沙岭为界，之前一路为山路，之后则为朔漠。再经过牛群头，到察罕诺尔（汉语：白海）、白海有行宫，曰亨嘉殿，再到云需总管府所在地，又到鹰房，再是郑谷店、明安驿泥河儿、李陵台驿双庙儿等驿站，再到桓州，名为六十里店，再前至南坡店，到了南坡离上都就很近了。据今人考察[①]，南段：自大都出健德门北行，经大口、龙虎台。逾南口，过弹琴峡、八达岭，至岔道口，遂与东辇道分途。复折而西北，经榆林、怀来，至于土木。中程：自统幕，舍西辇道，折而东北，越长安岭、李老谷、浩门岭，至于赤城，复溯白河北行，经沙岭、云州、龙门峡，遂与东辇道并出独石口。更北度偏岭，经担子洼，至牛群头，遂与西辇道复合。北段：自牛群头复西北行，至察罕诺尔，逆上都河左岸北上，经明安、李陵台、新桓州、南坡店，遂抵上都。元朝的馆阁文人是上京纪行诗文创作的主力军，"几乎全部馆阁文人、有一定影响的文臣"都是上京纪行诗文的创作者。这些作品有王恽《开平纪行》、陈孚《玉堂稿》、袁桷《开平四集》、杨允孚《滦京杂咏》、周伯琦《扈从集》《近光集》、张昱《辇下曲》以及大量馆阁文人及其他约80名作者的上都纪行诗文总共2000篇左右。

接下来，我们再来介绍东向和西南向的创作情况。所谓东向纪行系列：主要是指中国腹心区域与其东北方向的高丽、日本之间往来的纪行文学创作。[②]

我们可以先来看看元朝与高丽之间的纪行创作。13—14世纪蒙

---

[①] 袁冀：《元代两京间驿道考释》，《元上都研究文集》，中央民族大学出版社2004年版，第213—221页。

[②] 姜剑云、张敬钰：《元代高丽"燕行录"研究平议》，《沈阳师范大学学报》2018年第3期。

第一章　中外交流与13—14世纪丝路纪行文学创作的繁荣

元政权与高丽的关系可以解释为宗藩关系，以高丽对蒙元王朝朝贡为主。从研究者的统计来看，蒙古自1229年太宗即位至1368年明朝建立，130余年间，高丽遣使朝觐达556次，大多数情况下，来华使臣需要前往上都和大都，一般他们由海路在山东登州下船，之后继续沿海路先到沙门岛（今山东长山列岛），进入莱州洋（今莱州湾），继而沿海岸至直沽（今天津），再到大都①。从现今留存的作品情况来看，主要存于陈澕《燕行诗》、金坵《止浦集》、李承休《宾王录》《动安居士集》、金九容《金陵录》《流云南》、李齐贤《奉使录》、李崇仁《奉使录》、李穑《燕客录》、安轴《谨斋集》、郑梦周《金陵录》《赴南诗》、李詹《两朝金陵录》《观光录》、李仲学《麟斋遗稿》、权近《点马行录》《奉使录》、郑道传《朝京诗》、赵浚《辛未录》、崔瀣《农隐集》、僧一然《三国遗事》、申贤《华海师廷对录》、李毅《燕居录》、郑浦《燕京录》、无名氏《北征录》等著中。此外，释普愚《太古游学录》、释懒翁《大元访师录》、无名氏《朴事通谚解》、无名氏《老乞大》以及中国使臣前往高丽的纪行之作李至刚《耽罗志略》等约计30种，都反映出高丽与元朝之间频密的往来交流情形。

元朝与日本之间的纪行创作，以中日僧侣的汉文诗文为主要内容。在元朝，由于1274年、1281年，由元朝发动的永安之役和弘安之役都以元朝失败而告终，所以终元之朝，元、日之间并无官方的使节互通情况，但日本与元朝的民间商贸往来以及借由僧侣而进行的文化交流活动实际非常频繁。像吴莱所云"自庆元航海而来，艨艟数十，戈矛剑戟，莫不毕具，铦锋淬锷，天下无利铁。出其重货公然贸易，即不满所欲，燔爇城郭，抄掠居民"②，情况虽有些激烈，实际说明元、日之间这种不受官方保护和鼓励的贸易往来非常频繁，其情形甚至超过唐宋。而"入元僧名传至今的，实达二百二十余人之多，至于无名

---

① 颜培建：《蒙元与高丽人员交往探讨——以高丽使臣身份为中心》，博士学位论文，南京大学，2011年，第30、34页。

② （元）吴莱：《论倭》，《全元文》卷一三六八，第44册，第96页。

的入元僧更不知几百人了。而这些入元僧都是搭乘商船，三三两两，来来往往的，可见当时开往元朝的商船是如何之多"①。日本与元朝之间的来往主要依靠海路，从日本的博多跨越东海到达庆元港②。有关13—14世纪元日之间的纪行创作如中国的王恽《泛海小录》，此外宋无《鲸背吟》《哕咿集》、周密《癸辛杂录》等；还有日本的石清水八幡宫神宫撰写的《八幡愚童记》、佚名所撰《太平记》、雪村友梅《岷峨集》《雪村大和尚行道记》、别源圆旨《南游集》《东归集》、清拙正澄《禅居集》、中岩圆月《藤荫琐纲集》、虎关师炼《济北集》等若干种作品③。

至于南向纪行系列，主要是人们往来东南亚、安南、西南等区域的纪行文学创作。具体又可以分东南向和西南向来看。

东南向的纪行创作，主要是沿南海而行所产生的东南亚海上丝路纪行创作。在13—14世纪期间，东南亚海上丝路所经停的港口有：泉州、杭州、广州、扬州、温州、庆元、三佛加（今印尼巨港）、马八儿俱兰（今印度奎隆）、僧伽那山（今斯里兰卡）、忽里模子（今伊朗阿巴斯港附近）和波斯啰（今伊拉克巴士拉）、祖法儿（今阿曼佐法尔）、默伽城（今麦加）、密昔儿（今埃及）、层摇罗（今坦桑尼亚达累斯撒拉姆沿海岸地区）、马达伽思伽儿（今马达加斯加）、威尼斯等。这些创作主要留存于赵汝适《诸蕃志》，陈大震、吕桂孙《大德南海志》、汪大渊《岛夷志略》等几种作品中。

---

① 木宫泰彦认为："元末六七十年间，恐怕是日本各个时代中，商船开往中国最盛的时代。"（木宫泰彦：《日中文化交流史》，胡锡年译，商务印书馆1980年版，第394页。）
② 14世纪50年代后，由于浙江周边海域比较危险，所以，中日贸易采用的路线暂时从福建出发，经中国台湾，日本冲绳、南九州，到熊本的高濑，但主要还是博多—庆元路线。参考访谈记录《榎本涉：元代曾是中日贸易的顶峰》，澎湃新闻，2016年3月11日。
③ 此段叙述参考孙国珍《元代中日文化交流及宋学在日本的传播和研究》（《内蒙古师大学报》1984年第4期）、孟阳《论五山诗僧中岩圆月——以汉诗为中心》[（长春）《现代交际》2012年6月刊，第86页]、孙东临《日本来华五山僧侣与日本中世纪汉文学的繁荣》[（北京）《日本问题》1987年第6期]、唐千友《汉诗的东渐与流变——日本汉诗》[（合肥）《学术界》2011年第7期]、李寅生《日本汉诗引证中国历史典故得失刍议》（2010年青岛大学"东亚文学与文化研讨会"）、许语《赴日元僧清拙正澄在日活动研究》（浙江工商大学2017级日本语音文学硕士论文）等。

西南向的纪行创作：是沿西南方向而走的安南、云南、真腊等区域的海、陆丝路纪行创作。自忽必烈括大理后，"其地，东至普安路之横山，西至缅地之江头城，凡三千九百里而远；南至临安之鹿沧江，北至罗罗斯之大渡河，凡四千里而近"①，所辖区域实际包括今云南全省，四川、贵州二省及缅甸、泰国、老挝、越南四个国家的各一部分。自大都西南行，经冀宁（太原），至奉元（西安）；转向西行，经兰州和河源西北，南去达乌思藏（拉萨）。自大都西南行，经冀宁、奉元、成都至中庆（昆明）；自大都南偏西行，经汴梁（开封市）、中兴（江陵）、贵州（贵阳），亦至中庆（昆明）。自中庆东南行，可达大越大罗城（越南河内）；西南行，可达缅国蒲甘城（缅甸蒲甘）。现今有关安南的纪行创作的作品有黎崱的《安南志略》、阮忠彦的《介轩集》、陈孚的《交洲稿》、徐明善的《天南行记》、张立道的《安南录》、文矩的《安南行记》、傅与砺的《南征稿》、智熙善的《越南行稿》、萧泰登的《使交录》、张以宁的《安南纪行集》等；云南的纪行创作有郝天挺的《云南实录》、郭松年的《大理行记》、李京的《云南志略》《鸠巢漫稿》、张立道的《云南风土记》、段福的《征行集》，此外还有关于真腊的如周达观的《真腊风土记》，缅甸的有无名氏《皇元征缅录》，等等，约计18部。

汉文纪行文献是13—14世纪丝路纪行文学文献的主要部分，以上所列举的汉文纪行作品文献，虽然看起来不少，但实际上在史书、方志、别集中还能钩稽出不少内容，很值得继续挖掘。

## 第二节 13—14 世纪非汉语纪行文学文献的整理与研究

如前所述，蒙古人的征略活动给13—14世纪东、西各国人们和文明带去巨大的灾难，却也致使以往建立在丝绸之路上的各类政治实体被扫荡殆尽，东、西陆上交通为之大开，最大限度地推动了东、西方人口的迁徙和流动。不仅如此，海上交通与前代相比也获得了很大的

---

① 《元史》卷六一《地理志四》，第6册，第1457页。

发展，蒙古帝国时期，中国通过南洋地区、印度洋直达阿拉伯地区和东非海岸的海路已完全畅通①。"一向不曾处在统一控制之下的东西交通，到这时畅通无阻。陆路北穿南俄，南贯伊朗，海道则以波斯湾上的忽鲁谟斯为枢纽。从中国直到西欧，东西方商使往来不绝"②。海陆丝绸之路的背景下，非汉语纪行创作文献也大量出现，它们的创作高潮正及时地反映出世界各地与中国的密切关联。

一、波斯—阿拉伯文献。蒙古人的西征造成了大量中亚、西亚人的东迁，在13—14世纪，西域东迁入华人口的频繁程度和规模超过了以往任何时代。元代东迁西域人的来源广阔，民族构成复杂，包括葱岭以西的回回、哈剌鲁、阿儿浑、钦察、阿速、康里、斡罗思、术忽、也里可温等族类③，对于其时的中国而言，从岭北到云南，从新疆到江浙，西域人"几乎无处、无地不在"④。在蒙元帝国的势力和中国的影响之下，波斯语大大地扩展了其在东方的影响，成为其时蒙古官方通行的重要语言。

13—14世纪蒙元王朝与中亚、西亚之间的驿路，是蒙古西征时固定下来，并设立站赤以维护管理的重要丝绸之路。值得注意的是，汉唐以来的丝绸之路，总汇于西辽故都虎思窝鲁朵（苏联托克马克东）和可失哈耳（喀什市）。蒙古人三次西征之后，自西辽故都城和可失哈耳西行，可达西亚名城撒麻耳干（撒马尔罕）、察赤（塔思干）、塔剌思（江布尔）、巴里黑（阿富汗瓦齐拉巴德）；自西辽故都城和可失哈耳西行，可达西亚名城撒麻耳干（撒马尔罕）、察赤（塔什干）、塔剌思（江布尔）以及巴里黑（阿富汗瓦齐拉巴德）等地。另外，9—11世纪期间，是阿拉伯—伊斯兰舆地学大为繁荣的时期，纪行创作作为舆地学的主要表现形式曾经盛行一时，而且伊斯兰教《古兰经》教旨本来就倡导通过旅行和游历来观察和认识世界，这对于13—14世纪驿路畅

---

① 李巧茹：《13—14世纪西亚蒙古人与元朝的文化交流初探》，《内蒙古农业大学学报》（社会科学版）2011年第4期。
② 周一良、吴于廑：《世界通史·中古部分》，人民出版社1972年版，第242页。
③ 马建春：《元代东迁西域人及其文化研究》，民族出版社2003年版，"导言"第2页。
④ 马建春：《元代东迁西域人及其文化研究》，第68页。

通背景下的中亚、西亚纪行写作的繁荣非常有影响。关于 13—14 世纪的丝路纪行文献的整理，我们主要根据《阿拉伯波斯突厥人东方文献辑注》以及张星烺的《中西交通史料汇编》两部书进行统计。

1914 年法国著名东方学家费琅于巴黎欧内斯特·勒鲁（Ernest Leroux）公司出版了两卷本《阿拉伯波斯突厥人东方文献辑注》，1989 年中华书局出版由耿昇、穆根来翻译的该著的中译本。此书共集波斯—阿拉伯文献 57 种，其中关于 13—14 世纪的纪行文献有 12 人的 14 部作品。

这些纪行作品有：

1. ［孟加拉］阿布·奥玛尔·明哈吉·丁《纳希尔贵人》
2. ［小亚美尼亚］海屯《海屯行纪》
3. ［波斯］赛甫《也里州志》
4. ［埃及］扎卡里雅·卡兹维尼《卡兹维尼的宇宙志》
5. ［埃及］扎卡里雅·卡兹维尼《各国建筑与人情志》
6. ［埃及］扎卡里雅·卡兹维尼《世纪奇异物与珍品志》
7. ［波斯］沙姆苏丁·艾比·阿卜杜拉·穆罕默德·本·艾比·塔里卜·安索里·苏菲·迪马什基《世代精粹：陆海奇观》
8. ［埃及］乌马里《眼历诸国行记》
9. ［埃及］阿布尔菲达·伊斯玛仪·本·阿里《地理书》
10. ［阿拉伯］阿布尔·艾哈迈德·努伟理《阿拉伯文苑》
11. ［波斯］哈姆杜拉赫·穆斯多菲《内心的喜悦》
12. ［摩洛哥］伊本·白图泰《伊本·白图泰游记》
13. ［叙利亚］宰恩·丁·阿布·哈夫斯·奥玛尔·伊本·瓦尔迪《奇迹书》
14. ［突尼斯］伊本·哈勒敦《绪论》

另外，还有［波斯］拉施特丁《史集》、［波斯］志费尼《世界征服史》、［波斯］哈沙尼《完者都算端史》、［波斯］瓦撒夫《瓦撒夫史》等史书也有不少纪行内容，约计 18 部著作。

以意大利、英语等语种为表述语言的纪行创作。东、西方丝绸之路的拓通使得西方传教士沿着蒙古大军留下的道路进入中国，留下了丰富的"东游"纪行作品。

以其时反映了最全面的东西经行路线、且最具影响力的马可·波罗的行程来看：马可·波罗在1271年由意大利威尼斯出发，渡越地中海、黑海、中东的两河流域，到达巴格达，由波斯湾经过霍尔木兹海峡上岸，再穿越伊朗大沙漠，走阿富汗，经帕米尔高原，由当时的西域，经敦煌、玉门关，走过河西走廊，终于在1275年到达上都；1292年，在中国停留17年后的马可·波罗由泉州启航，由爪哇国经苏门答腊，再经马六甲海峡，由阿拉伯海进入波斯，终于在1295年回到威尼斯。马可·波罗来往中国的路线，跨越海洋、穿行沙漠，基本需要穿越其时连接欧亚大陆的海、陆丝路才能到达目的地。

总体而言，由于其时留下纪行创作的作者主要是意大利传教士和商人，又往往以英文本流布，所以可以将这些创作含糊地称作以意、英语种为主的纪行创作。

这些纪行作品有：

1. ［意大利］约翰·普兰诺·加宾尼《蒙古行纪》
2. ［波兰］本尼·迪克特《波兰人教友本尼迪克特的叙述》
3. ［法］威廉·鲁布鲁克《鲁布鲁克东行纪》
4. ［西班牙］阿布·哈桑·阿里·伊本·塞义德《马格里布》
5. ［意大利］马可·波罗《游记》
6. ［意大利］鄂多立克《东游录》
7. ［意大利］裴哥罗梯《通商指南》
8. ［英］曼德维尔《曼德维尔游记》等约计10部著作

13—14世纪蒙古治下的欧亚世界，道路的畅通为人员频繁往来提供了现实基础，而那些现今存文或者存目的载记则又血肉俱丰且细碎多元地印证着13—14世纪世界互联互通的情形。也正是借助这些载记，外邦人士眼中的"中国形象"传播至世界，而中土作者笔底的"异域景象"也进入中国表达之中，这些人群以及他们的纪行作品不期而然地改变着元朝的创作人群和创作格局。另外，通过13—14世纪丝路纪行文学文献的整理与研究，不仅可以参与到17世纪以来世界学术和中国学术相互关联的研究中，而且与当代中国"一带一路"倡议创想实现内在精神的接轨，具有深远的历史意义和现实文化意义。

# 第二章　中外交流视角与13—14世纪丝路纪行创作的研究及深度解读·西游纪行系列

　　13世纪蒙古兴起，一方面以武力征服西域诸国，继而开始入主中原，建立起了一个横跨亚欧大陆的强大帝国，极大程度地打破了中原与西域之间的隔膜，为中原与西域之间的相互交往提供了空前的机遇；另一方面蒙古人对驿站建设的重视使这种机遇得以实现。大批中原人士带着不同的目的西游，留下了不少西游的纪行作品，这些作品以多种不同的视角来观照西域，使自古形成的西域形象受到冲击，新的西域形象得以重新建构。

　　丘处机一行人以宗教身份西行觐见，最先将西域形象形诸笔端，写成《长春真人西游记》一书，旁及西域的山川地貌、风俗人情等各个方面，值得注意的是丘处机一众人以方外之士的目光审视西域文化，颇能够做到公正客观，其中自然环境的描写多被赋予道教气息，成为体道、证道的载体。相比丘处机一行人的来去匆匆，耶律楚材在西域逗留六年之久，《西游录》中关于西域人情习俗的记述更加让人信服。丘处机及耶律楚材都是身在高度汉化的金朝的统治之下，仍然算不得真正的汉人，真正以汉族的视角来描述西域，当数彭大雅和徐霆的《黑鞑事略》，彭大雅、徐霆两人出使蒙古时正值灭金的关键时刻，这时虽然蒙古、南宋双方能够保持相对的和平，但是蒙古的强大不能不让南宋担忧，所以彭大雅、徐霆两人出使多了一重刺探情报的目的，这反映在《黑鞑事略》的内容上，对与蒙古强大相关的马四、军事方面记述得尤其详细,这时彭大雅等对西域文化的态度实际上比较能够代表当时汉人对待西域形象的心态。前面几人都是以他者的角度来观照西域文化,刘郁的《西使记》则比较能够站在蒙古的立场上展开叙述,这得益于常德出生时距离金朝灭亡相去不远,对于蒙古有着比较强的认同感,这就使得常德在记叙西行历程中的所观所感时带有比较强烈的自豪感。总体来说,西游纪行的系列作品,在以不同的视角呈现西域文化的同时,也共同构建了一个更加完整的西域形象。

## 第一节 西游纪行系列之一:《长春真人西游记》的研究与细读

13—14世纪成吉思汗及其后代的征略活动在给世界带来灾难的同时,也带动了人口、文化的交流,在此期间无数被俘虏的工匠、医卜等各个行业的人们开始效力于蒙古。1208年起蒙古在对金朝进行侵略蚕食时,客观上也促进了蒙古与金朝、南宋之间的人口往来,不少本属于金、南宋的人才受到成吉思汗的征召,西行觐见,全真教教主丘处机就是其中之一。全真教是金统治的中原地区的新道教之一,由陕西咸阳人王嚞(1113—1170)所创,经过多年的传教,到丘处机时全真教已经颇为兴盛,身为教主的丘处机本人也受到金、南宋统治者的多次召见。在蒙金战争爆发之后,全真教的道观受到一定的破坏,但是随着丘处机奉诏西行,使得全真教捷足先登,一跃成为北方宗教团体中最受蒙古统治者青睐的一支,全真教也由此迎来了鼎盛时期。

丘处机(1148—1227),字通密,道号长春子,登州栖霞(今属山东)人。丘处机很小的时候,父母双亡,由亲戚抚养长大,1166年,丘处机到宁海昆嵛山出家。后来得知全真教的创始人王重阳正在海宁,于是便拜王重阳为师。丘处机追随王重阳之初,主要是做一些文书性质的工作,这就促使他不断地提高自己的文化素养。他有惊人的记忆力,悟性也很高,很快学会了作诗,并以此作为传达道法的重要手段。金大定十二年（1172），王重阳仙逝两年之后，丘处机入磻溪（今陕西境内）修道，其间丘处机在关陇的名声越来越大，《长春真人成道碑》中记述："闻其风者，梯山航海以来观；游其门者，步武抠衣而上问。声名籍甚，山斗具瞻。"[1] 后来，丘处机受到金朝统治者的多次征召，使丘处机在金朝的地位越来越高，众多达官贵人、当代名臣皆以之为友，全真教在金朝上层的影响越来越深远。金贞祐元年（1213），蒙古开始进攻金朝，丘处机看到金朝气数已尽，再也没有回应金朝的征召，而是静观其变。丘处机先后拒绝了金和南宋的邀请，于1219年接受成吉思汗的邀请开始西行，随行的弟子李志常将丘处机的这次西行经历记录下来，写成《长春真人西游记》。

《长春真人西游记》作为一部重要的道教游记文献，讲述的是丘处机受蒙古帝国皇帝成吉思汗的邀请从黄海之滨到东亚大雪山（今阿富汗兴都库什山）传授长生之术的经历，其内容丰富，不仅详细地记录了丘处机的西行路线、沿途的山川地理、人文习俗、宗教文化，还对丘处机西行途中所作的诗歌、与朋友之间往来的应答、与成吉思汗三次论道的过程也进行了细致的描写。正如孙锡的序中所言"门人李志常从行者也，掇其所历而为之记。凡山川道里之险易，水土风气之差殊，与夫衣服、饮食、百果、草木、禽虫之别，粲然靡不必载，目之曰《西游》而征序于仆"[2]。丘处机和李志常虽属道教，但是都有着深厚的文学底蕴，因此成就了《长春真人西游记》这样一篇既有李志常文约事尽的叙述又有丘处机即景兴诗的诗篇；既有浓厚的"道教"气息又有济世救人的儒家情怀；既有匪夷所思的神异趣事又有详尽写实的风物人情的游记。王国维称赞道"其为是《记》，文约事尽。求之外典，惟释家《慈恩传》可与抗衡，三洞之中，未尝有是作也"[3]。《长春真人西游记》在地理、历史、风俗、文学等方面的丰富记录，引起近代以来越来越多的学者的重视。

---

[1] 陈垣：《道家金石略》，文物出版社1988年版，第587页。
[2] （元）李志常著，党宝海译注：《长春真人西游记》，河北人民出版社2001年版，第1页。
[3] 王国维：《〈长春真人西游记校注〉序》，清华大学国学研究院主编，方麟选编《王国维文存》，江苏人民出版社2014年版，第660页。

## 一 研究现状

《长春真人西游记》成书之后没能广泛地流传,并在很长的一段时期处于无人问津的地步。直到清乾隆六十年(1795),著名学者钱大昕等在苏州玄妙观发现这部著作,并且抄录下来,《长春真人西游记》才正式为世人所知,此后其价值才开始逐渐受到学术界的重视。20世纪以来,随着蒙古史和舆地之学热潮的兴起,这部游记受到越来越多的学者的关注。

首先是着眼于对《长春真人西游记》进行校、注、译以及地理方面的考证。其中较早的是丁谦作于1915年的《长春真人西游记地理考证》[中华民国4年(1915)浙江图书馆校刊],在该文末,作者对西辽的都城、疆域进行了详细的考证。其后则是王国维作于1926年的《长春真人西游记校注》二卷(收录于《王国维遗书》,上海古籍书店1983年印行)。该著精于考辨,以详博闻名。再者,张星烺编《中西交通史料汇编》,也收录此书并作有考释,他的《长春真人西游记》注本参考王国维的成果,注解127条,弥补了王国维注解的不足。著名地理学家陈正祥博士在其《中国游记选注》(商务印书馆香港分馆1979年版)中同样收纳校注了《长春真人西游记》,该本校注详细,且附有地图。另纪流注译的《成吉思汗封赏长春真人之谜》(中国旅游出版社1988年版),不仅旁征博引、有详细的注释,而且注译了耶律楚材编成的记录丘处机向成吉思汗传道的详细内容的《玄风庆会录》。党宝海译注的《长春真人西游记》汇集众说,在文言之后有详细通俗的白话译文以供参考。

自《长春真人西游记》发现以来,也受到国外学者的广泛研究与重视,被翻译成多种语言文字出版。第一个外译本是巴拉第·卡法罗夫的俄文译本,其刊于1866年的译本第四卷正确汉译应为《俄罗斯北京布道团成员著作集》。张星烺言"一八六六年,俄国驻北京总主教拍雷狄斯将《长春真人西游记》全书译成俄文"[①],同时冯承钧译法国

---

① 张星烺:《中西交通史料汇编》第5册,中华书局1978年版,第71页。

伯希和《评长春真人西游记译文》中也道及"道院长 Palladius 曾将此记全文译为俄文（1866）"①，对于编者巴拉第·卡法罗夫汉译称谓的辨析与纠正，陈开科《浅析巴拉第·卡法罗夫译注〈长春真人西游记〉》有详细的说明。1867 年，法国人鲍梯将《长春真人西游记》译为法文，但由于鲍梯仅仅依据魏源的《海国图志》，该本错译甚多。1910 年，俄国人勃莱脱胥纳窦将《长春真人西游记》译成英文，载于其著《中世纪研究》第一期。后英国著名汉学家威礼重新将此书译成英文，题为《一个道士的行记：在成吉思汗召唤下长春真人从中国到兴都库什山的旅程》。日本的岩村忍也曾用日语翻译《长春真人西游记》。

　　在具体内容的研究上，也取得了一些成果。如钟婴《〈长春真人西游记〉述评》②以时间、地点为线索概述了《长春真人西游记》的内容，并指出丘处机一行人的使命、动机与目的是传道及拯救万民，指出"这是一次非常特殊的'朝圣行'，是一次感人的壮游"③，并且，从作品的风情描写与道家的审美意识两个方面进行了深入分析，且敏锐捕捉到两者之间的内在联系。唐明邦《一言止杀，功垂万代——读〈长春真人西游记〉》主要捕捉丘处机一路西行途中所历的艰险、所做的功绩，对其罢干戈、致太平、解民于倒悬的理想和功勋进行了讴歌。盖建民《丘处机与〈长春真人西游记〉的地理学价值》则从地理方面肯定了丘处机西行的价值，指出丘处机一行的旅行路线是沿着北纬的蒙古高原经新疆进入中亚地区，"大部分线路是过去中土人士所未到过的"，"首先仅就路程而言，远远超过汉代的张骞；就《长春真人西游记》所描绘的具体的地理线路而言，也有别于《法显传》和《大唐西域记》。其次，《长春真人西游记》以精练的笔触描述了 13 世纪蒙古高原、西域及中亚一带的自然景观，包括沿途数万里经过的高山、峡谷、河流、湖泊、沙漠、森林、绿洲的气候植被，地质地貌，为后人留下了极为难得的自然地

---

① 冯承钧：《西域南海史地考证译丛》五编，商务印书馆1995年版，第29页。
② 钟婴：《〈长春真人西游记〉述评》，《杭州师范学院学报》1995年第1期。
③ 钟婴：《〈长春真人西游记〉述评》，《杭州师范学院学报》1995年第1期。

理学资料"①。

总体而言《长春真人西游记》的研究，由最初的校、注、译方面逐渐开始转向其作品具体内容的研究，并且，这些内容方面的研究基本是从史料学、史学的视角展开，如书中所记载的历史、地理、民俗方面的史料等。但是，融诗文于一著的《长春真人西游记》，实亦具显在的文学书写特色，而从丝路纪行文学的视域，我们也确实可以对其文学书写价值有所考察。

## 二　文本细读

《长春真人西游记》分为上、下两卷及附录，全文约1.9万字。卷首有西溪居士孙锡所作的序，卷末附有成吉思汗给长春真人的诏书、圣旨、燕京尚书省石抹公请求长春真人主持天长观的请疏等。全书按时间线大体可以分为西行前、西行中及西行后三个部分，其中西行中的见闻与活动又是全书的主体书写内容。

根据《长春真人西游记》记载，元太祖十五年（1220）丘处机选弟子18人于农历正月十八日从山东莱州启程，途经潍阳（今山东潍县）、青州（今山东益都），二月二十二日至卢沟抵达燕京（今北京）作醮于大天长观（太极宫）。

在此段行程中，李志常记载了几件逸闻趣事。据《长春真人西游记》载，二月初，丘处机真人一行人到达济阳时，会众说十八日有数只鹤从西北飞来，第二日又有成百上千只鹤上下飞翔，所以有云"今始知鹤见之日，即师启行之辰也"②。在燕京天长观作醮时，又记载一事："时方大旱，十有四日，即启醮事，雨大降。众且以行礼为忧，师于午后赴台将事，俄而开霁。众喜而叹曰：'一雨一晴，随人所欲，非道高德厚者能感应若是乎。'"③ 作为一本道教游记，书中类似宣扬道法神异之事不胜枚举，这既是宣传道法的一种方式，也在颂扬丘处

---

① 盖建民：《丘处机与〈长春真人西游记〉的地理学价值》，载丁鼎主编《昆嵛山与全真道——全真道与齐鲁文化国际学术研讨会论文集》，宗教文化出版社2006年版，第255—230页。
② 《长春真人西游记》，第10页。
③ 《长春真人西游记》，第13页。

机真人道法精深、德高望重。值得一提的是,《长春真人西游记》亦载及"凡士马所至,奉道弟子以师与之名,往往脱欲兵之祸"的情况。在当时动乱的大环境下,只凭借丘处机起的道号就可以免受兵甲之祸,可见当时全真道的繁盛,以及长春真人本人非凡的社会影响力。

随后出居庸关,五月到德兴(今河北涿鹿)龙阳观度夏,八月初宣德州(今河北宣化)朝元观,后来又返回德兴在龙阳观过冬。十一月十四日赴龙岩寺,辛巳上元节(1221年正月十五)醮于宣德州朝元观。此间亦多神异之事的描写。如:"中元日,本观醮。午后传符授戒。老幼露坐,热甚,悉苦之。须臾,有云覆其上,状如圆盖,移时不散,众皆喜跃赞叹,又观中井水可给百众,至事逾千人,执事者谋他汲,前后三日,井泉忽溢,用之不竭。是皆善缘天助之也。"从山东莱州到宣德州这一段路程,丘真人都曾到过,故其所见所闻与以前没有本质上的区别,在心境上亦无明显变化。如写龙阳观的一段:

其地爽垲,势倾东南,一望三百余里。观之东数里有涌泉,清泠可爱。师往来期间,有诗云:"午后迎风背日行,遥山极目乱云横。万家酷暑熏肠热,一派寒泉入骨清。北地往来时有信,东皋游戏俗无争。溪边浴罢林边坐,散发披襟畅道情。"①

李志常这段景色描写的清俊、通脱,"清泠可爱"一词更是颇具道家的"虚静"的韵味,与之相应的是丘处机写的诗作也给人闲静、洒脱、自在之感,就风土环境来说,龙阳观周边的景色还与中原没太大的差别,景色的宜人、生活的闲适,还有友人书信来往的频繁都使得丘处机心情大好。

在宣德,丘处机给成吉思汗上表请求在此地等待成吉思汗,以求觐见,但十月间,成吉思汗回召拒绝了丘处机的请求,并邀请丘处机继续西行。因此,元太祖十六年(1221)二月八日,丘处机一行自宣德启程。十日,宿翠屏口(今河北万全县翠屏山山口)。十一日,北

---

① 《长春真人西游记》,第17页。

度野狐岭（今张家口西北扼胡岭），俯视太行诸山，后北过抚州（今内蒙古兴和县）。十五日，过盖里泊（今伊克勒湖），行五日，出明昌界，后进入大沙漠（今内蒙古浑善达克沙地）。三月初，出大沙漠至鱼儿泊（今达里泊）。四月初，至成吉思汗幼弟斡臣大王帐下。四月十七日，大王为丘真人送行，二十二日，抵达陆局河（今克鲁伦河）。六月十四日过山渡浅河。二十八日，在"窝里朵"（成吉思汗的宫帐）东边住宿，当时成吉思汗正西征在外。七月九日，向西南行，二十五日，到了田镇海城，由于前路不适合车行，听从了田镇海"宜减车从轻骑以进"的建议，留下宋道安等弟子九人选地为观。八月八日，丘处机带着九位弟子继续西行，沿途经过金山（今阿尔泰山）、白骨甸。八月二十七日，越过阴山（今天山），经过两座小城至鳖思马大城（今新疆吉木萨尔境内）。九月四日，宿轮台（今新疆阜康境内）之东，九日，到达回纥昌巴喇城（今新疆昌吉县境内），二十七日，至阿里马城（今新疆霍城县境内），继续西行至答剌速没辇（今伊犁河）。此后经过大石林牙城、赛蓝城。在赛蓝城时，弟子赵九古因疲惫病重而死。仲冬十八日，到达邪米思干大城（今乌兹别克共和国首都撒马尔干，又称河中府、寻思干）。次年三月上旬，成吉思汗传旨邀请丘处机到行宫觐见。在去往行宫的行程中，又途经碣石城（在今乌兹别克斯坦撒马尔罕以南的沙赫里夏孛兹），以及"小河"（阿姆河北岸支流希拉巴特河）与"大河"（即阿姆河）。四月五日，到达行在，受到成吉思汗的礼遇。

从宣德启程一直到邪米思干大城的这一段路程严格来说是丘处机真正意义上的西行过程，在此之前丘处机接触到的人文地理、风俗习惯乃至信仰都是曾经接触过的，而此段路途对于丘处机来说是十分陌生的。《长春真人西游记》对这段陌生的路途也因此颇有记载。

如其中对异于中原的西域地貌、风景、气候的细致刻画：

> 马行五日，出明昌界。有诗纪实云："坡坨折叠路弯环，到处盐场死水湾。尽日不逢人过往，经年惟有马回还。地无木植惟荒草，天产丘陵没大山。五谷不成资乳酪，皮裘毡帐亦开颜。"

又行六七日，忽入大沙陀。其碛有矮榆，大者合抱。东北行千里外，无沙处绝无树木。土人云："常年五、六月有雪。今岁幸晴暖。"师父易其名曰"大寒岭"。①

前一段是丘处机过盖里泊、出明昌界时所描绘的风景：道路崎岖，到处是盐场和即将干涸的死水湾，地上只有荒草，终日不见过往行人，偶尔来往的也是草原上的牧民及征战四方的将士，俨然一幅大漠荒原的景象。这样的环境使得丘处机一行人显得特别的孤寂，这恐怕也是丘处机在看到毡帐和穿着皮袭的人亦开颜的原因。因为远行异域，中原人已经很难见到了，而在这一望无际的荒草与沙漠丘陵之中能够看到人烟，也是聊以慰藉了。后一段是关于丘处机一行人入"大沙陀"（即今浑善达克沙地）的记述。根据引文，这里的沙碛上长有矮榆树，大的能够两手合围。这里的气候殊异，因为其常年在五、六月份的时候会下雪。丘处机因第一次接触到如此奇异的气候，更是给这里起名叫作"大寒岭"。而在此后一路西行中，这样的气候实际上几乎始终伴随丘处机一行的西行。

在这一行程的记述与诗歌书写中，亦不乏对西域人民的生产、生活、习俗、信仰的记载：

又行十日，夏至。量日影三尺六七寸，渐见大山峭拔，从此以西，渐有山阜，人烟颇众，亦皆以黑车、白帐为家。其俗牧且猎，衣以韦毳，食以肉、酪。男子结发垂两耳。妇人冠以桦皮，高二尺许，往往以皂褐笼之，富者以红绡。其末如鹅鸭，名曰"故故"。大忌人触，出入庐帐需低徊。俗无文籍，或约之以言，或刻木为契。遇食同享，难则争赴。有命则不辞，有言则不易。有上古之遗风焉。以诗叙其实云："极目山川无尽头，风烟不断水长流。如何造物开天地。到此令人放马牛。饮血茹毛同上古，

---

① 《长春真人西游记》，第27页。

鹅冠结发异中州。圣贤不得垂文化，历代纵横只自由。"①

这段文字详细描写了蒙古民族的聚居住所，以放牧打猎为生的习俗，以及饮食穿着。其中的"大山"，学者考证为蒙古乌兰巴托附近的山脉，在北纬47度21分附近②。这里比较值得注意的是蒙古人的打猎和文字。打猎可以说是伴随蒙古人终生的活动，彭大雅《黑鞑事略》曾记载，蒙古人的孩子在很小的时候就会用木板绑在马上跟着母亲出行，三岁的时候跟着大人骑马驰骋，四五岁就在骑马时带着小弓、短箭，长大之后一年四季都会从事打猎的活动③。蒙古人如此重视打猎，除了打猎是他们获取食物的重要途径外，还与军事活动息息相关。《世界征服者史》中即讲道："成吉思汗极其重视狩猎，他常说，行猎是军队将官的正当职司，从中得到教益和训练是士兵和军人应尽的义务。[他们应当学习]猎人如何追赶猎物，如何猎取它，怎样摆开阵势，怎样视人数多寡进行围捕。因为，蒙古人想要行猎时，总是先派探子去探看有什么野兽可猎，数量多寡。当他们不打仗时，他们老那么热衷于狩猎，并且鼓励他们的军队从事这一活动：这不单为的是猎取野兽，也为的是习惯狩猎锻炼，熟悉弓马和吃苦耐劳。"④蒙古族没有自己的文字，彭大雅《黑鞑事略》也有提及："鞑人本无字书，然今之所用，则有三种，行于鞑人本国者，则只用小木，长三四寸，刻之四角。且如差十马，则刻十刻，大率只刻其数也。其俗淳而心专，故言语不差。其法说谎者死，故莫敢诈伪。虽无字书，自可立国。此小木即古木契也。"⑤

对于曾居住数月的邪米思干城的地理环境与风土人情，《长春真人西游记》亦有详致的记载：

---

① 《长春真人西游记》，第32页。
② 《长春真人西游记》，第32页。
③ （宋）彭大雅著，（宋）徐霆疏，许全胜校注：《黑鞑事略》，兰州大学出版社2014年版，第116页。
④ ［伊朗］志费尼：《世界征服者史》，何高济汉译本，内蒙古人民出版社1980年版，第29—30页。
⑤ 《黑鞑事略》，第61页。

男女皆编发，男冠则或如远山，帽饰以杂彩，刺以云物，络之以缨。自酋长以下，在位者冠之。庶人则以白么斯（布属）六尺许盘于其首。酋豪之妇缠头以罗，或皂或紫，或绣花卉、织物象，长六、七尺。发皆垂，有袋之以棉者，或素或杂色；或以布帛为之者。不梳髻，以布帛蒙之，若比丘尼状，庶人妇女之首饰也。衣则或用白氎缝如注袋，窄上宽下，缀以袖，谓之衬衣，男女通用。

车舟农器制度颇异中原。国人皆以鍮石铜为器皿，间以磁，有若中原定磁者。酒器则纯用琉璃，兵器则以镔。市用金钱，无轮孔，两面凿回纥字。

其人物多魁梧有膂力，能负载重物不以担。妇人出嫁，夫贫则再嫁，远行逾三月者，则亦听他适。异者或有须髯。国中有称大石马者，识其国字，专掌簿籍。遇季冬设斋一月。比暮，其长自刲羊为食，与席者同享，自夜及旦。余月则设六斋。又于危舍上跳出大木如飞檐，长阔丈余。上构虚亭，四垂璎珞。每朝夕，其长登之，礼四方谓之告天。不奉佛，不奉道。大呼吟于其上，丁男、女闻之，皆趋拜其下。举国皆然，不尔则弃市。衣与国人同，其首则盘以细么斯，长三丈二尺，骨以竹。

上引对蒙元时期中亚的邪米思干城的记载，涉及男女服饰、车舟农器制度、信仰习俗等诸多方面，且均十分详细。根据记载可知，邪米思干城里的居民无论男女，皆编发，不梳发髻，酋长和以下的官员都戴帽子，而平民则用白么斯布缠头。文中用作器皿的"鍮石铜"其实就是黄铜，由于其颜色金黄，很像是黄金的颜色。至于文中所说当地人用的金币，中间没有轮孔，两面凿有回纥字，这在耶律楚材的《西游录》中同样有记载[①]。所记回纥妇女"或有须髯"，亦为历史实情。亦曾去过邪米思干城的耶律楚材，也有诗云"佳人多碧髯，皎皎

---

[①] （元）耶律楚材著，向达校注：《西游录》，中华书局2000年版，第3页。

白衣裳"①。可知一些西域女子确实长有胡须。信仰习俗方面，据党宝海注"大石马者"为"伊斯兰教的宗教职业者"，可知邪米思干城中人民的宗教信仰是伊斯兰教。伊斯兰教规定，穆斯林每年在该教教历太阴年九月，斋戒一个月，称为"斋月"，在这一个月内，除了病人和旅客，其他人都要进行斋戒，从日升到日落，禁止一切饮食和房事等，只有到了夜晚至太阳出来的这段时间可以饮食。每天早晚他们的首领就会登上亭子向西方施礼，这被称为"告天"，城中的男女听到首领的呼喊、吟诵，就纷纷赶来在下面礼拜，全国都是这样，如果不这样做就会被处死。对于邪米思干大城的殊异习俗，李志常予以了详描，丘处机也"作诗以记其事云"："回纥邱墟万里疆，河中城大最为强。满城铜器如金器，一市戎装似道装。箭镞黄金为货赂，裁缝白氎作衣裳。灵瓜素椹非凡物，赤县何人构得尝。"②

《长春真人西游记》也记录下丘处机一行西行途程的艰险，如其中之述丘处机等翻越金山、穿行大沙地白骨甸的一段行程：

> 中秋日，抵金山东北少驻。复南行，其山高大，深谷长坂，车不可行。三太子出军始辟其路。乃命百骑挽绳悬辕以上，缚轮以下。约行四程，连度五岭，南出山前，临河止泊……渡河面南，前经小山，石杂五色，其旁草木不生。首尾七十里，复有二红山当路。又三十里，咸卤地中有一小沙井，因驻程挹水为食。傍有青草，多为羊马践履。宣使与镇海议曰："此地最难行处，相公如何则可？"公曰："此地我知之久已。"同往谘师。公曰："前至白骨甸，地皆黑石。约行二百余里，达沙坨。北边颇有水草，更涉大沙坨百余里，东、西广袤不知其几千里。及回纥城，方得水草。"师曰："何谓白骨甸？"公曰："古之战场，凡疲兵至此，十无一还。死地也。顷者，乃满大势亦败于是。遇天晴，昼行人马

---

① （元）耶律楚材著，谢方点校：《湛然居士文集》卷十二《赠高善长一百韵》，中华书局1986年版，第267页。
② 《长春真人西游记》，第75—76页。

往往困毙。惟暮起夜度可过其半。明日向午得及水草矣。少憩，俟晡时即行。当度沙岭百余，若舟行巨浪然。又明日辰、巳间，得达彼城矣。夜行良便，但恐天气暗黑，魑魅魍魉为祟，我辈当涂血马首以厌之。"①

金山，即今阿尔泰山。据上述，金山山体非常高大，有深深的峡谷和大山坡，地势险峻，一直以来不可通行车辆，直至成吉思汗第三子窝阔台的西征。但尽管窝阔台开辟了相关道路，但是车辆在此还是很难通行。丘处机一行一连走了四天，翻越了五座山峰，才得以走完山道。其后渡河，经数座小山，又面临自然环境极其恶劣的大沙地白骨甸。根据田镇海对白骨甸的介绍来看，白骨甸属于古代的战场，这个地方全都是黑色的石头，征战疲惫的军队来到这里，基本无一能生还。天晴的时候，白天的行人和马匹也往往会被困死在这里，只有"暮起夜度可过其半"，并且需要翻过沙岭百余座才可以到回纥城。可见，丘处机一行的白骨甸之行诚艰险至极。

自远离中原后，长春真人接触到了许多新奇的异域事物，领略了亘古洪荒的风景，虽有"嘉蔬麦饭葡萄酒，饱食安眠养素庸"的闲适生活，但更多的还是西行途中的艰苦跋涉。这些跋涉不仅带来肉体上的历练，也影响到丘处机一行人的心理。《长春真人西游记》不仅记录了丘处机一行的行程见闻，对他们的心路历程变化亦有反映。如在行至田镇海城（今内蒙古科布多附近）的一段行程中，丘处机有诗抒发西行之苦：

当时悉达悟空晴，发轸初来燕子城。北至大河三数月，西临积雪半年程。不能隐地回风坐，却使弥天逐日行。行到水穷山尽处，斜阳依旧向西倾。②

---

① 《长春真人西游记》，第39—41页。
② 《长春真人西游记》，第38页。

丘处机年逾古稀，面对万里之遥，确实无法不感到悲伤。但值得注意的是，尽管艰险的西行之旅，曾让丘处机有作苦于跋涉的感慨，但却也激起一层难得的积极游历心态。如《寄燕京道友》一诗所表达的心境：

此行真不易，此别话应长。北蹈野狐岭，西穷天马乡。阴山无海市，白草有沙场。自叹非元圣，如何历大荒。①

上引诗歌传达的心境显然比较复杂。具体来看，诗歌首联直言这次西行很不容易，颔联也是以两个具体地点证明西行路程十分遥远。野狐岭，在今张家口西北；天马乡，古人把西域看作天马的故乡，此处即以天马乡代指西域。颈联"阴山无海市，白草有沙场"，指出西域无边荒凉的沙漠景观。但是尾联却意思一转：这样遥远艰辛的路程与如此不同于中原的荒漠风景，并未让丘处机心生畏惧，以及担心自己年老体衰不堪西行万里跋涉，而是感叹若非蒙元对西域的征服，自己何能有机会远历大荒绝漠。而这种诗情，在以前的边塞诗与行旅诗中实际很少见到，在丘处机的诗歌创作中，也不失为一种全新的心境表达。

1223年三月，丘处机辞别成吉思汗，一行人沿着来时的线路，开始这次西行的返程，一路舟车劳顿，最终于此年八月回到西行的出发点宣德。自此西行结束，往返时间总计两年六个多月。彼时西行携弟子十八人，回来仅有弟子十七人。回顾西行三载，丘真人感慨良多，有诗云："万里游走界，三年别故乡。回头身已老，过眼梦何长。浩浩天空阔，纷纷事杳茫。江南及塞北，从古至今常。"②诗歌追忆了万里西行的往事，也隐微透露亲历塞北与西域后的广阔眼界。

---

① 《长春真人西游记》，第21页。
② 《长春真人西游记》，第102页。

### 三 文学史意义

关于《长春真人西游记》，王国维先生认为"其是为《记》，文约事尽，求之外典，惟释家《慈恩传》可与抗衡，三洞之中，未尝有是作也"，陈得芝先生有评曰："李志常的《长春真人西游记》是记载十三世纪蒙古高原和中亚历史地理的一部重要著作。在汉文载籍中，它是第一部横贯蒙古高原的亲身游历记录，同时也是唐代以后第一部根据实地见闻记述从天山东部到河中广阔地域的书，其价值可与玄奘的《大唐西域记》相比论。"① 作为这样一部备受赞誉的道教游记，除了地理、宗教、风俗方面的价值，《长春真人西游记》在文学史方面同样具有重要意义。而比起一般的游记散文有所不同，《长春真人西游记》是丘处机的弟子李志常所撰写的，以丘处机为主要人物，这就使得这部游记有两种视角，其一是作者对所经历的风土地理的描写，其二则是丘处机真人在途中的所观所感，其文学史意义亦可一分为二进行讨论。

一方面是丘处机西行诗歌的文学史意义。丘处机真人虽然在西游的过程中所写的诗歌数量不是很多，却真实地记录了西行过程的奇闻异录和观感，与李志常的叙述结合，充分展现了蒙古高原和中亚的风俗人物、地理景观。应当对其文学价值与意义应当给予充分的重视。

首先就丘处机诗歌的思想而言，不同于一般的诗人，丘真人的诗歌中弥漫着浓郁的"道"的气息。这既与丘处机身为道教真人的身份有关，又与全真道教思想分不开。杨镰认为："元诗，特别是元代的道诗，始于丘处机师徒西行谒见成吉思汗。这个时期，要比江南平定早半个多世纪。"在道教思想的影响下，丘处机诗歌当中的景物已经不是单纯的景物，而是受到宗教思想观照之后的景物，成为真人体道、证道、劝道的思想载体，这也束缚了丘处机创作的才华。如顾嗣立在编选丘真人诗时说："长春子西游诗最多奇句，如《龙阳观度贞》云'碧落云峰天景致，沧波海市雨生涯'。《望大雪山》云'南横玉峤连

---

① 陈得芝：《蒙元史研究丛稿》，人民出版社2005年版，第479页。

锋峻，北压金沙带野平'。《寒食日春游》云'岛外更无清绝地，人间惟有广寒天'。惜全首多涉道语。"① 但是同样不可否认的是丘处机悲天悯人、"欲罢干戈致天平"的济世思想，正是道教悲悯情怀和儒家有为思想影响下的产物。这济世思想正是他西游的目的，体现在诗词当中则是那些关心民生疾苦，反映战乱中百姓的遭遇和凋敝的景象。如"十年兵火万民愁，千年中无一二留。去年幸逢慈召下，今年须合冒寒游。不辞岭北三千里，仍念山东二百州。穷急露珠残喘在，早教身命得消忧"，"无限苍生临白刃，几多华屋变青灰"。这些诗歌充满了丘处机对饱受战火摧残的人民的同情。

其次，"丘处机的西域行旅诗开拓了元代异域纪行诗的题材空间跟审美空间，建构了新的西域形象"②，填补了古代诗歌在这方面的空白。在丘处机之前，只有汉唐的诗人才有机会游历西域。在唐诗中，边塞往往是一种与中原对立的、异质的存在空间，常常是以战斗空间的姿态出现，一般不脱离战争，或抒发建功立业的豪情壮志、或言边塞生活的艰苦同情士卒。但是在丘诗中战争则处于边缘地位，以描写西域的风景地理、人文习俗为主，在内容上表现得更加平和。

再次，丘处机西域行旅诗的叙事性和纪实性，显示了元代行旅诗的典型特征。如在阿里马城时，"师自金山至此，以诗纪其行云'金山东畔阴山西，千岩万壑攒深溪……'"，丘处机西游过程中有许多诗都是"至某地，以诗纪其行"的字样，纪实性明显，有意识地记载所见所闻。

最后，丘处机的西域行旅诗风格多种多样，既有劝道传道的道诗，也有描写山水、风物、人情的诗歌。任继愈在《道诗提要》中曾这样描述丘诗："其诗词题材颇广，大抵为抒情言志，纪事写景之作。其登临览胜，讴歌山川，苦旱喜雨，警世愍物，有如仁人志士；其赠答应酬，随机施教，除顽释蔽，论道明心，俨然一代宗师；其居山观海，

---

① （清）顾嗣立：《元诗选二集·总目录·丘真人处机·登寿乐山》，中华书局1987年版，第1343页。
② 黄二宁：《蒙元前期丘处机的西域游历与行旅诗创作》，《中北大学学报》（社会科学版）2019年第4期。

吟月颂松，流连风景，则似隐士文人。"①

另一方面是《长春真人西游记》对游记文学的发展和继承。游记文学始于魏晋，发展于唐宋，到明清时期则进入繁盛。唐代游历之风盛行，但是在唐代的文学领域中诗歌占据主导地位，游记往往是以诗序的形式出现，如柳宗元的《永州八记》一直被视为山水游记的奠基之作。并且，"唐人游记重趣、尚实而含情，往往在对自然景物的客观细致而凝练简洁的精心描写中，传达出游人对大自然的欣赏与沟通。宋人在此基础上努力开拓创新，如在内容方面由单纯的自然审美型向兼重议论说理的复合型，既增加了理性思辨色彩，又在一定程度上提高了游记散文的信息含纳量和社会教化功能"②。而李志常的《长春真人西游记》在继承前代游记散文的基础上，又继续发展，显示出自己独有的特色。

首先，扩展了游记文学所表现的空间，随着成吉思汗的征伐，中国的版图前所未有的扩大，游记文学的表现空间也相应的扩大。《长春真人西游记》叙述从山东出发一直到西域大雪山，游历地域之广，内容之丰富，非其他游记可以媲美。如孙锡在序中所言"师之是行也，崎岖数万里之远，际版图之所不载，雨露之所弗濡"。

其次，正如上文所提，《长春真人西游记》采取两种视角的叙述方法，李志常和丘处机两种视角叙事、纪游，互补互证，有机地交织在一起，构成了独特的游记体式。如"西南约行三日，复东南过大山，经大峡。中秋日，抵金山东北少驻。复南行，其山高大，深谷长坂，车不可行"，据此丘真人有诗云"金山虽大不孤高，四面长拖曳脚牢。横截太山心腹树，干云蔽日竟呼号"。书中类似的例子众多，一般是李志常对景物或事件做客观的陈述，丘真人以此作诗，或发为感慨、或进行印证、或作为总结。这种独特的体式让人耳目一新。

最后，丰富了游记的内涵。如前文所言"唐人游记重趣，尚实而

---

① 任继愈：《道教提要》，中国社会科学出版社1991年版，第913页。
② 杨庆存：《宋代散文体裁样式的开拓与创新》，《中国社会科学》1995年第6期。

含情……宋代又在一定程度上提高了游记散文的信息含纳量和社会教化功能",唐人的游记注重景色本身的刻画,借以表达对自然的欣赏,至柳宗元借山水以抒幽情,到了宋代加入理性思辨色彩,多发为议论,给人哲理性的启迪。而至《长春真人西游记》又有不同,作为一部道教游记,除了表现个人情感的变化,其背后还寄寓着传道的宗教目的。当然《长春真人西游记》与同作为道教游记的法显的《佛国记》、玄奘的《大唐西域记》又不一样,它除了背负的传道的宗教任务之外,更有止杀救世的重任,甚至可以说"罢干戈致太平"就是丘处机西游的最重要的目的,这便又赋予了游记新的内涵与生命。

## 第二节 西游纪行系列之二:《西游录》及西域诗研究与细读

在金元易代之际,有不少人员西行蒙古。其中很大一部分是受金朝皇帝派遣出使蒙古的官员,如马庆祥、冯延登等,这些人的主要目的是代表金朝向蒙古求和,消弭战争,也有一些是因受到成吉思汗征召,为实现自己的雄心壮志而西行,耶律楚材即其中比较典型的例子。

耶律楚材是辽国开国皇帝阿保机长子图欲的八世孙,到伯祖父德元始归金朝。从辽到金,耶律楚材的家族虽有荣枯,但是基本上都属于诗书仕宦之门。耶律楚材的八世祖图欲的辽汉文章都做得很好,而且善画,又酷爱书籍,曾藏书万卷。耶律楚材的父亲耶律履更是一位通儒教、重儒术的人。这样的家庭给耶律楚材最深的影响便是宗儒重教和建功立业。耶律楚材也常以先辈为榜样,有诗云:"我受先人体,兢兢常业之。"[1]《元史》记载耶律楚材"及长,博及群书,旁通天文、地理、律例、术数及释老医卜之说,下笔为文,若宿构者"[2]。在投效蒙古政权之前,耶律楚材已经在金朝为官,从十七岁做省掾,到二十四岁便已经做到了开州同知。在中都沦陷后的1218年,耶律楚材应成

---

[1] (元)耶律楚材著,谢方点校:《湛然居士文集》卷一二,中华书局1986年版,第271页。
[2] 《元史》卷一四六《耶律楚材传》,中华书局1976年版,第11册,第3455页。

吉思汗征召西行，此后随成吉思汗征战花剌子模，在西域历时六年，行程六万里。东归中原的四年之后，撰成《西游录》一书，记录下其西行经历。

《西游录》分为上、下两卷及序言一篇，全书共五千余字。上卷着重记叙了1218年耶律楚材受成吉思汗征召西行，在此后数年中随成吉思汗征战过程中的所见所闻，多涉及自然景观和人文风俗的记载；下卷以"三圣人教正邪之辨"为主要内容，用近两倍于上卷的篇幅抨击长春真人丘处机，表达了其佛教思想。《西游录》在成书之后并没有产生很大影响，但近代以来，由于其在历史、地理方面的价值，开始逐渐进入人们的视角，对于《西游录》的研究也开始旁及方方面面。

**一 研究现状**

《西游录》成书于1228年，刊行于1229年，原刊本末有"燕京中书侍郎宅刊行"的字样，可以表明是家刊自印之本。自刊行不久之后就成为人所罕见之书。据陈垣先生研究，应该是耶律楚材父子信仰之异趣所致，耶律楚材在文中猛烈抨击丘处机及全真教，而其子耶律铸则非常喜欢道教，故耶律楚材去世后便不再刊行，从而成为人所罕见之书。

作为"十三世纪记述天山以北和楚河、锡尔河、阿姆河之间历史地理最早最重要的书"[①]之一，《西游录》具有很高的学术价值。历代学者在其卷帙、版本、辑佚、校注等工作上用力甚勤，今人亦在前人的基础上不断开拓创新，在史学、文学方面有专门的研究。20世纪以来，随着研究理论的创新，《西游录》的研究呈现了向现代学术稳步前进的趋势，这主要表现在完备的校注、译本产生、系统的研究著作及丰富的专题论文相继问世。据统计，至今对《西游录》进行研究整理的专著有十余部，相关的研究论文也达五十余篇，笔者择取其中有代表性和创见性的成果，并分别从《西游录》的文献整理和研究两方

---

① （元）耶律楚材著，向达校注：《西游录》，中华书局2000年版，"前言"第3页。

面的情况加以综述。

（一）《西游录》的文献整理

《西游录》有原本和节录本两种。《西游录》自1229年自行发刊后流传稀少。盛如梓《庶斋老学丛谈》节选了上卷关于西游地理的部分内容，在其他文献如《至元辨伪录》《清赏录》《汉西域图考》等也偶有记载，但都为节选，流传中缺乏系统、流于驳杂。明清时期以及民国初期有学者沈曾植、李文田、范金寿、丁谦、张相文、张星烺等对其进行校注、考据，主要依据《丛谈》中的节录本。直到民国15年（1926）春，日人神田喜一郎（字信畅）在日本宫内省图书寮发现一旧钞本足本，完整的《西游录》才重新为中国学术界所知。后来的学者如罗振玉、王国维、姚从吾、张相文、向达等也都根据神田发现的足本进行深入研究。国外进行翻译、注释、考据的学者主要有俄国的勃莱脱胥纳窦（E. Bretschneider）、澳大利亚的罗依果（Igor de Rechewiltz）和日本的中野美代子等。

（二）《西游录》的研究情况

首先是对《西游录》进行的校注译方面的工作。清代嘉道以后，学者喜治西北地理，对《西游录》的校注则是根据元代盛如梓《庶斋老学丛谈》卷上节录《西游录》上篇有关西游地理的部分。沈曾植（1850—1922年）有《西游录笺注》。沈氏是最早研究此书的中国学者之一，其笺注稿本未经刊刻，故不为世所知。光绪二十一年李文田（1895）作《〈西游录〉注》，见于《灵鹣阁丛书》第四集，光绪二十三年（1897）元和江标刊，后经盛如梓删略，由中华书局于1985年出版。李氏注释，多注年月、地名、山川、人名、物产、风俗等，其中多引耶律楚材《湛然居士集》、相关诗文以及《史记》以来历代正史并《西陲要略》《万里行程纪》《松漠纪闻》《北边备对》《北史记》《大唐西域记》《长春真人西游记》《皇舆西域图志》《西域水稻记》《西域图考》《至元译语》《职方外纪》《庶斋老学丛谈》等书，又附俞浩《西域考古录》所引《西游录》及俞氏注文。国家图书馆藏有李文显补李文田注本。后范寿金又撰《元耶律文正公西游录略注补》①一卷,见《聚学轩丛书》第四集。宣统年间,罗振玉刻《玉简斋丛书》本。民国4年(1915),丁谦注《元耶律楚材西游录地理考证》,见于《浙江图书馆丛书》第二集,专释地理,他事多略。民国8年(1919),张相文为《耶律楚材西游录今释》,初名有《西游录今释》,发表于《地学杂志》,正李、范二氏之谬误不少,后又收入《南园丛稿》。民国19年(1930),张星烺作《耶律楚材之〈西游录〉》,收录在《中西交通史料汇编》第七编第九章《元代游历中亚之记载》第一节,"释地较详,但大都依据英文勃莱脱胥纳窦(E. Bretschneider)的考证,其对中西交通史地名的考释,用力甚专,故所释也多有可取"②。因此书足本发现的时间较短,对此书全文校注者很少。王国维有《西游记校注》稿本存世,但未刊布。1962年姚从吾作《耶律楚材〈西游录〉足本校注》,发表于《大陆杂志》1962年特刊第二辑,其校注"考证史事,则多从王静安、陈援菴、张蔚西先生诸家之说;解释地理,则多从俄人巴提候耳得(W. Barthold)在《回教百科全书》中的专题论述。余如张星烺氏,冯承钧氏,熟于中西交通掌故,卓见精论,亦附酌加采用"③。1981年中华书局出版的《西游录》系向达校注,似据神田本,而参照王国维抄本及罗振玉印本校改。该书在向达去世时已完成初稿,后又经陈得芝、张广达补注,虽注释偶有疏漏之处,但仍不失为目前最佳而又易得的版本。

  国外的研究主要有俄人勃莱脱胥纳窦于同治十三年(1874)译《西游录》节本为英文,刊于所著《中古中国游历家》(*Chinese Mediaeval Travellers*),白寿彝对其校注进行翻译,作《耶律楚材西游录(节本)考释》,载《禹贡》半月刊第七卷第一二三合期;光绪十三年(1887)又以之重刊于其《中世纪研究》(*Mediaeval Researches*)第一册中,并有考释,"勃莱脱胥纳窦能糅用帝俄时代俄国学者研究中亚

---

  ① 《聚学轩丛书第4集周公年表元耶律文正西游录略》,江苏广陵古籍刻印社1982年版,第27—86页。
  ② 姚从吾:《耶律楚材〈西游录〉足本校注》,载《辽金元史研究论集》,大陆杂志社1962年版,第66页。
  ③ 《耶律楚材〈西游录〉足本校注》,第62页。

历史与地理的一部分成果,至为难得"①。1962年,在澳大利亚坎伯剌(Canberra)大学留学的意大利青年罗依果(Igor de Rechewiltz)在"The Hsi-yulu"中也对此书作了译注。另外,日本现代中国文学翻译与研究家中野美代子也对《西游录》进行过翻译。

其次是基于《西游录》的文学方面的研究。前人言《西游录》之文学价值,较为零散,不成体系。系统性的阐发是20世纪以来得以出现并发展的。关于《西游录》的研究很少关注其文学成就,而是着重在历史研究范围。从20世纪80年代开始,对其文学地位、影响的评价论述的比较少,有时也有一些新的见解,如张啸虎认为耶律楚材的散文观点精辟、析理明晰,语言流利、笔力雄健,但仅点到为止。相关论文有樊保良《耶律楚材及其〈西游录〉杂议》②和李慎仪《耶律楚材评传》③2篇。到了20世纪90年代,学者们开始关注《西游录》的思想内容和艺术成就。刘孝严《中华百体文选》中评价《西游录》,"作者没有拘泥于一般的泛泛介绍,而是突出了每一地方的特色,生动地描绘了金山的群峰、乱礐,阿里马的林檎,芭榄的杏,寻思干的家必有园、园必成趣等""读起来倍感新鲜亲切"④。相关论文有王月珽《论耶律楚材的宗儒重禅》⑤。21世纪初,学者们对《西游录》研究拓展为"一体多元"的新文学史观,把《西游录》放进北方少数民族与金元文化、宗教文化等多向交流的文化背景中来审查,进一步拓宽对其审美心理、审美价值、创作成就及影响贡献等全方面的研究范畴。张新科在《中国古代文学下》中评价《西游录》,"风格简约雅洁,对后世的游记散文产生了一定的影响"⑥。相关论文有么书仪《面对佛道二教的耶律楚材》⑦,宋晓念《〈西游录〉中耶律楚材的三教思

---

① 《耶律楚材〈西游录〉足本校注》,第66页。
② 樊保良:《耶律楚材及其〈西游录〉杂议》,《新疆社会科学》1985年第6期。
③ 李慎仪:《耶律楚材评传》,《史学月刊》1981年第4期。
④ 刘孝严:《中华百体文选》,中国文史出版社1998年版,第210页。
⑤ 王月珽:《论耶律楚材的宗儒重禅》,《内蒙古大学学报》(哲学社会科学版)1990年第4期。
⑥ 张新科:《中国古代文学下》,陕西师范大学出版社2018年版,第50页。
⑦ 么书仪:《面对佛道二教的耶律楚材》,《文学评论》2000年第2期。

想辨析》①，樊运景、王旭《试论金末元初文人的蒙古之行及创作》②等十余篇。

再者则是《西游录》有关的史学方面的研究。著名学者向达在校注《西游录》时，于其未完之作《前言》中说："记地理和反道教的两部分都很重要。"③ 他又指出，《西游录》《长春真人西游记》二书，"都是十三世纪记述天山以北和楚河、锡尔河、阿姆河之间历史、地理最早最重要的书"。姚从吾《耶律楚材〈西游录〉足本校注》中也评价"就史料研究说，至为难得"④。

20世纪80年代以来，对《西游录》的文献整理系统已经成熟，开始出现大量的专门对《西游录》进行史学研究的专著、论文等。进入21世纪，对于《西游录》的研究更加丰富。其研究方向逐渐呈现多元化，主要方向有史地学研究，相关论文有刘迎胜《察合台汗国疆域与历史沿革研究》⑤、周少川《元代史学的世界性意识》⑥、周少川《元朝的开放意识与域外史研究》⑦ 等7篇。成吉思汗西征年代和文化交流史研究，相关论文有张玉祥《蒙古军队攻取中亚讹答剌城之时间考辨》《蒙古军队进军中亚若干地区之时间考辨》、董飞《成吉思汗西征史料：编年与研究》等十余篇。政治和社会生活史研究，相关论文有默书民《蒙元邮驿研究》、奥林胡《成吉思汗时期的驿站交通探析》、陈广恩《元代西北经济开发研究》等十余篇。佛道教史研究，相关论文有李洪权《全真教与金元北方社会》、常德胜《蒙元王朝初期的佛道之争》、周郢《蒙古汗廷与全真道关系新证——新发现的蒙古国圣旨（懿旨、令旨）摩崖考述》等5篇。

整体来说，20世纪以来对《西游录》的文学创作、学术思想、学

---

① 宋晓念：《〈西游录〉中耶律楚材的三教思想辨析》，《大连民族学院学报》2015年第4期。
② 樊运景、王旭：《试论金末元初文人的蒙古之行及创作》，《内蒙古大学学报》2014年第4期。
③ （元）耶律楚材著，向达校注：《西游录》，中华书局2000年版，"前言"第3页。
④ 《耶律楚材〈西游录〉足本校注》，第63页。
⑤ 刘迎胜：《察合台汗国疆域与历史沿革研究》，《中国边疆史地研究》1993年第3期。
⑥ 周少川：《元代史学的世界性意识》，《史学集刊》2008年第3期。
⑦ 周少川：《元朝的开放意识与域外史研究》，《河北学刊》2008年第5期。

术视野的研究有所拓展，而且还带动对整个金元文学的研究。但是，也应该注意到的是关于《西游录》的研究，多关于其历史、地理、风俗等，而真正关于其文学方面的研究则比较少。

## 二 文本细读

如前所言，《西游录》一书分为上、下两卷及序言，上卷写西游的经过，以意气风发的热情描写西域的风物人情，下卷则主要是以批判丘处机与全真教为主，阐发自己的政治、宗教立场。下面从序言、上卷、下卷来细细解读《西游录》。

序言共有二百九十七个字，主要是解说成书的缘由，据耶律楚材自己说是"戊子，驰传来京，里人问异域事，虑烦应对，遂著《西游录》以见予志"[①]。既然是同乡人问西域之事，理应旁涉西域的山川景物、人情风俗为多，但是整本书用近三分之二的篇幅来抨击丘处机，对此耶律楚材作了进一步的解释：

> 期间颇涉三圣人教正邪之辨。有讥予之好辩者。予应之曰：《鲁语》有云："必也正名乎！"又云："思无邪。"是正邪之辨不可废也。夫杨朱、墨翟、田骈、许行之术，孔氏之邪也。西域九十六种，此方毗卢、糠、瓢、白莲、香会之徒，释氏之邪也。全真、大道、混元、太一、三张左道之术，老氏之邪也。至于黄白金丹导引服饵之属，是皆方技之异端，亦非伯阳之正道。畴昔禁断，明著典常。第以国家创业，崇尚宽仁，是致伪妄滋彰，未及辨正耳。古者嬴秦燔经坑儒，唐之韩氏排斥释老，辨之邪也。孟子辟杨、墨，予之黜糠、丘，辨之正也。予将刊行之，虽三圣人复生，必不易此说矣。己丑元日湛然居士漆水移剌（楚材）晋卿叙。

耶律楚材对书中涉及抨击丘处机及全真教的内容作出的解释是，

---

[①] 《西游录》，中华书局2000年版，"序言"第1页。

引以《鲁语》"必也正名乎!",指出正邪之辨自古使然,所以并非是他"好辩",在此基础上进一步指出全真教是老子道家学说的邪说,而蒙古建国,崇尚宽容,因而使这些虚伪的邪妄之说得以滋生、发展,自己则是为了回归三教的正统从而对三教的异教邪说进行抨击。

尽管如此,关于《西游录》作书的动机,学界历来仍旧有不同的看法,清人李文田在《湛然居士文集》卷七《跋》中说:"晋卿《西游录序》《辨邪录序》等篇,皆专为攻击邱处机而作者也"。① 而向达先生校注《西游录》的前言中则提到"其实此书主要是为攻击长春而作"② 并且进一步指出"第二部分专门抨击长春真人丘处机,一直到末了,抵得第一部分记游踪的一倍。全书重心,于此可见"③。樊保良在《耶律楚材及其〈西游录〉杂议》之中又提出了不同的见解,指出李文田所说的是专指两篇序文,而向达先生是指整篇《西游录》,两者有本质上的不同,认同李文田的观点,而不赞同向达先生的观点,理由是"人所公认,《西游录》一书的价值在于十三世纪对于西域诸地道里、山川、物产、民俗的记述,是研究当时西域历史的可贵资料……虽然书中一大半文字是谈邱处机的事,但这不应看作是全书重心……其次,纵观楚材之为人,比较忠诚正直,似乎不会做出挂羊头卖狗肉的事情。题名《西游录》,顾名思义就是西游之记录,无需乎遮遮掩掩"④。即是指出耶律楚材作《西游录》的动机依旧是"里人问异域事,虑烦应对,遂著《西游录》以见予志"。耶律楚材奉诏回京,当时正值佛道相争激烈,作为向来以佛门弟子自居的耶律楚材自然要为佛门出力,正如其序中所言"古君子南逾大岭,西出阳关,虽壮夫志士,不无销黯。予奉诏西行数万里,确乎不动心者,无他术焉,盖汪洋法海涵养之效也。故述《辨邪论》,以斥糠麰,少答佛恩"⑤,序

---

① (元)耶律楚材著,谢方点校:《湛然居士文集》卷七,中华书局1986年版,《跋》第384页。
② 《西游录》,"前言"第1页。
③ 《西游录》,"前言"第3页。
④ 樊保良:《耶律楚材及其〈西游录〉杂议》,《新疆社会科学》1985年第6期。
⑤ 《西游录》,"序言"第1页。

中讲作《辨邪论》斥糠蘖是为了报答佛恩，这就不难解释《西游录》下卷中斥责全真教和丘处机或许同样是为了报答佛恩。而时恰巧"里人问异域事，虑烦应对"，于是耶律楚材借问答体一箭双雕既能回答问题，又可抨击全真，这正好达成耶律楚材的两个目的。但是这同样让后人对其作书的初衷产生了无数遐想，至于其真正动机究竟为何也只能仁者见仁、智者见智了。

上卷主要叙述耶律楚材受成吉思汗的召见，一路西行以及西行过程中的所见所闻，此行耶律楚材怀着一腔热血，欲展鸿鹄之志，故《西游录》上卷充满昂扬的斗志与热情。他概括自己的经历"戊寅之春，三月既望，召征湛然居士扈从西游。迨天兵旋旆，丁亥之冬，奉诏搜索经籍，驰驿来燕"①，留居异域六年的时间，耶律楚材仅仅用短短的两句便概括完，一股如风如浪的热情在作者心中翻涌，"天兵""旋旆""驰驿"等给人磅礴大气之感的字眼表达作者激荡着的风发意气。至于耶律楚材到达成吉思汗行在时所描写的场景更是雄伟壮观、气势磅礴，"山川相缪，郁乎苍苍。车帐如云，将士如雨，马牛被野，兵甲赫天，烟火相望，连营万里，千古之盛，未尝有也"②，一望无际的蓝天碧草、气势磅礴的山川河流与成吉思汗雄伟庞大的车帐、骁勇善战的雄兵共同构成一幅壮阔而多彩的图卷。耶律楚材受成吉思汗召见之时，还未到而立之年，正是斗志昂扬的年纪，却受到战功赫赫的成吉思汗的召见，自然激起了作者心中建功立业的激情，加之生于书香门第，自小便有济世救民的抱负，同时身处金末，亲眼目睹了战乱带给天下苍生的苦难，成吉思汗的出现实现了他对圣君的渴求。于是乎虽然从燕京一路西行跋涉至漠北，又从漠北向西域进发，西域辽阔、荒凉、孤寂的天地，不但没能使他感到"销黯"，反而在他眼中形成别样的风景：

越明年，天兵大举西伐，道过金山。时方盛夏，山峰飞雪，

---

① 《西游录》，第1页。
② 《西游录》，第1页。

第二章　中外交流视角与13—14世纪丝路纪行创作的研究及深度解读·西游纪行系列

积冰千尺许。上命斩冰为道以度师。金山之泉无虑千百，松桧参天，花草弥谷。从山巅望之，群峰竞秀，乱壑争流，真雄观也。自金山而西，水皆西流，入于西海。噫，天之限东西者乎！①

"金山"即今阿尔泰山，"金山"是蒙古人对肯特山的泛称"不儿罕·合勒敦"（Burhan Kaldun）。"合勒敦"，相当于突厥语 Altai（阿尔泰，黄金的意思）②，位于新疆准噶尔盆地的东北侧，因其盛产黄金，民谚有云"阿尔泰山七十二道沟，沟沟有黄金"，故名。1219年成吉思汗由金山出发，率军对花剌子模国发动大规模的军事行动，史称"蒙古第一次西征"，中原与中亚的驿路由此拓通。耶律楚材也跟随成吉思汗参与了此次西征，上引正是对路过金山之地的描写。虽然时值盛夏，山峰却有风雪与积冰，两种矛盾的事物和谐的统一在一幅画面之中，显示出异域奇异的风景。关于金山，李志常《长春真人西游记》中也有详细记录："西南行约三日，复东南过大山，经大峡。中秋日，抵金山东北少驻。复南行，其山高大，深谷长坂，车不可行。三太子出军始辟其路。乃命百骑挽绳悬辕以上，缚轮以下。约行四程，连度五岭，南出山前，临河止泊。"③ 虽然同样是描写金山，但耶律楚材与李志常的写作显然不同，耶律楚材随大军西征，浩浩荡荡，气势磅礴，所过之处势不可当，正如楚材所言"噫，天之限东西者乎！"且是在出发不久，在这样的情景之下，耶律楚材显然也是激情四射，斗志昂扬，对于金山的风景、气候也更能多以欣赏的角度来描写，同时借金山的雄奇来赞扬蒙古军队。反观丘处机一行人，一路西行，已是疲惫不堪，面对这样雄奇险峻的金山，首先注意的已经不是其风景、气候，而是如何翻过这样的一座高山。关于金山的记述也就更加带有写实的意味在其中，更加注重突出的是行驶这段路程的艰苦，而这也恰恰反映出蒙古人开辟金山道路的伟大和艰难。

---

① 《西游录》，第1页。
② （元）林梅村：《成吉思汗史迹调查》，《大朝春秋：蒙元考古与艺术》，故宫出版社2013年版，第74—75页。
③ 《长春真人西游记》，第39—40页。

在度过金山之后，耶律楚材在《西游录》中对一些路过的西域城市也进行了介绍：

> 金山之南隅有回纥城，名曰别石把，有唐碑，所谓瀚海军者也。瀚海去城西北数百里。海中有屿，屿上皆禽鸟所落羽毛也。城之西二百余里有轮台县，唐碑在焉。城之南五百里有和州，唐之高昌也。亦名伊州。高昌之西三四千里有五端城，即唐之于阗国也。出乌白玉之二河在焉。①

根据党宝海的注释，别石把在李志常的《长春真人西游记》中作鳖思马，欧阳玄作别失八，《元史·地理志·西北地附录》作别失八里，耶律铸《双溪醉隐集》作伯什巴里。耶律铸说伯什巴里是突厥语，意为五城。唐代北庭都护府治所在此，故一名庭州，又名金满。清代在此置孚远县。当地称为济木萨，今名吉木萨尔，在新疆乌鲁木齐以东。轮台县应该是在今天新疆的阜康县。《西游录》当中说轮台距离别石把二百余里，《长春真人西游记》中作三百余里，党宝海怀疑这都是大概的数目，据徐松《西域水道记》卷三，自阜康东行至吉木萨凡二百四十里。至于"城之南五百里有和州，唐之高昌也。亦名伊州。"在党宝海的注释中提到，唐代的伊州，即汉代的伊吾卢、伊吾，近代的哈密。至于唐代的高昌，在贞观十四年（640）为唐所灭，改置西州，此处是耶律楚材误记。② 耶律楚材对于这些西域地名的记载及解释，其中虽不免有一些误记，但是对后人在考查地理、校订历史方面则有着重要的价值。

《西游录》语言简洁隽永，全书用语不多却能表示丰富的内容，书中对当时的中亚名城寻思干进行了生动的描述：

> 讹打剌之西千里余有大城曰寻思干。寻思干者西人云肥也，

---

① 《西游录》，第2页。
② 《西游录》，第5—6页。

以地土肥饶故名之。西辽名是城曰河中府，以濒河之故也。寻思干甚富庶。用金铜钱，无孔郭。百物皆以权平之。环郭数十里皆园林也。家必有园，园必成趣，率飞渠走泉，方池圆沼，柏柳相接，桃李连延，亦一时之胜概也。瓜大者如马首许，长可以容狐。八谷中无黍糯大豆，余皆有之。盛夏无雨，引河以溉。率二亩收钟许。酿以蒲桃，味如中山之九酝。颇有桑，鲜能蚕者，故丝茧绝难，皆服屈眴。士人以白衣为吉色，以青衣为丧服，故皆衣白。①

寻思干，是曾经西辽的行宫所在地，是丝绸之路的重要城镇之一，1220—1222年之中耶律楚材大部分的时间都在此地，因而比较了解。借助耶律楚材的描述我们可以了解到"寻思干"的名字的来源和变迁。原来"寻思干"在西域人语言中的意思是肥，因为这里土地比较肥沃所以得名，而在耶律大石建立的西辽时期，这里又被称作"河中府"，是由于临河的缘故。寻思干作为西域少有的肥沃之地，不仅风景优美、园林林立，而且还可以种植不少的农作物，这让生于中原长于中原的耶律楚材也不禁感叹"家必有园，园必成趣，率飞渠走泉，方池圆沼，柏柳相接，桃李连延，亦一时之胜概也"。出于对寻思干的喜爱，耶律楚材有不少的诗篇都是以寻思干为题材，如《壬午西域河中游春十首》《游河中西园和王君玉韵四首》《河中游西园四首》《河中春游有感五首》等。而对于这样一座名城，在同为中原人的丘处机、李志常笔下也不乏详细的记载：

河中壤地宜百谷，惟无荞麦、大豆。四月中，麦熟。土俗收之，乱堆于地，遇用即碾，六月斯毕。太师府提控李公献瓜田五亩，味极甘甜，中国所无。闻有大如斗者。六月中，二太子回，刘仲禄乞瓜献之。十枚可重一担。果、菜甚赡，所欠者芋、栗耳。

---

① 《西游录》，第3页。

茄实若粗指而色黑……。①

从节选的这两段文字不难看出虽然耶律楚材与李志常虽同样是记述寻思干的风物人情，但是两者的表达实不一样，如耶律楚材记载寻思干的农作物"八谷中无黍糯大豆，余皆有之"，而李志常不但记载作物还旁涉记载麦成熟的时间以及取用的方式。再者如记述西域特有的特大的瓜，耶律楚材仅用"瓜大者如马首许，长可以容狐"一句概括，李志常在言瓜大、甘甜之余还有记述事件的文字介入。可见耶律楚材记述力求简洁精练，重视文字的概括性，而李志常则重在详尽和叙事的故事性。

除了对西域的地名、风物人情、自然环境的纪实性描写之外，在耶律楚材的《西游录》中还有一些内容是来自对传闻的记述，如书中从黑色印度起至可弗叉国的这段描写，这些地方耶律楚材并没有亲历而是根据传闻书写而成：

> 自此而西直抵黑色印度城。其国人亦有文字，与佛国字体声音不同。国中佛像甚多。国人不屠牛羊，但饮其乳。风俗夫先亡者，其室家同荼毗之。询诘佛国，反指东南隅。校之以理，此国非正北印度，乃印度北鄙之边民也。土人不识雪。岁二获麦。盛夏置锡器于沙中，寻即镕铄，马粪堕地为之沸溢，月光射人如中原之夏日，遇夜人辄避暑于月之阴。此国之南有大河，阔如黄河，冷于冰雪，湍流猛峻。从此微西而来，注于正南稍东而去，以意测之，必注入南海也。又土多甘蔗，广如禾黍，土人绞取其液，酿之为酒，熬之成糖。②

党宝海的注释中指出"自此而西"中"西"字是南字之误，黑色印度城虽然不知道究竟是指哪里，但大致应该是今印度及巴基斯坦北

---

① 《长春真人西游记》，第75页。
② 《西游录》，第3—4页。

部。在耶律楚材的笔下,黑色印度国不但有丈夫先去世、妻子要一起被火葬这样的传统,而且这里的气候也是非常的奇异。这里的土著居民不认识雪,夏天将锡器埋到沙子里很快就会熔化了,马粪掉在地上都会沸腾起来,月光如同中原夏季的太阳一样火热,夜晚行走的人竟然要因为月亮而避暑,但是与这种炎热的气候相反的是,在黑色印度国的南面有一条大河,而河中的水流竟是比冰雪还要冷冽,这样截然相反的气候竟然出现在同一地方,西域不同于中原的奇异可见一斑,不过也正如党宝海所指出的这段路程"耶律楚材并未亲历,仅凭传闻,多不可信"[①]。

如前文所说,《西游录》下卷主要是耶律楚材述其志趣、宗教立场,讲述与道教教主丘处机的交恶的缘由以及对全真教,尤其是对丘处机的批判。

卷首开门见山由客人提问"故古人有登泰山观沧海以自大其志者,亦有怯夫懦士涉险难罹忧患而自沮其志者。今子西行数万里,昇金山,瞰瀚海,逾昆仑,穷西极,岂无有自大其志者与?徒军旅,涉沙碛,行役所困,暴露所苦,岂无有自沮其志者与?二者必有一于是。子请言之"。既而引出楚材之言:"大丈夫立志已决,若山岳之不可移也。安能随时而俯仰,触物而低昂哉!"再借客人之口说出自己的志向:"君幼而学儒,晚而喜佛,常谓以吾夫子之道治天下,以吾佛之教治一心,天下之能事毕矣。"[②] 楚材仅仅用几句对话便将自己虽攀高山、越大海、徒军旅、涉沙漠而志向不变的坚定,以及以儒治天下、以佛治一心的志向表达清楚,其用笔简洁、准确可见一斑。

《西游录》下卷主客问答体的形式共有问答约十四对,有学者指出其中十三对与宗教相关,除却一对是佛教中派别问题之外,剩余十二对都是对丘处机与全真教的批评[③],细细究之实则不然,十三对中,前面三对主要交代的是耶律楚材赞成丘处机西行的原因,丘处机西行

---

[①] 《西游录》,第10页。
[②] 《西游录》,第13页。
[③] 樊保良:《耶律楚材及其〈西游录〉杂议》,《新疆社会科学》1985年第6期。

之缘由以及与丘处机的友好往来，客人的问话以及楚材的回答均未涉及抨击丘处机的言论，直至第四对开始流露出对丘处机的不满并步步深入为批判、攻击。

面对客人问及为何赞成丘处机西游，耶律楚材给出的理由是："余以为国朝开创之际，庶政方殷而又用兵西域，未暇修文崇善。三圣人教皆有益于世者。尝读《道》《德》二篇，深有起予之叹，欲致吾君高踏羲皇之迹，此所以赞成之意也。"可见耶律楚材是出于三教并行的思想上因而赞同丘处机西行的，一如耶律楚材所言："丘公初谓三圣教同，安有分别，自云军国之事非己所能，道德之心令人戒欲。三圣人教弛而复张，故仆之愿也。"① 全真教创始人王嚞在创教时亦提倡三教并行，只不过到了丘处机当教主之后不断接触统治阶级，开始使全真教走上在贵族当中传道的道路，而三教并行由最初的三教平等，在丘处机心中显然天平更加偏向于道教本身，故而在丘处机觐见成吉思汗之后，其结果与耶律楚材期望不同。再言之以当时丘处机和耶律楚材的地位和影响力而言，全真教盛行一时，丘处机作为教主更是受到各方势力的拉拢，声名显赫，而反观耶律楚材初出茅庐，只是相当于成吉思汗身边的"秘书""巫师"的职务，对丘处机的西行能起到的作用甚微。

尽管信仰不同，但是在异域他乡，乡音可慰乡思，丘处机的到来还给耶律楚材枯燥的军旅生活掀起了不少波澜。耶律楚材对丘处机的到来表现了十分的热情，他陪着丘处机谈道、品茶、游园、唱和诗作。两人关系从楚材笔下就可见一斑："丘公之达西域也，仆以宾主礼待之……予久去燕，然知音者鲜。特与丘公聊句和诗，焚香煮茗，春游邃圃，夜话寒斋，此其常也。"② 交游既久，由"面待而心轻之"逐渐发展到了"予不许丘公事，凡有十焉"，二人关系一步步恶化。

实际上细细分析耶律楚材抨击全真教与丘处机不外乎几点原因。

---

① 《西游录》，第16页。
② 《西游录》，第14页。

第二章　中外交流视角与13—14世纪丝路纪行创作的研究及深度解读·西游纪行系列

首先虽然耶律楚材提倡三教并行，但是佛道二家在其心中的重量显然不同，耶律楚材曾经拜著名的僧人万松行秀为师，据万松行秀言耶律楚材"杜绝人道，摒斥家务，虽祁寒大暑，无日不参。焚膏继晷，废寝忘食几三年"①，尽得万松行秀真传，以至于达到"达摩一派未西来，无限劳生眼未开"②的程度，所以在佛教之争激烈的时候理所当然的站在佛教一边抨击道教。其次则是出于蒙古政权的稳定考虑，根据陈垣先生的考辨，全真教本是"义不求仕"的宋朝遗民组织，丘处机掌教时，全真教发展得相当快，因为当时加入全真教可以"为人奴者得复为良；与濒死者得更生"③。尤其是当时在社会上形成了"匹夫一言，乡人信之，赴讼其门，听直其家"④的形势，耶律楚材在《西游录》中亦提到"游手之人，归者如市，不分臧否，一概收之"⑤。全真教兴盛到了如此地步，由此可知耶律楚材抨击全真教抑或有出于蒙古政权的稳定考虑的因素。

全书最后以客人勃然大怒、拂袖而去结束，客人指责耶律楚材"弗能辨奸于未兆，消祸于未萌者君之过也，何得文过饰非欤？子谓赞成丘公耳欲为儒、佛之先容耳。今毁宣圣之庙，撤释迦之像，得非为害于儒、佛乎……居士恍然，若有所失者数日"⑥。这样的写法十分高明，不但使得文章跌宕起伏、一波三折，而且更加从侧面证明了抨击全真教的正确性。

纵观《西游录》全书，上卷是叙述耶律楚材跟随成吉思汗西征过程的所见所闻，与古人印象中西域荒凉、落寞、萧瑟，西域人野蛮、不识周礼颇不相同，在耶律楚材笔下，西域的山川景观皆是雄伟壮丽、气势磅礴，自有几分壮美在其中，这自然与耶律楚材建功立业的志向有关，是自然风景当中赋予了自身激情的结果，也源于耶律楚材的审

---

① （元）耶律楚材：《湛然居士文集》卷八，中华书局1986年版，第190页。
② 《湛然居士文集》卷八，第190页。
③ 《元史》卷二〇二《丘处机传》，第4525页。
④ （元）姚燧：《长春宫碑》，见李修生主编《全元文》卷三一一，第527页。
⑤ 《西游录》，第19页。
⑥ 《西游录》，第19—20页。

美倾向和价值取向，显然"华夷之大防"的传统观念在耶律楚材这里已经被打破。下卷以问答体为主，主要是耶律楚材贬斥全真教及丘处机，阐述自己三教合一的思想理念。总之，不论是上卷关于西域地理、风俗、景观、物产的描写，还是下卷耶律楚材思想的思辨，都具有重要的现实意义及理论意义。

### 三 文学史意义

对于《西游录》，学界对它的价值评价主要着眼于地理、历史方面，如樊保良就提到"人所公认，《西游录》一书的价值在于十三世纪对于西域诸地道里、山川、物产、民俗的记述，是研究当时西域历史的可贵资料"①，这里所说的主要是针对《西游录》的上篇而言。诚然，《西游录》的上篇介绍了大量西域的奇风异俗、人情物理，可以正史之误、补史之不足，是十分珍贵的地理、历史材料。而其下卷虽然主要涉及对丘处机及全真教的抨击，但是也不可不说是研究耶律楚材思想、了解佛道争斗的宝贵材料。不过正如王国维先生所说："自金贞祐以来，河朔为墟，巨刹精蓝，鞠为茂草，缁衣杖锡百不一存。乱定之后，革律为禅者不可胜数，全真之徒亦遂因而葺之，以居其人。坐以寇攘，未免过当。虽长春晚节以后颇凭借世权以张其教，尹、李承之，颇乖重阳创教之旨。然视当时僧徒如杨琏真伽辈，则有间矣。然则祥迈所记，亦仇敌诬谤之言，安可尽信哉！"② 这里王国维先生指的是释祥迈的《至元辨伪录》所记载的对于道教的批判以及佛道争辩的结果不可以尽信，原因是释祥迈是佛门弟子，对于事实的记述不可避免的会偏向于佛教，耶律楚材同样信奉佛教，所以其对于道教的抨击也不可尽信。

而除却上述地理、历史方面的价值之外，《西游录》在文学上实亦有其意义。这种意义具体体现在它对纪行游记的表现题材、领域的扩展，对此向达先生在前言中有精彩的叙述，"《西游录》《西游记》

---

① 樊保良：《耶律楚材及其〈西游录〉杂议》，《新疆社会科学》1985 年第 6 期。
② 王国维：《〈长春真人西游记校注〉序》，方麟选编《王国维文存》，第 659 页。

二书之成，先后不过一年之差，都是十三世纪记述天山以北和楚河、锡尔河、阿姆河之间历史地理最早最重要的书。第八世纪中叶以后，关于天山以北以至于葱岭以西楚河、锡尔河、阿姆河一带，游历其地归而以汉文记载游踪的，绝无其人、其书。《宋史·高昌传》只凭王廷德所记，略及北廷，如大食、拂林诸传不过得之传闻而已。到了十三世纪《西游录》《西游记》二书，始首先对上述诸地目识亲览所得，著成文字，公诸于世"①。尤其因为耶律楚材扈从西征、旅居河中数年更让他对西域的描写细致而准确，故书中对于西域的记述当比较真实可信，这些材料可成为后世文学作品当中的题材、资料，同时由于蒙古的扩张，版图空前扩大，耶律楚材笔下表现的领域也是前人笔下所罕见的，在一定意义上也扩展了文学表现的领域。

此外，《西游录》所表现出来的通达的民族观念可以说是对传统夷夏之防和中原正统观念的一次冲击与革新，这使耶律楚材对于蒙古统治下的西域站在平等，乃至主人立场上进行全新的审视和阐发，而非像往昔一样高高在上俯视异域文化。诸如《西游录》中耶律楚材对成吉思汗行在的描述："山川相缪，郁乎苍苍。车帐如云，将士如雨，马牛被野，兵甲赫天，烟火相望，连营万里，千古之盛，未尝有也"②，言语之中对蒙古军队满是称赞之意，而在其诗歌中也屡屡表达对成吉思汗和蒙古军队的赞颂。这种通达观念的形成，首先取决于耶律楚材的出身，如前所述，耶律楚材本就是契丹人，而且仕于金朝，虽然经过了比较全面的汉化，但是对于汉族文化并没有那种根深蒂固的中心意识，因而可以做到平等的对待不同的文化。其次，在蒙古南下之前，中原地区在金朝的统治下有百年之久，在这种情形之下，夷夏之防和民族的界限早已模糊，当时的士人普遍具有通达的民族意识。可以说，这是对中原传统的民族意识的一次挑战和全新的认知。

---

① 《西游录》，"前言"第5—6页。
② 《西游录》，第1页。

## 第三节　西游纪行系列之三:《黑鞑事略》研究与细读

在蒙古征伐世界的进程中,尤以三次西征最为著名。这三次西征分别发生在成吉思汗、窝阔台汗以及蒙哥汗时代。其中窝阔台汗时代(1229—1241)蒙古对世界的征略,主要体现在灭金、长子西征,以及完成成吉思汗未竟的灭西夏的扫尾工作上。在这期间,由于金朝一直横亘在蒙、宋之间,因此蒙古、南宋彼此之间总体上能够保持相对的和谐,而双方也会互遣使者,以达到政治结盟、文化交流的目的。绍定六年(1233)六月,南宋派遣邹伸之等出使蒙古,彭大雅作为书状官同行,此后的端平元年(1234)十二月,南宋再次派遣邹伸之等出使蒙古,这次徐霆随使团同行。两次出使返归之后,徐霆与彭大雅互相参照各自所记,最终以彭大雅所编为定本,以徐霆之记为疏,成《黑鞑事略》一书。

彭大雅,生年不详,卒于1245年,字子文,南宋鄱阳(今江西鄱阳)人。嘉定进士,历朝请郎。曾官四川安抚制置副使,知重庆府。王国维认为彭大雅作为书状官跟随邹伸之出使蒙古应该是在绍定五年(1232)十二月,后李文田等人考证彭大雅实际上在绍定六年(1233)六月,从襄阳启程,第二年即端平元年(1234)二月抵达蒙古汗帐,见太宗窝阔台汗。邹伸之一行随即返程,于同年六月至汴(今河南开封),七月抵襄阳(今属湖北)。

徐霆,生卒年不详,字长孺,永嘉城区(今浙江温州鹿城区)人。据明凌迪知《万姓统谱》卷七载:"徐霆少为母舅陈埴所鞠,励以讲学,由是得闻性理之要。长游四方,所见益广,连中漕举。绍定中,李全作乱淮楚,霆从赵善湘于制幕,军谋檄笔,实参其事。全毙,以功补官……守钦、复州、汉阳军,以武功大夫致仕。"[①] 端平元年十二月,宋再遣邹伸之等使蒙古,徐霆随使。徐霆归后著《北征日记》,今已佚,"尝编叙其土风习俗"。后于襄阳与彭大雅邂逅,"各出所编,

---

[①] (明)凌迪知:《万姓统谱》卷七,上海古籍出版社1994年版,第181页。

以相参考"①，无甚差别，遂用彭大雅所编者为定本。间有不同，则徐霆复疏于下方。

《黑鞑事略》是由南宋使者据其亲历经验撰著的一部关于蒙古民族的见闻录，叙述了蒙古立国、地理、物产、语言、风俗、赋敛、贾贩、官制、法令、骑射等事，详备简要，具有重要的价值，是研究13世纪前期蒙古族历史和文化的珍贵资料。正如武尚清所说："徐、彭二人之文，皆来自亲历闻见，互证互补，相辅相成，据事直书，生动实际，活画出蒙古人早期社会历史场景，很少征较其他典籍文存，实弥可珍贵之第一手'元前蒙古史料'也。"②

## 一　研究现状

《黑鞑事略》在成书之后流传比较罕见，原刊本早已不存，现存的最早的版本是明嘉靖二十一年（1542）姚咨（1494—?）跋的抄本，姚本成为后来众多抄本的底本。③ 现在的通行本是1925年王国维（1877—1927年）的《黑鞑事略笺证》一卷本。清朝末年的时候，《黑鞑事略》曾经引起过学者们的注意，这是《黑鞑事略》研究的一个高潮。《黑鞑事略》的相关研究文章主要的约有27篇。对此典籍的整理和研究牵涉到一些重要的学者，如李文田（1834—1895年）、沈曾植（1850—1922年）、缪荃孙（1844—1919年）、胡思敬（1869—1922年）、罗振玉（1866—1940年）、王国维、陈毅（1873—?）、那珂通世（1851—1908年）、内藤湖南（1866—1934年）、箭内亘（1875—1926年）、神田喜一郎（1897—1984年）、武尚清（1927—2019年）、许全胜等。

元朝建立之后，统治者实行等级划分，汉人地位较低，知识分子更是受到轻视，因此元代专攻于典籍史料研究的学者稀少。在这样的

---

① （宋）彭大雅著，（宋）徐霆疏，许全胜校注：《黑鞑事略》，兰州大学出版社2014年版，第232页。
② 武尚清：《〈黑鞑事略〉及其疏证笺证》，《史学史研究》1995年第2期。
③ 许全胜：《〈西游录〉与〈黑鞑事略〉的版本及研究——兼论中日典籍交流及新见沈曾植笺注本》，《复旦学报》（社会科学版）2009年第2期。

情况之下,《黑鞑事略》能够传抄存藏,已属不易,更不要提校勘考补之功。明代时,有传抄,有征引,但是没有刊刻。现在可见的唯一一部明朝人的跋出于姚咨之手,但是其文字或有脱衍。此书在明代只能说是传抄未断,其他的便无从知晓了。清代统治者实行文化专制政策,对汉地实行思想高压政策,如制造文字狱造成思想恐怖,使得人人自危。因此,在清朝统治的前期和中期,由于《黑鞑事略》涉及"华夷"这样的敏感概念,此书在当时无可考证。直到清朝末年的光绪年间,《黑鞑事略》得以重见天日,引起学者们的注意。清末,研究蒙古史为一时学术风尚。清末以来,此书引起中外学者的广泛注意,李文田、沈曾植、罗振玉、王国维、缪荃孙、陈士可、那珂通世、内藤湖南、箭内亘、神田喜一郎、伯希和等都对此重要典籍进行过整理与研究。中华人民共和国成立后的《黑鞑事略》相关学者有武尚清、许全胜等。因此,《黑鞑事略》研究的两个主要时期是清末和中华人民共和国成立后至今。

  清末就国内关于《黑鞑事略》的研究主要集中于李文田、胡思敬、沈曾植及王国维等学者的校注。关于李文田的校注,胡思敬评价为"侍郎攻西北史地之学最专。书眉评语,考证精博,足与《徐疏》互相发明",可知李氏在《黑鞑事略》传藏方面的贡献。[①] 胡思敬的校注与跋语,则是王国维《黑鞑事略笺注》出现之前比较重要的文献,他对《黑鞑事略》的传藏作了一个小结,是王国维撰著的引路之作。沈曾植《黑鞑事略笺注》是目前所知最早的《黑鞑事略》注本之一,有不同于李文田注的独特价值,也受到后来王国维的重视,多征引其注。沈氏笺注中除为王国维所征引者之外,还有不少值得注意的研究成果。他对《黑鞑事略》这部重要的行记所涉及的历史人物、种族、地理名称、蒙古风俗习惯,以及法律、商业制度等诸大端都作了开创性的研究,是我们应该珍视的学术遗产。至于1926年王国维作的校注则是在征引前人校注基础上的集成之作,其校注丰富精密、始终如一。学界评:"王国维氏辑《黑鞑事略笺证》中,彭文皆顶格足书,徐疏

---

① 武尚清:《〈黑鞑事略〉及其疏证笺证》,《史学史研究》1995年第2期。

则低一格。疏文或夹或尾，本视所需。王笺率依徐氏源梓不变。徐疏凡35款，均用'霆'字开头起笔，提行书之。徐、彭二人之文，皆来自亲历闻见，互证互补，相辅相成，据事直书，生动实际，活画出蒙古人早期社会历史场景，很少征较其他典籍文存，实弥可珍贵之第一手'元前蒙古史料'也。王国维氏笺证，则低二格，提行居后，多用'案'字打头，亦间有径书所征引文献篇名者，总计共31处。王氏针对彭、徐所叙，征考他录，包括辽、金、元史，赵珙《蒙鞑备录》，丘处机《长春真人西游记》，李心传《建言以来朝野杂记》，《元朝秘史》，耶律楚材《湛然居士文集》等，简质其文，赅备其事，使彭徐之书，确者以昌，伪者以正，缺漏者得补，晦暗者可明，大增其科学价值，卒成一部新的学术著作。"[1]

清朝末年，搜求与研究蒙古史料成为一种风尚，除了中国学者外，日本学者也表现出极大的热情。日本专门研究《黑鞑事略》的，有著名的蒙古史学家箭内亘（1875—1926年），他在1922年印有《黑鞑事略》校订本。但此书非正式出版物，可能印数很少，因此即使在日本现在也较难见到。京都大学内藤文库藏有一册，编号为"内藤—118"。据说东京高等师范学校藏抄本校印有箭内亘题跋。京大内藤文库中还有一册罗振玉旧藏《黑鞑事略》抄本，编号为"内藤—119"，书眉有内藤湖南校记手迹，书末有内藤1903年所作跋两行。据此可知此抄本为内藤1902年来华时罗振玉所赠。归国后第二年，他从日本近代蒙古史开山那珂通世（1851—1908年）处借到原为陈毅所藏的另一抄本并作了校勘。跋文虽短，却是近代中日两国学者相互交流学术的生动写照。[2]

中华人民共和国成立至今，学者们关于《黑鞑事略》的研究热情不减，出现了许多精深的论文，这其中以武尚清的《〈黑鞑事略〉及其疏证笺证》和许全胜的《〈西游录〉与〈黑鞑事略〉的版本及其研

---

[1] 武尚清：《〈黑鞑事略〉及其疏证笺证》，《史学史研究》1995年第2期。
[2] 许全胜：《〈西游录〉与〈黑鞑事略〉的版本及研究——兼论中日典籍交流及新见沈曾植笺注本》，《复旦学报》（社会科学版）2009年第2期。

究——兼论中日典籍交流及新见沈曾植笺注本》为代表。1995年,武尚清先生发表《〈黑鞑事略〉及其疏证笺证》,对这一时期的研究产生了重大影响,文中就《黑鞑事略》的传藏经纬作了系统且精彩的叙述,对于了解《黑鞑事略》的传承情况至关重要,此外对徐疏王笺当中有关族属、地望、政制、人物、语言文字方面也做了进一步的研究。2004年,许全胜先生发表《〈西游录〉与〈黑鞑事略〉的版本及研究——兼论中日典籍交流及新见沈曾植笺注本》。文中尤详于对于《黑鞑事略》的版本的源流进行概说,另外评述了沈曾植校注《黑鞑事略》的成就。2014年,许全胜先生整理出版《黑鞑事略校注》。《黑鞑事略校注》是许全胜先生以李文田、沈增植、罗振玉、王国维等史学名家对《黑鞑事略》一书的多种注释为比对,以现代最新史料为依据,对《黑鞑事略》一书进行的全面而深入的全新校注。

除了许全胜和武尚清,其他的学者也对《黑鞑事略》从不同的方面进行了研究。如纳古单夫《蒙古马与古代蒙古骑兵作战艺术》[1] 一文侧重于对《黑鞑事略》当中描写蒙古马及骑兵征战的方面进行阐释,杨军《"回回"名源辨》挑选了《黑鞑事略》中的"回回"的内容,阐释这一名称的流变,指出"'回回'作为族名始见于《黑鞑事略》,而不是《梦溪笔谈》,是出自回纥或回鹘在汉语中的音转。开始主要流行于中国南方,含义比较复杂。宋元之际,渐用作对各种穆斯林的他称。当各族穆斯林融合为一个新的民族共同体之后,回回即成为该民族的族名"[2]。诸如此类,还有图力古日的《〈黑鞑事略〉中的蒙古族古代养马知识研究》[3]、王敏和张利宝的《〈黑鞑事略〉"撒花"考》[4] 等。

总体来看,对于《黑鞑事略》的研究,在最初主要集中于版本的传藏及其校注的工作,在这方面的代表人物有李文田、沈曾植、王国

---

[1] 纳古单夫:《蒙古马与古代蒙古骑兵作战艺术》,《内蒙古社会科学》1994年第4期。
[2] 杨军:《"回回"名源辨》,《回族研究》2005年第1期。
[3] 图力古日:《〈黑鞑事略〉中的蒙古族古代养马知识研究》,《农业考古》2014年第1期。
[4] 王敏、张利宝:《〈黑鞑事略〉"撒花"考》,《广播电视大学学报》(哲学社会科学版)2011年第3期。

维等,中华人民共和国成立之后则有许全胜、武尚清等人关注其版本源流,并在结合前人研究的基础上对《黑鞑事略》的校注方面更臻精密,另外则是近些年学者对《黑鞑事略》中的一些民俗风尚、制度、军事方面的关注。对于该书文学、历史、地理方面的价值关注尚且不足,还有待作进一步研究。

**二 文本细读**

《黑鞑事略》是南宋彭大雅大约在理宗绍定六年(1233)撰写,紧接着徐霆在端平二、三年(1235、1236)间作疏。南宋理宗嘉熙元年(1237)徐霆将彭大雅使北所记稿本与自己所作《北征日记》相互参照,遂成此书。《黑鞑事略》成书于金朝末年、南宋初年、蒙古始兴之际。当时的蒙宋关系总的来说没有直接冲突,处于相对和平的阶段,因此彭、徐二人不会迫于蒙元的威势而不敢描写其原始状态,也不至于像处于元朝统治下的汉人那样因长期处于被奴役压迫而对蒙古心生憎恶。[①] 这一条件使得叙述者可以站在一个相对客观公正的角度进行叙述,由此保证了《黑鞑事略》的可靠性。再者彭大雅、徐霆等人皆是奉旨出使蒙古国,这就又使得他们的记述具有一定的情报性质。

彭大雅在绍定六年(1233)六月,作为书状官跟随邹伸之等从襄阳启程出使蒙古,行期一年,在第二年即端平元年(1234)二月到达蒙古汗帐,见到了太宗窝阔台汗,之后返程,于同年六月到达汴(今河南开封),七月至襄阳。端平元年十二月,南宋又派遣邹伸之等人出使蒙古,这一次徐霆跟随使团,徐霆归来之后写有《北征日记》,现在已经亡佚,后来在襄阳的时候与彭大雅会面,两人把各自所记载相互参考、比对,于是以彭大雅所写作为定本,有记载不同的地方,徐霆在后面补述。

彭大雅、徐霆使者的身份使得《黑鞑事略》有别于其他一般的纪行游记,记事的主要目的则是力求全面地介绍蒙古,故而在用笔时更

---

[①] 武尚清:《〈黑鞑事略〉及其疏证笺证》,《史学史研究》1995年第2期。

加注重其纪实性，较少掺杂个人的情感，就其内容方面则尽可能的囊括蒙古民族的方方面面，尤其在作者看来可能与蒙古强大相关的方面更是不遗余力地刻画，就这方面而言，《黑鞑事略》与《长春真人西游记》《西游录》均不相同。全书描写自然地理环境的文字十分有限，仅见：

> 其地出居庸（燕之西北百余里），则渐高渐阔，出沙井（天山县八十里）则西望平旷无际，天间有达，初若崇峻，近前则坡阜而已。霆所见沙石，亦无甚大者，只是碎沙小石而已。其气候寒冽，无四时八节（如惊蛰无雷）。四月、八月常雪，风色微变。近而居庸关北如官山、金莲川等处，虽六月亦雪。霆自草地回程，宿野狐岭下，正是七月初五日，早起极冷，手足俱冻。其产野草，四月始青，六月始茂，八月又枯，草之外咸无焉。①

这一段描写彭大雅、徐霆等人在出居庸关之后一路的地形以及气候，出了居庸关之后地势就开始高远辽阔，继续前行则平旷无际。这个地方气候比较寒冷，四季变化也不很明显，甚至在四月、八月这样的时节也是经常下雪，这一方面与其他游记之中所描写的环境比较一致。至于野狐岭，《长春真人西游记》中记载"明日北度野狐岭，登高南望，俯视太行诸山，晴岚可爱。北顾但寒烟衰草，中原之风，自此隔绝矣"②，可见这里是中原和西域风景上的分界线。在《黑鞑事略》中野狐岭的气候，七月时依旧极冷，而风物方面除了草没有其他，这与中原的气候、地理景物也是相当不同，与《长春真人西游记》的记载相合。如前所言彭大雅和徐霆的记述有作为情报的性质，或是在两人看来环境的记述对于了解强大的蒙古兵没有太大的帮助，故记述比较简略。

《黑鞑志略》对蒙古人的衣食住行、风俗习惯、语言文字等方面

---

① 《黑鞑事略》，第13页。
② 《长春真人西游记》，第27页。

则有相对较多的记述。如：

> 其畜牛、犬、马、羊、橐驼，胡羊则毛氉而扇尾，汉羊则曰"骨律"，橐驼有双峰者、有孤峰者、无有峰者。其居穹庐，无城壁栋宇，迁就水草无常……其食肉，而不粒，猎而得者曰兔、曰鹿、曰野彘、曰黄鼠、曰顽羊、曰黄羊（其背黄，尾如扇大）、曰野马、曰河源之鱼。牧而庖者，以羊为常，牛次之，非大宴会不刑马。火燎者十九，鼎烹者十二三，胾而先食，然后食人……其味，盐一而已。①

这段文字旁涉蒙古人生活的方方面面，其内含十分丰富。蒙古人的衣食主要依赖于放牧和打猎这两种方式，所以蒙古人不能像中原人一样住城池栋宇，而是住在毡帐（即文中的"穹庐"）之中，也正是因为放牧，所以不能像中原人一样过定居生活，而要随着季节的变化，逐水草生活。文中详细介绍了蒙古人畜养和打猎的动物，不过值得注意的是在畜养的家畜当中，一般是以杀羊、吃羊为主，其次是牛，如果不是特别盛大的宴会不可以杀马，可以看出马在蒙古人的生活中并不同于一般的家畜，而关于这一点在后面会有详细论述。其次是蒙古人烹饪之中，盐巴是唯一的调味品，与中原五花八门的调味品很不相同。在上引文字中还有一点值得注意，"胾而先食，然后食人"，这跟中原的文化也是很不相同的，在中原的宴会上是请客人先吃，而在蒙古食物做好之后是主人先吃第一口，刚开始这样做是为了防止下毒，后面逐渐形成了这种风俗。

颇值得一提的是蒙古人的宗教信仰。萨满教是蒙古人民比较早信奉的宗教，在大蒙古国兴起之前，萨满教在蒙古大草原上就已经十分流行了。曾到过蒙古的西方传教士鲁不鲁乞曾描述说，那时的蒙古"没有领袖，没有法律，而只有巫术和占卜，这些地区的人对于巫术和占卜是极

---

① 《黑鞑事略》，第16—36页。

为重视的"①。这与《黑鞑事略》中的记载相符,"其占筮,则灼羊之枚子骨,验其文理之逆顺,而辨其吉凶。天弃人予,一决于此,信之甚笃,谓之烧琵琶。事无纤粟,必占,占无再四而已。霆随一行使命至草地,鞑主数次烧琵琶,以卜使命去留,想是烧琵琶中当归,故得遣归。烧琵琶即钻龟也"②,占卜一事在蒙古人的日常生活中乃至政治活动中一直发挥着十分重要的作用。在蒙古人的观念中相信万物有灵,认为天地、日月、雷等都有着神灵的主宰,而长生天则被视为主宰一切的最高神灵,深受蒙古人敬畏,《黑鞑事略》中记载说"其常谈,必曰:托着长生天底气力、皇帝底福荫。彼所为之事,则曰:天教凭地。人所已为之事,则曰:天识着,无一事不归之天。自鞑主至于民无不然"③。《黑鞑备录·祭祀》称"其俗最敬天地,每事必称天。闻雷声则恐惧,不敢行师,曰:天叫也"。对于其他的神灵,蒙古人同样非常崇敬,正如到过蒙古的西方传教士柏朗嘉宾记载说:"他们尊敬和崇拜太阳、月亮、火、水和土地,把食物和饮料首先奉献给他们,特别是早晨在他们进饮食以前","当天空出现新月,或月圆时,他们便着手去做他们愿意做的任何新的事情,因此他们称月亮为大皇帝,并向它下跪祈祷"④。这也与《黑鞑事略》当中的记载相符:"其择日行,则视月盈亏以为进止(盈之前,下弦之后,皆其所忌),见新月必拜。"⑤ 在与神灵的沟通过程之中,蒙古人的巫师在显得尤为重要,古代蒙古人将男巫师称为"孛额"(Bo'e),汉译为"师公""师巫",女巫师称为"亦都罕"(Iduhan),汉译为"师婆""巫妪"。这些人受到蒙古社会各个阶层的尊重,对蒙古的社会政治产生了深刻的影响。为成吉思汗制造舆论的巫师阔阔出在当时的势力极大,甚至一度威胁到了成吉思汗的权威,正如《世界征服者》中提到:"蒙古人尚无知识文化的时候,他们自古以来就相信这些珊蛮的话,即使如今,蒙古宗王依然听从他们的嘱咐和祈祷,倘若他们要干

---

① 《出使蒙古记》,第40页。
② 《黑鞑事略》,第71—72页。
③ 《黑鞑事略》,第74页。
④ 《出使蒙古记》,第12—13页。
⑤ 《黑鞑事略》,第60页。

某件事，非得这些法师表示同意，否则他们不做出决定。"① 值得注意的是，占卜一事虽然是蒙古萨满教一种重要的宗教形式，但是在蒙古人当中并非全部由萨满教的巫师所垄断，伴随着蒙古征伐地域的不断扩大，各个民族精通占卜的人开始进入这一行列为统治者服务，例如耶律楚材，在耶律楚材被成吉思汗征召北上之后，他就经常用汉民族的方法为成吉思汗占卜"每将出征，必令公（耶律楚材）预卜吉凶，上（成吉思汗）亦烧羊髀骨以符之"②。由上可见，一些比较重要的占卜活动，成吉思汗也已经开始亲自操作，鲁不鲁乞在《其东游记》当中也有详细的记载。

除却以上，《黑鞑事略》中关于蒙古族的语言文字也用了颇多笔墨来介绍。《黑鞑事略》说"其言语，有音而无字，多从假借而声称，译而通之，谓之通事"③，他们的字形则是"惊蛇屈蚓，如天书符篆，如曲谱五凡工尺，回回字殆兄弟也"④。据《元史》记载成吉思汗攻打乃蛮部落时，俘虏了为乃蛮塔阳汗掌管印信的畏兀儿人塔塔统阿，塔塔统阿精通畏兀儿文字，于是成吉思汗命令他"教太子、诸王以畏兀儿字书国言"⑤，回鹘书写系统即成为蒙古书写的源头，正与《黑鞑事略》所记载相合。徐霆对蒙古族语言文字情况更有详细考述：

  霆尝考之，鞑人本无字书，然今之所用，则有三种。行于鞑人本国者，则只用小木，长三四寸，刻之四角，且如差十马，则刻十刻，大率则其数也。其俗淳而心专，故言语不差。其法说谎者死，故莫诈伪。虽无字书，自可立国。此小木即古木契也。行于回回者，则用回回字，镇海主之，回回则有二十一个字母，其余只就偏傍上凑成。行于汉人、契丹、女真诸亡国者，只用汉字，

---

① ［伊朗］志费尼：《世界征服者史》，何高济汉译本，上册，内蒙古人民出版社1980年版，第65页。
② （元）宋子贞：《中书令耶律公神道碑》，李修生编《全元文》卷八，凤凰出版社1998年版，第171页。
③ 《黑鞑事略》，第51页。
④ 《黑鞑事略》，第60页。
⑤ 《元史》卷一二四《塔塔统阿传》，第3048页。

移剌楚材主之；却又于后面年月之前镇海亲写回回字，云付与某人，此盖专防楚材，故必以回回字为验，无此则不成文书，殆欲使之经由镇海，亦可互相检尼也。燕京市学，多教回回字及鞑人译语，才会译语，便做通事，便随鞑人行打，恣作威福，讨得撒花，讨得物事嚓。契丹、女真元自有字，皆不用。①

以上说明，当时蒙古流传的文字虽然有三种，但是蒙古族的书面语言仅仅只限于记载数字，除此之外则是以回回字和汉字比较盛行。至于文中所说汉人、契丹、女真的族人都是只用汉字，究其原因大致是因为契丹文字、女真文字本来就不发达，而且在建国之后逐渐被汉化，这种文字的使用大多应该流传于贵族之中，在灭国之后逐渐的湮灭在历史的长河之中，反观汉语则随着元朝的不断征伐逐渐的普及提高，进而成为一种全国性的语言文字。与没有文字相关的是在蒙古也没有相应的官称，《黑鞑事略》中载"亦无官称。如管文书则曰'必澈澈'，管民则曰'达鲁花赤'，环卫则曰'火鲁赤'。若宰相，即是'楚材辈'，自称为'中书相公'；若王楫，则自称为'银青光禄大夫''御史大夫''宣抚使''入国使'尔，初非鞑主除授也"②。其实在蒙古崛起的最初阶段并没有十分严格的官僚制度和官职的名称，这就使得一些投靠蒙古的其他国家的人往往是根据自己原属国的官僚制度来定义自己相对应的或者喜欢的称呼，而鞑主本人对于官称的意义也没有什么太多的了解，正如《黑鞑事略》记载：

霆尝考之，鞑人初未尝有除授及诸俸，鞑主亦不晓官称之义为何也。鞑人止有虎头金牌、平金牌、平银牌，或有劳，自出金银，请于鞑主，许其自打牌，上镌回回字，亦不出于"长生天底气力"等语尔。外有亡金之大夫，混于杂役，随于屠沽，去为黄冠，皆尚称旧官。王宣抚家有推车数人，呼"运使"、呼"侍

---

① 《黑鞑事略》，第61—62页。
② 《黑鞑事略》，第52页。

郎"。长春宫多有亡金朝士,既免跋焦,免贱役,又得衣食,最令人惨伤也。①

这段文字中除了官称之外,还有一点颇值得注意,蒙古人在最初的时候没有授予官职和俸禄的这种制度,这其实与蒙古族的习俗也是息息相关。如"其赏罚,则俗以任事为当然,而不敢以为功。其相与以告戒,每曰其主遣我火里去或水里去,则与之去。言及饥寒艰苦者,谓之歹(歹者,不好之谓)"②。可知在蒙古人平时的习俗当中,几乎没有赏罚的观念,只要是鞑主吩咐的事情,完成它就是理所当然,如果推辞就会被认为不是好人,只有在战争当中得胜才会获得奖赏,而这些奖赏,多是马匹、金银牌、丝帛等;另一方面的奖赏则是攻陷城池之后允许他们进行掠夺。

蒙古族人没有自己的文字,而文书、诏旨之类的工作便由通晓汉文或者回回文的人来担任。鞑主自身不识这些文字,这就会造成在拟定诏旨或者与之相关的一些其他的事情时,在其中除了有鞑主的意愿之外,往往掺杂着书写文书的这些人的意愿在其中。如《黑鞑事略》记:"霆尝考之,只是见之文书者,则楚材、镇海得以行其私意,盖鞑主不识字也。"③ 这便又反映出蒙古人任用各族人才所秉持的一种态度,《元史》记载:"元太祖起自朔土,统有其众,部落野处,非有城郭之制,国俗淳厚,非有庶事之繁,惟以万户统军旅,以断事官治政刑,任用者不过一二亲贵重臣耳……世祖即位,登用老成,大新制作,立朝仪,造都邑,遂命刘秉忠、许衡酌古今之宜,定内外之官。"④ 可见在成吉思汗时,官僚制度还未成熟,耶律楚材、镇海等四相虽然把持着文书、印章,但是实际的权力还是很有限的,不过是四方行文庶务之类,真正的行军用兵的大事皆有鞑主自主裁定或者与蒙古族人商量。如《黑鞑事略》中记载:"汉儿及他人不与也。每呼鞑人为自家

---

① 《黑鞑事略》,第88页。
② 《黑鞑事略》,第108页。
③ 《黑鞑事略》,第677页。
④ 《元史》卷八五《百官志》,第2119页。

骨头，虽至细交讼事，亦用撒花，直造鞑主之前，然终无予决而去。"① 虽然广泛任用各族人才，但是始终保持真正的核心权力掌握在蒙古人手中，而镇海掌印，镇海在楚材行文上又加盖印章"专防楚材"，又是元时色目人的地位在汉人、南人之上的先声。

正如前文所言，彭大雅和徐霆都是随使出行，因而他们所撰写的《黑鞑事略》与一般的纪行作品有着本质上的不同，其政治目的更加浓厚，两人使用大量的笔墨来记述蒙古的军事以及与其相关的养马、狩猎等内容。蒙古人祖居蒙古大草原，世世代代以牧马、狩猎为生，他们对马有着不同于其他民族的特殊感情，如苏联的蒙古学家符拉基米尔佐夫指出的那样，在蒙古草原上，"马比一切更受重视；马群是古代蒙古人的主要财富，没有马，草原经济便无法经营。马是蒙古人的交通工具，用于战争和围猎，并赖以供给马乳；蒙古人吃马的肉，用它的皮和毛，这一切，不待说完全和现代游牧民一样"②。正是在这漫长的游牧生活中，蒙古人民总结提炼出了丰富的养马知识，然而由于蒙古族没有自己的文字，所以这方面的文献记录比较鲜见，而《黑鞑事略》则涉及了丰富的养马知识。牧民为了使马"阔壮而有力，柔顺而无性，能耐风寒而久岁月"③，一般会选择在雄马长出四齿之后就进行阉割，而只留一部分特别优良的公马作为种马。牧民在牧马的时候则会把马分成两群，一群马是母马，由种马管理，一群马则是以阉马为主。在母马群中一般是一匹公马管理五六十匹的母马，如果有母马离开马群，移剌马（即种马）一定会对它又咬又踢，让它回去。有时其他马群的移剌马越过边界而来，这个马群的移剌马也一定会对它又咬又踢，让它离去，利用这样的方法就使得马群被管理得很好。而在养马方面《黑鞑事略》也有详细的介绍：

　　霆尝考鞑人养马之法。自春初罢兵之后，凡出战归，并恣其

---

① 《黑鞑事略》，第67页。
② ［苏联］符拉基米尔佐夫：《蒙古社会制度史》，刘荣焌译，中国社会科学出版社1980年版，第61页。
③ 《黑鞑事略》，第119页。

水草，不令骑动，六月，则取而鞯之，执于帐房左右，啖以些少水草。经月膘落，而日骑之数百里，自然无汗，故可以耐远而出战。寻常正行路时，并不许其吃水草，盖辛苦中吃水草，成膘而生病。此养马之良法，南人反是，所以多病也。①

自古至今但凡论及蒙古的历史，总会提及蒙古马和蒙古骑兵的威武，彭大雅的《黑鞑事略》可以说是这方面最杰出的著作之一。蒙古人主要畜养牛、犬、马、羊、橐驼等家畜。在这几种家畜中，马处于核心的地位。不仅仅"牧而庖者，以羊为常，牛次之，非大宴会不刑马"，甚至有"箠马之面者，诛其身"②的刑罚。这有很大的原因是马在游牧经济中扮演着十分重要的角色，不但在狩猎、军事中马是不可缺少的工具，而且在广袤的草原上放牧时，牧民管理任何一种牲畜如果没有马的辅助都会变得十分困难。在蒙古草原上，马匹、狩猎、军事三方面的联系尤为紧密。蒙古的军队中几乎都是骑兵而没有步兵，如"其军，即民之年十五以上者，有骑士而无步卒，人二三骑，或六七骑，五十骑谓之一纠（都由切，即一队之谓）"③，这即是北方的民族游牧生活发展而带来的必然结果。虽然不知道这种现象究竟起源于什么时候，但是自匈奴以来，北方的游牧民族就以骑兵称雄朔方。蒙古人自小就要被用绳子绑在木板上，并缠绕在马背上，跟随着母亲出行，三岁时就要用绳子固定在马鞍上，让他手里拿着东西跟随人们驰骋，四五岁就要手挽小弓和短箭，等他们长大就要一年四季进行狩猎。这说明我国北方的游牧民族自幼就是生长在马上的好射手、驰骋在草原上的好骑手，而几乎伴随一生的狩猎则是训练他们骑射技术的好方法。基于以上原因，养马的知识也显得尤为重要，这种经验经过代代积累，逐渐形成了体系。如上引徐霆所述，在春天罢兵之后，凡是出战回来的马匹就会解除它们的缰绳，让它们自由的吃水草，直到六月

---

① 《黑鞑事略》，第122—123页。
② 《黑鞑事略》，第102页。
③ 《黑鞑事略》，第129页。

份再将它们拴起来，平时只让吃很少的水草，这样几个月后很快膘就落了，这时候再骑，就可以日行百里而不出汗，在正常行路时也不让吃水草，因为在辛苦中吃水草就会长膘从而生病，这种养马的方法在徐霆看来跟南人养马的方法恰恰相反。

《黑鞑事略》对蒙古国的军事情况亦进行了十分细致的叙述，叙述涉及蒙古人的兵器、军粮、攻城略地的手段和方法等诸多方面：

> 柳叶甲、有罗圈甲。有顽羊角弓。有响箭、有驼骨箭、有批针箭，剡木以为栝，落雕似为翎。有环刀，效回回样，轻便而犀利，靶小而褊，故运掉也易。有长、短枪，刃板如凿，故着物不滑，可穿重札。有旁牌，以革编绦，否则以柳，阔三十寸，而长则倍于阔之半。有团牌，特前锋臂之，下马而射，专为破敌之用。有铁团牌，以代兜鍪，取其入阵转旋之便。有拐子木牌，为攻城避炮之具。每大酋头项各有一旗，只一面而已，常卷常偃，凡遇督战，才舒即卷。攻城则有炮，炮有棚，棚有纲索，以为挽索者之蔽。向打凤翔，专力打城之一角，尝立四百座。其余器具，不一而足。论其长技，弓矢为第一，环刀次之。①

这应当是彼时文献中描述蒙古兵器最细致的文本了。而值得注意的是，就徐霆说原本蒙古人民根本没有这些攻城的器械的，在后来灭了回回国之后，才开始有了资产、工匠和器械。除此之外，作者还指出蒙古人征伐的目的是孙子所说的"因粮于敌"。

就攻城略地来说，《黑鞑事略》主要从扎营、排兵布阵、破敌之法三个方面进行了仔细的介绍，其中破敌之法尤为精彩：

> 其破敌，则登高眺远，先审地势，察敌情伪，专务乘乱。故交锋之始，每以骑队轻突敌阵，一冲才动，则不论众寡，长驱直入。敌虽十万，亦不能支。不动则前队横过，次队再冲。再不能

---

① 《黑鞑事略》，第131—132页。

入,则后队如之。方其冲敌之时,乃迁延时刻,为布兵左右与后之计。兵既四合,则最后至者一声姑诡,四方八面响应齐力,一时俱撞。此计之外,或臂团牌,下马步射。一步中镝,则两旁必溃,溃则必乱,从乱疾入敌。或见便以骑蹂步,则步后驻队,驰敌迎击。敌或坚壁,百计不中,则必驱牛畜,或鞭生马,以生搅敌阵,鲜有不败。敌或森戟外列拒马,绝其奔突,则环骑疏哨,时发一矢,使敌劳动。相持既久,敌必绝食,或乏薪水,不容不动,则进兵相逼。或敌阵已动,故不遽击,待其疲困,然后冲入。待其兵寡,则先以土撒,后以木拖,使尘冲天地,疑兵众,每每自溃;不溃则冲,其破可必。或驱降俘,听其战败,乘敌力竭,击以精锐。或才交刃,佯北而走,诡弃辎重,故掷黄白,敌或谓是诚败,逐北不止,冲其伏骑,往往全没。①

这些破敌之法充分利用了骑兵的机动性,其中也掺杂了许多在狩猎当中获得的经验方法,十分精彩。在破敌开始的时候,首先登高眺远,观察地势和敌情,交战伊始,则骑兵冲击敌阵,冲而未乱,则一冲再冲,这种冲击敌阵的目的不仅是扰乱敌阵、制造混乱,更是拖延时间,等到四周的军队都集结完毕,就从四面八方一起冲击。此外,还有下马进行射击,一旦射中军中的将领,敌阵就会混乱,趁着混乱开始突击。如果百计都不能奏效,那么蒙古人就会驱使牛马去冲营,令敌军阵脚大乱;或是将敌军包围,时不时的打呼哨放冷箭;或是撒土踏尘,让敌军疑其兵众,自行溃败。这些计谋使作者极为钦佩,他赞叹道:"或因真败而巧计取胜,只在乎彼纵此横之间,有古法之所未言者。其胜则尾敌袭杀,不容遁逸。其败则四散逬,追之不及。"②

总而言之,彭大雅、徐霆的《黑鞑事略》记述了大量有关蒙古国的信息,这些信息涉及当时蒙古国的朝廷要员、地理气候、牧猎方式、语言文字、历法筮占、官制法律、风俗习惯、兵马将帅、军事战法等

---

① 《黑鞑事略》,第164—165页。
② 《黑鞑事略》,第165页。

多个方面。这些内容从一定程度上为我们揭示了13—14世纪蒙古大军之所以能够扫荡世界、建成横跨亚欧大陆的蒙古帝国的原因。这也是《黑鞑事略》在彼时一批西向纪行作品中所独有的内容特色。

### 三 文学史意义

《黑鞑事略》的作者远赴异域，将异域的自然风光、物产风俗、经济军事等方方面面行诸笔端，扩宽了古代文学的地理空间，丰富了古代纪行文学的内涵。他们在出使中所获的这些异域的历史与文化的珍贵资料成为元代文学发展的源头活水之一。

首先，如前所言由于两位作者的特殊身份，在这部纪行作品中，语言的应用更加偏向于纪实，内容则偏重于客观，文献资料方面的价值不言而喻。例如对蒙古文字脱胎于回回文字和蒙古族攻城方面的器械源于征服回回国之后得益于回回工匠精湛的技艺的记载，则可以与《元史》中的记载互相印证。而"回回"这一名称最早即见于《黑鞑事略》，则是对于历来学者认为回回一词最早出现在沈括《梦溪笔谈》的纠正，以及对于蒙古人养马、军事方面的记述，其细致程度更是在其他的文献中所稀见，这些内容可作为资料与史互证，补史之不足。

其次，《黑鞑事略》的出现进一步扩展了古代文学的地理空间，一些异域的风情、习俗进入作家们的视野，为后世的作家提供了丰富的题材。人们出于对地理博物的兴趣，早在《穆天子传》《山海经》当中就已经有了关于西域的记载，至汉代张骞通西域，乃至到了唐代国力强盛，产生了大量边塞诗歌，其中不少就涉及西域的自然景物，而《大唐西域记》则是描写西域的作品中的佼佼者。在此之后的很长一段时期关于西域的描写则陷入了沉寂，直到蒙古崛起打破了世界此疆彼界的界限，世人的目光再次投向了西域，伴随着民族的大交融，大量描写西域的文学作品又开始繁盛起来。游记有《长春真人西游记》《西游录》《黑鞑事略》《西使记》等，诗歌方面则以耶律楚材与丘处机的西域诗为代表。《黑鞑事略》在记述方面侧重点与其他游记颇有不同，而正是这些不同之处与其他游记互为补充，共同构建了西域的文化背景，使其更加完整，而其提供的这些富有民族特色的题材，在生动地展现西域五彩斑斓的社会生活的同时，也作为异域的形象开始进入作家的视野，最终行诸其笔下成为一道亮丽的风景线。

最后，彭大雅、徐霆在面对西域时，他们的心态再也不似其他历史阶段的人们对西域的态度，而是发生了明显的变化。中国古人的民族观念在历史上有一个历时性的变化，起初每以高高在上的姿态来俯视异域文化，贵中华而贱夷狄。直到唐代，由于李唐皇室具有胡人的血脉，才对各民族的文化有了一定的接受和认可，但是由于初盛唐国势昌盛，加上对外族的战争中取得了不少的胜利，于是在认可与接受之中仍有强烈的自信充斥其中，如陆贽云："岭南安南，莫非王土；中使外使，悉是王臣。其必信岭南而绝安南，重中使以轻外使，殊失推诚之体。"① 到了彭大雅、徐霆所处的南宋，他们面对西域再没有之前人们的那种自信，从"以是知不可但夸鞑人之强，而不思在我自强之道也"② 一句中就可见一斑。但也正是这种平等，甚至是略显自卑的目光更能客观地审视异域的文化，这又与《西游录》中，耶律楚材站在蒙古人的立场，以一种主人公的态度来审视西域文化深有不同。

## 第四节 西游纪行系列之四：《西使记》研究与细读

1259 年（元宪宗九年），蒙古使臣常德奉命西觐彼时正在进行蒙古第三次西征的旭烈兀大帅（后受忽必烈册封为伊利汗国大汗）于波斯。常德从蒙古都城和林出发，经过天山北麓西进，到达过今撒马尔罕、阿姆河等地，足迹所至，已到达今天的伊朗西北境，往返总计十四个月。1263 年，由使臣常德口述，刘郁笔录著成《西使记》一书。《西使记》记载了常德西觐旅程中的见闻，亦被称为《常德西使记》。

刘郁，字文季，别号归愚，出生于金元时期山西著名文学世家浑源刘氏。作为金元时期著名的文学家，在《金史》和《元史》当中，

---

① 陆贽：《论岭南请于安南置市舶中使状》，载陈桂荣等编《历代中外行记》，第 327 页。
② 《黑鞑事略》，第 163 页。

刘郁都曾被提及，但是没有关于刘郁的专传。杜成辉推测，刘郁大约生于卫绍王大安二年（1210），在少年时期刘郁已经小有文名，正大三年（1226），其父刘从益因病逝世，一年之后赵秉文作《叶令刘君德政碑》曰"二子祁、郁。既秀而文。将大其门耶"①。天兴三年（1232），蒙古兵围汴京，刘郁四处流离，天兴四年（1233），元好问向耶律楚材上书举荐人才时，在《癸巳岁寄耶律中书公书》中举荐的54 名士当中便有刘祁、刘郁二人，此后刘郁与其兄一起返回故乡浑源。元太宗十三年（1241）刘郁到达东平（今属山东）。值得注意的是，在北方世侯中，严实、严忠济父子治下的东平地区是当时管辖地域最辽阔、社会秩序比较稳定的地域，这样良好的生活环境使得大批难民接踵而至，其中不乏许多名士，同时严氏父子十分重视对这些名士的保护和重用。在这些名士的影响带动之下，东平地区出现了文化繁荣的局面，"将佐、令长皆兴学养士，骎骎乎、齐鲁礼仪之旧"②，因而有了刘郁多次到东平结交名士。蒙古海迷失后三年（1250），刘祁逝世，刘郁带着刘祁的《处言》，前往保州（今河北保定）请郝经作《浑源刘先生哀辞并序》。后来刘郁寄居在真定（今河北正定）。中统二年（1261），刘郁为左司都事，被遣，既而辞退。中统四年（1263）三月，刘郁著《西使记》一书，此时的刘郁可能在家闲居，常德时任彰德府（今河南安阳）宣课使。③

## 一　研究现状

作为一部游记体裁的著作，《西使记》在一定程度上弥补了《元史》在地域地理方面材料的缺乏，具有很高的地理、历史、文学等方面的价值，被多次作为《元史》的补充材料使用。如魏源著《元史新编》，即以《西使记》为证纠正了其他书籍中的个别错误，这从侧面说明了《西使记》的文献价值。明清以来，《西使记》被收录在众多

---

① （清）张金吾编纂：《金文最》卷七〇，中华书局1990年版，第1025页。
② （金）元好问：《千户赵侯神道碑铭》，李修生编《全元文》卷四〇，凤凰出版社2004年版，第640页。
③ 杜成辉：《〈西使记〉作者刘郁事迹考》，《北方文物》2009年第4期。

第二章　中外交流视角与13—14世纪丝路纪行创作的研究及深度解读·西游纪行系列

文献中,不过目前比较通行和广泛使用的版本依然是文渊阁《四库全书》版。虽然四库提要称《西使记》"不足道哉",但是学界在深入研究后,逐渐发现了《西使记》一书的价值。

首先是征引方面。《西使记》自成书之后,在后人的书中也多见引用。如明代陶宗仪的《说郛》、陆楫的《古今说海》以及邵远平《元史类编》,清代魏源《海国图志》等书皆转引录作为文献资料使用。"道光五年(1825)法国人莱麦撒译为法文,40年后,法国人鲍梯又自魏源《海国图志》中选出,将其译为法文,载于所著《马可·波罗游记导言》(1865年版)一书中,又过了10年,俄国勃莱脱胥纳窦将其译为英文,于光绪元年(1875)载入所著《中世纪研究》一书中"①。以上诸书的引用以及几种译本在国际学术界的出现,也从侧面印证了《西使记》书的价值和研究的必要性。

《西使记》的校注和考证最早取得了显著的成果。比较重要的如清代的丁谦著有《元刘郁西使记地理考证》,载于《浙江图书馆丛书》第二集,对《西使记》进行了地理考证。王国维著有《刘郁西使记校录》,载于《王国维全集》第十一卷,为《西使记》作注。21世纪以来,南京大学历史系教授陈得芝对《西使记》的校注《刘郁[常德]西使记校注》一文因其注解详细而且精练多次被引用。

丁谦在《蓬莱轩地理学丛书》第三册的"元秘史地理考证卷"中为《西使记》作注。《蓬莱轩地理学丛书》共四册,六十九卷,为清代丁谦所撰。《蓬莱轩地理学丛书》共六十九卷,是一部对后世学术有较大影响的、系统考证我国历代边疆地理和西域地理的著作,被称为"天下之奇作"。丁谦对《西使记》的校注,主要以《古今图书集成》版的《西使记》为底本,对其进行地名解释,虽行文简略,却意义重大,诚如论者所评"以实事求是之学课士,多所成就",其关历史地理的考证"并非诸儒所可几及"②。

---

① 杜成辉:《〈西使记〉作者刘郁事迹考》,《北方文物》2009年第4期。
② (清)陈汉章:《蓬莱轩地理学丛书原叙》,载(清)丁谦《浙江图书馆丛书》第一集卷首,民国4年(1915)刻本。

· 73 ·

王国维曾为《西使记》作校录,收入《古行记四种校录》本,现载《海宁王静安先生遗书》第四帙古行记校录一卷中。陈得芝2015年在《中华文史论丛》上发表《刘郁[常德]西使记校注》一文对《西使记》进行了详细的校注。目前来看,陈得芝对《西使记》的校注相较丁谦和王国维的校注更加详细和通俗易懂,因而为目前阅读、理解《西使记》的重要材料。而且陈得芝的注解角度也并不局限于地名及其考证,而是涉及人物、动植物、物产、历史等诸多角度,较其全面性来看也更佳。

在国内,从丁谦、王国维针对《西使记》中地理问题的考证著作到目前学界对《西使记》的研究,主要的研究都集中在《西使记》地理考证方面,尤其是对常德所走路线和沿途四个地点"里丑、马兰、纳商、殢扫儿"与今对应的地理考证。另外,在国外,1887年俄国布莱特施耐德将《西使记》译为英文,并作了详细的注释,但是对于上述地点,他的态度是认为考证难度大以致难以考证。20世纪90年代,张广达、王小甫合撰有《刘郁〈西使记〉不明地理考》,对此进行了考证、研究。而后,2018年,中央民族大学民族学与社会学学院博士后沙西里和自由学者刘振玉合撰的《也论〈西使记〉不明地理问题》一文则依据文献资料,提出了一种几乎与张广达、王小甫考证结果完全相反的结论。下面,我们将详细阐述这两篇论文的观点。

张广达、王小甫合撰的《刘郁〈西使记〉不明地理考》一文主要考证了从寻思干到乃沙不耳的一南一北两条路线。北路是:从寻思干出发,向西过蒲华,从暗梅渡阿姆河,过马鲁、撒拉哈夕,到达乃沙不耳。南路是:从寻思干出发,向南至碣石,在这里又分为两支,一是经过那黑沙不、阿黑夕哥,渡阿姆河,过湛木,到法儿要卜,再走塔里寒,过马鲁察叶可、也里,最后到乃沙不耳。另一支则是向南过铁门,从忒耳迷渡阿姆河,到巴里黑再到上面提过的法儿要卜,此后的路同上。根据蒙古时期从寻思干到乃沙不耳最常走的路是南路,且《西使记》当中根本没有提到过北路上必须经过的蒲华城,所以张广达先生排除了北路的可能性,然后又根据《西使记》中也没有提到著名的铁门关、忒尔迷渡口和巴里黑大城，所以最终确定常德所走的路线是那黑沙不、阿黑夕哥这条路线。在确定常德所走的南线的基础上，张广达对上述四个地点（里丑、马兰、纳商、殢扫儿）进行了考证，认为"里丑"为"Dizah"，"马兰"为"Mālin/Mālan"，"纳商"为"Būshang"，"殢扫儿"为"Nishāpūr"。[①] 形成了学界基本普遍认同的观点，陈得芝先生在校注中也赞同这种提法。

沙西里、刘振玉《也论刘郁〈西使记〉不明地理问题》对张广达先生关于常德所走的路线和四个地名的研究从四个方面提出了质疑：首先是常德所走路线的不合理。文章认为，成吉思汗和旭烈兀西征经过南线从忒尔迷渡口过河是有特殊的军事任务，成吉思汗的目的在于扫除花剌子模在阿姆河以南的势力，旭烈兀的目的是要征服当时尚未完全臣服蒙古人的库西斯坦地区，并非因南线易走或者蒙古时代线路有所改变的原因，不能将军队出征路线和商旅正常出行的路线等同。而且常德西觐时，整个波斯几乎都在蒙古人的掌控之下。呼罗珊大道沿线的城镇，大部分已经恢复，在这种情况下，常德实在没有什么理由舍近求远、舍易求难去走南线。其次是时间与里程不合。文中指出张广达先生考证的常德西行的路线当中最大的问题是忽略了常德所记录的时间和里程的对应关系，并且举出了两对例子。再次是讲张广达先生比定的几个地名，对音方面存在很大的问题。如指出"里丑"与"Dizah"，在对音上相差较大，张广达先生从作者忻州方言上去解释很难让人信服。指出古代的文人、名士对于文章的写作很讲究，很少会用方言去写作。刘郁的《西使记》中虽然文章不长，但是用字严谨、文法规整，涉及很多地名，为什么其他地名没有问题，偏偏这个地名要用差别很大的方言来解释。最后是张广达先生其他细节方面的错误。根据以上质疑，沙西里最终确定常德所走的路线为"呼罗珊大道"，即是经过阿模里渡阿姆河，经过马鲁绿洲达到你沙不儿的干道。据此路线对四个地点进行考证，得到的结果是四个地点对应考证为："里丑"为"Razīqābād"，"马兰"为"Mihna"，"纳商"为"Nīshāpūr"，"殢扫

---

[①] 张广达、王小甫：《刘郁〈西使记〉不明地理考》，《中亚学刊》1990年第3辑。

儿"为"Sabzivār"。①

综合来看，在对《西使记》地理方面有关路线和相对应的地点考证上，目前已作的两种考证，虽然所得结论几乎完全相反，但分别都有很大的参考价值，论证过程也比较严密、有说服力。不过，由于在对音问题上存在较大的难度和误差，两种考证结论相去甚远，我们对《西使记》所载路线和相关地点也暂时没有办法得到一个绝对正确的结论，因此在这方面仍然存在较大的研究空间。

综上可见，学界目前对于《西使记》的研究，主要是把它当作史料和地理志来进行历史与地理方面的研究。但作为13—14世纪西向纪行文学的作品之一，《西使记》的文学价值却尚未有任何发覆，而《西使记》的作者刘郁本为金元之际的著名文学家，此或也提示了《西使记》在刘郁个人文学研究及13—14世纪的纪行文学上可能存在的研究价值。

## 二 文本细读

《西使记》一书记载了常德前往波斯西觐旭烈兀的途程及见闻，具有时效性强、涉及地理范围广的特征。特别是，在《西使记》中，涉及的异域地名相当多，而不管是常德还是刘郁，他们对于这些地理名称的称呼与记载往往求之于当时人们的流行称呼。这些多自西域当地称呼音译过来地名，让《西使记》纪行书写颇有陌生化的效果。

现在让我们来看看常德是如何称呼他所经过的西域的一些城市和地区的：

> 行渐西，有城曰业瞒。又西南行过孛罗城，所种皆麦、稻；山多柏，不能株，络石而长。城居肆闬间错，土屋，窗户皆琉璃。城北有海，铁山风出，往往吹行人堕海中。西南行二十里，有关

---

① ［俄］沙西里、刘振玉：《也论刘郁〈西使记〉不明地理问题》，《西域研究》2018年第4期。

日帖木儿忏察，守关者皆汉民，关径崎岖似栈道。①

"业瞒"在《元史·宪宗纪》中称之为叶密立，除此之外还有也迷里、叶密里等称呼，据《世界征服史》记载，叶密立是由耶律大石在西征的过程中建立的，"他们从那里征进，直到他们来到叶密立，在这里他们建筑了一座其基址至今尚存的城市"②。后来成吉思汗将叶密立分封给窝阔台，窝阔台即大汗位后，叶密立由其长子贵由继承。"孛罗城"，在《元史·地理志·西北地附录》中记载为普剌，耶律楚材《西游录》中称之为"不剌城"③，《西游录》记载西行路程经过别失八里之后皆过"孛罗城"，常德在越过"孛罗城"南面的阴山，即抵达阿里麻里，经过"业瞒"之后向西南行进同样经过"孛罗城"，可见"孛罗城"在南北两路的交接点上。《西游录》记载："不剌之南有阴山，东西千里，南北二百里。其山之顶有圆池，周围七八十里许。"④《长春真人西游记》记载更加详细："翌日傍阴山而西，约十程。又度沙场。其沙细，遇风则流，状如惊涛，乍聚乍散，寸草不萌。车陷马滞，一昼夜方出。盖白骨甸大沙分流也。南际阴山之麓，越沙又五日，宿阴山北。诘朝南行，长坂七、八十里，抵暮乃宿。天甚寒，又无水。晨起西南行，约二十里，忽有大池，方圆几二百里，雪峰环之，倒影池中。师名之曰'天池'。"⑤上引"圆池""天池"，即是赛里木湖，据上引诸行旅记可知，"孛罗城"大约在赛里木湖东北方向百里之处。至于"关径崎岖似栈道"一句在《长春真人西游记》当中亦有细致的记载："沿池正南下，左右峰峦峭拔，松桦阴森，高逾百尺，自颠及麓，何啻万株。众流入峡，奔腾汹涌，曲折弯环可六、七十里。二太子扈从西征，始凿石理道刊木为四十八桥，桥可并车。"⑥

---

① 陈得芝：《刘郁[常德]西使记校注》，《中华文史论丛》2015年第1期，第76—77页。
② [伊朗]志费尼：《世界征服者史》，何高济汉译本，内蒙古人民出版社1980年版，第417页。
③ 《西游录》，第2页。
④ 《西游录》，第2页。
⑤ 《长春真人西游记》，第50页。
⑥ 《长春真人西游记》，第50页。

常德所说的"栈道"即是指《长春真人西游记》当中二太子察合台所修建的四十八桥,在今天的赛里木湖南塔勒奇山峡,俗名果子沟。其他如"阿里麻里""赛蓝城""忽章河"等在《西游录》《长春真人西游记》等行旅游记当中多有所相关名称的记载,相互参照便可见虽然是年代相近的游记,但是对西域同一地区的称呼也不尽相同。更值得注意的是,由于对西域地区命名繁多,往往出现对同一文本的不同解读:

> 二月二十四日,过亦堵,两山间土平民夥,沟洫映带,多故土坏垣,问之,盖契丹故居也。计其地去和林万五千里。而近有河曰亦,运流汹汹东注,土人云:"此黄河也。"二十八日,过塔刺寺。①

"过亦堵,两山间土平民夥"一句,王恽的《玉堂嘉话》中读作"过亦堵两山间"②,将"亦堵"作为山名,而王国维先生读作"过亦堵,两山间土平民夥"③,谓亦堵即是西辽都城虎思斡耳朵的简称,陈得芝比较认同王国维先生的说法。再有"而近有河曰亦,运流汹汹东注"一句,丁谦、王恽皆读为"而近有河曰亦运,流汹汹东注"④,陈得芝谓"王国维《长春真人西游记校注》谓河名为'亦',亦河即《新唐书·突厥传》之叶水,碎叶水之略称,《大唐西域记》作素叶水,《长春真人西游记》作'吹没辇',《元朝秘史》作垂河。'东注'为'西注'之误"⑤。可知由于年代久远以及对西域地理地名的音译的不同,在对文本的解读上往往会出现分歧,除了地名不易辨识,不同的游记作者在描写同一地区的风物人情时侧重亦有所不同,现以西域

---

① 陈得芝:《刘郁〔常德〕西使记校注》,第84页。
② 《玉堂嘉话》卷二,第59页。
③ 王国维著,谢伟扬、房鑫亮主编:《王国维全集》卷一一,浙江教育出版社2009年版,第189页。
④ 《玉堂嘉话》卷二,第59页。
⑤ 陈得芝:《刘郁〔常德〕西使记校注》,第85页。

名城"撒马尔罕"为例：

> 八日，过寻思千（干），城大而民繁。时群花正坼，花惟梨、蔷薇、玫瑰如中国，余多不能名。隅城之西，所植皆葡萄、粳稻；有麦，亦秋种。其乃（又其）满地产药十数种，皆中国所无。药物疗疾甚效，曰阿只儿，状如苦参，治马鼠疮、妇人损胎及打扑内损，用豆许咽之自消；曰阿息儿，状如地骨皮，治妇人产后衣不下，又治金疮脓不出，嚼碎傅疮上即出；曰奴哥撒儿，形似桔梗，治金疮及肠与筋断者，嚼碎傅之自续。余不能尽录。①

文中的"寻思干"即是今天乌兹别克斯坦首都撒马尔罕，《西游录》当中称之为"寻思干"，谓"寻思干者西人云肥也，以土地肥绕故名之"②，《长春真人西游记》中称之为"邪米思干"，都是 Semizkand 的音译，semiz 突厥语意为"肥"，kand 东伊朗语意为城。《西游录》中耶律楚材用简洁的文字叙述了撒马尔罕的自然环境、瓜果作物以及男女衣着等，李志常在《长春真人西游记》当中，则更加细致的记载了风土特产、男女服饰、农器制度、风俗习惯等。而在《西使记》中，刘郁对于以上所举方面仅仅一笔带过，而用相对较多的文字来记录撒马尔罕的药物，或许是曾见过耶律楚材的《西游录》，也或者是《长春真人西游记》，故而在记叙之时将那些内容略记，而详细记载其所缺，以补其资料，又或是常德个人兴趣所致也未可知。

除此之外，颇值得一提的是《西使记》当中关于木乃奚国的一段记述：

> 二十九日，㳂扫儿城，[满]山皆盐，如水晶状。近西南六、七里，新得国曰木乃奚。其牛皆驼峰，黑色；地无水，土人隔山岭凿井，相沿数十里，下通流以溉田。所属山城三百六十，已而

---

① 陈得芝：《刘郁［常德］西使记校注》，第 88 页。
② （元）耶律楚材著，向达校注：《西游录》，第 3 页。

皆下,惟担寒西一山城名乞都不,孤峰峻绝,不能矢石。丙辰年,王师至城下,城绝高险,仰视之,帽为坠。诸道并进,敌大惊,令相大(火)者纳失儿来纳款。已而兀鲁兀乃算滩出降,算滩犹国王也。其父领兵别据山城,令其子取之,七日而陷。金(玉)宝物甚多,一带有直银千笏者。其国兵皆刺客,俗见男子勇壮者,以利诱之,令手刃父兄,然后充兵,醉酒扶入窟室,娱以音乐、美女,纵其欲,数日,复置故处。既醒,问其所见,教之能为刺客,死则享福如此。因授以经咒日诵,盖使蛊其心志,死无悔也。令潜使未服之国,必刺其主而后已。虽妇人亦然。其木乃奚在西域中最为凶悍,威胁邻国,霸四十余年。王师既克,诛之无遗类。①

据引文知,常德在1259年三月二十九日抵达一个叫"殢扫儿"的城市(这座城的名字在元代尚有沙不儿、乃沙不耳、匿察不儿等称呼)。这里满山都是水晶形状的盐。在殢扫儿城西南方六七里便是木乃奚国。据悉,木乃奚(也被译作木剌夷、木罗夷、没里奚等)是阿拉伯语 Mulāhid(即异端)的音译。1019年,伊斯兰教阿萨辛派的传教士哈散·萨巴(Hasan-i Sabbāh)进入阿剌模忒堡(Alamūt,译为鹰巢),以此为中心开始传播教义,并且利用徒众势力不断地掠取土地,从而建立了属于自己的宗教王朝伊玛目王朝(1090—1256),到了第四代统治者哈散开始创立新的教义,无须像其他伊斯兰教一样履行礼拜仪式,并且在斋日也可以饮酒,从而被正统伊斯兰教称之为异端(Mulāhid),这便是其名称的由来。阿萨辛派在13世纪上半叶的西域是最为凶悍的存在,以暗杀敌国的首领而著称,许多伊朗、阿拉伯的王公贵族都死于阿萨辛派的杀手之手,让蒙古及邻国十分头疼,这或许也是蒙哥即位之后令旭烈兀征伐木乃奚的重要原因之一。

可以看到,关于阿萨辛派的特点在刘郁的笔下得到了生动的解释。据刘郁之述,在教主的鼓动和教唆下,木乃奚整个国家的士兵都是刺客。这个教派看到勇敢健壮的男子,就以利益来诱惑他们,诱导他们

---

① 陈得芝:《刘郁[常德]西使记校注》,第89—91页。

杀死自己的父兄，然后加入军队，之后再将他们灌醉放入一个花园当中，用音乐和美女来蛊惑他们的心智，这样很多天之后，把他们再次灌醉，放回原来的地方，告诉他们之前的花园是极乐世界，只有成为刺客，死后才能够再次进入极乐世界享福。在这之后还会让他们每天念诵经文咒语，不断地蛊惑他们的心灵，这样他们一旦成为刺客，被派遣到敌国进行刺杀任务，一定会不死不休完成任务方止。因而他们被称之为阿萨辛（Hashashin），英文的刺杀 assassin 便是来源于此。后旭烈兀利用火炮技术攻破鹰巢，国主鲁克纳丁投降，蒙古人在解除了他们的武装之后，将其徒众全部杀死，最终称霸当地约一百七十年的木乃奚国就此覆灭。

再如记载报达国的一段文字：

> 其国富庶为西域冠，宫殿皆以沉檀、乌木、降真为之，壁皆以黑、白玉为之；金珠珍贝不可胜记。其妃后皆汉人。所产大珠曰太岁强（弹）、兰石、瑟瑟、金刚钻之类。带有直千金者。其国六百余年，传四十年（主），至合法里（里法）则亡。人物颇秀于诸国。所产马名脱必察。合里法不悦（酒），以橙浆和糖为饮。琵琶三十六弦。初合里法患头痛，医不能治，一伶人作新琵琶七十二弦，听之立解。土人相传，报达诸胡之祖，故诸胡皆臣服。①

报达即今伊拉克首都巴格达，又译为巴哈塔、八吉打，是阿拉伯阿拔斯朝的第二代哈里法曼苏尔所建的新都城，此后一直是阿拔斯朝的都城。据刘郁介绍，蒙古时期，报达国的富庶在西域可以说是首屈一指。据悉，旭烈兀曾在报达哈里法宫殿，命令其献出财宝，并挖掘宫内装满黄金的池塘，所得黄金、珠宝数量惊人。这与刘郁对报达国宫殿富丽情况的记述相符。刘郁对报达国的记述，其中所涉及的太岁弹、兰石、瑟瑟、金刚钻，都是宝石名。另外，哈里法不喜欢饮酒，

---

① 陈得芝：《刘郁［常德］西使记校注》，《中华文史论丛》2015 年第 1 期，第 97 页。

而是喜欢喝橙浆和糖,这里的橙浆和糖是药用果汁,即元代译为舍利别、舍里八的一种饮料。① 这种饮料在元代其他汉语文献中也颇有记载,如《至顺镇江志》卷六"土贡"载"舍利别四十瓶。前本路副达鲁花赤马薛思里自备葡萄、木瓜、香橙等物煎造,官给船马入贡"②,《至顺镇江志》卷九又载:"太祖皇帝初得其地,太子也可那延病,公外祖舍里八·马里哈昔牙徒众祈祷始愈,充御位舍里八赤,本处也里可温答剌汗。至元五年,世祖皇帝召公驰驿进入舍八里,赏赍甚侈。舍八里,煎诸香果,泉调蜜和而成。舍里八赤,职名也。公世精其法,且有验特降金牌以专职。"③

与其他的西行游记相同,《西使记》也记载了不少西域特有物什:

> 狮子雄者,鬃尾如缨拂,伤人,吼则声从腹中出,马闻之怖溺血。狼有鬃。孔雀如中国画者,惟尾在翅内,每日中振羽。香猫似土豹,粪溺皆香麝如。鹦鹉多五色。风驼,急使乘,日可千里;鹁鸽传,日亦千里。珊瑚出西南海,取以铁纲,高有至三尺者。兰赤,生西南海山石中。有五色鸭思,价最高。金刚钻出印毒,以肉投大涧底,飞鸟食其肉,粪中得之。撒八儿出西海中,盖玳(瑁)之遗精,鲛鱼食之吐出,年深结成,价如金,其假者即犀牛粪为之也。骨笃犀,大蛇之角也,解诸毒。龙种马出西海中,有鳞角,牝马有驹,不敢同牡。被引入海不复出。皂雕一产三卵,内一(卵生)大者,灰色而毛短,随母影而走,所逐禽无不获者。垅种羊出西海,以羊脐种土中,溉以水,闻雷而生,脐系地中,及长,惊以木,脐断(便行)啮草,至秋可食;脐内复有种。又一胡妇解马语,即知吉凶,甚验。④

---

① 陈得芝:《刘郁〔常德〕西使记校注》,第97页。
② (元)脱因修,俞希鲁纂:《至顺镇江志》卷六,清道光二十二年丹徒包氏刻本,第212页。
③ (元)脱因修,俞希鲁纂:《至顺镇江志》卷六,第322页。
④ 陈得芝:《刘郁〔常德〕西使记校注》,第106页。

这段文字详细记载了西域特有的一些生物：狮子、长着鬃毛的狼、孔雀、香猫、鹦鹉、风驼等，以及两种奇珍异宝：兰赤、鸭思，这两种都是宝石的译名。根据陈得芝先生的注释，狼有鬃者指的可能是鬣狗，风驼是指单峰驼，是非洲和西南亚的特产。文中提到撒八儿生产于西海中，是玳瑁的遗精被鲛鱼吞噬吐出之后，经年累月结成，价值等同于金子。撒八儿的生成与龙涎香有着相似之处，故陈得芝先生推测撒八儿应该就是龙涎香。骨笃犀，是大蛇的角，能够解诸毒。根据陈得芝先生推测应该是一种药品的译名，但是很难复原。颇值得一提的是金刚钻与垅种羊。与金刚钻相关有段故事传说，据说9世纪的水手辛巴德听到在印度有这样一个神奇的山谷，山谷当中有着无数的金刚钻，但是山谷深不可测，商人们无法到达山谷。于是就等山峰上的鹰隼繁殖的季节，将大块的肉抛入山谷中，金刚钻粘附在肉上，当鹰隼俯冲到山谷将肉衔回鹰巢的时候，商人们就大声的呼叫，鹰隼受到惊吓抛下美食，金刚钻就最终落入这些冒险家的手中了，这与《西使记》中的记载颇为相近。垅种羊也与中世纪传说当中的植物羊比较相像，据说这种羊生长在土中，等到它破土生长的时候，人们就用围墙把它们围起来，防止被其他的野兽捕杀。但是它们的脐带连接着土地，如果将脐带割断，它们立刻就会死去，人们骑马、击鼓，让它们因惊吓而奔走从而挣脱脐带，这样就可以存活下来。实际上关于垅种羊的传说在耶律楚材的诗歌当中也曾提到过"西方好风土，大率无蚕桑。家家植木绵，是为垅种羊。年年旱作魃，未识舞鹝鹒"①，这首诗实际上为我们揭开了垅种羊的秘密，在中亚地区没有蚕桑，人们种植木棉树，用木棉树的果实来织布，而木棉树果实的形状与毛发肥厚的绵羊相似，于是便有了垅种羊的传说。

《西使记》中关于旭烈兀的西征活动及西域的民俗、风物等方面的记载非常丰富生动，诚如笔录者刘郁所感慨"其怪异等事不可弹（殚）纪"②。而之所以不可殚纪，是因为中原与西域的通道从汉代张

---

① （元）耶律楚材：《赠高善长一百韵》，《全元诗》第1册，第318页。
② 陈得芝：《刘郁[常德]西使记校注》，第108页。

骞出使西域以来，以后的很多世纪，中原与西域都处于隔绝的状态，其国家的更替变迁，事迹、风俗也就变得难以考究了。从这方面来看，蒙古人打通中原与西域交流的壁垒，此贡献不可谓不大，而《西使记》作为在这种文化交流碰撞之中诞生的游记，其史料价值与文学价值都应该得到人们的重视。

### 三 文学史意义

《西使记》的成书是常德奉旨觐见旭烈兀，历经中西亚地区的行记，常德作为蒙古帝国第三次西征成果的见证者，旨在炫耀蒙古帝国的武威，并因此记下了我国西部和中西亚国家的山川名城、异域奇闻。但是，《西使记》的写成却是由著名的文学家刘郁执笔，故其书在具有重要的历史、地理价值的同时，也被赋予了十分重要的文学价值。

一方面，《西使记》与其他的西行游记一样，具有拓宽古代文学地理空间，为作家提供更多不同于中原的题材、形象的价值，诸如西域的风景、习俗、宗教信仰，以及一些特有物什等。但是，它又有自己独特的贡献。因为与丘处机、耶律楚材等不同，常德出使之地正是蒙古人第三次西征所扩张的区域，常德的步程所至，已经到达今天的伊朗西北境。所以他所历经过的部分地方是丘处机、耶律楚材等人尚未涉足的，他对于这些的地方的描述已成为特有。例如对讫立儿城、阿剌丁城二城的记述："四月六日，过讫立儿城。所产蛇皆四趾，长五尺余，首黑身黄，皮如鲨鱼，口吐紫焰。过阿剌丁城。祃咱苍（答）儿人被发，率红帕（勒）首，衣青如鬼然。"① 此外，还描述了印度、巴格达、埃及、罗马等地的风土人情。其次文中叙述的地方若是与李志常的《长春真人西游记》和耶律楚材《西游录》中所载的地方一致，其叙述的角度也是不同，可以加以补充使其地方的风物人情更加详备。如关于寻思干的记述，《长春真人西游记》《西游录》偏重于自然环境、农业作物、风土习惯方面的记载，而《西使记》则对于其地一些特殊的药物进行了详细的介绍，这些在《西游录》和《长春

---

① 陈得芝：《刘郁［常德］西使记校注》，第94页。

真人西游记》中是没有记载的。

  另一方面,《西使记》比李志常的《长春真人西游记》和耶律楚材的《西游录》要晚四十年左右,距今更近,时效性更强,因而《西使记》中关于旭烈兀的西征活动及西域的民俗、风物等记载都因更接近史实而显得更为珍贵。而且作为《西使记》的主人公常德,不同于其他的游记的主人公,他至早出生于1226年,在金朝灭亡时尚小,对于故国的感情相比其他人比较淡薄,而对元朝的归属感比较强,此次西行也是以元朝官员的身份西行,在其叙述当中多见"王师"的字眼亦可佐证,所以他对西域的所见所闻亦是一种新视角下的解读。

# 第三章 中外交流视角与13—14世纪丝路纪行创作的研究及深度解读·西南丝路纪行系列

## 概 述

13世纪中叶以降,在蒙元对云南、安南等地区或国家的武力征战与外交经略之下,中国的西南边疆地区及国家与中原王朝的关系或联系,发生了重要变化,以云南、安南等西南地区或国家为主要经行地的西南丝路,亦因此而展现新的拓通与文明交流局面。这一时期内频出的沿西南方向而走的云南、安南等区域的陆上丝路纪行作品,正是表征这种局面的有力例证。

李京《云南志略》及其纪行诸诗是此期间云南纪行作品系列中的代表。《云南志略》今仅存《云南总叙》《诸夷风俗》二篇,二者均显示出蒙元时期新中原—云南关系下的叙述质素。《诸夷风俗》呈现的详致考实的云南土著民族之日常生活风俗,是李京"周履云南"而得以近距离触及云南民族社会生活的经验成果。而由纪行诸诗勾勒的李京滇行之旅,作为元时期中原人士入滇的生动实例,不仅展现了13—14世纪中原与云南两地之间便捷的地理交通,纪行诸诗中的滇黔景观书写,亦形构了这一路程上经行的诸多滇黔山水及云南城中胜景。

黎崱《安南志略》及元代安南纪行诗则是13—14世纪中越文化

交流的结晶。而若专门聚焦于安南文化的流动,如果说由寓居中夏的安南文人黎崱本人亲撰的安南历史、地理、风俗、物产等方面内容的书写,某种程度上反映了元时期安南文化向中土的输出,那么,与《安南志略》相关的由中土文人创作的安南纪行诗,则是元时期安南文化输入中土的表现之一,二者共同映射了13—14世纪中越交流历史现场的两个面向。

## 第一节　西南纪行系列之一:李京《云南志略》及其云南诗研究与细读

13世纪中叶,已收获"并西域、平西夏、灭女真"及招降吐蕃之赫赫战绩的蒙古帝国,开始将征略的步伐集中向南行进。其中,偏安秦岭淮河以南的赵宋政权,自是主要目标,而顺应游牧民族的扩张天性,且因"中原势大,不可忽也。西南诸蕃,勇悍可用,宜先取之"[①]的战略需求,位于云南及今越南地界的大理、安南等西南地区政权,实亦成为这个时期攻战的鹄的。其中,在平定后能够直接形成包围南宋之势,且可作为进军西南其他国家之踏板的云南大理,尤为首当其冲之所在。是故,1252年(蒙古宪宗二年、大理天历元年)九月,蒙军避开宋军主要防线,开始发动对大理的远程奔袭作战,并于两年后成功占领大理全境。忽必烈建元一统后,又以中庆(今昆明)为中心置建云南行省,"镇以亲王贵人""优以命吏",将云南正式纳入中央王朝的治理版图。[②] 因是之故,云南边疆与内地的联系在蒙元时期大大加深。至元、大德时期,一批北方官员出任云南,带来云南政治经济发展的新局面,一批主要由出任官员撰作的云南纪行作品,更是彰显了此期云南边疆与内地文明交流的新高度。

---

[①] 《元史》卷一四九《郭宝玉传》第12册,第3521页。
[②] 此段所述参见周振鹤主编,李治安、薛磊著《中国行政区划通史·元代卷》(修订本),复旦大学出版社2017年版,第189页;魏曙光《论忽必烈远征云南的目的》,《贵州文史论丛》2012年第4期;杜玉亭《忽必烈与云南》,《云南社会科学》1982年第1期。

李京《云南志略》及其《鸠巢漫稿》所收云南纪行诸诗,即是具有代表性的一种。李京(1251—?),字景山,号鸠巢,河间(今属河北)人。时人虞集曾简要叙及其生平:"蚤岁即起家,掌故枢府,不数年,遂长其幕。方骤用,而遽坐废,盖五年。而后宣慰云南,三年而报。使移病归乡里者,又二年矣。"① 李京用废于枢府之源委,今已难以详察,但"宣慰云南"之始末,多有文献可考。据载,元成宗大德五年(1301)春,李京奉命宣慰乌蛮,其时正值缅甸发生政治动乱,元王朝派云南行省出兵助缅围讨乱臣,而"诸蛮拒命"之际。于是,大德五、六年间(1301—1302),李京以乌撒乌蒙道(今昭通一带地区)宣慰副使,配虎符,兼管军万户府之任,"屡被省檄措办军储事",足迹几遍云南②。李京《云南志略》及其云南纪行诸诗正是在此背景下撰著而成。

关于《云南志略》的撰作由始,李京作《自序》云:"盖尝览乐史《寰宇记》、樊绰《云南志》及郭松年《南诏纪行》,窃疑多载怪诞不经之说。大德五年春,奉命宣慰乌蛮……乌蛮、六诏、金齿、白夷,二年之间,奔走几遍。于是山川、地理、土产、风俗,颇得其详。始悟前人记载之失,盖道听涂说,非身所经历也。因以所见,参考众说,编集为《云南志略》四卷。"③ 虞集亦言及李京因宣慰乌蛮而"周履云南,悉其见闻,为略志四卷,因报政上之"④ 的撰作情态。可见,《云南志略》是李京据其亲身见闻而作,内容广涉云南山川、地理、土产、风俗等诸多方面。李京的云南纪行诗歌收录于其诗集《鸠巢漫稿》之中。虞集曾序此诗集,称李京"二十年间,为诗凡数百篇,而

---

① (元)虞集:《道园类稿》卷一七《李景山诗集序》,《虞集全集》,天津古籍出版社2007年版,第490页。

② 本段所述李京生平参见李景山《云南志略·自序》,虞集《道园类稿》卷一七《云南志序》,元明善《云南志略序》,另参方国瑜《李京〈云南志略〉概说》,《思想战线》1981年第1期。

③ 郭松年撰,(元)李京撰,王叔武校注:《大理行记校注 云南志略辑校》,民族调查研究丛刊,云南民族出版社1986年版,第66页。

④ (元)虞集:《道园类稿》卷一七《云南志序》,《虞集全集》上册,天津古籍出版社2007年版,第482页。

云南诸作尤为世所传诵"①，可见李京的云南纪行诗歌，在当时即为世人肯定与推崇。

须指出的是，李京《云南志略》与《鸠巢漫稿》原书皆已散佚，今所传者，均为佚文辑录。但是，借由这些"残缺"的诗文，我们仍然可窥其不可磨灭的史学意义与文学价值。

### 一　研究现状

或受限于文献的缺略，自民国迄今，有关李京《云南志略》及其云南纪行诸诗的研究，并不多见，但置于百余年近现代学术发展史的洪流中来看，其自无至有、由粗而微的整体发展趋势，却不可否认。其中，《云南志略》作为一部在云南地方史上据有重要位置的志书，由于一批云南地方史学学者的留意，是相对受到关注的一种。

学界对《云南志略》的关注，可以追溯到民国时期。民国年间，伴随云南方志纂修的热兴与方志学研究的活跃，《云南志略》进入学者视域。童振藻《云南方志考》，作为最早的一部云南方志题解目录书，即对《云南志略》的版本情况作有初步的考察。该著罗列有《云南志略》的云南图书馆复印本、云南备征志本、涵芬楼说郛本，并认为"以云南备征志、说郛本相较，说郛本为详"。②但自此迄至20世纪80年代，除尤中于《云南日报》上发表《李京〈云南志略〉》一文，对李京生平及《云南志略》的撰作情况作有相当简要的介绍外③，此间尚未见及其他有关《云南志略》的专门研究成果。

《云南志略》开始受到专门的关注和研究，是在80年代以后。1981年，方国瑜发表《李京〈云南方志〉概说》一文，对李京事迹、《云南志略》的成书与版本流传作了较为详细的考论，对书中《云南

---

① （元）虞集：《李景山诗集序》，《虞集全集》上册，天津古籍出版社2007年版，第490页。
② （民国）童振藻辑：《云南方志考》，杭州图书馆1992年版。另参见宋永平《〈云南方志考〉述论》，《中国边疆史地研究》1994年第1期。
③ 尤中：《李京〈云南志略〉》，载《尤中文集·第5卷·文史拾零（上编）》，云南大学出版社2009年版，第128—129页（原载《云南日报》1963年7月11日第3版）。

总叙》一篇所载云南历史沿革与《诸夷风俗》一篇所记云南民族社会生活的一些史实，亦作有初步考证。据该文推考，《云南志略》约成书于大德七、八年间，时李京犹官于云南；《云南志略》成书后并未刊行，唯借抄本流传，但在明中叶时期即失传已久；《云南志略》尚有片段传至今者，主要是依靠陶宗仪《说郛》对其部分内容的采录，后世相关文献所收《云南志略》，实均承《说郛》而来。[①] 方文对《云南志略》的研究，奠定了李京及其《云南志略》研究一些基本问题研讨的基础。后方氏编《云南史料丛刊》，其中对《云南志略》部分的概说[②]，亦是完全沿用此文。

1986年，由王叔武整理出版的《云南志略辑校》，是《云南志略》的首部整理成果。该著不仅对《说郛》所录《云南总叙》与《诸夷风俗》两篇完整的篇章进行了校注，亦辑录不少《永乐大典》《读史方舆纪要》等文献中援引《云南志略》内容的佚文。其中王氏所撰《叙例》，实亦为有关《云南志略》的早期重要研究成果。其贡献主要有三。其一，初步考证了李京生年，以及其宣慰云南"措办军储"的具体缘由，推进了李京生平事迹的研究；其二，通过对《永乐大典》引《云南志略·异龙湖》史料的关注，对《云南志略》的成书情况，亦有更进一步的推论。王氏认为，"《云南志略》在元代应有两个本子，一是大德七年'因报政上之'的初稿本，一是经过补充修改的至顺年间的定本"；其三，在方氏以李京《云南志略》"为元、明以来志书之最早"的定位基础上，对《志略》在元明清云南地方史著中的位置作出了更清晰的论断。《叙例》言，"《云南志略》是元代建立云南行省后的第一部云南省志，为明代云南诸方志之所宗，是研究云南民族历史的基本史料之一"，该书"与《元史地理志·云南诸路》所记，起着上承隋唐，下接明清，考镜云南民族源流的作用。在云南民族史料中，是一部具有关键性的著作"。[③] 这些观点普遍为后世研究者所接

---

[①] 方国瑜：《李京〈云南志略〉概说》，《思想战线》1981年第1期。
[②] 方国瑜：《云南史料丛刊》（第3卷），云南大学出版社1998年版，第120—123页。
[③] 《大理行记校注　云南志略辑校》，第55—57页。

受与吸收。

罗贤佑《元代云南地区的民族实录——〈云南志略〉》一文，即是在广泛援引王氏观点的基础上，于90年代出现的有关《云南志略》研究的成果。除进一步发挥王氏观点，该文的贡献，主要是借助《云南志略·诸夷风俗》篇目的记载，对元代云南诸民族情况进行了专门考述，从而对《云南志略》在云南民族史料层面的价值，作出了系统考论。该文认为，李京《云南志略》是"一部比较全面翔实的关于元代云南诸民族的实录"，"今天，凡涉及元代云南史地及民族状况的论文或专著无不以李京的《云南志略》为重要资料来源"。同时，该文亦总结了《志略》在著录遗漏、传闻失实、民族偏见三个方面的缺陷。①

21世纪以来，有关《云南志略》的专门研究，主要是梁永佳《"西南他者"与〈云南志略〉》一文。该文从人类学的角度，探究了《云南志略》中代表中原文化的作者李京以"他者"看待西南边疆的现象，并在此基础上对李京撰写《志略》的意图作出了别样的解读②。其他如尤伟琼《云南民族识别研究》、顾宏义《金元方志考》、张锡禄《元代大理段氏总管史》、陆韧《云南地方的古代历史记载与史学》等论著，则均零散涉及对《云南志略》的讨论。

李京云南纪行诗方面，首先亦有相关整理成果。一是王叔武自《永乐大典》、（景泰）《云南图经志书》、（嘉靖）《大理府志》等书辑出李京"纪行诸诗"十六首，附收于《云南志略辑校》"佚文辑录"部分。其后杨福泉主编《元代滇诗辑注》，亦收此十六首诗。另《全元诗》根据顾嗣立《元诗选》所辑及释英《白云集》附录，收录相关诗歌十一首。近年，也出现了有关李京云南纪行诗的专门研究，对李京纪行诸诗的地域特色、政治情怀及羁旅之情有所窥觇。③

综而言之，学界对李京《云南志略》及其云南纪行诗歌均已有关

---

① 参见罗贤佑《元代云南地区的民族实录——〈云南志略〉》，《民族研究》1993年第3期。
② 梁永佳：《"西南他者"与〈云南志略〉》，《中国人类学评论》第3辑，世界图书出版公司2007年版，第28—30页。
③ 参见花志红《李京"纪行诸诗"述略》，《文教资料》2016年第18期。

注。有关李京生平,《云南志略》的成书、版本、史料价值,以及相关文献整理等一些基本问题,已有较为切实的探讨。但也可看到,学界对于《云南志略》的研究,目前总体停留在史学的层面,而尚未有从文学——诸如笔记散文、纪行文学等体类文学史,西南文学、云南文学等地方文学史——角度等,对《云南志略》的文学价值进行发覆;对李京云南纪行诗歌的研读,实亦尚有精细与深入的空间。

## 二 文本细读

前已言及,李京《云南志略》及其《鸠巢漫稿》,今之所传,均为佚文辑录。《云南志略》原书四卷,今仅存《说郛》节录之《云南总叙》与《诸夷风俗》二篇。《鸠巢漫稿》所录云南纪行诸诗,原诗篇目未知,今所存者十六首。尽管篇帙散佚严重,但由于产出于蒙元时期云南与中原王朝关系转型节点的独特历史背景之下,加之是在作者李京亲身见闻的基础上撰作,今所存《云南总叙》《诸夷风俗》二篇及纪行诸诗,仍然从书写之内容、笔法、视角、心理等多方面提供了相当可观的新鲜质素。而从13—14世纪中原与云南两地交流及纪行创作的视角观之,我们主要可从以下几个方面来认识。

(一)纪行诸诗呈示的李京滇行路线及黔滇景观书写

大德年间,在京师友人王恽[①]、姚燧[②]、刘敏中[③]、程钜夫[④]、袁桷[⑤]、

---

[①] 王恽(1226—1304),字仲谋,别号秋涧,卫州汲县人。大德年间官至翰林学士,著述宏富,纂集为《秋涧先生大全集》一百卷。赠李京之诗见《秋涧先生大全文集》卷二三《送李景山宣慰夜郎仍用留别诗韵》。

[②] 姚燧(1238—1313),字端甫,号牧庵,洛阳(今属河南)人,原籍柳城。元初名臣姚枢侄,官至翰林学士承旨。有词赠李京,题曰《满江红·送李景山使交趾》(见《牧庵集》卷三五)。

[③] 刘敏中(1243—1318),字端甫,号中庵,济南章丘(今属山东)人。元仁宗初年,官至翰林学士承旨。赠李京诗见其所著《中庵集》卷二三《送李景山赴云南宣慰》。

[④] 程钜夫(1249—1318),初名文海,避武宗讳,以字行,号雪楼,又号远斋,建昌南城(今属江西)人。赠李京诗云:"北户之东旭日升,容光必照破群冥。防风后至心何在,陆贾重来语可听。化洽不闻冬吠雪,气先遥想夜占星。交州九郡皆王略,他日殷勤话所经"(见《雪楼集》卷二八《送李景山侍御使安南》)。

[⑤] 袁桷(1266—1327),字伯长,庆元鄞县(今属浙江)人。元英宗至治年间,官至翰林侍讲学士。赠李京诗作见《清容居士集》卷八《送李景山使交趾》与《安南行送李景山侍郎出使》)。

应滕宾①等纷纷撰作诗文相送的情形下,李京写下一首七律留别都城诸友,在对"苍龙双阙郁岩尧,曾侍鹓鸾趁早朝"的都城"往事"追忆中,辞别"长林丰草",抱着对南方"瘴雨蛮烟"的担忧②,开始其"宣慰乌蛮"之旅。依据现留存的十数首诗作,我们已难精确钩析李京此次宣慰之旅的完整往返路线,但对一些相关路段路线的经行情况,仍可有所考索。

如依据《过安西遇礼部主事郭文卿携歌饯行》《过七星关》《过牂牁江》《行次乌蒙》《初到滇池》——这五首李京南下入滇行程中所作诗歌,我们可较为具体地把握李京由京入滇的一段行程情况。先来看《过安西遇礼部主事郭文卿携歌饯行》一诗:

> 马上逢元日,天涯见故人。雪华官舍酒,烟树霸陵春。欲写春光好,还惊柳色新。明朝重回首,梦里过三秦。③

关于李京宣慰云南的时间,我们前引李京生平材料记为"大德五年(1301)春",但借由此诗中所云"马上逢元日""雪华官舍酒,烟树霸陵春"之句,可知李京从大都动身时间,确切言当为大德四年(1300)冬末,其行至诗题中所及地名"安西"时,方进入大德五年(1301),且时值正月早春时节。其中,"安西"之名,非我们在唐诗中所熟知的位于西北边疆、河西走廊上的"安西",而是指元世祖、成宗年间安西王府所在之奉元路(今陕西西安),安西王受封后,此路曾被改称为安西路。诗篇中言及之"霸陵""三秦"之地名,亦可证之。可见,李京自大都奔赴云南的前半段路程,主要是向西南取道陕西行省而下。④

---

① 黎崱《安南志略》卷一八《玉堂诸公赠送天使诗》收录有"翰林应滕宾送李景山词《夺锦标》"一阕。
② 《大理行记校注 云南志略辑校》,第66页。
③ 《大理行记校注 云南志略辑校》,第100页。
④ 事实上,自大都西南行,经冀宁(今太原)、奉元(今西安)、成都至中庆(今昆明),为元代大都至西南边疆地区的一条主要交通路线。参考《〈元代中外交通路线图〉说明》,《历史教学》1981年第4期。

再观《过七星关》《过牂牁江》《行次乌蒙》《初到滇池》四诗。七星关位于今贵州省毕节县西南七星关河东岸,自古襟蜀扼滇,是西南丝绸之路上由蜀入滇的要冲。牂牁江,即今北盘江,亦是西南丝绸之路上的水系要道。乌蒙,即今云南昭通地区,元时期设乌撒、乌蒙二路。滇池,古时一般指西汉元封二年(前109)所置滇池县,为益州郡治,李京诗中应主要指称蒙元时期滇池所在的中庆路,路治所即昆明。结合李京南下"宣慰乌蛮"的初衷,以及"寻升乌撒乌蒙道宣慰副使"的履历,显然可推知,李京取道陕西行省南下后,主要是经行川蜀之地,直抵乌蒙,其后又是从乌蒙行至中庆。而这条道,实即元至元十三年(1276)开设的由蜀入滇的乌蒙道。① 同时,据《初到滇池》诗中所云"嫩寒初褪雨初晴,人逐东风马足轻",我们亦可推知李京从冬末自大都出发,在正月早春之时经行三秦地区,到达昆明之时,已是轻寒初褪、东风徐徐的仲春时节,李京自京至滇的用时应在三个月左右,可见元时期由京入滇的路线是比较便捷的。

  因是惜别故园而作边地之游,李京在去京至滇的纪行诗作中,较多抒发的是乡关之思与羁旅之苦,如《过七星关》"七星关上一回头,遥望乡关路阻修"②,《行次乌蒙》"风土人情异,关山马足劳"③ 等之所云,但在这些诗中亦可看到李京对一些黔滇景观的书写。如《过七星关》中"两厓斩壁连天起,一水漂花出洞流"④,描绘了七星关独特的喀斯特岩溶地貌,即两岸悬崖壁立如连天而起,关下伏流穿山而出,

---

① 古代从成都经乌蒙行至昆明的道路,最早由秦开通,称五尺道,汉唐时期演变为石门道。元代乌蒙道即是在秦五尺道与汉唐石门道的基础修建而来,并增设水站,这使得汉唐以来入滇道道的艰险难行情况有所改善,行程时间也大大缩短。除乌蒙道外,元朝由蜀入滇的要道尚有从成都经行西昌至昆明的建昌道,此道亦是由古驿路发展而来。此外,元朝自身开创有经湖广入滇的普安道。据悉,"在元朝所建成的几条内地通往云南的驿路中,建昌道、乌蒙道由汉唐以来的旧道嬗变而来,但使用频率超过了汉唐旧道,成了经常性通行的道路,由此也就发挥了更多更大的功能作用。而普安道的贯通翻开了云南交通发展新的一页,改变了西南地区的交通格局,有着划时代的意义。有了这条驿路,云南与今贵州、湖南等地区的交往不再象以前那样有时较长时期中基本处于空白状态。进入明清,滇黔驿道成为云南与内地交往联系的最主要、最基本的通道。"参见陈庆江《元代云南通四川、湖广驿路的变迁》,《中国历史地理论丛》2003年第6期。
② 《大理行记校注 云南志略辑校》,第101页。
③ 《大理行记校注 云南志略辑校》,第101页。
④ 《大理行记校注 云南志略辑校》,第101页。

水流湍急，激起水沫如花的样态。伏流，即因岩溶作用在溶洞或地下通道中形成的地下水流。《初到滇池》中"天际孤城烟外暗，云间双塔日边明"①，则道及昆明城的"双塔"胜景。"双塔"即昆明城南东寺塔与西寺塔。据悉，昆明城有常乐与觉照二寺，常乐寺"在府城南，俗呼东寺"，觉照寺"在府城南，俗呼西寺。二寺俱唐贞元初弄栋节度使王嵯颠创，各有白塔，高十三丈"②。"双塔烟雨"，更是明清文人盛称的"昆明八景"之一。

李京入滇之后的三年时间里，又陆续去过大理、越嶲、丽江等城镇，在越嶲度过元日，在大理的苍山洱海边亦恰逢过新年。在这些地方，李京亦均留下了相关纪行诗作。其中《过金沙江》一诗，较为详细地记录了其从滇池，道经金沙江至越嶲的一段水上行程。诗云：

雨中夜过金沙江，五月渡泸即此地。两崖峻极若登天，下视此江如井里。三月头，九月尾，烟瘴拍天如雾起。我行适当六月末，王事役人安敢避。来从滇池至越嶲，畏涂一千三百里。干戈浩荡豺虎穴，画不遑宁夜无寐。忆昔先帝征南日，箪食壶浆竟臣妾。抚之以宽来以德，五十余年为乐国。一朝贼臣肆胸臆，生事邀功作边隙。可怜三十七部民，鱼肉岂能分玉石。君不见，南诏安危在一人，莫道今无赛典赤。③

《诸夷风俗》中有载"大德六年（1302）冬，京从脱脱平章平越嶲之叛"，上引《过金沙江》一诗所载李京从滇池道经金沙江至越嶲的一段行程，当即是此年。通读诗歌可知，从滇池，道经金沙江至越嶲，艰险可怕的行程计有一千三百里，而李京是在六月末的一个雨夜，身负安边定乱的"王事"，匆匆乘渡金沙江的。尽管此时期正是金沙江烟瘴最为严重的时节，但奈何贼臣生事，作乱边地，"干戈浩荡"，

---

① 《大理行记校注　云南志略辑校》，第101页。
② 方志远等点校：《大明一统志》卷八一六《云南布政司·云南府·寺观》，巴蜀书社2017年版，第3807页。
③ 《大理行记校注　云南志略辑校》，第102页。

李京亦只能行色匆匆,夜渡蛮瘴,奔赴目的地。在渡江的行程中,李京联想起了诸葛亮远征西南,"五月渡泸,深入不毛"的典故,追忆了元世祖忽必烈征讨云南之时军民百姓竞相臣服,以及国朝收归云南之后,以"宽""德"之政治理云南,使其在此前五十余年中成为一片乐土的景象。在诗歌最后,李京也表达了自己此次奔行助力抚平云南叛乱的决心,以及相信如赛典赤一般的长官定会再次出现的理想。赛典赤,全名赛典赤·赡思丁,又名乌马儿,西域回回人,元世祖至元十一年(1274),被任命为平章政事行省云南,为云南行省建省元勋,在任六年中,推行了一系列有利于云南经济、文化事业发展的措施,为云南行省的建设作出了深远贡献[①]。

在因军务周履大理、越寓、丽江的途程中,更多的滇地胜景进入了李京的纪行书写,譬如《元日大理》《天镜阁》《点苍临眺》三诗皆涉及对大理苍山洱海景观的书写,《雪山歌》是对丽江雪山的专门吟咏之作。在这些诗作中,乡思与客怀仍是时常发露的情感对象,但生动细致的景观刻绘更是让人印象深刻的部分。如《天镜阁》一诗:

> 槛外千峰插海波,芙蓉双塔玉嵯峨。银山殿阁天中见,黑水帆樯镜里过。芳草沧洲春思晚,野云孤鹤客怀多。共谁一夜山堂月,洞口参差长薜萝。[②]

此诗主要写诗人观临大理天镜阁的所见所思,前两联写所见,后两联写所思。天镜阁坐落于洱海东岸、玉案山南段的罗荃半岛临海顶端之上,为洱海四大名阁之一。该阁始建于宋大理国时期,悬岩结构,三面临水,因"山环吞海,澄然如镜"[(万历)《云南通志》]而得名"天镜"。登上天镜阁,即可将银苍玉洱尽收眼底。诗中前两联,即是对苍山洱海景象的书写:苍山千峰直插洱海烟波之中,山上有美

---

[①] 关于赛典赤生平,可具体参见洪源编写《赛典赤》,中华书局1962年版;余年生《建省元勋 赛典赤·赡思丁》,云南人民出版社2019年版。
[②] 《大理行记校注 云南志略辑校》,第103页。

丽高耸的双塔亭亭而立；苍山上的殿阁似建于天空之间，洱海上的帆樯则如在明镜中行驶（按：苍山四时有雪，故称"银山"，又名银苍；黑水，本指澜沧江，这里指洱海，因古人有以洱海为澜沧江伏流别派）。如此优美的情境，几乎让人忽略后四句流露的"春思"与"客怀"。

又如《点苍临眺》一诗，描摹了一幅诗人登临点苍山眺望大理城的全景图。在此诗中，李京已然完全沉浸于银苍玉洱的风光之中。诗云：

水绕青山山绕城，万家烟火一川明。鸟从云母屏中过，鱼在鲛人镜里行。翡翠罘罳笼海气，旃檀楼阁殷秋声。虎头妙墨龙眠手，百幅生绡画不成。①

点苍山即苍山。樊绰《蛮书》曾载，点苍山"南自石桥，北抵登川，长一百五十余里"，"东向洱河，城郭邑居，棋布山底。西面陡绝，下临平川。山顶高数千余丈，石棱青苍，不通人路。夏中有时堕雪"②。上引李京之诗，显然不仅可证樊书之记载，其对点苍山景的诗意书写更是难能可贵。总体而言，此诗把登眺见闻感受次第展开，胜境纷呈迭出。依随李京的临眺视角，可以看到：烟波浩渺的洱水环绕着青翠的苍山，青翠的苍山又将大理城紧紧环抱，城中坝子上的万家烟火一片明亮。苍山如屏，鸟儿在这里飞翔；洱水如镜，鱼儿在此中嬉游。翡翠的罘罳（古代一种设在门外的屏风，用于守望与防御）被洱海的水气笼罩，旃檀香木建造的楼阁氤氲于秋声之中。如此美妙的景色，即使是请东晋大画家顾恺之（字长康，小字虎头）与北宋著名画家李公麟（号龙眠居士）用上百张生绢来画，定也难以勾勒其美。

值得补充的是，元人郭松年在《大理行记》中亦对苍山洱海之景有所记载。其辞云："若夫点苍之山，条冈南北，百有余里；峰峦岩岫，紫云戴雪，四时不消；上则高河、窦海，泉源喷涌，水镜澄澈，

---

① 《大理行记校注　云南志略辑校》，第103页。
② （唐）樊绰著，向达校注：《蛮书校注》卷二《山川江源第二》，中华书局1962年版，第39页。

纤芥不容，佳木奇卉，垂光倒景，吹风嘘云，神龙所宅，岁旱祈祷，灵贶昭著；派为十八溪，悬流飞瀑，泻于群峰之间，雷霆砰轰，烟霞晻霭，功利布散，皆可灌溉。洱水则源于浪穹，涉历三郡，渟滀紫城之东；北自河首，南尽河尾，波涛二关之间，周围百有余里；内则四洲、三岛、九皋之奇，浩荡汪洋，烟波无际。于以见江山之美，有足称者。"[1] 郭氏对大理苍山洱海的记载尚有承袭《蛮书》之处，但其精描细绘之笔与推崇赞许之情，却与李京之诗如出一辙，而此笔此情于前朝实乃稀见。

李京对丽江雪山的倾心刻画与由衷赞美也颇值得注意。其《歌雪山》一诗写道：

丽江雪山天下绝，积玉堆琼几千叠。足盘厚地背摩天，衡华真成两丘垤。平生爱作子长游，览胜探奇不少休。安得乘风陵绝顶，倒骑箕尾看神州。[2]

这里的雪山即是玉龙雪山。（万历）《云南通志·丽江府·山川》有"雪山"条曰："在府西北二十余里，一名玉龙，条冈百里，窥巍千峰，上插云霄，下临丽水（金沙江），山巅积雪，经夏不消。"观李京诗作，开篇一句"丽江雪山天下绝"，直接奠定此诗着力讴歌丽江雪山的基调，而雪山之"绝"则在于"积玉堆琼几千叠"，且其"足盘厚地背摩天"的壮观与恢宏之势，实足以让中原之衡山与华山两岳，在与之对比之下变成两个小山丘。这样的壮景，让平生喜欢像司马迁（字子长）一样游历河山、览胜探奇的李京震撼不已，并不禁希冀有一天能够登临雪山绝顶，一览神州大地风光。

综而言之，李京在大德四年（1300）末，自京向西南行，于大德五年（1301）初春道过三秦大地，在轻寒初褪时分，经巴蜀入滇，历时三月，跋涉万里，带着"宣慰乌蛮"的使命进入云南地区。在宣慰

---

[1] 《大理行记校注　云南志略辑校》，第20—21页。
[2] 《大理行记校注　云南志略辑校》，第102页。

云南的三年时间里,足迹遍布滇池、大理、越嶲、丽江诸城,亦渡过瘴气正盛时节的金沙江。相关的纪行诗作,不惟记录了李京的行程与地点,也刻绘了多幅美丽的云南胜景图卷。

(二)《云南总叙》的中原—云南关系叙事与颂元主旨

《云南总叙》当为李京《云南志略》正文部分的首篇,其内容虽不似纪行诸诗与纪行直接相关,但却也是李京纪行行为下的产物。具体而言,《云南总叙》主要以历时的眼光,叙述了云南自秦至元时期历时一千五百余年的历史。在历时叙述的基础上,该篇又自分为"云南通中国史""爨人之名始此""云南建国称王始此""国朝平云南"四个主题版块。可知,李京通过《云南总叙》的撰写所要载述的内容相当丰富,但值得注意的是,这些内容在此前的史书上均已有详细的,乃至层累化的记载,而李京《云南总叙》篇幅总计仅三千余字,可谓用相当简省的语言完成了对云南自秦至元历时一千五百余年的历史的叙述。方国瑜先生即曾评价此篇:"《云南总叙》之文,据史传及《白古通》,简要录之,颇具条理,非草索成书者可比,足见景山用力之勤。"[①] 罗贤祐先生亦称其"记叙简明,脉络清晰"[②]。而其中之"条理"与"脉络",如若进一步推究,实可有所深明,此即作为叙事主线结构了《云南总叙》全篇的中原王朝与云南政权的关系,尤其是中原王朝对云南地区的经略这一方面(下简称中原—云南关系)。

一方面,中原—云南关系是《云南志略》所设四个主题版块之间的内在叙述逻辑,《云南志略》所设四个主题版块主要是围绕中原王朝与云南地区之关系发展这一内容而展开的。具体而言,"云南通中国史",主要讲述秦、汉、蜀、晋时期中原王朝征讨与经略云南之早期史,意在呈现秦、汉、蜀、晋时期,中原王朝与云南地区的初通历史;"爨人之名始此",关注自晋成帝至唐开元四百余年间,中原王朝派遣与依托中原南迁汉族官吏,尤其是爨氏家族政权对云南地区的统治,展现的是晋唐时期中原王朝对云南地区的进一步政治通联情况;

---

[①] 方国瑜:《李京〈云南志略〉概说》,《思想战线》1981年第1期。
[②] 罗贤祐:《元代云南地区的民族实录——〈云南志略〉》,《民族研究》1993年第3期。

"云南建国称王始此",历载唐宋时期云南建国称王以来的一段政治沿革,包括张氏灭爨氏政权、建南诏国,蒙氏灭南诏、建大蒙国,买氏、赵氏篡政之建大长和国与兴元国,以及段氏之建大理国,表达的是唐宋时期中原王朝与云南地区政治关系的新变化;"国朝平云南",通过陈述蒙古政权平定云南及其对云南地区实行建省而治的历史,则显在呈示了蒙元时期中原王朝与云南地区关系之历史新局面的开启。

另一方面,四个主题版块下的具体内容书写亦是紧扣中原—云南关系而展开。如在"云南通中国史"中,李京集中着笔叙述的是秦、汉、蜀、晋政权对云南的历次征讨,以及云南诸部对中原王朝反复或降或叛的政治应对或举动;"爨人之名始此"中,在记录中原政权任用爨氏治理云南相关诸郡的同时,亦突出强调此期间中原王朝与诸夷的政治干戈;"云南建国称王始此"部分的书写,除列述各朝各帝传系、改元情况及在位时间,以历载唐宋时期云南建国称王以来的一段政治沿革,另重点附及的信息亦是唐宋王朝与云南政权之间的军事较量;"国朝平云南"部分,则仅叙及蒙元讨平云南诸部及赛典赤行省云南,推行"善政"而使云南"民情丕变,旧政一新""上下感戴"[①]的史实。

此以"云南通中国史"中叙汉朝时期一段详细析之:

> 汉武帝开僰道,通西南夷。元狩元年,使吕越人等求身毒国。至滇,滇王留使者四岁。使者还言:"滇,大国。"滇,今中庆是也。元鼎五年,发巴蜀罪人及八校尉兵伐之,南人震恐,请置吏,遂立越巂郡。后讽滇王入朝;不听。元封二年,发巴蜀兵征之,滇王降,以滇为益州郡。地节二年复叛,以金城司马陈立为牂柯太守,平之。明帝永平元年,诸部悉反,以安汉张翕讨之,渡澜沧江,置永昌郡,以广汉郑纯为永昌太守。元初四年,越巂反,诸部皆应之。诏益州刺史张乔讨之。叛酋封离等诣乔,陈叛乱之由,乞降。乔厚加慰纳,奏长吏奸猾侵犯蛮夷者九十余人,皆斩

---

① 《大理行记校注 云南志略辑校》,第83页。

之。三十六部闻之,悉来内附。①

据《史记·西南夷列传》,从巴蜀地区通往西南夷的道路,在秦时期曾得到大略开通,谓五尺道,但随着秦亡,此道渐遂不通,及至汉武帝"发巴、蜀卒治道,自僰道指牂牁江"②,此道复得通行(僰道,今四川宜宾县地;牂牁江,今北盘江)。上段引文中首句所言"汉武帝开僰道,通西南夷",即是谓此。在此句之后,则历叙两汉时期中原王朝与云南地区政权之间发生的政治交集,主要是:汉武帝元狩元年(前117),遣吕越人等诸臣向西南寻找身毒国(先秦至隋唐时期对印度的音译名),但久为云南昆明地区的割据政权滇国所拦截;元鼎五年(前112),汉武帝发兵攻伐西南诸夷,促使邛都国被设立为汉朝治下的越巂郡(辖境相当今天云南丽江及绥江两县间、金沙江以东),但其后劝命滇王来朝见,未得听从;元封二年(前109),复发巴蜀之兵征讨滇国,滇王降,滇国被设立为汉朝治下的益州郡(今昆明一带,元时期称中庆);汉宣帝地节二年(前68),滇地再次叛乱,立临邛(今邛崃临邛镇)人、金城司马陈立为牂牁太守,得讨平之;汉明帝永平元年(前58),云南诸部皆反,遣安汉(今四川南充市)人张翕征讨,张翕渡澜沧江后,合益州郡西部多县设立了永昌郡(以嶲唐为郡治,在今云南省西部),以广汉(今四川广汉市)人郑纯为永昌太守;汉安帝元初四年(117),云南诸部在越巂的诱领下复反,益州刺史张乔奉命征讨,在叛军乞降之后,宽厚待之,自此得云南三十六部,悉来内附。可以看到,在此段书写中,除却对"滇"地的古今释名,李京全无自外于中原—云南关系叙事之言。事实上,以此段内容比对《史记》《汉书》《后汉书》之传西南夷的相关内容,实亦可窥李京删繁就简,着意于以中原—云南关系叙事结构《云南总叙》一文的书写意向。

而值得指出的,李京这种着意于以中原—云南关系叙事结构《云南总叙》的书写意向的背后,实源于一种现实的主旨表达,此即表彰

---

① 《大理行记校注 云南志略辑校》,第67—68页。
② (西汉)司马迁:《史记》卷一一六《西南夷列传》,中华书局1982年版,第2994页。

蒙元王朝以强大的武力与良善的政策使云南地区彻底归附于中原王朝统治版图，一改自秦至宋一千五百余年以来中原王朝与云南地区之紧张关系的历史功绩。正如《云南总叙》篇最后一段绾结之辞所云：

> 呜呼！云南于古为蛮獠之域。秦、汉以来，虽略通道，然不过发一将军、遣一使者，以镇遏其相残，慰喻其祁恳而已。所任得人，则乞怜效顺；任非其人，则相率以叛。羁縻苟且，以暨于唐，王师屡覆，而南诏始盛矣。天宝以后，值中原多故，力不暇及。五季扰乱，而郑、赵、杨氏亦复攘据。宋兴，介于辽、夏，未遑远略。故蒙、段二姓与唐、宋相始终。天运勃兴，文轨混一，钦惟世祖皇帝天戈一指，尽六诏之地皆为郡县。迄今吏治文化侔于中州，非圣化溥博，何以臻此。①

在前述四个主题内容的基础上，李京在此总结了前朝经略云南的得失，点明了元朝在云南的"文治武功"具有超越以往任何朝代的重要意义，即"尽六诏之地皆为郡县"，并使其"吏治文化侔于中州"。作为从中央派遣于地方的官员，李京之言难免有所夸饰，但元朝在云南同在内地一样，设置行省与郡县，进行比以往任何时代都更为直接的统治，确为不争之事实；在此基础上，中原王朝与云南地区的交流与联系比以往任何时候均更为深广与频繁，亦是不可否认的历史实情。

而正是在这样的新局面之下，尽管前有晋常璩②之著《华阳国志·南中志》、唐樊绰③之著《蛮书》，同时代亦有郭松年著《大理行

---

① 《大理行记校注　云南志略辑校》，第84页。
② 常璩（约291—361），字道将，蜀郡江原（今四川崇州）人，东晋史学家，曾任成汉散骑常侍、晋朝参军，老年专注修史，撰成《华阳国志》，为研究中国西南地区古代历史与民俗的重要著述，被誉为"方志之祖"。
③ 樊绰，唐人，生卒年不详。曾为安南经略使蔡袭从事，咸通三年（862），从袭奉命经略安南。在安南时，多方搜集云南相关资料，撰成《蛮书》（又称《云南志》《云南记》《南蛮志》等）一书。《蛮书》记载云南自然地理、城镇、交通、里程、物产，特别是对南诏历史、政治、经济、军事以及云南各民族的生活习俗，作了系统的阐述，是唐代有关云南的专著及研究唐代西南民族历史最重要的著作，向达评樊绰《蛮书》为"《华阳国志》而后，现存论述西南历史地理最古最好的记载"（参见向达《唐代长安与西域文明》，商务印书馆2017年版，第167页）。

记》等云南地方志书，但云南作为国朝行省以治一方而存在，"其地风物未至纪录，实为缺典"，故李京需要"撮其古今兴废、其人物、山川、草木，类为一编"，即《云南志略》，"以提挈一方之要领"[①]。并且，也正因宣慰云南而深切认识到这种新局面，李京在总叙云南历史之时，选择了中原—云南关系这一独到的叙事线索与视角。因是之故，李京《云南总叙》篇的撰写，尽管就内容而言并不与纪行文学直接相关，但其作为李京入滇之后的创作产出，诚灌注着作者宣慰云南的现实经验，其中原—云南关系叙事线索与视角的择取，更是体现了在新的中原—云南关系局面下，元代士人对中原王朝与云南地区之间联系与交流历史的积极关注与思考。

（三）《诸夷风俗》与云南多民族日常生活习俗纪实

《诸夷风俗》是李京《云南志略》中对云南一些主要土著民族风俗的一篇专门载纪之文。在此之前，专述云南地区民族风俗之文，今尚见樊绰《蛮书》卷八之《蛮夷风俗》篇。与《蛮书·蛮夷风俗》相较，《云南志略·诸夷风俗》篇幅更长，在内容上亦呈现显著的丰富性，以及更为鲜明的纪实性。这主要在于，樊绰虽曾出使安南，但并未去过云南，对于云南民族的风俗习惯未曾"目识亲览"，其《蛮书》主要是在多方参考与综合前人史料的基础上撰成，且"以纂录旧闻为主，而附以己见"[②]。而李京《云南志略》是"悟前人记载之失，盖道听涂说，非身所经历也。因以所见，参考众说"的基础上编集。是故，不同于《蛮书》主要以白人民俗笼统概述云南一地风俗，李京《诸夷风俗》以更为详致切实的笔触，对云南白人、罗罗、金齿百夷、末些蛮、土僚蛮、野蛮、斡泥蛮、蒲蛮等多种民族之民俗风情进行了更为精准的分述。借着更为微观的日常生活史及其书写的视角，李京《诸夷风俗》篇，则不惟展现了多方面殊异于中原的云南土著民族的日常生活习俗，亦呈示了云南诸种土著民族之间生活风俗的差异与多

---

[①] 《大理行记校注　云南志略辑校》，第84页。
[②] 参见樊绰著，向达校注《蛮书校注·序言》，中华书局1962年版，第8—9页；另参方国瑜《云南史料丛刊》第2卷《云南志·概说》，云南大学出版社1998年版，第3页。

元,呈现相当的纪实性书写特征。

事实上,有关云南地区相关民族之日常生活方面的习俗,实是李京在云南诸族风俗书写中最为关注的内容之一。这些日常生活习俗书写,涉及物质生活(包括衣食住行、医疗卫生与经济消费生活等)、精神生活(主要是宗教信仰、岁时节俗与娱乐生活方面)以及个体之生老病死、婚姻家庭与宗族生活的方方面面。其中服饰、婚恋与家庭生活,更是李京往往予以浓墨重彩的地方。在《诸夷风俗》篇中,"白人""罗罗""金齿百夷""末些蛮"等民族的风俗叙述,均涉及大段的相关内容。而这些内容大多书写详致,细节考实。

譬如李京之叙"白人"风俗。"白人"是李京《诸夷风俗》中首要记载的一个民族,亦是记载信息最为丰富的民族之一。"白人"即今所称白族。据李京之记载,白人亦即汉、唐时期所称之"僰人",这一族群在元代分布广泛,中庆、威楚、大理、永昌等路均以白人为主。李京对白人风俗的书写涉及多个方面,但其中对白人男女服饰、婚恋习俗方面的书写尤为翔实细腻,让人印象深刻。其语曰:

> 男女首戴次工,制如中原渔人之蒲笠,差大,编竹为之,覆以黑毡。亲旧虽久别,无拜跪,唯取次工以为礼。男子披毡,椎髻。妇人不施脂粉,酥泽其发,以青纱分编绕首盘系,裹以攒顶黑巾;耳金环,象牙缠臂;衣绣方幅,以半身细毡为上服。处子孀妇出入无禁。少年子弟号曰妙子,暮夜游行,或吹芦笙,或作歌曲,声韵之中皆寄情意,情通私耦,然后成婚。①

据上述知,元时期云南白人,无论男女,在日常生活中,均头戴一种被称作"次工"的竹帽。这种竹帽形制类中原渔人斗笠,其上有黑毡覆盖。亲人旧友久别相见,无须行跪拜之礼,而仅需取下次工为礼。其他装束方面,则男子披毡,头发结成锥形的髻;妇人不施脂粉,以酥泽发,发织辫,绕首盘系,裹以黑巾攒顶,耳戴金环,象牙缠臂

---

① 《大理行记校注 云南志略辑校》,第86—87页。

等。引文最后一句呈现了白人女子无礼制之约，男女吹芦笙传情、婚恋自由的情形。此句内容虽承袭《蛮书·蛮夷风俗》而来，但有所增删的细节书写，仍显示了李京在书写上的纪实性。"增"如少年子弟"号曰妙子"的信息，《蛮书》并不见载，而最早见于李京《诸夷风俗》；"删"则如《蛮书》在书"吹芦笙传情"之俗后有云"嫁娶之夕，私夫悉来相送"①之句，然《诸夷风俗》并无相关之言，但有类似风习见书于"金齿白夷"部分，可知李京对此内容并无避讳，故李京不载此内容，或因《蛮书》所载失实、错简而删，抑或因这一风习自唐至元已有所改变而删，而非随意增删史料之结果。

李京对"罗罗"风俗的记载，亦以男女服饰、婚恋、家庭生活等日常生活方面的习俗书写为重。如男女服饰方面有详述曰：

> 男子椎髻，摘去须髯，或髠其发。左右配双刀，喜斗好杀，父子昆弟之间，一言不相下，则兵刃相接，以轻死为勇。马贵折尾，鞍无鞯，剜木为蹬，状如鱼口，微容足指。妇女披发，衣布衣，贵者锦缘，贱者披羊皮。乘马则并足横坐。室女耳穿大环，剪发齐眉，裙不过膝。男女无贵贱皆披毡，跣足，手面经年不洗。②

罗罗之婚恋与家庭生活，亦记载甚详：

> 夫妇之例，昼不相见，夜同寝。子生十岁，不得见其父。妻妾不相妒忌。虽贵，床无褥，松毛铺地，惟一毡一席而已。嫁娶尚舅家，无可匹者，方许别娶。有疾不识医药，惟用男巫，号曰大奚婆，以鸡骨占吉凶；酋长左右斯须不可阙，事无巨细皆决之。凡娶妇必先与大奚婆通，次则诸房昆弟皆舞之，谓之和睦；后方与其夫成婚。昆弟有一人不如此者，则为不义，反相为恶。③

---

① （唐）樊绰著，向达校注：《蛮书校注·序言》，中华书局1962年版，第210页。
② 《大理行记校注　云南志略辑校》，第89页。
③ 《大理行记校注　云南志略辑校》，第89—90页。

罗罗，古即乌蛮，今彝族之先民。元时乌蛮诸部大多都有各自的部名，罗罗实际是对他们的统称。蒙古人有音译为"罗罗斯"者，专门用来指集中居住在今四川凉山自治州和西昌地区的罗罗人；元置宣慰司于其地，称罗罗斯宣慰司。乌蒙、乌撒地区也是罗罗人的集中居地。不同于白人多为贵族，受到一定的汉文化影响，文化较高，元时期的罗罗是尚处于较为原始阶段的云南土著民族，与白人风俗差异甚大。这从上引李京之叙其男女服饰、婚恋、家庭生活方面之习俗即可看出。如男子"左右配双刀，喜斗好杀，父子昆弟之间，一言不相下，则兵刃相接，以轻死为勇"，一定程度体现了罗罗男子尚武、喜斗好杀的原始习性；"男女无贵贱皆披毡，跣足，手面经年不洗"，展现了罗罗服饰、卫生方面的粗陋；"有疾不识医药，惟用男巫"，彰显了一种原始蒙昧；"嫁娶尚舅家"，以及"凡娶妇必先与大奚婆通，次则诸房昆弟皆舞之，谓之和睦"的婚俗习惯，更是表明元代罗罗社会尚保留有原始社会群婚制的习俗①。

　　详致的服饰、婚恋与家庭生活书写，亦见之于李京对"金齿百夷""末些蛮"二族的风俗叙事。"金齿百夷"是元时期对具有多种种类的云南傣族的统称，并非其民族自称（其自称"傣"）；百夷族的多种种类，则亦是由中原人士据其不同之民俗表征而分。樊绰《蛮书》已记有金齿、银齿、黑齿、漆齿、绣脚、绣面、茫蛮诸类。李京《诸夷风俗》亦载："金裹两齿，谓之金齿蛮；漆其齿者，谓之漆齿蛮；文其面者，谓之绣面蛮；绣其足者，谓之花脚蛮；彩缯分撮其发者，谓之花角蛮。"②金齿百夷在云南地区分布广泛，有称"西南之蛮，百夷最盛"③。"末些蛮"即今纳西族先民。据悉，元代末些人主要聚居在丽江路所属各府、州、县境内，李京记"末些蛮，在大理北，与吐蕃交界，临金沙江"④，可见亦是较为准确的叙述。在文明程度上，金

---

① 罗罗人这种群婚制残余，在《马可·波罗行记》中亦有记载。参见马可·波罗《马可·波罗行记》，冯承钧译，中册，中华书局1954年版，第452—453页。
② 《大理行记校注　云南志略辑校》，第93页。
③ 《大理行记校注　云南志略辑校》，第93页。
④ 《大理行记校注　云南志略辑校》，第92页。

齿百夷、末些蛮二族与罗罗相似，均尚保留一定的原始之风，此从李京之述两族男女服饰、婚恋与家庭生活方面的习俗，即可分明见知。

据李京之述，百夷"男子文身，去髭须鬓眉睫，以赤白土傅面，彩缯束发，衣赤黑衣，蹑绣履，带镜，绝类中国优人"，妇女"去眉睫，不施脂粉，发分两髻，衣文锦衣，连缀珂贝为饰"；在家庭生活中，男子"不事稼穑，惟护小儿"，而妇女"尽力农事，勤苦不辍。及产，方得少暇。既产，即抱子浴于江，归付其父，动作如故"①；婚恋方面，"嫁娶不分宗族，不重处女"，"女子红帕首，余发下垂。未嫁而死，所通之男人持一幡相送，幡至百者为绝美。父母哭曰：'女爱者众，何期夭耶！'"②末些人则"男子善战喜猎，挟短刀，以砗磲为饰"，"妇人披毡，皂衣，跣足，风鬟高髻。女子剪发齐眉，以毛绳为裙，裸霜不以为耻。既嫁，易之。淫乱无禁忌。"③同李京一样，从历史理性的角度，我们难以忽视这些尚属原始的习俗带给我们的心理冲击，但从艺术感知的角度，借由李京书写中一系列具体翔实的人物描摹与细节刻画，我们实亦可深切把握到元时期百夷与末些二族族人尽管野蛮却又着实鲜活的生命面貌。

《诸夷风俗》对云南多民族日常生活习俗的纪实，亦体现于其对相关民族极具本族民风特色的日常生活场景与事件的生动书写。如叙金齿百夷部落之间的冲突场景：

> 杂霸无统纪，略有仇隙，互相戕贼。遇破敌，斩首置于楼下，军校毕集，结束甚武，髻插雉尾，手执兵戈，绕俘馘而舞，仍杀鸡祭之，使巫祝之曰："尔酋长、人民速来归我！"祭毕，论功名，明赏罚，饮酒作乐而罢。④

---

① 这种在育子方面夫妇颠倒关系实是百越系统僚人的共同风俗，《马可·波罗行记》中亦有相关记载。参见罗贤佑《元代云南地区的民族实录——〈云南志略〉》，《民族研究》1993年第3期；《马可·波罗行记》，中册，中华书局1954年版，第473页。
② 《大理行记校注　云南志略辑校》，第91—92页。
③ 《大理行记校注　云南志略辑校》，第93页。
④ 《大理行记校注　云南志略辑校》，第92页。

元时金齿百夷诸部之间不相统属，各部之间发生攻掠与仇杀，几乎是日常常见之事。元时意大利旅华使者马可·波罗曾记金齿百夷"其俗男子尽武士，工作皆以妇女为之，辅以战争所获之俘奴"①。可见，百夷各部之间的攻掠与仇杀，几乎成为百夷人维持日常生活的一种必要手段。上段引文即是生动刻绘了这种可称日常的攻掠与仇杀场景，而其生动的效果主要得益于其细致而富于节奏感的动作描写。如"遇破敌"一句，从"破敌"，到"斩首置于楼下"，到"军校毕集，结束甚武，髻插雉尾，手执兵戈，绕俘馘而舞"，再到杀鸡以祭，诸场面严丝合缝地轮转，百夷人制敌之后紧张而又激动的气氛至此呼之欲出。其后接之巫师祝告之语，更是将这种气氛推至高潮，而"祭毕"之后简写的百夷人论功行赏、饮酒作乐的过程，又以戛然而止之效，使其余味悠长。

《诸夷风俗》篇中，通过细腻周致的笔触刻绘的云南土著民族的日常生活场景尚有不少。如"罗罗"中之叙罗罗酋长死后卒葬与祭祀的场景，"斡泥蛮"（今哈尼族先民）中之叙巢居山林中的斡泥人"治生极简"的场景等②。其他如白人的火把节场景："每岁以腊月二十四日祀祖，如中州上冢之礼。六月二十四日，通夕以高竿缚火炬照天，小儿各持松明火相烧为戏，谓之驱禳。"金齿百夷于竹楼生活的场景："风土下湿上热，多起竹楼。居滨江，一日十浴，父母昆弟惭耻不拘。"末些人祭天时众人团旋歌舞的场景："惟正月十五日登山祭天，极严洁。男女动百数，各执其手，团旋歌舞以为乐。"③这些在篇幅上算不上详然的场景书写，却实亦通过精准、具体的基本信息交代，达成了对元时期云南土著民族日常生活习俗的纪实。

### 三　文学史意义

14世纪初，元人李京宣慰云南，编纂了云南建省之后的第一部云

---

① ［意］马可·波罗口述，冯承钧译：《马可·波罗行记》中册，中华书局1954年版，第473页。
② 《大理行记校注　云南志略辑校》，第90、95—96页。
③ 《大理行记校注　云南志略辑校》，第92、93页。

南省志《云南志略》，亦写下数首为其当世所传颂的云南纪行诗歌。兹文兹诗，尽管今之所传均已非"完璧"，但通过前一部分的文本细读，我们仍能考察到其不失丰富的书写特质。若由纪行诸诗呈示的李京滇行之旅，作为元时期中原人士入滇的生动实例，展现了13—14世纪中原与云南两地之间便捷的地理交通；纪行诸诗中的滇黔景观书写，则具象描摹了这一路程上经行的不少滇黔山水及云南城中胜景。而《云南志略》二篇，以中原—云南关系叙事结撰的《云南总叙》，体现了在新的中原—云南关系局面下，元代士人对中原王朝与云南地区之间联系与交流历史的积极关注与思考；《诸夷风俗》篇中通过详致考实的笔法呈现的云南土著民族之日常生活风俗，亦是令人印象深刻的所在。在此基础上，我们最后可从三个方面来归结李京《云南志略》及其云南纪行诸诗的文学史意义。

首先，作为元时期出现的丝路纪行作品，李京《云南志略》及其云南纪行诸诗，可为13—14世纪时期西南丝路纪行·云南纪行文学的代表。13—14世纪时期出现了不少云南纪行作品。这之中不仅包括多种汉文作品，亦囊括一些外文记载，如《马可·波罗行记》中对其经行云南地区情况的相关叙述。其中之汉文作品，除李京《云南志略》及收录了其云南纪行诗作的《鹪巢漫稿》外，据现有文献著录，尚有如郝天挺《云南实录》、张立道《云南风土记》、郭松年《大理行记》、段福《征行集》等数种纪行笔记[1]，另如刘秉忠、杜德常等亦有云南纪行诗数首传世等[2]。然颇为遗憾的是，这些作品亦大多散佚，郝天

---

[1] 这些作品主要产出于元初至元、大德年间，作者除段福为大理本土人士，其他均为元朝出任云南的北方官员。郝天挺（1247—1313），字继先，号新斋，出于朵鲁别族。元至元十三年（1276），曾除参议云南行尚书省事，著《云南实录》五卷，今佚。张立道（？—1298），字显卿，其先陈留人，徙居大名。年十七，以父任袭宿卫。先从世祖北征，至元四年（1276）命使西夏，复使安南，后授大理等处巡行劝农使，在位颇有政绩，累拜云南行省参政。著有《效古集》《平蜀总论》《安南录》《云南风土记》《六诏通说》等，今均不传。段福，一名信苴福，字仁表，大理国段思平后裔。1252年，忽必烈南征大理，以段福之侄段兴智为大理府总管，段福亦以文学得幸于忽必烈。蒙古进攻云南时，由其导大将兀良合台讨平云南诸部及未附者。《征行集》即是在此征战行程中所作诗歌的结集。此集今佚，杨福泉主编《元代滇诗辑注》（云南科技出版社2013年版）辑其诗四首。

[2] 刘秉忠（1216—1274），字仲晦，号藏春散人，邢州（今河北省邢台市）人。（转下页）

挺、张立道二人之著更是完全失传。唯郭松年《大理行记》完整传至于今，刘秉忠的云南纪行诗作借其《藏春诗集》之传，亦可算保留完好。而以此二者相比较于李京《云南志略》及云南纪行诸诗，可以看出，后者具有更能代表13—14世纪西南丝路纪行中原—云南段的纪行文学高度的书写特色。

如李京《云南志略》与郭松年《大理行记》二者之间的比较。郭松年曾于元至元十七年（1280）至二十年以西台御史巡行云南，《大理行记》即是此期而作。《大理行记》全文一千五百余字，专门记载作者从中庆至大理之途程及沿途所见云南地区山川、风物、土地，亦稍及云南人民之生活风俗。王叔武先生对于《大理行记》的书写特色与成就有所评介："作者以其简练的文笔，寓千里之遥于千言之中。行而揽之能观全貌，记而通之可展脉络，行文疏密有致，用辞夭无方，颇得唐宋笔记文学之正体。在元人行记中堪称难得的佳作。"[1]单视郭著，王氏之评不能不说恰如其是，但比之于李京《云南志略》，后者在撰作动机上有意超逾前，"提挈一方"之意识，在书写内容的整全规划与实际书写上的用力之勤，以及在书写效果上达成的重要时代意义，如对13—14世纪时期中原王朝与云南地区关系变局意义的彰显，实是前者无法与之匹敌的所在。

而以刘秉忠云南纪行诗与李京纪行诗相较，由于刘秉忠云南纪行诗作是在其随征大理的行程中所作，这些诗作表面纪行（如题），内里（即内容）实基本围绕征战之事、征行之思而展开，具有实质性的云南本土质素表达并不明显。如《过白蛮》："脊背沧江面对山，兵逾此险更无难。投亡置死虽能胜，履薄临深未敢安。赳赳一夫当入路，萧萧万马倒征鞍。已升虚邑如平地，应下诸蛮似激湍。"[2]全诗主述征滇军队行经白蛮（元宝州山一带，忽必烈在此渡过金沙江，进入云

---

（接上页）宪宗年间，随忽必烈征伐大理，作有云南纪行诗三十四首，收录于其《藏春诗集》。杜德常，曾为西台御史，大德年间巡视云南，杨福泉主编《元代滇诗辑注》（云南科技出版社2013年版）收其云南纪行诗一首。

[1] 参见王叔武《大理行记校注·叙例》，《大理行记校注　云南志略辑校》，第4页。
[2] （元）刘秉忠：《过白蛮》，《全元诗》第3册，第143页。

第三章　中外交流视角与13—14世纪丝路纪行创作的研究及深度解读·西南丝路纪行系列

南）险峻之地，战战兢兢而又胸怀必胜信心的情境，提及的实地纪行要素唯首联前半句"脊背沧江面对山"涉及澜沧江与阿邦山，而其又仅止于作为衬托兵士行军之艰险情境中一闪而过的背景元素。又如《乌蛮》："《华夷图》始岂虚传，经过分明在目前。日月照开诸国土，乾坤包著几山川。曾闻仙阙多官府，足信人寰有洞天。万木岁寒青不落，乔松古柏想长年。"[1] 此诗实为刘秉忠云南纪行诸诗中最为直接关注云南本土质素的一首，但由于表述中多用泛写与虚写，诗中乌蛮形象的呈现仍然甚为模糊，倒是对蒙古南征大理、开疆拓土的征行之思分明流露。而李京之云南纪行诸诗，在前一部分我们已细读到，尽管其诗亦多客怀、羁旅等传统元素的表达，但通过《点苍临眺》《歌雪山》等诗可知，云南本土的山水风光仍然一度成为其专门吟咏及精描细绘的对象。

其次，作为古代云南地区由入滇文人创作的汉文文学作品，李京《云南志略》及其云南纪行诸诗在滇黔历史上的相关汉文文学作品中，亦实据有重要位置，乃至显现一定的典范意义。如同为载述云南土著民族风习，李京《诸夷风俗》篇，不惟在载纪的全面性与考实性等史学层面突破唐人樊绰之《蛮夷风俗》的意义，作为民俗叙事之文，李京之作，亦以其细腻周致，注重细节描摹的纪实笔法，展现出更为独立、成熟的民俗叙事文章特质。而其能够被称为一篇很好的"元代云南民族志"，达成"为明代云南诸方志之所宗"[2] 的史学价值，此种书写笔法，实是缘由之一。李京的云南纪行诸诗在滇黔地方文学史上亦显现非凡意义，不仅明清时期古诗选本有所关注，今之云南古诗文选本亦多见引录，前者如顾嗣立《元诗选》、张豫章等《御定四朝诗》，后者以张文勋主编《云南历代诗词选》（云南人民出版社2002年版）为代表，一些诗作在古代吟咏滇黔风光的诗歌中更是据有经典的地位。如《点苍临眺》一诗诗语绮丽，诗境

---

[1] （元）刘秉忠：《乌蛮》，《全元诗》第3册，第143页。
[2] 王叔武：《云南志略辑校·叙例》，第55页。

· 111 ·

优美，被今人誉为"一首元代歌颂苍山洱海的难得佳作"①，《歌雪山》一诗"为流传至今的第一首咏诵丽江玉龙雪山的汉诗，李京因此被称为古今玉龙雪山第一知音"②。其《过七星关》之作，更是打破魏晋南北朝之后黔西北地区汉文学的空白，"最早为黔西北播下汉诗的种子"③。如此来看，明清时期黔滇汉文文学发展的繁荣，实须追溯至元。

最后，作为以云南历史及其物质与文化世界为书写对象的中国古代诗文作品，李京《云南志略》与云南纪行诸诗在中国古代文学史的整体发展进程中，亦发挥有一定的补充作用，这主要表现于其在具体的书写面貌，诸如题材择取、主题表达、意境建构、心境展示等方面呈现的新质。例如抛开不可避免的特定意识形态色彩，李京《云南总叙》一文首以中原—云南关系视角凝结的云南历史叙事，不失为一篇讲述云南历史的优秀古文之作。《诸夷风俗》通过对云南土著民族日常生活风俗的纪实性书写，不仅极大地扩充了中国古代文学中的民族叙事题材，其对云南民族日常生活图景的生动建构，亦一定程度上丰富了古代民族叙事的审美意趣。李京之云南纪行诸诗，则一方面扩大了中国山水诗歌的表现范围，其所绘之苍洱、雪山胜景，亦不失为中国山水诗歌中精心营构的经典诗境；另一方面，从古代游记与纪行文学的角度而言，李京纪行诸诗中显在抒发的、伴随了一种自豪感的对云南山水之美的颂扬之情，也一定程度冲破以往异域纪游文学书写中往往因"他者"身份主导而产生的客怀、羁思的等传统主题的表达，展现了13—14世纪时期中原—云南关系新变局下云南纪行者更具主体意识的书写心境。

---

① 参见张锡禄《元代大理段氏总管》，云南人民出版社2015年版，第151页。
② 杨福泉主编，杜娟、李吉星副主编：《元代滇诗辑注》，云南科技出版社2013年版，第70页。
③ 母进炎主编，王明贵本卷主编：《黔西北文学史·古代文学卷》，贵州大学出版社2011年版，第229页。

## 第二节 西南纪行系列之二：黎崱《安南志略》及相关安南纪行诗研究与细读

安南，今越南国古称，得名于唐代于其地设立的安南都护府，汉代称交州。安南自公元前3世纪的中国秦朝，即开始成为中国领土，至五代十国时期吴权割据安南脱离南汉，逐渐独立，自此以后安南长期作为中国的藩属国而存在。1257年（蒙古宪宗七年、南宋宝祐五年）八月，蒙古出兵征讨安南，之后又分别于1284年（元至元二十一年、安南绍宝六年）、1287年（元至元二十四年、安南重兴三年）两度兴师安南。值得注意的是，蒙古政权的三次征讨安南均告失败，在此之后的13—14世纪时期，安南本国更是进一步走出其"北属"历史，进入"自主时代"的发展高潮期[1]，但是，安南与中土的交流却在此期臻至特为繁兴的局面。在此期间，中国与安南使介往来的频率大为高涨，包括元廷使臣出使安南与安南来至中国两个层面的相关纪行作品，就此大量出现。

据悉，在元朝有史可征的三十七次安南遣使中，有纪行诗作存世的使臣达十五人，传世安南纪行诗作近百首[2]。并且，伴随两朝频繁遣使往来的外交局势，13—14世纪安南纪行作品的产出，不若云南纪

---

[1] 由越南本土史学家陈重金撰著的越南国史名著《越南通史》，将越南历史划分为五个阶段：上古时代（公元前2879—前111）、北属时代（公元前111—938）、自主时代（统一时期，939—1522）、自主时代（南北纷争时期，1523—1802）、近今时代（1802—1945）。其中，北属时代，指越南自汉武帝取赵氏南越之地起直到五代时期，为北方中国政权所统治的时代，此时段持续了一千余年。自主时代，指越南以独立国家身份发展的时段，在此期间，越南虽仍须对中国称臣纳贡，但自主权并不受到侵犯。此时段历吴朝、丁朝、李朝、陈朝、胡朝、西山朝、黎朝诸朝，依据国内政权情况，又分为统一时期与南北纷争时期。13—14世纪蒙元时期的越南，则正处于鼎盛时期的陈朝一统政权的统治之下（参见［越］陈重金《越南通史》，戴可来译，商务印书馆2020年版，第2—3、96—134页）。

[2] 关于元朝遣使安南的盛况可参见马明达《元代出使安南考》，《明清之际中国和西方国家的文化交流——中国中外关系史学会第六次学术讨论会论文集》，大象出版社1997年版，第263—284页；另参王英《元朝与安南之关系》，硕士学位论文，暨南大学，2000年。关于安南纪行诗作者数目及诗歌数量的统计，参见周思成《元人诗歌中的安南出使与南国奇景》，《文史知识》2015年第11期。

行作品多集中于元初,而是贯穿了有元一代。如元世祖至元年间,非同期使臣徐明善、萧泰登、张立道相继作有《天南行记》《使交录》《安南录》,陈孚撰有纪行诗一卷,题为《交州稿》;元英宗至治年间,使臣文矩奉命诏谕安南,著《安南行记》一卷;元顺帝元统年间,智熙善、傅若金共同奉使安南,分别撰有纪行诗作集《越南行稿》与《南征稿》;及至明朝肇建伊始,亦有使臣张以宁奉使安南并结撰有《安南纪行集》。此外,13—14 世纪的安南纪行作品亦涉两种本土文人创作,一是元仁宗延祐年间安南出使元朝使臣阮忠彦所作《介轩诗集》,二是自安南迁居中土的安南文人黎崱于元文宗天历年间成书的《安南志略》。

黎崱,字景高,号东山,约生于 13 世纪 60 年代,为东晋交州刺史阮敷后裔,世居爱州(今越南清化)。早年仕安南,为静海节度使陈键幕僚。至元二十二年(1285),元朝南征,随陈键降元。入京,授从仕郎。后授同知安暹州事,定居汉阳,晚年潜心著述。《安南志略》一书,即是黎崱"入中国五十年来,稽诸载籍","缀葺已同,采撷历代国史、交趾图经,杂及方今"及在安南十年,"窃禄仕途,十岁间奔走半国中,稍识山川地理"[①] 的耳濡目染和降元后的亲身经历,精心编撰的汉语越南史籍。除载纪安南地区的山川物理、历史沿革、民俗风情外,《安南志略》主要记录了古代中越两国的交往史实,尤其是元朝与安南互通使节的情况,不仅记述了元廷使节的出使史实,对相关安南纪行诗[②]亦有专门收录。本节即拟以黎崱《安南志略》及其相关安南纪行诗为研讨对象,对 13—14 世纪西南丝路纪行系列中安南纪行文学展开考察。

---

① (元)黎崱著,武尚清点校:《安南志略》卷首《自序》,中华书局 2000 年版,第 11—12 页。

② 学界对安南纪行诗的定义,可分狭义与广义两种。狭义的安南纪行诗,主要指出行安南者于安南往返途中及在安南期间所作诗歌;广义的安南纪行诗,则除狭义上的安南纪行诗指涉的范畴外,亦包括沿途其他相关作者的送行与酬唱诗歌。本书所论安南纪行诗,主要是在狭义层面而言。

## 一 研究现状

作为一部由外籍文人在中国写作的本国志书,《安南志略》在元时期即受到多方关注。其书卷首有序十一篇,序作者如察罕、程钜夫、元明善、欧阳玄、许有壬等,均是元代富有声名的名卿时贤。这些序作相继作于《安南志略》成书前后,对黎崱《安南志略》颇有推扬之效。元文宗至顺年间(1330—1333)官方开修大型政书《经世大典》,即曾直取黎崱《安南志略》之述,撰成《安南附录》一卷,"载之地官赋典"[1],"于是景高之书,与其名不朽矣"[2]。尽管《经世大典》在明代即已亡佚,《安南志略》仍得以手抄本传世。明清时期,经朱彝尊、胡荑村、钱大昕、黄丕烈等学者的藏抄、校订与传布,《安南志略》被收入《四库全书》。四库馆臣有评曰"(是书)所纪安南事实,与《元史列传》多有异同",既"可证史氏之讹",亦"足明史有脱漏","其他山川人物,叙述亦皆详赡,洵可为参稽互考之助。盖安南文字通于中国,其开科取士,制亦略同。故此书叙述,彬彬然具有条理,不在《高丽史》下云"[3],可以说高度肯定了《安南志略》的史学价值与叙述成就。

今人对《安南志略》的关注,始于20世纪八九十年代,多围绕其史学价值之发覆而展开,同时涉及文献方面的研究与整理。孙晓明《试论〈安南志略〉的史料价值》是现今可见最早对《安南志略》进行专门讨论的论文。与四库馆臣简要比照中国正史而点明《安南志略》之史学价值不同,孙文主要参照《大越史记》《大越史记全书》等越南本国史籍,对《安南志略》在记述元朝"当代史"、反映越南古代社会及社会全景上的史学特色进行了较为详细的考论[4]。武尚清《〈安南志略〉在中国——成书、版本及传藏》系统论述了《安南志

---

[1] 《安南志略》,第9页。
[2] 《安南志略》,第5—6页。
[3] (清)永瑢等撰:《四库全书总目》卷六六(史部二十二·载纪类)"《安南志略》提要",第588页。
[4] 孙晓明:《试论〈安南志略〉的史料价值》,《东南亚》1987年第3期。

略》的成书、传藏过程及版本情况。该文认为,《安南志略》约成书于1333—1339之际,借由十一篇撰写年份跨度甚大的书序(1307—1340间),可推知黎崱之撰此书历经了"不惮艰辛,历久撰著",以及作者通过奔走联系,"争取被认可、推荐"的过程;传藏方面,《安南志略》除曾依托《经世大典》《四库全书》而得官方传藏,也涉其他南北私家传藏渠道,另曾东渡日本,为日本著名藏书家所著录,而中日抄本,又曾回传越南;版本方面,《安南志略》现今主要见及文渊阁四库全书本、古籍书店复印本、乐善堂活字本三种通行本。其中,四库本删改较大,讹误较多;复印本错漏、舛讹之处亦不少,但因系复印,毫无改动,率见真情;活字本比较完全,但存在来源不明及填改的问题等。① 其后,武氏又将三种通行本相互参照,进行了详尽细致的校勘,所得《安南志略》点校整理本,于1995年由中华书局编入"中外交通史籍丛刊"出版。该书"前言"部分对《安南志略》的撰著与校藏情况、学术价值及点校本的校勘原则作有介绍②,亦具一定的学术参考价值。在这一时期,台湾学者对《安南志略》亦有历史学方面研究。如王寿南《从〈安南志略〉论唐朝政府对安南的经营》利用《安南志略》的相关史料记载对唐代经营安南地区的史实进行了考论③。

20世纪以来对《安南志略》的研究,在史学研究上体现出更为专精的研究视角,在文献研究方面有所推进,并且始涉文学视域下的《安南志略》研究。史学研究方面,王文光、曾亮《〈安南志略〉与相关民族历史问题浅论》聚焦于《安南志略》所反映的中越民族关系,认为《安南志略》的撰述集中体现了安南与统一多民族中国的历史渊源关系、文化渊源关系、民族源流关系,通过《安南志略》亦可窥知黎崱"力图摆脱安南与统一多民族中国的历史渊源关系、文化渊源关系、民族源流关系的矛盾与纠结"④。魏超《越南陈朝地方管理模式的

---

① 武尚清:《〈安南志略〉在中国——成书、版本及传藏》,《史学史研究》1988年第2期。
② 该文后题为《〈安南志略〉校注序》刊发于《史学史研究》1993年第4期。
③ 王寿南:《从〈安南志略〉论唐朝政府对安南的经营》,《"国立"政治大学历史学报》1990年第7期。
④ 王文光、曾亮:《〈安南志略〉与相关民族历史问题浅论》,《思想战线》2015年第3期。

流域结构——以黎崱〈安南志略〉为中心的考察》借助《安南志略》的相关记载，探讨了陈朝以红河的流域结构为重要依托、以其干支流的流域来划分政区的地方管理模式①。文献研究方面主要是张翰池《〈安南志略〉研究》（硕士学位论文，安徽师范大学，2015年）。该文在吸收和借鉴前人的研究成果的基础上，对《安南志略》的成书、版本、流传、价值等文献方面的问题有更为细致的论述，并始涉及对《安南志略》体例与具体内容的专门讨论。杜艺玫《元朝与安南陈朝的文学交流》（硕士学位论文，山西大学，2016年）则以黎崱《安南志略》为中心，通过黎崱与中土文人的交游、元朝时期以汉语写作的安南籍诗人、元陈诗人的文学互动活动三个方面的探讨，较为具体地观照了元朝与安南陈朝的文学交流情状。此外，李军所撰《元世祖朝出使安南使交书论略》一文，在以使臣出使他国时递交的外交文书作为一种特殊纪行文献的基础上，对元世祖时期安南使交书的书写方式与行文特点作出了精细的分析，其所关涉使交书，实际主要是就《安南志略》所收录相关文献而进行②。

　　学界对元代安南纪行诗的留意，则主要依随21世纪以来元代诗文研究的展拓趋势而展开，近年来各方面相关成果也已积累不少。首先是文献整理与研究方面。汤开建《元代安南诗辑校》③在武尚清先生点校《安南志略》中的元代安南诗的基础上，对元代安南诗进行了补充校勘，元代安南诗由九十七首增补至近两百首，是元代安南纪行诗的重要文献整理成果。刘玉珺《中国使节文集考述——越南篇》对中国使臣出使越南过程中创作之文集的成熟背景、创作内容、存佚状况进行了梳理，其中具体涉及陈孚《交州稿》、智熙善《越南行稿》、傅与砺《南征稿》三种安南纪行诗集④。

---

① 魏超：《越南陈朝地方管理模式的流域结构——以黎崱〈安南志略〉为中心的考察》，《黑龙江社会科学》2017年第5期。
② 李军：《元世祖朝出使安南使交书论略》，《民族文学研究》2020年第3期。
③ 载《元史与民族史研究集刊》第十四辑，南方出版社2001年版，第206—229页。
④ 刘玉珺：《中国使节文集考述——越南篇》，《首都师范大学学报》（社会科学版）2007年第3期。

文献研究之外，近年来出现的一批对安南纪行诗进行综合性专题探讨的成果更令人瞩目。周思成《诗人、使臣集一身——元代安南纪行诗人群体研究》（硕士学位论文，北京师范大学，2009 年）从文人群体的视角切入，对元代安南纪行诗人群体面貌及其纪行诗歌成就进行了综合考察。论文分内篇与外篇。内篇要点有三：一是通过安南纪行诗人作为使节的民族、出身、假官与借位现象的探究，指出安南诗歌的繁荣，与使节的民族和出身有着密切的联系；二是通过一系列史料的遴选与考证，对安南纪行诗人群体的创作经历，即出使安南的一般历程进行了详析，并针对史料中广泛出现的"却金"一事进行了重点考论；三是对安南纪行诗的文本研读，揭示了其中蕴含的各种历史与地理信息外，提出了安南纪行诗的两个文学特质，即题材的扩大、视野的开阔及家国情怀的二重奏。[①] 外篇部分主要是对内篇部分涉及的三个专门问题进行了详细的考辨，澄清了当代研究者和四库馆臣对个别安南诗人、诗作的一些误解。张建伟《从元代安南纪行诗看中越文化交流》《元朝时期的安南诗人群体》二文均从中越文化交流的视角对元代安南纪行诗进行了相关探讨。前者考察了安南纪行诗在反映安南地域文化、中越关系及促进中越文学交流上的功能特征。后者着眼于元时期安南陈朝诗人群体与元朝使臣的唱和，进一步探讨了中越文化与文学的交流[②]。黄二宁《论元代安南纪行诗的书写特征与诗史意义》考察了元代安南纪行诗写作的制度背景，并重点分析了其主要内容和特征，重估了安南纪行诗的诗史意义。黄另有《〈安南即事〉：元代域外纪行的一首奇诗》一文，关注到陈孚五言长诗《安南即事》一诗在元代异域纪行诗中的独特性，即"受使还报告制度影响，《安南即事》不仅在内容上异常丰富详尽，凸显了作者的知识兴趣和载录

---

[①] 此部分内容后来综汇提炼为《元人诗歌中的安南出使与南国奇景》一文，载《文史知识》2015 年第 11 期。该文具体考述了"元代出使安南使节的选拔与任用""元代使臣的安南之行与纪行诗创作"及"安南纪行诗中的奇异天地与个人世界"三个方面的问题，认为元代安南纪行诗创作，"殆已成为一种'自觉'的文学活动"，并在送使、出使、使回、归朝报命四个阶段分别形成了共同的主题表达倾向，对西南奇异天地的再发现与家国情怀的二重抒发则是其主要的内容特色。

[②] 张建伟：《元朝时期的安南诗人群体》，《世界文学评论》（高教版）2018 年第 2 期。

意识，而且大量采取了诗歌文本加注释的形式，对文本内容进行解释、说明和补充，强化了诗歌的叙事性和实录功能以及政治军事功能，形成了诗意化描写与散文化说明交相呼应的审美效果"①。

着眼于个人纪行诗集展开的安南纪行诗研究亦有所获，其中在安南纪行创作上有系统编集且留存至今的陈孚及其《交州稿》又是关注的中心。台湾学者李嘉瑜《〈交州稿〉中的安南书写》是此方面的代表②。李文集中考察了陈孚《交州稿》中的安南书写视角与模式，指出陈孚的安南书写视角主要表现出"帝国之眼"与"猎奇之眼"两种，前者着意展示帝国的威权与将安南他者化，后者着意展现异域的异质；在书写模式上则体现出熟稔化的修辞策略与诗注并行的博物叙事特征。此外，陈巧玲《元代安南纪行诗研究——以陈孚、傅若金纪行诗为中心》择取陈孚、傅若金的纪行诗作，整体观照了元代安南纪行诗跟随文化区域流动呈现不同景观书写的书写特色，"使臣"与"文人"双重身份交织的作者心态，以及在扩大诗歌题材、路线纪实等方面的文学价值。梁德林《元代诗人陈孚出使安南途经广西的诗歌创作》、田倩《元代南北交通视野下的陈孚诗歌研究》《文学地理视阈下的陈孚广西纪行诗研究》、王皓《陈孚〈交州稿〉与元代的中越文化交流》等，则或择取某一纪行路段，或聚焦某一研究视域，多角度探究了陈孚的安南纪行诗创作成就。

综上，学界对黎崱《安南志略》及元代安南纪行诗的研究已有一定的积累。《安南志略》研究方面，有关《安南志略》的史学价值与文献意义均已有所发覆，相关文学视域下展开的研究也显示了其在文学研究上的潜力；主要围绕文献爬梳、文本解读、文化观照三个方面展开的元代安南纪行诗研究，则已足明晰元代安南纪行诗的多维价值。但是，以更多专精的视角综合探究安南纪行诗文书写风貌与成就的研究仍可期待，13—14 世纪安南纪行文学的理论意义亦是需要进一步思考的问题。

---

① 黄二宁：《〈安南即事〉：元代域外纪行的一首奇诗》，《古典文学知识》2020 年第 1 期。
② 李嘉瑜：《〈交州稿〉中的安南书写》，《汉学研究》2016 年第 4 期。

## 二 文本细读

《安南志略》原书二十卷,亡佚一卷,今存十九卷。从目录来看,《安南志略》既如一般外域方志之书,对古代安南地区的郡邑沿革、山川地理、物产风俗、人物官职、典章制度、名人诗文诸端均有详细记载,亦融合传统史书中世家、列传、志、书之体例,叙录了安南的朝代更替及历朝刺史、太守、名臣之传略,更难能可贵的是,效迁、固之笔,以当代史笔记当代史事,对元朝与安南之间的征伐战事、使介往来及其相关原始文献予以了专门载录。总之,借诸黎崱《安南志略》,安南"谱系官爵之沿革、山川郡邑之先后、礼乐刑政之原、兵农财食之计、行李之使、出入年月、词人咏土朝辨藻品,一览而尽得之"①,而自秦汉迄宋元以来羁绊弥深的中越关系与中越交流,尤得历见于其中。据前述,目前从中越交流视角讨论《安南志略》,包括安南纪行诗的研究,已颇摹其概貌。而若专门聚焦于安南文化的流动,如果说由寓居中夏的安南文人黎崱本人亲撰的安南历史、地理、风俗、物产等方面内容的书写,某种程度上反映了元时期安南文化向中土的输出,那么,与《安南志略》相关的由中土文人创作的安南纪行诗,则是元时期安南文化输入中土的表现之一,二者共同映射了13—14世纪中越交流历史现场的两个面向。

(一)安南文化的输出:《安南志略》原创文本细读

《安南志略》原创文本,指《安南志略》正文中由黎崱本人执笔撰述的文本,以区别于其中收录的来源于其他作者的文献文本。《安南志略》中的原创文本,主要集中在黎崱对安南郡邑沿革(卷一)、山川地理(卷一)、物产风俗(卷一、卷十五)、典章制度(卷十四)、王朝历史(卷十一、卷十二、卷十三)、元朝征讨安南史(卷四),以及包括由中土去往安南之历朝奉使(卷三)、长官(卷七、卷八、卷九)、羁臣(卷十)及本土名人(卷十五)在内的一系列人物传略的叙录。这些文本倾注着黎崱强烈的主观能动性,这不仅在于黎崱在整

---

① 《安南志略》卷首《察罕序》,第1页。

体文本架构中对反映中越关系之相关文本的侧重,亦表现于黎崱具体文本书写中时刻不忘表露的"南越其有惓惓向慕朝廷之心"①。因此,这些文本整体上主要为诠释安南自古以来深受中国文化影响的历史情貌服,但与此同时的是,安南的风土人情实际亦得流展于黎崱细致详然的笔触之下。

例如在《安南志略》卷一的《风俗》篇中,黎崱详细记述了安南地区的社会生活风俗。其首先介绍了安南人民的脾性特征与生活习惯:

> 安南,古交趾也。唐虞三代,中国声教所暨;西汉以来为内郡。男耕贾,女蚕绩;言善欲寡,见远人漂至其国,数相存问,此其常性。交、爱人倜傥有谋;欢、演人淳秀好学;余皆愚朴。民文身,效吴越之俗。柳诗云:"共来百越文身地。"暑热好浴于江,故便舟善水。平居不冠,立叉手,席坐盘双足。谒尊贵者,跪膝三拜。待客以槟榔。嗜酸海味,饮过度,多羸弱。五十岁免役。②

由黎文知,安南自唐虞三代以来即为中国文化浸润的区域,西汉以来更是为中国内郡,所以,与中国一样,这里推行着男耕女织的封建生产方式,人民效仿中国东南地区百越民族的习俗,有文身之习惯;"谒尊贵者,跪膝三拜"之云,又反映了安南人民在人际交往中秉持的与中原礼教文化相近的尊卑礼序之道。但是,在黎崱的叙述中,诸多安南的本土习俗特征亦可显见。譬如,人民普遍言善欲寡,热情淳朴,如见远客行至其国,则数相存问;其中又有地域的区别,如交、爱二州③之人倜傥有谋略,欢、演二州④之人淳秀好学,其余则皆愚

---

① 《安南志略》卷首《自序》,第11页。
② 《安南志略》卷一五,第40—41页。
③ 交州,前称交趾刺史部,西汉武帝时置,辖境包括今中国广西和广东、越南北部和中部;爱州,南朝梁分交州而置,辖境为今越南清化附近一带。
④ 欢州,隋开皇年间置,治九德县(今越南义安省荣市),辖境相当今越南河静省和义安省南部;演州,唐贞观年间置,辖境为今越南演州及安城县一带。

朴。又如人民"好浴于江,故便舟善水",是安南本土的炎热气候使然;安南人"平居不冠,立叉手,席坐盘双足","嗜酸海味,饮过度,羸弱",亦是典型的安南社会生活刻画;而"待客以槟榔",更是安南社会饮食与交际习俗的代表项目。安南人待客以槟榔及食用槟榔的细节,史籍有载:"切片以芙蕾叶傅蛤灰,卷而同嚼,则滑腻……凡待客先进槟榔,若相遇不设用为恨……谓能消食下气,辟寒去虫,驻颜,固齿,去腥。"① 芙蕾,即蒌叶,是一种主要生长于东南亚湿热地带的蔓藤植物,叶园长光厚,味辛香;蛤灰,指以蚌蛤壳烧成的灰。黎崱在《送侍郎智子元使安南》诗中亦有"桂林南去接交州,椰叶槟榔暗驿楼"②之句,不仅描述了安南地区槟榔树的繁茂,也刻画了驿楼边椰叶高长蓊郁之貌。

其后叙安南岁时节日与王宫宴饮,言语亦颇为详赡,画面感强烈:

年节前二日,王乘舆,从官章服导前,礼帝释殿。除日王坐端拱门,臣僚行礼毕,观伶人呈百戏。晚,如洞仁宫谒。先是夕,僧道入内驱傩。民间,门首鸣爆竹,杯盘祀祖。……正旦五更,王坐天安殿,嫔妃列坐,内官错立殿前,乐奏于大庭,宗子臣僚分班拜贺。酒三进觞,宗子登殿侍宴;内官僚坐西傍小殿,外官僚坐西庑,饮燕。晡时稍出。匠者即殿前构众仙台两层,顷刻成之,金碧炫耀;王从宴其上,前后九拜九觞而散。二日,臣僚各行家礼。三日,王坐大兴阁上,看宗子内侍官抛接绣团球,接而不落者为胜。团球以锦制之,如小儿拳,缀采帛带二十条。五日,开暇宴罢,纵吏民参礼寺观,游赏名园。元宵,立灯树于广庭,名广照灯,万点光辉,光彻上下。僧绕讽经,群像罗拜,谓之朝灯。二月,起春台,伶人粧十二神,歌舞其上。王观众斗于观庭,观勇夫与儿孺搏,胜者赏之。公侯马上击球,吏士博弈、摴蒱、蹴鞠、角斗、山呼侯等戏。寒食,以卷饼相馈。四月四日,宗子

---

① 《安南志原》卷一,法国远东学院订刊,越南:河内西历1931年发行,第75页。
② 《安南志略》卷一八,第423页。

内侍官会山神庙,誓无异志。八日,磨沉檀水浴佛,精团饼供献。端阳节,江中构阁,王坐观竞渡。中元,结盂兰盆会,超荐亡者,广费无惜。仲秋重九,贵族赏之。良月朔,具馔祭先,曰荐新;纵臣僚视田收稻捕猎为乐。腊月祀祖,如上家礼。立春,命其宗长鞭土牛毕,臣僚簪花入内宴会。①

据黎崱之述,安南地区的岁时节日亦颇与中国内地相似,但在这之中又有自己的本土特点。如春节燃放爆竹、杯盘祀祖、观百戏、臣僚拜贺、元宵观灯等活动,均承内地习俗而来,但"抛接绣团球"与"朝灯"等活动,却是安南春节的自有特色。二月装神,观众人相斗、击球、博弈、挎蒲、蹴鞠、角斗、山呼侯等活动,与内地亦是同中有异。如其中之"装神",虽承汉代傩礼而来,但其呈现于舞台,供越南王观看,已由原来的祭祀性质转向娱人,由宗教型转向艺术型开拓②。其他寒食、清明、端阳、中元、中秋、重九、立春等节令之贺,大体亦无不与中国同,但寒食互赠卷饼、清明誓无异志、浴佛节供献精团饼等具体细节,又自成其俗。

《风俗》最后之叙安南婚丧习俗与主要的乐器、曲目,集中呈现了安南对中国文化的吸收,同时也展现了不少面目生新的安南国俗。如"婚娶礼者,春月,媒氏奉槟榔匣,诣女家通问"③。乐器除与中国相同的琴、筝、琵琶、七弦、双弦、立笛、箫等类,更能代表安南国乐的是一种叫"饭古波"的乐器,这种乐器来源于与安南相邻的占城国(位于今越南中部),"体园长,研器饭粘鼓面中,拍之清亮;合筚篥、小管、小钹、大鼓,名为大乐,惟国主用之。宗室贵官非祭醮不得用"④。曲目方面,则除南天乐、玉楼春、踏青游、梦游仙、更漏长等中国传统词曲的吟唱,亦有"或用土语,为诗赋乐谱,便于歌吟。

---

① 《安南志略》卷一五,第41—42页。
② 参见翁敏华、回达强《东亚戏剧互动史》,上海古籍出版社2014年版,第171页。
③ 《安南志略》卷一五,第42页。
④ 《安南志略》卷一五,第42页。

欢乐愁怨，一寓于情"① 的情状。

通过《安南志略》，可多识安南之特色人物。如勇力神异的李朝将军黎奉晓：

> 黎晓（即黎奉晓），爱州山乡人。少雄勇。昔古碑、谭舍二鄙争地界，以兵相向。晓谓古碑人曰："我独能击。"众父老惊讶，具酒馔食之。晓一饭数斗，饮且过量。既而挑谭舍战，晓耸身拔树横击，损伤者众。谭舍大惧，还古碑田。李王闻名，用为将。有外敌巨舶至海口，将图其国，晓请治舟百艘，载铦首巨木，贼进，晓架木击破贼舟，敌人溺死。王嘉赏之。晓曰："爵不欲，愿得立冰山上，远掷大刀，验刀堕官地内，赐以作业。"王从之。晓登山顶一掷，远数十里。刀堕多縻乡。即以赐之。晓砍久槁木二，倒植为界，木生枝，成大树。高低大小，轮囷皆然。夏热，行者休其下百余人。木开白花，胜木棉。乡人采之，以作寒服。晓殁，乡立祠祀之，祷辄灵。国或将难，祠中夜闻戈甲声。果应。②

黎崱记述安南人物，主要是围绕与中国有所关联，或表现出一定汉文化特质的历史人物而展开。如其首先列呈的是"受中国爵命者""仕中国者"两类人物。"节妇"类别，实是中国儒家纲常的体现。"名人"部分，亦基本为与中国及中国文化关联者。如此部分第一个叙述的名人是得柳宗元赠序的安南诗人廖有方，但其生平事迹实际已完全不传，黎崱之述其传略，其实亦只是附录柳序全文；另如"好学宽仁""弃家修学成道"的安忠王，"聪明好学""有文集传世"的陈遂，分别体现了安南人承袭中国文化而来的禅学体悟和汉学素养，后者之传略，则有列述传主汉文诗作的倾向。因此，黎崱所述安南人物，总体上呈现极强的"中土面貌"，但值得注意的是，仍有二、三安南

---

① 《安南志略》卷一五，第41—42页。
② 《安南志略》卷一五，第351页。

文化意蕴浓厚的人物，杂立其间。上述黎奉晓即是其一。

黎奉晓（Lê Phụng Hiểu）为爱州人，历仕李朝太祖、太宗、圣宗三朝（1009—1072 年），以勇力神异见称于安南历史。上引黎崱之述即记载了其勇力神异数事。先是古碑、谭舍为争地界以兵相向，黎奉晓独挑谭舍而战，使其"损伤者众"；再者，外敌入侵其国，黎奉晓乘舟架巨木击破敌军船只，使"敌人溺死"；战后安南王封赐功臣，黎奉晓拒爵位之赏，而立冰山（属清化）之上远掷佩刀，将落至"数十里"之外的刀落之处以内土地全归其所有；其殁后，以享祀著灵，颇为灵验。

有关黎奉晓勇力神异的事迹，在其逝世之后即当长期流传于民间，及至安南李、陈二朝，"儒士代生，词章林立，见诸著述，日以渐繁"[1]，其事迹又见载于本国成文著述。陈朝开祐元年（1329 年，元天历二年），越南人李济川著《越甸幽灵集》，即载有黎奉晓的神武事迹。《越甸幽灵集》是一部神话传说集，主要以传记体式讲述了越南境内 36 位"能彰伟绩，阴相生灵"的"血食诸神"，或人物杰灵，或山川精粹，皆为民间俗传口话或祠庙"神迹"[2]。这些神话一方面体现了越南神话对中国文化的继承和发展；另一方面也展现了越南自己本土的一些风俗文化特征，其既不同于开天辟地的创世神话，也不同于氏族社会的英雄神话，更不同于民间流传的自然神话，而是将越南当地特有的神话元素融合进儒家思想价值观中，为巩固和稳定王朝统治服务[3]。李济川《越甸幽灵集》亦是现今可见最早记述黎奉晓神武事迹的越南史料文本，而黎崱《安南志略》的成书几乎与其同时。故而可见，当黎奉晓勇力神异的神话传说以成文著述的形式开始流传于越南的时候，其故事借助黎崱的《安南志略》，也几乎同时在中

---

[1] 潘辉注：《历朝宪章类志》卷四十二《文籍志》，转引自戴可来、于向东《越南早期传说与古代史记》，载巫宁耕主编，北京大学亚洲—太平洋研究中心编《北大亚太研究》，中国物价出版社 1998 年版，第 160 页。

[2] 参见戴可来、于向东《越南早期传说与古代史记》，载巫宁耕主编，北京大学亚洲—太平洋研究中心编《北大亚太研究》，中国物价出版社 1998 年版，第 162 页。

[3] 参见黄可兴、宋百灵《〈越甸幽灵集〉神话角色功能的文化阐释》，《广西民族大学学报》（哲学社会科学版）2015 年第 4 期。

土文人之间传播开来,并随其被收入《经世大典》而进入中国官方叙事。

(二) 安南文化的输入:相关安南纪行诗细读

以使越文人为创作主体的13—14世纪安南纪行诗的繁荣,源于蒙元王朝持续勉力征服安南的政治格局,同时也与元代的中越地理交通变革密切相关。元时期的中越交通,不仅重启汉唐时期由云南达于安南的滇越路线(北下云南需绕道吐蕃),更重要的是开拓了自大都直下湖广,自静江(治今广西桂林)经邕州(今广西南宁),再经思明州(治今广西宁明县)、禄州(今越南禄平)等入口径抵安南的邕交道路。元朝在邕交道路上广修驿站,水陆站赤非常发达,"若自静江为头设水站,至江口分路,西抵庆远,南至邕州,凡有前往迤南使臣,顺水而下,乘坐战船办事"(《元史·世祖本纪十二》)。因此,元时期自大都去往安南,经行滇越,往返时间往往在一年以上,而取道邕交,则仅需四个月即可由大都直抵安南边境。邕交道路也自是成为元朝与安南交往的主要通道。①

据现存元代安南纪行诗来看,相关使交文人亦确均从邕交道路。作为一种使节文学,元廷文人的安南纪行诗书写,不难想见,其整体笼括于一种"宣布国威"的意识形态主题表达之下,但不可否认的是,一些具有典型地方特色的安南实地文化质素,因使臣的注目与着墨,成为元代安南纪行诗中更具特色的书写对象或话题。下面以安南风物"槟榔"为中心展开相关讨论。

"槟榔"作为安南地区特色物产,在汉代已见相关记载。东汉人杨孚撰《交州异物志》,即载及交州以牡蛎灰、扶留(即蒌叶)相佐食用槟榔的饮食习俗②。其后,晋人嵇含以"南越交趾植物,有四裔最为奇,周秦以前无称焉。自汉武帝开拓封疆,搜来珍异,取尤者充

---

① 参见张金莲《略论元代的中越交通》,《兰州学刊》2006年第3期。
② (汉)杨孚撰,吴永章编:《异物志辑佚校注》,广东人民出版社2010年版,第201页。按:杨孚,字孝先,南海(今属广州番禺)人。汉章帝时举贤良,官议郎。和帝永元年间,因南海官吏竟事珍献以邀宠,乃枚举物性灵悟,指为异品,以讽切之,著为《交州异物志》,又名《南裔异物志》《交趾异物志》《异物志》《杨议郎著书》等,今已不传。

贯，中州之人或昧其状，乃以所闻诠叙"① 著《南方草木状》，对槟榔树的生长形貌及槟榔果的下气消谷功效有详述，并始及安南人以槟榔待客的礼仪习俗。另晋人俞希曾至交州，亲见槟榔树，有书特向友人详传其形貌："惟槟榔树，最南游之可观：子既非常，木亦特异。予在交州时度之，大者三围，高者九丈。叶聚顶端，房构叶下，华秀房中，子结房外。其擢穗似黍，其缀实似谷。其皮似桐而厚，其节似竹而概。其内空，其外劲，其屈如覆虹，其申如缒绳。本不大，末不小，上不倾，下不斜。调直亭亭，千百若一。步其林则寥朗，庇其荫则萧条，信可以长吟，可以远想矣。性不耐霜，不得北植，必当遐树海南，辽然万里，弗遇长者之目，自令恨深。"② 南北朝时期，出现了相关的诗歌之作，如王僧孺《谢赐于陀利所献槟榔启》，沈约《咏竹槟榔盘》。唐宋时期，文人诗歌中的槟榔书写渐多起来。唐人如李白《玉真公主别馆苦雨赠卫慰张卿二首》中云"何时黄金盘，一斛荐槟榔"③，元稹《送岭南崔御史》"桄榔面碜槟榔涩，海气常昏海日微"④。宋时黄庭坚有求觅槟榔为药之诗："蛮烟雨里红千树，逐水排痰肘后方。莫笑忍饥穷县令，烦君一斛寄槟榔。"⑤ 陈与义有诗提及岭南地区以槟榔迎客的习俗："寂寂孤村竹映沙，槟榔迎客当煎茶。岭南二月无桃李，夹路松开黄玉花。"⑥ 杨万里经大庾岭北上，停泊英州（今属广东）有诗云："人人藤叶嚼槟榔，户户茅檐覆土床。只有春风不寒乞，隔溪吹度柚花香。"⑦

可见，"槟榔"作为安南地区特色物产，在 13 世纪以前已进入中原文人的书写，且主要呈现为一种进行他物说明的知识意象。汉魏南

---

① （晋）嵇含：《南方草木状》，中华书局 1985 年版，第 1 页。
② （晋）俞希：《与韩康伯书》，（清）严可均辑：《全晋文》，商务印书馆 1999 年版，第 1438 页。
③ （唐）李白：《李太白全集编年笺注》卷二，中华书局 2015 年版，第 111 页。
④ （唐）元稹：《元稹集》卷一七，中华书局 2010 年版，第 231 页。
⑤ （宋）黄庭坚撰，（宋）任渊、（宋）史容、（宋）史季温注：《黄庭坚诗集注·外集》卷一一《几道复觅槟榔》，中华书局 2003 年版，第 1151 页。
⑥ （宋）陈与义：《陈与义集》卷二七《和大光道中绝句》，中华书局 2007 年版，第 436 页。
⑦ （宋）杨万里，辛更儒笺校：《杨万里集笺校·南海集》卷一五，中华书局 2007 年版，第 768 页。

北朝时期的槟榔书写以笔记体类为主，始及少量诗歌书写，槟榔在此期作为一种陌生的"异物"，即异域风物，受到时人的介传，并被北方贵族视为珍品和佳荐。唐宋时期，"槟榔"逐渐多见于诗歌，作为药物的槟榔更是已进入文人日常生活书写，但需指出的是，这些诗歌中的"槟榔"均为中国岭南地区的槟榔，而非异国越南的槟榔。在此基础上我们来观照元代安南纪行诗中的槟榔书写，则可发现一些新的书写特质。

首先，作为知识意象的"槟榔"，得到进一步补充与拓展，此以陈孚安南纪行诗中的槟榔书写为代表。陈孚（1240—1303），字刚中，号勿庵，临海县（今浙江临海）人。至元二十九年（1292）九月以"博学有气节"受朝臣推荐，得授礼部郎中，作为副使佐兵部尚书梁曾使安南，一年后使还，拜翰林待制，兼国史院编修官[①]。往来安南道中作纪行诗107首，结集为《交州稿》，有后记云"其山川、城邑、风俗为图一卷……姑即道中所得诗一百余首，目之曰《交州稿》，以示同志云"。今其图已不传，幸诗歌俱传于世。其中之五言长诗《安南即事》，通过句句加注的方式，前所未有地将安南之山川、制度、军事、语言、服饰、饮食、建筑、贸易、土产、交通、风俗等方方面面的信息融会于一首诗歌之中，全景展现了13世纪下半叶安南的文化景观。其中有关槟榔的书写即有两处：

吏榷槟榔税，人收安息租。

（注曰：）产槟榔最多，其税亦重，专立官榷之。安息木取其津及叶，揉为小团，大数寸，岁收租利甚厚，然与西域安息不类。

龙蕊常穿壁，蒌藤不离盂。

（注曰：）以龙花蕊和安息香油揉为小铤如筋，长尺许，插壁上然之，终日不绝，香甚清馥。闽广人槟榔皆啖干者，以蒌藤石灰和之。交人惟啖软槟榔，取新采嫩者，以蒌叶二寸，涂蚬灰裹而食。贵者以黄银槛，僮携之不离左右，终日咀嚼不

---

[①] 《元史》卷一九〇《儒学》，中华书局1976年版，第4339页。

少休。①

从内容上看,两处书写均提供了有关安南槟榔的新知识。第一处记安南两种高税收土产,点明槟榔即是其一,且安南专立官员征收槟榔之税。第二处言安南人喜嚼槟榔的饮食习俗,并指出交人与闽广人在槟榔饮食方法上的不同,此即闽广人喜食的是经晾晒而质地干硬的槟榔,以蒌藤、石灰相佐,而安南人只吃鲜嫩新摘的槟榔,搭配而食的则是蒌叶和蚬灰。并且,安南人对槟榔的依赖甚深,像富贵人家会以黄银盒盛装槟榔,让僮仆携带不离左右,终日咀嚼,几乎没有停的时候。从形式上看,两处书写诗歌部分简括信息,呈现陌生化的艺术效果,注释部分交代更具体的细节,语言精练纪实,而又详明生动。通读下来,我们对安南"槟榔"的相关知识了解,显然有所更新,文学中安南作为槟榔盛地的形象亦进一步丰实。

除却知识意象书写层面的拓展,槟榔作为一种融会于文人生活之中的物类,呈现生活意象的特质,亦是元代安南纪行诗中槟榔书写的特色。以李思衍《观棋》一诗为例:

地席跏趺午坐凉,棋边袖手看人忙。槟榔蒌叶又春绿,送到谁家橘柚香。②

李思衍(约1240—1290),字昌翁,一字克昌,号两山,余干(今属江西)人。南宋德祐年间进士,隐居未仕。至元中,伯颜南下,攻克饶州,以李思衍权乐平,寻授袁州治中。入为国子司业。至元二十五年(1288)以礼部侍郎出使安南。著有《两山集》,今不传。《安南志略》收录其安南纪行诗四首,实为黎崱收录诸家诗作中最多者。除《观棋》外,另三首分别为《世子宴席索诗》《世子和前韵有自顾不才惭锡士只缘多病欠朝天之句即席次韵》《行际有礼辞之世子举陆贾事覃

---

① (元)陈孚:《安南即事》,见杨镰主编《全元诗》第18册,第389页。
② 《安南志略》卷一七,第392页。

覃见爱谢绝以诗》。可见，在元人奉使安南诗的收录中，黎崱侧重择取的是能够展现中越政治双方友好互动的诗作①。《观棋》一诗，即是主要描述使节团队与安南皇室之间举行下棋活动而诗人观棋的情境②。由诗知，在一个春日的午后，元廷使臣团队与安南皇室进行了一场下棋活动。活动中，对弈双方盘腿坐于地席之上，而诗人李思衍兴致勃勃地围观其间。诗人先是俯身看弈人执棋而忙，抬头处见人送来新鲜翠绿的槟榔果与蒌叶，便不禁想到现在正是槟榔成熟的阳春时节，也正是安南橘柚花开飘香的时节，这显然与中原橘柚果木秋月开花不同。对于安南的柚花，李思衍在诗后又特别作注曰"安南柚花甚香，如茉莉，岭北所无"。使臣与出使国家的对弈，实属两国政治交涉的范畴，但于李思衍此诗中，却不见及半分紧张或严肃的气氛。相反，在槟榔蒌叶之风味体验与橘柚飘香之经验联想的虚实构绘中，元廷使臣与安南皇室的下棋活动充满了中土文人惯于勾勒的自适闲然的日常生活意趣，诗中槟榔、蒌叶与橘柚的形象，亦似乎得以褪去异域风物的标签，而更体现为一种文人日常生活意象。

在槟榔之外，尚有很多首次进入诗歌的安南实地文化质素。如陈孚《安南即事》中不仅注释部分广涵安南社会多方面实地文化质素，诗句部分更是直接写进若干安南人名、地名，乃至安南语。如"皇华舟作市，花福水为郭"写安南的水上贸易市场，其中之"皇华"与"花福"分别为安南的两个本土地名，有注释曰"皇华府即唐欢州，去交州城二百余里，海外诸蕃，舟航辐辏，就舟上为市甚盛。酋叔昭文祖庙与其重宝皆在，实大镇也。交州无城壁，土墙睥睨而已。西有花福州，以水围绕，前有莫桥、西阳、麻地、老边四桥，以通出入。"再如"抵鸦身偃豖，罗我背拳狐"一句所及事物与情境，均须在了解安南语言与习俗的背景下解读："其异人用布一匹，长丈余，以圆木

---

① 这从其他诗人的诗歌收录情况亦可明证，如梁曾、徐明善、文矩、萧泰登、李仲宾、智熙善、杨廷镇等诗歌的收录，均重点收录作者与安南世子的酬唱之作。
② 作为副使相佐李思衍同使安南的徐明善，亦有诗记观棋事，其诗题曰《佐两山使交春夜观棋赠世子》，见《安南志略》卷一七。徐明善，德兴人（一作鄱阳），字志友，号芳谷。元世祖至元间任隆兴教授，又为江西儒学提举。至元二十五年（1288），佐李思衍使安南。

二,各长五寸,挈布两端,更以绳挈圆木,上以大竹贯绳,两人舁之,人侧其中,若举羊豕然,名曰'抵鸦'。贵者以锦帛,扛用黑漆,上拖黑油纸屋。高四尺许,锐其脊而广其檐,檐广约四尺,雨则张之,晴则撤屋而用伞。酋出入以红辇朱屏,八人舁之,甚丽。象背上拖鞍辔,凡座名曰'罗我',人坐其上,拳屈如狐。象额编铃数十,行则琅琅然。"①

当然,安南地方文化,从中国视域而言实属包括广东全境及广西、云南、福建部分区域的岭南文化的范畴,立足亚洲来看,则是东南亚文化圈覆盖的范围之一。元代安南纪行诗创作,经由燕赵、中原文化区—荆楚文化区—岭南文化区的地理空间迭进,亦确实展现了不同文化区域,尤其是岭南文化区域相关要素②,但安南的独特实地文化质素仍可明晰于其中。只是不可否认的是,相较于中原物质与精神文化在安南的深度输入,元代安南纪行诗体现的安南文化在中国的输入基本为停留于物质文化层面的浅层流动。

### 三 文学史意义

黎崱《安南志略》与元代安南纪行诗的出现并非偶然,其立足于13—14世纪越南本土文化的发展基础,而直接得源于蒙元时期中越两地文化的密切交流,尤其是元廷频繁遣使安南的政治举措。它们的意义固然可在中越交流史上获得相当分量的评估,在中越文学史的层面,其价值亦足值专门的关注。

就黎崱《安南志略》的创作来看,作为安南文人于中土创作的域外史志文本,它的出现首先代表了中越文学史的"交汇峰点"。13—14世纪时期,进入中土且留居于此的安南文人除黎崱外,尚有陈益稷、陈秀嵽等,它们均与元朝文人进行了广泛的文学交流,留下相关诗文作品。如陈益稷等人的诗作"深刻反映了元、陈交兵对他们造成

---

① 参见黄二宁《〈安南即事〉:元代域外纪行的一首奇诗》,《古典文学知识》2020年第1期。
② 参见陈巧玲《元代安南纪行诗研究——以陈孚、傅若金为中心》,硕士学位论文,浙江师范大学,2016年。

的灾难,以及'越南羁旅'的处境"①。但是,黎崱之《安南志略》,不仅在体制与规模上超逾他人,在内容的广泛性与深刻灌注其中的"南越其有惓惓向慕朝廷之心"的主题设置上,亦是他人无可比拟的。而以《安南志略》为交流媒介,围绕《安南志略》的成书序跋,亦形成了13—14世纪时期中越文人于中土之地上进行深切交流的文学发生现场。具体于内容来看,一方面,黎崱《安南志略》以其大量笔法详然细腻的原创文本讲述了越南本土之物质文化、民俗特色与名人风貌等,某种程度上展现了越南文化输出的历史意义,亦确实为中国文学提供了具有新题材、新质素的文学文本,扩大了汉语文学的表现空间。另一方面,《安南志略》通过对使交文书、安南纪行诗、元人送行诗等相关中越交流主题文献的收录,保存下不少13—14世纪时期重要的文学作品,体现出重要文献意义的同时,亦直接呈现了13—14世纪时期中越文学交流的繁盛。

而具体于元代安南纪行诗来看,其意义不仅体现在对中国文学史或汉语文学史的更新,其在纪行文学、使节文学等专题文学史上亦具非凡意义。正如有学者指出:元代安南纪行诗作,为元诗在地域上的'南极',也是'汉文化圈'的典型例证"②,其"为我们打开了中国诗史的一片新天地,安南风物由此第一次成规模地进入中国诗歌。诗人以使臣独有的眼光感受异域奇异的人、事、物,用诗歌记录了他们独特的感受,也展示了使臣出使中的别样情怀。这部分诗歌,是元代诗歌中独特的部分,在元代诗史上,进而在中国古代诗史上,具有独特魅力和认识价值"③。

---

① 参见张建伟《元朝时期的安南诗人群体》,《世界文学评论》(高教版)2018年第2期。
② 张建伟:《从元代安南纪行诗看中越文化交流》,《西南边疆民族研究》2016年第1期。
③ 黄二宁:《论元代安南纪行诗的书写特征与诗史意义》,《南开学报》(哲学社会科学版)2016年第5期。

# 第四章 中外交流视角与13—14世纪丝路纪行创作的研究及深度解读·草原丝路纪行系列

## 概　述

元朝是由游牧民族所建立的政权。除大都外，地处草原的上都亦是其政治中心，故元朝的诗歌也离不开对草原的吟咏。尤其是自元世祖中统年间开始，一直到元顺帝后期上都被红巾军烧毁为止，元朝一直实行两都巡幸制度。两都巡幸意即每年春末夏初，皇帝带领诸王、宫眷、百官等前往上都"清暑"，等到秋冬之际再返回大都。在中国历史上，两都制和巡幸制都非元朝所独有，但只有元朝将两都巡幸制作为定制。面对元朝这一独特制度，许多诗人将他们的所见所闻写入诗中，这成了元代诗坛的一大特色。

学界将元人去往上都的纪行诗，以及观览、游历上都，与上都相关的咏和、赠别、饯行、题和之类的诗作皆称作上京纪行诗。据统计，元代上京纪行诗有两千余首，涉及诗人近百位，而且还有增补的空间。其中的代表诗人有周伯琦（《近光集》《扈从集》）、杨允孚（《滦京杂咏》）、袁桷（《开平四集》）、许有壬（《上京十咏》）、张昱（《辇下曲》）等。他们所写上京纪行诗的内容，涉及了两都路上及上都地区的方方面面，举凡巡幸路线、沿途气候、风物特色、蒙元风俗、乡关之思、羁旅之劳等，不一而足。根据诗歌的写作内容，上京纪行诗可分为三类：行旅诗、蒙古风俗诗和气候风物诗。其中，行旅诗指的是诗人们对两都之间路线和风景的诗歌表达，强调观者的视角。这类作品是上京纪行诗中最常见的主题之一，普遍存在于上京纪行诗人的诗篇中。蒙古风俗诗指的是上京纪行诗中以描写蒙古风俗为主的诗作。这类诗作亦广泛地存在于上京纪行诗中，所描绘的蒙古风俗，不仅包括帝王身边上层社会的皇室风俗，还有两都路上以及上都地区普通民众的日常生活习惯。气候风物诗指的是诗人们对上京及其途中的气候、山川、物产的客观描绘。可以说，对气候风物的描绘是上京纪行诗中最基础的内容。总而言之，上京纪行诗人从各个角度对他们在上都及前往上都途中的见闻进行了描绘，从诗歌的角度极大地丰富了我们对元代上都及两都巡幸制度的认识。

## 第一节 元代上京纪行诗中的行旅诗细读

元代上京纪行诗中的行旅诗，指的是诗人们对两都之间路线和风景的诗歌表达。两都之间的路线，据元人周伯琦所言有四条路："曰驿路，曰东路二，曰西路。东路二者，一由黑谷，一由古北口。古北口路，东道御史按行处也。予往年职馆阁，虽屡分署上京，但由驿路而已，黑谷辇路未之前行也。因忝法曹，肃清毂下，遂得乘驿，行所未行，见所未见。"[①] 可见，元代一般人去上都，大多走的是驿路，就如周伯琦所说，往年他就职于馆阁也只由驿路前往；而所谓东道黑谷辇路，在两都巡幸期间，只有皇族及其近侍从和一些身份特殊的官员才可以行走。就是在这些道路上，上京纪行诗人们将两侧景物摹写入纸墨间。他们从观者的视角出发，写下了自己面对两都之间风景时的所思所想。

---

① （元）周伯琦：《扈从集前序》，见李修生主编《全元文》第44册，第531页。

## 一 研究现状

行旅是上京纪行诗中最常见的主题之一，普遍存在于上京纪行诗人的诗篇中。但从整体上对这部分诗歌进行的专门研究几乎没有，大多是对具体某个诗人的上京行旅诗的研究，或者是对上京行旅诗中的某一具体视角进行分析，又或者散见于一些学者对上京纪行诗整体的论述中。

首先是专就具体某个诗人的上京行旅诗进行的研究。较早时期有刘岩、于莉莉在《马祖常边塞诗论析》中提出马祖常的北方扈从诗的鲜明特色就是在描绘扈从活动的所见所感中揭示消暑巡幸的积极意义，并以此讽谏警省皇帝，此外其艺术造诣也较高。[1]

相关研究较多的诗人是杨允孚和廼贤。史铁良在《元末诗人杨允孚及其〈滦京杂咏〉》中从杨允孚的身份入手分析了《滦京杂咏》没有过分的颂圣内容等特征。[2] 其《再论杨允孚的〈滦京杂咏〉》一文分析了《滦京杂咏》写景能紧扣地方特色、描景写物颇具新奇等特点。[3] 继史铁良后，赵昕的《杨允孚〈滦京杂咏〉所见之元代上都风貌》则就《滦京杂咏》中所见两都途中及元上都的环境做了阐释。[4] 宋晓云的《论葛逻禄诗人廼贤的丝绸之路诗歌》全文以廼贤的上京纪行诗为研究对象，指出这些诗作从体裁方面来看，五言、七言皆备；从题材来说，以咏历史名物较多；从抒情方式来看，以诗人隐于诗后的他式抒情为多；从风格来看，沉恻苍凉与婉郁清丽并存；从语言来说，则多为流丽清浅之语。[5] 刘宏英的《元代诗人廼贤上京纪行诗中的寻根情结》提出从廼贤的上京纪行诗中可以感受到他作为一个华化的少数

---

[1] 刘岩、于莉莉：《马祖常边塞诗论析》，《河北师范大学学报》（哲学社会科学版）2003年第4期。
[2] 史铁良：《元末诗人杨允孚及其〈滦京杂咏〉》，《古籍研究》2005年第2期。
[3] 史铁良：《再论杨允孚的〈滦京杂咏〉》，《株洲师范高等专科学校学报》2006年第4期。
[4] 赵昕：《杨允孚〈滦京杂咏〉所见之元代上都风貌》，《集宁师范学院学报》2016年第4期。
[5] 宋晓云：《论葛逻禄诗人廼贤的丝绸之路诗歌》，《新疆师范大学学报》（哲学社会科学版）2008年第2期。

民族作家，虽生长于中原，却深深地怀念着塞外，具有浓厚的北方民族情结。[1]赵延花的《廼贤的双重身份与〈上京纪行〉诗创作》提出廼贤的游牧民族身份影响到其《上京纪行》中的草原文化特色，同时他广受中原文化熏陶的成长经历又影响到了《上京纪行》中的历史文化特色。[2]同样写廼贤的还有王忠阁的《廼贤〈上京纪行〉诗的文学史价值》。[3]

除上述外，李舜臣在《楚石梵琦"上京纪行诗"初探》一文中指出楚石的"上京纪行诗"，不仅如实地记载了扈从上都的闻见，亦真切地反映了自己的心路历程。他所经眼的朔漠风云与胸中高骞之气相摩相荡，蕴涵既深，发之愈厚，诉之于诗，展现出迥异于他在浙东丛林禅修时的心境与情感。[4]吉文斌的《要使〈竹枝〉传上国，此中雅有江南思——由王士熙首倡的元代上都竹枝词创作》则针对王士熙等人扈跸上都期间创作的竹枝词进行了专门研究。[5]

其次，是着眼于上京行旅诗中的某一具体视角的研究。杨富有的《元上都咏史诗的内容及其意义分析》指出由于元上都及其周边地区自古以来就是内地政权与边疆少数民族，或者这里的各少数民族之间争夺生存空间或安全空间的地带，苏武、李陵等相关咏史主题更有一定的敏感度，但在元朝，诗人们仍能够自由表达看法，并且，虽然咏史诗作者的民族身份多样，但他们的创作彼此趋同的价值取向表明他们对元代政权的认同是自觉的。[6]陈琰、李晓光、薛翻的《文学地理学视野下的上都扈从诗研究——以马伯庸、廼贤、萨都拉诗歌为例》指出诗人们通过扈从诗中独特的自然地理意象和人文地理意象来表达

---

[1] 刘宏英：《元代诗人廼贤上京纪行诗中的寻根情结》，《河北北方学院学报》（社会科学版）2010年第1期。
[2] 赵延花：《廼贤的双重身份与〈上京纪行〉诗创作》，《名作欣赏》2013年第2期。
[3] 王忠阁：《廼贤〈上京纪行〉诗的文学史价值》，《河南社会科学》2008年第6期。
[4] 李舜臣：《楚石梵琦"上京纪行诗"初探》，《民族文学研究》2013年第6期。
[5] 吉文斌：《要使〈竹枝〉传上国，此中雅有江南思——由王士熙首倡的元代上都竹枝词创作》，《名作欣赏》2015年第32期。
[6] 杨富有：《元上都咏史诗的内容及其意义分析》，《内蒙古民族大学学报》（社会科学版）2012年第3期。

情感，并且构建了双重地理空间，一方面是展现塞北风光；另一方面也通过这个地理空间来播散出强烈的符号信息、象征气味，具有"地域寓言"色彩。① 赵欢在《从上京纪行诗看元代文人心态》中通过分析部分上京行旅诗，指出了扈从诗人在诗中所表现出的对统治者的赞颂与仕进的愿望、游览异乡的新奇之感、民族隔阂之感与对自身的定位。② 李正春在其《论元代扈从文人的多元化心理》③《传统文化视阈下的元代扈从文人心态》中分析了元代扈从诗人在上京纪行诗中所体现出来的"华夷一统"观与知恩图报的心理、远游情结与对精神家园的追寻、"安土重迁"意识与家国之思、"士志于道"的使命与"边缘化"的处境。④

专就两都间某个地点的相关研究也有不少。赵延花、米彦青在《元诗中的李陵台》一文中分析了周伯琦等人所写上京纪行诗中的李陵台，指出元代文人同情李陵的遭遇，也发抒自己对民族气节这样敏感话语的认识，还借李陵台诗描写塞外风光和李陵台畔商业繁荣的景象，认为李陵台已成为承载元代多民族诗人复杂情感的载体。⑤ 王桢的《从地理实体到文学意象——论元诗中居庸关意象的生成与转化》则专就上京扈从诗中有关居庸关的诗作进行了专门分析，指出居庸关在元代文人的吟咏下，从一个地理实体发展为文学意象。⑥ 马奥远的《元代扈从诗视野下的龙虎台及其诗作》分析了元代扈从诗中两京巡幸必定驻跸之所龙虎台的形象，指出元代文人心中的龙虎台凝聚了复杂的政治意义，他们对龙虎台的褒扬表现的是对大元盛世的赞颂，而极少数的异质类作品实际上也是固化的龙虎台意象的

---

① 陈琰、李晓光、薛翻：《文学地理学视野下的上都扈从诗研究——以马伯庸、迺贤、萨都拉诗歌为例》，《名作欣赏》2013年第36期。
② 赵欢：《从上京纪行诗看元代文人心态》，《北京工业职业技术学院学报》2015年第1期。
③ 李正春：《论元代扈从文人的多元化心理》，《学术交流》2016年第11期。
④ 李正春：《传统文化视阈下的元代扈从文人心态》，《内蒙古大学学报》(哲学社会科学版) 2016年第4期。
⑤ 赵延花、米彦青：《元诗中的李陵台》，《内蒙古大学学报》(哲学社会科学版) 2014年第3期。
⑥ 王桢：《从地理实体到文学意象——论元诗中居庸关意象的生成与转化》，《广播电视大学学报》(哲学社会科学版) 2016年第1期。

侧面反映。①

最后，一些学者对上京纪行诗整体的研究中散见着对上京行旅诗的论述，也需一提。邱江宁的《元代上京纪行诗论》讲到了生长于江南的诗人面对龙门峡等两都道路间的新景物时，已经无法在意语言的工拙与意象的提炼，尽将情感诉诸诗中，同时，上京纪行诗中又充满异地乡愁感。②杨亮的《元代扈从纪行诗新探》指出部分上京行旅诗通过对居庸关、李陵台等地理意象的衔接组合，开辟了诗歌描摹对象的新空间，极大地丰富了唐宋之后诗歌的内容和视界，并在情感表达上表现出地域文化的陌生感与内地书写交织的特点。③张颖在其硕士学位论文《元代上京纪行诗的文化阐释》中分析了上京纪行诗中诗人们面对居庸关、长城等旧时边塞时的心理迥异于传统边塞诗。④

综上，上京纪行诗已经引起了学界的密切关注。总体上，对上京纪行诗中的行旅诗的研究也较为全面，不论是诗人还是两都间的地点都有相关研究，但不足之处在于相关研究不够深入，对扈从文人所写行旅诗中的深层心理的挖掘不够具体。

## 二 文本细读

元代两都之间有四条路，由东向西分别为：东道古北口路、东道黑谷辇路、驿路、西路。元代一般人去上都，大多走的是驿路。而所谓东道黑谷辇路，在两都巡幸期间，只有皇族及其近侍从和一些身份特殊的官员才可以行走。但实际上，东道辇路和驿路并不是完全分开的，它们的两端各有一部分是重合的，即大都到榆林、察罕诺尔到上都，这两段路上的龙虎台、昌平、居庸关、榆林、李陵台等地恰好是扈从文人们着墨最多之处。那我们现在来看看在这些地点上，诗人们如何描绘自己的所见所感。

---

① 马奥远：《元代扈从诗视野下的龙虎台及其诗作》，《广播电视大学学报》（哲学社会科学版）2016年第1期。
② 邱江宁：《元代上京纪行诗论》，《文学评论》2011年第2期。
③ 杨亮：《元代扈从纪行诗新探》，《江苏大学学报》（社会科学版）2015年第3期。
④ 张颖：《元代上京纪行诗的文化阐释》，硕士学位论文，南京师范大学，2017年。

以大都为起点，龙虎台是第一个常常被诗人们写到的地点。其地理特征，据清人记载："又南口而东六里有龙虎台。台广二里，袤三里，与积粟山相峙，如龙蟠虎踞状。元时往来上都，每驻于此。"① 可见，龙虎台是一片地势开阔的高地，其军事地理位置也较为重要。因此，在蒙古国时期，龙虎台常作为驻军之处，成吉思汗和窝阔台都曾在此扎营。到了元朝，龙虎台又成了皇帝往返两都的必经之地。并且，在皇帝南归时，大都的留守百官会迎迓于此，共庆北还。因此，与两都途中的其他地点相比，龙虎台诗歌的政治意味更为浓厚，多有歌功颂德之辞。这尤其体现在扈从官员的笔下，我们以周伯琦的《龙虎台》为例：

> 魏魏百尺台，荡荡昌平原。隆隆镇天府，奕奕环星垣。居庸亘北纪，陕区敛全燕。仓龙左蟠拏，白虎右踞蹲。斯名岂易得，天以遗吾元。明明传正统，圣子及神孙。巡归遂驻跸，衣冠照乾坤。山川皆改容，草木亦被恩。章华民力竭，柏梁侈心存。岂若因自然，张设一旦昏。雄伟国势重，简俭邦本敦。年年举盛典，宫中奏云门。②

全诗极力歌赞元朝的盛世气象。开头两句先点明了龙虎台的地形特征，"魏魏"即"巍巍"，形容龙虎台地势之高，高至"百尺"；"荡荡"是指浩大空旷的样子，"原"亦指宽广平坦的地方，唐代有登高览景之佳地"乐游原"，也是一地势高平轩敞之处，"昌平"意即龙虎台在行政区划上属于昌平州，整句话意指龙虎台是昌平地界上一片高平宽阔的地方。接着又指出其地理位置的重要性，"天府""星垣"在这里是国都大都的喻指，因为龙虎台是距大都不过百里的军事重地，故称其是拱卫京师的要处；"居庸""全燕"句从整体地域上进

---

① （清）顾祖禹撰，贺次君、施和金点校：《读史方舆纪要》卷一一，中华书局2005年版，第478页。

② （元）周伯琦：《龙虎台》，见杨镰主编《全元诗》第40册，中华书局2013年版，第396页。

一步强调龙虎台是关系到整片燕地安危的深险之地。接着,"仓龙""白虎"句指出了龙虎台得名由来,它与积粟山呈对峙之势,若积粟山似翔龙,此高地则如伏虎,故而得名。以上八句皆极写龙虎台之壮观和重要性。但周伯琦这样写的目的何在呢?后面他就讲到了,龙虎台如此之壮丽,是以上天要将它赐予大元,因为元朝是承天之命的正统王朝。其正统性又体现在哪些地方呢?后文紧接着写皇帝巡幸北还,驻跸于龙虎台,这里的"衣冠"指的是迎迓皇帝的文武百官,写在庆祝活动中,皇帝被群臣拥戴,皇帝的恩泽甚至广被山川和草木。其恩泽体现在元帝不似楚王汉皇为了一己私欲而耗竭民力建造章华台、柏梁台,只秉持着简俭敦厚之心治理国家,也因此,上天赐予其无须大动土木却自然天成的龙虎台。整首诗紧紧围绕龙虎台和皇权展开,虽然用了较多的笔墨描绘龙虎台的情形,但目的却是借此侧面烘托元朝的正统性及盛德,足可见其政治意味之浓厚。我们再看杨允孚笔下的龙虎台:"纳宝盘营象辇来,画帘毡暖九重开。大臣奏罢行程记,万岁声传龙虎台。"①虽然杨允孚只是个小官,不像周伯琦密切接触皇权,但在写到龙虎台时,亦足可见他对皇元的热切歌赞。

在北去上都的路程中,过了龙虎台,很快便是居庸关。清人记载:"居庸关在府北一百二十里,昌平州西三十里,南北相距四十里。两山夹峙,一水旁流。悬崖峭壁,最为险要。"② 因此,居庸关以其位置和地形素来被作为关防之枢纽,每当北方战事兴起,就成为兵家必争之地。又据《水经注》记载:"其水导源关山,南流历故关下。溪之东岸有石室三层,其户牖扇扉,悉石也,盖故关之候台矣。南则绝谷,累石为关垣,崇墉峻壁,非轻功可举,山岫层深,侧道褊狭,林鄣邃险,路才容轨,晓禽暮兽,寒鸣相和,羁官游子,聆之者莫不伤思矣。"③ 可见居庸关不仅地势狭险,其周遭更是幽深冷峭,使人神凄骨寒。这对很多从未到过类似地方的文人来说是十分陌生的,以至于即

---

① (元)杨允孚:《滦京杂咏》(其二),见杨镰主编《全元诗》第60册,第402页。
② (清)孙承泽:《天府广记》卷一,北京古籍出版社1984年版,第8页。
③ (北魏)郦道元著,陈桥驿校证:《水经注校证》卷一四,中华书局2007年版,第335页。

便是为了咏怀古战事,也不忘表达自己对居庸关的新奇感。比如浙江鄞县(今属宁波)人袁桷,他这样描绘居庸关:

> 太行领群山,万马高下拜。平峦转城隍,隐隐南北界。危坡互交牙,寒溜泻泙湃。阴风玄虬涌,巨石忽崩坏。周遭青松根,下有古木砦。石皮散青铜,云是旧战铠。天险不足凭,历劫有成败。驱车上林杪,出日浴光怪。肃肃空岩秋,天风迅行迈。①

这首诗共十八句,却有十四句是在写居庸关的环境。开头十句写它位置关键,控扼南北,又地势崎岖,风云莫测,环境幽深凄清;仅中间四句,发表对古来发生在此处的战事的看法,认为关塞天险并不是决定成败的关键;结尾四句就又转回到了自己对居庸关环境氛围的体会上,足可见袁桷对居庸关的强烈好奇感。

又如江西人周伯琦,他曾多次跟随皇帝前往上京,数回经过居庸关,但此地给他的新奇感仍然不减。至元六年(1340),他第一次随驾北巡时,写下《过居庸关二首》:

> 崇关天险控幽燕,万叠青山百道泉。绝壁云霞龛佛像,连甍鸡黍聚人烟。炎凉顷刻成殊候,华夏于今共一天。我欲登临穷胜概,西风五月倍凄然。
>
> 关南关北四十里,玉垒珠闳限两京。列队龙旂明辇路,重屯虎卫肃天兵。桑麻旆旆村无警,榆柳青青塞有程。却笑燕然空勒石,万方今日尽升平。②

我们先来看看其中的第一首:起笔精要地点明了居庸关的险峻地势以及它地处要塞,然后从整体上表达自己对此地的观感是青山重重

---

① (元)袁桷:《居庸关》,杨亮校注:《袁桷集校注》卷一五,中华书局2012年版,第802页。
② (元)周伯琦:《过居庸关二首》,见杨镰主编《全元诗》第40册,第342页。

叠叠，清泉夹杂其间；紧接着，周伯琦抓住最吸引他目光之处，即在朦胧的轻烟之下，隐约可见陡峭山体上竟然雕刻了佛像；在摹写目之所见后，他又表达身之所感，时农历五月初，气温略高，但在居庸关的高山上，却让人顿感凉爽，甚至让人不敢登至山顶一览盛景，因为五月初的高山气温再加上西风，会使人不胜其寒，整首诗十分真实地刻画出了他初见居庸关时的新异感。但作为帝王身边的扈从文人，周伯琦自然还会写颂圣之诗，即第二首诗，记录了壮观的巡幸队伍，表达自己身处大元的自豪感，但在诗歌的生动性上，却远不如第一首诗的真切。次年，周伯琦在从上都北还的途中又写到了居庸关：

  北口七十二，居庸第一关。峭崖屏列翠，急涧玉鸣环。佛阁腾云雾，人家结市阛。马前军吏候，使节几时还。①

  开头"北口"二句，北口至南口为关沟，关沟内有七十二景之说，居庸关即北口，也是第一关和第一景。接着描绘其山水之美，形容其陡峭的山崖为重叠着的翠色屏风，其涧水淙淙，似玉环相击发出的悦耳声响。"佛阁"句指居庸关关城内建在地势高处的佛寺，被高山的云烟笼罩萦绕，仿佛腾云于空中。同时，关城内又有许多人家攒集，更添了几分生气。在这首诗中，周伯琦亦没有失去对居庸关的新奇感，相比前一首，描绘得更加详细。至正十一年（1351），周伯琦在两都往返途中，经过居庸关，均写下描绘居庸关的诗作，分别是《纪行诗》（其三）和《入居庸关》。他在出发时写道："居庸东北路，草细一川平。夹岸山屏转，穿沙水带萦。六龙扶日御，万骑拥云旌。游豫诸侯度，欢歌兆姓迎。"② 或许因为居庸关在他眼里已没那么陌生了，所以诗中除了对居庸关的描绘之外，多了对巡幸盛况的书写和赞美。在归程时，因时气温渐寒，故又生发出"草木虽未霜，寒风已

---

  ① （元）周伯琦：《九月一日还自上京途中纪事十首》（其一〇），见杨镰主编《全元诗》第40册，第353页。
  ② （元）周伯琦：《纪行诗》（其三），见杨镰主编《全元诗》第40册，第390页。

凄然"①的感受。总而言之，与龙虎台相比，上京行旅诗中的居庸关书写，少了些歌功颂德之词，多了山水景物的描写，诗人们自由发挥的空间更大了。

出居庸关，西北行大约六十里，即为榆林。榆林是东道辇路和驿路的分叉口，在榆林直接北上即为东道辇路，先向西行至统幕店而后北上则为驿路，可见榆林是十分关键的驿站。"榆林"其名，因为汉代时此地随处可见榆树，故名之。但是到了元代，所谓"榆林"已经是徒有其名了，代替榆树的是到处都有的柳树了。其地形与险峻的居庸关不同，只有北面有大山环抱，地势相对平坦开阔，也有人家居住。我们先看廼贤的《上京纪行·榆林》：

出关喜平旷，前林树扶疏。微茫候烟火，参差见廛庐。美人秋水上，娟娟映芙蕖。巷隘车骑塞，山寒日将晡。行人问旅舍，投鞭息驰驱。张灯秣驽马，断枥余青刍。夜凉衾裯薄，悒悒愁前途。鸡鸣山窗曙，去矣毋踟蹰。②

这首诗作于北去上京的途中，开头"出关"即指通过了居庸关，居庸关险峻深幽令人心悸，所以到了榆林后，看见平坦空旷的原野，诗人内心感到了欣喜。满怀愉悦的情况下，诗人见到了何样的景象呢？首先是原野上的树木，"扶疏"是指花木枝叶茂盛的样子，因为现在正是春夏之交，榆林的漫野柳树枝头碧绿，不远处还参差散落着几户人家。忽而诗人看见路边有一位绰约多姿的女子，她明媚的双眼上仿佛映照着柔美娇羞的荷花。这时，他忽然就觉得街巷狭窄车骑难以行走，并且山风寒冷，又到申时，太阳也将下山，正可以向那位美貌女子借问旅舍搭个话。等诗人安顿好了准备喂马时，天色已昏暗，需要张灯喂马了，幸好马槽里还剩有草料。到了晚上，被褥单薄，不胜半夜的寒冷，辗转难以入眠，诗人又开始惆怅自己的前途。但等到次日

---

① （元）周伯琦：《入居庸关》，见杨镰主编《全元诗》第40册，第395页。
② （元）廼贤：《上京纪行·榆林》，见杨镰主编《全元诗》第48册，第32—33页。

清晨，却又充满了希望，天色微明即继续向上京行去，因为等到了上都又大有可为。从这首诗中，我们可见廼贤的情绪几经转变的过程，抒发的都是个人的细微情感。但是，无论是两都路上的风景变化还是上京的政治环境，都在潜移默化中影响着诗人的表达。不像廼贤记录了自己在榆林的全部经历，张昱到达榆林后，只记录下了让他印象最深刻的一个画面：

> 上都半道次榆林，是处鸳鸯野乐深。不比使君桑下问，自媒年少觅黄金。①

诗人讲到自己在前往上都的途中，在榆林这个地方，看见了青年男女在幽会。这在自幼成长于南方并且深受儒家文化熏染的汉族人张昱看来，是多么令人惊讶呀！于是他顾不得冒犯，直接向青年男女发问。没想到，对方觉得这样的事再自然不过了，说他们年少的时候就已经互相倾心，而并非像《陌上桑》中使君借问时罗敷已有夫。可见，不仅两都途中的奇山异水让诗人们耳目一新，途中的别样风俗民情也让诗人们感到惊讶。

上述的龙虎台、居庸关和榆林都是从大都到上都前半段路上诗人们吟咏最多的地点，李陵台则是后半段路上诗人们集中描写的对象。李陵台，顾名思义，与汉代将军李陵有关。李陵是飞将军李广之孙，作战像其祖父一样，亦十分英勇，但在天汉二年（前99）的对匈奴战争中，由于李广利所率领的主力部队的失误，他被迫降敌，被汉朝夷三族。李陵台，有说是李陵之墓，亦有说是李陵所建之望乡台。对待这样一个站立在少数民族政权和中原王朝中间的人物，元代的扈从文人又是怎样看待的呢？周伯琦是元朝身居高位，且深得顺帝信任的南人，不像数次书写居庸关，他在纪行诗只写到了一次李陵台：

---

① （元）张昱：《辇下曲》（其七六），辛梦霞点校：《张光弼诗集》卷一，北京师范大学出版社2016年版，第348页。

第四章　中外交流视角与13—14世纪丝路纪行创作的研究及深度解读·草原丝路纪行系列

汉将荒台下，滦河水北流。岁时何衮衮，风物尚悠悠。川草花芬郁，沙禽语滑柔。暮梁遗句在，过客重绸缪。①

在这整首诗歌中，周伯琦没有流露出浓烈的情绪，从头至尾的情感抒发都很缓和，即便是对李陵叛敌的不赞同也以隐晦的方式说出。首句对眼前李陵台的大致情况作了描绘，看似无意，但实际上，起笔"汉将"二字便已将李陵放到了一个和自己很遥远的无关紧要的位置上，"荒台"显示出其时间之久远，下半句所提到的"滦河"更是进一步将自己与"汉将"的关系拉开，因为滦河从李陵台北流后即到达了上都城——元朝的政治权力中心之一。在这样的身份立场上，作者并没有感到物是人非的低落，只觉得眼前所见李陵台历尽了长久的岁月，不再是当初那样充满了沉重的气息，而是一片祥和宁静：川上青草葱郁、野花芬芳，悠闲的禽鸟发出的叫声悦耳动听。结尾"暮梁"是指六朝时期政权时常变更，大臣们朝梁暮陈，反复无常，暗含了对李陵投敌行为的否定，告诫过往的行人要以此为鉴。但命运弄人处在于，六年后，周伯琦被派往平江（今江苏苏州）招谕张士诚，被张留在平江十余年，至张士诚亡，始还乡。与周伯琦不同，杨允孚从李陵事件中无辜的普通士卒出发，为他们哀婉叹息：

李陵台畔野云低，月白风清狼夜啼。健卒五千归未得，至今芳草绿萋萋。②

诗中前两句所描绘的景和前文所述周伯琦所状之景就很不一样，野云低垂，明月清辉下狼发出低沉的嚎叫，充满了哀伤的情调；末两句写道，和李陵一起出征的五千士卒仍然没有返乡，空留下李陵台畔的一片萋萋芳草，又是人事皆非的悲伤。上京行旅诗中李陵台的独特之处在于，李陵作为中原王朝的将领被迫降敌，这让少数民族政权统

---

① （元）周伯琦：《纪行诗》（其一九），见杨镰主编《全元诗》第40册，第392页。
② （元）杨允孚：《滦京杂咏》（其二四），见杨镰主编《全元诗》第40册，第403页。

· 145 ·

治下的元朝汉族官员在发表看法时必然会考虑华夷之辨的问题。他们在诗中却并不回避这一微妙的问题，从此也可见与频发"文字狱"的明清相比，元朝治下诗人们话语的自由度极大。

上京纪行诗中的行旅诗数量繁多，每位诗人都有自己独特的感触，但身处两都巡幸制度的环境和气氛中，他们的诗作也呈现出了一些相同的主题，如前所述，有对王朝和统治者的歌赞，有游览异乡的新奇之感，有追求仕进的愿望，等等。我们不仅可以细品诗人们的情感变化，还可以从他们的视角去观察和体会两京路上的独特山水、奇风异俗，和他们一起重走元朝两都巡幸的道路。

### 三 文学史意义

在当时，从大都前往上都需要将近一个月的时间，路途不可谓不遥远。好在这漫长的旅途中，可以见到各样的风景、各式的风俗，上京纪行诗人们由此在前往上京的朝圣路上生发出许多感慨，并化之为诗。总体来说，他们的这些行旅诗有以下几方面的意义。

首先是上京行旅诗的纪实性，使得可以借之与史互证。上京行旅诗庞大的内容和细致的书写，对于我们了解元代的两都巡幸制度和两都路上的地形类型、风俗特征等内容具有重要的文献价值。尤其像周伯琦等人的行旅诗，不仅将两都路上的景物一一揽入笔端，并且常常将具体年月标记在诗题中，可与史籍所载互证，另外，其诗下常有自注，对宫宴、巡幸等细节多有说明，对史料的充实和细化多有助益。

其次，上京纪行诗发现了大批前人未关注的山水景物，并为它们刻上时代的印记。上京纪行诗人们往返所见是自大都和上都之间广袤千里的地域空间，并且，这片空间在这之前少有文人涉及。因此，不像以往诗词中的常见地点和物象，两京途中的景物给了诗人们更自由的发挥空间，几乎无须受已有诗文的束缚，呈现在他们笔下的山水形象，如龙虎台、榆林、龙门等，都是元人所创造的，极能够体现时代特征。

再次，上京纪行诗中集中体现了南人北上所写诗文中的情感特征。

自北宋南迁以后，广大的北方疆域就只存在于南方文人的口耳相传与想象之中，更不必说远在大都以北的草原地区。但到了元代，其疆域之辽阔前所未有，有大量的南方人得以借此北上，如杨允孚、周伯琦、袁桷、胡助、柳贯等。在他们之前，南方文人对北方乃至草原地区的实地描摹和书写，已经有了一百五十年左右的空白期。可以想见，这时的南方文人见到两京途中的景物时是怀揣着极度的兴奋与好奇的。江西文人张昱写有《辇下曲》131首，描绘他北上两都的所见所闻，其自序云："曩在京师时有所闻见，辄赋诗。"[1] 可见这时候的诗人们在对面前所未见未闻的景物、风俗时是何等激动。而这样的情形，在元代以前是没有出现过的。此外，在所有上京纪行诗中，诗人们的个人情感在其中的行旅诗中得到了更大范围内的自由发挥，这更进一步让我们从中感受到了南人北上后的情感抒发特征。

可见，上京行旅诗以其细腻的纪行性、独特的意象创造和情感抒发，使之成为将山川风物与诗人情感联系得最为紧密的一部分，成为上京纪行诗中极为重要的一部分。

## 第二节　上京纪行诗中的蒙古风俗诗细读

元朝皇帝之所以每年都要前往上都，其中一个主要原因就是为了联络西北诸王，加强与蒙古贵族之间的联系，稳定元朝后方的统治。再有，上都地处蒙古高原南缘，本就具有浓烈的草原游牧民族的生活气息。所以，与大都相比，上都的蒙古风俗更加明显，游牧民族色彩更为浓厚。上京纪行诗人们来到上都，或在两京途中时，面对前所未见的蒙古风俗，出于保存"一代之典礼"[2] 的目的，自然会将它们写入诗中。更不必说，许多扈从诗人深入蒙古统治阶层之间，即便无心刻意书写蒙古风俗，蒙古文化的方方面面也已在不知不觉中进入他们

---

[1] （元）张昱：《辇下曲·自序》，辛梦霞点校：《张光弼诗集》卷一，北京师范大学出版社2016年版，第341页。

[2] （元）张昱：《辇下曲·自序》，辛梦霞点校：《张光弼诗集》卷一，北京师范大学出版社2016年版，第341页。

的诗歌中。

因此，在元代上京纪行诗中，有大量以描写蒙古风俗为主的诗作。这类诗作不是存在于个别诗人的诗歌中，而是广泛地存在于上京纪行诗中；所描绘的蒙古风俗，也不仅仅是皇室贵族的风俗活动，还有两都路上以及上都地区普通民众的日常生活习惯。这些风俗包括了皇室的各类例常活动，如诈马宴、野外狩猎、郊祀祭祖等，还有宫廷建筑风格等，以及对普通蒙古族人日常生活画面的描绘，如居舍建筑、饮食习惯、生活习惯等，这使得蒙古风俗诗的内容尤为丰富。

## 一 研究现状

从20世纪80年代开始，学界对这类诗作就有了关注，认识到了它们的重要价值，但未开展细化研究。21世纪以来，在元诗研究越来越受重视的大环境中，对这类诗作的关注也越来越多。尤其是近十年来，杨富有、赵延花、刘宏英等学者在这一方面贡献颇多。

20世纪，叶新民的《从元人咏上都诗歌看滦阳风情》一文对元人咏上都诗中对宫廷生活、望祭祖先园陵、宫廷音乐舞蹈、摔跤、竞走、游皇城等方面风俗习惯的描写进行了简要分析，认为元人咏上都的诗是研究元上都历史的珍贵资料。[1] 其后，阎福玲在其《论元代边塞诗创作及特色》中讲到上京的风俗民情是上京风情诗的主要内容之一，但并未做详细的阐释。[2] 21世纪初，李军的《论元代的上京纪行诗》在讲到上京纪行诗的内容及其文献价值时，认为描绘上京习俗是其重要内容之一，并结合扈从诗对蒙古族的民居、饮食等略作阐释。[3]

之后，杨富有的《元上都扈从诗的民族精神要素发微》提出蒙古族的日常生活习俗是扈从诗人的重要创作素材之一，这些内容不只局限于个别诗人的创作中，而是体现在大多数元代扈从诗人的创作中；

---

[1] 叶新民：《从元人咏上都诗看滦阳风情》，《内蒙古大学学报》（哲学社会科学版）1984年第1期。

[2] 阎福玲：《论元代边塞诗创作及特色》，《内蒙古社会科学》1998年第6期。

[3] 李军：《论元代的上京纪行诗》，《民族文学研究》2005年第2期。

不只体现在皇帝巡幸与贵族的宫廷生活中,而是涉及社会各个阶层。①邱江宁的《元代上京纪行诗论》讲到上京的风土人俗充满异域风情,并且因为上都完全保持蒙古旧俗以联系蒙古宗王与贵族,所以,上京纪行诗中吟咏最频繁、普遍的异域风情就是极富蒙古草原文化特色的风情乡俗,其中有"诈马宴"、狩猎、祭祀等大型活动,文中重点介绍了周伯琦《诈马行》。②尤其是后一篇文章,全面认识了上京纪行诗的重要意义,为之后的相关研究指明了方向。

近十年来,多有学者对上京纪行诗中的蒙古风俗诗进行具体深入的研究。有的从蒙古风俗整体入手。如杨凌云的《从元代的扈从诗文看上都、大都间驿路的风情与文化》一文提到了楚石诗中所描绘的上都民众烧火做饭、逐水而居等方面的风俗,还有马祖常诗歌中描写的酒馆画面,此外,还以柳贯等人的扈从诗为例简要提及了蒙古族的衣饰特点、居住风貌和行旅用具以及普通民众的游牧生活。③娜布其在其硕士学位论文《元代反映蒙古族生活的扈从诗研究》中对扈从诗反映宫廷朝会及建筑、蒙古族传统风俗及饮食、宗教及文娱体育等情况进行了细致的分析。④赵延花在《从元代上都扈从诗看滦阳民俗》中通过对上都扈从诗中的生产、饮食、服饰、居住、节日等方面民俗文化的掘微与阐释,提出元代上都地区的民俗虽然已经开始向汉民族靠拢,但仍保持住了北方游牧民族的特色,认为扈从诗具有重要的民俗学价值。⑤

有的从蒙古风俗的某一方面入手。如赵延花在《从上都扈从诗看滦阳饮食民俗特征》一文中从民族特色和地域特色两方面入手,以上都扈从诗为媒介指出蒙古族在肉食、饮酒、粮食等方面的风俗特征:

---

① 杨富有:《元上都扈从诗的民族精神要素发微》,《内蒙古大学学报》(哲学社会科学版)2010年第3期。
② 邱江宁:《元代上京纪行诗论》,《文学评论》2011年第2期。
③ 杨凌云:《从元代的扈从诗文看上都、大都间驿路的风情与文化》,《锡林郭勒职业学院学报》2011年第1期。
④ 娜布其:《元代反映蒙古族生活的扈从诗研究》,硕士学位论文,中央民族大学,2011年,第21—29页。
⑤ 赵延花:《从元代上都扈从诗看滦阳民俗》,《北方论丛》2012年第6期。

蒙古人民的食品以家畜肉和奶制品为主,以打猎所得的野生动物肉为补充;以蒙古族为主的上都地区,马奶酒为最重要的饮料;在粮食方面,上都地区属于游牧经济区,少有种植,扈从诗中描写的主要是荞麦,种植蔬菜和水果也较少。[①] 邬冬娅、王首明的《上都扈从诗中马奶酒意象浅析》从作为宫廷宴饮和祭祀典礼的用品、作为草原独特风情的表征之一和作为诗人情感寄托三个方面对上都扈从诗中的马奶酒意象进行了具体分析。[②] 杨富有的《元上都的多元教育及其意义——以元上都扈从诗为主要材料的分析》以扈从诗为材料,分析了上都经筵进讲的儒家教育、蒙古族传统民族文化教育、宫学和国子监教育及儒学影响,尤其是其中的蒙古族传统民族文化教育,从另一个视角对蒙古风俗诗进行了解读。[③] 武喜春、杨富有的《元上都的节日及其文化特点——以扈从诗为材料的研究》对扈从诗中涉及的诈马宴、马奶子宴、郊祀祭祖等具有浓郁民族传统文化特点的节日进行了研究。[④]

另外,有的研究涉及了上京纪行诗中的蒙古风俗,也需一提。郭小转在其博士学位论文《多元文化背景中元代边塞诗的发展》的第四章中专就上京扈从诗进行研究,分析了上都的边塞文化中的饮食文化与服饰文化,以及蒙古族的祭祀活动、宴会场面、宗教传统和民族乐舞等相关扈从诗。[⑤] 杨富有的《元上都对蒙古族文化独立性的意义——以元上都扈从诗为主要材料的分析》从扈从诗的角度分析了上都的地理位置与政治地位、物质与文化生活,以此说明元上都对蒙古族文化独立性的重要意义。[⑥] 刘宏英、王婧璇的《元代上京纪行诗的异质特

---

[①] 赵延花:《从上都扈从诗看滦阳饮食民俗特征》,《赤峰学院学报》(汉文哲学社会科学版) 2013 年第 4 期。

[②] 邬冬娅、王首明:《上都扈从诗中马奶酒意象浅析》,《名作欣赏》2013 年第 24 期。

[③] 杨富有:《元上都的多元教育及其意义——以元上都扈从诗为主要材料的分析》,《内蒙古师范大学学报》(教育科学版) 2014 年第 9 期。

[④] 武喜春、杨富有:《元上都的节日及其文化特点——以扈从诗为材料的研究》,《广播电视大学学报》(哲学社会科学版) 2014 年第 1 期。

[⑤] 郭小转:《多元文化背景中元代边塞诗的发展》,博士学位论文,中央民族大学,2012 年,第 132—177 页。

[⑥] 杨富有:《元上都对蒙古族文化独立性的意义——以元上都扈从诗为主要材料的分析》,《锡林郭勒职业学院学报》2013 年第 1 期。

征及其成因》一文提出上京纪行诗主要包括两部分内容：一是描述上都及其周围地区的山川景物和社会生活的作品；二是歌咏从大都到上都沿途的地理景观和风土人情，而这两个部分对蒙古风俗都有涉及，并且文章还提出对塞外居民及其生活劳动状况与风俗习惯的描写是上京纪行诗的异质特征之一。[①] 杨亮在《元代扈从纪行诗新探》中提及了扈从诗中上都的各种风俗和宫廷活动，还从艺术风格角度提出重状物而轻抒情是元代扈从纪行诗最突出的特征，认为在描写上都物象的诸多绝句中，这一特点尤为突出，而形成这一特点的主要原因是诗人们对地域文化的陌生感。[②] 赵延花在其博士学位论文《蒙汉文学交融视域下的元诗研究》中对描绘上都皇家宴会的诗歌进行了解读，以扈从诗为材料，论述了宴会举行的时间和地点、宴会上人和马匹的装饰、宴会的饮食、仪式、乐舞等内容；另外，在对元代草原民俗诗创作及特色的分析中也多有涉及上京扈从诗，讲到了物质生产、饮食、居住、服饰等方面的民俗。[③] 赵延花《元代诗歌中的草原民俗书写与士人心态》一文从元代草原民俗诗创作群体的逐步壮大与正统观念的演进、"观风俗之盛衰"的创作目的与草原民俗的全面展现，以及元人草原民俗书写态度的变化与盛世一家的自豪等方面进行研究，其中涉及了大量的上京纪行诗，并且文中所研究的士人心态对上京纪行诗中诗人们的蒙古风俗书写心态亦有借鉴意义。[④]

可见，学界对上京纪行诗中的蒙古风俗诗是十分关注的，成果亦十分丰富。对蒙古风俗诗中历史文献价值的挖掘尤其充分；对诗人们的书写心态研究虽然没有专论，但散见于整体研究中在这方面的论断也很有价值。

---

[①] 刘宏英、王婧璇：《元代上京纪行诗的异质特征及其成因》，《河北北方学院学报》（社会科学版）2015 年第 5 期。
[②] 杨亮：《元代扈从纪行诗新探》，《江苏大学学报》（社会科学版）2015 年第 3 期。
[③] 赵延花：《蒙汉文学交融视域下的元诗研究》，博士学位论文，内蒙古大学，2017 年，第 116—164 页。
[④] 赵延花：《元代诗歌中的草原民俗书写与士人心态》，《内蒙古大学学报》（哲学社会科学版）2019 年第 5 期。

## 二 文本细读

那上京纪行诗中都有哪些独特的蒙古风俗呢？

最吸引人的，自然是皇帝举行的各种具有浓厚蒙古族色彩的宴会了。元人王恽有言："国朝大事曰征伐，曰蒐狩，曰宴飨，三者而已。虽矢庙谟，定国论，亦在于樽俎餍饫之际，故典司玉食，供亿燕犒，职掌视前世为重。"[1] 在这里，他将宴飨与征伐相提并论，这在元之前汉、宋等其他中原政权中是难以想象的，充分体现了宴飨在元朝的重要性。上都作为联络蒙古诸王的重要政治中心，自然会举行具有浓烈蒙古族色彩的盛大宴飨。元朝统治者借助这样政治性与娱乐性并存的活动，来稳定蒙古族内部的人心。最为隆重的宫廷宴会是诈马宴，亦称质孙宴、只孙宴。据纳古单夫的研究，汉语"诈马"一词，是蒙古语 Juma 的音译词，意为在婚礼或盛宴上主人让宾客争食的燎掉毛的整畜，这里所谓"整畜"，不仅包括羊，而且还有马、牛、驼等大畜。"蒙古古代以吃供（吃供指供奉事完毕，参宴者分食诈马）诈马宴的席面，从古朴的饮食整羊的民俗发展为奢华的毡帐诈马宴，气氛隆重，分宾主落座，举行繁缛的礼仪，唯王公诸颜才享其口福，一般平民是不敢问津的。"[2] 元朝的诈马宴亦是如此。前往上京的诗人想必都听闻过诈马宴，且心往神驰之。甚至，许多拥有官吏身份的诗人亲身参与了诈马宴，目睹了诈马宴的种种细节，并将其写入诗歌中。

上京纪行诗中有很多描写诈马宴的诗歌。周伯琦作为元顺帝身边的近臣，他所写的《诈马行》尤其值得一读。首先是其诗自序：

> 国家之制，乘舆北幸上京，岁以六月吉日，命宿卫大臣及近侍服所赐只孙，珠翠金宝、衣冠腰带、盛饰名马。清晨，自城外各持彩杖，列队驰入禁中。于是，上盛服御殿临观，乃大张宴为

---

[1]（元）王恽：《大元故关西军储大使吕公神道碑铭》，《全元文》第6册，凤凰出版社2004年版，第497页。

[2] 纳古单夫：《蒙古诈马宴之新释——对韩儒林师"诈马"研究之补正》，《内蒙古社会科学》（文史哲版）1989年第4期。

乐。惟宗王戚里、宿卫大臣，前列行酒。余各以所职叙坐合饮。诸坊奏大乐，陈百戏，如是者凡三日而罢。其佩服，日一易。太官用羊二千，嗷马三百匹，它费称是。名之曰只孙宴。只孙，华言一色衣也，俗呼曰诈马筵。至元六年岁庚辰，忝职翰林，扈从至上京。六月廿一日，与国子助教罗君叔亨得纵观焉。因赋《诈马行》以记所见。①

我们以此先来看看，周伯琦具体是以怎样的身份参与这次诈马宴。时年"至元六年岁庚辰"，这一年对他而言是极关键的。在这之前，他"以荫授将仕郎、南海县主簿"②，不受重视；而就在这一年的四月二十七日，顺帝在北巡途中任命他为翰林修撰，并让他扈从上京；次年，他进入宣文阁授经，由此眷遇益隆。但是，此时的周伯琦尚和其友罗叔亨一样，身份在王公大臣间显得低微，只能是"纵观"。再加上周伯琦是首次在上都参加这样盛大的诈马宴，因此处处新奇，目不暇接，使他在这场宴会中以一个处处留心的旁观者身份出现。另外，周伯琦是南人，由于民族文化的差异，难免对所见的蒙古风俗有误解。在这里就体现为他对"诈马筵"的内涵的误解：以为是因与会者中每日需穿同样颜色衣服而得名。③但也正因为如此，使得他能细致地观察到别人习以为常之处，并以热切激动的心情将它们写入诗歌中。他在诗中写道：

华鞍镂玉连钱骢，彩罩簇綮朱英重。钩膺障颅鏊镜丛，星铃彩校声珑珑。高冠艳服皆王公，良辰盛会如云从。明珠络翠光苤蒽，文缯缕金纤晴虹。犀毗万宝腰鞯红，扬镳迅策无留踪。一跃千里真游龙，渥洼奇种皆避锋。蔼如飞仙集崆峒，乘鸾跨凤来曾空。是时闾阖含薰风，上京六月如初冬。金支滴露冰华浓，水晶

---

① （元）周伯琦：《诈马行》，见杨镰主编《全元诗》第40册，第345页。
② 《元史》卷一八七《列传第七四·周伯琦》，第4296页。
③ 纳古单夫：《蒙古诈马宴之新释——对韩儒林师"诈马"研究之补正》，《内蒙古社会科学》（文史哲版）1989年第4期。

殿阁摇瀛蓬。扶桑海色朝疃疃，天子方御龙光宫。衮衣玉瑑回重瞳，临轩接下天威崇。大宴三日酣群惊，万羊脔炙万瓮酦。九州水陆千官供，曼延角抵呈巧雄。紫衣妙舞腰细蜂，钧天合奏春融融。狮狞虎啸跳豹熊，山呼鳌抃万姓同。曲阑红药翻帘栊，柳枝飞荡摇苍松。锦花瑶草烟茸茸，龙冈拱揖滦水淙。当年定鼎成周隆，宗藩磐石指顾中。兴王彝典岁一逢，发扬祖德并宗功。康衢击壤登时雍，岂独耀武彰声容。愿今圣寿齐华嵩，四门大启达四聪。臣歌天保君彤弓，更图王会传无穷。①

整首诗全方位描绘了诈马宴的参宴人员、时间、地点、流程、目的以及其中的种种细节。首先是对参宴王公的描绘，但在描绘他们之前，又先写其马。开头四句写到，王公们所带来的名贵宝马，配上华丽的马鞍和缰绳，装饰着镂空的精致美玉和华丽的鸟羽，马领及马胸上的革带上垂挂缨饰，无一处不极尽繁丽，行动间，各种金银美玉相击，发出清脆悦耳的声音。拥有这样名副其实"宝马"的主人，自然是身份极高贵、装扮更华贵的王公了，身上尽是珠光宝气、名贵绢帛。而且，他们不仅外形令人艳羡，而且骑马技术了得，一骑上宝马，便如游龙般身手敏捷。杨允孚亦有诗："千官万骑到山椒，个个金鞍雉尾高。下马一齐催入宴，玉阑干外换宫袍。"诗下自注云："每年六月三日，诈马筵席，所以喻其盛事也。千官以雉尾饰马入宴。"② 可见，盛装的王公们骑着同样装饰繁丽的宝马，遵循一定秩序入宴，这正是诈马宴的开始。宴会上又是怎样的呢？他们品尝的是数以千万计的羊炙和烈酒，观赏的是充满阳刚气息的角抵竞赛和柔美而高超的轻歌曼舞。宴会上还要宣读祖训，警示宗藩、勋贵不能忘记祖宗留下的训诫，要同心同德拥戴大汗，发扬列祖列宗的功德和基业。在切身体会蒙古统治阶层的筵席风俗和祖训后，周伯琦深深为之震动，在诗的末尾表达了自己对君王的祝愿以及效忠蒙元的决心。从中，我们可以明显感

---

① （元）周伯琦：《诈马行》，见杨镰主编《全元诗》第40册，第345—346页。
② （元）杨允孚：《滦京杂咏》（其四二），见杨镰主编《全元诗》第60册，第405页。

受到周伯琦的关注重心放在令人目不暇接的蒙古特色装饰以及颂圣之词上,但对筵席的酒食歌舞没有具体专门的刻画。这是因为周伯琦写《诈马行》的目的就是宣扬诈马宴之隆重,进而赞颂蒙元盛世。而与酒食歌舞的细节相比,直接描绘王公及其宝马的装饰既能更好地展现筵席之奢华,又能描绘蒙古王公身份高贵而又身手敏捷的形象,自然更为重要。

那酒食歌舞具体又是如何呢?同为南人的杨允孚,是和周伯琦差不多同一时期的人。他有诗云"小臣传旨赐羊汤",并自注"御厨常膳,有曰小厨房、曰大厨房……予尝职此,故悉其详"①,可见官职也不高,但对宫宴饮食当十分了解。他在《滦京杂咏》(其四十七)中精要地记录了四种最为名贵的佳肴:

嘉鱼贡自黑龙江,西域蒲萄酒更良。南土至奇夸凤髓,北陲异品是黄羊。②

诗下自注云:"黑龙江,即哈八都鱼也。凤髓,茶名。黄羊,北方所产,御膳用。"③四种食物分别来自东北、西域、南方、北部草原,真可谓集中了整片亚洲大陆上的最高级的食材。其中的黄羊是草原所特有的,因为腹色带黄得名,味极鲜美,是餐桌上的珍品。并且难得的是,黄羊肉肥美而不膻,让许多不习惯羊膻味的南方文士也能品尝到其美味。因此,尤其南人,在诗歌中对黄羊多有描写,杨允孚、吴当等人都有诗歌誉之。

在黄羊之外,蒙古宫宴中又有哪些特色菜肴呢?许有壬是元代奎章阁学士院侍书学士,多次扈从上京,十分熟悉上京的蒙古风俗,并写有很多诗篇,《上京十咏》是其中的代表作。其中有写到上京的特产"黄鼠",其云:

---

① (元)杨允孚:《滦京杂咏》(其四九),见杨镰主编《全元诗》第60册,第406页。
② (元)杨允孚:《滦京杂咏》(其四七),见杨镰主编《全元诗》第60册,第405页。
③ (元)杨允孚:《滦京杂咏》(其四七),见杨镰主编《全元诗》第60册,第405—406页。

北产推珍味，南来怯陋容。瓠肥宜不武，人拱若为恭。发掘怜禽狝，招徕或水攻。君毋急盘馔，幸自不穿墉。①

这首诗从产地、外形、习性、捕捉方法等角度对黄鼠进行了详细介绍。但如果对上京的饮食没有一定了解，那读起来就不明所以然。黄鼠是上京地区难得的珍馐，因其数量不多，为保障宫廷所需，元代甚至专门派人守着黄鼠的洞穴，禁止民间捕捉。蒙古族还有一种传统饮品，叫作马奶酒，又称马湩、马酒、挏酒。许有壬的《上京十咏》对此也有描写，其《马酒》诗云：

味似融甘露，香疑酿醴泉。新醅撞重白，绝品挹清玄。骥子饥无乳，将军醉卧毡。挏官闻汉史，鲸吸有今年。②

马奶酒是蒙古人最先饮用的酒类，是以马奶发酵而成，即使后来从草原以外引进了葡萄酒和粮食酒，但蒙古人对马奶酒的喜爱仍然不减。③ 其性状就如许有壬诗中所描绘的那样，清甜适口、沁人心脾，并且常见的马奶色白而浊，在进一步加工后得到的高级马奶色清味甜。元朝宴会上人们多善饮酒，张昱对此也有描绘："黄金酒海赢千石，龙杓梯声给大筵。殿上千官都取醉，君臣胥乐太平年。"④

讲到蒙古宫廷的歌舞，最有名的自然是"十六天魔舞"。其形式样态，《元史》有记载："以宫女三圣奴、妙乐奴、文殊奴等一十六人按舞，名为十六天魔，首垂发数辫，戴象牙佛冠，身被璎珞、大红绡金长短裙、金杂袄、云肩、合袖天衣、绶带鞋袜，各执加巴剌般之器，内一人执铃杵奏乐。又宫女一十一人，练槌髻，勒帕，常服，或用唐帽、窄衫。所奏乐用龙笛、头管、小鼓、筝、箜、琵琶、笙、胡琴、

---

① （元）许有壬：《上京十咏·黄鼠》，见杨镰主编《全元诗》第34册，第295页。
② （元）许有壬：《上京十咏·马酒》，见杨镰主编《全元诗》第34册，第294页。
③ 参见陈高华、史卫民《中国风俗通史·元代卷》，上海文艺出版社2001年版，第44—45页。
④ （元）张昱：《辇下曲》（其一六），辛梦霞点校：《张光弼诗集》卷一，第343页。

响板、拍板。"① 天魔舞是蒙古宫廷中最流行的舞蹈，当时的很多文人对此有过描绘，如张翥在《宫中舞队歌词》写道：

　　十六天魔女，分行锦绣围。千花织步幛，百宝贴仙衣。回雪纷难定，行云不肯归。舞心挑转急，一一欲空飞。
　　凿海行龙舸，凭山起鹊台。天池神马出，月殿舞鸾来。六合妖氛静，群生寿域开。吾皇乐民乐，愿上万年杯。
　　白玉雕钗燕，黄金凿步莲。箫吹凤台女，花献蕊宫仙。香雾团银烛，歌云扑锦筵。请将供奉曲，同贺太平年。②

　　这是组诗，一共有三首。第一首诗依次描绘了"天魔女"的列队、服饰、舞姿，重点刻画了她们曼妙轻盈的姿态；第二首诗展现了天魔舞开展的地点，以及舞蹈的现场感染力，并且与颂圣相结合；第三首在前面颂圣之调的基础上，进一步展现了宴会上以天魔舞庆贺天下太平的热闹氛围，正如张昱在《辇下曲》中描绘的那样："西天法曲曼声长，璎珞垂衣称艳妆。大宴殿中歌舞上，华严海会庆君王"③，优美的歌舞将宴会的气氛带向了另一个高潮。
　　这些都是蒙古宫廷中的风俗，那宫廷之外的民情民俗又是怎样的呢？扈从诗人们在两京途中和上都城中，自然也见到了游牧民族的日常生活与习俗。并且，因为那里的人们生产生活习俗迥异于内地，这类内容也成了诗人们记录的重点，真实而生动地进入了上京纪行诗中。杨允孚在《滦京杂咏》中对此就多有描绘：

　　营盘风软净无沙，乳饼羊酥当啜茶。底事燕支山下女，生平马上惯琵琶。④

---

① 《元史》卷四三《本纪第四三·顺帝六》，第918—919页。
② （元）张翥：《宫中舞队歌词》（三首），见杨镰主编《全元诗》第34册，第18页。
③ （元）张昱：《辇下曲》（其一七），（元）周霆震撰、（元）张昱撰，施贤明、张欣、辛梦霞点校《石初集　张光弼海集》，北京师范大学出版社2016年版，第343页。
④ （元）杨允孚：《滦京杂咏》（其四），见杨镰主编《全元诗》第60册，第402页。

夜宿毡房月满衣，晨餐乳粥椀生肥。凭君莫笑穹庐矮，男是公侯女是妃。①

紫菊花开香满衣，地椒生处乳羊肥。毡房纳石茶添火，有女褰裳拾粪归。②

诗中写到草原上的人们住的是矮矮的毡房，吃的是乳饼、羊酥、乳粥、乳羊，与中原、南方地区完全不同。亦如萨都剌在《上京即事》中所写："牛羊散漫落日下，野草生香乳酪甜。卷地朔风沙似雪，家家行帐下毡帘。"③ 因为这里的野草更香，羊所产出的乳酪就更甜了，又因为这里风急沙多，所以家家户户挂起了厚重的毡帘。尤为特别的是，因为动物粪在草原上处处可见，而柴木炭火价却更高，所以这里的人们用晒干的动物粪烧火和取暖。此外，这里的人们多才多艺，能骑马打猎，又能歌善舞。在诗人们的笔下，上京地区的民风民俗多是纯朴而美好的，如陈孚在北去上都的路上，途经怀来县时写道：

榆林青茫茫，塞烟三十里。忽闻鸡犬声，见此千家市。石桥百尺横，其下跨妫水。人言古妫州，残城无乃是。民家坐土床，嬉笑围老稚。粝饭侑山葱，劝客颜有喜。足迹半天下，爱此俗淳美。醉就软莎眠，梦游葛天氏。④

诗中开头所说的"榆林"，是诗人从驿路前往上都的一个驿站。榆林人烟稀少，使得诗人到达人口众多的怀来时，耳目顿觉一新，又看到城中古迹，心生好奇，就向当地的人们询问。于是被当地好客的人们请至家中，热情款待，让诗人不禁感慨自己游历了大半个天下，却独觉此地风俗淳美，酒后甚至误以为自己身处民风极为淳朴的远古

---

① （元）杨允孚：《滦京杂咏》（其二六），见杨镰主编《全元诗》第 60 册，第 404 页。
② （元）杨允孚：《滦京杂咏》（其七三），见杨镰主编《全元诗》第 60 册，第 408 页。
③ （元）萨都剌：《上京即事》（其三），《雁门集》卷六，上海古籍出版社 1982 年版，第 164 页。
④ （元）陈孚：《怀来县》，见杨镰主编《全元诗》第 18 册，第 408 页。

部落。廼贤在到达怀来过后的赤城时,也写有诗:"风寒树槭槭,水落沙斑斑。牛羊尽归栅,微灯掩松关。野老颇留客,及此农事间。倾筐出山果,浊酒聊慰颜。"① 诗中"野老"的生活俭朴宁静,日出而作,日落而息,既看管牛羊,又摘山间野果,若遇到远方而来的客人,就热情留客,拿出整筐的本地山果款待他。以此可见,一方面,上京地区的确民风淳朴,人们热情好客;另一方面,诗人们也以轻松愉快、善意积极的眼光看待不同的生活方式。

在我们现在所研究的上京纪行诗中,其中大部分诗作的作者并非蒙古族人,甚至就创作数量而言,"原南宋治下的江南文人是创作主体"②。究其原因,正是因为南方诗人对游牧民族的风俗更为陌生,接触时才会更加处处留心,事事觉得新奇有趣,于是诉之于诗。也正是如此,今天的我们才得以通过他们极具美感的描绘,了解数百年前的蒙古风俗。

### 三 文学史意义

上京纪行诗人行走于两都之间,将途中所见的独特蒙古风俗纷纷写入笔端。其中涉及的内容,上至蒙古宫廷中贵族王公们的宴饮和娱乐,下至行旅途中所见拾粪添火的普通妇人,涉及范围之宽广,描绘画面之详细,令人赞叹。总的来说,这些蒙古风俗诗具有以下几个方面的意义。

首先,这些诗篇丰富了古典诗歌中的蒙古风俗内容。在元代以前,因为绝大多数汉族诗人与蒙古族人较少有深入交流的机会,蒙古风俗并没有进入汉语诗人的写作视野,很少有汉语诗人对蒙古风俗进行描绘。并且,由于文化的差异,蒙古族人也不作汉诗。但到了元代,蒙古文化进入了政治权力的中心。因此,一方面,诗人们对蒙古文化的重视程度有了极大提高,他们迫切地想要了解蒙古族的风俗特征;另一方面,他们有了便利了解蒙古风俗的渠道,并能够借助诗歌的体裁,

---

① (元)廼贤:《上京纪行·赤城》,见杨镰主编《全元诗》第48册,第33页。
② 邱江宁:《元代北游风尚与上京纪行诗的繁兴》,《文史知识》2015年第11期。

向未至两都或者未观皇宫大宴的人们宣传。而且，在政治的影响下，诗人们对描绘蒙古风俗极为热衷，使得蒙古风俗不仅大规模地进入古典诗歌中，其细节之生动，其范围之全面，其形象之立体，均是描写其他少数民族风俗的诗歌所不能相较的。

其次，是蒙古风俗诗在艺术上的新变。在形式上，许多蒙古词语进入诗歌中，又一次扩大了古典诗歌的词语范围。并且，转写为汉语词语的蒙古语言，以它生新的面貌，给诗歌的创作、传播和阅读都带来了全新的审美体验。另外，作为描写对象的蒙古风俗的气质特征，也影响到了诗歌风格。这体现为许多诗歌质朴简洁，与对淳朴民风的描绘相对应。

最后，诗人们在描绘蒙古风俗的过程中所体现出来的情感倾向，丰富了诗歌史的内容。在描绘蒙古风俗的过程中，诗人们的内心生发出许多极富时代特征的情感，比如对游牧生活的向往、对草原民众的积极态度、对蒙古宫廷大宴的惊叹等，丰富了古典诗歌的情感意蕴。

总之，正因为上京纪行诗中的蒙古风俗内容具有十分重要的意义，现今学界对其的研究才会如此之多。尤其是在对蒙古风俗史的研究中，这些蒙古风俗诗以其真实性和细致性，屡屡成为学者们重点关注的对象，使得蒙古风俗诗不仅具有文学价值，在史学领域也绽放出光彩。

## 第三节　上京纪行诗中的气候风物诗细读

在石敬瑭割让幽云十六州后的三四百年间，中原和江南的文人再无机会亲身体会塞外的山水样貌。直到元世祖统一南北，江南和中原的文人才能够亲至塞外，切身体会塞外的异域风光。尤其是元朝确立两都制度后，全国各地的有志之士纷纷跟随着皇帝北上巡幸的车辙，他们络绎不绝的车马日夜前往上都。而上都及其周围地区地处漠南草原，其气候、山水、植被、动物等均与中原及南方地区有极大的差异。可想而知，诗人们来到这片区域，最先关注到的就是这里从未感受过的气候风物。

上京纪行诗中的气候风物诗，即指诗人们对上京及其途中的气候、山川、物产的客观描绘。在这一部分的诗歌中，既有对广阔草原的整体描绘，又有对身边微小之物的精细刻画。可以说，对气候风物的描写就是上京纪行诗的最基础而显眼的内容。

**一　研究现状**

因为涉及对元代上京地区风物的还原，以这部分气候风物诗为主体的研究大多细致入微。

20世纪末21世纪初，在上京纪行诗进入研究视野时，学者们就提出了气候风物是上京纪行诗中的重要内容。阎福玲在其《论元代边塞诗创作及特色》一文中提出上京风情诗的内容主要包括四个方面，而描绘上京独特的自然景观和吟咏上京周围的风物特产就是其中两点，但并未多做阐释。[①] 李军的《论元代的上京纪行诗》也提出描绘上京习俗和风光是上京纪行诗的主要内容之一，并在文中对诗中的漠南草原的风物略作陈述。[②]

此后，对上京气候风物诗的研究就更加精细了。有从审美角度出发的深入分析。杨富有在《元上都扈从诗审美价值简析》中讲到上都扈从诗中的草原描写具有典型的粗犷与细腻统一的特点，并且无论粗犷或是细腻，其中都充溢着诗人们对这片土地的敬畏与热爱之情，并且这种感情已经成为自然美的有机组成部分，而这一点，正是以往的文学作品中所不具备的。[③] 王子今在《元人竹枝词记述的居庸道路》中以元代诗人的几种记述大都与上都之间行途感受的竹枝词作品为研究对象，分析了王士熙、袁桷、吴当等人诗中对两都途中风物的记录。[④] 孔繁敏的《元朝的两都巡幸及长城边塞诗》再次提出描绘上京和驿路上的风光景物是上京纪行诗的主要内容之一，并且，与唐代边塞诗相比，元朝边塞诗抒情重心由前代的征战戍守带来的各种矛

---

[①]　阎福玲：《论元代边塞诗创作及特色》，《内蒙古社会科学》1998年第6期。
[②]　李军：《论元代的上京纪行诗》，《民族文学研究》2005年第2期。
[③]　杨富有：《元上都扈从诗审美价值简析》，《赤峰学院学报》（汉文哲学社会科学版）2005年第6期。
[④]　王子今：《元人竹枝词记述的居庸道路》，《石家庄学院学报》2006年第2期。

盾及情感抒发转向了自然山川、植被物产、民俗风尚等风土民情的表现。①

有从地域角度出发的专门研究。耿光华、段军的《从上京纪行诗观张垣地区独特的物候民风》一文详细分析了上京纪行诗人对张家口地区的龙门、赤城两地的特殊气候特征，以及地椒、白翎雀等特殊的动植物等内容的描写。② 耿光华、刘宏英的《从元代上京纪行诗探寻张垣地域的历史文化——上京纪行诗吟咏张家口地区驿站诗篇探析》则在龙门和赤城之外，还详细分析了上京纪行诗歌中对金阁山、云州、独石口等地区景观的描写，提出元上京纪行诗保留了古代张家口地域历史文化的第一手具体而形象的历史文化史料，对张家口的经济、文化发展有着重要而积极的意义。③

近年来，由于上京纪行诗越来越受学者们重视，相关研究也大量增加，而由于对气候风物的描绘是上京纪行诗中最基础的内容，相关研究中往往会涉及对上京气候风物诗的论述，研究角度也更加多元化。杨凌云在其《从元代的扈从诗文看上都、大都间驿路的风情和文化》中简略分析了周伯琦、胡助、楚石、马祖常等人上京纪行诗中对上京及其途中对其气候风物的描写。④ 郭小转在其博士学位论文《多元文化背景中元代边塞诗的发展》第四章中对扈从诗中元上都的边塞风物进行了解读，植物类常见的有金莲花、紫菊花、地椒、野韭、沙葱、野菌、白菜、芦菔、荞麦等，动物类常见的有黄鼠、黄羊、骆驼、大象、海东青、白翎雀、天鹅等，论述较为全面。⑤ 2015 年邱江宁的《元代北游风尚与上京纪行诗的繁兴》一文提出上都独特的异域风貌

---

① 孔繁敏：《元朝的两都巡幸及长城边塞诗》，《北京联合大学学报》（人文社会科学版）2009 年第 2 期。

② 耿光华、段军：《从上京纪行诗观张垣地区独特的物候民风》，《河北北方学院学报》（社会科学版）2010 年第 4 期。

③ 耿光华、刘宏英：《从元代上京纪行诗探寻张垣地域的历史文化——上京纪行诗吟咏张家口地区驿站诗篇探析》，《河北北方学院学报》（社会科学版）2010 年第 5 期。

④ 杨凌云：《从元代的扈从诗文看上都、大都间驿路的风情和文化》，《锡林郭勒职业学院学报》2011 年第 1 期。

⑤ 郭小转：《多元文化背景中元代边塞诗的发展》，博士学位论文，中央民族大学，2012 年，第 141—146 页。

和人情物理使得上京纪行诗别具特色,并且,对异域风情的纪写成为上京纪行诗创作的高潮。① 杨亮在其《元代扈从纪行诗新探》中,提出对自然地理山川之胜的描写,在扈从纪行诗中占有很大的比重,其中单纯描绘景物的诗歌突出的是其中自然地理意象的审美特征,另有些诗人则将景物符号化,以自己的创作理想赋予自然景物强烈的审美联想和隐喻色彩。② 刘宏英、王婧璇的《元代上京纪行诗的异质特征及其成因》一文讲到元世祖一统天下后,久居中原的文人终于可以走出居庸关,于是塞外富有异质特征的一切都成为他们在上京纪行诗中的描写对象,其中包括塞外的山川、风光、气候和特有风物。③ 王桢的《从地理实体到文学意象——论元诗中居庸关意象的生成与转化》一文对扈从诗人笔下的居庸关书写进行了分析,但侧重点在分析诗人的不同文化背景和居庸关的历史政治背景对诗人们书写居庸关的影响,强调观的视角。④ 赵延花的博士学位论文《蒙汉文学交融视域下的元诗研究》在其第四章中专门提到了两都驿路风情的展现,对上都城周围的山水形胜做了详细的论述。⑤

综上可见,学界对上京纪行诗中的气候风物解读较为全面和细致,对诗人写作心理的剖析也有较为一致的结论。但由于文学研究的需要,单独就上京纪行诗中的气候山水诗的研究并不多,往往会和诗人们的行旅诗结合在一起分析。而实际上,在上京纪行诗中,客观描绘异域特产和风景的诗歌数量亦很多。

## 二 文本细读

对当时很多没有亲身经历过的人来说,草原给他们的印象就来自

---

① 邱江宁:《元代北游风尚与上京纪行诗的繁兴》,《文史知识》2015 年第 11 期。
② 杨亮:《元代扈从纪行诗新探》,《江苏大学学报》(社会科学版)2015 年第 3 期。
③ 刘宏英、王婧璇:《元代上京纪行诗的异质特征及其成因》,《河北北方学院学报》(社会科学版)2015 年第 5 期。
④ 王桢:《从地理实体到文学意象——论元诗中居庸关意象的生成与转化》,《广播电视大学学报》(哲学社会科学版)2016 年第 1 期。
⑤ 赵延花:《蒙汉文学交融视域下的元诗研究》,博士学位论文,内蒙古大学,2017 年,第 116—132 页。

耳口相传，这往往只能带给人们陈旧的概念而非生新的体会，就像乐府诗歌中所写："天似穹庐，笼盖四野。天苍苍，野茫茫，风吹草低见牛羊。"① 直到上京纪行诗人们在地理上真正越过长城，才再一次更新了中原文人和南方诗人心中的塞外面貌。江浙人陈孚在《桓州》诗中这样写道：

> 跃马长城外，方知眼界宽。晴天雷雨急，暑夜雪霜寒。铁骑秋呼鹘，金盘晓荐獾。柳营弓剑满，容我一儒冠。②

整首诗中，语言最直白简单的是第一句，而让人印象最深刻的也恰恰是第一句。诗人在长城外策马驰骋，才切身体会到何为宽广辽阔。这种全新而令人惊奇的认知，让他脱口而出，更无须什么繁丽的辞藻和巧妙的结构，也让我们直接感受到了他的惊叹。这是诗人对塞外面貌的整体认知。在稍微冷静下来后，诗人接着写了他心中最觉得独特的一方面，即草原的气候。在长城外，晴朗的天空中也会突落雷雨，因为昼夜温差大，即便是夏天的夜晚也会骤降雪霜。在诗的最后，这全然不一样的塞外天地，让诗人豪情满怀地投入游牧民族的打猎日常中。同样的草原印象更新在山东人刘敏中的诗中也出现了，其《偏岭》诗"山行十日如井底，仰视但见山头烟。今朝过岭一纵目，无穷平野无穷天"③，文辞间对辽阔草原的惊叹溢于言表。

但实际上，由于两京地处蒙古草原南缘，途中所到之处并非均是一望无际的大草原，亦有险象迭生之处，尤其是桓州以南。比如位于驿路中途的龙门驿，此地"两山对峙高数百尺，望之若门，大川出其下，又名龙门山"④，其"绝壁之下，乱石林立，波漱其罅，风水吞

---

① 《敕勒歌》，（宋）郭茂倩编：《乐府诗集》卷八六，中华书局1979年版，第1213页。
② （元）陈孚：《桓州》，见杨镰主编《全元诗》第18册，第411页。
③ （元）刘敏中：《偏岭》，见杨镰主编《全元诗》第11册，第291页。
④ （元）王恽：《〈开平纪行〉疏证稿》，贾敬颜：《五代宋金元人边疆行记十三种疏证稿》，中华书局2004年版，第330页。

吐，其音澎湃"①。因其奇险震人心神，元代诗人如柳贯、马祖常、周伯琦、杨允孚、廼贤、胡助等，对龙门都有过吟咏。其中，廼贤在《上京纪行·龙门》中回忆了一件旧事，很能够体现龙门的气候：

> 峥嵘龙门峡，旷古称险绝。疏凿非禹功，开辟自天设。联冈疑路断，峭壁忽中裂。云蒸雨气暝，石触水声咽。羸骖涉沟涧，执辔屡愁蹶。忆昔两羝羊，怒斗蛟龙穴。暴雨忽倾注，淫潦怒奔决。人马多漂流，车轴尽摧折。我行愁阴霾，惨惨情不悦。日落樵唱来，三叹肠内热。②

起笔将龙门峡的险峻称赞到了极点，认为龙门是有史以来上天设计的最为险峻之处，吊足了读者的胃口。接着就具体说明龙门是何等"险绝"，在地形上山脊中断、峭壁裂开，在气候上云气氤氲、山石湿润。正因如此，车辕边的瘦马屡屡摔倒不能前行，这又令诗人想起元统年间的旧事。题下原有自注云："元统间，知枢密院事都剌帖木儿过峡中，见二羊斗山椒，顷刻大雨水溢，姬妾、辎重皆为漂溺。"③结合诗中所叙，即知枢密院事都剌帖木儿一家经过龙门的时候，正好看见两只羊在角斗，不禁驻足观看。不料就在这时，倾盆暴雨突落，地面瞬间水流成河，家人和车马都陷入泥水中，车轴也折断了，一家人狼狈不堪。一想到这里，又看到空中久久不散的阴云，诗人更惆怅了，担心自己也会突遇暴雨。但伴随着日落归来的打柴人的山歌声，诗人自己也跟着吟诗咏叹，惆怅也随之消散。这首诗先直接写龙门的奇崛地形和特殊气候，再写自己行路之难，继而顺连到知枢密院事都剌帖木儿一家在此遭遇暴雨的窘迫旧事，又开启了自己对前路难行的哀叹，全诗承接极为自然，多角度展现了龙门驿的地形和气候特征。胡助也有《龙门行》一首，展现了龙门给他的两种不同印象：

---

① （元）王沂：《送徐德符序》，见李修生主编《全元文》第60册，第59页。
② （元）廼贤：《上京纪行·龙门》，见杨镰主编《全元诗》第48册，第33—34页。
③ （元）廼贤：《上京纪行·龙门》，见杨镰主编《全元诗》第48册，第33页。

龙门山险马难越，龙门水深马难涉。矧当六月雷雨盛，洪流浩荡漂车辙。我行不敢过其下，引睇雄奇心悸慑。归途却喜秋泥干，飒飒山风吹帽寒。溪流曲折清可鉴，万丈苍崖立马看。①

前半首写的仍然是在龙门行路之难以及对龙门环境的震撼。开头简明地写出了龙门行路难的两方面，即山险水深。然后写到在这样的环境下，如果遇到极端的雷雨气候，就会遭遇山洪，人马漂流水中。正因如此，诗人不敢在龙门随意行走，因为远观龙门的雄奇之处就已令人心生畏惧。以上均写龙门之险，所表达的情感和上文中酒贤的情感是相近的。但胡助在下半首诗歌中的情感却来了一个转折。因为在他北上上都时是春末夏初，雨水较多，但等从上都南还时，已到了秋初，天干气爽。此时，龙门的环境也发生了变化，动辄暴雨倾注的情况不再发生，山路也不再泥泞不堪，劲烈的山风已将曾经到处都是的湿泥吹干。诗人驻马于龙门的万丈苍崖上，俯视山下风景，看见曾经的滚滚泥河已变为清澈可鉴的弯曲溪流，不觉心生喜悦。在这首诗歌中，我们不仅看到了龙门的惊险令人困窘的一面，也看到了它在烈烈秋风中可爱清新的一面。

赤城位于龙门东北方向，其地形特征、气候变化和龙门一样，也极为特殊。赤城其名，因山石多赤色而得名。赤城又地处高山，山风猛烈，气候寒冷，即便在炎热的夏季也不时让人感到寒意。并且，在赤城附近，还有诸多温泉，"西河，在（赤城）堡西五里。又西十里有温泉……堡西南六十里有赤城汤，自龙门山根涌出，北流成池。其水暴热，傍有冷泉"。② 正是因为赤城如此特殊，纪行诗人对它多有描述。前所述胡助也写有《赤城》一诗：

山石似丹垩，赤城因得名。土异产灵瑞，永宜奉天明。市廛集商贾，有驿通上京。触热此经过，忽看风雨生。平原走潢潦，

---

① （元）胡助：《龙门行》，见杨镰主编《全元诗》第29册，第30页。
② （清）顾祖禹：《读史方舆纪要》卷一八，中华书局2005年版，第816页。

河流浩新声。斯须即开霁,灿烂云霞横。①

开篇点明赤城得名的由来,亦即其最显眼的特征,即山石像被红漆刷过似的。然后讲到赤城有很多珍贵的物类,这是因为赤城的气候格外凉爽,孕育了很多周边地区所没有的喜凉的动植物。也正是因为大多数情况下气温较低,如果突然一侧山地突然来股温润的水汽,冷热相遇,那马上便会狂风骤起,暴雨倾注,地面瞬间积水横流,河流上水涨成洪。但这样的雨来得快,去得也快,等云销雨霁,便又是云霞漫天。可以看到,在这首诗歌中,胡助对赤城的外貌、特产、气候等方面进行了详细介绍。从中,我们也可以体会到作为诗人作为江浙人,他对从未体会过的北方气候风物的惊叹和好奇之强烈。同属江浙人的袁桷也描绘过赤城,其诗云:

兹山浴晓日,墙壁流丹砂。昔闻天台峰,云受珠宫霞。地气有南北,变化无殊差。埴坟登禹书,赪壤劳民嗟。感彼山上松,黑铁留槎牙。形色有正性,染入徒增夸。至今温泉下,金鼎烹灵芽。②

开头同样对赤城山石的颜色做了描绘,但更具美感。诗中写道,当这座赤城山沐浴在清晨的朝阳中时,赤色的山壁在朝霞的映照下,变得更加鲜红和耀眼,就像丹砂从山顶流注一样。这不禁让袁桷回想起南方的天台峰,在霞光的照映下与赤城山也有相似之处。除了赤城颜色奇异外,诗中还讲到即便是这里的松树,长势也尤为特别,枝杈错落不齐,形态各异,颜色也深浅不一,其美常常被人称赞。最末还提到了赤城的温泉,其水甚至能用以烹制茶水,令人惊叹不已。跟胡助的《赤城》诗相比,没有对气候的描述,但多了对当地珍异物类及景观的具体刻画。通过这两首诗歌,也让我们全面了解到了赤城与南方迥然的气候风物。

---

① (元)胡助:《上京纪行诗·赤城》,见杨镰主编《全元诗》第 29 册,第 5 页。
② (元)袁桷:《赤城》,杨亮校注:《袁桷集校注》卷一五,中华书局 2012 年版,第 849 页。

李老谷的地形和气候在上京纪行诗中亦常被提及。李老谷在赤城、龙门以南，也是驿路中的驿站之一，道路由山谷中穿过。然而地志中并无此名，或即李老峪，据清人记载："李老峪，在（长安岭）堡北三十里"①。在很多纪行诗人看来，李老谷的山形气候和关内差不多，以至于常让他们回忆起自己的家乡。如黄溍《上京道中杂诗·李老谷》云：

缘崖一径微，入谷双崦窄。密林日易曛，况乃云雨积。行人望烟火，客舍依山色。家僮为张灯，野老烦避席。未觉风俗殊，秖惊关河隔。严程不可缓，子规勿劝客。②

诗篇开头便已写明了李老谷的地形特征，山谷中间极为狭窄，只能容下一条细小的山径，并且进入谷中后，两边的高山高耸突起，便觉得路更窄了。山高径狭，再加上山林茂密、云层积得很厚，谷中的光线就更显昏暗了。这样的环境，在江浙人黄溍看来，一点也不特殊，因此他最后感叹道，尚未发现风俗有什么不同，却惊觉已远隔关河了。生长在江浙的诗人廼贤甚至爱上了这里的幽山，他在《上京纪行·李老谷》中写道：

高秋远行迈，入谷云气暝。稍稍微雨来，渐怯衣裳冷。萦纡青崦窄，杳霭烟林迥。峰回稍开豁，夕阳散微影。霜叶落秋涧，寒花媚秋岭。途穷见土屋，人烟杂墟井。平生爱山癖，愒此惬幽静。月落闻子规，怀归心耿耿。③

这首诗写于从上京南行途中，正值秋高气爽之时，但一进入山谷中，诗人亦发觉光线一下子就昏暗了。而且，廼贤行至此处时，恰好

---

① （清）顾祖禹：《读史方舆纪要》卷一八，中华书局2005年版，第815页。
② （元）黄溍：《上京道中杂诗·李老谷》，见杨镰主编《全元诗》第28册，第243页。
③ （元）廼贤：《上京纪行·李老谷》，见杨镰主编《全元诗》第48册，第33页。

遇到云层积厚，山谷中便下起了一场微微小雨，令人不禁觉得衣不胜寒。但正因有雨水的湿润，山色更显翠绿。诗人所见，弯曲萦回的青山间小径幽窄，远处的树林被云烟笼罩显得深远静美。雨停后，等行走到山势稍稍开阔的地方，便能看见黄昏太阳映照下的淡淡光影。正在这样寂静的时候，秋叶落到了山涧中，发出细微的击水声。一抬头，便又看见秋天的山岭上不惧寒秋的花朵开得正艳丽。面对如此幽寂宁静的山谷，平生素爱山的诗人对此处十分赞赏。想起家乡的山也是如此悦耳悦目，月落时分闻见布谷鸟的啼叫声，便越发想念家乡了。袁桷笔下的李老谷亦是如此清新脱俗，"层峦积明秀，深崦罥罳围。千松受新雨，一一流珠玑。少憩倚厓文，清湍激林霏。睡醒日亭午，隔溪啼秭归。昔有山水癖，黾勉登王畿。欣此涧谷幽，亭亭白云飞"①。足可见，便是在两京路上，因其地处蒙古草原南缘，并非深入草原腹地，故而南方的诗人们也能发现令他们备感亲切的山水景观。

除了地形与气候外，两京途中及上京地区的各类风物，也成了诗人们集体吟咏的对象。元人危素曾云："开平昔在绝塞之外，其动植之物，若金莲、紫菊、地椒、白翎雀、阿蓝之属，皆居庸以南所未尝有。"② 这里的"开平"即指元上都。实际上，由于草原的气候地形与关内地区迥异，其孕育的动植物也多有差别。除了危素所说的上京特有产物外，上京常见的植物的还有野韭、沙葱、野菌、芦菔、荞麦等，常见动物有黄鼠、黄羊、骆驼、海东青、天鹅等。可以看到，其中有许多物类都是关内地区所罕见甚至没有的。

在如此繁多的物类中，最能代表上京形象的当属金莲花无疑。据方志记载，其花"花瓣似莲，较制钱稍大，作黄金色。味极凉，佐茗饮之，可疗火疾……花色金黄，七瓣环绕其心，一茎数朵，若莲而小。六月盛开，一望遍地金色烂然。至秋，花干而不落，结子如粟米而黑。其叶绿色，瘦尖而长，或五尖，或七尖"③。这种生长在北方草原的野

---

① （元）袁桷：《李老谷》，杨亮校注：《袁桷集校注》卷一五，中华书局2012年版，第846页。
② （元）危素：《赠潘子华序》，见李修生主编《全元文》第48册，第160页。
③ （清）金志节、黄可润：《口北三厅志》，台北：成文出版社1968年版，第95页。

花很受人们的喜爱。原名曷里浒东川的一片草原,甚至因原上长满金莲花,而被金世宗改名为"金莲川"。其后,忽必烈受蒙哥命,总领漠南汉地军国庶事时,在此地建立幕府,也沿用了"金莲川"之名,即蒙元史上有名的"金莲川幕府"。元人诗中对此地也多有吟咏,如"金莲川上富秋光,的皪花枝不着房。只和潘妃微步□,凌波罗袜寄芬芳"①;又如"茫茫金莲川,日映山色赭"②,等等。

在上京纪行诗中,上都地区的另外一种野花常常与金莲花并提,即紫菊,又称墨菊。杨允孚的《滦京杂咏》中有"紫菊花开香满衣"句,自注云:"紫菊花,惟滦京有之,名公多见题品。"③伍良臣在其《上京》一诗中,亦有"金兰紫菊香轻盈"句,诗下自注云:"金兰花叶绿如黛,紫菊花大如盂,色深紫,娇润可爱,俱产上都。"④可见,紫菊和金莲花一样,是上京地区独有的、为文人喜爱而常被题咏的野花。仅袁桷一人,就有多次吟咏,"墨菊清秋色,金莲细雨香。内园通阆苑,千树压群芳"⑤"金莲与墨菊,兄弟相等推。阳艳深摧藏,后秀真奇姿"⑥,足可见金莲花与紫菊给文人的印象之深。

除了野花之外,地椒作为动物的食料也常常被上京纪行诗人们提及。这乍看起来让人觉得有些奇怪。所谓地椒,并不是烹调食物的香料,而是能让牛、羊等动物的肉更加香肥的草料。在草原地区,马、牛、羊、鼠、兔等动物都特别喜欢吃地椒,而且常吃地椒的动物,其肉肥味美,堪为佳品。甚至让江西人周伯琦感叹道:"忘归沧海客,直欲比家乡。"⑦许有壬的《上京十咏》专门吟咏了上京的特产,其中就有《地椒》诗:

---

① (元)冯子振:《金莲川》,见杨镰主编《全元诗》第18册,第287页。
② (元)陈孚:《金莲川》,见杨镰主编《全元诗》第18册,第410页。
③ (元)杨允孚:《滦京杂咏》(其七三),见杨镰主编《全元诗》第60册,第408页。
④ (元)伍良臣:《上京》,见杨镰主编《全元诗》第24册,第270页。
⑤ (元)袁桷:《上京杂咏》(其二),杨亮校注:《袁桷集校注》卷一五,中华书局2012年版,第822页。
⑥ (元)袁桷:《开平昔贤有诗片云三尺雪一日四时天曲尽其景遂用其语为十诗》(其九),杨亮校注:《袁桷集校注》卷一六,中华书局2012年版,第868页。
⑦ (元)周伯琦:《上京杂诗十首》(其七),见杨镰主编《全元诗》第40册,第343页。

> 冻雨催花紫，轻风散埊香。刺沙尖叶细，敷地乱条长。楚客收成裹，奚童撷满筐。行厨供草具，调鼎尔非良。①

在这首诗中，诗人详细地描述了地椒的生长习性、外形特征以及功用。写到地椒不畏惧寒冷，冻雨来临反而让它的花更快成长，轻风吹过，植株还会散发辛香。并且，它覆地蔓生，茎和叶子都很细。地椒是动物的食料，人们拾捡它，并非为了食用，而是用它来编制器具。上都地区的特色植物还有很多，如野韭。野韭生于荒野之中，与家韭相似，但比家韭硬、长，其苗叶可食用，还有医用价值。许有壬亦有题咏："西风吹野韭，花发满沙陀。气较荤蔬媚，功于肉食多。浓香跨姜桂，余味及瓜茄。我欲收其实，归山种涧阿。"② 他在诗中对野韭赞不绝口，甚至说想保存它的种子带回去种植。

上京纪行诗中也写到了上都地区的很多特色动物，其中最值得一说的当属白翎雀。白翎雀因为翅有白翎而得名，它最大的特点就是它是北方塞上的一种留鸟，与鸿雁等秋冬南飞的候鸟不一样。并且，即便是在狂风、飞沙、暴雪等恶劣环境中，白翎雀始终双飞双宿。因此，元人常以白翎雀喻指人的心志坚定不可移。正因如此，元诗中有很多歌咏白翎雀的篇章，如廼贤"最爱多情白翎雀，一双飞近马边鸣"③，王沂"霜威棱棱风力紧，飞飞不过枪竿岭。结巢生子草棘间，雌雄相依寒并影"④。世祖甚至命伶人谱《白翎雀》曲，在宴饮时常以之助兴。直至明初，江南地区仍有人以《白翎雀》曲表达自己对蒙元政权的追念。此外，上京纪行诗文中还有许多极有特色的动物，如海东青，产于女真，因能捕猎被元人视为珍馐的天鹅而极被看重；又如黄羊和黄鼠，产于上京野外，均可被元人烹制成喜爱的美食。

可见，在两都路上，有许许多多不为关内所知的独特气候和特色风物，它们不仅扩展了诗人们的见识，也丰富了上京纪行诗的内容。

---

① （元）许有壬：《上京十咏·地椒》，见杨镰主编《全元诗》第 34 册，第 296 页。
② （元）许有壬：《上京十咏·韭花》，见杨镰主编《全元诗》第 34 册，第 296 页。
③ （元）廼贤：《塞上曲》（其五），见杨镰主编《全元诗》第 48 册，第 37 页。
④ （元）王沂：《白翎雀》，见杨镰主编《全元诗》第 33 册，第 46 页。

并且，诗人们对这些气候风物的描写，加深了上京纪行诗浓郁的地方风味，还让我们细读上京纪行诗的过程，变得饶有趣味。

### 三 文学史意义

在今天，原上都地区的气候风物已经发生了一些变化，比如原被元人视为珍馐的黄鼠，如今已经不被作为食物了。但是，早在六七百年前，行走在两都之间的文人们就以他们热情洋溢的笔墨，诗意地保存下了其间气候风物的方方面面。也让今天的我们得观两京地区多种多样、富于变化的气候风物。而在文学史上，这些上京纪行诗中的气候风物诗也自有其意义。

首先，与元代以前草原边塞诗相比较，上京纪行诗中的气候风物描写扩大了草原边塞诗的表现内容，并丰富了它的情感意蕴。在上京纪行诗以前，由于社会政治的影响，边塞诗的书写主题集中于征战和戍守，描绘的草原边塞风貌多是苦寒和荒凉，所表达的情感也局限于厌战和思乡。但到了元代，曾经的"边塞"变成了帝国的政治中心，征战和戍守主题不再出现，苦寒和荒凉也被替代为清幽和繁盛，诗人看待塞外的眼光也脱去了中原偏见，变得更加客观甚至是积极。因此，上京纪行诗中的气候风物描写不再只是满地走石、风沙乱起，而变得更加客观和多样。此外，发生这一变化的另一个原因，是上京纪行诗人北上滦京、南还大都的时间是每年农历三、四月份和九、十月份，这一期间正是塞外气候环境较为怡人的时期，没有暴雪酷寒等极端天气。这自然也影响到了诗人所见所感及其诗歌创作。

其次，这些气候风物诗表现内容和情感倾向的转变也带来了艺术风格的变化。汉、唐人出塞时，他们将狼烟四起的边塞视为破阵杀敌以建立功勋之地。当他们心想着马革裹尸、建功立业时，将其豪情壮志借由壮观之景表现出来，情景交融，浑然一体；而因壮志难酬、功业未就感到苦闷不甘时，诗中又多了许多惆怅和悲伤。相比而言，元人所至之上京，并无塞外之说，反而是国家政治中心，其在皇权的笼罩下富丽繁荣。因此，元人得以从容、欣赏的眼光欣赏上京的气候风物，表现更加真切细腻。

最后，上京纪行诗中的气候风物诗丰富了上京地区地域文学的内涵。上京纪行诗中的气候风物诗真实生动地保存了两京沿路的第一手历史文化资料。其中既记录了诸多地点的历史特点，在更深层次上，还积淀了这些地点的文学意蕴。不仅增加了古典诗歌中的地域书写的内涵，也对这些地点的经济、文化发展有着积极的意义。

正是因为这些气候风物诗在文学史上有诸多意义，学者们对其关注才会如此之多。但是，对上京纪行诗中气候风物诗的系统解读仍然不够，而在这一方面的深入研究，不仅在文学领域颇有意义，而且对上都地区的历史研究和经济文化发展都有极大的助力。

# 第五章 中外交流视角与13—14世纪丝路纪行创作的研究及深度解读·海上丝路纪行系列

## 概 述

13—14世纪的东西陆上丝路得到全面贯通，海上丝路亦空前繁荣。13—14世纪的海上丝绸之路纪行作品，即指通过海上丝路跨域而行而有所纪行的相关作品。其中，周达观《真腊风土记》、汪大渊《岛夷志略》、高丽—中国纪行诗、日本—中国纪行诗，可为四个典型议题。

《真腊风土记》是元代浙江人周达观根据其航行真腊之旅撰成的一部游记作品，为现存的同时代对真腊的唯一存世文献。它十分详尽精准地记述了13世纪末从元朝前往真腊的路线以及真腊的山川景致、物产贸易、都城建筑、居民生活习俗等内容，不仅为元朝人认识真腊提供了途径，更为现今的我们了解和研究已经湮没在热带雨林中的真腊吴哥王朝提供了弥足珍贵的信息。

14世纪上半叶，江西人汪大渊坐船出游东南亚、南亚、西亚以及非洲的许多国家和地区，根据其亲身见闻撰成《岛夷志略》一书。该书约两万字，记载亚洲、非洲、大洋洲国家和地区多达二百二十多个，对多个国家和地区的风土人情、物产贸易有翔实细致的书写，这使其成为13—14世纪海上纪行文学中的精品。

高丽—中国纪行诗的出现，是 13—14 时期蒙元与高丽通过政治联姻进行密切交流的见证。相关的诗人以李齐贤和李穑为代表。李齐贤和李穑的纪行诗记录了他们的入华路线、交际往来、山川风物、异乡情怀等，具有重要的价值。高丽—中国纪行诗具有较强的纪实性与独特性，同时也是 13—14 世纪丝绸之路纪行文学的重要组成部分。

一批由搭乘商船来华的入元日僧创作的日本—中国纪行诗，亦是13—14 世纪海上丝路纪行的重要内容。其中，以雪村友梅、龙山德见、别源圆旨、中岩圆月等为代表的相关诗作，充分展现了入元日僧书写中国历史山川的真切热情，这些诗歌同时也融进具有不同人生经验与行程轨迹的日本释僧的个体特质，生动诠释了 13—14 世纪中日文化交流与文学互动图景。

## 第一节　海上丝路纪行系列之一:《真腊风土记》研究及细读

真腊即现今的柬埔寨，明代万历以后，我国改称它为柬埔寨。《真腊风土记》是元成宗元贞元年（1295）周达观出使真腊的纪行作品。公元 10—13 世纪是柬埔寨文明最璀璨的时代，也称为吴哥时代。该书记载的便是 13 世纪真腊的自然环境、资源物产、政治制度、经济状况、宫廷建筑、风俗习惯、语言文字等方面情况，其中诸多内容的记载翔实且生动。

周达观，自号草庭逸民，永嘉（今浙江永嘉）人。元成宗元贞元年，周达观奉命随使团前往真腊，次年至该国，居住约一年才返回。回国后，周达观将他在真腊的所见所闻，以游记形式撰写成书，即《真腊风土记》。全书共 41 则，约 8500 字，它是现存的同时代对真腊的唯一存世文献，对研究柬埔寨历史起到了非常重要的作用。

## 一 研究现状

19世纪以来,《真腊风土记》即是中外学界的一个研究热点,甚至一度成为显学。中外学界在其版本整理、文本内容、翻译传播和作者创作心态等方面都作出了探讨。

20世纪80年代,赵和曼即撰《中外学术界对〈真腊风土记〉的研究》一文,对中国古代及至19世纪中外学界,迄及20世纪80年代的研究情况进行了综览。该文指出:首先对《真腊风土记》给予好评的是我国古代学者,有元人吾丘衍,清人永瑢、纪昀等;从19世纪开始,随着法国的侵略触角伸向印度支那,一些法国汉学家为了适应殖民利益的需要,对《真腊风土记》的兴趣越来越大,有罗慕沙(A. Remusat)、亨利·穆奥(Henri Mouhot)、伯希和(P. Pelliot)等,他们或翻译、校注《真腊风土记》,或依据此书实地考察,使此书和真腊引起了更多西方学者的注意;中国学者对《真腊风土记》的研究在一定时间内相对落后,从20世纪三四十年代开始,以冯承钧为代表的中国学者开始将西方学者的研究成果介绍进来,并在译注中提出自己的见解;从五六十年代开始,我国的《真腊风土记》相关研究越来越多,不仅有专门的学术论文,还连续出版了三本中国学者的校注本,研究水平赶超了西方学者。[①]

21世纪以来,学界对《真腊风土记》研究更趋多元,除版本、翻译与校注工作的继进,相关具体内容与作者方面的研究也有开展。版本研究方面,夏鼐《〈真腊风土记〉版本考》[②]一文论述甚详。该文所涉及的《真腊风土记》版本比较详尽,对各个版本之间的关系也提出了精当的看法,整理各版本如下:

> 涵芬楼百卷本《说郛》本,又称《郛》甲本,元末陶宗仪编,近人张宗祥辑佚,1927年商务印书馆排印出版。

---

[①] 赵和曼:《中外学术界对〈真腊风土记〉的研究》,《世界历史》1984年第4期。
[②] (元)周达观著,夏鼐校注:《真腊风土记校注》,中华书局2000年版,第191页。

明嘉靖年刊《古今说海》本，陆楫等辑。

明刊《历代小史》本，李栻辑，刊行于隆庆万历年间，今有商务印书馆《影印元明善本丛书十种》本，1940年。

明刊《古今逸史》本，吴琯辑，万历刊本，今有商务印书馆《影印元明善本丛书十种》本，1940年。

明重辑《百川学海》本。

清初重定陶氏重辑《说郛》本，《郛》乙本。

清《古今图书集成》本，清雍正四年（1726年）刊本，今有1934年中华书局缩印本。

清乾隆《四库全书》本，《四库全书》文津阁本。

清瑞安许氏刊本，道光己丑（1829）年巾箱本，1963年杭州古籍书店重印。

清吴昱凤手抄本，原为李盛铎藏书，今归北京大学图书馆。

民国王辑《说库》本，民国四年（1915年），王文濡编，上海文明书局石印本。

冯承钧译伯希和《真腊风土记笺注》本，1957年中华书局出版《西域南海史地考证译丛七编》本，简称"冯本"。

陈正祥《真腊风土记研究》本，1957年香港中文大学刊本。

清《旧小说》本，清吴曾祺编，宣统庚戌（1910年）商务排印本。

清《香艳丛书》本，清虫天子辑，上海国学扶轮社排印本。

对于各系版本的特征与优劣，夏鼐先生认为：第一，《真腊风土记》版本分为甲系、乙系两个系统，甲系特点是没有标题，且第四十则脱27字，甲系版本有《说郛》明抄本和《说郛》涵芬楼百卷本，其余版本则属乙系，第二，在乙系各版本中，明《说海》本是最早的，也是各本所据，可以说是其他各本的祖本；第三，《说郛》本在时间上早于《说海》本，而且内容上有一些《说海》本所不及的地方（如《说海》本误脱而《说郛》本不误之处），但总体而言，《说海》本所在的乙系要比甲系版本更善。关于《真腊风土记》版本研究，夏鼐先生《〈真腊风土记〉版本考》一文解决了一系列重要问题,奠定了非常扎实的基础。

其他文献方面的研究,田明伟在《〈真腊风土记〉的文献价值》[①]和《周达观〈真腊风土记〉考略》[②]中从保存中柬两国之间经济联系和文化交流史料、详细记录温州往返真腊的航海路线、呈现元代温州知识分子对域外的观察视角及心态等角度进行了探讨。在考证补注方面,段立生在《〈真腊风土记校注〉之补注》[③]中补注了对周达观生卒年月的推测以及其家世背景和交友情况,并对原文内容"走兽"条、"城郭"条、"总叙"条、"三教"条、"人物"条等内容进行补充注释。

《真腊风土记》也有由学者整理、研究产生的多个翻译本和校注本,整理如下:法语译本有1819年雷慕沙(根据《古今图书集成》本译法文本),1902年伯希和(伯氏初注本,根据《古今说海》本译新的法文本),1933年戈岱司,1951年伯希和、戴密微、戈岱司(伯氏新注本);日语译本有1936年松枫居主人、1989年和田久德;英语译本有1967年纪尔曼(根据1902年伯氏初注本译英文本)、2001年迈克·史密瑟斯(以伯希和法译本为源本,参照纪尔曼译本)、2006年史密瑟斯修订本、2007年哈瑞斯(首个从古汉语直接翻译的英文译本)、2010年索朗·育克和贝玲·育克;柬埔寨语译本有1971年李添丁;泰语译本有1967年佳隆·勇布格;越南语译本有1973年黎香、2007年何文晋;德语译本有1999年吉多·科勒、2006年威尔弗里德·奥兹、2006年瓦尔特·阿什莫里德;西班牙语译本有2013年阿斯缇德·安诃德;意大利语译本有2015年毛里齐奥·加蒂;希伯来文译本有2012年陈·俄利阿兹;韩语译本有2013年崔秉旭;中文版本有1976年金荣华《真腊风土记校注》台湾台北中华书局版、1957年冯承钧《真腊风土记笺注》中华书局版《西域南海史地考证译丛七编》本、1975年陈正祥《真腊风土记研究》香港中文大学版、1981

---

[①] 田明伟:《〈真腊风土记〉的文献价值》,《图书馆学刊》2020年第6期。
[②] 田明伟:《周达观〈真腊风土记〉考略》,《兰台世界》2020年第12期。
[③] 段立生:《〈真腊风土记校注〉之补注》,《世界历史》2020年第2期。

年夏鼐《真腊风土记校注》中华书局版等。

对于《真腊风土记》风靡世界的翻译与传播现象，侯松在《〈真腊风土记〉两百年翻译传播及其世界性意义》中讲到，元人周达观所著的《真腊风土记》是古代"海上丝绸之路"纪行文献中最具影响力的著作之一，它的海外翻译与传播肇始于 1819 年的法国，21 世纪前后进入高潮，两百年间已有法、英、德、意、日、泰、韩、越南、柬埔寨、西班牙、希伯来等十余种语言二十多个不同译本。作为文化翻译的《真腊风土记》及其不同语种译本的海外传播具有明显的世界性意义，对不同时代世界的柬埔寨历史认知、跨文化记忆、想象地理以及相关的跨文化实践，如殖民扩张、地区文化交流、遗产旅游等都产生了重要影响。[1]

着眼于《真腊风土记》具体内容的研究，伍沙《20 世纪以来柬埔寨吴哥建筑研究及保护》专门对《真腊风土记》中与建筑、规划相关的内容进行了专题探讨。[2] 邓文宽《中国古代历日文化对柬埔寨的影响》谈到《真腊风土记》所记柬埔寨人以十月为年首，并将其称作"嘉德"的习惯，是沿袭了中国古代秦汉的历法习俗。[3] 杨民康在《从〈真腊风土记〉看古代柬埔寨与云南少数民族佛教乐舞》中谈到，《真腊风土记》对真腊佛教文化景况，如佛教教派、宫观特征、南传佛教仪式、仪式音乐活动以及相关民俗活动等，进行了详尽贴切的梳理和描述。[4] 余冬林在其《试论〈真腊风土记〉中的女性形象》中对真腊不同阶层的女性进行了描述，客观细致地反映了她们在服饰、习惯以及风俗等方面的特征，为我们了解和研究真腊女性生活以及中柬文化交流提供了弥足珍贵的资料。[5] 王贤淼在《千年通好和谐柬华——

---

[1] 侯松：《〈真腊风土记〉两百年翻译传播及其世界性意义》，《中国翻译》2020 年第 6 期。

[2] 伍沙：《20 世纪以来柬埔寨吴哥建筑研究及保护》，博士学位论文，天津大学，2014 年。

[3] 邓文宽：《中国古代历日文化对柬埔寨的影响》，《中华文史论丛》2007 年第 2 期。

[4] 杨民康：《从〈真腊风土记〉看古代柬埔寨与云南少数民族佛教乐舞》，《南京艺术学院学报》（音乐与表演版）2009 年第 3 期。

[5] 余冬林：《试论〈真腊风土记〉中的女性形象》，《九江学院学报》（社会科学版）2013 年第 2 期。

〈真腊风土记〉所载华人状况及其思考》中谈到,《真腊风土记》较为详细地记载了当时居住在真腊的海外华人的状况,并且认为它真切地反映了当时流寓真腊的华人在婚姻、贸易、宗教信仰以及对当地的贡献等方面的情况,是中柬两国人民友好的历史见证。①

关于周达观的创作心态,学界亦有讨论。李宁宁《一个儒士眼中的南国风情——试论〈真腊风土记〉的文化误读与作者心态》② 即从文化差异的角度出发,讨论了《真腊风土记》的叙述视角和作者主观评价所展示出的文化误读与作者心态,并力求从那些看似客观纪实的文字背后发现周达观的价值取向和心路历程,还提出《真腊风土记》的记叙体例和风格与传统修撰的各种地方志书不同,它更接近文人士大夫的"见闻录""风物记"和表现异域亲历的个人游记。

此外,《真腊风土记》的有关介绍和研究还见于许多著作。胡春生、施菲菲的《周达观与真腊》从 13 世纪的两国社会环境、周达观的出使缘由、《真腊风土记》的文本解读等方面介绍了此书。陈高华、张帆所著《元代文化史》、董彬的《吴哥,沉睡四百年》、李幹的《元代民族经济史》、蒋勋的《吴哥之美》、陈正祥的《中国游记选注》等论著都涉及周达观的《真腊风土记》。

总的来说,国内外学者对《真腊风土记》的研究更多集中在版本整理、题材分析和翻译传播等方面。学界关注到了周达观创作时的游历心态,以及作品文献价值研究方面和版本整理研究方面。在翻译传播方面,学界关注到了《真腊风土记》多种语言翻译产生的重要影响,这使得《真腊风土记》具有世界意义。在具体文本内容方面,学界关注到了建筑、历法、乐舞、女性形象、海外华人状况等情况。而《真腊风土记》的纪行文学研究方向学界并未涉及,仍有待进一步探索研究。

---

① 王贤淼:《千年通好和谐柬华——〈真腊风土记〉所载华人状况及其思考》,《九江学院学报》(社会科学版) 2013 年第 2 期。
② 李宁宁:《一个儒士眼中的南国风情——试论〈真腊风土记〉的文化误读与作者心态》,《九江学院学报》(社会科学版) 2013 年第 2 期。

## 二 文本细读

《真腊风土记》全书41则，约8500字，详细记述了13世纪末真腊国家社会及人民生活的方方面面。卷首为"总叙"，主要讲述了周达观的真腊航行路线。其他40则内容包括城郭、宫室、服饰、官属、三教、人物、产妇、室女、奴婢、语言、野人、文字、正朔时序、争讼、病癞、死亡、耕种、山川、出产、贸易、欲得唐货、草木、飞鸟、走兽、蔬菜、鱼龙、酝酿、盐醋酱曲、桑蚕、器用、车轿、舟楫、属郡、村落、取胆、异事、澡浴、流寓、军马、国主出入诸多方面。其中，丰富的物产及贸易书写与翔实的吴哥城书写，尤令人多识真腊之风土人情。

（一）《总叙》中的航行路线书写

南宋赵汝适《诸蕃志》记载"真腊接占城之南，东至海，西至蒲甘，南至加罗希。自泉州舟行顺风月余日可到，其地约方七千余里"[①]，对宋时期自泉州出发，月余即可到达真腊的路线信息有所简概，而据周达观《真腊风土记》，我们可清楚了解元朝时期中国至真腊的交通路线。

周达观出航真腊，是从温州港出发：

> 自温州开洋，行丁未针。历闽、广海外诸州港口，过七洲洋，经交趾洋到占城。又自占城顺风可半月到真蒲，乃其境也。又自真蒲行坤申针，过昆仑洋，入港。港凡数十，惟第四港可入，其余悉以沙浅，故不通巨舟。然而弥望皆修藤古木，黄沙白苇，仓卒未易辨认，故舟人以寻港为难事。自港口北行，顺水可半月，抵其他曰查南，乃其属郡也。又自查南换小舟，顺水可十余日，过半路村、佛村，渡淡洋，可抵其地曰干傍，取城五十里。
>
> 元贞之乙未六月，圣天子遣使招谕，俾余从行。以次年丙申

---

[①] （宋）赵汝适著，杨博文校释：《诸蕃志校释》卷上《志国·真腊国》，中华书局2000年版，第18页。

二月离明州，二十日自温州港口开洋，三月十五日抵占城。中途逆风不利，秋七月适至，遂得臣服。至大德丁酉六月回舟，八月十二日抵四明泊岸。其风土国事之详，虽不能尽知，然其大略亦可见矣。①

由引文所叙，周达观的航行路线，是从温州启航，航行方向是南22度37分西。经过福建、广东、海南岛，再过海南岛东北的七洲列岛，再过海南岛西南至占城（今越南中部）的海面。再从占国都城顺化附近到真蒲需要半个月。从真蒲出发按照南52度37分西的方向航行，经过昆仑山列岛北面的海域，进入美荻港，其他港口因为沙浅，大型船只不能通行。然而港口附近树木丛生，岸边沙土和白苇茂盛，寻找港口是件难事。从美荻港向北航行，顺水航行半个月可到达磅清扬，又从磅清扬换乘小舟，经过湖南岸的半路村和佛村，渡过洞里萨湖，达到距城五十里的喷磅。

周达观出航真腊的具体情由及往返日期，则是元贞乙未（1295），元朝派遣使者出行真腊，周达观随行。元贞丙申二月二十日（1296年3月24日）从温州开洋，三月十五日（4月18日）到达占城，从占城南行，中途遭遇逆风，秋季七月到达真腊。周达观在真腊待了约一年，在大德丁酉六月（1297年6月21日至7月20日）回舟，八月十二日（8月30日）到达四明（今宁波）。具体航行时间与路线如下所示：

温州（元贞丙申年二月二十日即1296年3月24日）—占城（4月18日）—吴哥（秋七月）；

温州—（丁未针，方位角：202度30分，方位：南22度30分西）—福建—广东—海南岛—七洲列岛—交趾洋—占城—（顺风半月）—真蒲—（坤申针，方位角：232度30分，方位：南52度30分西）—昆仑洋—美荻港（北行顺水半月，真腊境内）—查南（小舟顺水十余日）—半路村、佛村—淡洋—干傍—（五十里）—吴哥；

吴哥（大德丁酉六月即1297年6月21日至7月20日）—（西南

---

① 《真腊风土记校注》，第15—16页。

贸易顺风）—四明（1297 年 8 月 30 日）。

概括来看，周达观一行人从温州出发，航行大概四个月，到达吴哥。他们在真腊逗留将近一年时间，元贞丙申秋七月（1296 年秋七月）至大德丁酉六月（1297 年 6 月 21 日至 7 月 20 日）。他们于大德丁酉六月（1297 年 6 月 21 日至 7 月 20 日）回舟，在大德丁酉八月十二日（1297 年 8 月 30 日）回到四明，回程航行赶上西南贸易顺风，用时不到两个月。

值得注意的是，总述里面提到了"自温州开洋，行丁未针"和"又自真蒲行坤申针"，这里面的"丁未针"和"坤申针"指的是航海罗盘方向。周达观描写的是二十四向罗盘，二十四向早在汉代《淮南子》中就有记载。1977 年安徽阜阳西汉汝阴侯墓出土的二十四向地盘，即为后世的针位。罗盘上全周 360 度，分为 24 等分，15 度为一向，又有正针和缝针之分。第一次的航海罗盘针位方向的记载，便源于《真腊风土记》。

总述中多次记录"顺风""顺水""逆风"，如"又自占城顺风可半月到真蒲""顺水可半月""顺水可十余日""中途逆风不利"，实是周达观根据当时的具体航行情况进行的具体实录，它们真实了反映当时元人的航海出行情况。"顺风可半月"和"顺水可半月"的描述中，既有具体风向也有具体时间的描述，能让人感受到此次航行路线的真实情况，拉近了与读者的空间感知距离。"港凡数十，惟第四港可入，其余悉以沙浅故不通巨舟"，可以看出周达观一行乘坐的是"巨舟"，"巨舟"的制造和航行则表明了元代发达的造船技术。

（二）物产贸易书写

除了周达观一行人的航海路线外，最引人好奇的是他所记录的真腊物产，因《真腊风土记》中对此着墨颇多，涉及真腊物产非常丰富。下列数条观之：

> 山多异木，无木处乃犀、象屯聚养育之地。珍禽奇兽，不计其数。细色有翠毛、象牙、犀角、黄蜡，粗色有降真、豆蔻、画黄、紫梗、大风子油。

翡翠，其得也颇难。盖丛林中有池，池中有鱼。翡翠自林中飞出求鱼，番人以树叶蔽身，而坐水滨，笼一雌以诱之。手持小网，伺其来则罩之。有一日获三五只，有终日全不得者。

象牙则山僻人家有之。每一象死，方有二牙，旧传谓每岁一换牙者非也。其牙以标而杀之者上也，自死而随时为人所取者次之，死于山中多年者，斯为下矣。

黄蜡出于村落朽树间，其一种细腰蜂如蝼蚁者，番人取而得之。每一船可收二三千块，每块大者三四十斤，小者亦不下十八九斤。

犀角白而带花者为上，黑为下。降真生丛林中，番人颇费砍斫之劳，盖此乃树之心耳。其外白，木可厚八九寸，小者亦不下四五寸。豆蔻皆野人山上所种。画黄乃一等树间之脂；番人预先一年以刀斫树，滴沥其脂，至次年而始收。紫梗生于一等树枝间，正如桑寄生之状，亦颇难得。大风子油乃大树之子，状如椰子而圆，中有子数十枚，胡椒间亦有之，缠藤而生，累累如绿草子，其生而青者更辣。①

据引文知，真腊当地山多，奇异的树木也多，树木少的地方是犀牛、象群的栖息繁育的地方。真腊有许多的珍贵稀有的禽类和兽类。上等的物产有翠毛、象牙、犀角、黄蜡。下等的物产有降真、豆蔻、画黄、紫梗、大风子油。翠鸟是很难得到的。丛林中有池塘，池塘中有鱼。翠鸟从丛林中飞出去捕鱼，当地人用树叶伪装自己，坐在水边，用笼子中的雌翠鸟来诱捕雄翠鸟。他们手里拿着小网，等着雄鸟飞过来就用网罩它。有一天能收获三五只，也有时候一天都捕不到一只。象牙则是山里的人家才有的，每头大象死的时候有两个象牙，旧时传闻大象每年换一次牙，这是不对的。象牙以猎杀的最好，自然死亡而取下的次之，在山中死去多年的最次。黄蜡生长在村落枯朽的树木间，这是一种和蚂蚁一样的细腰蜂的蜂窝，当地人把它挖下来。每只船能

---

① 《真腊风土记校注》，第141—142页。

装两三千块黄蜡,块大的有三四十斤,小的也不下十八九斤。犀角白色带花的最好,黑色的次等。降真生长在丛林中,当地人砍它非常费力,因为它是一树的树心,裹在降真外的树皮厚有八九寸,细的也有四五寸。豆蔻是土著人在山上种的。画黄是一种树上的树脂,当地人要提前一年在树上砍伤树干,滴出树汁,一直到第二年才收获。紫梗生长在一种树的树枝间,就像寄生的蚕一样的形状,也很难得。大风子油是一种树籽,形状像椰子而且很圆,剖开里面有几十枚子。在树中也长胡椒,攀藤而生长,累累果实就像绿色的草籽,长成青色的更辣。

周达观特意记述了真腊的酒。在真腊,酒有四等:第一等被中国人叫蜜糖酒,用草药和蜜混合一起,添一半的水。第二等当地人叫朋牙四,使用树叶做成的。朋牙四就是一种树的叶子。第三等就是用米或者剩饭做成的酒,叫包棱角。如周达观所述:"盖包棱角者,米也。"第四等的叫糖鉴酒,就是用糖做成的,且加入港滨的水。还有一种茭浆酒,原料是一种长在水边叫茭的叶,它的浆汁可以酿酒。①

周达观对真腊器用的记载,颇见中国物质文化在真腊的输入:

> 寻常人家房舍之外,别无桌凳盂桶之类。但作饭则用一瓦釜,作羹则用一瓦铫。就地埋三石为灶,以椰子壳为勺。盛饭用中国瓦盘或铜盘。羹则用树叶造一小碗,虽盛汁亦不漏。又以茭叶制一小勺,用兜汁入口,用毕则弃之。虽祭祀神佛亦然。又以一锡器或瓦器盛水于傍,用以蘸手。盖饭只用手拿,其粘于手者,非水不能去也。饮酒则用镴器,可盛三四盏许,其名为恰,盛酒则用镴注子。贫人则用瓦钵子,若府第富室,则一一用银,至有用金者。国主处多用金为器皿,制度形状又别。
>
> 地下所铺者,明州之草席,或有铺虎豹麂鹿等皮及藤簟者。近新置矮桌,高尺许。睡只以竹席卧于地,近又用矮床者,往往皆唐人制作也。夜多蚊子,亦用布罩,国主内中以销金缣帛为之,

---

① 《真腊风土记校注》,第158页。

皆舶商所馈也。

稻子不用砻磨，止用杵臼耳。①

寻常人家除了房屋以外，没有桌子、凳子、盂桶之类的用具。而做饭的时候用一个瓦釜，做羹的时候就用一个瓦铫，在地上埋三块石头当炉灶，用椰子壳当勺。盛饭用中国人做的瓦盘或者铜盘；盛羹就用树叶做成一个小碗，盛汤水也不会漏。又用茭叶做成一个小勺，用来舀汤喝，用完就扔了。就是祭祀神佛也是这样。又有用锡器和瓦器装水放在旁边，用来洗手。因为饭都是用手拿的，饭粘到手上就要用水洗手。喝酒用镴器，可以盛三四杯酒，器皿称为恰。盛酒就用镴注子。穷人就用瓦钵子。如果是官宦富人家就全部用银器，甚至还用金器。国王则多是用纯金做的器皿，制作的形状又很特别。地下铺的都是宁波的草席，也有铺用虎豹麂鹿皮毛制作的皮毯和藤席的。最近当地流行一种矮桌，高尺许，睡觉只用竹席铺在木板上，最近也有了矮床，这都是中国人制作的。夜里蚊子很多，都用布当作蚊帐遮蚊。国王用的都是镶金的丝织品，这都是船商们进贡的。剥稻壳也不用砻磨，只用杵臼舂米而已。

周达观对真腊商业活动的记述，很是形象生动：

国人交易皆妇人能之，所以唐人到彼，必先纳一妇人者，兼亦利其能买卖故也。

每日一墟，自卯至午即罢。无铺店，但以蓬席之类铺于地间，各有常处，闻亦有纳官司赁地钱。小交关则用米谷及唐货，次则用布；若乃大交关，则用金银矣。

往年土人最朴，见唐人颇加敬畏，呼之为佛，见则伏地顶礼。近亦有脱骗欺负唐人者矣，由去人之多故也。②

---

① 《真腊风土记校注》，第165页。
② 《真腊风土记校注》，第146页。

在当地会做生意的一般都是妇女。所以中国人到了真腊，总是先娶一个当地妇女，是因为她们会做生意。每天有市集，从卯时开始至午时结束，没有店铺，只用席子铺在地上来摆货物，每个席位都是一定的。听说也有向官府缴租费的。小项交易用稻米或者中国来的货物来交换，其次是用布匹代替。大宗交易就用金银交换。原来真腊人十分纯朴，见到中国人都很敬畏，称中国人是佛，见了就伏地顶礼膜拜。而最近也出现欺骗中国人的现象，主要是从中国到真腊做生意的人越来越多的缘故。

真腊气候炎热，热带气候影响了真腊的物产、自然环境和人口作息等方面。真腊天气炎热，而下午太热，所以集市从早晨开始到中午结束，下午休息。周达观指出真腊的交易情况："小交关则用米谷及唐货，次则用布；若乃大交关，则用金银矣。"汪大渊《岛夷志略》亦有相关记载："货用金银、黄红烧珠、龙段、建宁锦、丝布之属。"① 可见，周达观比汪大渊的记载更细致准确。相关记载也表明，当时的中国货物既具有使用价值，又具有像货币流通一样的交换价值。而周达观去到真腊的时候就出现了真腊人欺骗中国人的情况，可见当时中国和真腊贸易往来十分频繁，而这也见证了13—14世纪海上丝绸之路贸易的繁盛。

周达观还特意提到了真腊人与中国人的交易：

> 其地想不出金银，以唐人金银为第一，五色轻缣帛次之；其次如真州之锡镴、温州之漆盘、泉处之青瓷器，及水银、银朱、纸札、硫黄、焰硝、檀香、草芎、白芷、麝香、麻布、黄草布、雨伞、铁锅、铜盘、水珠、桐油、篦箕、木梳、针。其粗重则如明州之席。甚欲得者则菽麦也，然不可将去耳。②

真腊不产金银，所以中国人的金银器被当地人视为一等珍贵的东

---

① 《岛夷志略校释》，第70页。
② 《真腊风土记校注》，第148页。

西。其次是五颜六色的轻便的丝织品。再次还有真州的锡镴、温州的漆盘,泉州和处州的青瓷,以及水银、银朱、纸札、硫黄、焰硝、檀香、草芎、白芷、麝香、麻布、黄草、布雨伞、铁锅、铜盘、水珠、桐油、篦箕、木梳、针等。比较粗重的有宁波的席子。当地人很想得到的是菽麦,可惜真腊水土不适宜种植。

真州的锡镴,实际上是白镴,是锡和铜或铅的合金。温州的漆器,久负盛名,不仅广销国内,也随海上丝绸之路到了真腊。泉州的仿龙泉青窑瓷器和处州的龙泉青窑瓷器都很受欢迎。水银、银朱、纸札、硫黄、焰硝、檀香、草芎、白芷、麝香、麻布、黄草、布雨伞、铁锅、铜盘、水珠、桐油、篦箕、木梳、针皆有,其中,草芎或为川芎,根茎可为药用,白芷实为白芷属植物之根,白芷和麝香也可为药用。水珠即为玻璃珠,汪大渊在《岛夷志略》记载"货用金银、黄红烧珠、龙段、建宁锦、丝布之属"[1]中的"黄红烧珠"即为此水珠。篦箕,夏鼐先生和周达观同为温州人,夏鼐先生正确校注为"今日南方如温州一带,仍称篦为'篦箕'。竹木所制,齿密,常上下两边皆有齿,用以理发,尤其是妇女梳理长发时,更为需要"[2],矫正了伯希和等前人注释的错误。真腊气候和水土并不适合种植中国的菽麦。《真腊风土记》简单记载了唐货名称,有的提到了唐货的产地,可介绍的唐货的品种十分丰富,令人大开眼界,可见当时唐货在真腊十分受欢迎。

(三) 哥都城描写

真腊前身是扶南国。扶南国统治当地长达400余年,在6世纪时,被一分支真腊消灭,管辖当地200余年。公元802年,阇耶跋摩二世建立吴哥王朝,"吴哥"一词源于梵语,意思为"都市"。吴哥王朝在阇耶跋摩七世的时候发展至鼎盛,疆域包括了现今整个柬埔寨、部分泰国、老挝、缅甸及越南,对当时中南半岛的其他国家都有重大影响。在《真腊风土记》中,除了其中对真腊的风土人情的描绘,其对吴哥都城的记录亦颇受现代学者重视。因为这些都城记录经多位学者的实

---

[1] 《岛夷志略校释》,第70页。
[2] 《真腊风土记校注》,第151页。

地勘测，竟被证实无误，这也确定了周达观确实到过真腊。

书中记载真腊的城郭：

> 州城周围可二十里，有五门，门各两重。惟东向开二门，余向皆一门。城之外皆巨濠，濠之上皆通衢大桥。桥之两傍，共有石神五十四枚，如石将军之状，甚巨而狞，五门皆相似。桥之阑皆石为之，凿为蛇形，蛇皆九头。五十四神皆以手拔蛇，有不容其走逸之势。城门之上有大石佛头五，面向四方。中置其一，饰之以金。门之两旁，凿石为象形。城皆叠石为之，高可二丈，石甚周密坚固，且不生繁草，却无女墙。城之上，间或种桄榔木，比比皆空屋。其内向如坡子，厚可十余丈。坡上皆有大门，夜闭早开，亦有监门者，惟狗不许入门。其城甚方整，四方各有石塔一座，曾受斩趾刑人亦不许入门。
>
> 当国之中有金塔一座，傍有石塔二十余座；石屋百余间；东向有金桥一所。金狮子二枚，列于桥之左右。金佛八身，列于石屋之下。金塔之北可一里许，有铜塔一座。比金塔更高，望之郁然。其下亦有石屋数十间。又其北一里许，则国主之庐也。其寝室又有金塔一座焉，所以舶商自来有"富贵真腊"之褒者，想为此也。
>
> 石塔山在南门外半里余，俗传鲁般一夜造成。鲁般墓在南门外一里许，周围可十里，石屋数百间。
>
> 东池在城东十里，周围可百里，中有石塔、石屋。塔之中有卧铜佛一身，脐中常有水流出。味如中国酒，易醉人。
>
> 北池在城北五里，中有金方塔一座，石屋数十间。金狮子、金佛、铜象、铜牛、铜马之属，皆有之。①

借记载可知，吴哥城周长有二十里，共有五个城门。每个城门有前后两层。城东有两个城门，其余都只有一个城门。城外是宽阔的护城河，护城河上建有通向各个城门的大桥。大桥的两侧各有石雕神像

---

① 《真腊风土记校注》，第43—44页。

五十四座，如石雕将军一样，体型巨大，面目狰狞。五座城门的桥边都是这样。桥的栏杆都是石造的，凿刻成蛇的形状，蛇有九头。而五十四座神像都作用手拔蛇的姿势，好像怕蛇逃走。城门的上方是石雕的五个大佛头，都面向四方。中间的佛头用金装饰。大门的两侧有石头凿刻的大象。城墙皆是用石头累积而成，高有两丈，城墙砌得周密坚固，没有杂草，但却没有建墙垛。城头上有些地方种有桄榔树，也有许多空屋。城墙内侧有斜坡，坡有十几丈厚。坡上都有大门，晚上关闭，早上开门。也有守门的护卫，狗不允许进城。城都为方形，四方都建有一座石塔。因罪被砍了脚趾的犯人也不得入城。

城中心有一座金塔，金塔的旁边有二十多座石塔，并有石屋一百多间。它的东面有一座金桥，桥的左右各有一座金狮子。石屋的下面有八座金佛。金塔的北面大概一里的地方，有一座铜塔，铜塔比金塔还高，看起来高大险峻。铜塔的下面也有十几间石屋。铜塔北面一里左右的地方，是国王的宫殿。国王的寝宫中也有一座金塔。所有往来吴哥的船商都说"富贵真腊"，想来是因为这座金塔。石塔山在南门外约半里远的地方，相传是天工毗湿奴卡曼一夜建成。毗湿奴卡曼之墓在南门外一里多的地方，周长大概约十里，有数百间石屋。东池在城的东边十里左右的地方，池周长近百里。水池中央有石塔、石屋。塔中有一座铜卧佛，卧佛的肚脐中经常有水流出，味道跟中国白酒很像，容易醉人。北池在城北五里左右的地方，池中有一座金方塔，其中有几十间石屋，还有很多金狮子、金佛、铜象、铜牛、铜马等。

公元9世纪至15世纪，吴哥一直是真腊国都，后被废弃。1850年法国人发现吴哥城，1863年法国博物学家穆奥亲自来到吴哥，并发表游记《暹罗柬埔寨老挝诸王国旅行记》，吴哥城被世人熟知。而周达观描写十分精准，建筑的方位、距离、尺寸等详细信息皆有记录，后人可根据他的记载观测吴哥城，他的记载可为信史。如周达观记述吴哥城周围二十里，相当于实际长度的三分之二，汪大渊在《岛夷志略》中记述为七十里，则汪大渊记述实为夸大。这样的例子甚多。如城外的护城河，陈正祥注为约一百米，而汪大渊在《岛夷志略》中记为二十丈，大约66米，不足百米。城门外大道的两侧，都有阑干，以石人为望柱，以蛇身为横档，各神手执蛇身，象征着搅乳海神话之意。城墙高二丈，但并没有用于射箭的短墙。城中的金塔就是巴云寺，巴云寺山门朝向东方，金桥的位置应该在山门之外通向城东门大道的起点地方。汪大渊《岛夷志略》亦曾载及："次曰桑香佛舍，造裏金石桥四十余丈。"① 夏鼐认为这个"金桥"就是指的巴云寺东门前的铺石大道。而如今此桥遗址，尚未发现，桥左右两边的金狮子和石屋之下的八身金佛，也没有发现。金塔、金桥、金狮等建筑的金都为镀金，如今早已熔化销毁，没有痕迹。金塔北边稍微偏西大约四百公尺处的铜塔即为巴普昂，《岛夷志略》亦载："列金狮子十双于铜台上，列十二银塔，镇以铜象。"② 汪大渊记述的是铜塔之上有十二银塔，其中"银"实为误。如今发现，国王寝室下有一座金塔，此为宫中宫殿，这是皇城中的圣庙，而非王宫。石塔实为巴肯寺，鲁般墓当地人相传是天工毗湿奴卡曼造的，这就是吴哥寺，即为小吴哥，《岛夷志略》讲到"次曰桑香佛舍"③ 中的"桑香佛舍"指的也是这里。耶输跋摩一世曾下令挖掘一座大池，名叫耶输驮罗塔泰卡，这就是引文中所描绘的"东池"。而由此可知《真腊风土记》记载的强烈纪实性。

综上，周达观在《真腊风土记》中详细客观地记述了自己的航海路线，以及真腊物产、贸易、都城等方面的情况，不仅为元朝人认识真腊提供了途径，更为现今的我们了解和研究已经湮没在热带雨林中的真腊吴哥王朝，提供了弥足珍贵的信息。

### 三 文学史意义

《真腊风土记》是周达观经过实地考察所汇编的见闻录，是现存13—14世纪唯一记录吴哥繁盛文化的著述，具有其独特的文学史意义。

首先，周达观在《真腊风土记》中体现出他独特的记述体例。全书采用了分章总结的方式，总叙讲述了作者出使的总体经历，余下分

---

① 《岛夷志略校释》，第69页。
② 《岛夷志略校释》，第69页。
③ 《岛夷志略校释》，第69页。

四十章，记录了建筑、社会、生活、农业、贸易、环境、居住、交通、风俗等方面内容。同时，他在写作上采用风物志的体例，详细记载了自己的亲身经历，介绍了真腊真实的历史文化和风土人情。

其次，《真腊风土记》语言朴实、描述精准，是一部具有极高历史文献价值的游记。书中对吴哥城内建筑布局情况的描写精练简单，如"国宫及官舍府第皆面东。国宫在金塔、金桥之北，近北门，周围可五六里"[1]；记载的航行路线十分具体，如"自温州开洋，行丁未针。历闽、广海外诸州港口，过七洲洋，经交趾洋到占城"[2]。这样把从温州到占城的航行路线和方向交代得十分清楚，而"行丁未针"这样的针位描述更是首次出现于《真腊风土记》；书中记载了很多贸易货物，如"细色有翠毛、象牙、犀角、黄蜡，粗色有降真、豆蔻、画黄、紫梗、大风子油"[3] 等。这些描述都体现出《真腊风土记》记述语言的真实具体和简单凝练，同时也表明周达观所述内容的真实性。

再次，周达观在《真腊风土记》中塑造了一个完整的异国形象。其书的不断流传与译介将柬埔寨形象推向世界，重构了世界对于柬埔寨的认知和想象，也具有跨文化实践意义。《真腊风土记》最早流传时期是欧洲进行东南亚殖民时期，它的风靡和研究塑造了法国人对于柬埔寨的欲望和想象。后来，随着各个国家对《真腊风土记》的翻译和深入传播，柬埔寨形象不断走向世界。在不同语言版本的《真腊风土记》中，吴哥和柬埔寨的文化形象充满了异域色彩。

《真腊风土记》是 13—14 世纪海上丝路纪行文学的优秀纪行作品，是 13—14 世纪丝路纪行探索旅程的重要研究对象。《真腊风土记》实现了从汉文化区域到真腊文化区域的跨文化拓展，它使得柬埔寨形象具有无可比拟的世界性意义。《真腊风土记》是周达观经过实地考察所汇编的见闻录，是现存 13—14 世纪唯一记录吴哥繁盛文化的著述。

---

[1] 《岛夷志略校释》，第 64 页。
[2] 《岛夷志略校释》，第 15 页。
[3] 《岛夷志略校释》，第 141 页。

## 第二节　海上丝路纪行系列之二：《岛夷志略》研究及细读

元朝作为当时世界上幅员最广的国家之一，与世界上其他国家在政治经济上有着密切的来往，彼此之间互派使者和商人络绎不绝，海上贸易空前繁荣，由此催生了一大批航海家，汪大渊就是其中比较典型的代表。

汪大渊，南昌（今属江西）人，元代民间航海家，生于1310年前后，卒年不详。公元1330—1339年的九年时间里，汪大渊两度从泉州出海航行，亲历亚洲、非洲、大洋洲近百个国家和地区。归国后，适逢泉州官府修郡志。应泉州官府之请，汪大渊据其两次海外见闻，撰成《岛夷志》附于郡志之后，其后又节录《岛夷志》部分内容题为《岛夷志略》，单独刊印以广流传。

《岛夷志略》记载了当时亚洲、非洲、大洋洲多个国家和地区的山川、土俗、风景、物产，而其记载范围之广，载述内容之详，在中国古代史上实是"前无古人，后无来者"。《四库全书总目》说："诸史（指二十四史）外国列传秉笔之人，皆未尝身历其地，即赵汝适《诸蕃志》之类，亦多得于市舶之口传。大渊此书，则皆亲历而手记之，究非空谈无征者比。"可见，汪大渊两下西洋，游踪的广远，著述的精深，直到清代中叶以前，还是名列前茅的。而基于此，不但汪大渊本人被西方的学者称为"东方的马可·波罗"，其著作也更是在很早时期就引起了世界的重视。

### 一　研究现状

作为13—14世纪重要的纪行作品，历代的学者对《岛夷志略》都有不同程度的评述和研究，目前学界关于《岛夷志略》的研究逐渐深入，总体来看多集中于作者研究、文献版本研究、文本内容研究、其他相关类研究等。

首先，作者研究方面。由于关于汪大渊的生平缺乏明确材料记载，故不少学者对汪大渊的生平进行了考证。鄂卢梭、伯希和、苏继庼等学者根据《岛夷志略》所谓"至顺庚午冬十月十有二日,因卸帆于山下"与张翥序"当冠年尝两附舶东西洋"的记载,考证汪大渊第一次远航当是在1330年前后,而汪大渊的生年则是在1310年前后。但在细节上三位学者又略有出入,鄂卢梭推测汪大渊首次航海在1329年,生于1309年;伯希和以汪大渊首次出海在1329—1331年间,生于1310年或1311年;苏继庼则在《岛夷志略校释》中考证认为汪大渊生于1311年,1330—1334年是汪大渊第一次出海,1337—1339年是汪大渊第二次出海的时间。此外还有许永璋的《汪大渊生平考辨三题》①对汪大渊的生年与两次航海的时间加以考证,指出汪大渊应生于1308年,其第一次出海的时间是从1327年冬到1331年夏秋,第二次出海的时间为1332年冬到1337年夏秋。陈东亮的《〈岛夷志略〉的历史文化价值与作者汪大渊生平与交往略考》②则侧重对于汪大渊的原居住地和汪大渊与《岛夷志略》中出现的主要人物的交往进行考证,并对汪大渊刊行《岛夷志略》之后的事迹进行了推测。还有兼论汪大渊与其《岛夷志略》的比较综合性的研究,如吴远鹏的《航海游历家汪大渊与〈岛夷志略〉》③,吴远鹏和洪泓的《汪大渊与海洋文化——纪念航海游历家汪大渊诞辰700周年》④,其中吴远鹏的《航海游历家汪大渊与〈岛夷志略〉》一文从汪大渊的生平、《岛夷志略》的成书、《岛夷志略》的主要内容、《岛夷志略》的价值和研究四个方面展开论述,其中不但详细叙述了汪大渊两次航海的细节,而且对《岛夷志略》的主要内容进行了解读,肯定了《岛夷志略》对世界历史地理的重大贡献。

其次,文献版本研究方面,这涉及版本的流行和辨伪两个方面。

---

① 许永璋:《汪大渊生平考辨三题》,《海交史研究》1997年第2期。
② 陈东亮:《〈岛夷志略〉的历史文化价值与作者汪大渊生平与交往略考》,《深圳职业技术学院学报》2019年第2期。
③ 吴远鹏:《航海游历家汪大渊〈岛夷志略〉》,《中国港口》2018年第1期。
④ 吴远鹏、洪泓:《汪大渊与海洋文化——纪念航海游历家汪大渊诞辰700周年》,第二届海峡两岸海洋文化研讨会论文集,2011年。

前者有如苏继庼在校释《岛夷志略》的叙论中对版本的源流进行了比较详细的论述。在此之后熊程和夏荣林的《〈岛夷志略〉的版本述略》在肯定《岛夷志略》和《岛夷志》为一书的前提之下对《岛夷志略》历代的版本、注本及海外的流传情况进行详细的叙述。[①] 依据学界研究情况整理版本如下：《清源续志》附录本、汪大渊刊行本、某元人旧钞本、明中叶袁氏藏本、《四库全书》本、四明范氏天一阁藏明钞本、彭元瑞知圣道斋藏明钞本、丁丙竹书堂藏钞本、李文田藏旧钞本、"知服斋丛书"本等。校注本有：沈曾植批校本、湖北黄陂陈士可过录本和苏继庼的《岛夷志略校释》等。苏继庼教授的《岛夷志略校释》是迄今为止考证内容最为丰富的一版，在苏继庼教授的考证之下，《岛夷志略》的内容得到了最详细的注解。日本的藤田丰八、美国的柔克义和法国的伯希和等人均有译注本。在辨伪方面，比较重要的是廖大珂的《〈岛夷志〉非汪大渊撰〈岛夷志略〉辨》[②]，该文中讲到了《岛夷志》和《岛夷志略》并非同一著作，《岛夷志》是作为《清源郡志》的别帙成书于南宋，系泉州人所撰，记载的是宋代海外国家的情况。《岛夷志略》则成书于元，是汪大渊在《岛夷志》记载的基础上，补充了他航海的所见所闻，即元代海外国家的情况，两者不能混为一谈。

再次，是关于《岛夷志略》文本的研究，此又可以分为地理、商品贸易两个层面。地理方面，刘迎胜《汪大渊两次出洋初考》将《岛夷志略》当中所记载的99个国家和地区，依照《大德南海志》划分为"东洋"和"西洋"，并对汪大渊的东洋之行进行了重点论述[③]。周运中在《〈岛夷志略〉地名与汪大渊行程新考》[④] 中对《岛夷志略》的地名进行重新考证，经考证认为汪大渊出海航行两次。汪大渊的西

---

  [①] 熊程、夏荣林：《〈岛夷志略〉的版本述略》，《牡丹江师范学院学报》（哲学社会科学版）2015年第1期。
  [②] 廖大珂：《〈岛夷志〉非汪大渊撰〈岛夷志略〉辨》，《中国史研究》2001年第4期。
  [③] 刘迎胜：《汪大渊两次出洋初考》，"郑和与海洋"学术研讨会论文集，1998年。
  [④] 周运中：《〈岛夷志略〉地名与汪大渊行程新考》，《元史及民族与边疆研究集刊》2014年第1期。

洋航行是经过占城到单马令（今泰国洛坤），再经过马六甲海峡到锡兰。汪大渊混淆了古里与科莫林，所以他很有可能没到印度西海岸。汪大渊的东洋航行从泉州出发，经过澎湖列岛、台湾岛、吕宋岛、卡拉棉群岛、巴拉望岛，绕过加里曼丹岛西部到爪哇岛。印度尼西亚东部的四个地名孤立且遥远，所以汪大渊很可能没有到爪哇岛以东。《岛夷志略》中商品贸易的研究。聂德宁在《元代泉州港海外贸易商品初探》[①]中就《岛夷志略》中有关元代泉州港海外贸易中的外销商品、进口商品以及由泉州舶商转销的海外商品作了初步的考察，从进出口贸易的角度探讨了元代泉州港海外贸易发展的情况。杨晓春在《元代南海贸易中的商品与货币问题——〈岛夷志略〉相关记载的归纳与讨论》[②]中论及了元代南海各地形成了比较统一的货币体系，元代中国商人不但把大量的中国手工业制品带入南海地区，还在南海贸易中转贩各地，其间有可能用交换而来的南海某一国的某项商品作为与南海另一国贸易的商品，从而指出他们是南海贸易的重要的中介者，甚至也是南海贸易重要的主导者。沈福伟在《简论汪大渊对印度洋区域贸易的考察——古里佛、甘埋里、麻呵斯离、麻那里札记》[③]对古里佛、甘埋里、麻呵斯离、麻那里札记四个地方的贸易情况进行了具体研究。此外还有孙琳《浅析〈岛夷志略校释〉中的陶瓷器》一文对《岛夷志略》中的陶瓷相关的记录进行了摘录记载，并指出"这对于我们研究元代陶瓷外销东南亚各国的情况，提供了较为详尽的资料"[④]。

最后，其他相关类研究。沈伟福《元代航海家汪大渊周游非洲的历史意义》简介了汪大渊的生平与两次航海的经历，重点梳理了所到非洲各地的情况，从"汪大渊的周游非洲，是中国人对非洲的知识大为丰富""《岛夷志略》也对非洲的历史提供了印证或补充""汪大渊

---

① 聂德宁：《元代泉州港海外贸易商品初探》，《南洋问题研究》2000年第3期。
② 杨晓春：《元代南海贸易中的商品与货币问题——〈岛夷志略〉相关记载的归纳与讨论》，《元史及民族与边疆研究集刊》2018年第2期。
③ 沈福伟：《简论汪大渊对印度洋区域贸易的考察——古里佛、甘埋里、麻呵斯离、麻那里札记》，《中国史研究》2004年第2期。
④ 孙琳：《浅析〈岛夷志略校释〉中的陶瓷器》，《黑龙江科技信息》2011年第17期。

周游非洲，也为中非关系史写下了光辉的篇章"① 等方面对汪大渊及其《岛夷志略》的历史意义给予了肯定。梁轶奎《汪大渊游记对 21 世纪海上丝绸之路建设的启示意义》② 从《岛夷志略》的介绍出发，从"海洋伙伴"和"货币国际化"两个方面分析了《岛夷志略》对当下海上丝绸之路建设的意义。除此之外还有池齐的《汪大渊的南亚旅行及其记载的价值》③、梅艺华的《〈岛夷志略〉对海上丝绸之路的影响力》④ 等论文也从不同角度肯定了汪大渊和《岛夷志略》对后世的价值和意义。

总体上来看，当前学界对于《岛夷志略》的研究多集中于文献版本、商品贸易、航行地点考证等方面，对于《岛夷志略》的内容、题材、文本分析上研究较少，研究深度和广度还不够。《岛夷志略》见证了海上丝绸之路发展的繁盛，从海上丝绸之路纪行角度来看，《岛夷志略》仍有进一步的研究空间。

**二 文本细读**

1330 年（元文宗至顺元年），正值弱冠的汪大渊即开始了首次出海远洋，且两次出海均是从泉州港出发。第一次出航，主要历经了中国海南岛、越南占城、马六甲、爪哇、苏门答腊、缅甸、印度、波斯、阿拉伯、埃及等国家，也曾横渡地中海到达摩洛哥，回到埃及后又出红海行至索马里、莫桑比克，其后横渡印度洋回到斯里兰卡、苏门答腊、爪哇，经澳大利亚到加里曼丹、菲律宾返回泉州。这次出航前后历时 5 年⑤。三年之后，汪大渊再次出海。这次航行的重点区域是南海诸国，所历区域主要是南洋群岛、阿拉伯海、波斯湾、红海、地中海、莫桑比克海峡及大洋洲各地。在这两次出行中，汪大渊历经了 220 多个国

---

① 沈伟福：《元代航海家汪大渊周游非洲的历史意义》，《西亚非洲》1983 年第 1 期。
② 梁轶奎：《汪大渊游记对 21 世纪海上丝绸之路建设的启示意义》，《戏剧之家》2017 年第 21 期。
③ 池齐：《汪大渊的南亚旅行及其记载的价值》，《铁道师范学院》1986 年第 1 期。
④ 梅艺华：《〈岛夷志略〉对海上丝绸之路的影响力》，《城市地理》2016 年第 2 期。
⑤ 吴远鹏、洪泓：《汪大渊与海洋文化——纪念航海游历家汪大渊诞辰 700 周年》，《炎黄纵横》2011 年第 12 期。

家和地区,详细记录在《岛夷志略》中的即有一百个。相关记载,不仅涉及诸多海外地域的书写,也大多非常细致地介绍了相关国家和地区的社会生活面貌。

就海外地域书写而言,《岛夷志略》记录了14世纪上百个国家和地区,也同时描绘了东南亚、南亚、西亚、北非、东非,乃至大洋州等多个国家和地区的异域风光。而由于其中相当多的国家和地区为汪大渊所亲历,相关的记载,不仅使人能够多识域外地理山川,读之亦多令人有亲临其地之效。如《僧加剌》一节写道:

> 叠山环翠,洋海横丝。其山之腰,有佛殿岿然,则释迦佛肉身所在,民从而像之。迨今以香烛事之若存。海滨有石如莲台,上有佛足迹,长二尺有四寸,阔七寸,深五寸许。迹中海水入其内,不咸而淡,味甘如醴,病者饮之则愈,老者饮之可以延年。
>
> 土人长七尺余,面紫身黑,眼巨而长,手足温润而壮健,聿然佛家种子,寿多至百有余岁者。佛初怜彼方之人贫而为盗,故以善化其民,复以甘露水洒其地。产红石,土人掘之,以左手取者为货,右手寻者设佛后,得以济贸易之货,皆令温饱而善良。其佛前有一钵盂,非玉非铜非铁,色紫而润,敲之有玻璃声,故国初凡三遣使以取之。至是则举浮屠之教以语人,故未能免于儒者之议。然观其土人之梵相,风俗之敦厚,讵可弗信也夫![①]

僧加剌,即锡兰岛,今称斯里兰卡,梵文名称为 Simhaladvipa。岛上有佛迹,此文的僧加剌疑指锡兰岛最南端的栋德拉岬(Dondra Head)。栋德拉,僧加罗语作 Devi-neuera 和 Du-wundera,梵语为 Devanagara,栋德拉是"神城"的意思,它位于斯里兰卡岛的最南端,今仅存一渔村。伊本·白图泰在1344年曾到此地,见到佛堂,但佛堂建于何时未知,后于1587年被葡萄牙人所毁,已无遗迹。传闻海滨上有莲台状的石头,上面有佛的脚印,脚印长二尺四寸,宽七寸,深五

---

① 《岛夷志略校释》,第243页。

寸，脚印中的海水不咸而淡，味道甜美，有病者饮此水可痊愈，老年人饮此水可以长寿。当地人身材较高，面紫深黑，眼睛大且长，手脚温润且健壮，人多长寿。佛到此地怜悯这里的人贫困，就施善于民众，将甘露水洒在这里，保佑民众。这个甘露，印度人视为不死之药，梵语名阿密哩多（amrita），饮此甘露的人身体健康，益寿延年。这里地产红石，当地人挖掘红石，用左手找到的红石用作货物，右手找到的红石用于救济。佛前有钵盂，材质不是玉、铜或铁，色紫而润，敲击发出玻璃声，元朝开始即多次遣使想要取它。佛钵为佛所遗圣物，斯里兰卡佛钵相传为阿育王（Asoka）所赠，今在康提城（Kandy）的摩厘格华寺（Maligawa），佛钵与佛牙一同供养。在斯里兰卡，佛钵和佛牙为国宝，置于国都佛寺供养，但此地未曾做过国都，汪大渊所见实并非国宝佛钵。

其实，早在《大唐西域记》中就有记载曰："僧伽罗，周七千余里。国大都城周四十余里。土地沃壤，气序温暑，稼穑时播，花果具繁。人户殷盛，家产富饶。其形卑黑，其性犷烈。好学尚德，崇善勤福。"[①] 与《岛夷志略》不同的是，在《大唐西域记》中将僧加剌译为"僧伽罗"，其中记载可以与《岛夷志略》参照补充，值得注意的是，《大唐西域记译注》中提到"玄奘虽未亲履僧伽罗国，但是对它的描述却很详细，这与该国佛教的十分兴盛有关。另一方面，作为印度次大陆南端海岛的僧伽罗，与外界的海上交通特别发达。它不但自古以来与印度有着密切的交往，而且早在公元前2世纪就与中国建立了通航关系。这当是引起玄奘注意的另一个原因"[②]。可见早在唐时僧加剌的佛教就十分盛行，而且早在公元前2世纪就已经与中国通航。

再如《天堂》一节中对西亚麦加城的介绍：

地多旷漠，即古筠冲之地，又名为西域。风景融和，四时之

---

① （唐）玄奘撰著，（唐）辩机编次，芮传明译注：《大唐西域记译注》卷一一，中华书局2019年版，第725页。

② 《大唐西域记译注》卷一一，第725页。

春也。田沃稻饶，居民乐业。云南有路可通，一年之上可至其地。西洋亦有路通，名为天堂。有回回历，与中国授时历前后只争三日，其选日永无差异。①

"天堂"，《西使记》作"天房"，有"报达之西，马行二十日，有天房，内有天使神胡之祖葬所也。师名癣颜八儿。房中悬（钱）[铁] 缅，以手扪之，心诚可及，不诚者竟不得扪。经文甚多，皆癣颜八儿所作。辖大城数十，其民富实"之句②，《瀛涯胜览》作"天方"。天堂本指的是麦加城的恺阿白礼拜寺，又名上帝之居，这也是天堂、天方等名字的由来。恺阿白今称克尔白（Ka'bah），是阿拉伯语音译，意为"立方体房屋"，专指"真主的房屋"，为穆斯林的朝拜中心，位于沙特阿拉伯麦加禁寺中央。此处天堂指的即是沙特阿拉伯的麦加城。据汪大渊之述，"天堂"地广多荒漠，是古筠冲国③之地，元人又称西域④。这里的气候四季如春，风景融和，土地肥沃，水稻产量高，居民生活富足。这里在元代有伊斯兰教徒经过云南入元，从云南到缅甸和孟加拉，然后乘船西行可到麦加，这是当时伊斯兰教徒往来路径，走这条路需要一年的时间，而同时也有另一条西洋路径通往此地。这里使用的是回回历，与中国的《授时历》前后只差三天。回回历就是伊斯兰教教历，也称希吉来历，希吉来是阿拉伯语音译，意为"迁徙"，指的是穆罕默德和信徒们从麦加迁徙到麦地那，迁徙的第一天是公元622年7月16日，为了纪念这一天，伊斯兰教教历纪元以此为始。

对相关国家和地区的风土人情书写，亦是《岛夷志略》记载相关国家和地区信息的重要内容之一。汪大渊本人也是非常有意识地将这

---

① 《岛夷志略校释》，第352页。
② （元）刘郁撰，顾宏义、李文整理标校：《西使记》，上海书店出版社2013年版，第148页。
③ 筠冲指的是 Al-Hijaz，Al-Hijaz 本为阿拉伯半岛的古国名称，麦加和麦地那都是其境内都城。
④ 元朝时期，中国有许多伊斯兰教徒来自麦加，国人把他们称为西域人，而麦加本是伊斯兰教发源地，其后国人则把麦加称为西域。

方面信息记录下来,正所谓"所过辄采录其山川、风土、物产之诡异,居室、饮食、衣服之好尚,与夫贸易赍用之所宜"①。而从相关记载来看,这些国家和地区真可谓各有各的风俗。

例如对澎湖当地风土人情的书写:

> 岛分三十有六,巨细相间,坡陇相望,乃有七澳居其间,各得其名。自泉州顺风二昼夜可至。有草无木,土瘠不宜禾稻。泉人结茅为屋居之。气候常暖,风俗朴野,人多眉寿。男女穿长布衫,系以土布。
>
> 煮海为盐,酿秫为酒,采鱼虾螺蛤以佐食,蓺牛粪以爨,鱼膏为油。地产胡麻、绿豆。山羊之孳生数万为群。家以烙毛刻角为记,昼夜不收,各遂其生育。工商兴贩,以乐其利。
>
> 地隶泉州晋江县,至元间立巡检司,以周岁额办盐课中统钱钞一十锭二十五两,别无科差。②

澎湖,在宋王象之《舆地纪胜》之中已经有"澎湖"之称,而在之前似乎作"平湖",自清初开始称为"澎湖"。澎湖有三十六座屿,这些屿在涨潮时和大陆或岛相离,在落潮时和大陆或岛相连,这些屿有大有小,高低起伏,澎湖列岛整体并无高山,平均海拔17米,而最高点猫屿是78.9米。而澎湖本岛是列岛中面积最大的,平均海拔有45米。在澎湖本岛有很多可以沿海泊船的地方,澎湖本岛也因此而闻名。从泉州顺风航行二个昼夜可以到达澎湖。据汪大渊之述,澎湖当地有草无木,土地贫瘠不适宜耕作,当地人搭建茅草屋居住。这里气候常年温暖,风俗淳朴,当地人多高寿,人们多穿长布衫,系着一种大陆的棉布。当地人煮海来取盐,用高粱来酿酒,食用鱼虾螺蛤,用牛粪烧火做饭,用鱼油当作烹饪用油。这里的物产主要是胡麻、绿豆,此外,山羊很多,各家用烙毛刻角的方法来进行标记,整天也不驱赶

---

① 《岛夷志略校释》,第1页。
② 《岛夷志略校释》,第13页。

羊群，任由它们生育。澎湖隶属泉州晋江县，至元年间（1264—1294）在澎湖设立巡检司，巡检司在元朝是县级衙门底下的基层组织，通常是管辖人烟稀少地方的非常设组织。每年按照规定收取盐税中统钱钞一十锭二十五两，并无差别。

同样从海水中提取盐的国家和地区，在汪大渊的笔下还记载了许多，如《无枝拔》一节：

> 在阇麻罗华之东南，石山对峙。民垦辟山为田，鲜食，多种薯。气候常热，独春有微寒。俗直。男女编发缠头，系细红布。极以婚姻为重，往往指腹成亲。通国守义，如有失信者，罚金二两重，以纳其主。
>
> 民煮海为盐，酿椰浆蕨粉为酒。有酋长。产花斗锡、铅、绿毛狗。贸易之货，用西洋布、青白处州瓷器、瓦坛、铁鼎之属。①

无枝拔在阇麻罗华的东南边，阇麻罗华是在印度东北部的 Kamrup，梵语是 Kāmarūpa，《大唐西域记》记为迦摩缕波。无枝拔在马来半岛，藤田丰八注无枝拔也为《通典》中的半支跋，明以后称为满剌加，满剌加今作马六甲。满剌加河口内有东西二山，今东岸山名为圣保罗山（St. Paul's Hill），西岸山名为圣约翰山（St. John's Hill），无枝拔即在两山之中。据汪大渊的介绍，无枝拔的人们即开垦山地为耕地，多种植薯类。气候常年湿热，只在春季有些微寒。人民风俗古朴，男女均编发缠头，系红细布。民众特别看重婚姻，并且大都指腹为婚。整个国家都很重视信守义气，如有人不讲信用，则需交纳罚金二两。此外，这里的人们利用海水提取海盐，用椰浆酿酒，地产主要有花斗锡、铅和绿毛狗，可以用来与当地交换的货物有东南亚地区生产的棉布、处州龙泉青白瓷器、瓦坛、铁鼎等。花斗锡是有纹形的锡块，绿毛狗可能指的是鱼狗，它是翡翠鸟的一种。另西班牙人在 16 世纪末撰写的《谟区查抄本》（Boxer Codex）描写了东南亚和东亚的很多地理

---

① 《岛夷志略校释》，第 38 页。

情况，包括很多民族①，从中发现其中头缠红布的民族全在东南亚东南部，有菲律宾中部的米沙鄢人（Bissayas）、渤泥人（Burney）、马鲁古人（Malocos）、绍舞人（Siaus）等。②

《岛夷志略》记载的相关国家和地区的商品贸易活动情况，也特别值得注意。事实上，汪大渊在航行的时候主要停靠在具备通航条件的港口和岛屿，在记录当地情况的时候，他也特别关注当地物产。例如《层摇罗》一节，不但记录了层摇罗的特产，而且对交换的物品也做了简介：

> 国居大食之西南，崖无林，地多淳。田瘠谷少，故多种薯以代粮食。每货贩于其地者，若有谷米与之交易，其利甚溥。气候不齐，俗古直。男女挽发，穿无缝短裙。民事网罟，取禽兽为食。
> 煮海为盐，酿蔗浆为酒。有酋长。地产红檀、紫蔗、象齿、龙涎、生金、鸭嘴胆矾。贸易之货，用牙箱、花银、五色缎之属。③

层摇罗，即为层拔，是东非的 Zanzibar，9 世纪的波斯人在赤道南边的东非海岸建立国家名曰 Zanzibar，Zanzibar 源于波斯语 Zanj，本来指的是埃塞俄（Ethiopia），Zanzibar 的后缀 bar，就指的是海岸的意思。层摇罗即指今埃塞俄比亚地区。据上引，层摇罗在大食国的西南边，那里没有茂密的树林，土地盐分含量高。耕地贫瘠粮食产量少，所以多种薯类来代替粮食。到当地贩卖货物的商人，若要交换谷米，那么商人获得的利润将会很少。这里温度起伏大，风俗原始古朴，男女挽发，人们都穿短裙。人们食用用网罟捕捞来的禽兽，用海水提炼海盐，用甘蔗汁酿酒。这里盛产红檀，还有紫蔗、象牙、龙涎香、天

---

① 李毓中：《中西合璧的手稿：〈谟区查抄本〉（Boxer Codex）初探》，复旦大学文史研究院编：《西文文献中的中国》，中华书局 2012 年版，第 67—82 页，转引自周运中《〈岛夷志略〉地名与汪大渊行程新考》，《元史及民族与边疆研究集刊》2014 年第 1 期。

② 周运中：《〈岛夷志略〉地名与汪大渊行程新考》，《元史及民族与边疆研究集刊》2014 年第 1 期。

③ 《岛夷志略校释》，第 35 页。

然黄金、鸭嘴胆矾，用作商品交换的物品有牙箱、花银、五色绸缎等。其中的红檀，在《马可·波罗行记》中亦有记载；胆矾即五水硫酸铜，是一种无机化合物，俗称蓝矾、胆矾或铜矾，具有催吐、祛腐、解毒等功效，胆矾中有鸭嘴色的是为上品。

又如"食仰他国"的天竺书写：

> 居大食之东，隶秦王之主。去海二百余里，地平沃。气候不齐。俗有古风。男女身长七尺，小目长项。手帕系额，编发垂耳，穿细布长衫，藤皮织鞋，以绵纱结袜，仍将穿之，示其执礼也。
> 不善煮海为盐，食仰他国。民间以金钱流通使用。有酋长。地产沙金、骏马。贸易之货，用银、青白花器、斗锡、酒、色印布之属。①

从东汉到唐朝，天竺都是印度的统称，而在本书中指的是西天竺信度（Sind），在哈克罗河（Hakra）和木俱兰（Makran）之间。信度，今称信德，是巴基斯坦的东南部的一个省。《大唐西域记》记载："信度国，周七千余里。国大都城号毗苫婆补罗，周三十余里。"② 据上引，信度在大食国的东边，曾"隶秦王之主"。按：秦王为 Samma 信度王朝的音译，14世纪此王朝以印度河下游的塔塔为都城。信度王朝的都城距海二百余里。信度土地肥沃，气温起伏大，风俗保留有原始风貌。男女身高较高，眼睛小，颈长。当地人用手帕系在额头上，把头发编起来，身着长衫，穿着用藤皮编织的鞋子和棉布编织的袜子，这样的穿着被认为是彬彬有礼的样子。这里的人不善于用海水来取得海盐，食品从其他地方获得，人们用金钱进行交换流通。特色物产主要是沙金和骏马，而可以用来与当地交换的货物有银、青白花器、天然锡块、酒、印花布匹等。

另如《朋加剌》一节对孟加拉商品贸易的介绍：

---

① 《岛夷志略校释》，第35页。
② 《大唐西域记译注》卷一一，第770页。

第五章 中外交流视角与13—14世纪丝路纪行创作的研究及深度解读·海上丝路纪行系列

　　五岭崔嵬，树林拔萃，民聚而居之。岁以耕殖为业，故野无旷土，田畴极美。一岁凡三收谷，百物皆廉，即古忻都州府也。气候常热。风俗最为淳厚。男女以细布缠头，穿长衫。官税以十分中取其二焉。国铸银钱，名唐加，每个二钱八分重，流通使用。互易蚆子一万一千五百二十有余，以权小钱便民，良有益也。

　　产苾布、高你布、兜罗绵、翠羽。贸易之货，用南北丝、五色绢缎、丁香、豆蔻、青白花器、白缨之属。兹番所以民安物泰，平日农力有以致之。是故原防菅茅之地，民垦辟，种植不倦，犁无再劳之役，因天之时而分地利，国富俗厚，可以轶旧港而迈阇婆云。①

　　朋加剌指的是东天竺恒河下游的孟加拉（Bengal），又名榜葛剌、鹏茄啰。引文中言"五岭崔嵬"，其中"五岭"指的是恒河向东流入朋加剌国境内而转向南流入西岸山地，即今著名的拉吉马哈尔山（Rajmahal Hills）。据汪大渊之述，朋加剌国树林茂密，人们聚集居住，常年以耕种为生。这里土地肥沃，耕地面积广泛，粮食一年三熟，物品价格低廉。汪大渊所谓的古忻都州府，指的是欣都思的古都城，欣都思是Hindustan的音译，指的是温德亚山脉（Vidhya Range）以北区域。这里气候常热，风俗淳朴。这里人们用细布缠头，穿长衫。官税收取十分之二。国家发行钱币名为唐加（tanga），每个钱币有二钱八分重，一钱约为3.125克，那么每个钱币大约重8.75克。蚆子可用于通货，一枚为一妆，四枚为一首，四首为一缗或苗，五缗为一卉或索，蚆子可以换银钱，蚆子一万一千五百二十有余枚，可用于换些小钱用于便民。朋加剌产苾布、高你布、兜罗绵、翠羽多种布料。苾布即为达卡（Dacca）所产细布；高你布，高你与考泥同音，孟加拉产黄麻，高你布可能是梵文goni的音译，所以高你布很可能指的是粗麻布。而可以用来在当地交换货物的物品又主要有南北丝、五色绸缎、丁香、豆蔻、青白花瓷器、白缨等。总之，因为朋加剌国注重农业发

---

①《岛夷志略校释》，第330页。

· 205 ·

展,人们勤于开垦,加之十分优越的气候与土地条件,朋加剌国是一个国富民庶的国家,并且民风淳朴。

据统汇,经由汪大渊带领的商船外销到海外诸国的商品货物多达百种,主要有帛布、陶瓷、金属矿产及农副产品,另记载有近百种海外进口产品,主要是香药类、珍宝类和食品杂货产类。而尤其值得注意的是,汪大渊在航行时还将海外贸易活动中的各国货物进行转销,这些转销货物包括各种各样的番布、香料以及当时海外一些国家和地区当作通货使用的海贝、日本的倭铁和琉球的硫黄等。可见,用此国货物去换另一国货物,这在当时海上贸易中是一种常见的交换方式。像其中的番布,有占城布、阇婆布、巫仑布、甘理布、西洋布、八都剌布、八节那间布、八丹布、麻逸布、西洋丝布、南(北)溜布等,这些番布大多均以其产地命名,可见是当地生产的布匹。例如占城布,"地产红紫伽览木、打布"①。打布,是一种大围巾,可作围于腰间的一种围布,当时占城布很受欢迎,销路相当广泛。香料,有乳香、木香、胡椒、苏木、麝香、丁香、豆蔻、蔷薇水等。例如甘埋里,"所有木香、琥珀之类,均产自佛朗国来,商贩于西洋互易。去货丁香、豆蔻、青缎、麝香、红色烧珠、苏杭色缎、苏木、青白花器、瓷瓶、铁条,以胡椒载而返。椒之所以贵者,皆因此船运去尤多,较商舶之取,十不及其一焉"②。甘埋里据考证是在波斯的忽鲁模斯(Hormoz),在《岛夷志略》中丁香产自文老古,豆蔻产自文诞,苏木产于真腊、罗斛、暹、苏门傍、啸喷,麝香产自龙涎屿、民多朗等地。这些产自东南亚各地的香料和香木,经由船商自东而西沿途贩运到位于波斯湾口的忽鲁模斯,用来换取当地的木香、琥珀、胡椒等货物,这种以近易远的贩贸方式,是一种方便且具有一定经济效益的贸易形式。

总而言之,作为一名民间航海家,汪大渊克服了众多困难,花费八年光阴游历世界,并通过《岛夷志略》将自己的所见所闻留存下来。纵使世人皆知郑和下西洋、马可·波罗游历中国,不知南昌汪大

---

① 《岛夷志略校释》,第55页。
② 《岛夷志略校释》,第364页。

渊游历世界，但汪大渊在中外航海史中的价值仍是不可小觑的。尤为珍贵的是，汪大渊写作《岛夷志略》的态度非常严肃，他所记录的山川地貌、风土人情、商品、贸易几乎都是自己亲身所经历的。正如元朝著名馆臣张翥在给汪大渊《岛夷志略》所作书序中道：

> 汉唐而后，于诸岛夷力所可到，利所可到，班班史传，固有其名矣。然考于见闻，多袭旧书，未有身游目识，而能详其实者，犹未尽之征也。西江汪君焕章，当冠年，尝两附舶东西洋，所过辄采录其山川、风土、物产之诡异，居室、饮食、衣服之好尚，与夫贸易费用之所宜，非其亲见不书，则信乎其可征也。与予言，海中自多钜鱼，若蛟龙鲸鲵之属，群出游，鼓涛拒风，莫可名数。舟人燔鸡毛以触之，则远游而没。一岛屿间或广袤数千里，岛人浩穰。其君长所居，多明珠、丽玉、犀角、象牙、香木为饰。桥梁或甃以金银，若珊瑚、琅玕、玫瑁，人不以为奇也。所言尤有可观，则骎衍皆不诞，焉知是志之外，焕章之所未历，不有瑰怪广大又逾此为国者欤！[①]

张翥认为，自汉唐以后，人们对于海外的认知非常匮乏，基本是沿袭旧说，以讹传讹，没有谁能以身游目识的经历来传述确凿、真实的海外经历。但汪大渊的书不同，他书中的内容都是非亲见不书，所以可信；而且汪大渊每到一处，对当地奇特的山川风土以及独特的物产习俗以及居室饮食和可以交易商贸的东西都认真记载，所以有用；此外一些格外的见闻，比如海中蛟龙鲸鲵，乘风破浪的情形；岛上酋长的房屋用以明珠、丽玉、象牙、香木装饰，人们用珊瑚、玫瑁等东西来修葺房梁或墙壁，等等，这些见闻书写亦自是让人大长见识。

### 三 文学史意义

《岛夷志略》作为一部名扬四海的中外交通地理古籍，不仅记载

---

[①] 《岛夷志略校释》，第1页。

了当时 220 多个国家与地区，为国民拓展了视野，也再现了元代繁茂的海外贸易，记录了元代海上丝绸之路的辉煌。故其作用远超过汪大渊自己所说的"表国朝威德如是之大且远"，不仅在风物、人情、地产、风俗方面有重要的文献价值，在文学方面亦当有足值称道的意义。

首先，《岛夷志略》是 13—14 世纪海上丝绸之路纪行文学的杰出代表作。书中记录了海外地域地理、物产、历史遗迹、奇闻异事、风土人情等很多方面内容，书中也记载了当时华侨在海外的生活情况。我们从汪大渊的记载里可以看到近乎完整的海上丝绸之路贸易实况，同时也看到了不断穿梭于海上的中国商船和勇敢前进中国古人形象。并且，汪大渊在 13—14 世纪时进行了航海突破，带着他的商业贸易视角进行书写，具有商贸和航线的开拓意义。我们对《岛夷志略》的不断深入解读，使得我们对 13—14 世纪海上丝绸之路的认识更加深入和细化，这也更为我们理解古代中国提供了中外交流视角和地理探索视角。

其次，《岛夷志略》是元代中外交通笔记文学史上的巨作，具有承上启下的重要作用。《岛夷志略》上承周去非《岭外代答》和赵汝适《诸蕃志》，下接马欢《瀛涯胜览》和费信《星槎胜览》，《岛夷志略》受到《岭外代答》和《诸蕃志》影响较大，但《岛夷志略》记录的皆是汪大渊海外航行的亲身经历，具有十分重要的真实性和实践性，后人马欢和郑和出海航行皆依据《岛夷志略》而来，《岛夷志略》是一本十分重要的中外古代交通的"百科全书"。

再次，《岛夷志略》亦可誉为游记文学史上具有里程碑意义的作品。《岛夷志略》融合了地理纪实、自然环境、航海纪行等多方面内容，记录了 13—14 世纪东亚、东南亚、南亚、西亚、北非、东非等沿海地区的真实历史风貌，通过基于亲历经验的具实叙述，系统扩大了的亚洲东南、西部及南部，以及非洲北部及东部海域的纪游空白，极大拓展了古代游记文学的表现空间与叙事意境。

## 第三节　海上丝路纪行系列之三：高丽—中国纪行诗研究及细读

自古以来，中国和高丽之间往来密切，交流频繁，蒙元更是如此。1206年，成吉思汗统一漠北，建立大蒙古帝国。公元1216年，辽东契丹贵族耶厮不、乞奴等造反，占领高丽北部的江东城。1218年，蒙古和高丽联手消灭契丹叛军，并与高丽订立盟约，高丽每年向蒙古进贡。1224年，蒙古使臣在高丽被害，矛盾逐渐升级。1231年至1257年，蒙古先后向高丽发动七次大规模侵略战争。后于1259年达成和解，即高丽世子王倎到蒙古做人质。但王倎未来得及朝见蒙哥大汗，蒙哥便逝世，旋即拜见亲王忽必烈，留下较好印象。1260年，高丽王去世，王倎投靠忽必烈，忽必烈派人护送王倎回高丽继位。王倎即位后改名王禃，并与元朝联姻。从此，元朝皇帝或王室成员的女儿与高丽国王联姻，历任高丽国王都是元朝的女婿，高丽国王与元朝公主所生儿子为世子，日后继位为高丽国王，此为例制。①之后，高丽与蒙元交往日益密切，出现了许多纪行诗人，高丽诗人李齐贤和李穑是重要代表。

李齐贤（1287—1367），字仲思，号益斋，自号栎翁，朝鲜半岛高丽庆州人，出生于"三韩甲族"的庆州李氏，家学渊源深厚。1313年，高丽忠宣王王璋让位于忠肃王王焘，忠宣王以太尉身份留居元大都，实则留元为质。次年，李齐贤入元，留居时间约十年。②留元期间，李齐贤广游名山大川，并与姚燧、阎复、虞集、赵孟頫、元明善、张养浩等人交往。1367年秋，李齐贤病卒于府第，谥文忠公。著有《益斋乱稿》和《栎翁稗说》。诗歌内容丰富、体裁兼备，被称为"诗界正宗""东国杜子美"，对朝鲜半岛的文学创作产生了深远影响。

李穑（1328—1396），字颖叔，号牧隐，谥号文靖。本贯韩山李氏，出身名儒家庭，是李齐贤的学生。著有《牧隐稿》五十五卷。李

---

① 孟古托力：《蒙元与高丽关系述论》，《北方文物》2000年第4期。
② 徐健顺：《李齐贤在中国行迹考》，《延边大学学报》（社会科学版）2005年第4期。

穑五次入华，其中四次入元，一次入明。李穑是在高丽后期广泛传播和发展的朱子学的主要代表人物。他从朱子学"理"的观念出发，把"太极"看作超越于自然的、产生宇宙万物的某种绝对的精神实体，又认为它是封建道德秩序的"天理"。他是性理学承上启下的重要人物，在朝鲜儒学发展和性理学推广史上有重要的地位。

李齐贤和李穑都曾在华长时间居留，其间创作了大量的纪行作品。对这些作品的研究和解读对于研究中朝关系、蒙元历史、纪行诗等都具有重要意义。

## 一 研究现状

高丽—中国纪行诗是13—14世纪高丽—中国纪行文学的重要组成部分，目前学界已经有了较为深入的研究，尤其是蒙元和高丽的关系之间的研究。李齐贤和李穑创作了不少高丽—中国纪行诗，学界也有不少相关研究。具体来说，研究主要集中在以下三方面，首先，蒙元和高丽的关系研究；其次，关于李齐贤的研究；最后，关于李穑的研究。

首先，蒙元和高丽的关系研究。蒙元和高丽的关系研究是13—14世纪研究的重点，研究成果也比较丰富。有研究蒙元和高丽的政治联姻及文化交流的，如乌云高娃的《高丽与元朝政治联姻及文化交流》[1]、孙红梅的《元朝与高丽"舅甥之好"及两国文化交流》[2]、朴延华和朱红华的《试论元丽两国政治联姻关系》[3]，这几篇文章探讨了蒙元和高丽的政治联姻，两国姻亲关系维护了长期的和平亲善，但这是在元朝的大国意识制约下展开的，带有蒙古烙印。也有研究蒙元和高丽的使臣（包括世子和使臣）往来的，较为重要的有舒健、张健松的《韩国现

---

[1] 乌云高娃：《高丽与元朝政治联姻及文化交流》，《暨南学报》（哲学社会科学版）2016年第10期。

[2] 孙红梅：《元朝与高丽"舅甥之好"及两国文化交流》，硕士学位论文，吉林大学，2006年。

[3] 朴延华、朱红华：《试论元丽两国政治联姻关系》，《延边大学学报》（社会科学版）2004年第1期。

存元史相关文献资料的整理与研究》①一书通过对韩国现存元史相关文献资料的勘正和研究，分析了蒙古东征高丽对其政治格局变化的影响和蒙元接触初期高丽的几类使臣，补充整理了高丽使臣的赴元路线，对于文学、历史、地理等都具有重要意义。这些使臣在出使过程中，使团中的一些随行人员会自觉或不觉地记录沿途之事或作诗吟咏，他们将使行中的所见所闻编纂成集。从他们文集的体裁来看，包括游记、诗歌、表笺等，基本上都是各种体裁相混，李承休和李齐贤是其中典型的代表。除此之外，作者在分析元与高丽士人的情感纽带和元明两代中国域外遗民的比较时，都以李穑为例进行说明，强调了李穑对元朝的深厚感情和其"域外遗民"的特殊身份。颜培建的《蒙元与高丽人员交往探讨——以高丽使臣身份为中心》②指出派遣使臣是元朝与高丽交往的重要内容，两国的长期交往多是通过互派使臣实现的。为了通过使臣的入元交涉活动达到某些政治或经济目的，高丽非常注意发挥入元使臣的沟通作用，重视派出使臣的身份地位，这在国家的政治交往中显得格外重要。此外，还有较为综合性的研究，如孟古托力《蒙元与高丽关系述论》，文章分析了蒙元与高丽关系的背景及汗国七征高丽，姻亲关系的建立和发展，以及当时的经济、文化交流，最后指出："蒙古族为主体的蒙元与高丽的关系，大体以1259年为界线分为两个时期。第一时期虽建立起藩属关系，但蒙古对高丽常常掠夺、战争。第二时期在政治上虽君君臣臣，但姻亲关系维护了长期的和平、亲善。这是在傲然自大的大国意识制约下展开的，并打有蒙古烙印。经济交流频繁、朝贡方面常是薄来厚往。文化上多是元朝赐与，高丽索取。关系发展中，和平、友好、积极是主流，正常情况下双方都愿意维持。"③

其次，关于李齐贤的研究。目前学界对李齐贤和他留下的作品进行了多方面的研究，研究成果较为突出。有的从李齐贤的诗歌进行分

---

① 舒健、张健松：《韩国现存元史相关文献资料的整理与研究》，上海大学出版社2015年版。
② 颜培建：《蒙元与高丽人员交往探讨——以高丽使臣身份为中心》，博士学位论文，南京大学，2011年。
③ 孟古托力：《蒙元与高丽关系述论》，《北方文物》2000年第4期。

析，如温兆海的《李齐贤诗美理论探微》指出，李齐贤以审美为中心能动地接受了中国诗学的审美理论，建立了朝鲜诗学的诗美理论，在朝鲜诗学发展史上具有重要意义。[1] 胡树森在《朝鲜李齐贤和他的诗》[2]中对李齐贤诗的特点进行了浅析。而何永波的《李齐贤汉诗创作研究》[3]深入研究了李齐贤汉诗的主要内容、艺术成就和后世影响，指出其在李齐贤的汉诗在朝鲜汉诗史上具有承前启后的作用。杨雅琪（2019）的《高丽诗人李齐贤对苏轼诗学的接受》从自然观、意境论、风格论三大方面分析指出李齐贤对苏轼诗学的接受与选择，深入探究了李齐贤在接受与选择间体现的东亚文学的整体性以及其中蕴涵"和而不同"的文化意理。有的对李齐贤的词进行研究，这类研究较为丰富。如李宝龙、高云龙在《李齐贤在朝鲜词史上的地位和影响》[4]谈到了李齐贤词创作的成就和影响。李齐贤是朝鲜词史上最重要的词人之一，也是成就最高的词人之一，对后世词文学的创作产生了重大影响。赵维江的《汉文化域外扩散与高丽李齐贤词》[5]、李宝龙的《论李齐贤词的多重渊源》[6]、金贤珠和金瑛美的《李齐贤的中国纪行词考察》[7]、徐健顺的《李齐贤词作的意义、成因与考辨》[8]等对李齐贤词进行了多方面多层次的研究。较为重要的有张晓晴的《李齐贤词研究》[9]，作者按照生平考辨、题材、艺术、影响等逻辑展开论述，分析了李齐贤在词牌选择方面，善用对偶、巧用借代、用典艺术三方面的修辞特点，挖掘了李齐贤写景词所创设的雄伟壮阔、静谧恬淡的意境，并指出李齐贤词豪放风格的四个特征。有的对李齐贤的在华行迹进行了考证：如

---

[1] 温兆海：《李齐贤诗美理论探微》，《延边大学学报》（社会科学版）2000年第4期。
[2] 胡树森：《朝鲜李齐贤和他的诗》，《河北大学学报》（哲学社会科学版）1985年第2期。
[3] 何永波：《李齐贤汉诗创作研究》，博士学位论文，中央民族大学，2007年。
[4] 李宝龙、高云龙：《李齐贤在朝鲜词史上的地位和影响》，《辽东学院学报》（社会科学版）2009年第4期。
[5] 赵维江：《汉文化域外扩散与高丽李齐贤词》，《民族文学研究》2010年第2期。
[6] 李宝龙：《论李齐贤词的多重渊源》，《东疆学刊》2011年第1期。
[7] 金贤珠、金瑛美：《李齐贤的中国纪行词考察》，第四届中国文学地理学年会会议论文，2014年。
[8] 徐健顺：《李齐贤词作的意义、成因与考辨》，《文学前沿》2002年第1期。
[9] 张晓晴：《李齐贤词研究》，硕士学位论文，青岛大学，2019年。

郑叶凡、乌云高娃《高丽文臣李齐贤元代江南之行》[①]和徐健顺《李齐贤在中国行迹考》[②]是对李齐贤在华行迹进行了研究，学界普遍认为李齐贤于延祐元年（1314年，甲寅）到至元六年（1340年，庚辰）生活在中国，共26年。徐健顺经过考证，指出李齐贤居留元朝时间为10年，在这期间，可以确定有两次回国；此后居住在高丽期间，可以确定有两次入元。此外，还有的则从比较文学形象学的角度考察了李齐贤的中国形象，如王汝良《李齐贤笔下的中国形象》[③]。

最后，学界对于李穑也有一定研究。在2005年11月19日召开了"中韩（2005）牧隐李穑学术思想研讨会"[④]，与会专家对李穑的哲学思想的内涵、渊源、特点和意义进行了热烈讨论。白承锡在《高丽大儒李穑及其辞赋学之成就》[⑤]中对李穑的辞赋进行研究。他的《辞辨》一文，提出"辞"先"赋"后的见解，是辞赋学文体论的一个重大成果。姜剑云在《儒释相非久，谁知我独亲——略说高丽大儒李穑之亲佛》[⑥]中谈到了李穑的佛学观念，佛学观念即为"善"。李穑十分推崇杜甫，徐希平在《再拜杜鹃少陵翁，遗芳腾馥大雅堂——从高丽诗人李穑的一首诗作看杜诗与巴蜀文化之海外影响》[⑦]是从一首涉及杜甫和黄庭坚评价的诗中谈到了巴蜀文化对高丽的影响。李鸿章《杜甫与李穑诗歌的比较研究》[⑧]是对杜甫和李穑的诗歌进行比较研究，分析两人诗歌的相同点和不同点。李穑也深受儒家思想影响，王国彪在《李穑与〈论语〉在高丽末期的传播》[⑨]中谈到李穑大力传播《论

---

[①] 郑叶凡、乌云高娃：《高丽文臣李齐贤元代江南之行》，《元史及民族与边疆研究集刊》2016年第1期。

[②] 徐健顺：《李齐贤在中国行迹考》，《延边大学学报》（社会科学版）2005年第4期。

[③] 王汝良：《李齐贤笔下的中国形象》，《延边大学学报》（社会科学版）2007年第1期。

[④] 《中韩学者研讨牧隐李穑学术思想》，《光明日报》2005年11月29日第9版。

[⑤] 白承锡：《高丽大儒李穑及其辞赋学之成就》，《古典文学知识》2013年第6期。

[⑥] 姜剑云：《儒释相非久，谁知我独亲——略说高丽大儒李穑之亲佛》，《兰州学刊》2015年第11期。

[⑦] 徐希平：《再拜杜鹃少陵翁，遗芳腾馥大雅堂——从高丽诗人李穑的一首诗作看杜诗与巴蜀文化之海外影响》，《中国文学研究》2017年第1期。

[⑧] 李鸿章：《杜甫与李穑诗歌的比较研究》，硕士学位论文，延边大学，2016年。

[⑨] 王国彪：《李穑与〈论语〉在高丽末期的传播》，《当代韩国》2013年第2期。

语》,《论语》的传播随着性理学的发展而呈现出了新的面貌,其在高丽末期政治、文化生活中也发挥了积极作用。王方的《高丽诗人李穑汉诗中儒家风范研究》[①] 是从比较文学的视角,就李穑汉诗中的儒家风范尤其是仕隐观进行研究。李岭的《〈牧隐稿诗稿〉所见元明之际的中朝关系》[②] 是从《牧隐稿诗稿》的咏史感怀之作中分析反映出来的元明鼎革之际中国大陆与朝鲜半岛的关系。张春海在《"中国"之心归何处——元明鼎革之际李穑的认同困境》[③] 中谈到,面对元明鼎革这一"用夏变夷"的历史转折,高丽文人李穑陷入了认同困境。李岭和张春海是在李穑的诗作中进行两国关系和身份认同的研究。而张士尊在《元末明初中朝交通路线考》[④] 中从李穑的诗篇分析了李穑的入华路线,有的是经由驿站路线,有的则不是。刘刚、潘越在《李穑入华考》[⑤] 中考证了李穑入华次数和居留时间。李穑在华居留时间合计3年又9个月左右,而在此期间绝大多数时间是作为国子监生员在大都国子监学习。1354年3月中第之后,李穑才被元朝任命为应奉翰林文字承事郎、同知制诰兼国史院编修官。但李穑不久归国,没有真正在元朝任职。直到1355年4月李穑再次入元,才开始在元大都翰林院任职。因此,李穑真正在元大都仕宦的时间仅有9个月左右。张敬钰在《元末明初高丽李穑中国纪行诗研究》[⑥] 中讲到,李穑的"中国纪行诗"分别记录了其于至正八年(1348)、至正十三年(1353)、至正十五年(1355)三次出使元朝以及至正十年(1350)腊月至至正十一年(1351)正月因私往返之途中见闻,其中包括在元学习、为官等事宜。李穑"中国纪行诗"价值主要集中在两个方面。其一,诗歌中记载了他的"中国经历"包括对于驿路驿站情况的记录、途中所见所

---

① 王方:《高丽诗人李穑汉诗中儒家风范研究》,硕士学位论文,中央民族大学,2012年。
② 李岭:《〈牧隐稿诗稿〉所见元明之际的中朝关系》,《内蒙古社会科学》(汉文版)2015年第5期。
③ 张春海:《"中国"之心归何处——元明鼎革之际李穑的认同困境》,《外国文学评论》2020年第2期。
④ 张士尊:《元末明初中朝交通路线考》,《鞍山师范学院学报》2008年第5期。
⑤ 刘刚、潘越:《李穑入华考》,《黑龙江史志》2013年第23期。
⑥ 张敬钰:《元末明初高丽李穑中国纪行诗研究》,硕士学位论文,河北大学,2020年。

闻的描述，具有一定的历史文献价值。其二，李穑纪行诗歌书写了复杂的"中国情结"，折射了传承的"中国元素"，具有较高的汉诗文审美价值。

总体来说，当前学界的研究多集中于蒙元与高丽关系研究，而李齐贤的研究多集中于李齐贤的入华行迹、性理学思想、诗学理论和文学作品方面。李穑的研究多集中于辞赋学、佛学观念、身份认同、儒学思想、杜甫接受、入华行迹和文学作品方面。其中从李齐贤和李穑的纪行作品中进行入华行迹考证的研究则更具有13—14世纪海上丝绸之路纪行探索的意义，值得予以关注。

## 二 文本细读

在忽必烈将统治重心由草原转向汉地之前，高丽和蒙古的往来几乎全是沿陆路而行，路线是从高丽到漠北。此阶段由于东北地区各力量交错，局势动荡，道路梗塞，不利行走。忽必烈继大统后，蒙古统治中心南移，使臣已无须再前往天寒地冻的漠北，李承休在《宾王录》中比较翔实地记载了高丽使臣前往大都的路线：坝江—金岩驿—分水岭—东京—沈州—渥头站—神山县—屏风山—燕京。[①] 在漫长的旅程中，李齐贤和李穑详细地记录了他们在华期间以及途中的经历与见闻，既有对元朝的憧憬与向往，又有关于路途中遭遇艰辛的记录与感叹，也有思乡之情。这些在他们的纪行诗中都有鲜明的表述。

（一）李齐贤高丽—中国纪行诗细读

李齐贤一生曾多次入元，足迹遍及当时中国地区许多地方，并且留下了诸多纪行诗作。这些诗作收录于其《益斋乱稿》与《栎翁稗说》，生动保存下七百年前一位高丽人在中国的出行或游历旅程。李齐贤入元后首次奉使出使活动是在元延祐三年，出使地点是蜀地的峨眉山。

在此次蜀地之行中，他创作了28首诗和19首词。金文京对峨

---

① 舒健、张健松：《韩国现存元史相关文献资料的整理与研究》，上海大学出版社2015年版，第31—35页。

眉山之行的时间做了详细的考证,认为李齐贤在延祐三年(1316)初从大都出发,春末的三月到达成都,八月十七日从成都出发去登峨眉山,秋天时回到大都。并认为,李齐贤的峨眉山之行很可能出自忠宣王的授意。①但李齐贤的年谱中记载:"(延祐)三年丙辰……四月,迁进贤馆提学。奉使西蜀,所至题咏,脍炙人口。"②说明李齐贤从大都出发的时间在四月或四月后。因此,李齐贤西蜀之行可能启程于延祐三年(1316)四月或四月后,为李齐贤首次入元后的重要奉使出行活动。

此次出行活动的重要性不仅仅在于是他入元后的首次奉使出行,还在于他此次出行是有任务在身的。一方面,降香峨眉山是上王交给他的任务;另一方面,能够作为高丽使臣在中国代祀是无上的荣耀。因此,对于他来说,这次的出使是他忠君报国的机会,也是他自己施展自己才华的舞台。所以,在这次出使所作的诗词具有重要意义。

李齐贤交友甚广,在他出发去成都前,已有不少元朝文人写诗相赠,表达对他此次任务的祝贺。如张养浩和李齐贤相互赠答的诗《张希孟侍郎见示〈江湖长一句一编〉以诗奉谢》:

天堑文章数百年,一时输与济南贤。纵横宝气丰城剑,要妙古音清庙弦。便觉有功名教事,谁言费力长短篇。兴来三复高声读,万里江山只眼前。③

这是李齐贤给张养浩的回赠。之前,张养浩曾作诗称赞李齐贤

---

① 金文京:《高麗の文人官僚・李齊賢の元朝における活動》,载夫馬進主编《中國東アジア外交交流史の研究》2007年版,第130、133页,转引自郑叶凡、乌云高娃《高丽文臣李齐贤元代江南之行》,《元史及民族与边疆研究集刊》2016年第1期。
② 《益斋先生年谱》,载《益斋集》,韩国成均馆大学藏鲁林斋刻本,第65页,转引自郑叶凡、乌云高娃《高丽文臣李齐贤元代江南之行》,《元史及民族与边疆研究集刊》2016年第1期。
③ 李齐贤:《益斋乱稿》卷一,《韩国文集丛刊》第二册,韩国景仁文化社1990年影印本,第506页。

"三韩文物胜当年,刮目青云有此贤"。① 这说明李齐贤在当时元朝文人圈中知名度较高,大家对李齐贤也十分敬重,对他此次代祀的任务也感到荣耀和祝贺。李齐贤的和诗充满了雄心壮志,开始他自谦,紧接着就表达了自己对于此次任务的期待与渴望建功立业的抱负。②

关于峨眉山旅程,李齐贤《栎翁稗说》有详细记载:"延祐丙辰,予奉使祠峨眉山。道赵、魏、周、秦之地,抵岐山之南,逾大散关,过褒城驿,登栈道,入剑门,以至成都。又舟行七日,方到所谓峨眉山者。"③ 所谓"赵、魏、周、秦之地",应指的是战国时的疆界,然后李齐贤一路向峨眉山进发,所到之处无不留下诗篇,对此次峨眉山之行的旅途、风景、心情都作了详细的记录。

李齐贤一路从关中入蜀,向西南行进,渡黄河、登蜀道,一路风景奇绝壮阔,给李齐贤留下深刻印象,这在他的《蜀道》中有所表现:

此山从古有,此道几时开。不借夸娲手,谁分混沌胚。天形旗尾掷,岗势剑铓摧。雾送千林雨,江奔万里雷。班班穿荟郁,矗矗上崔嵬。下马行难并,逢人走却回。惊猿空踯躅,去鸟但徘徊。才喜晨光启,俄愁暮色催。金牛疑忘矣,流马笑艰哉。寄谢题桥客,何须约重来。④

自古以来,蜀道就是天堑,李白早有"蜀道之难,难于上青天"的感慨,李齐贤同样为蜀道的奇绝艰险感到震撼。开篇即借用反问句式说明秦岭山势陡峭,蜀道奇绝。紧接着,李齐贤描绘了蜀道周围的环境:山岛耸峙,云雾缭绕,细雨连绵,山脚湍流奔腾。李齐贤形象

---

① 按:张养浩诗见附于李齐贤诗后,《益斋乱稿》卷一,《韩国文集丛刊》第2册,第506页。
② 李娇:《李齐贤在元创作诗词中国意象考》,硕士学位论文,西安外国语大学,2019年,第34页。
③ 李齐贤:《栎翁稗说》(民族文化推进会,《国译益斋集》),平和堂1980年版,第50页,转引自金贤珠、金瑛美《李齐贤的中国纪行词考察》,第四届中国文学地理学年会会议论文,2014年。
④ 李齐贤:《益斋乱稿》卷一,《韩国文集丛刊》第2册,第507页。

地描绘了走蜀道的艰难,"马、猿、鸟"等意象或是借用李白的《蜀道难》,而"行难""踯躅""徘徊"等动词则生动形象地表现了山川之险言蜀道之难。最后,作者如数家珍般引用了"秦惠王利用金牛攻克蜀国""蜀兵在诸葛亮的指挥下用木牛流马转运粮草""赤车骋蜀道接司马相如"等多个历史典故。一方面展现出高丽汉化程度之深;另一方面,更是表现出了蜀道的艰险,无论古人、今人,中国还是高丽都为之却步。整首诗给人以回肠荡气之感,充分显示了诗人的浪漫气质。诗中诸多的画面此隐彼现,无论是山之高、水之急,河山之改观、林木之荒寂还是连峰绝壁之险,皆有逼人之势。

翻过蜀道后,李齐贤经过繁华的锦江。这里的酒楼、客栈的歌舞升平、怡然自得暂时消解了过蜀道的心惊肉跳。稍作休息,李齐贤就继续向崇山峻岭进发,夜宿符文镇,终于到达峨眉山,激动的心情难以平静,于是作诗《登峨眉山》:

苍云浮地面,白日转山腰。万象归无极,长空自寂寥。①

这短短20个字,却给人一种极其开阔之感,仿佛杜甫笔下的"会当凌绝顶,一览众山小"俯视一切的雄心和兼济天下的壮志。"苍云、白日"都是壮大的意象,"浮、转"给人一种高处不胜寒的境界。"万象、无极、长空、寂寥"等词语,明显充满了虚空之感,万世茫然,只有那一片苍茫的天空兀自寂寥。同时,这表现出李齐贤登顶之后卓然自立的心情。②

此次峨眉山之行对于李齐贤来说,具有非比寻常的意义,李齐贤也不负众望的出色地完成了这次任务。最后,李齐贤从蜀中返还燕京,作诗《路上·自蜀归燕》:

---

① 李齐贤:《益斋乱稿》卷一,《韩国文集丛刊》第2册,第507页。
② 李娇:《李齐贤在元创作诗词中国意象考》,硕士学位论文,西安外国语大学,2019年,第32页。

第五章 中外交流视角与13—14世纪丝路纪行创作的研究及深度解读·海上丝路纪行系列

> 马上行吟蜀道难,今朝始复入秦关。碧云暮隔鱼凫水,红树秋连鸟鼠山。文字剩添千古恨,利名谁博一身闲。令人最忆安和路,竹杖芒鞋往自还。①

这首诗是李齐贤从蜀中返还燕京的路上所作。李齐贤圆满地完成了代祀峨眉山的任务,整首诗也洋溢着喜悦、轻松、欢快之情。首句"行吟"二字生动地表现出作者愉悦的心情,与《蜀道难》的艰难险阻令人望而生畏形成反差。然后,李齐贤再次描写了蜀道的环境,这一次远山暮云,鱼儿畅游,秋天的红叶一直绵延到鸟鼠山,一片安详的气象,完全不同于之前首次登蜀道时环境的险恶。紧接着,此次出使已经圆满完成,轻松自在,不仅不负众望报效国家,还展现了自己的才能。这种喜悦溢于言表,"竹杖芒鞋往自还"即表达了成功之后的悠闲与潇洒。

李齐贤的成都之行留有诗作28首,词19首。现存李齐贤的词最早就是由这次行程开始的。其中,《江神子·七夕冒雨到九店》是李齐贤词的代表作之一:

> 银河秋畔鹊桥仙,每年年,好因缘。倦客胡为,此日却离筵。千里故乡今更远。肠正断,眼空穿。
> 夜寒茅店不成眠。一灯前,雨声边,寄语天孙,新巧欲谁传?懒拙只宜闲处著,寻旧路,卧林泉。②

每到七夕便有雨,而面对佳节"好因缘"李齐贤想到的也是"千里故乡"。思念故乡而不能回,便"肠正断,眼空穿"。而此时李齐贤的生活"懒拙只宜闲处著",同时也"夜寒不成眠"。此情此景,引得李齐贤看到自己是位"倦客",身份、景致很好,引发思乡之情,只能"寻旧路,卧林泉"。关于"九店",学者们一向解释为山东蓬莱西

---

① 李齐贤:《益斋乱稿》卷一,《韩国文集丛刊》第2册,第509页。
② 《益斋乱稿》卷十,《韩国文集丛刊》第2册,第605页。

· 219 ·

的九店。而在李齐贤的传记和文集中,未见有他去过蓬莱一带的记载。此时的"九店"或实有此地名,或为讹误。

(二) 李穑高丽—中国纪行诗细读

李穑,是李齐贤的学生,同时也是著名文人李穀的儿子。李穑一生五次入华,其中四次入元,一次入明,有着丰富的高丽—中国往来经历,都记录在他的《牧隐稿》中。"李穑自小饱读诗书,深受儒家思想影响。在李穑生活的元朝末期,朱子理学已成为国学,并传高丽,这让高丽在此时期也开始了思想上的转换,即从早期的汉唐儒学转变为朱子理学。在这个转变的过程中,李穑起到了承前启后的作用。在此背景下,李穑不仅在高丽接受了良好的教育,有着一定的儒学基础,而且,弱冠之时,他获得了进入元大都学习的难得机会。这段不到三年的学习经历,让他获益匪浅。回国后,他不仅仅精进自己的学识,更是以自己所学性理学为国家出谋划策,他曾写过'时政五事'和'时政八事',对当时国内存在的社会经济问题提供改革的策略。李穑将作为哲学思想的性理学转换成治国之策,对高丽的发展具有重要意义"[1]。

从大都出发,东行两千多里,即可到达朝鲜半岛。大都到朝鲜半岛的驿路航行需要3天。而除了驿路之外,还有滨海道。一般驿路被称作北路,滨海道被称作南路。据李穑的纪行诗知道,当时走南路的人要远远多于走北路的人。李穑的纪行诗题描述南路的大致路线为:《出凤城》《通州早发》《早行》《渔阳县》《玉田途中》《马上逢乡人王桂进士》《望道者山》《晚宿榆林关》《过盐场》《南新店》《瑞州》《晓发海滨》《晨行望海》《板桥》《海州》《过石壁寨》《西江》《渡鸭绿江》。李穑纪行诗题以及诗歌告诉人们,从大都到永平这一段,他走的是元朝驿路。从永平开始,脱离开驿路,沿海而行。过"板桥江"以后,又转向东南,经三岔河到海州。然后,再从海州东北行,翻越东八站和分水岭,最后过鸭绿江,到达朝鲜半岛[2]。

---

[1] 张敬钰:《元末明初高丽李穑中国纪行诗研究》,硕士学位论文,河北大学,2020年,第15页。

[2] 张士尊:《元末明初中朝交通路线考》,《鞍山师范学院学报》2008年第5期。

1348年3月，时任元朝中瑞司典簿的李穀前来大都，于是，李穡陪同高丽使团入觐上国皇帝于大明殿，亲历亲见寿诞庆典的仪式，并作《天寿节日臣穡从本国进表陪臣入观大明殿》：

> 大辟明堂晓色寒，旌旗高拂玉阑干。云开宝座闻天语，春满金卮奉圣欢。六合一家尧日月，三呼万岁汉衣冠。不知身世今安在，恐是青冥控紫鸾。①

天寿节是指皇帝的生日。据《元史·礼乐志》记载说："元之有国，肇兴朔漠，朝会燕飨之礼，多从本俗。太祖元年，大会诸侯王于阿难河，即皇帝位，始建九斿白旗。世祖至元八年，命刘秉忠、许衡始制朝仪。自是，皇帝即位、元正、天寿节，及诸王、外国来朝，册立皇后、皇太子，群臣上尊号，进太皇太后、皇太后册宝，暨郊庙礼成、群臣朝贺，皆如朝会之仪，而大飨宗亲、锡宴大臣，犹用本俗之礼为多。"② 因此，在刘秉忠等人制订的一套游牧民族与中原民族多元交融的朝会礼仪制度下，皇帝即位、元旦、皇帝生日以及外国使臣朝见、册立等仪式皆用中原朝会之仪。大明殿，是元朝皇帝举行朝会礼仪的正殿，有"十一间，东西二百尺，深一百二十尺，高九十尺"③。清晨，李穡一行就到了大明殿，看见宫殿前面的玉阑干上插满了各种旌旗。等到云开太阳升起之后，皇帝到殿前发表致辞，在场的人们纷纷斟满酒举觞向皇帝表示庆祝。这不仅对于年仅二十岁的李穡个人来说是极为荣耀的事情，对高丽所有的人来说也是一件非常值得夸耀的事情，所以当他看着眼前彩旗飘飘、六合一家、万国衣冠，三呼万岁，同行汉礼的情景，心中充满了自豪感与认同感，有种仿佛乘坐着神鸟，飞翔于天界，飘然欲仙的感觉。

---

① ［高丽］李穡：《天寿节日臣穡从本国进表陪臣入观大明殿》，《牧隐稿》卷二，《韩国文集丛刊》第3册，韩国景仁文化社1990年影印本，第523页。
② 《元史》卷六七《礼乐志一》第6册，第1664页。
③ （元）陶宗仪：《南村辍耕录》卷二一"宫阙制度"，李梦生校点，上海古籍出版社2012年版，第230页。

通过父亲李穀的推荐，李穑经过漫漫长路来到元大都的国子监求学，在其《出凤城》中有所记载：

> 皇帝龙飞十八春，赫然万目俱更新。夔皋稷契效寅亮，跻世唐虞尧舜民。磨光刮垢无不录，黄钟瓦缶相成伦。滋泉莘野迹如扫，蒯铁牛角流芳尘。天教小臣生东埛，变化气质希螟蛉。负笈来游壁水下，数年听莹弦诵声。今朝垂橐故山去，骑马悠悠出凤城。①

诗歌开头所说的皇帝是元惠宗（孛儿只斤·妥懽帖睦尔，1333—1370年在位），皇帝已登基十八年，即至正十一年（1351）。"此时，'至正新政'刚告一段落，李穑正作为国子监的学生亲身经历了这一场改革运动。这一时期，国家恢复科举，大兴国子监，置宣文阁，开经筵，恢复太庙四时祭及其他礼仪制度，平反冤假错案、减盐税等一系列惠民、益民措施"②。紧接着，李穑描写了新政下的元朝人民的幸福生活，如同活在尧舜禹时代。但当时正处元朝末期，社会动荡，改革对于一个大厦将倾的王朝来说无异于杯水车薪，所以这两句或是李穑的溢美之词，或是对于未来的期望。然后，李穑写到他在父亲的推荐下来到元大都的国子监读书，并且受益匪浅，期待学成归去建设自己的国家。总之，整首诗都充满着李穑报效祖国的决心。

经过在国子监将近三年的学习生活，李穑参加了元朝组织的殿试，并写下《殿试后自咏》两首，其中第二首写道：

> 素衣飘泊染缁尘，客里京华几见春。忽讶蛟龙得云雨，真同麋鹿强衣巾。将身许国缘明主，有梦还家为老亲。出处古来难自断，敢言高义动簪绅。③

---

① 李穑：《牧隐诗稿》卷2，1626年朝鲜刻本。
② 张敬钰：《元末明初高丽李穑中国纪行诗研究》，硕士学位论文，河北大学，2020年，第27—28页。
③ 李穑：《牧隐稿》卷三，《韩国文集丛刊》第3册，第536页。

"李穑在殿试中获得第二甲第二名,授应奉翰林文字承事郎,同知制诰兼国史院编修官,此时李穑年仅二十七岁。"① 整首诗体现了李穑学成的兴奋、遇明主当效忠的决心。李穑开篇即言自己远赴大都求学,辛苦学习,如今获得骄人的成绩,感到惊喜。李穑深受儒家思想影响,在他的诗中,处处体现着家国不能两全的遗憾,"将身许国缘明主,有梦还家为老亲"讲他既渴望建功立业,又思念家乡的亲人。最后,舍小家为大家,李穑选择留在元朝做官报效朝廷,并在诗歌末尾表明了自己的雄心壮志。

在元朝为官后,李穑的思想发生了转变。他从入学国子监直至登科,满腔热血,充满了少年壮志和理想抱负,在京供奉翰林时他感到失意和忧愤。在这些情绪的催化下,他创作了《偶题》:

身闲犹役志,学浅已忘书。俗物败人意,野情生客居。
纳凉过岸柳,乘雨检园蔬。预恐朝天日,东家借蹇驴。
断蓬飘客路,敝帚重家书。奉养违天只,衰迟惜日居。
无心求鼎肉,有意种畦蔬。待上陈情表,归装不满驴。②

整首诗充满忧愁、苦闷,自己郁郁不得志,虽然想报效国家,然而长期不被重用,曾经苦学的知识也都淡忘。接下来,更是表现了一个异乡人在外地的苦闷,在外为官有许多艰难,同时也对官场心灰意冷。作者孤身在外拼搏,感到孤寂与心酸。最后两句已经表明李穑已经对元朝官场心生退意,产生了辞官归乡的强烈念头。③

最终,李穑弃官东归。"至正十四年(1354)李穑殿试后东归路过婆娑府(今辽宁省丹东市)并作诗,感叹当地的风气已经变得如同蛮夷。"④

---

① 张敬钰:《元末明初高丽李穑中国纪行诗研究》,硕士学位论文,河北大学,2020年,第30页。
② 李穑:《牧隐稿》卷三,《韩国文集丛刊》第3册,第546页。
③ 张敬钰:《元末明初高丽李穑中国纪行诗研究》,硕士学位论文,河北大学,2020年,第30—31页。
④ 张敬钰:《元末明初高丽李穑中国纪行诗研究》,硕士学位论文,河北大学,2020年,第32页。

而这次归途,又经婆娑府,李穑感叹国将不国,大厦将倾,作诗《途中自咏》:

> 吾生岂可便浮沉,一段功夫自满襟。芳草晴川崔颢句,高山流水伯牙琴。路人岂识新乡贡,邦友应呼老翰林。三宿犹怀恋君意,终南翠色入微吟。
> 
> 横跨征鞍望碧岑,春寒料峭酿春阴。千林已见浮和气,百鸟无非遗好音。事过尚留知是迹,名成不退问何心。击鲜数数吾乡事,橐底何须使越金。①

整首诗的基调十分低沉。虽然李穑仍有报国的豪情壮志,但完全不比当年。自己曾经看着元朝的衰落、灭亡,感到心灰意冷,两国的关系也影响到文人的仕途,自己并不愿意随两国关系沉浮。这也是李穑最后一次入元。总之,这一时期的李穑已经对官场感到失望,渴望陪伴家人,过深居简出的生活了。②

### 三 文学史意义

李齐贤和李穑的高丽—中国纪行诗记录了他们的入华路线和旅元路线,同时更记载了他们的所思所想和真情实感。李齐贤和李穑的来华任职和游历更是当时中朝关系的时代见证。

首先,李齐贤和李穑的纪行诗具有较强的纪实性。他们的诗作在内容上详细记载了当时使臣的出行路线,对于具体的地点、人物、事件也有详细记载;在风格上,感情真挚、朴素。他们将在中国的所见所闻和所思所想写入作品当中,作品中既有对元朝大好河山的赞美,也有对汉文化的感悟,也有浓厚的思乡之情。在他们作品中流露出对元朝和高丽的互相往来的认同和思索。他们与元朝文人交流密切,留

---

① 李穑:《牧隐稿》卷四,《韩国文集丛刊》第 3 册,第 556 页。
② 张敬钰:《元末明初高丽李穑中国纪行诗研究》,硕士学位论文,河北大学,2020 年,第 32 页。

下许多作品，从国家外交交流方面来看，更是知微见著。

其次，李齐贤和李穑是从他者的视角看中国，他们的视角极其独特。一方面，李齐贤和李穑的他者视角不同于中国本土视角，他们作为旁观者来看待蒙元王朝，往往会有意想不到的发现；另一方面，李齐贤和李穑的他者视角不同于欧洲传教士的视角，蒙元时期的欧洲传教士对中国保有巨大的恐慌，是戴着有色眼镜看中国的。而李齐贤和李穑是高丽人，而且高丽是蒙元王朝的藩属国，他们看待中国是带有一定的崇拜眼光的。比如，李齐贤十分推崇苏轼，但同时对李白、赵孟頫都十分欣赏，将他们的文学特点融入自己的创作之中。李穑十分喜欢杜甫诗作，承接杜甫的"诗史"精神记录高丽社会风貌。他们将欣赏和热爱的优秀汉文化经典运用到自己作品中，并把他们带回高丽，后世文人不断学习李齐贤和李穑的作品和中华经典，对高丽文学和高丽社会产生深远影响。

最后，李齐贤和李穑的高丽—中国纪行诗是13—14世纪海上丝绸之路纪行文学的重要组成部分。李齐贤和李穑多次入华，在入华途中和旅元期间创作了大量的纪行作品。这些纪行作品反映出李齐贤和李穑入华心态和异乡情怀，这也正是纪行文学的魅力所在。他们的作品里写出了纪行者的真情实感，使读者随着历经路线跟随作者走完一程又一程，这是文学心态和文学地理的完美交融，这也是13—14世纪东向丝绸之路纪行文学的探索旅程。

## 第四节　海上丝路纪行系列之四：日本—中国纪行诗研究及细读

蒙元政权统治下的中国与其东岸海上邻国日本的交流是13—14世纪中外交流中的一个特殊案例。这主要在于，在蒙古的武力征服下，日本既不像高丽等国那样臣服，又不若安南等国虽不臣服但能遣使往来。终元之世，中日两国并未建立起正式的政治邦交[①]，但是，中日

---

[①] 元世祖忽必烈曾两次远征日本，但皆出师不利。元至元十一年（1274），元朝（转下页）

两国仍然通过东亚海上丝路的商贸往来与人员流动,达成了甚为紧密的交流与互动。据称,"(中日)战乱大体上一平息,寻求民间交易的商船便陆续渡海开往幕府采取严峻的临战体制的敌国(即中国)。特别是进入十四世纪,呈现出比唐代和宋代更为活跃的盛况"[1],"元末六七十年间,恐怕是日本各个时代中,商船开往中国最盛的时代"[2]。而一批从博多港搭乘商船来至中国的日本人士——这主要是进入中国江南的日本僧人,规模亦远盛于前。

据统计,北宋时期有名可查的来华日僧数为32人,南宋时期约为180人,元代则已激增至300余人,至于无名的入元僧自亦是数以百计[3]。这些入元日僧多在中国久居,与中土文人交游往来,不仅研究佛法,同时广泛学习儒学、文学、书法、绘画、建筑、印刷等方面的内容,并将这些所学带回日本,给日本文化带来了新的文化气息的同时,亦促进了蒙元时期东亚文化圈的交流与互动。并且,搭乘商船、穿行东海来中国的日僧,在来华之时与入华之后,亦留下了不少纪行诗作。13—14世纪的日本—中国纪行诗,即主要指代这批于13—14世纪的蒙元统治时期,搭乘商船、穿行东海从日本来至中国的入元日

---

(接上页)联合高丽施行对日本的第一次远征,但因遇到台风,元军及高丽军几乎全军覆没。元至元十八年(1281),元军第二次远征日本。此次进攻分为南北两路,北路仍是第一次进攻路线,南路从舟山群岛启航,后在博多湾登陆又遇台风,第二次东征亦告失败。后忽必烈仍计划东征,但遭到国内反对,遂放弃。至元二十三年(1286),元世祖发布停兵令,改为遣使招抚。元朝派出使者出使日本,但未到达日本。至元三十一年(1294)元世祖去世,元成宗铁穆耳继位,继续遣使招抚。元大德三年(1299),日本商船来华,元成宗派一山一宁"赴商舶往使日本,而日本人竟不至"。一宁一山所携国书言:"有司陈奏,向者世祖皇帝,尝遣补陀僧如智及王积翁等,两奉玺书到日本通好。咸以中途有阻而还。爰自朕临御以来,绥怀诸国,薄海内外,靡有遗遗。日本之好,宜复通问。今如智已老,补陀僧宁一山,道行素高,可令往谕。附商舶已行,庶可必达。朕特从其请,盖欲成先帝遗意也。至于敦好息民之事,王其审图之。"日本学者称,"这次要求友好交往的呼吁去掉了《蒙古国牒状》(忽必烈第一次远征日本的牒书)中带刺儿的话,但终于没有得到我国的响应。这就是我国同元之间的邦交——未能实现的邦交——的最后的一次交涉"。参见宋濂等撰《元史》第十五册,中华书局2016年版,第4630—4631页;[日]藤家礼之助《日中交流二千年》,张俊彦、卞立强译,北京大学出版社1982年版,第147、148页。

[1] [日]藤家礼之助:《日中交流二千年》,张俊彦、卞立强译,北京大学出版社1982年版,第149页。
[2] [日]木宫泰彦:《日中文化交流史》,胡锡年译,商务印书馆1980年版,第394页。
[3] 参见江静《日藏宋元禅林赠与日僧墨迹考》,《文献》2011年第3期。

僧在来华途中及来华之后所作的纪行诗歌。这些纪行诗作是元时期中日交流的见证，亦是13—14世纪海上丝绸之路纪行文学的重要组成部分。

**一　研究现状**

自日本近代学者木宫泰彦以中日交流史的研习关注到日僧大规模入元的史实，至近年来日本五山文学[①]研究的兴起，以及中国学界在元代中外交流史、元代文学史研究的展拓与纵深语境下对入元日僧展开的一些专题考察，学界对入元日僧的研讨，围绕历史与文学两个研究维度，在综合讨论与个案探视方面，已取得一些重要的成就。

学界对入日元僧的关注，始于一批中日关系与交流研究论著。20世纪30年代由商务印书馆出版的木宫泰彦《中日交通史》，是中日关系研究史著的奠基之作，亦是最早对元代中日交流及入元日僧作出系统考察的论著。该著对中日两国历史上的交通往来做了综合考察，其中对元代中日交流的考察包括"元师征日""日本与元人之贸易""归日元僧与文化之移植""入元僧与文化之移植"四个章节。"入元僧与文化之移植"对入元僧的具体数目、游历地点、文化影响等方面进行了综合而细致的考论，列出入元日僧二百二十余位及其在中国巡历的主要名刹和地点。该书修订本于1980年由商务印书馆出版，题为《日中文化交流史》。

木宫泰彦之后，另有一些中日学者通过相关中日关系史著的撰写关注到入元日僧的议题。藤家礼之助《日中交流二千年》（北京大学出版社1982年版）与道端良秀《日中佛教友好二千年史》（商务印书

---

[①] 指日本汉诗文。镰仓、幕府时代，日本模仿南宋的五山制度设立镰仓五山（建长寺、圆觉寺、寿福寺、净智寺、净妙寺）、京都五寺（天龙寺、相国寺、建仁寺、东福寺、万寿寺）以及五山之上的京都南禅寺，共十一座禅寺，合称"五山十刹"。由于"五山十刹"官寺制度的建立，信奉禅宗的僧人们得到当政的极力支持，享受着优厚的待遇。他们为显示其高雅尊贵的社会地位，常常以文会友，以诗喻禅，热衷于通过禅宗接触中国文学，似乎对"弘道传法"失去了往日的虔诚和兴趣。于是"五山十刹"出现了"多见日本僧以文为本，学道次之"的"重文轻道"的趋势，这种现象积习成风，由"五山十刹"扩展至"林下末寺"，进而风靡社会，成为当时日本文坛的主流，史称"五山文学"。

馆 1992 年版）是日本方面的代表。藤家礼之助《日中交流二千年》对两千年来中日之间的交往交流进行了梳理，对元日之间的征战、贸易与文化交流历史介绍相对简要，相关观点亦主要还是建立在木宫泰彦的研究成果之上。道端良秀《日中佛教友好二千年史》则聚焦中日佛教传播交流的历史，对元代中日佛教交流有专题论述，对木宫泰彦的观点有进一步的发挥，但总体上亦并未突破木宫泰彦框架体系。中国方面则如余又荪《宋元中日关系史》（商务印书馆 1964 年版）、梁容若《中日文化交流史论》（商务印书馆 1985 年版）等。

1992 年，日本学者上村观光编辑出版《五山文学全集》。该《全集》收录众多五山诗僧汉文文集，并以日文介绍五山诗僧传记生平、文集目录、年表等，可谓全备详尽，并引发了近年来中日学界五山文学研究的热兴。21 世纪以降，学界对入元日僧的讨论即主要是依托五山文学研究而展开。

张晓希等著《五山文学与中国文学》（中央编译出版社 2014 年版）全景式概括五山文学产生的背景，并选择部分代表性诗僧，包括虎关师炼、梦窗疏石、中岩圆月、义堂周信、绝海中津、景徐周麟、一休宗纯等，从文学思想、文学观念、行为风范、宗教素养、个性特征等角度，梳理其与中国文化及文学的关联。聂友军编《取醇集：日本五山文学研究》（上海交通大学出版社 2015 年版）是一本专录中国五山文学研究成果的论文集。

罗鹭《五山时代前期的元日文学交流》在五山文学的视域下又聚焦于元朝与日本的文学交流，是一篇重要的论文成果。该文认为："五山时代前期的元朝与日本，虽然在政治和军事上处于对峙状态，但民间的商业贸易、人员往来和文化交流非常频繁，因而造就了元日文学交流活动的盛况。具体来说，这一时期的文学交流主要表现在以下三方面：其一，东渡元僧在日本的诗歌唱和、文章应酬等活动，直接刺激了五山文学的发展；其二，受东渡元僧的接引，日本僧人纷纷入元游学，在中国的游历激发了他们的创作热情，有诗文集传世的入元日僧多达 12 家，尤以雪村友梅、此山妙在、别源圆旨为杰出代表；其三，日本南北朝时期翻刻的元人诗文集至少有 15 种，翻刻数量之多、传播速度之快、刊刻质量之精，都是中日文学交流史上的奇迹。"①国晖、张晓希《中日古代流散汉诗及其特点——以唐诗及五山文学汉诗为例》论及入元日僧雪村友梅的身份认同问题。②另如范维伟《五山文学中的山茶诗与山茶画》③、吴春燕《日本五山诗僧笔下的"虎溪三笑"》④、辜承尧《日本五山文学中的西湖题材作品考察》⑤、马蕙颖《五山汉诗中的禅意》⑥、张哲俊《卧游：中日潇湘八景诗的山水描写与地理信息》⑦等文，均从五山诗歌创作中的某一具体角度或特色对五山文学进行了观照。毛建雷、范维伟的《日本中世禅僧的华言习得问题考论——以五山文学别集材料为中心》从禅僧学习汉字注音的角度对五山禅僧别集有所解读。⑧

五山文学研究之外，一些在其他视角下展开的综合性研究亦涉及对入元日僧的相关讨论。如陈小法、江静《径山文化与中日交流》（上海辞书出版社2009年版）从地域文化的视角切入，对杭州径山文化与中日交流进行了多方面的研究。其第四章涉及对中岩圆月及元时期其他巡礼日僧的专门探讨。渡边索《元朝时期中国日本的划时代交流》从传统朝代历史研究的视角，指出僧侣在元日交往过程中的重要性："日本入元僧的数量高于前朝，不少僧人具有外交使节的角色，而中日两次武装冲突之后，元王朝向日本派遣的僧侣亦具有外交使节的功能，因此元代与日本的关系可以理解为连接前后两个时代的桥梁，是中

---

① 罗鹭：《五山时代前期的元日文学交流》，《四川大学学报》（哲学社会科学版）2015年第3期。
② 国晖、张晓希：《中日古代流散汉诗及其特点——以唐诗及五山文学汉诗为例》，《东方丛刊》2010年第3期。
③ 范维伟：《五山文学中的山茶诗与山茶画》，《日语学习与研究》2018年第5期。
④ 吴春燕：《日本五山诗僧笔下的"虎溪三笑"》，《河南师范大学学报》（哲学社会科学版）2020年第4期。
⑤ 辜承尧：《日本五山文学中的西湖题材作品考察》，硕士学位论文，浙江工商大学，2013年。
⑥ 马蕙颖：《五山汉诗中的禅意》，《日语学习与研究》2017年第1期。
⑦ 张哲俊：《卧游：中日潇湘八景诗的山水描写与地理信息》，《外国文学评论》2019年第3期。
⑧ 毛建雷、范维伟：《日本中世禅僧的华言习得问题考论——以五山文学别集材料为中心》，《东疆学刊》2020年第3期。

日佛教文化交流史当中一个重要的过渡。"①赵尔安《元日交通的变化——以赴日使节为中心》②考察了元朝时期赴日使节、交通路线的变化情况，以及其所反映出的元朝政策转变及对中日关系的影响。

一些个案研究亦值得关注，这些个案研究又以中岩圆月、雪村友梅的研究最为突出。中岩圆月研究方面，孙荣成《中岩圆月的思想与文学》（外语教学与研究出版社2012年版）是第一部对中岩圆月进行系统讨论的专著。该书深入考察中岩圆月的文化角色特征，其中第二章通过考察中岩在留学期间及归国后的文笔活动，论述其诗文创作的特点及文学思想。金文京在《日本五山僧中岩圆月在元事迹考》（载邵毅平编《东亚汉诗文交流唱酬研究》，上海古籍出版社2011年版）考证了中岩圆月的生平及入元时期活动、日常交游经历，对其作品的内容亦进行了梳理。毛建雷《日僧中岩圆月的萨都剌记述考》（《佳木斯大学社会科学学报》2016年第3期）考述了中岩圆月对中国文人萨都剌的记述的真实性。另有殷燕《中岩圆月〈东海一沤集〉研究：以诗集为中心》（硕士学位论文，浙江工商大学，2012年）、江鑫《关于中岩圆月〈东海一沤集〉之研究》（浙江工商大学2013年硕士学位论文）等学位论文。

雪村友梅研究方面，高贝《雪村友梅汉诗与中国文化的关联——以〈岷峨集〉为中心》（《日语学习与研究》2017年第2期）、黄郁晴《山川何处异乾坤：入元日僧雪村友梅及其〈岷峨集〉析论》（《域外汉籍研究集刊》2014年第1期）、樊一泽《雪村友梅〈岷峨集〉中的中国风景研究》（《名作欣赏》2021年第12期）等论文，围绕雪村友梅的诗集《岷峨集》展开了不同角度的探讨；汪徐莹《日僧雪村友梅的西蜀"放逐"叙述及其放逐语言》（《日语学习与研究》2016年第3期）、李建超《终南山翠微寺与日僧雪村友梅》（《碑林集刊》2006年）、卢飞鹰和黄伟《长安翠微寺与雪村友梅》（《文博》2001年第1期）等，均是着眼于雪村友梅的某一特定阶段经历及其相关文学问题的研究。关于日僧天岸慧广亦有一些重要的研究成果。如王辉《早期

---

① 渡边索：《元朝时期中国日本的划时代交流》，《世界宗教文化》2013年第1期。
② 赵尔安：《元日交通的变化——以赴日使节为中心》，《牡丹江大学学报》2015年第6期。

日本五山禅林的中国文艺接受管窥：以诗僧天岸慧广〈送笔〉诗为例》（《兰州学刊》2012 年第 3 期）、左茗《日僧天岸慧广的〈东归集〉之研究》（硕士学位论文，浙江工商大学，2013 年）、山藤夏郎《越境的诗人群——探索明极楚俊、竺仙梵仙、天岸慧的东行的路径》（《淡江日本论丛》2018 年第 38 期）等。另若江静《元代文人与来华日僧交往初探——以元人冯子振"与无隐元晦诗"为例》（《文献》2006 年第 3 期），乔磊《清拙正澄〈禅居集〉研究》（硕士学位论文，浙江工商大学，2011 年）等亦是相关的个案研究。

总体来看，学界对入日元僧的讨论或集中于中日关系研究论著及五山文学的整体和具体相关研究之中，或由个案而展开。尽管尚有很多相关的零散成果我们这里并未综述，但从中已可显见学界对入日元僧的讨论尚有很大的专题化与精细化空间。而以木宫泰彦《日中文化交流史》为代表的一批相关成果，已然奠定了深入研究的基础，并某种程度揭示了其不容小觑的研究潜力。如此，本节对入日元僧与中日交流进行讨论，将研究的视角进一步集中于 13—14 世纪丝路文学的视域，并将研究的对象精微于 13—14 世纪蒙元统治时期的日本—中国纪行书写，则不失为一种有价值的专题化与精细化尝试。

**二 文本细读**

13—14 世纪日本—中国纪行诗创作，涉及诸多的日本诗僧，其中又以雪村友梅、龙山德见、天岸慧广、别源圆旨、中岩圆月等为代表。而因为这些入元日僧各自不同的人生经历与行程轨迹，相关的诗歌创作在中国纪行的共同主题下，又显示出各自不同的书写特色，但同时又共同营构了 13—14 世纪的蒙元统治时期一批日本释僧基于亲历经验形成的中国文化记忆。

雪村友梅（1290—1346）是 13 世纪初较早来华的一批日本僧人代表之一。据《雪村大和尚行道记》记载，雪村俗姓源氏，自号"幻空"，后师从著名归日元僧一山一宁，一山为其取字"雪村"。作为一山一宁的高足，雪村友梅不仅佛法精进，在汉文学知识的积累和书法绘画方面也有突出表现，并在后来与别源圆旨及江户时期著名歌人良宽并称"北越三诗僧",是日本五山文学的重要人物。1307年,年仅十八岁的雪村即顺应当时"本邦衲子争先入元"的潮流,搭乘日本商船在庆元(今浙江宁波)靠岸,踏上了元朝的土地。入元之后的前两年,雪村专心巡历中国禅宗名迹,行迹遍及中书、河南江北、湖广、江淮诸行省,并在这一路中认识与结交了许多当时有名望的元朝僧人和文人。但在1309年,雪村不幸被牵涉进一次庆元城焚毁事件,先是被投入霅川(在今湖州)狱中四年,其后又被流放长安,幽禁于终南山翠微寺三年,再后被远逐西蜀,西蜀流放之旅长达十年。十年间,雪村友梅遍访蜀地名山大川,留下诸多诗歌,其诗文集即是取蜀地岷山与峨眉之名,称《岷峨集》。《岷峨集》是雪村友梅在元二十二年经历的忠实记录,该集收录诗作两百余首,题材以酬答和友、旅途纪行为主,且尤以蜀地之作居多。循着这些诗歌,我们可以清晰追溯千年前一位日本诗僧在中国的所见所闻与所思所感。

如《偶作》十首,是雪村友梅于流放长安的途中所作。此诗有云"黄皮瘦里骨棱层",道出雪村友梅在身体上饱受的折磨,但其中更可见及其达观坦荡的心境:

> 函谷关西放逐僧,同行唯有一枝藤。终南翠色连嵩华,庆快平生此一登![①]

函谷关为洛阳入关中所经重要关隘,由战国时期的秦国设置,地处今河南灵宝旧城南王垛村附近。其地东自崤山,西至潼津,谷深道险,其形如函,故曰函谷。西汉元鼎三年(前114),杨仆徙关于新安(今河南新安东),为函谷关,原关则称为函谷故关,二者相距三百里。新安函谷关为"洛阳八关"之首,在汉代为战旗猎猎的雄关要塞。唐诗中的名句"秦时明月汉时关",即是谓此关。但曹魏时期,曹操为防关西兵乱,又将关口西移,始设潼关,汉函谷关因此而废。

---

① 李寅生、[日]宇野直人编:《中日历代名诗选·东瀛篇》,上海古籍出版社2016年版,第102页。

隋唐时期，潼关成为关中平原最主要的屏障，宋元以降，崤函古道上的关隘更是逐渐失去固有的军事作用，其性质从以军事为主转变为以经济交通为主，交通枢纽和驿站成为其主要功能。而雪村友梅正是从此关道进入关中地区。上引诗歌即是雪村友梅在其经行函谷关后，到达长安并登上终南山的纪行抒怀之作。诗歌讲述诗人被放逐到函谷关以西的关中地区，陪同前行的只有随身的一根藤杖，而尽管看起来孤苦伶仃，但关中地区苍翠的终南山和关东的嵩山、关内的华山是相连在一起的，所以如今有幸登临，亦不失为人间快事。全诗立意独特，景点古意与诗人坎坷经历的融合，让远古历史与美丽山川的雄豪，成功置换了个人的伤情与苦涩。

雪村友梅流落蜀地十年，对蜀地山川更有肆意深情的吟咏。如《氓山歌》《送开先腹知客游峨眉》《癸亥春晚》分别了铺扬了氓山、峨眉山、青城山的盛景。1323 年（元泰定帝元年），元泰定帝大赦天下，雪村友梅恢复自由，结束流放之旅。离开成都的前夕，雪村友梅和友人们作最后的相聚，眺望窗外的雪山，浮生似云，前程未卜，一气呵成写下的《雪山吟留别锦里诸友》，可为其蜀地纪行的重要代表作之一：

> 我爱雪山雪，堆银沙万仞之嶙峋，颠倒春风吹不销，今古高寒太清绝。又爱雪山云，披絮帽一片之轮囷，追随元气聚复散，乾坤廓落何边垠。云与雪分殊不恶，雪与云兮竟何若，上林赋客气飘飘，姑射仙人颜绰约。雪可寻，云可伴，谁云无语难相款，孔父倾盖温伯雪，吕安命驾嵇中散。人间轻薄托轻言，方寸何啻千兵屯。几回回首，雪山山下云边村，思君明月愁黄昏。①

雪村所见雪山实名九顶山。九顶山自氓山发脉，蜿蜒至茂州，九

---

① 是诗见《岷峨集》卷上，收入上村观光编《五山文学全集》卷一，思文阁出版社 1973 年版，第 536 页。另参黄郁晴《山川何处异乾坤：入元日僧雪村友梅及其〈岷峨集〉析论》，《域外汉籍研究集刊》第九辑，中华书局 2013 年版，第 145—166 页。

峰壁立，积雪盛暑不消①。诗歌围绕"雪山雪"与"雪山云"两个景象，以及"爱雪山雪"与"爱雪山云"两层诗情，多角度描绘了锦里雪山的壮阔之美。诗歌先是分述"雪山雪"与"雪山云"各自之美，其后援引西汉辞赋大家司马相如《上林赋》中以肌肤若雪的姑射山女神比拟青琴、宓妃之绰约曼妙形态的典故，刻画了雪山雪与云，形色不分，和谐相融的情境。再后笔锋一转，借用孔子与贤人温伯雪路上相遇，不言一语而仅以目视即心心相通的典故，以及三国时期曹魏文人吕安与嵇康"每一相思，辄千里命驾"（《晋书·嵇康传》）的典故，刻画出云、雪无言而相伴左右、"情谊深切"的情境同时，也将这种"情谊深切"之情投射进现实之人，由此在诗歌最后，诗人以日后数度思念雪山山下故人的想象情节，抒发了对锦里诸友的浓浓不舍与深深离愁。

1328 年（元天历元年），元朝文宗皇帝即位。文宗在获知雪村友梅的事迹之后，十分感动，不仅赐封雪村为"宝觉真空禅师"，又敕命他为长安翠微寺的住持。而在入元求法的数百位日本僧人中，享赐封荣誉者不超过五位，有元一代，雪村友梅更是唯一在中国佛寺担任住持的日本僧人。在住持翠微寺期间，雪村友梅登山临川，亦写下不少诗篇。这些诗篇中，雪村以新的人生心境，继续感受与铭刻中国的山川与历史。如《九日游翠微》一诗云：

  一径盘回上翠微，千林红叶正纷飞。废宫秋草庭前菊，犹看寒花媚晚晖。②

翠微寺是唐太宗李世民避暑养病的离宫，原名翠微宫，位于今西安长安区沣峪滦镇南浅山上的黄峪寺村。翠微山，即经典唐诗《长恨歌》中唐玄宗与杨贵妃那段天宝遗事发生的重要场址——骊山，著名的华清池亦是建置于此。作为深具文化内蕴的历史遗迹，翠微寺、翠

---

① （清）王培荀：《听雨楼随笔》，巴蜀书社1987年版，第162页。
② 程千帆、孙望选评：《日本汉诗选评》，东方出版中心2020年版，第38页。

微山在唐以来即是文人较多吟咏的对象。如刘禹锡《翠微寺有感》、杜甫《骊山》均是其中的代表。而雪村友梅当是第一位将其写入诗歌的异国人士。诗歌写到，九月的重阳日，雪村友梅沿着盘旋而上的山路，登上骊山之巅，看到了满山红叶的美丽景象。废旧的华清宫里边，秋草萋萋，但庭前仍有寒菊，在秋日夕阳的照映下明媚盛开。从这首诗中，也可看到，在此前雪村友梅纪行诗歌中经常出现的带有自嘲、自适性的豪情，被一份沉淀了丰富人生经验的平静之心替代，并体现出隐微的禅意。

在雪村友梅之外，一山一宁的另一位高足龙山德见（1284—1358），亦是于 13 世纪初较早来到中国的一位日僧代表。龙山德见于 1305 年（元大德九年，日本嘉元三年）来到中国，1349 年（元至正九年，日本正平四年）归国，在元朝生活时间长达四十五年之久。与雪村友梅一样，龙山亦卷入庆元城焚毁事件中，在来至中国的前十几年中，基本处于被拘囚或被幽禁的状态。在其后被放归于江南的岁月中，龙山德见主要是遍游江南各地禅院，并曾在江西东林寺任职。故相较雪村友梅多集中于关中与蜀地的吟咏，今存龙山德见之中国纪行诗作主要是对江南山川的记述。如《游庐山》一诗写道：

> 一雨消残暑，秋色满天地。拄杖化苍虬，草鞋追赤骥。踏翻五老峰，吸尽虎溪水。远公连着忙，失却铁如意。[1]

由诗可知，在一个雨后的秋天，龙山德见拄着手杖、穿着草鞋登临了位于中国江西的庐山。庐山上有雄伟奇险的五老峰，在庐山东林寺前，还有一条颇有典故的虎溪[2]。龙山德见对庐山的实景描绘并不

---

[1] 王元明、[日]增田朋洲主编：《中日友好千家诗》，学林出版社 1993 年版，第 62—63 页。
[2] 相传晋僧慧远居东林寺时，送客不过溪。一日，文人陶渊明与道士陆修静来访，与语甚契，相送时不觉过溪，虎辄号鸣，三人大笑而别，虎溪三笑之说始自唐代，至宋代李龙眠首作三笑图，智圆并为图赞，成为脍炙人口的美谈。从宋代开始，历代画家皆有《三笑图》一类的作品，文人亦多题咏。元时来华日僧亦多有相关书写。参见《日本五山诗僧笔下的"虎溪三笑"》，《河南师范大学学报》（哲学社会科学版）2020 年第 4 期。

多,而主要是援引曾居庐山东林寺的晋僧惠远的典故,表达了一种难以辨明的禅意。

在《明极老人山中杂言十章,倚韵言志》组诗中,龙山德见借由江西的江山草木描写,更是传达了自己的多重思绪。择其三首来看:

> 我昔过东海,清游到江西。爱此江山好,驻锡已忘归。自觉尘缘断,由来物理齐。薰风忽然起,吹绽紫蔷薇。

> 溪山几重叠,寂寞道人家。路僻客来少,春深兴有加。难医泉石痼,易匿瑾瑜瑕。有时锄隙地,和露艺兰花。

> 悠哉徐孺子,三征终不起。高矣庞德公,一生不入市。此时是何时,多见嚣浮士。循利复贪名,营营不肯已。[1]

此组诗为和元僧明极楚俊[2]而作。龙山德见在这三首诗中写了三种不同的心态,第一首里是到华之后禅意的心情,第二首是舒适隐逸的心情,第三首是鄙视世俗追逐名利的心情。在第一首诗中,龙山德见以为在东林寺驻锡,自己已然好像忘记了故土。自觉已经心中断尘缘,认为一切事物无界限差别,等同齐一。然而突然吹来了一阵东南风,看着墙边紫蔷薇花的绽放,心底仍有涟漪应之而起。在第二首诗中,龙山德见写到,自己深居山中,道路偏僻而客人少至,但依山傍水而居,时常锄地莳花的闲适生活,也着实惬意。在第三首诗中,龙山德见则主要以东汉名士徐稚不受朝廷征聘、庞德公一生隐居不仕的典故,针砭了此时世间存在着很多的钻营于名利的嚣浮之士,此间也表达了自己的隐逸之志。

---

[1] 王元明、[日]增田朋洲主编:《中日友好千家诗》,学林出版社1993年版,第62页。
[2] 明极楚俊(1262—1336),元庆元昌国(今浙江舟山)人,禅宗僧人,为元时归日元僧的代表之一。俗姓黄。曾住集庆奉圣、庆元瑞岩等寺。天历二年(1329),偕同日本入元僧人天岸慧广等到日本,受到日本朝廷和幕府礼遇。历住镰仓之建长、南禅、建仁等寺,公卿、武士从学者众,对中日文化交流作出贡献,后卒于日本。长于诗文,有《明极和尚语录》六卷。

别源圆旨（1294—1364）与天岸慧广（1273—1335）是14世纪20年代前期来华的两位重要日僧。别源圆旨于1320年（元延祐七年，日本元应二年）到达中国，在中国居留时间长达十一年，曾拜杭州天目山临济高僧中锋明本为师，与元代著名文人赵孟頫有同门之谊。所著有《南游集》与《西游东归集》，为其往返中国的纪行诗集。天岸慧广约于1324年（元延祐十一年，日本正中元年）来到中国，其来华本意在拜中锋明本为师，但恰遇明本过世，所以其到中国后即先抵达天目山凭吊，之后便开始访寻江浙境内及其周边各寺，于1329年（元天历二年，日本元德元年）归国。所著《东归集》，收录了天岸慧广入元期间及其归国后创作的大量汉文诗作。与雪村友梅相同，别源圆旨与天岸慧广的中国纪行诗歌，亦书写了大量的中国山水及其历史。

如别源圆旨的《和天岸首座采石渡》：

> 万里江天接海天，清波浴出月娟娟。醉魂千载若招返，我亦何妨去学仙。[①]

采石渡，即采石矶，又名牛渚矶，是位于安徽马鞍山长江东岸上的古津渡。自古以来，采石渡不仅以风物之秀著称，还以其扼守长江天险向为兵家所重，成为锁钥东南、江山易主的必争之地，而大诗人李白在此地留下的诗歌与传说，更使其具有多重的历史文化内蕴。李白生平涉历无数名山大川，足迹遍布天下，唯独钟情于当涂，且最是留恋采石矶，一生曾多次登临吟咏，写下《横江词》《牛渚矶》《望天门山》《夜泊牛渚怀古》等数十首脍炙人口的诗篇，并且，留下酒醉跳江捉月、骑鲸飞仙的传说故事，促使一批后世文人墨客到此访古凭吊，觞咏不断。由上引之诗知，日本僧人别源圆旨与天岸慧广在中国游历期间，即均曾到访过采石渡，并皆留下相关的纪行诗歌。从别源圆旨之诗来看，别源圆旨对采石矶的江山之胜印象深刻，对李白在此酒醉飞仙的传说亦有自己的看法，认为李白在此地酒醉仙逝并非偶然

---

[①] 《日本汉诗选评》，第41页。

的失足，而是作为谪仙受到"招返"，同时也表达了自己的向往与倾慕之心。

14世纪20年代中期来华的日僧中岩圆月，亦特别值得关注。中岩圆月（1300—1375）是日本五山文学中的翘楚，著有哲学著作《中正子》、诗文集《东海一沤集》、笔记《文明轩杂谈》《藤阴琐细集》等，皆收入玉村竹二编的《五山文学新集》中。中岩圆月是在1325年（元泰定二年，日本正中二年），携友僧不闻契闻一道入元，其后于1332年（元至顺三年，日本正庆元年）回国。在中国的数年间，中岩圆月巡历了江南诸多寺庙。如在今江浙地区的宁波雪窦山（西资圣禅寺）、嘉兴天宁寺、苏州灵岩寺、金陵宝宁寺、苏州幻住庵、杭州净慈寺、金华智者寺，在今江西地区的洪州（江西南昌）西山云盖寺、宁州（江西修水）云岩寺、庐山东林寺、百丈山大智寿圣禅寺（江西奉新）、鄱阳永福寺等。中国江南的历史、山川，也引起了中岩圆月的浓浓诗情。

如《金陵怀古》是中岩圆月游历金陵时所作的一首七言律诗：

> 人物频迁地未磨，六朝咸破有山河。金华旧址商渔宅，玉树残声樵牧歌。列壑云连常带雨，大江风定尚生波。当年佳丽今何在，远客苍茫感慨多。①

金陵曾为衣冠文物兴盛一时的中国六朝古都，后历隋唐耕垦与五代重建，虽不再回归政治中心的地位，但仍崛起为中国南方的大都市，在中国江南区域有着重要地位。游人骚客在此周览故国山川，极易生发物是人非、兴亡更替之慨。"金陵怀古"更是中国古典文学中的一个常见母题。中岩圆月到元朝时，金陵仍是东南地区位列前位的繁华胜地，这种繁华也激起了有着深厚汉文化修养的中岩圆月的怀古之思。可以看到，诗歌首联与颔联在今昔情境的轮换与对比中，道出了金陵

---

① 李寅生、[日]宇野直人编：《中日历代名诗选·东瀛篇》，上海古籍出版社2016年版，第107页。

城的六朝历史烟云，以及其今日依然市廛栉比、灯火万家的繁荣景象。颈联描景而实寄寓世事变幻未有定数的深意，尾联诗人以"远客"形象出现，与金陵城的历史与今日融为一体，由此完整营构了中国古典诗歌中的经典怀古情境，成为日本汉诗中的怀古佳作。

综合上述对雪村友梅、龙山德见、别源圆旨及中岩圆月等入日元僧中国纪行诗歌的解读，可知在13—14世纪时期一批入元日僧进入中国，在中国的大地上尽情抒发着诗情，他们热情书写中国的历史与山川，也将中国的历史与山川融于自己的情绪表达与禅意发微，并不吝流露对中国历史山川的真切喜爱之情。因此，尽管在游历中国的时候，或者归国的途中，这些入元日僧难免于思乡之绪的发露，如中岩圆月《思乡》、别源圆旨《送崇侍者归京省亲》、天岸慧广《喜见山》均是表露思乡情绪的优秀作品，但对中国风光的赞美仍是可见的主旋律，以至于在归国之后，一些入元日僧仍然时有梦回中国之江南。如别源圆旨在归国后，有诗赠其师弟珣去往中国江南："闻兄昨日江南来，珣弟今朝江南去。故人又是江南多，况我曾在江南住。江南一别已三年，相忆江南存寐寤。十里湖边苏公堤，翠柳青烟杂细雨。高峰南北法王家，朱楼白塔出云雾。雪屋银山钱塘潮，百万人家回首顾。南音北语惊叹奇，吴越帆飞西兴渡。我欲重游是何年？送人只得空追慕。"[①] 诗歌中别源圆旨对江南城市杭州山水风光有如历历在目的追忆，实让人感其深情。

### 三　文学史意义

13—14世纪日本—中国纪行诗的创作数量具有一定规模，涉及的日本僧人亦很广泛，相关诗作广涉中国山川、历史、禅意等诸方面，同时也记录下一批于13—14世纪亲历中国的日本释僧的所思所想。作为13—14东亚交流史上的一个文学现象，13—14世纪日本—中国纪行诗，对于中日两国文学史来说无疑都有着独特的文学价值。

首先，13—14世纪日本—中国纪行诗给中国文学增添了新的色

---

① 王元明、[日] 增田朋洲主编：《中日友好千家诗》，学林出版社1993年版，第64—65页。

彩,一大批入元日僧的加入,不仅极大扩大了中国诗歌书写的主体,也让中国古代诗歌融进别样的东亚视域,丰实了中国古代诗歌的整体成就,在一些专题文学史上体现出典型的意义。譬如,13—14世纪日本—中国纪行诗是中国山水诗歌的重要组成部分,而由于创作主体身份的跨文化性,中国山水诗歌的跨文化张力在此期得到凸显。13—14世纪日本—中国纪行诗也是古代流散汉诗的一部分,入日元僧和入元日僧在异乡写下的诗作会不自觉透露一种独在异乡的思乡气质。他们将对故土的怀念用汉诗形式写出来。而同时诗僧在异质文化中遇到了"身份认同"问题也会写在诗中,由此促进本土文学和异质文学的融合。

其次,13—14世纪日本—中国纪行诗也是日本五山文学的重要组成部分,相关的禅僧也多是五山文学的重要代表人物。这些禅僧频繁来华和在华游历,并长时间居留中国,在此期间及归国后留下许多高水平的汉文创作作品,从而由此开创了"日本汉文学史上的新的时代"[①],这使得汉文学创作在唐朝以后于日本再次兴盛。

最后,13—14世纪日本—中国纪行诗弘扬了宋元禅意诗风。五山禅僧将禅宗传入日本,同时也将当时中国的禅风诗风带入日本。"金刚幢""潇湘八景""虎溪三笑"等禅宗诗风在日本十分流行。入华日僧巡历众多名刹,如庆元的雪窦、婺州的双林、温州的江心、福州的雪峰、湖州的道场、平江的万寿和虎丘、建康的蒋山等。在巡历这些名刹的时候,诗僧不仅欣赏景色和学习禅法,更将二者合为一体写出许多禅诗。诗僧将纪行地点和禅风相结合创作出了大量禅宗韵味的日本—中国纪行诗,这是13—14世纪日本—中国纪行诗的一大特色。

---

① 孙东临:《东渡日本的宋元僧侣及其在日本文学史上的贡献》,《日本问题》1987年第1期。

# 第六章 中外交流视角与13—14世纪纪行作品的深度解读·东游纪行系列

## 概 述

13世纪,蒙古帝国的对外扩张,打破了欧洲与亚洲之间漫长时间里的阻隔,从陆地到海上,亚、欧大陆以丝绸之路为纽带的互联互通体系得以逐步形成。东、西方丝绸之路的拓通使得西方传教士沿着蒙古大军留下的道路进入中国,留下了丰富的"东游"纪行作品。这一时期蜂拥出现的纪行书写在欧洲人心目中创造出东方、亚洲与中国形象,成了16世纪到18世纪欧洲中国观形成的历史铺垫。

柏朗嘉宾是西欧第一批出使蒙古的使者之中最具有代表性和影响力的历史人物,写下了西方基督教世界和远东之间第一次接触的第一手绝对可信的记载——《蒙古史》(又称《出使蒙古记》),这是欧洲人对蒙古人最早的专门记述,现成为研究蒙古史的重要文献。第一位以欧洲语言写下讨论中国人专著的是圣方济修会的威廉·鲁不鲁乞。《鲁不鲁乞东游记》详细介绍了蒙古人的生活方式和风俗习惯。真正在欧洲流传并产生巨大影响的是写于13世纪末的《马可·波罗行纪》,书中竭力盛赞了以中国为代表的东方之富庶、文物之昌明,极大地开阔了中世纪欧洲人的视野,激起了西方人对东方和中国的无限向往,以至于在马可·波罗死后掀起了西方人探索东方的热情,从而开启了大航海时代。非洲的阿拉伯旅行家伊本·白图泰于至正六年

(1346)来中国游历,考察中国的风土民情,他先后访问过泉州、广州、杭州以及元大都,尤其关注各地的穆斯林发展情况。返回摩洛哥后,伊本·白图泰将他的游历笔录成书——《异境奇观——伊本·白图泰游记》。

18世纪欧洲的"中国热",仍依13世纪以来的传统,取自来华传教士对中国的介绍。在"中学西传"中,中国作为"他者"的想象被欧洲接受。游记作品中的中国形象在此层面上就不再是一种对现实的摹写,"而是一种通过相应的心理机制完成的、对异域历史文化现实的'变异'过程"①。这些游记作品,虽然带有"滤镜"色彩,但记录了珍贵的亲历见闻,对于研究中西文化交流史具有重要价值。

## 第一节 东游纪行系列之一:《出使蒙古记》研究及细读

13世纪,成吉思汗及其后裔发动了一系列大规模的远征,以雷霆之势扫除了无数封建壁垒,建立了一个横跨欧亚大陆的大帝国。蒙古大军的势不可当被欧洲人称为来自地狱的"上帝之鞭"②,引起了欧洲人的恐慌,使他们真正从安全的美梦中醒来。欧洲人除了对于蒙古人的推进感到惶惶不安之外,同样令他们感到腹背受敌的,是参与远征的十字军们发现,穆斯林人(摩尔人或撒拉逊人)也大举向西方推进。与此同时,西方基督教世界,流传着有关约翰长老的风言,认为"在世界的边缘的某处,有一名令人难以置信的富裕而又强大的君主,也是一名长老,是基督的仆人,其军队即将于某一日前来帮助欧洲对抗不信基督的人"③。欧洲人搜集到有关约翰长老的传说,这是由于他们当时同时惧怕蒙古人和穆斯林人。一方面,欧洲人穷力寻找约翰长

---

① 曹顺庆:《比较文学学》,四川大学出版社2005年版,第207页。
② "上帝之鞭"这个词起源于匈奴王阿提拉,公元448—450年阿提拉带领北匈奴部族入侵了东、西罗马、高卢、巴尔干等地,使得欧洲人闻之色变,欧洲的基督徒们将外族入侵认为是上帝在惩戒他们,于是就有了"上帝之鞭"的称呼。
③ [法]于格夫妇:《海市蜃楼中的帝国》,耿昇译,中国藏学出版社2013年版,第235页。

老，以期与之联手对付令他们如鲠在喉的蒙古人；另一方面，他们又急于与骁勇善战的蒙古人结盟，以便从东西两侧来夹击他们的宿敌穆斯林人。对于蒙古人西进的恐惧，受基督教国王约翰长老传说的诱惑，再加上与中亚穆斯林的多年争斗，促使教皇英诺森四世派遣第一位出使蒙古的使者兼传教士——柏朗嘉宾。

柏朗嘉宾（Jean de Plan Carpini，又译普兰·迦儿宾、普兰诺·加宾尼、普兰诺·卡尔平尼）是意大利人，1182年出生于意大利中部佩鲁贾（Perugia）附近的一个贵族家庭。年长后，加入天主教会，成为圣方济各·沙雷氏（François de Sales，又译圣法兰西斯）的重要助手，并且是方济各会（Petite fraternité，又译小兄弟会）的创始人之一。由于柏朗嘉宾在建立西欧的方济各教会的工作中发挥了重要作用，是一个成熟而富于经验的人。于是罗马教廷就以柏朗嘉宾为首，建立了前往东方的使团。这个使团共有三人，但有一人因病退出，因此只有波兰修士本笃（Benedict the Pole，又译本尼迪克特）跟着柏朗嘉宾前往东方。1245年4月，六十多岁的柏朗嘉宾从法国里昂（Leon）出发，长途跋涉将近一年后，参加贵由的登基大典，并受到召见，传达了使命。1246年11月，他带着贵由汗的答复书返回欧洲。1247年秋，柏朗嘉宾回到里昂将贵由的答复书交给英诺森四世（Innocent Ⅳ，1195—1254），并交上这次出使的详细报告。报告共分九章，详细介绍蒙古的地理概况、衣食住行、宗教信仰、民间习俗、战略战术、征服地区情况以及深入探讨抵御蒙古入侵等内容。这份报告是用拉丁文写成的，后来以手抄本形式流传于世，并以《蒙古史》《鞑靼蒙古史》《出使蒙古记》《蒙古行纪》《柏朗嘉宾蒙古行纪》《普兰·迦儿宾行纪》等书名留传至今。法国著名汉学家韩百诗（Louis Hanbis）曾这样评价该书："柏朗嘉宾对契丹人所作的描述在欧洲人眼中是破天荒的第一次；同样，他也是第一位介绍中国语言和文献的人。"[①] 因此对于柏朗嘉宾的《出使蒙古记》的研究和考据对于研究13世纪的历史有

---

① ［意］柏朗嘉宾、［法］鲁布鲁克：《柏朗嘉宾蒙古行纪 鲁布鲁克东行纪》，耿昇、何高济译，中华书局1985年版，第129页。

着非常重要的意义。

**一 研究现状**

自柏朗嘉宾《出使蒙古记》面世以来，国内外均出现了为数不少的相关的研究资料。这些资料发掘背景、描述内容，使这一领域的研究呈现了纷繁复杂的状态。国外对柏朗嘉宾《出使蒙古记》的研究起步较早，早在 1473 年第一个刊本就在施特拉斯堡刊行，1537 年，威尼斯出现了《出使蒙古记》的意大利译本①，此后不断有新的研究成果出现。相对来说，国内的研究起步较晚。随着 20 世纪 80 年代两部《出使蒙古记》的译本面世，一时间研究呈现出繁荣的局面，但这一时期研究较为基础，如余大钧和耿漱对出使背景和文本的解读。21 世纪初，关于柏朗嘉宾《出使蒙古记》的研究论文虽然总体数量有些匮乏，但研究角度更加多元，如历史考证、蒙古人形象的研究等。近十年来，研究进入高潮，不仅研究数量多，而且研究角度多元，开始了全新的研究阶段。总体来说，单独对柏朗嘉宾《出使蒙古记》进行的基础性研究较少，大多结合多部游记进行介绍，或者以多部游记为文本选择某一具体视角进行研究，又或者是结合西方文学理论从比较文学的角度进行研究等。

首先，单独对《出使蒙古记》进行全面介绍的有余大钧的《最早来到蒙古高原的罗马教皇使节普兰·迦儿宾和他所写的〈蒙古史〉》②。这篇文章详细阐述了柏朗嘉宾的生平事迹、出使原因和经过、《出使蒙古记》一书的内容、史料价值、现存的各种抄本以及世界各国学者数百年来对该书的利用、校勘整理、翻译、注释、研究等情况。在这篇论文中，余大钧以其特有的深厚文学修养、开阔的文化视野，从翔实的第一手材料出发，精辟地介绍了柏朗嘉宾及《出使蒙古记》的方方面面，并在全文的最后简要罗列各国发行的《出使蒙古记》的版

---

① 《柏朗嘉宾蒙古行纪·鲁布鲁克东行纪》，第 19—20 页。
② 余大钧：《最早来到蒙古高原的罗马教皇使节普兰·迦儿宾和他所写的〈蒙古史〉》，《内蒙古大学学报》（哲学社会科学版）1981 年第 1 期。

本,有较大的参考价值,几乎可以算作第一部全面的柏朗嘉宾《出使蒙古记》的研究资料。

更多的研究是将《出使蒙古记》和《鲁不鲁乞东游记》放在一起进行讨论,较为重要的有闻漱的《成吉思汗祖孙的西征与柏朗嘉宾教士、鲁布鲁克教士的东游》[①]一文。文章侧重于介绍柏朗嘉宾出使的背景,详细探讨了教皇向蒙古遣使的动因,一是对蒙古人西进的恐惧,二是受基督教王国约翰长老传说的诱惑,三是中亚穆斯林多年斗争,期待与蒙古联合抵御穆斯林。作者接着论述了《出使蒙古记》的内容,例如残酷的战争史实、蒙古人的基督信仰、家庭结构和伦理观念。文章最后指出,《出使蒙古记》虽然是从西方文明观点出发,将蒙古人的西侵看作两种文化对抗,但它是研究蒙古史的早期珍贵史料,对于蒙元史研究具有极其重要的意义。余大钧的《十三世纪的两部蒙古行记——〈普兰·迦儿宾行记〉和〈鲁布鲁克行记〉》,内容上与其《最早来到蒙古高原的罗马教皇使节普兰·迦尔宾和他所写的〈蒙古史〉》大同小异,只是增添了《鲁布鲁克行记》的相关内容。

其次,是以多部游记为文本选择某一具体视角进行研究。从历史考证视角进行研究,如舒健的《也谈〈柏朗嘉宾蒙古行纪〉所记高丽王子》[②]。该文先对杨晓春博士"高丽王子乃王綧"的观点进行质疑,然后结合相关史料进行考证,考订其为高丽新安公王佺,文章对于人们全面、客观认识元史、蒙古史起到了重要作用。此外,周思成的《早期蒙古习俗钩沉——蒙元时代东西史料的互证三题》[③]也值得一提,文章借用《出使蒙古记》中对蒙古饮食习俗的记载详细论述了蒙元时期蒙古帐中掘地以为死牢的习俗。从宗教视角进行研究,较为重要的有芮传明的《蒙古征服时期的基督教和东西文化交流》,文章指

---

① 闻漱:《成吉思汗祖孙的西征与柏朗嘉宾教士、鲁布鲁克教士的东游》,《中国典籍与文化》1996年第2期。

② 舒健:《也谈〈柏朗嘉宾蒙古行纪〉所记高丽王子》,《中国边疆史地研究》2008年第3期。

③ 周思成:《早期蒙古习俗钩沉——蒙元时代东西史料的互证三题》,《北京师范大学学报》(社会科学版)2017年第4期。

出尽管柏朗嘉宾的传教使命没有达成,但可以看出"'鞑靼强制和平'时期的西方基督教会和广大基督教徒在东方的活动为东西方文化交流作出了不小的贡献"①。从地理交通视角进行研究,如韩华的《蒙元时期传教士与中西交通》②以中西交通史为背景,探讨了柏朗嘉宾、鲁布鲁克、马可·波罗、鄂多立克等人"行纪"中的中国形象,不仅在中西之间架起了交流的桥梁,而且引领并促进了中西交通。杨晓春的《蒙古时代欧洲对于中国地理的新认识(1245—1355)》指出蒙元时期打破了疆域壁垒,中西互通有无,给欧洲带去了有关中国的地理新认知,而"卡尔平尼的书标志着中世纪对远东的看法开始发生变化,是欧洲对中国地理认识向前发展的第一步"③。从中外交流的角度研究柏朗嘉宾《出使蒙古记》,最值得注意的当数2015年耿昇发表的《方济各会士出使蒙元帝国,中法关系的肇始》④,文章详细探讨了方济各会进入蒙元帝国的历史背景、柏朗嘉宾和鲁不鲁乞出使蒙元帝国的经过。作者指出《出使蒙古记》详细记述了有关蒙元帝国人文地理和军事的情况,是"西方所拥有的第一部有关蒙元帝国和整个东方的人类学和舆地学著作"⑤,而柏朗嘉宾是沟通教皇和蒙元皇帝之间直接国书往来的渠道,使中高层之间建立了直接联系,从而开启了沿革至今的中法关系。

另外,较多作家学者探讨了游记中所反映的东方形象,如张西平的《蒙古帝国时代西方对中国的认识》⑥、李晓标的《蒙元时期西方人眼中的蒙古》⑦、耿波和刘双双的《恐惧与敬仰:蒙元时期西人游记中的中国印象》⑧、干红强的《中世纪西方对蒙古人认知的演

---

① 芮传明:《蒙古征服时期的基督教和东西文化交流》,《铁道师院学报》1985年第00期。
② 韩华:《蒙元时期传教士与中西交通》,《西南民族大学学报》(人文社会科学版)2010年第10期。
③ 杨晓春:《蒙古时代欧洲对于中国地理的新认识(1245—1355)》,《浙江师范大学学报》(社会科学版)2019年第3期。
④ 耿昇:《方济各会士出使蒙元帝国,中法关系的肇始》,《西部蒙古论坛》2015年第1期。
⑤ 耿昇:《方济各会士出使蒙元帝国,中法关系的肇始》,《西部蒙古论坛》2015年第1期。
⑥ 张西平:《蒙古帝国时代西方对中国的认识》,《寻根》2008年第5期。
⑦ 李晓标:《蒙元时期西方人眼中的蒙古》,《兰台世界》2014年第33期。
⑧ 耿波、刘双双:《恐惧与敬仰:蒙元时期西人游记中的中国印象》,《江苏行政学院学报》2016年第4期。

变》① 等。较值得一提的有刘迪南的《13 世纪至 14 世纪欧洲人游记中的蒙古人形象》②，文章通过对 13 世纪至 14 世纪欧洲人游记、书信中的蒙古人形象的分析，总结出"陌生可怕、茹毛饮血的野蛮人形象""厚颜无理的形象""富可敌国的蒙古大汗""信奉偶像教的异教徒"等四种蒙古人形象，并指出这些蒙古人形象是基于欧洲文化背景和阅读视角的审视和评判下逐渐形成和不断变化着。邱江宁的《论 13—14 世纪"中国形象"的西方表达维度》一文结合中西文论，指出"西方人'中国形象'有'以我观物''以物观物'和'物我两合'三个维度的不同"③，而柏朗嘉宾的《出使蒙古记》中"中国形象"的传达处于"以我观物，物皆着我之颜色"的维度，对游记所反映的东方形象进行了新颖的解读。

最后，一些学者结合西方文学理论从比较文学的角度进行研究，也需一提。周宁的《跨文化的文本形象研究》④ 一文指出《出使蒙古记》《鲁不鲁乞东游记》《马可·波罗游记》《曼德维尔游记》等不同文本中"契丹形象"的形成与演变，透露出从自我结构化到非我结构化再回到自我结构化的一个文化编码过程。2019 年，萨日娜在《内蒙古民族大学学报》上发表了《基督教传教士眼中的蒙古——以〈柏朗嘉宾蒙古行纪　鲁布鲁克东行纪〉为例》⑤ 一文。文中概述了基督教传教士、肩负联盟任务的外交使者、深入敌人内部的军事间谍等多重身份的柏朗嘉宾的蒙古之行和其著作《出使蒙古记》所记载的蒙古风情传达出的西方政治文化意识形态，通过对柏朗嘉宾《出使蒙古记》文字内容的深度剖析，揭示当时西方中心主义的意识形态场域与当时蒙古帝国代表的东方主义的意识形态场域的二元对立，为柏朗嘉宾的

---

① 干红强：《中世纪西方对蒙古人认知的演变》，硕士学位论文，兰州大学，2020 年。
② 刘迪南：《13 世纪至 14 世纪欧洲人游记中的蒙古人形象》，《西北民族大学学报》（哲学社会科学版）2011 年第 5 期。
③ 邱江宁：《论 13—14 世纪"中国形象"的西方表达维度》，《浙江师范大学学报》（社会科学版）2019 年第 3 期。
④ 周宁：《跨文化的文本形象研究》，《江苏社会科学》1999 年第 1 期。
⑤ 萨日娜：《基督教传教士眼中的蒙古——以〈柏朗嘉宾蒙古行纪　鲁布鲁克东行纪〉为例》，《内蒙古民族大学学报》（社会科学版）2019 年第 45 卷第 1 期。

《出使蒙古记》的研究提供了一个新的视角。邹雅艳的博士学位论文《13—18世纪西方中国形象演变》① 则运用了形象学的理论,以柏朗嘉宾的《出使蒙古记》为例着重介绍了传教士眼中的中国形象,并借用韩百诗之口强调了柏朗嘉宾出使的重要意义。

柏朗嘉宾《出使蒙古记》还受到了国外学者的广泛研究与重视。14世纪初,伊利汗国的拉施特历时十年主持编写了一部世界通史著作《史集》②。该书原分为三部,第一部便是《蒙古史》,记录了蒙古帝国同西欧的交流史,并且还包括教皇英诺森四世同蒙古大汗及诸王之间的书信。柏朗嘉宾出使蒙古的重要任务就是向蒙古大汗递交教皇英诺森四世给大汗的亲笔信。法国著名学者伯希和(P. Pelliot, 1878—1945)是今日研究界公认的中国学领袖,在1923—1931年间在《东方基督教》杂志的第23、24、28期中刊布的文章《蒙古与教廷》(Les Mongols et ia Papaute)③ 探讨了关于西欧与蒙古帝国交往的历史。《蒙古与教廷》分两卷,卷一"大汗贵由致因诺曾四世书",引用大量著作和论文对西欧与蒙古帝国交往,罗马教廷派遣使者的历史事件进行叙述。其中便包含柏朗嘉宾受教皇之命出使蒙古的历史,是研究《出使蒙古记》非常有代表性的文章。

总的来说,国内外学者对柏朗嘉宾《出使蒙古记》的研究多是停留在出使背景、报告内容和东方形象等几个方面。对于《出使蒙古记》的专门研究是比较少的,研究深度和研究角度还有拓展的空间。但21世纪以来,对于柏朗嘉宾及其著作的研究在不断增多,研究角度也在拓宽。

## 二 文本细读

《出使蒙古记》④ 除引言和附录外共分9章,详细地描述了蒙古的

---

① 邹雅艳:《13—18世纪西方中国形象演变》,博士学位论文,南开大学,2012年。
② [波斯]拉施特:《史集》,余大钧译,商务印书馆1986年版。
③ [法]伯希和:《蒙古与教廷》,冯承钧译,中华书局2008年版。
④ 按:本文用以解读的文本主要依据英国克里斯托弗·道森编撰的《出使蒙古记》,该著由道森编,吕浦译,周良霄注,含柏朗嘉宾《蒙古史》(《出使蒙古记》)、鲁不鲁乞的《东游记》,下一节中鲁不鲁乞《东游记》的文本也此本为据。

第六章 中外交流视角与13—14世纪纪行作品的深度解读·东游纪行系列

地理、居民、宗教信仰、风俗习惯等,介绍了蒙古人以武器和韬略征服毗邻民族的情况;前三章记叙了蒙古人的容貌、衣食住行以及宗教信仰和他们的性格,四到八章重点记叙了蒙古帝国的始兴、权力的分配以及蒙古军队的部署、武器甚至作战计划,以及蒙古人的外交手段。柏朗嘉宾一人当然不能在短暂的出使蒙古时期就了解到这么多内容甚至机密,"蒙古扩张时期,东来的欧洲人中固然有大量知名的传教士、外交使节、商人,但同时还有更多的不很闻名的,甚至没留下姓名的基督教徒、商人、手艺人以及战俘等,他们在促进东西方文化交流方面,几乎具有和那些'名人'同样重要的作用。柏朗嘉宾明白地说,他的《游记》中所载的那些不属于他亲身经历的事情,都依赖于蒙古人中基督教俘虏的报告"①。可见柏朗嘉宾搜集材料之用心,同时也从侧面体现出相比于后世其他的游记,柏朗嘉宾的《出使蒙古记》所包含的内容的价值之高和意义之大。

首先,柏朗嘉宾在报告中表示,蒙古军队所向披靡,势如破竹。处于鼎盛时期的蒙古帝国东据中国,西占俄罗斯,从波罗的海到太平洋,从西伯利亚到波斯湾,都处于蒙古帝国的统治之下,西方基督教世界感到了巨大的威胁。在序言部分,柏朗嘉宾开门见山地表达了他对这次旅行的惊惧、疑虑:

> 虽然我们害怕,我们可能被鞑靼人或其他民族杀死,或监禁终身,或被饥、渴、冷、热种种伤害和几乎超出我们的忍耐能力的非常严峻的考验所苦——所有这些,除杀死和监禁终身外,都以各种各样的方式降临到我们的命运中来,比我们事先所想象的要厉害得多。②

这种强烈的恐惧情绪一定程度上反映了西方基督教世界的恐慌,

---

① 芮传明:《蒙古征服时期的基督教和东西文化交流》,《铁道师院学报》1985年第00期。
② [英]道森编:《出使蒙古记》,吕浦译,周良霄注,中国社会科学出版社1983年版,第4页。

因此他们意欲刺探有关蒙古人的地理方位、生活方式、风俗习惯以及通往那里的道路。柏朗嘉宾首次向西方陈述了东方民族及其分布地：

> 上述的国家，位于东方的那一部分，我们相信，在那里，东方是连结着北方的。在它的东方，是契丹人和肃良合人（Solangi）的国家；在它的南方，是萨拉森人的土地；在它的西南方，是畏吾儿人的领土；在它的西方，是乃蛮部的地区；在它的北方，以大洋为界。①

西方对中国地理的认识成果得益于蒙元帝国的建立使亚欧间交通通畅，柏朗嘉宾的记述是欧洲对中国地理认识向前发展的第一步。

接着，柏朗嘉宾深入蒙元帝国，仔细地记述了当时蒙古人的容貌、衣服、住处、财产、婚姻、葬仪等具体情况。柏朗嘉宾发现，蒙古民族有这样的家庭结构和伦理观念："每一个男人，能供养多少妻子，就可以娶多少妻子。"②妻子的多少，由家庭的财产状况决定。除了通过购买获得妻子之外，还有这样的习俗，柏朗嘉宾记述了这样一件事：

> 有人在拔都面前控告，斡罗思切尔涅格伦（Cherneglone）公爵安德鲁（Andrew）盗取鞑靼马匹出境，并在别处卖掉。虽然这个控告没有得到证实，安德鲁还是被处死了。听到这种情况，他的弟弟偕同安德鲁的寡妇来到拔都那里，请求他不要夺去他们的土地。拔都吩咐这个男孩娶他的寡嫂为妻，并且吩咐这个妇人按照鞑靼风俗以他为丈夫。她说，她宁愿死去，也不愿违犯法律。但是，虽然如此，拔都还是把她给他为妻，虽然两人极力拒绝。③

就现在的眼光看来，这种情况显然不符合伦理道德，是对被统治

---

① 道森编：《出使蒙古记》，第5—6页。
② 道森编：《出使蒙古记》，第8页。
③ 道森编：《出使蒙古记》，第11页。

人民尊严的侮辱与践踏，但这的确符合当时蒙古的婚姻风俗。蒙古族和其他北方游牧民族一样，有着传统的收继婚风俗，"父死则妻其从母，兄弟死则收其妻"①，当然，生身母亲除外。收继婚，又称为"转房"或"接续"，指寡居的妇女，可由其亡夫的亲属收娶为妻。了解了这个事实，就会明白上文拔都让斡罗斯大公的弟弟与亲嫂结婚，丝毫无碍蒙古民族的伦理。这是一种刚刚摆脱原始社会的群婚制，尚未进入封建社会较为固定、缩小的一夫多妻制的婚姻制度。它的实行，是为了保证部族内部联盟的团结，防止家族财产的外传、流散。要知道，这对于一个以游牧为基本生活方式、生产力十分低下的民族来说是绝对必要的。从蒙古国到元朝，经过半个多世纪的战争，"老酋宿将，死者过半"②，但是蒙古草原上的人口，"昔稀今稠，则有增而无减"③。除了大量的外族人口被掳入草原外，蒙古族这种婚姻习俗和家庭伦理观念也为子孙后代的繁衍提供了基本保证。

另外，由于柏朗嘉宾此次出使带着向蒙古传教的使命，希望蒙古人畏惧上帝的愤怒，不要进攻基督的国土，所以他十分关注蒙古族的宗教信仰。萨满教是蒙古草原的原始宗教，因为通古斯语称巫师为萨满（Jdam man/saman，又译珊蛮），故得此称谓。蒙古族之萨满文化呈现为多神信仰的内容，如崇拜天、火、马、祖神等。柏朗嘉宾详细地记述了当时蒙古人的萨满教信仰：

> 此外，他们尊敬和崇拜太阳、月亮、火、水和土地，把食物和饮料首先奉献给他们，特别是早晨在他们进饮食以前。④
>
> 当天空出现新月，或月圆时，他们便着手去做他们愿意做的任何新的事情，因此它们称月亮为大皇帝，并向它下跪祈祷。他们并且说，太阳是月亮的母亲，因为月亮是从太阳那里得到它的

---

① 《元史》卷一八七《列传七四》，第 4288 页。
② （宋）彭大雅著，（宋）徐霆疏，许全胜校注：《黑鞑事略》，兰州大学出版社 2014 年版，第 168 页。
③ 《黑鞑事略》，第 168 页。
④ 道森编：《出使蒙古记》，第 11 页。

光辉的。①

蒙古族人认为火是天地分开时产生的圣物，火有毁灭一切的威力，火可以祛邪避恶，是清纯圣洁之源。由于对火的崇拜，蒙古族人平时禁止用脚踩火、跨火，但每逢远客到来或娶新娘进门，都要让他们跨火而过，以祛除污邪。柏朗嘉宾详细地记述了与当时蒙古人崇拜火的萨满教信仰相联系的习俗和禁忌：

> 虽然他们没有关于正确行为或避免罪恶的法律，但是有被他们说成是罪恶的某些传统的事情（这些是他们或他们的祖先所臆想出来的）。例如：拿小刀插入火中，或甚至拿小刀以任何方式去接触火，或用小刀到大锅里取肉，或在火旁拿斧子砍东西，这些都被认为是罪恶，因为他们相信，如果做了这些事，火就会被砍头。②
> 
> 他们相信万事万物是被火所净化的。因此，当使者们或王公们或任何人来到他们那里时，不论是谁，都被强迫携带着他们带来的礼物在两堆火之间通过，以便加以净化，以免他们可能施行了巫术，或者带来了毒物或任何别的有害的东西。同样的，如果有火从天空降落到牲畜或人身上（这种事情在那里是常常发生的），或被他们认为是不洁或不详的任何同样的事情降临到他们身上，他们必须由占卜者以同样的方式加以净化。他们几乎把他们所有的希望都寄托在这些事情上。③

不过，欧洲基督教世界最迫切需要了解的，是蒙元帝国有关战争、军队、武器、韬略的详情。他们急于从事"间谍"活动，派遣"间谍"东行，这是柏朗嘉宾出使的首要原因。柏朗嘉宾针对他出发时教

---

① 道森编：《出使蒙古记》，第12页。
② 道森编：《出使蒙古记》，第11页。
③ 道森编：《出使蒙古记》，第12—13页。

## 第六章　中外交流视角与13—14世纪纪行作品的深度解读·东游纪行系列

廷委托给他的调查问题,进行了详细地考察,一一作了回答,并号召西欧各国积极抵御蒙古人的入侵:

> 当他们在作战的时候,如果十人队中有一个人,或两个人,或三个人,或甚至更多的人逃跑,则这十个人全体都被处死刑。如果有一个十人队全部逃跑了,则在百夫长之下的其余的人全部要被处死,即使他们并没有逃跑。一句话,除非他们全体退却,所有逃跑的人统统要被处死。同样的,如果十人队中有一个人、或两个人、或更多的人奋勇前进,勇敢战斗,而其余的人不跟着前进,则这些人都要处死;如果十人队中有一个人或更多的人被敌人俘虏,而他们的伙伴不去救他们,则这些伙伴都要处死。[1]
>
> 兵士们至少都必须携带下列武器:两张或三张弓,或至少一张好弓,三个装满了箭的巨大箭袋,一把斧,用以拖运兵器的绳子。[2]
>
> 当他们将与敌人交战时,全军列成战阵,准备战斗。军队的首领们或宗王们不参与战斗,而站在若干距离以外,面向敌人。在他们身旁,有骑在马背上的他们的小孩和他们的女眷、若干马匹;有的时候,他们做成假人,把它们安置在马上。他们这样做,是企图给敌人以这样的印象:有许许多多战士集合在那里。[3]

柏朗嘉宾"于书中提到的蒙古军队的'十夫长''百夫长'和'千夫长'编制及其互相制约的作战体系,对于西方后来军队的组织改编产生过影响。他介绍的蒙古军队中的弓弩、弩炮、盾甲的使用,在很大程度上纠正了西方军队只重刀剑的战法。他建议,为了抵御蒙古人,罗马各行省之间必须巧妙地互相支援,这是蒙古人制胜的法宝之一。这也引起西方政要与军事家们的高度重视"[4]。

柏朗嘉宾一行历时将近一年,行程万余里。于1246年7月22日

---

[1] 道森编:《出使蒙古记》,第32页。
[2] 道森编:《出使蒙古记》,第32页。
[3] 道森编:《出使蒙古记》,第35页。
[4] 耿昇:《方济各会士出使蒙元帝国,中法关系的肇始》,《西部蒙古论坛》2015年第1期。

到达上都哈拉和林（Qara-qorum），这里正在举行蒙古的忽里台大会——贵由汗的登基大典。忽里台是蒙古语（Khural）"聚会""会议"的意思，又作"忽邻勒塔"或"忽里勒台"，是大蒙古国和元朝的诸王大会、大朝会。忽里台是部落和各部联盟的议事会，用于推举首领，决定征战等大事。"贵由汗于1246—1248年在位，系元太宗窝阔台的长子。8月24日，贵由登基大汗，柏朗嘉宾获准参加。柏朗嘉宾是在钦察汗国的缔造者拔都的安排下，特别赶去参加这次盛大典礼的。这在当时的中西关系中，尚属首例。直到明末清初，才有欧洲传教士们参加中国皇帝的登基大典和葬礼，柏朗嘉宾始终是享有此殊荣的西欧第一人。"[1] 柏朗嘉宾详细地记载了这一盛典：

> 我们在那里逗留了五、六天以后，他把我们送到他的母亲那里，在那里，正在举行庄严的大会。在我们到那里时，已经树立了一座用白天鹅绒制成的大帐幕，照我的估计，它是如此巨大，足可容二千多人。在帐幕四周树立了一道木栅，在木栅上画了各种各样的图案。第二天或第三天，我们同被指定照管我们的鞑靼人一道来到帐幕跟前，看到所有的首领们都集合在那里，每一个首领骑着马，带着他的随行人员，这些人分布在帐幕周围的小山和平地上，排成一个圆圈。[2]
>
> 第一天，他们都穿着白天鹅绒的衣服，第二天——那一天贵由来到帐幕——穿红天鹅绒的衣服，第三天，他们都穿蓝天鹅绒的衣服，第四天，穿最好的织锦衣服。帐幕周围的木栅有两个大门，一个门只有皇帝有权出入，虽然这个门开着，却没有卫兵看守，因为没有人敢从这个门出入。所有获准进入的人都从另一个门进去，这个门有手执剑和弓箭的卫兵看守。如果任何人走近帐幕进入规定的界限以内，如被捉住，就要被鞭打，如他跑开，就要被箭所射，不过这种箭是没有箭镞的。我估计，贵族们所骑的

---

[1] 耿昇：《方济各会士出使蒙元帝国，中法关系的肇始》，《西部蒙古论坛》2015年第1期。
[2] 道森编：《出使蒙古记》，第60页。

第六章 中外交流视角与13—14世纪纪行作品的深度解读·东游纪行系列

马都放在距帐幕约二箭射程之处。首领们在各处走来走去，他们的若干随从全副武装跟随在后。但是，除非他们的十人小队是完整的，没有一个人能走到停放马匹的地方去。的确，那些企图这样做的人都遭到痛打。据我估计，有许多匹马的马衔、胸带、马鞍、马鞯上所饰黄金，约值二十马克。首领们在帐幕里面开会，我相信，是在进行选举。①

柏朗嘉宾的记述为我们呈现了蒙元帝国聚会过程中的典型场景——质孙宴。质孙是蒙古语（jisun）颜色的音译，又称诈马宴。元朝实行两都巡幸制，每年皇帝巡幸上都时举办诈马宴，用来招待宗亲、大臣。诈马宴集蒙古族传统饮食、歌舞、游戏、竞技于一体，十分隆重。赴宴者须穿清一色而华贵的"质孙服"，宴会连开三天（用羊两千，用马三匹），赴宴者要每天换一次全场衣帽颜色一致的服装。正如柏朗嘉宾亲眼所见，第一天都穿着白天鹅绒的衣服，第二天穿红天鹅绒的衣服，第三天，他们都穿蓝天鹅绒的衣服，第四天，穿最好的织锦衣服。"对于蒙元皇帝登基大典的记述，在中外史料中都很稀见，柏朗嘉宾的记述，不但为研究蒙元史留下了宝贵资料，而且也使这样圣典的真实情况传向了基督教的西方。"②

不久，柏朗嘉宾得到召见，并呈上教宗的两封书信。教宗在信中劝告蒙古大汗停止向西方的进攻：

兹特劝告、请求并真诚地恳求你们全体人民：从今以后，完全停止这种袭击，特别是停止迫害基督徒……全能的上帝迄今曾容许许多民族在你们面前纷纷败亡；这是因为有的时候上帝在现世会暂时不惩罚骄傲的人，因此，如果这些人不自行贬抑，在上帝面前低首下心地表示卑下，那末上帝不仅可能不再延缓在今生

---

① 道森编：《出使蒙古记》，第60页。
② 耿昇：《方济各会士出使蒙元帝国，中法关系的肇始》，《西部蒙古论坛》2015年第1期。

· 255 ·

对他们的惩罚，而且可能在来世格外加重其恶报。①

元定宗贵由于1246年11月13日，在柏朗嘉宾告辞返欧时，也复教宗一函：

> 因为他们不服从长生天的话和成吉思汗及大汗的命令，而杀害我们的使者，因此长生天命令我们毁灭他们，并抛弃他们，将他们置于我们的掌握之中……我们崇拜长生天，在长生天力量之下，已从东到西毁灭了整个世界……你教皇和信仰基督教的君主们，须毫不迟延地前来我处讲和，那时我们才会知道你愿与我们和平相处。但是，如果你不相信我们的信和长生天的命令，也不倾听我们的忠告，那时我们就将确实知道，你是愿意打仗的。如果那样，我们就不知道将会发生什么事情，只有长生天才能知道。②

"定宗的这封信现藏梵蒂冈图书馆，于1921年被发现其拉丁文译本原本，其汉文本至今未见。"③ 教皇用上帝的名义威吓蒙古人，不信上帝的蒙古人对此不以为然。贵由大汗的复函极为傲慢，丝毫没有向教廷表示皈依的意思。贵由在信中将蒙古人军事征服的成功归诸上帝的偏爱和相助，认为宗教要讲和，就必须由教皇及属下王公亲自前来谈判。我们通过元定宗的这封复函，便可以看到，蒙古人既拒绝了教皇"阻战"的意图，又拒绝了他要求蒙古人接受基督教归化的愿望。相反，元定宗反而要求教皇及欧洲的所有基督教君主们，统统"降服"蒙古人并为他们"服役"。这一切都充分反映了东西方文化的差异，在政治上尚处于对抗和误解的阶段。

柏朗嘉宾一行在贵由汗安排的帐营居住了四个月，1246年11月，

---

① 道森编：《出使蒙古记》，第93页。
② 道森编：《出使蒙古记》，第100—101页。
③ 耿昇：《方济各会士出使蒙元帝国，中法关系的肇始》，《西部蒙古论坛》2015年第1期。

他带着贵由答复教皇的蒙文诏书及波斯文译文启程，沿着原路返回欧洲。1247年秋，柏朗嘉宾回到里昂将贵由的答复书交给教皇英诺森四世，并交上这次出使的详细报告。这份报告记述了他从欧洲到蒙古的往返经历和沿途见闻，包含了蒙古族的政治、军事、经济、宗教等多方面情况，对后世具有深远影响。

### 三　文学史意义

六十五岁的教士柏朗嘉宾骑着毛驴，带着几个仆从深入神秘的蒙古帝国时，已经相互隔绝了几百年的欧亚之间再次出现了文明的交流与互动。柏朗嘉宾是西欧第一批出使蒙古的使者之中最具有代表性和影响力的历史人物。在13世纪，除了战争以外，以柏朗嘉宾出使蒙古为标杆，西欧利用宗教积极打开与蒙古交流的窗口。13世纪之前，西欧与蒙古人没有过直接的交流，而柏朗嘉宾的出使，让当时世界上最为强大的文明之间开始了交流与交往，并写下《出使蒙古记》在文学史上留下了浓重的一笔。

首先，从叙述视角来看，柏朗嘉宾从自身的文化背景出发注视"他者"，而蒙古帝国这一他者形象同时也传递了注视者、言说者、书写者的某种形象。这是一种跨文化语境下的他者感知，以"异域之眼"来研析蒙元帝国，这意味着其"叙事"是基于既有的价值立场上的文化研判，不可避免地带上滤镜色彩，例如行纪中的蒙古帝国作为一种"文明大叙事构筑的野蛮或半野蛮帝国的形象，成为确认西方现代的文明主体。如果说西方现代文化表现为一个人认同于文明的同一体，那么，只有通过塑造一个'野蛮东方'作为他者，才能完成自我确证"[1]。但是，这种基于自身需要而产生的叙事在一定程度上为中国形象的海外传播作出了贡献。柏朗嘉宾是欧洲人中前往东方的先驱者，他比马可·波罗早半个世纪向欧洲提供了关于中国的信息。他所撰写的《蒙古行记》，不仅是给罗马教廷和国王的报告书，对当时的西方

---

[1] 周宁：《跨文化形象学的观念与方法——以西方的中国形象研究为例》，《东南学术》2011年第5期。

人了解蒙古起了重要作用;对于今人,更具有巨大的史料价值。正如《出使蒙古记》编者英国学者道森所说:"最为重要的,是他们写下了西方基督教世界和远东之间第一次接触的第一手绝对可信的记载,而进行接触的时间,乃是在东自朝鲜西至匈牙利的整个东方世界正在被世界史上最大灾难之一搅得翻天覆地并加以改造的时刻。"①

其次,从叙述内容来看,"柏朗嘉宾的出使报告是西方所拥有的第一部有关蒙元帝国和整个东方的人类学和舆地学著作"②。柏朗嘉宾带着英诺森四世教皇的信函经过万里跋涉九死一生到达蒙古并留下了极尽详细的记录,这是欧洲人根据耳闻目睹的材料写下的最早记述蒙古人情况的著作。它生动具体地记述了13世纪前半期时蒙古人的经济、社会制度、风俗习惯、宗教、文化、政治以及蒙古军队组织、装备和作战方式、策略等实际情况,同时还包含了有关12世纪至13世纪初蒙古、塔塔儿、蔑儿乞惕、乃蛮等游牧部落历史的若干早期传说。因此他所写的这一著作,乃是研究早期蒙古史的最重要的第一手资料之一。因此这部书一向为各国蒙古史研究者及学者们所重视,它被认为是研究早期蒙古史的基本史料之一。《出使蒙古记》成为欧洲人了解蒙古、认识东方的案头必备文献,成为开启西方视野中蒙古和东方之门的敲门砖。这些作品奠定了西方人的东方认知,在13—17世纪中叶很长的时段内影响着西方人头脑中的东方观念。并且激发了西方人对东方的想象和欲望,为西方迎来大航海时代,进一步发现东方和整个世界都产生了巨大的影响。

最后,从游记本身来看,这部行记"如同波斯史学家志费尼的《世界征服者史》、小亚美尼亚国王海屯的《蒙古行记》,我国南宋人彭大雅撰著,徐霆注疏的《黑鞑事略》,赵珙的《蒙鞑备录》,以及李志常的《长春真人西游记》、耶律楚材的《西游录》、刘郁的《西使记》、张德辉的《纪行》等书一样,都是产生于蒙古汗国时期的为数稀少的珍贵史书。它们所记述史实大部分是作者亲见亲闻,可以被称

---

① 道森编:《出使蒙古记》,第1页。
② 耿昇:《方济各会士出使蒙元帝国,中法关系的肇始》,《西部蒙古论坛》2015年第1期。

为原始史料,均属研究蒙古历史特别是蒙古汗国史的不可或缺的重要资料"①。因此,无论是对于推进中外交流还是蒙元史研究,抑或游记本身,柏朗嘉宾的出使及其《出使蒙古记》都对后世产生深远的影响,成为极其珍贵的史料。

不可否认,柏朗嘉宾凭借自己的勇气打开了封闭已久的欧亚文明沟通的窗口,为未来欧亚文明的交流打下了坚实的基础,为往后几百年东西方物质和文明的互通做好了铺垫。虽然柏朗嘉宾说服贵由汗停止攻击基督教国家的任务失败了,但是,柏朗嘉宾及其《出使蒙古记》对后世游记文学产生了深远的影响,对草原丝绸之路的发展也起到了推动作用,更为后世研究蒙古史和中西交流史提供了宝贵的资料。

## 第二节 东游纪行系列之二:《鲁不鲁乞东游记》研究及细读

蒙古西征的巨大威胁,基督教国王约翰长老传说的诱惑,再加上与中亚穆斯林的多年斗争,促使罗马教皇英诺森四世派遣柏朗嘉宾出使蒙古。当柏朗嘉宾返回里昂时,第七次十字军东征的准备已然就绪,法国国王路易九世即将率众东行,随从人员中有安德鲁·隆居曼(Andrew-longjumeau)、威廉·鲁不鲁乞(Guillaume de Rubru-quis)等教士。期间,路易九世风闻,蒙古帝国成吉思汗的一位后裔撒里答(Sartaq,又译撒儿塔),刚刚归化基督教。加之柏朗嘉宾《出使蒙古记》中关于蒙古大汗善待基督教的记载,更是增添了罗马教廷和世俗君主们与蒙古结盟的信心,于是就有了鲁不鲁乞的出使。

威廉·鲁不鲁乞(Guillaume de Rubru-quis,又译鲁布鲁克、卢卜鲁克、罗伯鲁),法国人,于1215—1220年间出生于法国北部富兰德(Flanders,又译佛兰德斯)地区的鲁不鲁乞(Ruisbroek,又译鲁布鲁克)村,并因此而得名,天主教方济各会教士。1253年初,三十多岁的鲁不鲁乞奉路易九世之命前往蒙古地区传教和了解情况,这次是由

---

① 罗贤佑:《西方教士出使蒙古之目的浅析》,《西部蒙古论坛》2014年第3期。

被后人称为"西方天主教第一王国"的法国唯一被"封圣"的国王路易九世（Louis Ⅸ，1214—1270，又称圣路易）派遣的。1253年5月7日，鲁不鲁乞从君士坦丁堡启程前往蒙古国。和柏朗嘉宾一样，鲁不鲁乞首先前往钦察汗国拜会了拔都，并跟随其一道前往哈剌和林。蒙古治下的丝绸之路各处都设有驿站系统，确保了交通畅通和商旅安全。鲁不鲁乞一行的东来之路颇为顺利，于1254年成功觐见蒙哥汗。但是，当他表示希望留下传教布道时，遭到大汗婉言谢绝，仅仅允许其留居两月以避严冬。事实上，鲁不鲁乞在蒙哥处一直滞留了八个多月，这使他可以较为从容地搜集、记录蒙古的宫廷、节日以及一切令他着迷的东方风物。归国后，鲁不鲁乞将沿途各族风土人情、山川地理详细地写成报告呈送给他的国王。这便是在《马可·波罗行纪》之前最负盛名的旅华记录——《鲁不鲁乞东游记》（又译为《鲁布鲁克东行记》《鲁布鲁克行纪》《威廉·鲁布鲁克蒙古游记》）。它生动具体地记述了13世纪蒙古人的衣食住行、风俗习惯、宗教、文化等情况，有些章节中所描述的内容较其姊妹篇《出使蒙古记》更为具体丰富。《鲁不鲁乞东游记》历来受到研究蒙古史和中世纪历史地理的学者们的重视，是研究早期蒙古族史和13世纪中西交通史的重要原始资料。

## 一 研究现状

鲁不鲁乞的出行报告——《鲁不鲁乞东游记》向欧洲描述了东方世界，传递了中国信息，为后续几百年的史学和汉学研究提供了参考，而《鲁不鲁乞东游记》本身具有的文学价值，亦使之成为后世游记典范。关于《鲁不鲁乞东游记》的研究，12—16世纪为研究兴起时期，研究文本以手抄本为主，研究方向多为地理细节和军事政治要闻。16世纪末至19世纪末为研究的发展时期，自1598年英国出现第一个翻译版本后，又出现了法文和荷兰语共5个版本的相关著作。20世纪为研究的第一个高潮，除40年代受二战影响出现短期的研究低谷外，出现了丰富的研究成果。英国、法国、意大利、德国、波兰、瑞典等欧洲国家，出现了近30个版本的翻译著作和研究著作。20世纪初，俄国出现翻译版本。20世纪80年代,中国出现第一个翻译版本,《鲁不鲁乞东游记》的研究扩展到东方世界。进入21世纪以来,各国对《鲁不鲁乞东游记》的研究达到又一个高潮,不断有新的研究成果出现。而国内对《鲁不鲁乞东游记》中所反映的远东信息、蒙古统治者的珍贵史料也进行了进一步的解读和利用,越来越多的著作对《鲁不鲁乞东游记》中的文本内容进行了分析和再研究。总体来说,单独对《鲁不鲁乞东游记》进行基础性的研究较少,大多结合多部游记进行介绍,或者围绕鲁不鲁乞的出使来介绍背景、原因、意义等,又或者是围绕《鲁不鲁乞东游记》的文本内容选择某一具体视角进行研究。

首先,结合多部游记进行基础性介绍。如余大钧的《十三世纪的两部蒙古行记——〈普兰·迦儿宾行记〉和〈鲁布鲁克行记〉》[1],在这篇论文中,余大钧以其特有的深厚文学修养、开阔的文化视野,从翔实的第一手材料出发,精辟地介绍了鲁不鲁乞的生平事迹、出使原因和经过,以及《鲁不鲁乞东游记》一书的内容、史料价值、现存的各种抄本以及世界各国学者数百年来对该书的利用、校勘整理、翻译、注释、研究等情况,有较大的参考价值。除此之外,闻溦的《成吉思汗祖孙的西征与柏朗嘉宾教士、鲁布鲁克教士的东游》[2]一文也值得重视。文章侧重于介绍鲁不鲁乞出使的背景,并大胆猜测柏朗嘉宾和鲁不鲁乞的会面引发了鲁不鲁乞探求东方的热情。

其次,围绕鲁不鲁乞的出使来介绍背景、原因、意义等。较值得一提的有,罗贤佑的《西方教士出使蒙古之目的试析》一文分析了柏朗嘉宾、安德鲁·隆居曼和威廉·鲁不鲁乞三人的出使目的,指出鲁不鲁乞可能是鉴于安德鲁·隆居曼出使的失败,"他在这次前往蒙古时改变了口吻,虽然持有路易九世致蒙古大汗的信函,但他一直坚称不是官方使者,而是一名忠忱于上帝事业而去往蒙古传经布道的传教士。事实上,威廉·鲁不鲁乞此次东行的使命确实同以前有所不同,

---

[1] 余大钧:《十三世纪的两部蒙古行记——〈普兰·迦儿宾行记〉和〈鲁布鲁克行记〉》,《内蒙古社会科学》1984年第1期。

[2] 闻溦:《成吉思汗祖孙的西征与柏朗嘉宾教士、鲁布鲁克教士的东游》,《中国典籍与文化》1996年第2期。

主要就是带着圣经去传教,企图使蒙古汗国的君主及其臣民皈依基督教,在灵魂上征服他们,以收获'不战而屈人之兵'的目的"[①]。耿昇的《方济各会士出使蒙元帝国,中法关系的肇始》分析了鲁不鲁乞出使对早期中西方交流的意义。文章论述了鲁不鲁乞出使的原因、经过、结果,最后总结道鲁不鲁乞出使蒙元帝国使"基督教西方民族,终于对中国的某些方面有所了解了。但是,他们却是通过方济各会士们的有色眼镜看待东方的。这些方济各会士们天生一种基督教民族的高傲心态,对其他民族都要贬低或抨击。中西交流一开始就打上了'种族歧视'的烙印,这是一种历史的悲哀"[②]。杨晓春的《蒙古时代欧洲对于中国地理的新认识(1245—1355)》一文指出,"蒙古式和平"促进了亚欧间交通的通畅,大量欧洲人东来,带给欧洲有关中国地理的新知。作者还考证了鲁不鲁乞的旅途路线,并指出"鲁布鲁克书中揭示出来的道路同卡尔平尼叙述的大抵相同,主要的行程也是经过黑海、里海北部的草原地区,只有经过乌拉尔后的一段路程是折向南后又折向东北的"[③]。

此外,学者们的研究还涉及了使团访华过程中的译员在早期东西方交往中所扮演的角色问题。姚斌在《鲁布鲁克出使蒙古的翻译问题研究》[④]一文据《鲁不鲁乞东游记》中涉及译者的相关记录,梳理了在早期跨文化沟通中由于翻译问题而导致的重重困难。

最后,是围绕《鲁不鲁乞东游记》的文本内容进行研究,具体来说有"赛里斯"称谓、蒙元风俗、人物考证、东方形象分析等几个方面。在《鲁不鲁乞东游记》出现之后,关于"赛里斯""契丹""丝国"的研究逐渐增加,也有不少论文及著作引用这一论断。冀强在《赛里斯:一个称谓的文化史》[⑤]中提及了西方对于遥远东方的称谓,

---

[①] 罗贤佑:《西方教士出使蒙古之目的试析》,《西部蒙古论坛》2014年第3期。
[②] 耿昇:《方济各会士出使蒙元帝国,中法关系的肇始》,《西部蒙古论坛》2015年第1期。
[③] 杨晓春:《蒙古时代欧洲对于中国地理的新认识(1245—1355)》,《浙江师范大学学报》(社会科学版)2019年第3期。
[④] 姚斌:《鲁布鲁克出使蒙古的翻译问题研究》,《国际汉学》2017年第2期。
[⑤] 冀强:《赛里斯:一个称谓的文化史》,硕士学位论文,南京大学,2011年。

并着重介绍了"赛里斯"这一最早的称谓的发展变化和最终消除的历史，其中就涉及鲁不鲁乞对于"契丹"的论述。张西平在《蒙古帝国时代西方对中国的认识》中介绍了这一判断，并提出鲁不鲁乞对契丹的介绍有两点大的进步，"第一，明确指出'契丹'就是西方在古代所讲的'丝国'。第二，鲁不鲁乞介绍的契丹也并不全是猜想，在实际知识上比柏朗嘉宾多了些内容"①。杨晓春的《蒙·元时期马奶酒考》对蒙元时期马奶酒的名称、制作方法、在祭祀和宾饮活动中的作用、国家经营等方面作了一些探讨，作者指出，"关于马奶酒的制作，以《鲁不鲁克东行记》中的记载最为详细"②。对于《鲁不鲁乞东游记》中描写的西方人理想中的东方形象，陈雷的《法国作家笔下的蒙古人形象研究》有较好的分析，例如，他认为鲁不鲁乞笔下的蒙哥汗，是"乌托邦化"的，"《行纪》所传达的信息在一定程度上体现同时也满足了法国或者说西方世界深层的期待欲望"③。邱江宁的《论13—14世纪"中国形象"的西方表达维度》一文结合中西文论，指出"西方人'中国形象'有'以我观物''以物观物'和'物我两合'三个维度的不同"④，而鲁不鲁乞的《鲁不鲁乞东游记》中"中国形象"的传达处于"以物观物，物之妍丑自现"式的维度，这个视角将观察对象的独特性展现得更透彻、平实，尤其体现在鲁不鲁乞对于马奶酒的记述中。

除此之外，《鲁不鲁乞东游记》中关于蒙古早期统治者（如贵由、蒙哥汗、撒里答和拔都）的记述是极有意义甚至是独一无二的，例如有关蒙哥汗的描写和贵由的死因，何高济曾言："最有价值的，也许是他对强大的蒙哥汗的描写了。他曾几次有幸见到蒙哥，与他有过交谈，所以他的描写是最原始的，也可能是唯一的史料了。此外，他是

---

① 张西平：《蒙古帝国时代西方对中国的认识》，《寻根》2008 年第 5 期。
② 杨晓春：《蒙·元时期马奶酒考》，《西北民族研究》1999 年第 1 期。
③ 陈雷：《法国作家笔下的蒙古人形象研究》，硕士学位论文，内蒙古大学，2014 年，第 7 页。
④ 邱江宁：《论 13—14 世纪"中国形象"的西方表达维度》，《浙江师范大学学报》（社会科学版）2019 年第 3 期。

提到贵由死因的唯一史家，说他在旅途中听说贵由是被拔都派人毒死的，或者是由拔都派人去朝见贵由时，使者（拔都之弟司提堪）和贵由因酒发生争吵，彼此都把对方刺死。这提供了蒙古宫廷斗争的一些重要线索"①。因此，《鲁不鲁乞东游记》中有关早期蒙古人物的记述也常常作为史料用于研究人物生平，传记参考等，引发了关于蒙古早期统治者贵由、蒙哥汗等人的研究。如马淑兰的《蒙哥汗研究》②，文章运用翔实的史料讲述了蒙哥称汗、维护扩张蒙古帝国、治理被征服地区和蒙哥汗时期的经济文化等，并引用《鲁不鲁乞东游记》的相关记载来说明哈剌和林在蒙哥的治理下成为国际贸易城市。有关贵由汗的记述和研究要少得多，李一新在《蒙古贵由汗时期对外战争简析》③中解读了贵由汗时期蒙古征服世界的野心，对于贵由的死因，作者依据贵由与拔都不合这一事实，参考了鲁不鲁乞的记载：贵由是被拔都投毒而死，或被拔都遣人刺杀，指出虽然鲁不鲁乞的说法得不到其他史料证明，但贵由汗是和拔都相争而死这一点与其他史书记载是相一致的。傲日格勒在《蒙元时期汗位继承问题研究》④中对于耿昇、何高济判断鲁不鲁乞记载贵由之子下落的文字有误提出了不同意见。综上所述，由于《鲁不鲁乞东游记》对他在东行旅途中所见所听的蒙古早期统治者蒙哥、贵由、拔都、撒里答有了第一手资料的记述，从而引起了学术界对于他所记录的人物和事件的考证，也为研究该时段的历史和人物提供了有价值的资料。

关于《鲁不鲁乞东游记》的研究虽然开始启程慢，但是后期发展速度快，研究成果丰富，得到多个领域的研究者的关注。近代以来《鲁不鲁乞东游记》的研究正在与蒙元史和其他领域的研究一起进行，具有良好的研究前景。《鲁不鲁乞东游记》国内研究相比于国外比较

---

① ［意］柏朗嘉宾、［法］鲁布鲁克：《柏朗嘉宾蒙古行纪　鲁布鲁克东行纪》，耿昇、何高济译，中华书局1985年版，第184页。
② 马淑兰：《蒙哥汗研究》，硕士学位论文，西北师范大学，2017年。
③ 李一新：《蒙古贵由汗时期对外战争简析》，《贵州师范大学学报》（社会科学版）1994年第2期。
④ 傲日格勒：《蒙元时期汗位继承问题研究》，博士学位论文，内蒙古大学，2017年。

欠缺,还可以有更大发展。同时,《鲁不鲁乞东游记》的研究还存在一些领域研究涉及较少,如对《鲁不鲁乞东游记》中地理的考证等,希望后来的研究者能够补足。

## 二 文本细读

至今为止比较完整的《鲁不鲁乞东游记》共有 38 章,内容包括蒙古民族的风情礼俗、婚丧嫁娶、饮食服饰、宗教信仰、法律禁忌、狩猎生产等方面的详细内容,对后世研究蒙古风俗,还原历史风貌有重大意义。雷蒙·道森(Raymond Dawson)评价他是一个"罕见的观察力敏锐的人,具有一位艺术家的气质和眼睛","他写出的游记,成为整个游记文学中最生动、最动人的游记之一,甚至比他同时代的马可·波罗(Marco Polo)或 19 世纪的胡克(Huc)和加贝特(Gabet)等人的游记更为直接和令人信服"[1]。

鲁不鲁乞参加了由法国路易九世发动的第七次十字军东征,因此,鲁不鲁乞是从路易九世在近东的驻地阿克拉城(今巴勒斯坦地区)接受使命出发的,到了蒙古人的前沿据点时,鲁不鲁乞写道:"当我来到他们中间的时候,确实的,我好象正在进入另一个世界。"[2]

鲁不鲁乞仔细地记述了出使途中所经山川湖泊、各地各城等情况,他对蒙古人的生活方式、性格习俗的记录细致入微,对蒙古人生产、生活的细节着墨颇多,信息量远远超过了他的前辈柏朗嘉宾。如鲁不鲁乞介绍了蒙古人的饮食,称忽迷思(即马奶)是蒙古人夏季最爱喝的饮料。马奶在他们的生活中有着极为重要的地位,是他们祭祀祖先、招待宾客以及日常食用的上佳食物。之后,又用了一章来介绍忽迷思的做法:

> 忽迷思即马奶,是用这种方法酿造的:他们在地上拉一根长绳,绳的两端系在插入土中的两根桩上。在九点钟前后,他们把

---

[1] 道森编:《出使蒙古记》,第 17 页。
[2] 道森编:《出使蒙古记》,第 111 页。

准备挤奶的那些母马的小马捆在这根绳上。然后那些母马站在靠近它们小马的地方，安静地让人挤奶。如果其中有任何母马太不安静，就有一个人把它的小马放到它腹下，让小马吮一些奶，然后他又把小马拿开，而由挤奶的人取代小马的位置。①

就这样，当他们收集了大量的马奶时——马奶在新鲜时同牛奶一样的甜——就把奶倒进一只大皮囊里，然后用一根特制的棒开始搅拌，这种棒的下端象人头那样粗大，并且是挖空了的。当他们很快地搅拌时，马奶开始发出气泡，象新酿的葡萄酒一样，并且变酸和发酵。他们继续搅拌，直至他们能提取奶油。这时他们尝一下马奶的味道，当它相当辣时，他们就可以喝它了。人在喝马奶时，感到象喝醋一样刺痛舌头；喝完以后，在舌头上留有杏仁汁的味道，并使胃感到极为舒服。它甚至使那些不具备一个非常好的头脑的人喝醉了。它也非常利尿。②

为了供贵族们饮用，他们也用这种方法酿造哈剌忽迷思，即黑忽迷思。马奶是不凝固的。这是一条通常的规律：任何动物，如果在它的吃奶的小动物胃中没有发现凝固的奶，那么这类动物的奶就是不凝固的。而在小马的胃中没有发现凝固的奶，因此母马的奶是不凝固的。他们酿造黑忽迷思时，搅拌马奶，直至奶中所有的固体部分下沉到底部，象葡萄酒的渣滓那样，而纯净的部分留在上面，象乳清或白色的发酵前的葡萄汁那样。渣滓很白，这是给奴隶们吃的，它具有强烈的催眠作用。纯净的液体则归主人们喝，它无疑是一种非常好喝的饮料，并且确实是很有效力。③

鲁不鲁乞详细地描述了挤马奶的现场、撞马奶的过程以及马奶做成后的标志、味道和功效，这是关于忽迷思制作方法最详细的历史记录，其制作技术与现存的是一样的。搅拌的目的是促使其发酵，据说

---

① 道森编：《出使蒙古记》，第116页。
② 道森编：《出使蒙古记》，第116—117页。
③ 道森编：《出使蒙古记》，第117页。

## 第六章 中外交流视角与 13—14 世纪纪行作品的深度解读·东游纪行系列

要连续搅拌几日几夜。所谓的"哈剌忽迷思"不是"黑色忽迷思"之意,而是如同"哈剌和林"一样,是优质的或上等的意思,在这里指那种将发酵后的马奶继续搅拌后所获得的像白葡萄酒的部分。之后,鲁不鲁乞还介绍了蒙古人的服饰、发饰、男女分工、司法审判以及沿途所遇各族各地的情况。

由于鲁不鲁乞最重要的使命是传教,传说蒙军的前锋之一、拔都之子撒里答(又译撒儿塔)崇信基督教,于是,鲁不鲁乞身带法王致撒里答和蒙古大汗的信函,首先来到了撒里答的营地。撒里答是蒙古钦察汗国的大汗拔都的长子,定宗贵由死后,奉父命率兵拥宪宗蒙哥即位,后镇守钦察汗国西境,兼统斡罗思诸国。宪宗五年(1255),赴哈剌和林朝圣。拔都死后,宪宗命他回国嗣位,死于途中。在西方都流传说撒里答已经接受基督宗教的归化,但并无实据。鲁不鲁乞穿着做弥撒的法衣,带着珍贵的信件来到了撒里答的斡耳朵:

> 他于是命令拥挤在我们周围的人退后,以便他能够更好地看看我们做弥撒的用品。在那个时候,我把您的信件和阿拉伯文、叙利亚文的译本呈送给他,我是在阿克儿(Acre)把信件译成这两种文字并抄写出来的。①

但撒里答对许多事都做不了主,他把鲁不鲁乞一行转送到了其父拔都的斡耳朵。前往拔都斡耳朵途中,鲁不鲁乞澄清了关于东方宗教情况和约翰长老的一些谣传,他认为这些都是聂斯托里派教徒编出来的:

> 在这些高地中的一个平原上,居住着一个聂思脱里派教徒,他是一个强大的牧羊人和全体乃蛮人的君主,乃蛮人是聂斯脱里派基督教徒。在古儿汗死去以后,这个聂斯脱里派教徒自立为国王,那些聂斯脱里派教徒称他为约翰国王(King John)。他们常

---

① 道森编:《出使蒙古记》,第 137 页。

常夸大其词地传说他的事情,把真实的事情夸大到十倍。因为,来自这些地区的聂思脱里派教徒的作风是这样的——他们会无中生有地编造巨大的谣言。这就说明了,他们散布说,撒儿塔是一个基督教徒,蒙哥汗和贵由汗也是基督教徒,只不过是因为这几个人对基督教徒比对其他人更为尊敬而已。然而,真实的事情是:他们并不是基督教徒。因此,同样的,关于这个约翰国王的夸大的故事就流传到外国去了,虽然当我经过他的牧地时,除少数的聂思脱里派教徒外,没有人知道关于他的任何事情。①

通过鲁不鲁乞的记述,我们清晰地了解到西方基督教世界的两大传言——富裕而强大的基督教徒约翰长老和基督徒撒里答,都不攻自破了。他离开撒里答营地,数日后到达伏尔加河畔都汗营地上,谒见了拔都:

然后,当恢复肃静时,我说:"我来到您的儿子那里,因为我们听说他是一个基督教徒,我为法兰西国王陛下带了一封信给他。他把我送到你这里来。为了什么缘故,您一定是知道的。"②

于是他叫我起来,他问了您和我的名字,也问了我的伙伴和译员的名字,并叫人将这些都写下来。他又问,您正在同什么人作战,因为他曾经听说,您曾经率领一支军队出国。我回答说:"同萨拉森人作战,他们正在亵渎耶路撒冷,上帝的家乡。"他又询问,您曾否派遣使者到他这里来过。我说:"从来没有。"于是他叫我们坐下,并吩咐给我们一些奶喝。③

拔都认为自己无权准许鲁不鲁乞在蒙古人中间传教,便让他到蒙古帝国大汗蒙哥处去。鲁不鲁乞记述了他去蒙哥汗宫廷的旅程中所遇

---

① 道森编:《出使蒙古记》,第140页。
② 道森编:《出使蒙古记》,第146页。
③ 道森编:《出使蒙古记》,第146页。

到的各族各地区人民，还首次介绍了佛教的寺庙、偶像和礼拜仪式，更重要的是他明确提出西方观念中的"契丹"是古代的赛里斯人。

Seres 音译赛里斯，起于蚕与丝的本意。而契丹原是中国东北地区的一个古老部族，曾建立中国历史上的辽朝（907—1125），金灭辽，辽朝贵族耶律大石率领其中的一部到西部建立了西辽（1124—1218），疆域横跨中国新疆与中亚地区。西辽曾击败突厥人在中亚和西亚建立的塞尔柱伊斯兰帝国，强盛一时，名震欧洲，被突厥语和西方史籍称之为喀喇契丹（Qara‐Khitay，Khitay 即 Cathay），1218 年亡于成吉思汗西征。契丹一名却不胫而走，被西方当作中国本土的代称。在 12—13 世纪的欧洲，赛里斯产丝绸是被人们广泛接受的一种认知，鲁不鲁乞带着这样的认知出使蒙古，并在蒙古当地获悉契丹人生产丝绸，于是他准确地将二者联系在一起，在文稿中记述：

> 其次，是大契丹（Grand Cathay），我相信，那里的居民在古代常被称为塞雷斯人（Seres）。他们那里出产最好的绸料，这种绸料依照这个民族的名称被称为塞里克（Seric），而这个民族是由于他们的一个城市的名称而获得塞雷斯这个名称的。我从可靠方面听到，在那个国家里，有一座城市，拥有银的城墙和金的城楼。[1]

"威廉修士的论断虽然简单，但在西方的中国认知序列中起着承上启下的作用，他把契丹同西方人在古希腊和古罗马时代的中国知识联系在了一起，接续了西方人头脑中的中国观念脉络。"[2] 这就证实了柏朗嘉宾所叙述的契丹人富有的事实，这也是法国人首次在著作中对契丹详加介绍，成为契丹富有、美好的东方形象在西方知识分子阶层流传的开端。之后，他还十分准确地描述了"契丹"人的相貌、生活

---

[1] 道森编：《出使蒙古记》，第 161 页。
[2] 蔡乾：《思想史语境中的 17、18 世纪英国汉学研究》，博士学位论文，福建师范大学，2017 年，第 41 页。

方式、文明的主要特征,其中关于契丹纸币、文字及书写工具的记述,作为第一手资料为东西方蒙古史研究者提供了参考,在许多研究问题上都可以作为实证提供依据。

在去拜见蒙哥汗的途中,最有价值的是他对于贵由死因的记载:

> 关于贵由之死,我未能获悉任何明确的说法。安德鲁修士说,他是由于服用了给予他的某些药而死去的,一般怀疑这是拔都干的。但是,我听到的却是另一个故事。贵由曾经召拔都前来朝见,以对他表示臣服,拔都当即举行了盛大的仪式,启程出发。然而,拔都和他的部下非常害怕,因此派他一个名叫思梯坎(Stican)的兄弟先行。当思梯坎到达贵由那里,并且正要向他献盏时,发生了争吵,他们两人互相把对方杀死了。[①]

贵由是成吉思汗之孙,窝阔台的长子,生母为第六皇后乃马真。从少年开始,贵由便跟随祖父、父亲征战,取得卓著的战绩。然而,由于贵由性格懦弱、体弱多病,窝阔台并不想册立他为储君,而是想传位给第三子阔端,而在阔端战死后,又打算立阔端的长子失烈门。然而,窝阔台尚未正式册立失烈门为储君,便因酒色过度暴崩于谔特古呼兰山的行营当中。窝阔台死后,失烈门接班的计划被打乱,而乃马真后为了把儿子扶上汗位,竟不顾宰相耶律楚材等人的反对,悍然宣布临朝摄政。乃马真后上台后,大肆笼络诸王、朝臣,要求他们拥戴贵由即位,并收到积极成效。南宋理宗六年(1246)八月,除与贵由不和的拔都称病婉拒参加忽里勒台大会,其他诸王均拥戴贵由即位。贵由登基后,昼夜沉溺于酒色,导致朝政荒废,无形中更加剧了局势的混乱。极度混乱的局势无疑严重削弱贵由的权威,诸王对朝廷阳奉阴违,根本不把大汗的命令当回事,尤其以拔都为甚。在这种情况下,意在树立权威的贵由,决定以"西巡"为名义,率大军讨伐拔都。经过近半年的精心准备后,1248年春,贵由正式统领大军西行,3个月

---

[①] 道森编:《出使蒙古记》,第165页。

## 第六章 中外交流视角与 13—14 世纪纪行作品的深度解读·东游纪行系列

后抵达横相乙儿（今新疆额敏县附近），很快便会进入钦察汗国的境内。但就在此时，贵由突然罹患重病，在横相乙儿驻扎没几天便撒手人寰，终年43岁。这位煊赫一时的大汗在位不足两年就莫名其妙地死去了，贵由死因究竟为何，别的史书也绝少记载，只有《鲁不鲁乞东游记》留下了几乎唯一的有关贵由死因的史证。

1253年12月27日，鲁不鲁乞到达离哈剌和林南面数天路程处的大汗帐殿驻地，之后，受到大汗蒙哥的接见。1254年4月，他随同蒙哥来到蒙古帝国京城哈剌和林，在那里住了三个多月。鲁不鲁乞细致、具体地描写出了蒙哥汗金碧辉煌、气势恢宏的宫廷，以表达他所看到的蒙哥汗无可匹敌的强大和富有，尤其较详细地记述了一个巴黎工匠的卓越技术及其为蒙哥汗建造的宫殿建筑物：

> 巴黎的威廉师傅，鉴于在这座宫殿的入口如果摆着盛着奶和其他饮料的皮囊，那是很不好看的，因此为蒙哥汗制造了一棵大银树，在它的根部有四只银狮子，每一个狮子嘴里有一根管子，喷出白色的马奶。[①]

鲁不鲁乞对大汗富丽堂皇、壮观的宫殿和所拥有的巨大财富都据其所见进行了具体、细致的描述。从作者的笔触中可以感受到，大汗的财富使他目不暇接，大开眼界，大汗所拥有的权力和威严让他感受到了十足的震撼。其实这不仅仅体现出了鲁不鲁乞当时的感受，扩大范围来说，也反映出了当时法国或者说西方世界人们心理上对于神秘东方财富和权力的想象与期待。鲁不鲁乞所看到和描述出的是一个与西方世界截然不同的物质化的异域世界，在一定程度上体现同时也满足了法国或者说西方世界深层的期待欲望。

在哈剌和林的这段时间，鲁不鲁乞还记述了当时蒙古地区各种宗教徒（基督教徒、道教徒、伊斯兰教徒，珊蛮教徒）的情况，其中对基督教徒的活动记述得尤为详细，并参加了基督教徒与道教徒、伊斯

---

① 道森编：《出使蒙古记》，第194页。

兰教徒的一次辩论。

　　成吉思汗时期，全真道教领袖丘处机不远万里，西行拜见成吉思汗。成吉思汗与丘处机坐而论道，对丘处机大为赏识，令他统领道教事务。自此，全真道教凭借着蒙古汗廷的支持，势力逐渐壮大。1227年丘处机死后，门人尹志平、李志常相继掌管全真道教。伴随全真道教的兴起，全真教广建道观、刊行道藏、招徕门徒，每至盛会，参与者甚至有数万之众。道教势力的扩张，势必会在蒙古宫廷内招致其他教派的不满。蒙古宫廷内部聚集着一批伊斯兰教徒和基督教徒，他们都设法对蒙古大汗及蒙古权贵施加影响。在蒙古宫廷中的各教派之间常会产生交锋或矛盾，因此，蒙古大汗们便组织基督教徒、伊斯兰教徒、道教徒进行辩论。

　　当时蒙哥汗通知鲁不鲁乞，说希望基督教徒、伊斯兰教徒以及道人能在一起举行一场辩论，并解释说："你们之中每一个人都宣称，他的教规是最好的，他的文献——即他的书籍——是最正确的。"① 辩论于1254年5月30日在蒙古上都哈剌和林举行，由基督徒、撒拉森人、道士各一人共同仲裁，鲁不鲁乞和一个道士就一神论还是多神论等问题展开辩论。鲁不鲁乞主张在辩论时基督教徒应该联合伊斯兰教徒共同反对道士，因为不管是基督教徒还是伊斯兰教徒，都承认只有一个上帝。因此当辩论开始时，鲁不鲁乞代表基督教徒辩论，并要求首先与道士们辩论，于是道士们推选一个契丹人来与鲁不鲁乞辩论。鲁不鲁乞对此进行了详细的记载：

　　　　然后他问我愿意先讨论哪个题目：是"世界是怎样创造出来的"，还是"人死以后灵魂的遭遇怎样"。我回答说："朋友，这两个题目不应作为我们开始辩论的题目。一切事物都是从上帝而来，上帝是一切事物的源泉。因此我们应该首先辩论上帝的问题。关于上帝，你们的信仰同我们的不同，而蒙哥希望知道谁的信仰

---

① 道森编：《出使蒙古记》，第208页。

## 第六章　中外交流视角与13—14世纪纪行作品的深度解读·东游纪行系列

是最好的。"裁判员们决定：这个意见是对的。①

当他想要编造其他神话时，我问他，关于这个最高的上帝，他相信他是全能的呢，还是依靠另外的上帝呢？他害怕回答，就问我道："如果你们的上帝是象你所说的那样，为什么他所创造的世界有一半是恶的呢？"我说："这不是真实的，创造恶的事物的，并不是上帝。所存在的一切事物，都是善的。"所有的道人对于这种说法都感到吃惊，并把它写下来，作为某种不真实和不可能的事情。②

他坐了很长时间，不愿回答，因此代表蒙哥汗前来听辩论的书记们不得不命令他回答。最后，他说，没有上帝是全能的。③

在这场辩论之后，基督教徒和伊斯兰教徒都高声歌唱，而道士们则保持沉默。但这场辩论更多是讨论性的，没有上升到政治的层面，蒙哥汗也没有因此对道士们进行惩罚。"且不谈辩论结果如何，专看蒙哥汗要求宗教辩论的原因，就能发现，蒙哥汗也包括其他蒙古大汗，以及王公贵族在内，实际上是在多种宗教之间依违不定。蒙古原有自己的信仰，即'长生天'。但是和亚洲原有的释、道以及东渐的基督教相比，它在宗教神学的各个范畴都显得太原始、太幼稚了，以致连描述出'长生天'的清晰形象都极为困难，这是与蒙古人的游牧民族社会发展形态和尚未具备民族文字的文明程度相适应的。但是随着他们的南下和西侵，领土急遽膨大，原有的原始宗教与新征服地区的宗教也发生了急遽的对立与交融。很显然，面对纷乱的现实，蒙古大汗无法作出明确的选择。同时，按照发达的文明影响、改变落后的文明这一法则，他们采取了'能为我用即佳'的实用主义态度，在各种宗教都必须为大汗征服世界服务的前提下，对五花八门的宗教兼容并蓄，并不表示特殊的好恶。既然能做到这

---

① 道森编：《出使蒙古记》，第211页。
② 道森编：《出使蒙古记》，第212—213页。
③ 道森编：《出使蒙古记》，第213页。

一步，那么通过不同宗教之间的辩论来看看到底孰优孰劣，又何乐而不为呢？"①

7月，鲁不鲁乞带着蒙哥汗答复路易九世的国书，经过伏尔加河，于1255年回到地中海东岸。一年后，他用拉丁文写成了给路易九世的出使报告，也即他所撰写的《鲁不鲁乞东游记》。

### 三　文学史意义

《鲁不鲁乞东游记》是一部宏大的文学著作，除去重要的历史记载，单是文学价值就令人惊叹，作为标准的游记范例，在游记撰写方面也值得后人欣赏借鉴。

首先，从叙述视角来看，《鲁不鲁乞东游记》作为13世纪传教士的东方游记，向西方传递远东帝国的信息，鲁不鲁乞在出访期间，观看各类活动，体验鞑靼人的生活，对于蒙古统治者及其宫廷、都城有过近距离的接触和细致的造访。他的描写风格具体精准，文字记载中很少有夸大的说法。《鲁不鲁乞东游记》作为见证者较为客观的笔录记述，为历史的考证研究，提供了有效的参考。"文本中落入接受视野空白的信息，最初或许是无意义的。它需要很长一段时间的重复加强，才能引起接受者的注意，并调整、重建自身文化传统中的编码系统，将其纳入可理解可接受的范围内。"② "每一次去中国的旅行或关于中国的叙述，都是对西方文化中关于塞里斯—契丹—中国的形象传统的一种修正或认同。鲁布鲁克是位严肃的游行者，伊西多尔、索林努斯关于印度（中世纪人认为东方就等于印度）魔鬼的描述，中世纪约翰长老的传说，塞里斯国人的富有、文明、长寿等，都构成他旅行经验中既定的期待视野，他必须不停地在经验与叙述中回答、证实或反驳这种传统与偏见内容。"③

其次，从文学价值来看，钱林森先生对于《鲁不鲁乞东游记》文

---

① 闻潋：《成吉思汗祖孙的西征与柏朗嘉宾教士、鲁布鲁克教士的东游》，《中国典籍与文化》1996年第2期。
② 周宁：《跨文化的文本形象研究》，《江苏社会科学》1999年第1期。
③ 周宁：《跨文化的文本形象研究》，《江苏社会科学》1999年第1期。

学方面也有所研究,直言:"他的这部《东行纪事》不论是描述蒙古地区的风土人情,或是展现草原帝国形象,较之前驱柏朗嘉宾的《蒙古行纪》,都更为丰富,富有准确的观察力和描写细腻而具体的特点,且在地理发现或神话传说方面,'有不少新的修正'。他在这部纪行中向路易九世挥笔极陈鞑靼人的生活风情,详尽地报告了自己出使蒙古帝国的经历和见闻。"① 鲁不鲁乞是一个眼光独到、精于观察的游历家,也是一个有能力的写手,其笔下草原帝国形象之饱满实乃前所未有。英国学者雷蒙·道森将之与柏朗嘉宾的文字相比较,提出两人虽然旅行经历相同,但是游记的内容和风格相差甚远,前者侧重于把对欧洲有威胁的蒙古帝国的情况全面地展示给教皇,特别侧重于蒙古人的作战方法和怎样更好地抵抗蒙古人的进攻。而后者:"鲁不鲁乞的游记(除了有关蒙古人生活方式和风俗习惯的九章的简短介绍性文字外)则是对于其旅行和个人经历的老老实实的充分详细的叙述。他是一个罕见的观察力敏锐的人,具有一位艺术家的气质和眼睛。"② 鲁不鲁乞在《鲁不鲁乞东游记》中所表现出来的描写手法既精致细腻又生动有趣,受到后世研究者的关注,给后世的游记写作,提供了一个独特的方向。

最后,《鲁不鲁乞东游记》承前启后。鲁不鲁乞的《鲁不鲁乞东游记》晚于柏朗嘉宾的《出使蒙古记》不过10年,鲁不鲁乞的书无论在向西方世界介绍蒙古人方面还是在介绍契丹人方面,都比柏朗嘉宾的书有了进一步的发展。从前者来说,柏朗嘉宾仅仅参加了贵由汗的登基典礼,和大汗的实际接触并不多。而鲁不鲁乞在蒙哥汗身边生活近一年,有更多的接触机会,对蒙古帝国的内部情况介绍得就更为细致和深入。例如,他说,蒙哥有一个妃子叫昔林纳,她信仰基督教,还为蒙哥生了一个孩子,蒙哥曾陪同她一起到教堂做礼拜。蒙哥的长子有两个妻子,他也对基督教很尊敬。蒙哥的第二个妻子叫阔台,她生病后传教士曾给她治过病。甚至在他的游记中还说蒙古大汗贵由是

---

① 钱林森:《中外交流史 中国—法国卷》,山东教育出版社2015年版,第10页。
② 道森编:《出使蒙古记》,第17页。

被拔都害死的。每一次去中国的旅行或关于中国的叙述，都是对西方文化中关于塞里斯—契丹—中国的形象传统的一种修正或认同。从柏朗嘉宾到鲁不鲁乞，文本信息在逐渐具体化，中国形象也开始清晰明朗了。

## 第三节 东游纪行系列之三：《马可·波罗行纪》研究及细读

13世纪，成吉思汗及其后裔的远征建立了一个以哈剌和林为中心、横跨欧亚的大汗国。及至忽必烈继承王位，迁都大都（今北京），成为当时的政治中心。蒙古在各地建立完善的驿站制度，并派兵保护和维持交通秩序，各汗国也都注意保护商道，东、西交通已畅通无阻。陆路北穿南俄，南贯伊朗，海道则以波斯湾上的忽鲁谟斯（Hormuz，又译霍乐木兹、和尔木斯）为枢纽，从中国直到西欧，东、西方商使往来不绝。哈剌和林、大都等大城市外商群集，货物堆积如山。

马可·波罗（Marco Polo，又译马哥·孛罗、玛格博罗）生活于公元1254—1324年，出身于威尼斯的商人家庭。他的父亲尼古拉·波罗（Nicholo Polo，又译尼哥罗·波罗）和他的叔父玛窦·波罗（Maffeo Polo，又译玛菲·波罗）都是威尼斯的富商大贾，经常奔走于地中海东部，进行商业活动。据称马可·波罗17岁时，跟随父亲和叔叔前往中国，历时约四年，于1275年到达元朝的首都，与元世祖忽必烈建立了友谊。之后，马可一家在中国停留了十七年。其间，马可·波罗奉大汗之命，先后到过新疆、甘肃、内蒙古、山西、四川、云南、山东、江苏、浙江、福建等地，也曾出使越南、缅甸、苏门答腊等地。每到一处，马可·波罗都要考察当地的风俗人情、地理环境以及市场行情，回来向大汗报告。1290年，元世祖忽必烈下令将卜鲁罕部女子阔阔真赐婚于伊儿汗国的大汗阿鲁浑，马可一家奉命护送阔阔真公主前往伊儿汗国，便道返回故乡。一行人于1291年春天由泉州出发，最终于1295年回到威尼斯。1296年，马可·波罗在威尼斯和热那亚之间的一次海战中被俘，在监狱里口述旅行经历，由狱友鲁斯蒂谦（Russticiano，

第六章　中外交流视角与13—14世纪纪行作品的深度解读·东游纪行系列

又译罗思梯谦）笔录，完成这部世界名著《马可·波罗行纪》。

**一　版本系统**

总体来说，现今较流行的《马可·波罗游记》外文版本主要有五种，而百衲本被各国学者公认为20世纪标准本；中文译本共出八种，六种汉文译本、两种蒙文译本；冯承钧先生所译《马可·波罗行纪》是现今最为认可中文版本。

现今较流行的《马可·波罗行纪》外文版本主要有五种，即法国地理学会版、改定的5种法文写本、庇庇诺（Plpion，又译劈劈奴）拉丁译本、赖麦锡（Ramusio，即拉穆学、剌木学）的意大利文版本和"Z写本"。① 其中，以"Z写本"为基础，博采众家之长的百衲本——英国慕阿德（A. C. Moule）和法国伯希和（P. Pelliot）合编的《马可·波罗寰宇记》（*Marco Polo：The Description of the World*，1938年出版），被各国学者公认为20世纪标准本。②

关于《马可·波罗行纪》的国内译本，共出了八种，其中有六种为汉文译本，两种为蒙文译本，即（以出版先后为序）：汉文译本有魏易译马斯登本《元代客卿马哥博罗游记》、张星烺译玉尔本《马哥孛罗游记》、李季译科姆诺夫本《马可·波罗游记》、冯承钧译沙海昂注释本《马可·波罗游记》、张星烺译贝雷戴托本《马哥孛罗游记》、陈开俊等译科姆诺夫本《马可·波罗游记》，蒙文译本有赛熙亚东译科姆诺夫本《马可·波罗游记》、葛尔东朝克图译青木一夫本《马可·波罗游记》。③

冯承钧先生所译《马可·波罗行纪》是现今最被认可的版本。它是据法国人沙海昂（Antoine Henry Joseph Charignon）的法译本译出的，沙氏译本则是将法人颇节（Guillaume Pauthier，又译卜铁、鲍梯、鲍狄埃，1801—1873）的旧法文体转为新法文体，同时又将玉尔·考

---

① 张跃铭：《〈马可·波罗游记〉在中国的翻译与研究》，《江淮论坛》1981年第3期。
② 余士雄：《〈马可·波罗游记〉的外文版本和中文译本》，《江西师范大学学报》1989年第4期。
③ 杨志玖：《百年来我国对〈马可·波罗游记〉的介绍与研究》，《天津社会科学》1996年第1期。

狄（Henri Cordier，又译考迪埃，汉名高第，1849—1925）本注释摘要附录，颇节本所无而见于赖麦锡本者亦为补入。冯承钧纠正了原编注本许多错误，并在沙注之外又加了不少注释，使这部书的译文和注释达到了较高的水平，较前译诸书在译文及注释方面具有独到之处，成为我国史学工作者爱读和经常引用的一种版本。

## 二 研究现状

自《马可·波罗行纪》诞生以来，人们从未停止过对马可·波罗及其作品的研究，大家辈出且成果斐然。相对而言，西方的研究起步较早。早在19世纪，英国人马尔斯登（William Marsden，1754—1836）就于1818年出版了《马可·波罗行纪》的英语译注本。不久，雷慕沙的弟子颇节（Guillaume Pauthier，又译卜铁、鲍梯、鲍狄埃，1801—1873）于1856年出版了《马可·波罗之书》法语译注本。① 之后，西方的马可·波罗研究论著层出不穷。国内对于马可·波罗的研究也是由译介开始的，最早提到马可·波罗的文本可追溯至清朝1874年，《中西闻见录》发表映堂居士第一篇介绍马可·波罗的文章《元代西人入中国述》。从清朝1874年算起，我国研究马可·波罗已有147年（到2021年）的历史，关于马可·波罗的文章也有近千篇了。围绕马可·波罗来华及其所著《行纪》的真实性，中外学者曾进行长达七八十年的"世纪论战"。20世纪二三十年代是马可·波罗研究的发展期，相继出现过"马可"即枢密副使孛罗等说法，旋即遭学界否定，这一时期，较为重要的成果是杨志玖发现了《永乐大典》的卷一九四一八《经世大典·站赤》中与《行纪》相关联的一段记载，进而考证出马可·波罗确实到过中国。20世纪八九十年代，研究数量增加，研究角度更加多元，而否定说集大成者弗朗西丝·伍德（Hances Wood，汉名吴芳思）的《马可·波罗到过中国吗?》引发了激烈的讨论，马可·波罗研究随之达到第一个高峰。21世纪以来，出现了许多新观点、新理论，是马可·波罗研究的第二个高峰期。具体来说，马

---

① 马晓林：《马可·波罗研究在欧洲》，《历史教学（下半月刊）》2019年第6期。

## 第六章 中外交流视角与13—14世纪纪行作品的深度解读·东游纪行系列

可·波罗及其作品的真伪问题一直贯穿马可·波罗研究始终,也有一些选择马可·波罗及其作品某一具体视角为切入点进行研究的,近几年,中西学术界出现一些立意新、观念新的研究为我们提供了新视角,开阔了思路。

首先,《马可·波罗行纪》自诞生以来,对马可·波罗及其作品的真伪问题一直争论不休。既有怀疑《马可·波罗行纪》的真伪问题,也有怀疑马可·波罗的身份问题,此外还有关于《马可·波罗行纪》中时间、地点的考证。

关于作品的真伪问题,东西方学者都进行了详细的讨论:1966年德国学者福赫伯(Herbert Franke)、1979年美国学者海格尔(John W. Haeger)、1982年英国学者克雷格·克鲁纳斯(Craig Clunas)先后发表文章,对马可是否到过中国或只到中国北方而未到南方等论点提出个人看法。而英国不列颠图书馆中国部主任弗兰西丝·伍德(Hances Wood,汉名吴芳思)博士出版的《马可·波罗到过中国吗?》用了15章的篇幅来阐释她对马可·波罗及其《行纪》的怀疑和否定,是否定论和怀疑论的集大成者。尽管如此,大多数学者还是认为《马克·波罗行纪》的记载基本上是准确的。如杨志玖写作《马可·波罗到过中国——对〈马可·波罗到过中国吗?〉的回答》《马可·波罗足迹遍中国》《再论马可·波罗书的真伪问题》等文章来证明马可·波罗的确来过中国,并指出《行纪》不免有夸大失实或错误等缺陷,但总体是符合史实的,尤其是他的《关于马可·波罗离华的一段汉文记载》一文指出《经世大典·站赤》中有一段史料记载,使马可·波罗到过中国得到了证实,《马可·波罗行纪》的真实性也得到了肯定。

关于马可·波罗在书中对他自己在中国担任的角色述说不清,他先说他为大汗(即忽必烈)出使各地,又说曾治理扬州三年,这在中国史志上都无迹可寻,对此,我国学者曾提出三说。一是枢密副使说:法国学者颇节认为枢密副使即马可·波罗,张星烺赞同此说。二是扬州总管说:马可·波罗讲到扬州时,说他"曾奉大汗命,在此城治理亘三整年"[①]。映

---

[①] [意]马可·波罗:《马可·波罗行纪》,冯承钧译,上海书店出版社2001年版,第336页。

堂居士在《元代西人入中国述》中说，博罗玛格"曾为扬州总管"，这是在我国提出扬州总管说的第一人。三是斡脱商人说：蔡美彪考察了马可·波罗在华的"语言与观念"后，推断马可·波罗是"色目商人中的斡脱商人"①。

关于《马可·波罗行纪》中时间、地点的考证也有不少研究成果，如彭海的《关于马可·波罗在扬州的时间》②认定马可·波罗在当地滞留时间应在1282—1285年。黄时鉴在《关于马可·波罗的三个年代问题》③一文中对马可·波罗离开威尼斯前往中国、离开中国、抵达波斯等几个重要时间进行了考证。

其次，是选择《马可·波罗行纪》中某一点为切入点去做研究，涉及对《马可·波罗行纪》中的文化意象、城市、宗教、意义等方面的研究。陈延杭《〈马可·波罗游记〉中刺桐海船的探讨》④和孙光圻《〈马可·波罗游记〉中的中国古代造船文明与航海文明》⑤分析了《行纪》中有关中国造船与航海文明的记载，指出其对研究古代、特别是13世纪的中国航海史重要的文献价值。陈炳应《〈马可·波罗游记〉中的元钞》一文则指出"马可·波罗把元钞的各种重要问题都作了记述，而且基本符合实际；有些问题汉文文献没有或不详，弥足珍贵"⑥。李素娥的《〈马可·波罗行纪〉所载元代音乐史料钩沉》⑦一文指出马可·波罗的记载为东西方音乐文明的交流及中国古代音乐史研究提供了宝贵资料。龚缨晏的《马可·波罗对杭州的记述》一文指出："关于杭州的记载约占全书的十五分之一"⑧，非常有意义。随着研究的深入，不少学者开始关注《行纪》中的宗教问题，包括基督

---

① 蔡美彪：《试论马可·波罗在中国》，《中国社会科学》1992年第2期。
② 彭海：《关于马可·波罗在扬州的时间》，《历史研究》1980年第2期。
③ 黄时鉴：《关于马可·波罗的三个年代问题》，转引自《中外关系史学会·中外关系史论丛（第一辑）》，世界知识出版社1981年版，第65—73页。
④ 陈延杭：《〈马可·波罗游记〉中刺桐海船的探讨》，《海交史研究》1992年第2期。
⑤ 孙光圻：《〈马可·波罗游记〉中的中国古代造船文明与航海文明》，《海交史研究》1992年第2期。
⑥ 陈炳应：《〈马可·波罗游记〉中的元钞》，《甘肃金融》1998年第11期。
⑦ 李素娥：《〈马可·波罗行纪〉所载元代音乐史料钩沉》，《中国音乐学》2008年第1期。
⑧ 龚缨晏：《马可·波罗对杭州的记述》，《杭州大学学报》（哲学社会科学版）1998年第1期。

教、伊斯兰教、佛教和道教等。龙达瑞的《〈马可·波罗游记〉中所涉及的宗教问题研究》①对《行纪》中描写的儒释道三教的记载进行了较为详细的分析。邱树森的《马可·波罗笔下的中国穆斯林》研究了马可笔下的伊斯兰教，马可对阿合马事件及赛典赤家族的记载反映了当时"回回人"政治地位之一斑。②还有探究马可·波罗中国行意义的研究，张西平的《〈马可·波罗游记〉与中国文化的西传》和《西方游记汉学的奠基之作——〈马可·波罗游记〉的历史价值》都探索了马可·波罗及其游记的历史价值，称赞"《马可·波罗游记》是西方认识中国历程中里程碑性的著作，它是第一部全面、深入介绍中国的游记"③，并从拓宽了欧洲人的世界观念、激发了欧洲的世俗观念、催生了近代的地理大发现三个方面来论述《马可·波罗行纪》的重要价值。

除此之外，还有不少比较研究，如王挺之的《马可·波罗时代的杭州与佛罗伦萨城市比较》④一文从地理环境、经济类型、社会生活三个方面来比较马可·波罗时代的杭州与佛罗伦萨。余士雄的《〈马可·波罗游记〉的外文版本和中文译本》⑤梳理了《马可·波罗游记》的版本源流，指出各个译本的优缺点，为后世研究者提供了较好的参考意见。陈光照的《东西方两位大旅行家笔下的中国——徐霞客与马可·波罗游记之比较》⑥和李凌云的《〈入唐求法巡礼行记〉与〈马可·波罗游记〉比较研究》⑦都分析了两部游记的异同。蒋岱的《〈利

---

① 龙达瑞：《〈马可·波罗游记〉中所涉及的宗教问题研究》，《宗教研究》1990年第Z1期。
② 邱树森：《马可·波罗笔下的中国穆斯林》，邱树森、李治安主编《元史论丛》第8辑，江西教育出版社2001年版，第7—13页。
③ 张西平：《西方游记汉学的奠基之作——〈马可·波罗游记〉的历史价值》，《社会科学论坛》2017年第8期。
④ 王挺之：《马可·波罗时代的杭州与佛罗伦萨城市比较》，《四川大学学报》（哲学社会科学版）1989年第4期。
⑤ 余士雄：《〈马可·波罗游记〉的外文版本和中文译本》，《江西师范大学学报》1989年第4期。
⑥ 陈光照：《东西方两位大旅行家笔下的中国——徐霞客与马可·波罗游记之比较》，转自《徐霞客在浙江·续三——徐霞客与丽水旅游文化研讨会论文集》，中国大地出版社2005年版，第278—285页。
⑦ 李凌云：《〈入唐求法巡礼行记〉与〈马可·波罗游记〉比较研究》，《日本研究》2013年第1期。

玛窦中国札记〉与〈马可·波罗行记〉的跨文化想象的异同——两个意大利人的文本的中国形象的比较》,将《利玛窦中国札记》和《马可·波罗行纪》中的中国形象进行比较,并指出"从这两个文本中,可以找到自我与他者互动的关系,也可以找到本土与异域之间的意识关联,还有助于研究文艺复兴与启蒙运动之间的内在精神传承"①。曹萌、金利杰的《郑和与马可·波罗的中国文化传播》"从文化传播的角度看,郑和与马可·波罗的活动都是以中国文化为主要内容实施的对外传播。他们的文化贡献在于对殊方异域文化的勘察探险和描述追踪,对中华文化的传播起到了不可磨灭的作用"②。

最后,近几年,结合时代发展,国内出现了一些应用新理论研究马可·波罗及其游记的研究,如王娜的《对〈马可·波罗行纪〉的传播框架研究》③,运用传播学理论研究《马可·波罗行纪》。张琴的《马可·波罗的演绎:中华文化国际影响力的思考》④,以《马可·波罗行纪》为例论述当今中国如何实现文化"走出去"战略。2016年王玉静的《跨文化视角下〈马可·波罗游记〉的旅游英语翻译》,以跨文化视角研究《马可·波罗行纪》的旅游英语翻译问题。

欧美学者们很早之前就开始了对马可·波罗的学术研究。自19世纪,相继有英国的学者亨利·玉尔,法国著名的东方学家伯希和、沙海昂和鲍梯,德国学者傅海波,等等。他们对马可·波罗的研究对后来的世界性研究产生了很大的推动作用,确定了马可·波罗在中国时的身份,确认了马可·波罗所通晓的语言,也肯定了《马可·波罗行纪》的真实性。

综上所述,对于马可·波罗及其《行纪》的研究受到各个领域专

---

① 蒋岱:《〈利玛窦中国札记〉与〈马可·波罗行纪〉的跨文化想象的异同——两个意大利人的文本的中国形象的比较》,《东方丛刊》2006年第4期。
② 曹萌、金利杰:《郑和与马可·波罗的中国文化传播》,《吉林师范大学学报》(人文社会科学版)2016年第6期。
③ 王娜:《对〈马可·波罗行纪〉的传播框架研究》,硕士学位论文,陕西师范大学,2015年。
④ 张琴:《马可·波罗的演绎:中华文化国际影响力的思考》,《福建论坛》(人文社会科学版)2015年第5期。

家学者的关注，研究成果丰富。随着时代的发展，新理论的出现，将会有更加丰富的研究成果，具有良好的研究前景。但是，我们也应注意到，对于《马可·波罗行纪》的研究，更多的集中于真实性的考察，无论是这本书的真伪问题还是文化意象、城市、时间的研究，都有一些偏重于求实求证，关于作品本身的文学性解读较少，亟待在以后的研究中予以弥补。

### 三　文本细读

《马可·波罗行纪》全书分四部分，每卷分章，每章叙述一地的情况或一件史事，共有229章①。第一部分记述了马可·波罗东来沿途所经过的一些国家和地区，包括亚美尼亚、两河流域、波斯、中亚、帕米尔高原、天山南北等地的风土人情。第二部分记载了元朝初年的政事和大汗忽必烈所进行的战争，描述了大汗朝廷、宫殿、节庆、游猎等事宜和北京、西安、开封、南京、镇江、扬州、苏州、杭州、福州等名城的繁华景况。第三部分介绍了中国邻近的一些国家和地区的情况，包括日本、缅甸、越南、老挝、暹罗、爪哇、苏门答腊、印度和斯里兰卡，此外还提到非洲的阿比西尼亚（埃塞俄比亚）、桑给巴尔、马达加斯加等。第四部分讲成吉思汗后裔蒙古诸汗国之间的战争和俄罗斯的概况。书中记述的国家，城市的地名达100多个，而这些地方的情况，综合起来，有山川地形，物产，气候，商贾贸易，居民，宗教信仰，风俗习惯等，及至国家的琐闻逸事，朝章国故，也时时夹见其中。《马可·波罗行纪》给欧洲的知识界开辟了一个新天地，人们争相传诵，有"世界一大奇书"之称。

马可·波罗的这本书是一部关于亚洲的游记，它记录了中亚、西亚、东南亚等地区的许多国家的情况，而其重点部分则是关于中国的叙述，马可·波罗在中国停留的时间最长，他的足迹所至，遍及西北、华北、西南和华东等地区。他在《行纪》中以大量的篇章，热情洋溢

---

① 余前帆译注本为200章（中国书籍出版社2010年版），冯承钧译本为229章（商务印书馆2015年版），另外冯承钧译、党宝海新注本为235章（河北人民出版社1999年版）。

的语言,记述了中国无穷无尽的财富,巨大的商业城市,便捷的交通设施,以及华丽的宫殿建筑。比如蒙元三都——哈剌和林、上都、大都的描述,随着蒙古帝国的扩张,它的首都也几经变迁,马可·波罗对这些都城一一进行了介绍,他先行经过哈剌和林城:

> 哈剌和林(Karakorum)城延袤三哩,是为昔日鞑靼人离其本地以后所据之第一城。兹请为君等详述鞑靼人发展其势力之经过。①
> 昔日鞑靼人确居北方,距主儿扯(Ciorcia)人之地不远。其地是大平原,无城无堡。然有良好牧地,巨大河流,多数水道。地广而风景美丽,且无君长,然每年纳贡赋于一大君。其方言名之曰王罕(Wang-khan),法兰西语犹言长老约翰(Prêtre-Jean)也。世传权力甚大之长老约翰,即指此人,所纳之贡赋,每牲畜十头缴纳一头,此外他物亦十分取一。②

从北亚腹地崛起的蒙古人,在成吉思汗领导下,又经过窝阔台、贵由、蒙哥三位大汗的努力,形成了一个横跨亚欧、版图空前庞大的游牧帝国,这就需要一个相对稳定的政治中心,哈剌和林应运而生。哈剌和林是蒙古人在北方草原上修筑的第一座都城,不仅是大蒙古国的政治、经济和文化中心,还是13世纪东西方世界之间的一个重要交通枢纽。之后,马可·波罗经过了上都:

> 从上述之城首途,向北方及东北方间骑行三日,终抵一城,名曰上都,现在在位大汗之所建也。内有一大理石宫殿,甚美,其房舍内皆涂金,绘种种鸟兽花木,工巧之极,技术之佳,见之足以娱人心目。③
> 此宫有墙垣环之,广袤十六哩,内有泉渠川流草原甚多。亦

---

① [意]马可·波罗:《马可·波罗行纪》,冯承钧译,上海书店出版社2001年版,第133—134页。
② 《马可·波罗行纪》,第134页。
③ 《马可·波罗行纪》,第173页。

## 第六章 中外交流视角与13—14世纪纪行作品的深度解读·东游纪行系列

见有种种野兽,惟无猛兽,是盖君主用以供给笼中海青、鹰隼之食者也。海青之数二百有余,鹰隼之数尚未计焉。汗每周亲往视笼中之禽,有时骑一马,置一豹于鞍后。若见欲捕之兽,则遣豹往取,取得之后,以供笼中禽鸟之食,汗盖以此为乐也。①

此草原中尚有别一宫殿,纯以竹茎结之,内涂以金,装饰颇为工巧。宫顶之茎,上涂以漆,涂之甚密,雨水不能腐之。茎粗三掌,长十或十五掌,逐节断之。此宫盖用此种竹茎结成。竹之为用不仅此也,尚可作屋顶及其他不少功用。此宫建筑之善,结成或拆卸,为时甚短,可以完全拆成散片,运之他所,惟汗所命。给成时则用丝绳二百余系之。②

上都在今内蒙古境内,金代称金莲川或凉陉,筑有景明宫。每年四月,元朝皇帝便去上都避暑,百官相随,八、九月秋凉返回大都,蒙古诸王贵族的朝会(忽里勒台)和传统的祭祀活动都在这里举行。对于远从欧洲而来的马可·波罗来说,草原上建起一座如此美丽的宫殿,宫殿周围百鸟翔集,大汗在这里用鹰隼捕猎,其富丽的场景无疑是非常新鲜而奢华的。

接着马可·波罗继续前进,来到忽必烈处。第二卷始,马可·波罗就用四章的篇幅通过忽必烈平定乃颜叛乱来介绍忽必烈的丰功伟业:

时有一鞑靼大君主名称乃颜(Nayan),乃此忽必烈汗之诸父。年事正幼,统治国土州郡甚多。自恃为君,国土甚大,幼年骄傲,盖其战士有三十万骑也。然在名分上彼实为其侄大汗忽必烈之臣,理应属之。③

然彼自恃权重,不欲为大汗之臣,反欲夺取其国,遂遣使臣往约别一鞑靼君主海都(Kaidon)。海都者,乃颜之族而忽必烈之

---

① 《马可·波罗行纪》,第174页。
② 《马可·波罗行纪》,第174页。
③ 《马可·波罗行纪》,第183页。

侄也。势颇强盛,亦怨大汗而不尽臣节。乃颜语之云:"我今聚全力往攻大汗,请亦举兵夹攻,而夺其国。"①

成吉思汗建立大蒙古国以后,一面对外扩张;另一面大行分封黄金家族成员,铁木哥斡赤斤以成吉思汗幼弟的身份,颇受宠信,延之上座。乃颜为铁木哥斡赤斤的后裔、塔察儿之孙,所继承的封地以今呼伦贝尔地区为中心,控制辽东大部分地区。因元廷为加强中央集权而设置东京等处行中书省,损害了乃颜的既得利益,遂于1287年起兵反叛。元世祖忽必烈闻讯后,亲自征讨乃颜,大败乃颜军,并处死乃颜。"乃颜是一个聂思脱里派基督教徒,在他的战旗上树十字架以为标志。乃颜战败被杀后,引发了一起穆斯林攻击基督教的风潮"②,马可·波罗详细记载了事件的经过:

> 乃颜所领四州之民为偶像教徒及回教徒,然其中亦有若干基督教徒。大汗讨灭乃颜以后,此四州之种种人民遂揶揄基督教徒及乃颜旗帜上之十字架,讥其不能持久,其语若曰:"乃颜既奉基督教而崇拜十字架,汝辈天主之十字架援助乃颜,如是而已。"此语喧传,致为大汗所闻。③
>
> 大汗闻知以后,严责揶揄基督教徒之人,而语基督教徒曰:"汝等应自慰也,十字架未助乃颜,盖有其大理存焉。若为善物,其所行应当如是。乃颜叛主不忠,应当受罚。汝辈天主之十字架不助之为逆,甚是。"④
>
> 大汗发言声音甚高,各人皆闻。基督教徒答曰:"大汗之言诚是。我辈之十字架不欲援助罪人。其不助乃颜谋逆作乱者,盖其不欲助之为恶也。"自是以后,遂无有人讥讽基督教徒。缘其

---

① 《马可·波罗行纪》,第183—184页。
② 邱树森:《元代伊斯兰教与基督教之争》,《回族研究》2001年第3期。
③ 《马可·波罗行纪》,第190页。
④ 《马可·波罗行纪》,第190页。

## 第六章 中外交流视角与13—14世纪纪行作品的深度解读·东游纪行系列

已闻大汗对于基督教徒所言乃颜旗上之十字架未助乃颜之理也。①

从马可·波罗的叙述中，我们可以看出"忽必烈巧妙地用'十字架未助乃颜'，缓和了当时乃颜部基督教徒受到其他教派围攻的困境。从这一记载中我们可以看到元朝统治者对各种宗教采取的兼容并包的态度。各宗教长期相互倾轧，彼此都想压倒对方，佛道两教如此，基督教、回教、佛教都各因其信仰不同，彼此都有矛盾。作为统治者，忽必烈是很善于利用这些矛盾来为自己服务的"②。

记述了忽必烈的丰功伟业后，马可·波罗转而描绘了这位伟人的体貌风仪、诸子、宫殿等。金灭辽以后改为中都，元世祖忽必烈在此地扩建新城之后，将中都改称"大都"，成了元朝的首都（今北京），于是上都和大都，都成了元代的政治中心，从而确立了两都巡幸制度，元上都和元大都成为大元王朝交替使用的两个首都。马可·波罗称元朝大都为 the City of Khan-balik 或作 the City of Cambaluc \ Gamalec，这个表述是从突厥语 Khan-baliq 而来，khan 是大汗，baliq 是城市，音译为"汗八里"或"汗八里克"，意思是"大汗之居处"，他描述道：

此宫壮丽富赡，世人布置之良，诚无逾于此者。顶上之瓦，皆红黄绿蓝及其他诸色。上涂以釉，光泽灿烂，犹如水晶，致使远处亦见此宫光辉。应知其顶坚固，可以久存不坏。③

上述两墙之间，有一极美草原，中植种种美丽果树。不少兽类，若鹿、獐、山羊、松鼠，繁殖其中。带麝之兽为数不少，其形甚美，而种类甚多，所以除往来行人所经之道外，别无余地。④

由此角至彼角，有一湖甚美，大汗置种种鱼类于其中，其数甚多，取之惟意所欲。且有一河流由此出入，出入之处间以铜铁

---

① 《马可·波罗行纪》，第190页。
② 龙达瑞：《〈马可·波罗行纪〉中所涉及的宗教问题研究》，《宗教学研究》1990年第Z1期。
③ 《马可·波罗行纪》，第203页。
④ 《马可·波罗行纪》，第203页。

格子，俾鱼类不能随河水出入。①

　　北方距皇宫一箭之地，有一山丘，人力所筑。高百步，周围约一哩。山顶平，满植树木，树叶不落，四季常青。汗闻某地有美树，则遣人取之，连根带土拔起，植此山中，不论树之大小。树大则命象负而来，由是世界最美之树皆聚于此。君主并命人以琉璃矿石满盖此山。其色甚碧，由是不特树绿，其山亦绿，竟成一色。故人称此山曰绿山，此名诚不虚也。②

　　山顶有一大殿，甚壮丽；内外皆绿，致使山树宫殿构成一色，美丽堪娱。凡见之者莫不欢欣。大汗筑此美景以为赏心娱乐之用。③

　　《行纪》对大都的介绍是从皇宫入手，雄伟壮丽、气势轩昂的宫阙建筑，显然最易打动人心，引起西方读者对东方帝都的向往。这段文字的原形应是指元朝的"大明殿"，它一方面表现了皇宫之大、殿堂之宽、建筑之美、藏物之丰，"可谓奇观"；另一方面告诉人们宫中"贮藏君主之战具"，让人产生宫禁森严之联想。这是马可·波罗向人们推出的第一幅宫殿场景。所述宫殿顶瓦涂以彩釉，则与后来考古发掘元宫所得材料完全一致。④《行纪》似乎注意到宫廷空间还保留了蒙元王朝的游牧民族特性："上述两墙之间，有一极美草原"⑤ 这段描写与《南村辍耕录》的"万岁山"条中所谓"山之东为灵囿，奇兽珍禽在焉"⑥ 一语颇为相符。《行纪》中所记载的"湖"则是太液池，今名三海，"绿山"也非今之景山或俗称煤山，而是今白塔山，可见马可·波罗记载之详细，同时也说明马可·波罗出入宫廷极为频繁，否则他不可能了解其中这么多的细节。

　　当然，除了宏伟的宫殿和美丽的景色描写，马可·波罗还记载了

---

① 《马可·波罗行纪》，第203—204页。
② 《马可·波罗行纪》，第204页。
③ 《马可·波罗行纪》，第204页。
④ 张宁：《记元大都出土文物》，《考古》1972年第6期。
⑤ 《马可·波罗行纪》，第203页。
⑥ （元）陶宗仪著，李梦生校点：《南村辍耕录》，上海古籍出版社2012年版，第13页。

第六章　中外交流视角与13—14世纪纪行作品的深度解读·东游纪行系列

汗八里城的谋叛，即阿合马权倾天下，激发大臣不满，导致武将王著联络僧人高和尚，趁世祖北往上都（今内蒙古境内）时，假传真金太子之命召唤并刺杀。众大臣纷纷上书，力言阿合马不法事。元世祖忽必烈调查后，历数阿合马之罪，处以没收家产、肃清党羽、剖棺裂尸。《行纪》还详介了元廷的禁卫——怯薛丹（Quesitan，法兰西语即忠于君主的骑士）。《行纪》的另一大特色是花了相当篇幅对元廷政俗大朝会、诞节、年终庆节、行猎加以介绍，极力渲染元朝盛大的场面。元朝每年例行有三大庆祝活动：大朝会、大汗诞辰节和年终庆典。这些庆典活动既表现了元朝的政治礼制，又反映了当时的风俗约规。

马可·波罗的观察上至帝王将相，下至市井细民。大都作为元朝都城，商业贸易亦颇为活跃。北京本来就是北方重镇，辽、金两朝移都于此后，即已成为北方少数民族与汉族交错汇集之地，商贸繁荣。元世祖定都大都后，大规模建筑新城，交通便利，街道宽阔畅通，人海如潮，商业贸易亦呈现前所未有的繁荣局面：

外国巨价异物及百物之输入此城者，世界诸城无能与比。盖各人自各地携物而至，或以献君主，或以献官廷，或以供此广大之城市，或以献众多之男爵骑尉，或以供屯驻附近之大军。百物输入之众，有如川流之不息。仅丝一项，每日入城者计有千车。用此丝制作不少金锦绸绢，及其他数种物品。附近之地无有亚麻质良于丝者，固有若干地域出产棉麻，然其数不足，而其价不及丝之多而贱，且亚麻及棉之质亦不如丝也。①

此汗八里大城之周围，约有城市二百，位置远近不等。每城皆有商人来此买卖货物，盖此城为商业繁盛之城也。②

大都周围的附城汇聚了来自各地的富商大贾，世界各地的珍奇异物和各种商品源源不断地运往大都，以供大都各个阶层之需。汗八里

---

① 《马可·波罗行纪》，第238页。
② 《马可·波罗行纪》，第238页。

· 289 ·

商贸发达的一个重要表现是纸币的流通:

> 在此汗八里城中,有大汗之造币局,观其制设,得谓大汗专有方士之点金术,缘起制造如下所言之一种货币也。①
>
> 凡州郡国土及君主所辖之地莫不通行。臣民位置虽高,不敢拒绝使用,盖拒用者罪之死也。兹敢为君等言者,各人皆乐用此币,盖大汗国中商人所至之处,用此纸币以给费用,以购商物,以取其售物之售价,竟与纯金无别。其量甚轻,致使值十金钱者,其重不逾金钱一枚。②

《行纪》对纸币制造和兑换的记载之细较中文文献更甚,表现了马可·波罗作为商人特殊敏感的一面。这些纸币可与当时西方的货币兑换,说明当时中西商贸往来之频繁,纸币在市场交易中普遍流通,反映了当时元大都商业的繁荣。马可·波罗有关元大都商贸情形的描述堪称具有独特的价值,这可能与马可·波罗本人的商人身份有关,他对商业情报的搜集可以说不遗余力。

使马可·波罗感兴趣的还有运输道路、运输工具以及物价和关津、使臣驿站的快捷与规模,中国南部那些宏大而美丽的城市和港口,有着舟楫之利的辽阔的水域系统,这些都令他称羡不已。从北到南,马可·波罗来到杭州,关于杭州,马可·波罗倾情地赞述道:

> 书中首称此行在城甚大,周围广有百哩。内有一万二千石桥,桥甚高,一大舟可行其下。其桥之多,不足为异,盖此城完全建筑于水上,四围有水环之,因此遂建多桥以通往来。③
>
> 书中并言此城有十二种职业,各业有一万二千户,每户至少有十人,中有若干户多至二十人、四十人不等。其人非尽主人,

---

① 《马可·波罗行纪》,第 239 页。
② 《马可·波罗行纪》,第 240 页。
③ 《马可·波罗行纪》,第 353 页。

## 第六章　中外交流视角与13—14世纪纪行作品的深度解读·东游纪行系列

然亦有仆役不少，以供主人指使之用。诸人皆勤于作业，盖其地有不少城市，皆依此城供给也。①

此书又言城中有商贾甚众，颇富足，贸易之巨，无人能言其数。应知此职业主人之为工厂长者，与其妇女，皆不亲手操作，其起居清洁富丽，与诸国王无异。此国国王有命，本业只能由子承袭，不得因大利而执他业。②

城中有一大湖，周围广有三十哩，沿湖有极美之宫殿，同第壮丽之邸舍，并为城中贵人所有。亦有偶像教徒之庙宇甚多。湖之中央有二岛，各岛上有一壮丽宫室，形类帝宫。城中居民遇有大庆之事，则在此宫举行。中有银制器皿、乐器，举凡必要之物皆备，国王贮此以供人民之用。凡欲在此宫举行大庆者，皆任其为之。③

在此城中并见有美丽邸舍不少，邸内有高大楼台，概用美石建造，城中有火灾时，移藏资财于其中，盖房屋用木建造，火灾时起也。④

他称杭州为"Kinsai"，这是由南宋"行在"的音译而来，"Kinsai"的发音与阿拉伯文"行在"的音译完全对应。杭州为"行在"，"天城"，称苏州为"地城"。"行在"是南宋时代对杭州的一般称呼，指皇帝行幸所在的地方，而"天城""地城"，也就是我国谚语"上有天堂、下有苏杭"的一种译称。由于马可·波罗不会说汉语，所以有关中国地方的表述主要来自波斯语和突厥语的音译。马可·波罗生长于水上都市威尼斯，杭州因运河构成的水乡风景，勾起了马可·波罗的故乡情思，因此他详细记录了杭州市民丰富多彩的生活。除了每年正月、元宵、端午、中秋一类固定节日要进行庆祝，日常娱乐游玩也相当频繁，西湖泛舟、瓦舍听戏、茶肆品茗、酒楼美餐。这种消费性

---

① 《马可·波罗行纪》，第353页。
② 《马可·波罗行纪》，第353页。
③ 《马可·波罗行纪》，第353页。
④ 《马可·波罗行纪》，第353页。

娱乐的广泛,体现了杭州作为大商业城市的特点。节庆的盛大,娱乐形式的多样,百戏技艺的兴旺,都显示出市民对文化生活的需要和热衷。

尤为惊奇的是,马可·波罗还特别注意到了当时杭州的税收:

> 行在城及其辖境构成蛮子地方九部之一,兹请言大汗每年在此部中所征之巨额课税。第一为盐课,收入甚巨。每年收入总数合金八十秃满(Joman),每秃满值金色干(sequin)七万,则八十秃满共合金干五百六十万,每金色干值一佛罗铃(florin)有奇,其合银之巨可知也。①

> 述盐课毕,请言其他物品货物之课。应知此城及其辖境制糖甚多,蛮子地方其他八部,亦有制者,世界其他诸地制糖总额不及蛮子地方制糖之多,人言且不及其半。所纳糖课值百取三,对于其他商货以及一切制品亦然。木炭甚多,产丝奇饶,此种出产之课,值百取十。此种收入,合计之多,竟使人不能信此蛮子第九部之地,每年纳课如是之巨。②

> 叙述此事之马可·波罗阁下,曾奉大汗命审察此蛮子第九部地之收入,除上述之盐课总额不计外,共达金二百一十秃满,值金色干一千四百七十万,收入之巨,向所未闻。③

> 大汗在此第九部地所征课额,既如是之巨,其他八部收入之多,从可知也。然此部实为最大而获利最多之一部,大汗取之既多,故爱此地甚切,防守甚密,而以维持居民安宁。④

秃满,蒙语"万"的音译,八十秃满即是八十万。仅仅盐课税收就达八十万,而糖课、丝课等税收又高达二百一十万,这对于13世纪的欧洲来说简直是天方夜谭。这个时期的欧洲最为黑暗,由于连年战

---

① 《马可·波罗行纪》,第366页。
② 《马可·波罗行纪》,第366页。
③ 《马可·波罗行纪》,第366页。
④ 《马可·波罗行纪》,第366页。

争，相当贫穷落后，因此杭州城繁华富裕背后所承载的巨额税收让马可·波罗惊奇，甚至羡慕。

元朝大汗时期的中国，不仅有诸如上都、大都、杭州那样的繁荣城市，还有宏伟的宫殿、惊人的人口与财富、石头做的燃料、桑皮制品做的货币、用驿站组成官方交通网络，以及遍地黄金、珍禽异兽、奇风异俗、多元信仰等，对于当时闭塞的欧洲人来说，马可·波罗描述的一切都是匪夷所思，无法想象的。因此，人们给他起了个别号叫"百万先生"，因为"他开口闭口总是说百万这个、百万那个"。其实，他向16世纪中叶的欧洲人提供了有关中国最为全面可靠的资料。这本书题名为《世界见闻录》并非偶然。实际上，这部著作使西方人对世界的了解范围突然扩大了一倍。它让西方人了解了"东方"，对东方充满向往，也为资本主义扩张提供了理想上的对象。的确，正是他所描写的有关中国和香料群岛的迷人景象，召唤着伟大的探险者们，在穆斯林封锁陆上道路之后，直接寻找一条海上航线，继续前进。

### 四　文学史意义

马可·波罗的中国之行及其游记，在中世纪时期的欧洲被认为是神话，被当作"天方夜谭"。但《马可·波罗行纪》作为一部元代百科全书，大大丰富了欧洲人的地理知识，打破了宗教的谬论和传统的"天圆地方"说，催生了近代的航海大发现，打破了中世纪西方神权统治的禁锢，大大促进了中西交通和文化交流。因此，可以说马可·波罗和他的《马可·波罗行纪》给欧洲开辟了一个新时代。作为这样一部备受赞誉的游记，其价值不仅限于地理、宗教、风俗等方面，在文学史上同样具有重要意义。

首先，跨文化书写的叙述特色。意大利商人马可·波罗以欧洲人的眼光详细介绍了元朝大汗时期的中国，不仅有诸如大都、上都、杭州那样的繁荣城市，还有富丽宏伟的宫殿、惊人的人口与财富，人们用石头做燃料，用桑皮制品做货币，用驿站组成官方交通网络，以及遍地黄金、珍禽异兽、奇风异俗、多元信仰等。"文本是一面凹凸不平、模糊甚至变形的镜子。在文本中游历，我们看到的中国形象往往并不是中国的本相,而是由西方文化这面镜子扭曲、变异的形象。它与其说反映了契丹的形象,不如说表现了西方文化的集体无意识内容的幻想"①。跨文化书写不可避免地带有某种滤镜,折射和体现着书写者、表述者的知识体系。因此马可·波罗将中国形象具体化的同时,也将中国形象物质化了。"在欲望的视线下,一个充满财富与权力象征意味的中国形象出现了。从某种意义上说,是马可·波罗创造了西方集体记忆中的契丹形象。只有他的眼光,以一个商人而不是教士的视角,中世纪晚期的西方才能发现中国的意义"②。

其次,游记表现空间扩大,丰富了游记的内涵。在《马可·波罗行纪》之前,较著名的游记有柏朗嘉宾的《出使蒙古记》和鲁不鲁乞的《鲁不鲁乞东游记》等,叙述大多根据其出使路线,仅仅围绕着中国北方展开介绍,而《马可·波罗行纪》的叙述包括且不限于两河流域、波斯、中亚、帕米尔高原、天山南北等地的风土人情,北京、西安、开封、南京、镇江、扬州、苏州、杭州、福州等名城的繁华景况,中国邻近国家和地区,如日本、缅甸、越南、老挝、暹罗、爪哇、苏门答腊、印度和斯里兰卡,此外还提到非洲的阿比西尼亚(今埃塞俄比亚)、桑给巴尔、马达加斯加等,游历地域之广,内容之丰富,非其他游记可以媲美。他向16世纪中叶的欧洲人提供了有关中国最为全面可靠的资料,大大开阔了欧洲人的视野,增加了他们对中国的了解。他的游记向欧洲展现出一个真实的中国,一个富裕强大、文明昌盛的奇异世界,一个优越的、迷人的、发达的文化。实际上,这部著作使西方人对世界的了解范围突然扩大了一倍。马可·波罗正如两个世纪后的哥伦布一样,为同时代人开辟了崭新的天地。由于马可·波罗的介绍,欧洲人对中国的模糊印象逐渐清晰起来,对中华文化有了进一步的接触和了解。

最后,在继承前代游记的基础上,又继续发展,显示出自己独有的特色。马可·波罗不仅继承前人游记特色,事无巨细地记述繁华富

---

① 周宁:《跨文化的文本形象研究》,《江苏社会科学》1999年第1期。
② 周宁:《跨文化的文本形象研究》,《江苏社会科学》1999年第1期。

第六章 中外交流视角与13—14世纪纪行作品的深度解读·东游纪行系列

庶的中国，更在表现空间、叙述语言上更近了一步。如前文所言，《马可·波罗行纪》在一定程度上提高了游记的信息含纳量，除此之外，《马可·波罗行纪》的语言十分流畅。一方面可能是由于文本不再是献给教皇的报告，而仅仅是作为一本游历见闻，在书写上就更加收放自如。另一方面可能是因为这部游记的创作方式是马可·波罗在监狱里口述旅行经历，狱友鲁斯蒂谦笔录的。执笔者鲁斯蒂谦本身就是一位浪漫骑士小说作家，善于润笔着墨。就对后世游记的发展来说，《马可·波罗行纪》可能影响了后来的《曼德维尔游记》，曼德维尔也像其他游记作者那样用几乎程式化的套语赞叹中国的物产丰富、城市繁荣，其流传广度几乎与《马可·波罗行纪》不相上下。在地理大发现之前，马可·波罗写实的游记与曼德维尔虚构的游记，就是欧洲人拥有的东方知识的百科全书了。

《马可·波罗行纪》无疑是西方东方学中最重要的历史文献，它是中世纪西方对中国认识的顶峰，而西方人在对中国的人认识上超越这一《行纪》，则需要到四百年以后了。但它对西方的影响绝不能仅仅从一种知识论的角度来看，还要从西方本身的文化演进来看。因为西方对中国的认识是在其文化的背景下发生的，在本质上，它是西方知识体系中的一部分，是西方文化进展中的一个环节。

## 第四节 东游纪行系列之四:《伊本·白图泰游记》研究及细读

伊本·白图泰（阿拉伯语：ابن بطوطة、拉丁转写：ibn Baṭūṭah），全名叫阿布·阿布杜拉·穆罕默德·伊本·阿布杜拉·伊本·穆罕默德·伊本·伊布拉欣·赖瓦蒂·团智·伊本·白图泰（ابو عبد الله محمد ابن عبد الله ابن محمد ابن ابراهيم اللواتي الطنجي بن بطوطة、拉丁转写：'Abū 'Abd-ul-Lāh Muḥammad ibn 'Abd-ul-Lāh ibn Muḥammad ibn 'Ibrāhīm l-Lawātī ṭ-Ṭangī ibn Baṭūṭah），于1304年出生于摩洛哥首都丹吉尔（Tangier）的伊斯兰教法学世家。伊本·白图泰是一位虔诚的伊斯兰教徒，20岁

· 295 ·

左右出发去麦加朝圣,从此,他踏上了一条长达 120000 公里的旅途,经过了今 44 个国家的国土。可以说,伊本·白图泰是 14 世纪第一位足迹遍及亚、非、欧三大洲的中世纪阿拉伯旅行家。

伊本·白图泰到达中国的时间是元顺帝至元六年 (1346) ,他由泉州 (刺桐) 上岸,途经了广州 (隋尼克兰、穗城)、建昌或江山 (干江)、鄱阳 (拜旺·古图鲁)、杭州 (汗沙)、大都 (汗八里) 等城市,1347 年 1 月再从泉州 (刺桐) 离开,在中国停留了 9 个多月。伊本·白图泰记述了中国海船的盛况及中国商人在南海各地的贸易状况,为中国辽阔的地域、丰富的物产、工匠的精湛技艺所倾倒,拜访了所到各地的穆斯林教长和法官,见到了穆斯林的宗教活动、民俗和文化生活,为人们呈现了一幅生动的中国元朝画面。①

1356 年,伊本·白图泰回到家乡丹吉尔,摩洛哥苏丹阿布·伊南·法里斯 (أبو عنانفارس بن علي) 听完他的汇报,派了一位学者伊本·朱甾 (ابن جوستين,又译伊本·朱赞) 将伊本·白图泰口述的旅途各国奇风异俗的珍闻记录下来,编辑成书,这就是百科全书式的鸿篇巨制《异境奇观——伊本·白图泰游记》(又译《伊本·白图泰游记》《伊本·拔图塔游记》)。它不仅是 14 世纪各国奇风异俗的珍闻宝典,也是 14 世纪海、陆丝绸之路畅通的纪行代表作,在今天的海、陆丝路文化与文学研究中仍具有无法低估的巨大意义。

## 一 研究现状

《伊本·白图泰游记》(以下简称《游记》) 是一部关于中世纪亚洲、非洲有关国家的历史、地理、自然气候、风土人情的世界名著,这本书在随后的岁月中没有得到应有的重视,直到 19 世纪,才被西欧的学术界重新发现。"瑞士探险家约翰·布克哈特 (John Burckhardt) 从埃及得到更详尽的写本,他将努比亚部分刊布,英国东方学者山

---

① 伊本·白图泰在中国的旅行经历参考邱树森《摩洛哥旅行家伊本·白图泰的中国之行》(《历史教学》2001 年第 5 期) 和楚汉《伊本·白图泰的中国之行》(《文史杂志》1996 年第 3 期)。

姆·李（Samuel Lee）1829年将布克哈特带回的写本译成英文发表，这本题为《译自阿拉伯手抄本节本之伊本·白图泰游记》是最早一部较完整的译本。"①"我国学者张星烺早在1827年根据麦锡克德文本和英国玉尔（Heny Yule）的英文本（两译本皆根据法文本），节译其中白图泰从印度来华之旅程及其在华活动的章节，译文收录在其《中西交通史料汇编》第二册（1930年出版）。"②1853—1859年，法文版在巴黎出版，引起极大的轰动，后又被翻译成多种文字。1985年，该书由北京大学马金鹏教授译为中文出版，成为中阿交流史上的一件大事。"1997年，在阿卜杜拉·哈迪·塔齐博士收集对照各种版本，经过核对、校订、考证后，自己作序、刊定、制图后出版了《异境奇观——伊本·白图泰游记》五卷本（رحلةابنبطوطة-ئىابتصامراعجوبالأسفارفحترالاظنفيغ），考虑到《游记》的内容包罗万象，为便于阅读和理解，书后附有约30种分类目录索引，包括地理名词、人名以及文学、成语、谚语、风俗习惯、医学、战争、苏非派等。所以这也是迄今为止公认最权威的一版。"③"2008年，海洋出版社出版了李光斌以塔齐博士五卷本为蓝本翻译而成的《异境奇观——伊本·白图泰游记》（全译本）。迄今为止，《伊本·白图泰游记》的各种译注本除上述提到的版本外，还有西班牙文、波斯文、俄文、波兰文等30多种语言文字的版本。"④进入21世纪以来，越来越多的著作中对《异境奇观——伊本·白图泰游记》中的文本内容进行了分析和再研究，较为重要的著作有李光斌的《伊本·白图泰中国纪行考》⑤，在这本书里，李光斌详细分析了伊本·白图泰与蒙元帝国、各大城市、河流、驿站、陶瓷、丝绸等方方面面，最后还谈到了中印、中波关系，是研究《伊本·白图泰游记》的极好史料。除此之外，还有众多研究者从各个方面展开研究，既有

---

① 朱凡：《〈伊本·白图泰游记〉版本介绍》，《西亚非洲》1988年第4期。
② 朱凡：《〈伊本·白图泰游记〉版本介绍》，《西亚非洲》1988年第4期。
③ 庄芳：《伊本·白图泰和马可·波罗眼中的中国形象比较研究》，硕士学位论文，上海外国语大学，2018年，第12页。
④ 庄芳：《伊本·白图泰和马可·波罗眼中的中国形象比较研究》，硕士学位论文，上海外国语大学，2018年，第12页。
⑤ 李光斌：《伊本·白图泰中国纪行考》，海洋出版社2009年版。

关于伊本·白图泰及其游记时间、地点的考证性研究，也有以某一具体视角为切入点进行的综合性研究，还有一些比较研究和评议研究等。

首先，是有关时间、行程、地名的考证性研究。

一是时间考证。白图泰来华访问并没有写明确切的日期和行程。因此，学者们根据自己的推断，对白图泰何时到达中国、何时离开中国，以及他在华期间的访问行程，提出了不同的看法。沈福伟认为，白图泰是在1345年抵达中国、1346年离开中国的。① 张铁生认为，白图泰是在1346年抵达中国、1347年离开中国的。② 李希泌认为，白图泰是在1347年抵达中国的。③ 艾周昌、沐涛认为，白图泰于1345年抵达中国，"他在中国先后到过泉州、广州、杭州、北京等地，1347年又从泉州离境赴印度"。关于他在中国的行程，也是按照游记中的叙述，并认为"白图泰在中国1年多"④。许永璋根据白图泰游历天数，并考虑到季风因素，推断出伊本·白图泰大约是在1346年6月间抵达中国泉州，于1346年冬季离开中国。在中国停留的时间，约有半年。⑤

二是行程考证。伊本·白图泰访问中国期间，是否到过当时元朝的都城北京？在这个问题上，史学界存在着不同的看法。许永璋从白图泰在中国停留和旅行的天数推算他没有时间到中国北方去游历；白图泰对元朝首都政治情况的叙述完全失实；关于中国北方情况的一些叙述也与事实不符这三个方面来论证白图泰并没有到过中国北方。⑥

三是地名考证。伊本·白图泰游记中记载的干江府和拜旺·古图鲁城这两个城市，史学界存在着不同的意见。英国学者亨利·玉

---

① 沈福伟：《中国与非洲——中非关系二千年》，中华书局1990年版，第416—417页。
② 张铁生：《中非交通史初探》，生活·读书·新知三联书店1965年版，第10页。
③ 李希泌：《从非洲最早来中国的旅行家之一——伊本·拔图塔》，《文史哲》1964年第2期。
④ 艾周昌、沐涛：《中非关系史》，华东师范大学出版社1996年版，第62—65页。
⑤ 许永璋：《伊本·白图泰访华若干问题探讨》，《黄河科技大学学报》2003年第2期。
⑥ 许永璋：《伊本·白图泰访华若干问题探讨》，《黄河科技大学学报》2003年第2期。

第六章　中外交流视角与13—14世纪纪行作品的深度解读·东游纪行系列

尔认为，干江府（康阳府）即江西之建昌府。① 中国学者沈福伟认为，干江府是福建的建宁府，府治建安县。② 许永璋认同沈福伟的观点，认为白图泰到达的干江府，就是建宁府，但因为当时建宁府的治所在建安，所以应明确指出干江府不是今天福建的建宁，而是指当时建宁府的治所建安，建安今称建瓯。③ 关于拜旺·古图鲁。亨利·玉尔认为，"拜旺"音与鄱阳相近，地位亦合。④ 沈福伟认为，拜旺·古图鲁城即福建浦城。"拜旺"译出了"浦"音，而"古图鲁"乃城镇之意。⑤

其次，以某一具体视角为切入点进行的综合性研究，具体来说，主要包括宗教、风俗、中西交流等这几个方面。邱树森分析了《异境奇观——伊本·白图泰游记》里中国穆斯林的问题，指出"《伊本·白图泰游记》关于中国的记载虽然篇幅不多，但涉及内容却相当广泛，其中关于中国穆斯林的记载有重要的史料价值，有些人物（如鲍尔汗丁、欧斯曼·伊本·安法尼等）、事状与中国史料相符，有不少记载为中国史料所无，所以，《游记》不失为研究元代中国穆斯林的重要著作。"⑥ 关于风俗方面的研究，楚汉从自然风光、资源物产、生产情况、社会情况、人民生活和对外关系等六个方面介绍了《异境奇观——伊本·白图泰游记》⑦ 中有关中国的论述，十分全面、详细，对于理解文本具有重要价值。薛克翘于1994年发表在《南亚研究》上的《从〈伊本·白图泰游记〉看印回文化融合》，文章探讨了《异境奇观——伊本·白图泰游记》中所体现出的印度和回族文化的融合。⑧ 李光斌的《蒲松龄是书写〈偷桃〉故事的第一人吗？》⑨ 和王永

---

① 张星烺：《中西交通史料汇编》第2册，中华书局1977年版，第84页。
② 沈福伟：《中国与非洲——中非关系二千年》，中华书局1990年版，第413页。
③ 许永璋：《伊本·白图泰访华若干问题探讨》，《黄河科技大学学报》2003年第2期。
④ 张星烺：《中西交通史料汇编》第2册，中华书局1977年版，第88页。
⑤ 沈福伟：《中国与非洲——中非关系二千年》，中华书局1990年版，第414页。
⑥ 邱树森：《伊本·白图泰眼里的中国穆斯林》，《西北第二民族学院学报》（哲学社会科学版）1993年第1期。
⑦ 楚汉：《伊本·白图泰的中国之行》，《文史杂志》1996年第3期。
⑧ 薛克翘：《从〈伊本·白图泰游记〉看印回文化融合》，《南亚研究》1994年第3期。
⑨ 李光斌：《蒲松龄是书写〈偷桃〉故事的第一人吗？》，《蒲松龄研究》2012年第3期。

平的《伊本·白图泰眼中的杭州绳技———一种从海上丝绸之路传来的印度魔术》[①] 都介绍了游记中所记载的"魔术"。王健的《积淀与记忆：古代西方旅行家书写大运河》，其中有提到游记中对当时中国运河的记录与描写。[②] 此外，马金鹏认为："游记对中西交通史提供了极为丰富的宝贵资料，我国的丝绸之路，阿拉伯人的香料之路，共同构成了中西交通史上的两条通衢。"[③] 2013年李光斌的《未完之旅———伊本·白图泰游记与元末中印关系》以游记为切入点分析当时中印两国间的关系。[④]

最后，还有关于伊本·白图泰的比较研究和评议研究。如庄芳的《伊本·白图泰和马可·波罗眼中的中国形象比较研究》，文章分析了两本游记，指出《马可·波罗行纪》关于中国的内容涵盖更广博，传达出了一些《异境奇观———伊本·白图泰游记》中所不曾呈现出的内容，马可·波罗呈现出的是一个更加立体生动全面细腻的中国。[⑤] 也有关于评议游记译介者及其作品的研究，如2006年朱威烈发表在《回族研究》上的《马金鹏先生：一位承前启后的穆斯林学者》[⑥] 一文就高度赞扬了马金鹏先生为中国阿拉伯学研究所做出的贡献，其重要的一大贡献便是对《伊本·白图泰游记》的翻译。2010年马博忠写有《一部译著的记述：马金鹏先生与〈伊本·白图泰〉游记》[⑦]，介绍了马金鹏先生翻译《伊本·白图泰游记》的曲折过程。2012年陆芸的《随着伊本·白图泰的足迹游历中世纪的非洲、欧洲和亚洲———评李

---

[①] 王永平：《伊本·白图泰眼中的杭州绳技———一种从海上丝绸之路传来的印度魔术》，《山西大学学报》（哲学社会科学版）2016年第3期。

[②] 王健：《积淀与记忆：古代西方旅行家书写大运河》，《江南大学学报》（人文社会科学版）2017年第1期。

[③] ［摩洛哥］伊本·白图泰：《伊本·白图泰游记》，马金鹏译，宁夏人民出版社1985年版，第7页。

[④] 李光斌：《未完之旅———伊本·白图泰游记与元末中印关系》，《文史知识》2013年第5期。

[⑤] 庄芳：《伊本·白图泰和马可·波罗眼中的中国形象比较研究》，硕士学位论文，上海外国语大学，2018年。

[⑥] 朱威烈：《马金鹏先生：一位承前启后的穆斯林学者》，《回族研究》2006年第4期。

[⑦] 马博忠：《一部译著的记述：马金鹏先生与〈伊本·白图泰〉游记》，《回族文学》2010年第2期。

光斌翻译的〈异境奇观——伊本·白图泰游记〉》①等。

**二 文本细读**

伊本·白图泰于弱冠之年离乡远游伊斯兰各国,之后,他口述其旅行见闻,由他人笔录成书,名为《异境奇观——伊本·白图泰游记》。此书详细记述了北非、中亚、南亚、东亚诸国的风土人情,而他的远东中国神秘游,则是一次非常重要的旅行。伊本·白图泰作为德里素丹的钦差大臣前往中国完成亲善友好的使命,三过刺桐(泉州)、南下穗城(广州),然后,北上汗八里克(元大都),途经镇江府、行在(杭州),写下了丰富的有关中国的文字。

伊本·白图泰是乘船从泰瓦利斯国抵达中国的,他首先概述了中国的山川河海、地形地貌等:

> 中国地大物博,水果、五谷、黄金、白银应有尽有,世上任何地区都不能与之媲美。艾布海亚河横贯全国。艾布海亚意为"生命之父"。该河又叫锡尔河,此名颇似印度河流苏禄河的名字。它源于汗八里克城附近的库布赞山脉之中。库布赞山意为"猴山"。这条大河流经中国中部,流程六个月,至中国的穗城入海。②

锡尔河即黄河,中国的第二大河,中华文明的摇篮,因此,中华儿女称它为中华民族的母亲河。由于它是世界上夹带泥沙最多的河流,河水潭黄,故得名黄河。在民间,黄河的蒙语名称又叫 Xiar(l)eMol(r)in 或者 Xial(r)eMol(r)in,《蒙语字典》中黄河的写法是 Xir-Muren,在明朝茅元仪(1594—1640)著《武备志》的附录汉蒙地名对照表中可查到 XirMuren 的写法,而阿拉伯语"锡尔河"(XirMuren)

---

① 陆芸:《随着伊本·白图泰的足迹游历中世纪的非洲、欧洲和亚洲——评李光斌翻译的〈异境奇观——伊本·白图泰游记〉》,《海交史研究》2012 年第 1 期。
② [摩洛哥]白图泰口述,[摩洛哥]朱笛笔录:《异境奇观——伊本·白图泰游记》,李光斌译,海洋出版社 2008 年版,第 537 页。

相对应，由此可见，伊本·白图泰使用的是从蒙语音译过来的。但是，伊本·白图泰说"它源于汗八里克城附近的库布赞山脉之中。库布赞山意为'猴山'。这条大河流经中国中部，流程六个月，至中国的穗城入海。"① 这句话确实值得商榷。"首先，黄河是西东走向，而不是南北走向，其次黄河源于中国西北的巴颜喀拉山，东入渤海。伊本·白图泰认为它是在汗八里附近发源，向南流，至广州入海，这是错误的。由于伊本·白图泰是顺大运河北上到元大都，又是第一次来华，语言不通，而且黄河与运河有所交叉，所以，他可能误将运河当成黄河。"② 穗城（Suinu Sini）指广州，相传五位天使，手持五色稻穗，自天而降，将稻穗留在那里以便播种，于是该城得名穗城，又叫五羊城。伊本·白图泰在泉州等待皇帝的圣旨时，要求访问广州。在这里，他看到了中国第三大河西江，西江与东江、北江合称珠江，伊本·白图泰可能将其与黄河混为一谈了，因此有黄河自穗城入海之说。

紧接着，伊本·白图泰记述了中国的丰富物产，社会制度、驿站制度、交通设施、民居特色、风俗习惯、城市建筑、宗教信仰等，其中对中国制作的瓷器、钞币叙述得相对详细：

> 中国陶瓷仅产于刺桐和克兰穗城两地。这种陶瓷的制作方法是取该处山中的泥土，像烧炭一样烧制而成。这一点我要详详细细地介绍一下。他们在土中加上当地产的一种石头，点火烧制三日，然后泼水，使其又都成了土。然后将炉盖好闷上。上乘佳品要闷足一个月，又不能超过一个月。次品只消盖闷十日便可。这种陶瓷产品在中国的价格与在我国的价格相当，甚至还要便宜。一些产品，远销印度诸国，以至远在马格里布的我国也不乏他们的产品。中国的陶瓷真是陶瓷中之极品。③

---

① 《异境奇观——伊本·白图泰游记》，第537页。
② 《异境奇观——伊本·白图泰游记》，第537页。
③ 《异境奇观——伊本·白图泰游记》，第538页。

第六章　中外交流视角与13—14世纪纪行作品的深度解读·东游纪行系列

克兰穗城"Suinu-Kelan"，"Kelan"是一个波斯语词语，意为"大的"。上述"Suinu"为"穗"。所以，克兰穗城"Suinu-Kelan"即指"大的穗城"，指广州。马格里布有两层含义，广义泛指日落的地方，即非洲北部西部，包括摩洛哥、突尼斯和阿尔及利亚等国，狭义仅指摩洛哥，此处用的是广义的马格里布。伊本·白图泰详细地记载了制造瓷器的工艺和过程，这些描述说明中国的瓷器做工考究精美。由于制瓷业发达，所以中国瓷器的价钱很便宜，价廉物美的中国瓷器早就享誉海外，运销印度等地，远至非洲西北角的马格里布。可见，元朝时期的瓷器生产确实兴旺。

然后，伊本·白图泰准确地记载了中国纸币的使用情况：

> 商贾们习惯于把他们的金银熔铸成锭。每锭重一堪他耳。他们将金银砖放在门垣上。存有五块者可戴戒指一枚；存有十块者，戴两枚戒指；存有十五块以上者，被称作"赛提"，相当于埃及的"卡里米"。存有一块金砖或者一个银锭者，当地人称其为"白尔卡莱"。①
>
> 中国人不使用第纳尔，也不用迪尔汗，在他们国中，收到的金银币，统统要熔化铸锭，这一点我已在上面提到过。②
>
> 做买卖时，他们只用纸币。每张纸币大如手掌，上面印着国王的玉玺。每二十五张叫一巴勒什特，相当于我们的一个第纳尔。中国的钱庄，好似我们的铸币局。如果纸币被撕破了，可到钱庄上去换新票。换钱时不交付任何费用，因为钱庄的管理员都由国王发给俸禄。钱庄管事是位亲王。谁要是只带银迪尔汗或第纳尔到市场上去买东西，那他什么也别想买到，因为谁都不收。只有兑换成巴勒什特后才能随心所欲地购货。③

---

① 《异境奇观——伊本·白图泰游记》，第540页。
② 《异境奇观——伊本·白图泰游记》，第540页。
③ 《异境奇观——伊本·白图泰游记》，第540页。

"卡里米"指富商巨贾,该词非阿拉伯文。"白尔卡莱"是一个波斯语词汇,意为"块、部分"。"第纳尔"和"迪尔汗"都是伊本·白图泰家乡的通用货币。"巴勒什特"是一个波斯语词汇,是元朝货币单位"巴勒什"的波斯-阿拉伯说法,意为"枕头、袋子",借用来表示"金砖、银砖"。伊本·白图泰在中国旅行期间,即元朝时代流通的是"至元通行宝钞",意为"在帝国时代流通的宝钞"。元宝交钞于1260年发行,以后,相继发行了至元宝钞、至大银钞和至正交钞。同时使用金元宝和银元宝。有趣的是,1279年当时是伊儿汗国辖下的波斯发行纸币时,将汉字"钞"印在纸币上。从那时开始,这个"钞"字就成了波斯语中的外来词语。伊本·白图泰不仅是阿拉伯世界记述中国人使用纸币的第一人,还准确地记载了中国使用纸币的情况,"谁要是只带银迪尔汗或第纳尔到市场上去买东西,那他什么也别想买到,因为谁都不收。只有兑换成巴勒什特后才能随心所欲地购货。"① 这与元朝的规定相吻合,当时元政府严禁金银流通,即使外国人来华进行贸易、旅游、访问、过境以及移居到中国,无一例外地都要将金银兑换成纸币才能进行。②

在对中国进行了大致的描绘后,伊本·白图泰回过头来详细地记述了他途经的城市及见闻。根据《游记》记载,伊本·白图泰在短暂的访华期间,曾经三过泉州,与泉州结下了不解之缘。

> 我们漂洋过海,到达的第一座城市就是宰桐城——橄榄城。可这座城市不种橄榄,整个中国和印度都不产橄榄。但却为这座城市起了一个宰桐——橄榄的名字。这是一座宏伟壮观的大城,以生产锦缎而闻名,并以城名命名叫刺桐锦。这种锦缎比行在缎和大都锦更好。③
>
> 刺桐港是世界上最大的港口之一,甚至可以说就是世界上

---

① 《异境奇观——伊本·白图泰游记》,第540页。
② 李光斌:《伊本·白图泰中国纪行考》,海洋出版社2009年版,第110页。
③ 《异境奇观——伊本·白图泰游记》,第542—543页。

## 第六章 中外交流视角与13—14世纪纪行作品的深度解读·东游纪行系列

最大的港口。我看到港内有上百条大船,至于小船可谓多得不可胜数。它是海洋蚀入内陆,与内陆河汇合而成的天然良港。这座城里的居民像中国其他地方的居民一样,也是户户有花园和天井,住宅建在花园当中。这与我国斯基勒马赛城中的情形相仿佛。①

刺桐就是我们今天的福建省泉州市。泉州,古称刺桐城,以唐天祐时期王审初筑该城时,以"城下都植刺桐树而名"。泉州一词如果用阿拉伯字母拼写就比较困难,也很难拼写正确。而他的别名刺桐,写起来不难,字形与橄榄一词的写法相似,只是发音不同。刺桐在闽南语中读作"Qitong",由于阿拉伯语中没有 Ci 音,也没有 Qi 音,所以刺桐在阿拉伯语中作 Zaitun。于是,人们再也不知它的真实读音为刺桐,只是按照阿拉伯语读音将其读成宰桐,因此,刺桐树就变成橄榄枝,久而久之,宰桐就代替了刺桐。因此,伊本·白图泰产生疑问:"可这座城市不种橄榄,整个中国和印度都不产橄榄。但却为这座城市起了一个宰桐——橄榄的名字"②。之后,伊本·白图泰介绍了著名的刺桐缎,刺桐缎被元朝皇帝作为馈赠外国元首的高级礼品,用"刺桐"这一地名作为丝绸的代称,由此可见泉州当时生产和外销丝绸之盛。这里需提出的是,早年张星烺先生根据白图泰游记的亨利·玉尔的英译本和麦锡克的德译本曾译出了其中部分章节。张星烺先生对"刺桐"与丝绸之间的联系作了考证。他说:"英德文中,谓缎为萨丁(Satin),实由刺桐转音而来。德文谓丝为萨依特(Seide),由拉丁字萨他(Seta)变成。而萨他又为刺桐转音。"③ 果如其说,就更能证明"刺桐"(泉州)古代所产丝绸声誉远播。

伊本·白图泰是一名虔诚的伊斯兰教徒,在漫长的旅行中,他不仅关注各地伊斯兰教的分布及仪式,而且,"凡遇清真寺必去礼拜,有

---

① 《异境奇观——伊本·白图泰游记》,第543页。
② 《异境奇观——伊本·白图泰游记》,第542页。
③ 张星烺:《中西交通史料汇编》第二册,中华书局1977年版,第77页。

扎维耶必去投宿，得知谁是伊斯兰教的学者必登门求教，甚至不辞辛劳地长途跋涉去寻亚当的'怪足迹'"。①"伊本·白图泰进入中国后，每至一地即有当地穆斯林接待，同时拜访或会见当地穆斯林教长、法官或商人"②。那么伊本·白图泰这位虔诚的伊斯兰教徒会怎么看中国呢？他在游记中这样表述道：

  第三天，我们进了第三座城。这里的居民全是穆斯林。城市相当漂亮，市场的布局很像伊斯兰国家的市场布局。城中有宣礼员和许多座清真寺。③

  中午，我们入城时，听到他们正在宣召作晌礼。我们就宿于奥斯曼·本·阿凡·密斯里的后裔家中。④

  奥斯曼本来是一位商贾巨子，他很欣赏这座城市，便在此定居下来。该城也因此而出名。此后，他的后代承袭了他的地位和名望，一如父辈扶贫济困。他们建了一座扎维耶，定名奥斯曼尼叶道堂。⑤

  该道堂建筑精美，基金甚多，内有一批苏菲派教徒。奥斯曼生前曾出资建一清真大寺，并向该寺和扎维耶捐赠钜额资金。本城的穆斯林为数很多。我们住了十五天，每天都赴宴，菜肴日日变。而且每天都有人骑马陪同我们游览市容。⑥

伊本·白图泰记述道："该城有六座城池，每城均有城墙环绕。"⑦六个城各自居住着不同身份的人，"第三城"是穆斯林集中居住的地

---

① 李光斌：《论伊本·白图泰和他的旅途各国奇风异俗珍闻记》，《海交史研究》2003年第1期。
② 邱树森：《伊本·白图泰眼里的中国穆斯林》，《西北第二民族学院学报》（哲学社会科学版）1993年第1期。
③ 《异境奇观——伊本·白图泰游记》，第549页。
④ 《异境奇观——伊本·白图泰游记》，第549页。
⑤ 《异境奇观——伊本·白图泰游记》，第549页。
⑥ 《异境奇观——伊本·白图泰游记》，第549页。
⑦ 《异境奇观——伊本·白图泰游记》，第548页。

方，街道布局仿照伊斯兰地区。从伊本·白图泰的叙述中我们也可以发现，这里居住了许多阿拉伯和波斯的后裔。因为这里有许多"清真寺"，而且伊本·白图泰就寄宿在埃及人士奥斯曼·伊本·阿凡·密斯里之子孙的家里。从伊本·白图泰的叙述口吻看，所有的描述都出自其亲历亲闻，按常理，伊本·白图泰对于杭州的基本城市状况的认知应该与实际状况基本吻合，然而事实上却恰恰相反。杭州历史上包括游记叙述的元代后期，从没有分为六个城并且均有城墙围住的情况，也没有将不同职业、民族的人群完全区分开来居住的情况。尽管伊本·白图泰的记述有与事实不相符之处，但我们仍然应该认识到书中关于中国穆斯林记载的重要史料价值。

元代的官方，即使是大汗和所谓"异教徒"执政的长官，对穆斯林也是极其友好的。杭州的"中国的总长官"古尔塔，对伊本·白图泰来到给予高规格的接待：

> 一天，人们陪我骑马进了第四城。它是王爷府所在地，大王爷古尔塔住在那里。游城时，陪伴我的人员纷纷离我而去。我见到了宰相，由他带我到了王爷府，见到了古尔塔大王爷。①
>
> 大王爷古尔塔是中国的总王爷。他在私邸设"图味"宴招待我们。届时，城中的要人都出席。他请穆斯林厨师宰牲和烹饪。这位大王爷位极尊贵，却亲手给我们递送菜肴，并为我们把大块的肉切小。我们在他府上客居三日。他还派他公子陪伴我们去海湾玩耍。②
>
> 我们乘的是一艘形似火船的船只。王爷的公子乘坐另一艘。和他一起的还有乐师和歌手。他们用汉语、阿拉伯语和波斯语演唱各种歌曲。公子喜欢波斯歌曲。他们唱了一首波斯歌曲，公子要他们反复唱，以致我都记住了那首歌的歌词。他们的歌声优雅、节奏和谐、扣人心弦。③

---

① 《异境奇观——伊本·白图泰游记》，第549页。
② 《异境奇观——伊本·白图泰游记》，第550页。
③ 《异境奇观——伊本·白图泰游记》，第550页。

借助伊本·白图泰的游记，我们知道当时杭州西湖的一艘艘游船上原来有许多的西域穆斯林在其间游赏，湖上时时飘荡着波斯、阿拉伯等语言的吟唱歌声，伊本·白图泰当时在西湖游船上听到的是13世纪正流行的波斯诗人萨迪·设拉子的一首著名的抒情诗，可以想见当时杭州城中的国际氛围与这座城市的多元包容气象。"蒙元时代，由于东西方交流的道路通畅，蒙元统治者对于各民族的宗教信仰和文化总体来说采取了宽容的态度，波斯语成为沟通东西方的重要语言，中国境内的波斯语教育也得到了很大发展，形成了一套波斯语教学体系。这一时期，在中华帝国全境特别是皇宫中，波斯语词汇广泛使用，官方以波斯语为最重要的外交语言，用以与中亚、西亚乃至欧洲交往；在此基础上提出直至明初波斯语依然是中国交通外邦最重要的外交语言，如《永乐大典》记载的明初派使团出使埃及的资料中称尼罗河为'卢地尼勒'，乃是一个波斯语词汇。"[①] 因此，伊本·白图泰在西湖上听到波斯歌曲，也就不足为奇了。

泛舟西湖，听罢歌曲，晚上，伊本·白图泰等人回到王爷府进餐就宿，古尔塔为他举行了隆重的欢迎宴会，席间表演了各种文艺节目，其中给他留下最为深刻印象的是魔术表演：

> 那天夜里，可汗的一个家奴进献魔术。大王爷对他说："让我们看看你的绝活吧！"[②]
>
> 于是，献技者拿起一个木球，球上有一个洞，内穿一根长长的皮绳。只见他将球往上一抛，那球腾空而起，扶摇直上，越升越高。遂无形踪。那时天气十分炎热，我们都坐在宫院中观看。当他手中只剩一个皮绳头时，命其徒攀缘而上。瞬间，其徒也消失在视野之外。随后，他连喊三声，没人答应。他状似大怒，取刀在手，缘绳而上，渐渐地也在空中消失了。倏忽之间，徒儿的

---

① 刘迎胜：《波斯语在东亚的黄金时代的开启及终结》，《新疆师范大学学报》（哲学社会科学版）2013年第1期。
② 《异境奇观——伊本·白图泰游记》，第550页。

一只手自空中落下,接着是一条腿,又是一只手一条腿,然后是躯干,最后是头颅落地。紧接着他凌空而降,浑身血迹斑斑,气嘴吁吁地跪在王爷面前,用中国话说了些什么。王爷又给他下了个什么命令。他便将徒儿四肢七拼八凑,连在一起,飞起脚踢将过去,徒儿便倏然站起,一切完好如初。①

我惊讶得目瞪口呆,心跳不止,甚似我在印度王处看幻术时的情况。他们给我吃了一些药,才使我镇静下来。推事法赫尔丁当时在我身旁,他对我说:"说真的!他本来就没腾空、落地,更没大卸八块。这不过是魔术而已。"②

这个魔术是由绳技—肢解两部分组成的。表演者先抛绳于空中、缘绳而上,之后肢解再续,既让人感到鲜血淋淋,又让人极其惊讶。从现在科学的眼光看来,这是绝对不可能事件。故有学者考证,这种杂技"应该是由古印度艺人们所创造出来的一套糅杂技、魔术,甚至可能还包括催眠术在内的复合型幻术"③。伊本·白图泰也说到他在印度素丹面前所见到的一样,因此,我们可以发现,这种魔术不独为中国所有。"其实这种古老的印度'通天绳技'大概是在唐代时从海上丝绸之路传入中国,在盛唐时期的嘉兴大酺会上首次表演;之后这种绳技一直流传下来,宋代的晏殊在颍州任上也观赏过这种绳技。元朝来华游历的伊本·白图泰在杭州也看过类似的绳技,而这里与唐朝表演'嘉兴绳技'的地方正相毗邻,都在东南沿海一带。明代宋懋澄、钱希言所记之广州绳技则在南海,广州是中国南方海上丝绸之路的起点。这说明此种印度绳技极有可能是循海路传来中国的。"④ 在唐代经海上丝绸之路传来的印度绳技,历宋、元、明、清诸朝,明显可以看

---

① 《异境奇观——伊本·白图泰游记》,第550—551页。
② 《异境奇观——伊本·白图泰游记》,第551页。
③ 王永平:《伊本·白图泰眼中的杭州绳技——一种从海上丝绸之路传来的印度魔术》,《山西大学学报》(哲学社会科学版)2016年第3期。
④ 王永平:《伊本·白图泰眼中的杭州绳技——一种从海上丝绸之路传来的印度魔术》,《山西大学学报》(哲学社会科学版)2016年第3期。

出其前后承续、流传、发展、演变之轨迹。

伊本·白图泰的游记内容极为丰富,据不完全统计,"伊本·白图泰在该书中提到的人物1483位,地名961个,部落、家族231个,墓地250处,清真寺12座,教堂30座,学校53所,工具180种,武器39类,动物102种,植物93种,货币35种,城堡1座,宫殿16座,市场76个,服装154种,首饰42种,建筑153处,珍宝153种,河流51条,湖泊4个,谷地25个,香料35种,食品和饮料182种,奇风异俗144类,疾病15种,文献23部,各种称号与专用术语319个,诗人64位。此外,引用《古兰经》19节,圣训14段,谚语20句"①,包罗万象,奇妙斑斓,令人应接不暇,为人们呈现了一幅生动的中国元朝画面。

### 三 文学史意义

著名摩洛哥大旅行家的长篇游记《异境奇观——伊本·白图泰游记》,在阿拉伯旅游文学宝库中是一部光辉闪烁的作品,在世界文学之林中也占有很重要的地位。游记涉及风物民俗、历史地理、宗教信仰、对外交流等方面,可以说是一部百科全书式的作品,对后世具有重要意义。

从游记文学来看:《异境奇观——伊本·白图泰游记》是由伊本·白图泰口述、伊本·朱甾笔录而成的,所以这部书既具有伊本·朱甾所擅长的那种浓郁的文学色彩,又具有伊本·白图泰那种朴实无华、忠实地反映其所见所闻的独特的文风。《异境奇观——伊本·白图泰游记》的原始手稿本秘藏于巴拉特皇家图书馆。该手稿是伊本·朱甾亲手书写的。这部书之所以得到世界各国的广泛重视,一方面是因为他的文学造诣独具一格,常常运用对比和溯源的手法,开创了阿拉伯游记文学的先河。伊本·白图泰在追述时常常运用对比的表现方法,从而给人以鲜明的印象,使他的文章情趣横生,引人入胜。伊本·白图泰在追忆途中所见所闻时,还采取了阿拉伯文学中特有的文

---

① 李光斌:《游历天下700载——纪念伊本·白图泰诞辰700周年》,《中外文化交流》2004年第5期。

学表现手法：追根溯源的手法，层层剥落，步步深入。伊本·白图泰对一些地方的特殊物产和事务，既采用当地的名称，又作了解释，还不时发表点评论，不仅保持了地方色彩，而且使人易于理解。这是本书的重要特点。另一方面，在语言的运用方面具有通俗易懂、方言运用、力求真实的特点。伊本·白图泰的语言朴实无华，言简意赅。读起来朗朗上口，妙趣横生。伊本·白图泰的语言口语化、大众化，通俗而易懂。他还大量使用地方方言，使阿拉伯人读起来感到如临其境、如闻其声，非常亲切。有时伊本·白图泰在叙述过程中加几个土耳其语单词，有时又加几个波斯语单词，读起来一气呵成，简繁取舍，相得益彰，增加了情趣。除此之外，伊本·白图泰在叙述时力求真实。凡是他能肯定的事实，便予以肯定。否则，他便使用"据说""某人说"等不十分肯定的字眼作为说明，有的干脆说"记不清了"。[①]

从题材来看：《异境奇观——伊本·白图泰游记》记载了奇闻异事、珍奇动物、风物见闻，如实地记录了各国的风俗习惯和各阶层人物的生活。从黎民百姓、宗教人士到社会名流、知名学者、政府要人乃至帝王妃嫔等都有出色的描写，对他们的饮食起居、风俗习惯、民族服装、道德风范、宗教信仰乃至朝廷礼仪、法律制度以及在伊本·白图泰逗留期间发生的战争、侵扰、暴动、弑君、暗杀事件等都有详尽的纪录。但《异境奇观——伊本·白图泰游记》不仅仅限于传统的游历见闻，更重要的是，伊本·白图泰是一个伊斯兰教的虔诚信徒和宗教学者，因此，他以宗教人士特有的眼光，对各国不同的伊斯兰教派及宗教制度进行了周密的观察，扩大了游记的题材范围。"《游记》中关于中国穆斯林习俗方面的记载虽然不多，但也可以作为元代中国回回人的习俗严格遵守穆斯林特殊规定的佐证。例如在饮食方面，穆斯林有严格的饮食禁忌，伊本·白图泰在记录郭尔塔的接待时对此有详细描述。"[②] 这些记录还反映了中国穆斯林的心态，他们严格遵守

---

① 李光斌：《论伊本·白图泰和他的旅途各国奇风异俗珍闻记》，《海交史研究》2003年第1期。
② 邱树森：《伊本·白图泰眼里的中国穆斯林》，《西北第二民族学院学报》（哲学社会科学版）1993年第1期。

《古兰经》和圣训中的规定，保持着自己民族的特点。《游记》可贵之处还在于它记载了穆斯林商人的情况，这是研究蒙元历史、宗教史的重要参考文献。

总之，伊本·白图泰及其《游记》对增进阿拉伯人们了解中国，促进中阿之间的交往，起到了重要的作用，为亚、非、欧三大洲的文化交流做出了不可磨灭的贡献，也为当今"一带一路"背景下开展多国的文化交流提供了可资借鉴的例证。

# 第七章　中外交流视角与13—14世纪纪行作品的深度解读·城市生活系列

## 概　述

在13—14世纪的纪行作品中，有一部分围绕城市展开，或涉及城市刻绘的纪行书写，生动呈现了13—14世纪蒙元统治时期一些国际性城市的崛兴及其中外交流的繁盛图景，和林、上都、大都、杭州，是其中具有代表性的四座城市。

作为因政治权力而形成的蒙元帝国龙兴之地，和林以其控扼农牧两大文明的地缘优势屹立于13—14世界民族文化之林。从成吉思汗迁都、窝阔台建城，到元一统后和林宣慰司都元帅府与岭北行省的确立，每一次政治体制的变革都暗含着和林形象的蜕变。一部和林文学书写既是蒙元内部新旧派系斗争的历史缩影，也是边缘地区进入文学权力中心书写视野的近世化表征，其中蕴含着不同民族的情感召唤和心理模式，在中外文化交流史上占据重要位置。

上都作为元朝的草原都城，集中展现了游牧文明和农耕文明的融汇之景。其间有充满游牧民族特色的察罕脑儿行宫、失剌斡耳朵，亦有具有浓厚中原建筑特色的大安阁。并且，作为元朝的夏都，在这里也能找到亚欧大陆上各地的文化特色。可以说，上都是一座以深度融合游牧文化和农耕文化为主，兼有其他亚欧诸地文化的前所未有的包容性都城。

大都是 13—14 世纪一座享誉世界的壮丽都城。它是亚欧大陆上的明珠，元朝四通八达的水陆交通网以它为交汇点辐射全国，进而延伸到世界。亦因此，全球各地的奇珍异宝都集聚在这里，商业也随之兴盛起来，它成了当时世界上最繁华富丽的城市之一。此外，作为疆域辽阔的元朝的国都，各种国家、民族的文化在大都城中对话交流，使其文化环境极为丰富多元。

与和林、上都、大都不同三座以蒙古政权国都新兴的北方城市不同，江南城市杭州以交通、经济、文化上的优势地位，成为 13—14 世纪蒙元统治下又一座国际都会。其国际都会的面貌，突出形构于彼时一批西方旅华纪行作品之中。借由这些西方旅华纪行作品，杭州也始以世界都会的面貌，在 13—14 世纪进入了国际话语体系。

## 第一节 13—14 世纪的国际城市之一：和林

和林，即"哈剌和林"（Qara-qorum，突厥语），意为黑色的石头，因周围高耸连绵的黑色山脉而得名，位于今蒙古国中部后杭爱省杭爱山南麓额尔德尼召庙旁，西倚鄂尔浑河谷上游，是 13 世纪中叶蒙古帝国都城，世界权力的中心，大元王朝的"兴龙故地"。

公元 1206 年春，成吉思汗在灭掉王罕与扎木合后，在斡难河上游召开了大忽里勒台（大会），宣布大蒙古兀鲁斯的建立，随后他整编护卫军（怯薛），南伐西夏、金，西征花剌子模，足迹远涉东欧海滨。其间于"（元）太祖十五年（1220）定河北诸郡，建都于和林。初立元昌路，后改转运和林使司，前后五朝都焉"（《元史·地理志》）和林选址在克烈部及古回鹘的都城遗址上，曾经驰骋欧亚大陆的后突厥汗国创立者阙特勤之碑与苾伽可汗之碑皆树立于附近①，彰显着如突

---

① 见杨镰主编《全元诗》第 4 册，第 6 页。耶律楚材之子耶律铸有《取和林》诗，诗中有注云："和林城，苾伽可汗之故地也。岁乙未（1235 年），圣朝太宗皇帝（窝阔台汗）城此，起万安宫。城西北七十里，有苾伽可汗宫城遗址。城东西七十里，有唐明皇开元珅御书阙特勤碑。"

厥、回鹘帝国一般再次统领河山的王者之气。

关于和林是否于成吉思汗时期定为国都一直是历史上颇具争议的话题。据史料可知，1220年成吉思汗正在西征呼罗珊与阿富汗的途中，本应无暇顾及建都事宜，但《元史》、拉施特《史集》以及许有壬所作的《敕赐兴源阁碑》中皆明确记载定都于此时，外国学者俾丘林、伯希和、柯立福也有相关证明，俄国考古学家吉谢列夫还在和林宫殿的建筑废料中发掘出具有佛教内容的壁画残迹地层，由此推断建都于成吉思汗时期；而哈剌和林城的正式修建是在窝阔台七年（1235）。据志费尼的《世界征服者史》载，窝阔台即位后，将驻地叶密立赐予其子贵由，自己则于鄂尔浑河和哈剌和林诸山之间修筑了一座城，命名为"斡耳朵八里"，并从契丹（北方汉地）和伊斯兰诸地调来匠人整治土地，不到两年即竣工。城略呈长方形，南北长3公里，东西为2.5公里，四周为土筑城墙并开有四门。宫殿位于城的西南角，由汉人刘敏设计修建，名为万安宫。宫殿东北部为广阔的商业市场，各类农贸日用商品齐备，珍珠、红玉、绿玉等奢侈品琳琅满目。城中还有寺院、教堂等宗教场所，撒拉逊（回教徒）、脱因（佛教徒）、聂斯托里（基督教徒）、道士、儒士等遍布其中。如果说成吉思汗时期的和林是世界军事中心，至窝阔台时期已俨然世界政治、经济、文化的轴心地带。

元世祖中统元年（1260），忽必烈与阿里不哥争夺皇位，和林城被战火烧毁，忽必烈迁都大都，在和林设立宣慰司都元帅府镇守；至元二十七年（1290）改为和林等处都元帅府；大德二年（1298）重置和林宣慰司都元帅府；十一年（1307）设和林等处行中书省、和林路总管府；直至仁宗皇庆元年（1312）正式更名为岭北等处行中书省，改和林路为和宁路。明洪武元年（1368），元廷在名将徐达的攻势下退守和林，建立北元，但随着蒙古诸部的分裂，和林城也走向没落，最终沦为一旁喇嘛寺额尔德尼召兴建的建筑原料。

## 一 研究现状

有关和林的记述,零星散布于各类史料与游记之中,主要有《元史》《蒙古秘史》《通鉴纲目》,拉施特《史集》,志费尼《世界征服者史》,以及《长春真人西游记》《柏朗嘉宾蒙古行纪》《鲁布鲁乞东游记》《岭北纪行》《马可·波罗游记》,元人耶律楚材、耶律铸、许有壬、虞集、柳贯、朱思本等人的诗文中也有一些和林的描述,另有清代李文田《和林金石录》[①] 辑录俄国人拉特禄夫所著《蒙古图志》中的碑文凡十五篇。纵观中外研究成果,除史料爬疏、考古证实的基础性工作外,对和林城的驿站交通、行政建制、农牧经济、教育文化等方面也多有涉及。由于和林辐射欧亚的历史地位,故而呈现出跨国度的研究视野。

(一)国内对哈拉和林的研究首先集中在历史地理领域,清初方观承、方垚、张穆等学者通过额尔德尼召所立石碑与相关资料对和林行省史地作以精辟的考证,但仍不成系统。[②]

20世纪70年代,陈得芝先生为元代岭北行省交通与建制研究打开新局面,其《元岭北行省诸驿道考》[③] 一文全面考察了中原通往和林的"兀鲁斯两道",以及和林向西通往察合台封地阿力麻里的驿路;《元和林城及其周围》[④] 考证了和林城周围的元初诸帝春、夏、秋、冬驻地行宫;《关于编纂〈元代岭北行省志〉的几点说明》[⑤] 从资料编纂的动机、疆域政区、城域、户口、赋税、物产等方面对岭北行省基本情况进行概述;《元岭北行省建置考》[⑥] 上、中、下三篇对元代岭北行省的

---

[①] 李文田撰,罗振玉校订:《和林金石录》(辽居杂著本),《石刻史料新编》第2辑,第15册,(台北)新文丰出版公司1979年版。
[②] 陈得芝:《和林》,《中国大百科全书·中国历史卷》,中国大百科全书出版社1998年版,第359页。
[③] 陈得芝:《元岭北行省诸驿道考》,《蒙元史研究丛稿》,人民出版社2005年版,第3—18页(原载《元史及北方民族史研究集刊》1973年第1期)。
[④] 陈得芝:《元和林城及其周围》,《蒙元史研究丛稿》,第39—43页。
[⑤] 陈得芝:《关于编纂〈元代岭北行省志〉的几点说明》,《中国蒙古史学会成立大会纪念集刊》1979年版,第361—365页。
[⑥] 陈得芝:《元岭北行省诸驿道考》,《蒙元史研究丛稿》,第113—200页。

军事政治制度及行政机构沿革作了详述。其后,陆峻岭先生在《燕京学报》新四期上发表了《哈剌和林考》[①],从和林城的定都时间、得名原因、都城规模、万安宫建筑形式及四季宫殿的地理位置等方面展开论证,可以看作对20世纪和林城市基本建设问题的汇总与解答。

从90年代起,针对和林及岭北行省的农牧业经济、行政制度、文化教育的研究逐渐增多,主要着眼于农牧文明的交融互动,尤其是对和林地区屯田和农业生产的讨论,占比颇多,但大多依附于对蒙古政治经济制度的整体研究上。如吴宏岐《元代北方边地农牧经济的发展及其地域差异》[②]围绕岭北行省的移民屯垦和水利事业、畜牧和渔猎经济以及粮食补给等问题展开研究。杨志玖《回回人与元代政治》[③]从史料中钩稽出和林行省的回回省臣马速忽、阿合散、马谋、忻都等人的基本事迹和政治贡献。高树林《辽金元时期蒙古草原农业生产的发展》[④]重点分析了和林农业发展的原因:辽、金农业建设基础、成吉思汗对草原经济建设的重视以及屯田事业的发展等。王风雷《元代的哈剌和林教育》[⑤]就哈剌和林的宗教、儒学、蒙古语言文字的教育渊源、脉络、特点、走势进行了深入探讨,认为草原深处的教育达到了相当高的层次,对草原文化的发展发挥了巨大作用。此外,还出现了以哈剌和林为主要研究对象的硕士学位论文,如萨仁毕力格《蒙古帝国首都哈剌和林》(内蒙古师范大学,2007年)、郑玉梅《试论元代岭北行省农牧业的发展》(吉林大学,2007年)、乌云《蒙元时期蒙古地区农业发展探究》(内蒙古大学,2013年),虽然仍局限于对前人研究成果的总结提炼,但反映出学界对和林关注度的提升。

近十年间,研究视角逐渐多元化,多是以某一具体问题为切入点

---

① 陆峻岭:《哈剌和林考》,何高济、陆峻岭著《域外集——元史、中外关系史论丛》,中华书局2013年版,第104—127页(原载《燕京学报》新四期,1998年)。
② 吴宏岐:《元代北方边地农牧经济的发展及其地域差异》,《中国历史地理论丛》1989年第2期。
③ 杨志玖:《回回人与元代政治》,《回族研究》1994年第4期。
④ 高树林:《辽金元时期蒙古草原农业生产的发展》,《宋史研究论丛》1999年第00期。
⑤ 王风雷:《元代的哈剌和林教育》,《内蒙古师范大学学报》(哲学社会科学版)2007年第4期。

展开更加深入的论述,注重和林地缘政治对历史发展脉络的关键作用。曹学川《元代武宗海山对哈剌和林边民粮食供给问题探析》[①]从政府赈粮、屯田自给两方面对海都叛乱带来的和林边民粮食供应紧缺问题予以探究。叶宪允《蒙元前期都城"哈剌和林"城的北少林寺考》[②]考证了蒙元高僧雪庭福裕在和林所建兴国寺的具体细节,为和林地区汉地佛教文化的传播提供了例证。彭瑞轩、费驰《元代岭北行省官员选任及漠北地区管理》[③],以及张金铣《元和宁路总管府结构及长官考述》[④]通过对岭北行政体制演变与官员选拔机制的解读,探究了元代漠北边地蒙汉管理机构的一体化进程。邱轶皓《蒙古帝国视野下的元史与东西文化交流》[⑤]一书将哈剌和林置于早期蒙古帝国的政治背景下,认为其都城地位的形成与窝阔台和拖雷系权力交替密切相关,并作为"公共领地"在游牧国家的政治生活中发挥着特殊作用;该书第十一章通过考察14世纪马穆鲁克历史学家尤你尼在其编年史《时间之镜补遗》中收录的关于哈剌和林的一则记载,讨论了阿拉伯远洋商人在来华远洋贸易活动中的重要地位。

此外,随着外国使团来访蒙古游记的译介,也出现了对和林书写的文学语言领域的解读,如萨日娜《基督教传教士眼中的蒙古——以〈柏朗嘉宾蒙古行纪 鲁布鲁乞东行纪〉为例》[⑥]运用跨文化形象学的方法挖掘了西方传教士蒙古书写中的不同视角及文学形象背后的文化隐喻,探究出西方中心主义的意识形态场域与当时的蒙古帝国代表的东方主义的意识形态场域的二元对立。姚斌《鲁布鲁乞出使蒙古的翻

---

[①] 曹学川:《元代武宗海山对哈剌和林边民粮食供给问题探析》,《内江师范学院学报》2011年第3期。

[②] 叶宪允:《蒙元前期都城"哈剌和林"城的北少林寺考》,《世界宗教研究》2014年第2期。

[③] 彭瑞轩、费驰:《元代岭北行省官员选任及漠北地区管理》,《内蒙古社会科学》(汉文版)2018年第6期。

[④] 张金铣:《元和宁路总管府结构及长官考述》,《安徽大学学报》(哲学社会科学版)2020年第6期。

[⑤] 邱轶皓:《蒙古帝国视野下的元史与东西文化交流》,上海古籍出版社2019年版。

[⑥] 萨日娜:《基督教传教士眼中的蒙古——以〈柏朗嘉宾蒙古行纪 鲁布鲁乞东行纪〉为例》,《内蒙古民族大学学报》(社会科学版)2019年第1期。

译问题研究》① 比较了外交过程中两个不同背景、不同水平的译者表现及所导致的沟通效果的差异，为以和林为发生场域的文学性书写研究提供更多可能性。

（二）国际上对和林城的研究最早与东方学蒙元史的开展密切相关，可追溯到19世纪80年代。

法国东方学家雷慕沙（Abel Rémusat，1788—1832）于1824年发表《哈剌和林城及中世纪鞑靼诸不明地理考》（*Recherches sur la ville de Kara-Koroum, avecdes éclairissements sur plusieurs poits obscurs de la Tartares dan le moyen âge*，《皇家研究院论文集》）初步考证了和林城的地理位置。1889年，俄国考古队在和林城附近进行大规模的调研考察，俄罗斯学者 H. W. 雅德林采、B. B. 拉德洛夫、波兰学者 B. Л. 科特维奇等人在额尔德尼召旁发现和林城废墟和元代碑刻。20世纪40年代，苏联考古专家 C. B. 吉谢列夫带团队勘察了哈剌和林古城遗址，在准确测量考证的基础上写成《古代蒙古的城市》一书，对和林城历史、万安宫殿，以及手工业区、商业区的农具、武器、铁器、钱币、瓷器、珠饰等出土文物予以详细阐述，开启了和林考古的新篇章。伴随着考古工作的深入，涌现出一大批和林城研究著作，如 X. 佩尔莱的《蒙古古代中世纪城市简史》、H. 色尔奥德札布《哈剌和林古城的考古发掘研究》、Л. 纳旺《哈剌和林》等。② 1996年，日本和蒙古国合作启动"比怯思项目"（蒙古语，意为碑文），对和林碑刻进行研究，后有报告书《モンゴル国現地収集史料等による13～14世紀モンゴル高原史の再構成》（松田孝一・オチル編，大阪国際大学，2013年）出版。该次调研发现在额尔德尼召寺内的碑文大多刻于1330—1340年，记录了大量宗教等建筑的兴建，参与各族官员众多，证明了哈剌和林直至14世纪的重要都市地位。③ 1999年，德国与蒙古国合作，签订

---

① 姚斌：《鲁布鲁乞出使蒙古的翻译问题研究》，《国际汉学》2017年第2期。
② ［蒙］Л. 巴雅尔、额尔敦巴图：《蒙古帝国首都哈剌和林的考古研究状况》，《考古研究》2003年第11期。
③ ［日］村冈伦：《从〈和林兵马刘公去思碑〉谈起——元代和林地区行政机构管窥》，宫海峰译，《江海学刊》2016年第3期。

《蒙德联合哈剌和林研究项目》。该项目一直持续到 2008 年，成果斐然，不一而足。

此后，世界各国对和林的研究愈加广泛，从地缘政治经济、宗教意识形态到游牧城市发展、东西文化交流等，涉及人类学、社会学、城市学、地质学等多个领域，如《蒙古帝国首都哈剌和林：非城市化社会中的帝国城市》[1]（*Karakorum, the first capital of the Mongol world empire: an imperial city in a non-urban society*）结合人文地理学家 Micheal E. Smith 的理论，通过与蒙古其他城市对比，以及城市周围腹地对和林城的基本生活需求的供应问题，阐释了和林是一座因政治权力兴起而非自然生长形成的都城，并不具备"城市化"（urbanization）要素。

另外，随着美国东方学家柔克义（W. W. Rockhill, 1854—1914）英译版《卢勃鲁克东行记》[*The Journey of William of Rubruck to the Eastern Parts of the World*，含卡尔平尼行记（柏朗嘉宾行纪），伦敦哈克鲁特学会，1900 年]的出版，国外掀起了讨论法国方济各会传教士蒙古行纪的热潮，其中涵摄西方视角下的和林及蒙古帝国的形象问题，多从两国外交礼节和所赠礼品入手来探究，如《他者之语：中世纪欧洲民族志》（*In Light of Another's Word: European Ethnography in the Middle Ages*）[2] 第三章《民族志书写"他者之目"：鲁布鲁乞的蒙古布道》（*Writing Ethnography "In the Eyes of the Other": William of Rubruck's Mission to Mongolia*）通过对鲁布鲁乞在行记中审慎合理而非妖魔化（demonisation）的叙述话语的分析，考察中世纪基督徒的心理状态（Christian mind-set）。《蒙古人的冷漠，或者如何以少博多？——鲁布鲁乞东游记中的礼物赠予》[3]（*Mongol inhospitality, or how to do more*

---

[1] Jan Bemmann, Susanne Reichert: *Karakorum, the first capital of the Mongol world empire: an imperial city in a non-urban society*, Asian Archaeology, 2020.（中文书名为笔者所译，下同）

[2] Shirin A., Khanmohamadi: *In Light of Another's Word: European Ethnography in the Middle Ages*, Philadelphia, University of Pennsylvania Press, 2014, pp. 57 – 87.

[3] A. J. Watson: *Mongol inhospitality, or how to do more with less? Gift giving in William of Rubruck's Itinerarium*, Journal of Medieval History, 37 (2011), pp. 90 – 101.

*with less? Gift giving in William of Rubruck's Itinerarium*）以鲁布鲁乞在和林觐见蒙哥汗时将自己的祝福作为礼物的桥段切入，探究西方传教士如何借助"礼物"寻找合适的文化语境来获得社会地位。还有《基督物质文化和蒙古：以鲁布鲁乞为例》①（*Christian Material Culture and the Mongols: the Case of William of Rubruck*）、《13—14世纪西方纪行者呈给蒙古可汗的泥金装饰手抄本》②（*Illuminated Texts Presented to the Mongol Khans by 13th-14th-century Western Travellers*）等文章都有对于和林记述中东西方不同视角的解读，值得关注。

总体来看，作为13世纪蒙古帝国的象征，和林以其蒙古兴起之地、多元文化中心、游牧民族都市等多重身份，受到全世界各国历史研究学者的重视，呈现出跨学科、多角度、大叙事的研究趋势，但有关义学视角下的和林书写研究仍处于空白阶段，大多只是在西方行纪的探究中涉及一二，或是停留在对碑刻铭文政治历史意义的解读，故而尚有很大开拓空间。

## 二 文本细读

德国经济地理学家克里斯塔勒（Christaller Walter）在其著作中提出"中心地理论"，即城市的基本功能是为周围的地区提供商品和服务，中心地不一定占有最多的人口，但一定位于交通网络的中心，可以提供广泛的商品与服务。从这个角度看，依靠中原粮食供给的哈剌和林并不具备成为"中心地"的要素，但其却是在13世纪中叶成为统领天下的帝国皇都，并在14世纪仍然具有不小的影响力。从成吉思汗歼灭克烈部、忽必烈与阿里不哥之争，到乃颜启衅、昔里吉叛乱、海都犯境，再到元朝皇室争斗，每一次战争的背后都预示着和林城的一次蜕变，它是蒙古血脉的源头，也是王朝的根基，与蒙古帝国的命运走向紧密相连。和林城是由外力助推而非自发形成并发展起来的，

---

① Jana Valtrová, "Christian Material Culture and the Mongols: the Case of William of Rubruck", *Eurasian Study*, 17 (2019), pp. 228–243.

② ［英］程丽思：《13—14世纪西方纪行者呈给蒙古可汗的泥金装饰手抄本》，赵鲁阳等译，载《丝路纪行——13—14世纪的中国与世界》，浙江大学出版社2020年版，第220—240页。

而这一特性与游牧民族政权的崛起颇为类似。如果仔细阅读那些来自世界各族的到访者们书写和林的文字，便可清晰地感知到蒙古民族形象在不同时期、不同身份的人们心目中的变化。

（一）哈拉和林地区

和林在建城之前就已然是蒙古统治的中心地带，包括鄂尔浑河上游、杭爱山北侧的广大区域。有关这一时期的纪行文学主要有李志常《长春真人西游记》中的几处叙述：

> 六月十三日，至长松岭后宿，松桧森森，干云蔽日，多生山阴涧道间，山阳极少。十四日，过山，度浅河，天极寒，虽壮者不可当。是夕，宿平地。十五日，晓起，环帐皆薄冰。十七日，宿岭西，时初伏矣，朝暮亦有冰，霜已三降，河水有澌，冷如严冬。土人云："常年五六月有雪，今岁幸晴暖。"师易其名曰大寒岭。凡遇雨多雹，山路盘曲。西北且百余里，既而复西北，始见平地，有石河长五十余里，岸深十余丈，其水清泠可爱，声如鸣玉。峭壁之间，有大葱，高三四尺，涧上有松，皆十余丈。西山连延，上有乔松郁然。山行五六日，峰回路转，林峦秀茂，下有溪水注焉。平地皆松桦杂木，若有人烟状。寻登高岭，势若长虹，壁立千仞，俯视海子，渊深恐人。①

该段记述的是长春真人丘处机一行人前往大汗皇后窝里朵（和林附近）的途中所见。"长松岭"即和林南部的杭爱山，"石河"即和林西侧的鄂尔浑河。文中用简要平实的语言将和林附近一带山川景观勾勒而出——松林阴翳，茂密丛生，山间溪涧交错汇流，已是农历六月中原酷暑之日，而此处却冷如寒冬，帐幕皆结上一层薄冰。越过崎岖的山路，西北面流淌着辽阔的大河，河水清澈见底，水声击石，泠泠作响，峭壁有乔松，秀茂挺拔，登高俯瞰河谷，如眺望大海，深不可测。面对如此巍峨壮丽的景象，作者甚至感到畏惧。若将和林地区放

---

① （元）李志常：《长春真人西游记》卷上，中华书局1985年版，第7页。

置在整个纪行线路上来看，就不难理解作者惊叹而生畏的情绪变化。

元太祖十四年（1219）冬，丘处机携十八名弟子奉召前往西域谒见成吉思汗，由山东东莱启程至金中都燕京，次年二月从翠平口北上，度野狐岭（张家口西北）、抚州（内蒙古兴和县）、涉盖里泊（伊克勒湖）、鱼儿泊（内蒙古克什克腾旗达里诺尔湖），四月初至斡赤斤帐下（成吉思汗幼弟封地，内蒙古新巴尔虎右旗东辉河旁），六月向西越过陆局河（蒙古克鲁伦河）、长松岭、石河，至窝里朵。再向西经镇海城（蒙古科布多省东部宗海尔罕山）、金山（阿尔泰山）、阴山（天山东部）及中亚等地，最终于十七年（1222）四月抵达大雪山（阿富汗兴都库什山）成吉思汗牙帐。这条从中原去往和林的线路就是之后元通政院下辖的"兀鲁斯两道"（蒙古语，国家人民之意）之东道"帖里干站道"①的雏形，上都建成后即由上都过鱼儿泊，经克鲁伦河至和林。从地图上看，丘处机并未直接西行，而是向北绕道漠北，一方面与西夏战事相关；另一方面也凸显出和林一带无可替代的交通枢纽地位。

若以上述鄂尔浑河畔景观为参照点，对比前后风光变化，则可以看出和林地理书写的独特之处。日本学者松田寿男曾将天山作为游牧与绿洲的界限②，但其实在和林地区就已经显现出农牧文明相结合的痕迹。游记中记载度野狐岭后，寒沙衰草，与中原相异，出明昌界"地无木植惟荒草，天产丘陵没大山"，至鱼儿泊"尽原隰之地，无复寸木，四望惟黄云白草"，抵克鲁伦河"时有野韭得食""两岸多高柳"，直到再向西行数十日，才见到山川秀丽、水草丰美之地"东西有故城，基址若新，街衢巷陌可辨，制作类中州。岁月无碑刻可考，或云契丹所建，既而地中得古瓦，上有契丹字，盖辽亡，士马不降者

---

① "兀鲁斯两道"之西道为木怜站道，自李陵台西行，过大同路、丰州、净州等处，1232年彭大雅即从此道而行，参见陈得芝《元岭北行省诸驿道考》，原载《元史及北方民族史研究集刊》第一期，1977年。

② 松田寿男著：《古代天山历史地理学研究》，陈俊谋译，中央民族学院出版社1987年版，第25页。

西行所建城邑也"①，此为辽镇州城，位于今蒙古国土拉河支流喀鲁哈河下游的青托罗盖古城，是丘处机等人经过广袤的游牧部落之后首次看到定居的古代城镇遗址，西行不远就是鄂尔浑河上游的和林地区，再向西二三日则为八剌和孙古城（回鹘城）与屯田重镇称海城，之后不断有成规模的聚居区出现。前后景观的显著变化，彰显了和林一带成为蒙古帝都的潜在地缘优势。蒙古起源于额尔古纳河东部，7世纪迁至斡难河上游，而土拉河、鄂尔浑河流域长期为突厥人的领地，直至13世纪初才在成吉思汗的带领下击败盘踞于此处的克烈部（信奉聂斯托利，九姓鞑靼后裔②），从而一统蒙古，可见和林乃是控扼蒙古与西域各族势力的中心区域。

有了这一地理概念，再来看丘处机到达和林斡耳朵时的具体情形：

> （六月）二十八日，泊窝里朵之东，宣使往奏禀皇后，奉旨请师渡河。其水东北流，弥漫没轴，绝流以济。入营，驻车南岸，车帐千百，日以醍醐湩酪为供。汉、夏公主皆送寒具等，食黍米，斗白金十两，满五十两可易面八十斤，盖面出阴山之后二千余里，西域贾胡以橐驼负至也。中伏帐房无蝇。窝里朵，汉语行宫也，其车舆亭帐，望之俨然，古之大单于未有若此之盛也。③

丘处机到达该地时已是史料记载定都和林的第三年，这里提及的"窝里朵"即为和林地区的皇室行宫，乃成吉思汗四大斡耳朵之一（其他三处分别为克鲁伦河行宫、土拉河黑林行宫、萨里川哈老徒行宫）。此时的哈剌和林虽为统治者所重视，但只是成吉思汗的一个驻

---

① （元）李志常：《长春真人西游记》卷上，第6—7页。
② 关于克烈部是蒙古人还是突厥人一直为史学界所争论，如学者周清澍认为克烈、乃蛮和汪古可能是突厥、回鹘相继雄于蒙古草原以后的余部（《汪古部的族源》，《中国蒙古史学会成立大会纪念集刊》，1979年，第199—200页）；陈得芝提出克烈部为辽代居于杭爱山和鄂尔浑河上游一带的阻卜-鞑靼部落，且与唐代九姓鞑靼关系密切，是突厥化程度很高的原蒙古人（《十三世纪以前的克烈王国》，《蒙元史研究丛稿》，人民出版社2005年版，第201—232页。原载《元史论丛》第三辑，中华书局1986年版）。
③ 《长春真人西游记》卷上，第8页。

跸之地，并未形成具有城防市镇的国家都市，其日用钱粮主要依靠汉地、西夏及西域各国商贾的供给，且数量巨大。据考古发现，运输物资的蒙古大车有 20 英尺长，需 22 头公牛牵引，车轴巨大，如船的桅杆。如此强大的阵势，无怪乎作者嗟叹其为古之未有之盛，这与先前对游牧民族"饮血茹毛同上古"[①] 的蛮荒之感大为相异。

（二）和林都城

不同于成吉思汗时期大范围的地理描写，窝阔台汗七年（1235）建城后，和林正式作为筑有城墙和坊市的都城而呈现在世人眼前，哈剌和林迎来了其最为繁盛的时期。东西各国到访者络绎不绝，留下许多文字书写，投射出不同立场下和林城的多元文化侧面。下文将通过比较这些文本，在勾勒和林城大致风貌的同时，也试图探寻东西方关注视点的差异以及和林城形象的变化。

元定宗二年（1247），山西交城人张德辉受忽必烈之召从镇阳出发前往漠北，作《岭北纪行》以记之，在经过和林城时写道：

> 自泊之南而西，分道入和林城，相去约百余里。泊之正西有小故城，亦契丹所筑也。由城四望，地势平旷，可百里，外皆有山，山之阴多松林，濒水则青杨丛柳而已。中即和林川也。居人多事耕稼，悉引水灌之，间亦有蔬圃。时孟秋下旬，糜麦皆槁，问之田者，云："已三霜矣。"[②]

张德辉北上所经依然是贴里干站道，从燕京经榆林驿、怀来、鸡鸣山、宣德、沙岭，抵扼胡岭（野狐岭，张家口西北），至孛落驿，此段乃之后上京纪行线路的"捺钵西路"。再往东北行，过抚州、昌州狗泺、鱼儿泊，西北经胪朐河（克鲁伦河）、兔儿河（土拉河）、"吾悮竭脑尔"（鄂尔浑河上游之东的乌盖依诺尔），南行入和林，此段描写几于李志常所述相合，其中"契丹小故城"即是辽代镇州古

---

[①]《长春真人西游记》卷上，第 7 页。
[②] 许金胜著：《沈曾植史地著作辑考·塞北纪程笺注》，中华书局 2019 年版，第 298 页。

城，四周皆山，山南多松林。但不同的是，张德辉还交代了和林耕稼灌溉的状况，城内居民大多从事农业种植，已经是农历七月份下旬，但麦子却因天寒而遭受霜冻，皆为枯槁。关于和林城的灌溉，鲁布鲁乞在游记中也提到："这座斡耳朵设计得很好的，在夏季，他们利用渠道，从四面八方把水引来，从事灌溉。"① 谢吉列夫考古队曾在距离和林城墙几米处发现几个水塘，此水通过运河引自和林城五公里外的鄂尔浑②，可见当时城内交错发达的运河水系。开阔的旷野与丰富的水源为和林城农业发展提供了便利，这为此后元朝大规模的屯田垦种奠定基础。

作为汉臣，张德辉不仅关注和林城的农业耕种水平及粮食生长状况，而且对岭北风土人情抱以尊重理解的态度，择其佳处以记之，如记录昌州盐司、鱼儿泊东涯公主离宫、和林城蔬圃，叙其穿衣饮食之俗乃是生存环境使然，认为他们逐水草而居是为当地"风土之所宜"③，并对蒙古统治者始终怀以感激之情。这和李志常居于文化高地、以开蒙教化的视角记叙其"茹毛饮血"的情状甚为不同。同时，张德辉多以登高远观的视角书写，既蕴含了北觐面圣时得意畅快的心绪，又反映出他与权力中心之间的距离感。

相比来看，身为西方传教士的鲁不鲁乞在看待和林城时，则更像是一位观察者而非简单的观光者，他通过基督教徒的视角向我们展现了和林城内部的诸多细节，首先就是闻名世界的"万安宫"：

> 这座宫殿象一座教堂，中间有一个正厅；两边，在两排柱子外面，各有一条走廊，在南面有三座门。在中间的门里面，树立着那棵银树。大汗本人坐在北面一块高起的地方，因此他可以被每一个人看到。有两条阶梯通向他的坐处，把他的酒杯奉献给他的人从一条阶梯走上去，从另一条阶梯走下来。在银树与阶梯之

---

① [英] 道森编：《出使蒙古记》，吕浦译，周良霄注，中国社会科学出版社1983年版，第197页。
② [苏联] C. B. 谢吉列夫：《古代蒙古城市》，孙危译，商务印书馆2016年版，第110页。
③ （元）张德辉：《岭北纪行》，见李修生主编《全元文》第22册，第292页。

间的地方是空着的，司膳官站在那里，带来礼品的使者们也站在那里。大汗坐在那里，象一个上帝。①

万安宫由汉人刘敏主持兴建，完全仿照中原的宫殿格局，正殿坐北朝南，两边两排廊柱，大汗端坐北侧高地，嫔妾女眷、子孙兄弟分坐左右，使臣官吏分列于下。整体呈中轴对称的四方城，庄严肃穆，显示出森严的等级秩序，这使鲁不鲁乞感到置身于教堂，大汗有如上帝般俯瞰殿下子民。据谢吉列夫考证，大殿基座土台高 3 米，有殿柱 72 根，每个柱子之间相隔 2.5 米，其中 30 根柱子支撑墙体，另外 42 根在宫殿内部，南北 55 米，东西 45 米，占地 2475 平方米。殿内地板为边长 34 厘米的方形地砖，施以绿釉。屋脊为黄、绿釉瓦当，上有象头雕琢及印度犍陀罗艺术的女性塑像，两侧长廊地砖由采用欧洲马赛克镶嵌技术的鹅卵石铺就。② 宫殿规模宏伟，雕梁画栋，富丽堂皇，丰富多元的建筑元素彰显出和林的国际性风貌。对照考古的真实场景，鲁不鲁乞并未关注这些建筑装潢细节，也未选用表示惊叹赞美的形容性词汇，只是客观冷静地描述房屋的空间布局，而唯一让其瞩目并花费大量笔墨描述的则是宫殿入口的一棵银树：

> 在它的根部有四只银狮子，每一只狮子嘴里有一根管子，喷出白色的马奶。在树干里面，有四根管子通到树顶上，管子的末端向下弯曲。在每一根管子上面，有一条镀金的蛇，蛇的尾巴盘绕在树干上。这四根管子中，一根管子流出葡萄酒，另一根管子流出哈剌忽迷思，即澄清了的马奶，另一根管子流出 boal，即蜂蜜酒，另一根管子流出米酒，称为 terracina。在每一根管子下面，即在树的根部，在四只狮子中间，有四个银盆，准备各自承接一种饮料。在树顶上，他制造了一个手执喇叭的天使。在树下面，

---

① 《出使蒙古记》，第 195 页。
② ［苏联］C. B. 谢吉列夫：《古代蒙古城市》，孙危译，商务印书馆 2016 年版，第 138—166 页。

他造成一个地穴，地穴里可容一个人躲藏，有一根管子从地穴经过树干中心通到天使那里。①

这棵银树的设计者是巴黎人威廉师傅，他也是鲁不鲁乞抵达和林后结识的第一个朋友。时正值复活节，鲁不鲁乞至城中聂斯托利教堂主持祷告仪式，威廉邀请其到家中做客，并在教堂帮忙制作圣餐。从鲁不鲁乞不厌其烦的描写中可以看出他对这棵银树的运作颇为着迷：每到节日典礼，殿外房间中的仆人就会把饮料导入管道中，流到银盆里，饮料快喝完时，司膳发出命令，地穴中的人使劲吹响天使的喇叭，仆人继续倾倒饮料，就这样源源不断，以保证银盆中一直盛有饮料。关于银树的记载目前只见于鲁不鲁乞的游记中，即便三次亲身到往和林的波斯人志费尼，在其《世界征服者史》一书中也只提到"三层城堡"和侍臣住处"重得不能移动的酒桶以及其他大小类似的器皿"②，这既反映了欧洲人对这一建筑样式的陌生与新奇，也表现出和林宫殿设计之精妙以至令外邦人印象深刻。

鲁不鲁乞是十字军东征背景下第一个达到哈剌和林的圣方济会传教士，先前由法国英诺森四世及教皇派出的柏朗嘉宾、劳伦斯、阿思凌、安德烈等人皆于其他驻地向蒙古统治者递交信件，且结果并不满意。1253年，鲁不鲁乞在法兰西国王路易九世的授意下至蒙古传教并获取相关情报。在遣使东进之前，西方人对蒙古人的印象是"他们残酷不仁，与其说是人，还不如说是怪物"③，这使得使者们普遍以居高临下的高傲态度对待蒙古人，但鲁不鲁乞却更符合一位传教士的形象，以传递福音为外交辞令，不卑不亢地应对一系列文化冲突，他笔下的和林城也因此带有浓厚的宗教色彩。

鲁不鲁乞叙述到哈剌和林还不及法国的一个村庄大，村庄内修道院的价值也要比万安宫大十倍。城内有两个区组成，一个是萨拉森人

---

① 《出使蒙古记》，第194页。
② ［伊朗］志费尼：《世界征服者史》，何高济译，商务印书馆2004年版，第260—261页。
③ ［法］鲁布鲁克著，［美］柔克义译注：《鲁布鲁克东行纪》英译序，何高济译，1240年亦思马因人写给法国与英国国王的信件，商务印书馆2018年版，第168页。

（伊斯兰人）区，另一个是契丹人（汉人）区，分别居住着商人和工匠，此外还有12座不同民族的异教徒庙宇，两座伊斯兰教寺院，一座基督教堂。城有四门，东、西、南、北门分别出售米、羊、牛、马。[①]他详细记述了和林城中的基督教徒，他们虽未接触过真正的圣餐与宗教仪式，但无不虔诚地接受鲁不鲁乞的洗礼，并给予他帮助。此外，他还在和林参与了佛教、伊斯兰教、基督教四大宗教的辩论，重点记录了他与道士（按：鲁不鲁乞其实不能区分道教与佛教之间的差异，把他们统认作偶像教徒）就"只有一个上帝"及"世界善恶问题"的争论，最终以基督教徒与萨拉森人的高歌而告终。[②]鲁不鲁乞是否有意将辩论结果导向基督教一方，我们已不得而知，但宗教辩论的开展足以揭橥和林城多元文化的碰撞细节。从寺院的数量可以看出，12座佛、道寺院显然在和林城占据优势地位，故而鲁不鲁乞最终传教的失败以及蒙哥汗冷漠的答复即是不可避免的结局。

值得一提的是，哈剌和林的佛教发展在蒙哥汗时期已颇具规模，耶律楚材在《和林建佛寺疏》一诗中写道："龙沙玄教未全行，故筑精蓝近帝城。须杖檀那垂手力，一轮佛日焕然明。"[③]这指的就是和林敕修佛寺太平兴国禅寺的兴建，元定宗二年（1247），汉地高僧海云印简、雪庭福裕奉召来此担任住持。福裕禅师还在和林建北少林寺，并于元宪宗五年（1255）向李志常为首的全真教团发起论辩，宪宗八年（1258）蒙哥命忽必烈召集全国僧道代表麋集万安宫，就《老君八十一化图》《化胡经》等展开论争，迎来了佛教在北方的全盛时期。

如果说张德辉向我们展现了和林城内外的生态环境与农业发展；那么鲁不鲁乞则进入宫殿内部，以陌生视角刻画了一座充满矛盾与认同的宗教文化城市。二者虽然站在不同立场，或许显露出来的也只是冰山一角，但却留存下了这座蒙古帝都的一些浮光掠影，直到战争的再次来临。

---

① 道森编：《出使蒙古记》，第203页。
② 道森编：《出使蒙古记》，第206—213页。
③ （元）耶律楚材：《和林建佛寺疏》，见杨镰主编《全元诗》第1册，第335页。

(三) 宣慰司都元帅府与岭北行省

以往学者提及和林,都会以忽必烈迁都为界来定夺这座城市的兴衰,但事实并非如此。若反复阅读和林作为帝都时的那些文字书写,便会发觉这里更像是由战争俘虏和遗民快速搭建起来的游牧驻地,正如《世界征服者史》中所言:"百姓从四方奔赴那里,在一个短时期内它成为一座城市。"① 而被征服者们则很难从内心情感上对和林产生认同感和归属感,即使是蒙古人自己所作的《蒙古秘史》,直到第273节时才出现哈剌和林地区②。但当和林由帝都变为地方性行政区域时,它才真正在政治经济上发展起来,并成为蒙古的政局走向与王朝兴衰相关的决定性因素,而政局的瞬息万变又激发了人们对人世浮沉、历史兴亡之叹,为和林城的文学形象赋予新的层次。下文将以和林的行政体制演变为背景,试图解读每一次变动背后的文本内涵。

元宪宗七年(1257),蒙哥汗南下攻蜀,阿里不哥留守和林。两年后(1259)蒙哥病逝于合州,阿里不哥继承皇室遗产,集结漠北兵力,与忽必烈争夺汗位。元统元年(1260)六月忽必烈北进和林,和林城首次遭受兵燹蹂躏,扈从忽必烈的中书右丞相耶律铸作下《和林道中》《北行》《嵯峇》《下龙庭》《伯哩行》《涿邪山》《取和林》等诗,记述了这一征战过程,其诗常在今夕对比中同时具有伤怀与激昂的情绪,试举两首为例:

> 龙飞天府玉滦春,德水清流复归痕。自非电断光前烈,谁得重霑雨露恩。③

> 黯伤宽甸有辽碑,锋镝纵横摄帝乡。昔是翠华临幸地,今为白草战争场。阴符消息成金匮,雄戟分明胜铁枪。从此不应将北

---

① [伊朗]志费尼:《世界征服者史》上册,何高济译,商务印书馆2004年版,第260页。
② 原文是"(斡歌歹·合罕)平安地回到合剌·豁鲁本(哈剌和林)",余大钧译注《蒙古秘史》卷一二,第273节,河北人民出版社2001年版,第476页。
③ (元)耶律铸:《取和林》,见杨镰主编《全元诗》第4册,第6页。

极，等闲容易许禺强。①

耶律铸乃耶律楚材之子，出生于西域，成长于和林。1244年，其父卒，耶律铸嗣领中书省事，1258年随宪宗征蜀，蒙哥汗薨后旋即投入忽必烈麾下，率军北伐阿里不哥。第一首诗气势恢宏，意图直捣和林天府，重现当年成吉思汗经略中土、定鼎和林、海晏河清的盛况，使和林百姓重新沐浴圣恩，反映出诗人对夺取战争胜利的信心。第二首中的"宽甸"是指和林西北处的夏季驻地月儿灭怯土的昔剌斡耳朵，诗前有小序可证："和林城有辽碑，号和林北河外一舍地为宽甸，广轮数十百里，列圣春夏游幸所也。"② 蒙古大汗定都和林后一年仅有两次前往，而大部分时间则在和林城外的四季行宫度过，当年张德辉纪行的终点就在和林城北七十余里的揭揭察哈之泽（意为"洁白的湖"，即《行纪》中的"马头山"，位于今鄂尔浑河支流吉尔马台河下游之察罕泊南），即春季驻地扫邻城迦坚茶寒殿，另外还有秋季驻地阔阔纳兀儿的曲先恼儿，以及冬季驻地汪吉河（翁金河）下游行宫，四座宫殿距离和林城只有一两日的路程，作为政治中心的屏障，乃属和林行政区划之内。1246年选立贵由汗的忽里台大会曾在夏季行宫举行，意大利传教士柏朗嘉宾记述道："这座帐幕的帐柱贴以金箔，帐柱与其他木梁连接处，以金钉钉之，在帐幕里面，帐顶与四壁覆以织锦。"③ 以金箔装饰，依水而建，足见昔日之华丽。战场硝烟燃起，瞬间使金碧辉煌的宫殿黯然失色，诗人勒马吟叹，帝都繁华落尽，只剩下簌簌白草。"白草"即狼尾草，广泛分布于蒙古高原，既是优良牧草也是草场被破坏后沙化的开始，其随风摇摆的样态总给人荒凉之意。后四句情绪则立刻转为高亢，以庄子"禺强得之，立乎北极"之典，抒发我军强盛、胜券在握之豪情。

耶律铸对此战胸有成竹，很大程度上是由于和林城致命的弱点，

---

① （元）耶律铸：《宽甸有感》，见杨镰主编《全元诗》第4册，第83页。
② （元）耶律铸：《宽甸有感》，见杨镰主编《全元诗》第4册，第83页。
③ 道森编：《出使蒙古记》，第61—62页。

一旦切断从中原运输的粮草,将不攻自破。至元十四年(1277),宗王昔里吉(蒙哥第四子)叛乱,战火再次波及和林。战罢,忽必烈在和林设立宣慰司都元帅府,命汉将刘国杰戍守漠北,于称海、和林开辟大范围屯田。随着和林成为边城,许多以和林为战场的边塞诗题材开始兴起,如王恽的《征士谣》:

> 东风连日沙尘昏,兵威掩尽春气暖。汉家武备遍九有,南来探骑何纷纷。今年十抽一椎去,千里起赴和林屯。御河西岸殿牧野,万甲照水光粼粼。观容有使亲阅实,不许代名须正身。神牙猎猎见北靡,精锐全是嫖姚军。嫖姚出塞路几千,远战不过封狼山。征人莫惮行役苦,庙谋素具车攻篇。君不闻王师有征古无敌,何况强弩之末鲁缟其能穿。念渠爱惜腰间箭,会听长歌入汉关。①

诗前小序有"己丑年正月晦"的标注,应为至元二十六年(1289),就在前一年窝阔台汗之孙海都遣将暗伯向东进犯叶里干脑儿,次年春攻占吉利吉思,二月,中书右丞相伯颜知枢密院事,率军北伐,所谓"征士"应是指此次军事活动。全诗气势昂扬,文辞浅实有力,颇有盛唐气象。前八句写行军路上之景象,风卷尘沙,春气渐暖,南来兵沿运河前去和林屯田。中间八句以汉将霍去病封狼居胥的伟绩为喻,极言军容肃穆,骠骑精锐。"封狼山"即不儿罕山(今蒙古国肯特山),位于和林地区东北侧,故而说"不过封狼山"。"庙谋"又称"庙算",古人出征前至祖庙卜算,这里指军事决策;"素具"为佛教名词,指预先准备的道具;"车攻篇"出自《诗经·小雅》,叙述的是周宣王会同诸侯举行田猎之事,此句谓战事预备周全,征人无须害怕行役苦楚。后四句高歌赞颂王师战无不克、势如破竹,借用《汉书·韩安国传》强弩之末不能射穿鲁缟的典故,意在表明敌军海都不过是强弩之末,只要将士们爱惜腰间箭,则一定会高歌吟唱,凯旋而归。其实,此年春,王恽正于家中养病,并未亲眼见到北征军,但这一国

---

① (元)王恽:《征士谣》,见杨镰主编《全元诗》第5册,第138页。

家重大事件却对其颇为触动。正如诗人所料，忽必烈亲征，和林收复。至元三十年（1293），海都退出阿勒泰地区，铁穆耳（太子真金之幼子）总领北方军事，自此漠北军力被亲王把控成为定例，为元代数次皇权斗争埋下伏笔。

不同于王恽对和林之战的激昂想象，在亲历者看来，战乱留给这座城市的只有悲痛和疾苦。至元三十一年（1294），忽必烈驾崩，皇孙铁穆耳凭借其漠北的军事力量在与长兄甘麻剌的皇位争斗中胜出，是为元成宗。这一阶段的和林书写主要以玄教道士陈义高的漠北纪行诗为主，长期的战乱已使和林遭受重创，昔日皇都的风光早已退却，耶律铸诗中的斗争激情转变为伤乱之后的哀婉叹息：

> 昔日宪皇帝，和林建此宫。中原尽朝贡，嘉运会英雄。沙漠皇风远，蒿莱古殿空。最伤西蜀道，六御不回龙。①

> 边城寂寞碛黄云，兴废令人重感伤。鸦噪夕阳迷佛宇，烟凝秋色暗宫墙。十年故国人何处，九月阴山草又霜。共倚栏杆怀往事，金仙无语塞天长。②

陈义高为福建人，早年入道龙虎山，拜玄教天师张留孙为师，并随其奉召入京，两次扈从上都。至元十八年（1281）以文学侍从身份随太子真金、皇孙甘麻剌（真金长子）赴漠北，至元二十九年（1292），甘麻剌改封晋王，正式镇守漠北，这期间陈义高一直伴其左右，直至成宗大德三年（1299）羽化。编有《沙漠稿》《朔方稿》等诗集，可谓首个大量写作和林纪行诗作的南人。上引两首诗作于成宗元贞二年（1296），诗人已在和林驻守约十年，他重游万安宫，遥想当年蒙哥汗大宴群臣、四方来贺时的恢宏气派，如今却是人去楼空，盛况不再，

---

① （元）陈义高：《丙申秋同锡喇平章重过和林城故宫》，见杨镰主编《全元诗》第18册，第49页。
② （元）陈义高：《同狄子玉司马登和林佛阁留题》，见杨镰主编《全元诗》第18册，第58页。

对比昔日耶律铸侍宴时"宴酣兜率黄金殿,吹裂昆仑紫玉箫。更觉钧天佳气合,万枝华烛动红桥"①的诗句,则不禁令人怅触。后一首来到宫殿旁佛阁,只看到黄云惨淡,百草凋零,鸦噪夕阳,空怀往事,已成过眼云烟,不觉黯然神伤,无语凝噎。两首诗皆为对今怀古,将兴亡之叹融入景物描写中,展现了一幅多年战乱后百废待兴的萧瑟图景。

每一次战争在带来苦难的同时,也带来大量迁徙的人口,如成宗即位后,之前随昔里吉叛乱的药木忽儿、朵鲁朵海率部众归降,和林城一下增加两万余人口;至大德末,"诸部落降者百余万口"②,这使政府不得不重新考虑对和林城的管理问题。大德二年(1298),重置和林宣慰司都元帅府。次年,遣成宗同母兄嫡长子海山至和林统领边防军,并扩建和林城。大德十一年(1307),成宗去世,武宗海山同样以漠北镇边亲王的实力继承帝位,罢宣慰司都元帅府为和林等处行中书省及和林路总管府,标志着和林作为地方行省的开始。仁宗皇庆元年(1312),正式命名为岭北等处行中书省,和林路改为和宁路,和林完全统摄于中央政府的管辖中,和中原的联系更为紧密。

行省时期前往漠北的汉人数量不断增加,但行旅记录者并不多,正如虞集《跋和林志》中所言:"是以至者或未必能言,言者未必能文,记载邈如,每为之三慨。"③故而人们对和林的形象多停留在想象之中,出现了许多送别前往和林任职或哀悼已故官员的诗文,其中最为有名的当属岭北行省左右司郎中苏志道。"苏志道北赴和林"是延祐中期的一项影响较大的政治事件,王世熙、袁桷、揭傒斯、虞集等人皆有诗记之,同时柳贯、黄溍、许有壬等朝中馆阁文臣都为其撰写过碑志。在此之前,和林一方长官如甘麻剌、阔阔出、月赤察儿、哈剌哈孙等大多是蒙古人或色目人,因而汉人苏志道的赴任显然带有重

---

① (元)耶律铸:《侍宴万安阁》,见杨镰主编《全元诗》第4册,第82页。
② (元)刘敏中:《敕赐太傅右丞相赠太师顺德忠献王碑》,见李修生主编《全元文》第11册,第541页。
③ (元)虞集:《跋和林志》,见李修生主编《全元文》第26册,第287页。

要的政治意义，意味着汉化制度与意识形态对以和林为中心的漠北地区的进一步渗入。苏志道在任上募粮恤民，重整吏治，兴办学堂，使和林焕发出新的生机。和林书写一改陈义高笔下久经战乱的荒芜之状，显现出殷实富庶的一面，虞集《送苏子宁北行诗序》云："朝廷岁出金缯、布币、糇粮以实之，转输之事，月日相继。尤以为未足，又捐数倍之利，募民入粟其中，亦不可胜计。由是，遂为殷富。"① 这反映了和林形象的又一次蜕变，试举二诗为例：

> 居庸关头乱山积，李陵台西白沙碛。画省郎中貂帽侧，飞雪皑皑马缰湿。马蹄雪深迟迟行，冷月栖云塞垣明。铁甲无光风不惊，万营角声如水清。明年四月新草青，征人卖剑陇头耕。思君遥遥隔高城，南风城头来雁鸣。②（王士熙）

> 和林跨大漠，肇造此根柢。东际瀚海头，西控流沙裔。北穷阴山外，南掎两都势。连营列万里，仓庾千万计。镇以磐石宗，重以分省寄。忆昔大德末，成庙方压世。桓桓忠献王，功大更多智。武皇既践阼，官阙始清闷。……畍凿比中土，什伍相错置。士忘远戍苦，民见太平治。道路无拾遗，商旅毕怀惠。……骎寻延祐中，权相擢天位。磨牙吮人血，掉尾恣狂猘。戕贼骨肉亲，迫逐见危避。苏公拜郎中，即日辞九陛。……兼程到官所，发廪急周济。死者何嗟及，存者再生遂。间阎渐苏息，竭力补黥劓。飞书九重天，请为兵民备。募粟实塞下，慎忽惮劳费。③（揭傒斯）

第一首诗是赠送苏志道北上时所作，前八句描写途中景色，出居庸关，经李陵台，走帖里干站道，一路上马踏飞雪，冷月悬空，吹角

---

① （元）虞集：《送苏子宁北行诗序》，见李修生主编《全元文》第26册，第163—164页。
② （元）王士熙：《送和林苏郎中》，见杨镰主编《全元诗》第21册，第3页。
③ （元）揭傒斯：《故中宪大夫岭北行省左右司郎中苏公志道哀诗》，见杨镰主编《全元诗》第27册，第227页。

连营，一派塞外风光；后四句想象抵达和林后的场景，来年四月，青草萌芽，征人在田间耕作，接着转为抒发对苏君远戍塞外的思念之情。第二首为纪念苏志道在和林所作功绩，从和林关键的地理位置和营地仓廪入手，《经世大典》"仓库官"条载和林宣慰司所辖仓庾就有称海、札浑、也迭别县、昔宝赤八剌哈孙、孔古烈诸仓，另有和林仓、丰盈库等皆在城内，可见"连营万里，仓庾千万"随是夸张，但并非虚言。随后，叙述大德末年忠献王哈剌哈孙治下和林城路不拾遗、商旅怀惠的太平景象，但仁宗延祐年间，权臣铁木迭儿独霸朝纲，飞扬跋扈，政局混乱，百姓流离，再加上"关陕变起仓猝，驰溃卒数十百骑，阗门来责军实，则上下颠踣失措，兵民相顾，几无所系属"①，"会天大雪，畜尽死。饥人无以自活，走乞食于和林，相枕藉死道上"②。如此恶劣的环境下，苏公毅然赴任和林，出台"考核法"，请高价募民致粟，运往和林之粮"以三月至，石与五十万钱；四月至，减十之一；五月至，又减其一"③，极大地改善了和林的经济状况和社会风貌，仓实而民足。所谓"竭力补黥劓"是指对酷刑的极力挽救，当时酒禁多犯，朝廷将惩处改为死刑连坐，有五人犯之令前，有司判以死刑，苏志道上书"当用前法"，才使五人逃过一劫。这两首诗分别写于苏志道赴任前后，反映出行省制度下和林治理的具体情况以及元人对和林认知的变化，由之前战火荼毒下的寒苦边塞之地慢慢转为安定富庶的地方家园。

　　元末的和林书写大都以碑志为主，记录下和林城最后的辉煌，以及数量极少的诗歌，流露出对穷途末路中的悲凉与无奈。直至顺帝时期，朝廷对和林的建设仍未停止，反而有所加强，许有壬《勅赐兴元阁碑》载："又三十二年为至正壬午（1342），皇上念祖宗根本之地，二圣筑构之艰，勅怯怜府同知、今武备卿普达失理暨岭北行中书省右

---

① （元）柳贯：《跋虞司业撰岭北行省左右司郎中苏公墓碑文》，见李修生主编《全元文》第25册，第173页。
② （元）黄溍：《苏学士画像记》，见李修生主编《全元文》第29册，第399页。
③ （元）许有壬：《勅赐故中宪大夫岭北等处行中书省左右司郎中赠集贤直学士亚中大夫轻车都尉追封真定郡侯苏公神道碑铭》，见李修生主编《全元文》第38册，第336页。

丞、今宣政院使月鲁帖木儿专督重修，历四年，方致完美。周垞涂金，晃朗夺目，阁中边顶踵，钜细曲折，若城平髹塈，靡不坚丽精至。"①叙述了元廷派遣中央官员至和林，花费四年之久修葺兴元阁，墙外漆金，金碧辉煌，炫人眼目，时值至正更化，是为中央对和林行省的最后投入。此后，东南战乱迭起，元政府自顾不暇，漠北无粮可食，饿殍遍野。至正七年（1347），王冕从杭州古塘北上壮游，其《漫兴》中有"流沙连竺国，大碛间和宁"的诗句，应是践履至漠北和林一带，最后一首写道："壮心殊未已，望望尽黄沙。韦冒笼鸦鹘，毡囊载骆驼。过关南客少，出塞北风多。天牧俱荒废，空怀马伏波。"② 可见彼时的和林已是黄沙飞天、农牧俱荒的景象，过往的兴衰早已湮没于历史尘埃之中，空对着马儿沿水伏波。朱元璋改元大明后，和林城也着北逃的蒙古贵族而逐渐消失于中原王朝的视野，只得在那些历史散落的吉光片羽中寻找曩日的明灭光影。

从地理概念，到帝国都城，再到宣慰司和岭北行省，和林形象在文本塑造中经过一次又一次变化，它是《长春真人西游记》中恐人而惊叹的交通中心，《张德辉纪行》中平坦广袤的耕稼之地，《鲁不鲁乞东游记》中新奇陌生的文化碰撞之城，也是耶律铸、王恽笔下斗志昂扬的得胜战场，陈义高诗中百废待兴的残破宫楼，亦是虞集、许有壬文中的殷富之域，以及王冕纪行书写中被人遗忘的衰败之隅。这些描述通过不同立场与视角，几乎串联起整部蒙元帝国的兴衰史，揭橥了游牧文明与农耕文明的一次激烈的交汇融合，即使以失败告终，但却在人们心目中留下了难以泯灭的印记，直到清王朝的再度唤起。

### 三  文学史意义

和林在文学史上一直处于空白状态，它作为蒙古帝国的都城与肇基之地，首次置于整个世界的视野之下，各族人民纷至沓来，东西方

---

① （元）许有壬：《勒赐兴元阁碑》，见李修生主编《全元文》第38册，第320—321页。
② （元）王冕：《漫兴三首》，见杨镰主编《全元诗》第49册，第408页。

文学书写旅程都向最远处扩展,当边缘书写被赋予王朝中心话语权时,也预示着一个新的文学时代的悄然来临。其文学史意义具体体现在以下四个方面:

第一,和林诗文的出现极大地拓展了文学书写空间,一些丰富的人文地理意象、情感体验首次出现在文学文本之中。例如"白草""万安宫""银树""忽迷思""宽甸""帝乡"等,抑或是四月草萌、六月飞雪、见到大如波斯珍珠的冰雹①等,这些都是中原文人之前从未经历过的,而如今则变为其笔下的日常风物,为之后的文学书写提供了许多新的词语和素材。

第二,和林的帝国中心与中央行省属性为岭北纪行文学增添了全新的视角,"宫墙""运河""仓庾""耕嫁"等农耕文明景象开始大量出现在游牧草原的纪行书写之中。如果说"近世文学"在阶级层面上表现为庶民力量的壮大、个体意识的觉醒、俗文学的发展,那么从文学地理空间上来看,少数民族与边缘地区的发声与普遍关注也同样可以体现出文学的近世化变革,并在其中闪映出农耕与游牧文明碰撞时的火花。

第三,和林作为文化交流的中心场域,是东、西、南、北各族文人共同塑造的书写对象,其中蕴含着不同的文化视角和价值立场,对探究13—14世纪世界纪行文学的表现特点具有重要意义。包括蒙古、波斯、阿拉伯、西欧、中原、江南等各地文学书写在内,通过对和林形象不同描述的对比,可以发现隐藏在文本背后不同民族的情感召唤和心理模式。

第四,和林与蒙元王朝的兴衰命运联系密切,每一次的政权变动都会牵涉到对和林的控制力度,因此研究和林文学书写非但不能脱离政治背景,反而要将其放置在整个蒙元历史的发展脉络之中,是政治与文学互动的典型例证,而和林诗文的叙事性、写实性等特点又为蒙元史研究提供更为生动具体的史料,对之后文史互证与大文学观的确

---

① (元)耶律铸《和林雨大雹有如鸡卵者》:"若教不值骊龙睡,不信波斯擅得名。"见杨镰主编《全元诗》第4册,第110页。

立奠定了基础。

总之，和林文学书写以其丰富性、包容性、多元性向我们展示了一个汇聚百川、兼容并包的蒙元帝国形象，反映出元代文学发展的显著特点，在中国文学乃世界文学史上具有重要意义。

## 第二节　13—14世纪的国际城市之二：上都

上都，又称上京、滦京。其遗址位于今内蒙古自治区锡林郭勒盟正蓝旗境内，如今已只剩残垣断壁，但此地在13—14世纪却是整个亚欧大陆上最繁华之所。这座极具传奇色彩的都城是怎样被建造起来的呢？

其实，在元朝之前，这一带原本没有都城，上都城①是在忽必烈时期建立的。上都一带水草丰美，曾是匈奴、鲜卑、契丹、女真、突厥等古代游牧民族活动的地区，它在辽和金时期被称为"曷里浒东川"。1168年，金世宗夏季到这里狩猎，看到遍地盛开着金莲花，于是把它更名为"金莲川"。1211年，成吉思汗率蒙古骑兵攻陷桓州城以后，金莲川就成为蒙古族汗国的领地。1251年，在蒙哥即大汗位时，忽必烈以皇弟之亲由漠北南下总理汉地军务，在金莲川建成了蒙元史上著名的"金莲川幕府"，广揽各族人才，开始了他的宏图大业。由于幕府中以汉人居多，他们习惯于城居，难以适应住帐篷、逐水草而居的草原生活方式，于是忽必烈在1256年命刘秉忠择地兴筑新城。三年后，新城在金莲川建成，被命名为"开平府"，其规划没有按照汉制的中轴线设计，而是择地筑造，选中了桓州之东、滦水北岸的龙冈为建筑点，放眼一望是广阔无垠的大草原，气势恢宏，既体现了汉族传统的城市布局观念，同时也考虑到蒙古族游牧生活的特点。1260年，忽必烈在此即帝位，将开平府作为临时首都。后又改开平府为上都，改燕京（今北京）为中都，后称大都，从而确立了两都制。

与辽朝的五京制及金朝的一都五京制的主次分明相比，元代的大

---

① 关于元上都，参考了刘宏英的《元代上京纪行诗研究》（中国经济出版社2016年版，第12页）和张景明的《元上都与大都城址的平面布局》（《内蒙古文物考古》1999年第2期）。

都和上都之间的地位较为平等，它们一个是元朝统治者治理汉地的中心，一个是联络漠北的根据地，对元朝来说都是不可缺少的。这尤其体现在从忽必烈开始实行而直至元朝北撤的两都巡幸制。元代皇帝每年有半年以上时间在上都避暑游猎，同时处理军国大事，随同皇帝巡幸的文武百官继续辅佐皇帝议办朝政，因而在上都专门建有各中央机构的分支机构，比如中书省上都分省、御史台上都分台、翰林国史院上都分院等。并且，由于元上都"控引西北，东际辽海，南面而临制天下，形势尤重于大都"①，所以元朝的11位皇帝中，元世祖、元成宗、元武宗、天顺帝、元文宗、元顺帝等六位皇帝都是在上都登基的，由此可见元廷对上都的重视。

## 一 研究现状

上都作为元朝的草原都城，集中展现了游牧文明和农耕文明的融会之景，同时，它还接纳了来自欧洲、西亚、东南亚等地的文化和物产。因此，对上都的纪行书写极能展现13—14世纪蒙元帝国多元文化并存的特色。目前，学界对上都纪行书写的研究主要集中于上京纪行诗，对其他纪行文学的关注较少。

关于上京纪行诗，杨镰先生在其《元诗史》②和《元代文学编年史》③中都把上京纪行诗作为元诗很重要的一个部分。李军的《论元代的上京纪行诗》一文从上京纪行诗的产生、上京纪行诗的内容及文献价值、上京纪行诗的审美特征三个方面展开论述，充分肯定了上京纪行诗的独特价值。④ 其后，邱江宁的《元代上京纪行诗论》一文从上京纪行诗的繁荣、特征、诗学史意义三方面进行了探讨，指出它代表了元诗创作山川奇险、民俗丰富又充满异地乡愁等典型特征，在改变南宋萎靡诗风、拓展诗歌题材、革新传统诗体等方面有其不容忽视

---

① （元）虞集：《贺忠贞公墓志铭》，见李修生主编《全元文》第27册，第510页。
② 杨镰：《元诗史》，人民文学出版社2003年版，第643—651页。
③ 杨镰：《元代文学编年史》，山西教育出版社2005年版。
④ 李军：《论元代的上京纪行诗》，《民族文学研究》2005年第2期。

的意义。① 杨富有的《元代上都诗歌选注》则选取了元代上都的诗歌，选诗标准在空间上，元代上都诗歌以元上都为核心，辐射周边，以具体的地理标志衡量，主要是东凉亭、西凉亭、北凉亭，当然，涉及诸如抚州、云州等地理区域的作品，也有纳入。时间上，限于元代，主要是从忽必烈开平潜邸到元政权瓦解、上都被毁期间诗人们创作的诗歌，非扈从诗人（如丘处机等）上溯到大蒙古国时期的个别非元上都作家的作品也被选入了一小部分；元朝覆亡以后的作家作品不再纳入辑选范围。②

对上京纪行诗的研究较为全面的是刘宏英的著作《元代上京纪行诗研究》。她所研究的上京纪行诗包括两部分，"一是歌咏上都城及其周围地区山川景物、社会生活的诗作；一是描述从大都到上都沿途地理景观、风土人情的诗作"（第1页），她"对《元诗选》《元诗选癸集》《元诗选补遗》进行了文献检索，共检索到上京纪行诗诗人50人，诗作489首"（第4页）。她还对上京纪行诗研究的历史和现状进行了分析，指出元代文人从文献史料价值、艺术情感价值两方面肯定了上京纪行诗；明清学者则认为上京纪行诗的艺术价值不高，但肯定它的史料价值；20世纪80年代以前，是元诗研究不被重视的时期，元诗研究甚少，这时台湾学者包根弟的《元诗研究》中的第二章《元诗之特色》提及了上京纪行诗，言元诗的"第四个特色为'多塞外景色及风物之描写'"（第8页）；"20世纪末到21世纪初，元诗研究逐渐引起学者们的关注，越来越多的学人开始改变对元诗的看法。在这样的大环境下，上京纪行诗作为元诗中一个重要的部分，也开始受到前所未有的关注"（第8页）。③ 王双梅在其《元代上都文学活动研究综论》中提出2009年刘宏英的博士学位论文《上京纪行诗研究》中统计出来的上京纪行诗的作者和作品数量文人六十多个，诗作近500首（也就是刘宏英于2016年出版的《元代上京纪行诗研究》中统计

---

① 邱江宁：《元代上京纪行诗论》，《文学评论》2011年第2期。
② 杨富有：《元代上都诗歌选注》，中国书籍出版社2018年版。
③ 刘宏英：《元代上京纪行诗研究》，中国经济出版社2016年版。

出的数量），据现有文献来看远远低于实际，理由有三：一是参照的底本是选本；二是未入《元诗选》的文人别集、总集中的有关吟咏上都的诗作以及别集失传近世又出现的上京纪行诗集，就可能被统计其内，也不可能列入被可推测估量之中；三是由于上京纪行诗概念界定不清，导致很多本是上京纪行诗的不能归入。[①]

  以上是对上京纪行诗的整体研究，此外还有从各个方面对上京纪行诗的解读。本书第五章中已有关于上京纪行诗中行旅诗、气候风物诗、蒙古风俗诗的论述，此外，重要者还有李博《忽必烈时期元上都纪行诗发展的动因》，文章中提出上京纪行诗发展的三个动因是南北一统与文化融合、元初文人选择出仕和隐逸两方面的心态调适、元代诗学背景的影响，尤其是提出前后期纪行诗的差别，前期重于言志、论史，后期注重记述生活、存史，认为其原因是元朝正统地位的逐步确立和巩固。[②] 杨富有的《从扈从诗分析元上都地位成因及其影响》指出了元代上都扈从诗对我们认识元代的社会生活具有重要参考价值，它以周伯琦、杨允孚、贡师泰等人的扈从诗作为补充材料，分析了上都存在的背景和条件，以及它在运作的过程中对元代政治、文化等方面产生的积极作用与消极作用。[③] 杨富有的《元上都的封赏活动及其影响——以扈从诗为主要材料的分析》以扈从诗为材料，探讨了元代皇帝巡幸上都期间，对皇族贵戚、勋旧部属、扈从上都的经筵大臣、佛道寺院及其宗师、重要活动中的有关人员、邻近国家及其使者的赏赐行为，并且指出这些活动起到了稳固政治后方，拉拢蒙古族贵族，怀柔远方，激励大臣等功能，但是也造成了封爵泛滥、国库空虚、赋税增加等现象，动摇了元代的统治基础。[④] 赵欢的《元代上京纪行诗的游记价值》提出了上京纪行诗具有三方面的价值：描写草原风情与

---

[①] 王双梅：《元代上都文学活动研究综论》，《前沿》2015年第10期。
[②] 李博：《忽必烈时期元上都纪行诗发展的动因》，《前沿》2015年第5期。
[③] 杨富有：《从扈从诗分析元上都地位成因及其影响》，《内蒙古大学学报》（哲学社会科学版）2012年第7期。
[④] 杨富有：《元上都的封赏活动及其影响——以扈从诗为主要材料的分析》，《铜仁学院学报》2016年第6期。

旅途见闻、诗人们表达的羁旅之思与感物伤怀和草原风俗和百姓生活。① 邱江宁的《元代北游风尚与上京纪行诗的繁兴》一文提出从某种程度而言，上京纪行诗可以说是江南士大夫北地风物书写的典型，上都独特的异域风貌和人情物理也使得上京纪行诗别具特色，并且，对异域风情的纪写成为上京纪行诗创作的高潮。②

从以上研究可知，包括《辇下曲》在内的上京纪行诗内容十分的多元化，研究角度非常多。除上京纪行诗相关的研究外，还有些关于上都文学及其形象的研究也需一提。肖瑞玲在其《元上都的历史地位》一文中提出元朝皇帝每年长达半年的巡幸上都极大地提高了上都的社会经济地位，其商业、手工业极为发达；并且，上都在中外交往史上也具有重要影响，许多外国使者、传教士、商人、游客等都在上都受到元朝皇帝的接见，建立发展了友好关系；此外，上都在元代科技史上的地位也不容忽视。③ 路景天、王艳丽、林杨的《浅析元上都的历史影响》一文指出元上都是游牧文明与农耕文明结合的典范，是元代中外文化、科技的集散地，还指出忽必烈开平称汗、南下攻宋、推崇藏传佛教、实行"行省"制度等历史事件都与上都密切相关。④ 石坚军在其《马可·波罗上都之旅考述》中对《马可·波罗寰宇记》所述马可·波罗自可失合儿至上都期间这段古为忽必烈汗辖地的旅程作了详细考述。⑤ 王双梅的博士学位论文《元上都文学活动研究》对上都文学活动的背景条件、发展历程、文人群构成、文学活动形式、文学活动成果作了详细分析，研究包括上都文学中的诗歌、词曲赋、序跋、碑铭与祭文、纪行文与笔记等。⑥ 李迪、冯立升的《元代中外科技交流的发展与上都的作用》一文对元代中外科技交流的情况、原因、特点、经验教训以及上都在交流中的作用进行分析，尤其是讲到

---

① 赵欢：《元代上京纪行诗的游记价值》，《青年文学家》2018年第2期。
② 邱江宁：《元代北游风尚与上京纪行诗的繁兴》，《文史知识》2015年第11期。
③ 肖瑞玲：《元上都的历史地位》，《内蒙古师范大学学报》（哲学社会科学版）1998年第5期。
④ 路景天、王艳丽、林杨：《浅析元上都的历史影响》，《才智》2018年第36期。
⑤ 石坚军：《马可·波罗上都之旅考述》，《中国历史地理论丛》2012年第1期。
⑥ 王双梅：《元上都文学活动研究》，博士学位论文，南开大学，2017年。

回回天文学研究、医药研究在上都的发展。① 米彦青的《元代草原丝绸之路上的上都书写》以上都诗作为研究对象,指出上都既是流动的草原丝绸之路的东端静止点,又是农牧文化集中交融之处,文人在对以上都为代表的游牧文化与农耕文化交织而成的新型都邑文化的图解中,渐变式地交融、接受草原游牧文明。②

专门研究元上都的历史著作也十分丰富。陈高华和史卫民合著的《元代大都上都研究》一书中详细介绍了与元上都密切相关的两都巡幸制度及交通、上都的历史渊源、行政管理、布局和宫廷生活、政治生活、经济生活、宗教、没落等情况。③ 叶新民、齐木德道尔吉编著有《元上都研究文集》,集结了中、日、蒙学者对上都的研究成果,涉及上都遗址、建筑样式、某些具体宫殿、两京驿路、游猎生活、佛教、经济、教育、娱乐、诈马宴等诸多方面。④ 这两位学者还编有《元上都研究资料选编》,系统地集结了有关上都的自然环境、兴建和布局、行宫、驿路、两都巡幸制度、宫廷生活、行政管理、政治生活、经济生活、宗教等方面的资料,还有元朝末年的上都,其中也征引了很多文学资料。⑤ 徐进昌主编的《上都文化研究》,同样集结了诸多学者对上都的研究,涉及文字、语音、遗址、道路、质孙宴、扈从诗等各个方面,对我们从整体上深入认识上都很有助益。⑥ 王大方的《走进元上都》在用文字介绍元大都的同时,还配上了丰富的图片资料。⑦

上述之外,研究元上都的相关著作还有《世界遗产 元上都》、夏·东希格的《元上都 蒙文》、安泳锝主编的《元上都》、陈高华与史卫民

---

① 李迪、冯立升:《元代中外科技交流的发展与上都的作用》,《内蒙古师范大学学报》(哲学社会科学版)2000年第1期。
② 米彦青:《元代草原丝绸之路上的上都书写》,《西北民族研究》2021年第1期。
③ 陈高华、史卫民著:《元代大都上都研究》,中国人民大学出版社2010年版,第140—282页。
④ 叶新民、齐木德道尔吉编著:《元上都研究文集》,中央民族大学出版社2003年版。
⑤ 叶新民、齐木德道尔吉编著:《元上都研究资料选编》,中央民族大学出版社2003年版。
⑥ 徐进昌主编:《上都文化研究》,内蒙古科学技术出版社2009年版。
⑦ 王大方:《走进元上都》,内蒙古大学出版社2005年版。

合著的《元上都》、叶新民的《元上都研究》等。

可见,关于上都的文学研究已经受到了学者们极大地重视,但研究主要集中于上京纪行诗,而对其他体裁如词曲赋、序跋、碑铭与祭文、纪行文与笔记等的研究则较为少见,但这一方面的研究对于上都形象的立体化实际是必不可少的。

**二 文本细读**

可以说,元上都的盛衰完全取决于元朝的兴亡,其建立是忽必烈为了对漠南汉地就近控制,其衰亡是因为元顺帝北逃弃守"燕云十六州"。从始建到元末被红巾军烧毁,上都一共只存在了短短113年。幸而,从诸多纪行作品中,我们仍得以窥见上都城当时的盛况。

最让人关注的是元帝所居住的宫城,上都主要的宫殿楼阁都在其中。这就必须提及《马可·波罗行纪》了。有关上都,马可·波罗在其行纪中描述的最为详尽的便是其中的两座宫殿,书中记载:"汗在此草原中,或居大理石宫,或居竹宫,每年三阅月,即六月、七月、八月是已。居此三月者,盖其地天时不甚炎热而颇清凉也。迨至每年八月二十八日,则离此他适。"[①] 这里记载了上都中的"大理石宫"和"竹宫",据马可·波罗的描述,元帝每年六、七、八月居此宫中避暑。那这两座宫殿具体又是怎么样的呢?行纪中有详细记载,我们先看所谓"大理石宫":

> 终抵一城,名曰上都,现在在位大汗之所建也。内有一大理石宫殿,甚美,其房舍内皆涂金,绘种种鸟兽花木,工巧之极,技术之佳,见之足以娱人心目。(第173页)

> 此宫有墙垣环之,广袤十六哩,内有泉渠川流草原甚多。亦见有种种野兽,惟无猛兽,是盖君主用以供给笼中海青、鹰隼之食者也。海青之数二百有余,鹰隼之数尚未计焉。汗每周亲往视笼中之禽,有时骑一马,置一豹于鞍后。若见欲捕之兽,则遣豹往取,

---

[①] [意]马可·波罗:《马可·波罗行纪》,冯承钧译,上海书店出版社2001年版,第174页。

取得之后，以供笼中禽鸟之食，汗盖以此为乐也。（第 174 页）①

马可·波罗口中的"大理石宫"指的是上都西边的"察罕脑儿行宫"②。至元十七年（1280），为配合上都作为夏都的特殊功能，忽必烈命技艺精湛的石工杨琼在上都的东、西方建行宫，以备游猎时居住，通常称之为东凉亭和西凉亭，元人有诗云："凉亭千里内，相望列东西。"③ 其中的西凉亭即"大理石宫"，亦即"察罕脑儿行宫"，蒙古语察罕脑儿意为白色湖，元人诗称"凉亭临白海，行内壮黄图"④，在今河北张北沽源县东北，闪电河西岸边小红城古城，与上都相距 145 里。此行宫建有宫殿、凉亭、石洞门、石浴堂，多为杨琼用汉白玉精心雕刻而成，故被马可·波罗称作"大理石宫"。在马可·波罗眼中，这座大理石宫殿极其美丽奢华，其内部涂以金饰，还绘上种种精巧细致的图案，让观赏者备觉身心愉快。此处还是忽必烈最喜欢的打猎之处，他每自上都返回大都途中都要在此驻跸并放鹰行猎，这一点我们从马可·波罗对察罕脑儿行宫的描绘中也可以看到。按马可·波罗所述，这座行宫占地极大，除了宫殿建筑外，甚至还包括许多泉水、河渠、草原，其间生长有种种不甚凶猛的野兽，供忽必烈猎取后，饲喂给笼中的海青和鹰隼，以供取乐。"海青"是指被元朝皇室极为重视的"神物"海东青。这是一种善捕天鹅的禽鸟，在辽代已极受重视。元代更加重视海东青，还设专人培育海东青，甚至若某人培育的海东青擒得头鹅，就赐他钞五十锭。元末叶子奇记载："海东青。鹘之至俊者也。出于女真。在辽国已极重之。因是起变而契丹以亡。其物善擒天鹅。飞放时。旋风羊角而上。直入云际。能得头鹅者。元朝官里赏钞五十锭。"⑤ 元人张昱所写"天朝习俗乐从禽，为按名鹰

---

① 《马可·波罗行纪》，第 173—174 页。
② 关于察罕脑儿行宫，参考尹自先《元代察罕脑儿行宫及明安驿故址辨》（载自叶新民、齐木德道尔吉编著《元上都研究文集》，中央民族大学出版社 2003 年版，第 116—123 页）和韩振书《曲阳问匠》（北京燕山出版社 2010 年版，第 153 页）。
③ （元）周伯琦：《立秋日书事五首》（其四），见杨镰主编《全元诗》第 40 册，第 364 页。
④ （元）周伯琦：《纪行诗》，见杨镰主编《全元诗》第 40 册，第 392 页。
⑤ （元）叶子奇：《草木子》，中华书局 1959 年版，第 85 页。

出柳阴。立马万夫齐指望,半空鹅影雪沉沉"[1] 描绘的便是元人以海东青捕天鹅的情形。可见,这座大理石宫不仅建筑极尽精美奢华,忽必烈在此地的生活也充满了游牧民族的特色。

但细究下,蒙古族人原本可以在广袤的草原中纵马打猎,大显身手。而如今,即便高贵如忽必烈,也身披种种束缚,只能在察罕脑儿行宫中猎取被人挑选好的温顺野兽以供取乐,且也不再是猎取后就和人一起享用,而仅仅是饲喂给身边的宠物。他们不能再像从前那样在无际的草原上肆意驰骋,高大的城墙和不能挪动的房屋束缚住了他们敏捷的四肢。纵使他们想要重温往日的旧梦,也再寻不到道路和心境了。于是,只能用类似的玩乐来稀释自己对草原游牧生活的怀念。这在张昱的《塞上谣》诗中表现得更为明显,诗云:

> 溮然路失龙沙西,挏酒中人软似泥。马上毳衣歌刺刺,往还都是射雕儿。[2]

诗中的"射雕儿"指的是射术精湛的人,整首诗描绘的是便一群射猎者外出的情形,"剌剌"是当时极为流行的蒙古族歌谣《阿剌来》[3]。首句写"射雕儿"们想要一起去射猎,却不知道在都城中寻块好地射猎该往哪边走,于是迷失了道路。接着写到的"挏酒"指的是蒙古的特色饮品挏马酒,乃马乳所酿,挏制而成,诗中写这挏马酒喝得人都要醉了,整个人软成了泥。这样看来,这群"射雕儿"此次出游并非为了射猎,而是结伴出游,只为尽兴,所以喝酒也不妨事。诗的第三句写到,似乎这群"射雕儿"觉得这样还不够尽兴,于是穿着

---

[1] (元)张昱:《辇下曲》(其九十九),辛梦霞点校:《张光弼诗集》卷一,北京师范大学出版社2016年版,第351页。

[2] (元)张昱撰:《塞上谣》(其三),辛梦霞点校:《张光弼诗集》卷一,第354页。

[3] 元人孔齐《至正直记》记载:"国初,宋丞相文文山被执至燕京,闻军中之歌《阿剌来》者,惊而问曰:'此何声也?'众曰:'起于朔方,乃我朝之歌也。'文山曰:'此正黄钟之音也,南人不复兴矣。'盖音雄伟壮丽,浑然若出于瓮。至正以后,此音凄然,出于唇舌之末,宛如悲泣之音。又尚南曲《斋郎》《大元强》之类,皆宋衰之音也"(上海古籍出版社1987年版,第5页)。

皮毛衣服，驾着高头大马，放声唱起了《阿剌来》，浑厚有力的歌声就这样在城外飘荡开来！这首诗歌中的主人公"射雕儿"们在马上放声歌唱，看似快活肆意，但是细看这首诗，在浑厚的歌声之下，是蒙古族人对过去的草原游牧生活的怀念。在都城中的定居生活，迥异于蒙古族原先在大草原上的游牧生活，他们受到了种种限制。于是只能用马酒来稀释自己对草原游牧生活的怀念，靠放声高歌蒙古歌谣来缓解自己的思乡之情。

当然，蒙古统治者也担心自己会渐渐忘了祖先们传下来的生活习俗。于是，无论在制度上还是在建筑上，都有对蒙古风情的特意强调。马可·波罗所描绘的"竹宫"就极具草原游牧民族的特色：

> 此草原中尚有别一宫殿，纯以竹茎结之，内涂以金，装饰颇为工巧。宫顶之茎，上涂以漆，涂之甚密，雨水不能腐之。茎粗三掌，长十或十五掌，逐节断之。此宫盖用此种竹茎结成。竹之为用不仅此也，尚可作屋顶及其他不少功用。此宫建筑之善，结成或拆卸，为时甚短，可以完全拆成散片，运之他所，惟汗所命。给成时则用丝绳二百余系之。①

这里的"竹宫"指的是上都的棕殿，蒙古语称作"失剌斡耳朵"②，失剌是蒙古语黄色一词的音译，斡耳朵是营帐，失剌斡耳朵就是黄色的营帐。根据马可·波罗的记载，失剌斡耳朵是用竹制成，且便于拆卸和搬运，还具备优异的防雨功能，并且装饰还十分精巧。可见，与"大理石宫"相比，"竹宫"显然更具有游牧民族住所特色。这样一座宫殿的作用是什么呢？根据元人记载③，失剌斡耳朵是举行

---

① 《马可·波罗行纪》，第174页。
② 关于失剌斡耳朵，参考陈高华、史卫民《元代大都上都研究》（中国人民大学出版社2010年版，第220—224页）。
③ 柳贯有诗《观失剌斡耳朵御宴回》，廼贤有诗《失剌斡耳朵观诈马宴奉次贡泰甫授经先生韵》，诸如此类。

蒙古大宴（即"诈马宴"）的地方。"诈马"①一词是蒙古语 Juma 的音译，意为在婚礼或盛宴上主人让宾客争食的煺掉毛的整畜。元人的诈马宴指的是从古朴的饮食整羊的民俗发展为奢华的毡帐诈马宴，气氛隆重，分宾主落座，举行繁缛的礼仪，并且，每次宴会上，与会者需要穿颜色一样的质孙服，且每日一换，耗费极奢。这样的诈马宴不是普通的宴会，而是蒙古的王公贵族在大聚会时要举行的宴会，国家的重要政务都要在诈马宴上决定，是蒙元统治者不同于其他中原王朝统治者的重要区别。因此，元代上京纪行诗人的诗歌中对诈马宴多有吟咏，第五章中已述周伯琦《诈马行》、杨允孚《滦京杂咏》等，他们的诗篇从参宴人员的装饰、宴会流程、酒食歌舞等方面详细展现了诈马宴之盛大隆重，此处不再赘述。

除了马可·波罗所述大理石宫与竹宫外，"大安阁"亦常常见于上京纪行作品中。大安阁②是上都宫城中最主要的建筑，高达七十多米，数千里外即可遥见其飞檐斗拱高耸入云。其特殊之处在于它是从汴梁（今河南开封）拆卸移运过来的，原是宋朝的熙春阁。金代灭亡以后，汴梁城内的宫殿被毁坏殆尽，只有熙春阁保存了下来，忽必烈就命人拆迁熙春阁，经由水道陆路运往上都。元人诗中对此事多有提及，"当日熙春今避暑，滦河不比汉昆明"③"大安阁是延春阁，峻宇雕墙古有之"④。自然，这座宫殿具有浓厚的中原建筑特色，它通体由木制成，不用一钉一铁，用的是中原的榫卯工艺。其珍贵性更体现在政治意味上，从宋到金，再到元朝，熙春阁意味着正统王朝的传承关系。汴梁的熙春阁运到上都成为大安阁后，仍是国家的重要政治建筑，元朝种种重大典礼都在此处举行，如帝王登基、临朝、议政、接受朝觐等，甚至也是诈马宴的举行之所，"祖宗诈马宴滦都，挏酒哼哼载憨车。向

---

① 关于诈马宴，参考纳古单夫《蒙古诈马宴之新释——对韩儒林师"诈马"研究之补正》（《内蒙古社会科学》1989年第4期）。
② 关于大安阁，参考陈高华、史卫民《元代大都上都研究》（中国人民大学出版社2010年版）。
③ （元）周伯琦：《是年五月扈从上京宫学纪事绝句二十首》（其二），见杨镰主编《全元诗》第40册，第357页。
④ （元）张昱：《辇下曲》（其一百），辛梦霞点校：《张光弼诗集》卷一，第351页。

晚大安高阁上，红竿雉帚扫珍珠"①。或许正因如此，元代的许多诗人在提到这座雄伟瑰丽的建筑时，都将它视为上都的象征，"大安御阁埶岩亭，华阙中天壮上京"②"年年清暑大安阁，巡笔山川太史书"③，无不凸显大安阁耸入云霄的雄伟气势和在国家政治中的重要地位。

　　上都城最突出的特色，就在于它是草原游牧文化与中原农耕文化的交织处。但作为13—14世纪疆域辽阔的元朝的国都之一，它也深深受到大都丰富多元的环境影响，在这里也能找到欧亚大陆上各地的文化特色。此外，地处水草丰茂的著名草原，上都本身的物产亦十分丰富，相关纪行作品中多有介绍，尤其是上京纪行诗文，参见前文第五章，不再赘述。总而言之，就如《马可·波罗行纪》所说，上都城是一座"大而且富"④的都城，是一座前所未有的深度融合游牧文化和农耕文化的包容性都城。

　　1798年，英国诗人柯尔律治（Samuel Taylor Coleridge）在阅读《马可·波罗行纪》中的上都部分后，在悠然神往中写下了诗篇《忽必烈汗》：

　　　　忽必烈汗把谕旨颁布：
　　　　在上都兴建宫苑楼台；
　　　　圣河阿尔弗流经此处，
　　　　穿越幽深莫测的洞窟，
　　　　注入阴沉的大海。
　　　　于是十里膏腴之地
　　　　都被高墙、岗楼围起；
　　　　苑囿鲜妍，有川涧蜿蜒流走，
　　　　有树木清香飘溢，花萼盛开；
　　　　苍黯的密林，与青山同样悠久，

---

① （元）张昱：《辇下曲》（其三十二），辛梦霞点校：《张光弼诗集》卷一，第344页。
② （元）周伯琦：《次韵王师鲁待制史院题壁二首》（其一），见杨镰主编《全元诗》第40册，第343页。
③ （元）胡助：《滦阳杂咏十首》（其一），见杨镰主编《全元诗》第29册，第109页。
④ 《马可·波罗行纪》，第20页。

把阳光映照的绿茵环抱起来。
……①

1816 年,这首诗歌首次发表,随即盛极一时,引发了欧洲人对上都的向往。上都的英文名称——Xanadu,从此也被西方人用来形容神秘有魅力的地方,亦有宛如梦幻花园之意,足可见行纪中的上都形象给人震撼之大。

### 三 文学史意义

元上都城是一座存在仅百年的都城,它因元朝统治者的需要而兴起,也随着元朝的北逃而衰落。可以说,上都城的方方面面的细节展现的都是元朝的特征,它的面貌最切中关键地反映出元朝典型的草原游牧文化与中原农耕文化融合的特征。因此,各类关于上都的纪行作品也有了更重要的意义。

首先,与上都相关的纪行作品大多纪实性强,对上都及其周围草原地区风景和物产的描绘有较强的真实可靠性,为我们了解和还原历史上上都地区的风貌带来了大量的文字材料。并且,这类纪行作品还可以互相补充证明,也可以供人将其与相关地志、杂俎、史书所载互相参考查证。尤其是,一些西方人所写的游记,因为作者对外界事物的兴奋点和关注点与元朝本国人有很大的不同,故而往往能够记录下一些人们因熟视无睹而忽略的关键之处。

其次,上都纪行作品不仅数量庞大,而且形式体裁丰富多样,作者背景复杂多元,写作目的各有因缘。因此,通过如此丰富庞杂的上都纪行作品文库,我们可以从各个方面感受复杂多面的元上都文学形象。并且,我们通过比较受不同文化环境影响的作品所展现出的上都形象的异同,可以发现 13—14 世纪各个地区的文化差异,最明显的比如马可·波罗对上都梦幻般的描述与南方上京纪行诗人对上都的复杂情感。

---

① [英]柯尔律治:《柯尔律治诗选》,杨德豫译,广西师范大学出版社 2009 年版,第 104 页。

再次，上都是一座草原都城，与其相关的纪行作品对上都的描写丰富了文学作品中的草原书写。就拿中国古典诗歌来说，在元代以前，草原并未被列入大多数文人的书写范围，它是被主流文坛所忽视的对象。直到草原上的上都成为国家政治中心，"金莲川"就成了举国向往之地，南北文人们咸集于此。他们发现了被前辈们的诗文中淡化的草原的奇美之处，于是饱含热情将所见所闻纷纷落入笔端。

总之，元上都作为一座极富神秘和传奇色彩的都城，与它相关的纪行作品更是丰富多样。它们体裁多样，风格各异，有的具有较强的纪实性，有的将复杂情感隐藏其中，有的状物客观真实，有的写景优美生动，不仅具有重要的史料价值，也能让人沉浸文字之间，静静感受上都之美。

## 第三节　13—14世纪的国际城市之三：大都

13世纪下半叶，在中国北方的农牧交错带上，诞生了一座全新的国际性大都市。它地据险要，"南控江淮，北连朔漠"[1]，是元朝统治者控制农业地区、联络游牧民族的根据地。它在马可·波罗的行纪中也被称为"汗八里"（Cambaluc、Khan-baligh）[2]，犹言汉城、帝王的都城，它即是元代大都。

元世祖至元四年（1267），刘秉忠、黑迭儿、郭守敬等人在对京畿地区的地势、地形、水文等多方面进行充分勘测后，开始正式兴建元大都。与既有中国古代都城的汉制特色，又保留有众多蒙古游牧民族特色的上都相比，大都以《周礼·考工纪》为指导思想进行规划，完全按照汉式都城建造，是历代都城中最接近周礼之制的都城。并且，不同于北宋汴梁、南宋临安、金中都等由原有的里坊制城市改造而成的都城，元大都的建设基址选择在了金中都旧址东北方的空地上，是一座在国家主导下平地而起的全新的庞大都城。直到至元二十

---

[1]《元史》卷一百一十九《列传第六·木华黎》，第2942页。
[2]《马可·波罗行纪》，第197页。

第七章　中外交流视角与13—14世纪纪行作品的深度解读·城市生活系列

年，在耗费了无数人的智慧与辛劳后，雄伟壮丽、享誉世界的大都城始得以建成，中间经历了十八年之久。它的建造，意味着元朝统治者将农业地区纳入帝国的长久规划中，也标志着欧亚大陆迎来了新的发展时期。

## 一　研究现状

大都作为13—14世纪最强大的元帝国的国都，全世界的车马人流都汇聚于此。当时的许多纪行作品都涉及大都，有外国人的行旅记录，如《马可·波罗行纪》《伊本·白图泰游记》《鄂多立克东游录》等；也有元人的诗文描绘，如《辇下曲》《大都赋》等。相关研究主要集中于《马可·波罗行纪》中的元大都形象，其他文本所受到的关注较少。此外，元大都相关的历史研究，学术界成果很多。

在13—14世纪西方人的东游记中，《马可·波罗行纪》本就是其中最受人关注的，其中所描绘的元大都形象也成了学者的关注重点。自20世纪开始，沈平的《从〈马可·波罗行纪〉看元大都》一文就以《马可·波罗行纪》中有关大都城市布局、交通商业、风俗人情等内容为线索介绍了元大都。[1] 之后，朱耀廷在其《〈马可·波罗行纪〉中的元大都——农业文化与草原文化结合的产物》一文中以《马可·波罗行纪》为材料，证明元大都的城建规划是农业文化与草原文化结合的产物，并且元初的朝会礼仪、节庆活动也保留了草原文化的传统。[2] 欧阳哲生在其《马可·波罗眼中的元大都》中先详细分析了马可·波罗进入元大都的路线、时间、住所；后对行纪中"汗八里"（即大都）的相关记载进行了研究，包括"汗八里"之意含、宫阙建筑的描绘、阿合马之被刺及其主谋人之处死、大汗之执掌大权十二男爵和禁卫、元廷大朝会等政俗、商贸盛况、交通及邮驿、贫民和星者等内容；并将《马可·波罗行纪》《曼德维尔游记》《析津志》《南村

---

[1] 沈平：《从〈马可·波罗行纪〉看元大都》，载中国古都学会编《中国古都研究（第10辑）——中国古都学会第十届年会暨学术研讨会论文集》，1992年，第153—164页。

[2] 朱耀廷：《〈马可·波罗行纪〉中的元大都——农业文化与草原文化结合的产物》，《北京联合大学学报》（人文社会科学版）2009年第2期。

辍耕录》等同期中外北京史籍进行比较，提出《马可·波罗行纪》可补汉文著作之不足，或与之互相参证，具有史料价值；还就《马可·波罗行纪》中"汗八里"观的历史影响做了叙述，认为行纪对15—18世纪西方读者了解北京有很大影响，其对"汗八里"的描绘成为西方首次构筑北京形象的经典文本。① 王洪波的《马可·波罗描绘的大都城》一文介绍了《马可·波罗行纪》对大都城中城市规划、大汗宫廷、商业繁盛之况的描绘。②

此外，还有一些以中西文化交流为背景探究元大都形象的研究。曾晓娟在其硕士学位论文《元大都形象初探——论中西方文化视角下的元大都》中使用了文学形象学的理论，指出西方人笔下元大都与其真实形象有所差异，其原因在于西人的远东意象是建立在他们长期交往的中东形象上，并且西人无法理解中国建筑所蕴含的中国传统文化。③ 邹雅艳在其博士学位论文《13—18世纪西方中国形象演变》中讲到形象学是比较文学研究领域内的一个新兴学科，考察文学作品中对异域或异族形象的塑造和描述，其中，对异国文学、文化中的中国形象研究是近年来国内形象学研究的热点；文章指出，18世纪中后期以前中国形象一直处于被西方不断理想化的上升阶段，而自18世纪中后半期开始，西方的中国形象出现了大逆转；并在其第二部分中通过对《柏朗嘉宾蒙古行纪》《鲁布鲁克东行纪》《玛黎诺里游记》《鄂多立克东游记》《马可·波罗行纪》《曼德维尔游记》等游记的分析介绍了中世纪晚期西方视野中的中国形象。④ 欧阳哲生在《欧洲与中国文明对话的新开端——以西人在元大都"汗八里"的经验为中心的考察》中主要以蒙高维诺、鄂多立克、马黎诺里等方济各会士留下的游记、书信所记"汗八里"的材料为基础，研究其中的中西交通新形势

---

① 欧阳哲生：《马可·波罗眼中的元大都》，《中国高校社会科学》2016年第1期。
② 王洪波：《马可·波罗描绘的大都城》，《人民周刊》2019年第8期。
③ 曾晓娟：《元大都形象初探——论中西方文化视角下的元大都》，硕士学位论文，上海师范大学，2008年。
④ 邹雅艳：《13—18世纪西方中国形象演变》，博士学位论文，南开大学，2012年，第1—36页。

第七章　中外交流视角与13—14世纪纪行作品的深度解读·城市生活系列

及西人来华路线、北京天主教、大都形象等。① 耿波、刘双双的《恐惧与敬仰：蒙元时期西人游记中的中国形象》一文指出《马可·波罗行纪》中的东方印象书写存在着敬仰与焦虑杂糅的复杂情绪，三次蒙元西征使西方人形成了对东方的恐惧印象，而蒙元帝国的建立又与西方集体记忆中的"赛里斯"神话与救世主信仰相嵌合，这带动了恐惧印象向敬仰情绪的转变。② 田俊武、陈玉华的《东方乌托邦——欧洲中世纪旅行文学中的北京形象》一文从西方旅行文学和比较文学形象学的角度，指出马可·波罗、鄂多立克、曼德维尔等人描绘的汗八里不仅仅是一座东方城市，它也是自己美好愿望的一种投射。③

对元代大都的城市研究，有陈高华和史卫民合著的《元代大都上都研究》（中国人民大学出版社2010年版），书中详细介绍了大都建成以前的北京、大都的建造过程、布局、政治生活、经济生活、文化生活和饮食生活等。还有首都博物馆编的《元大都》（北京燕山出版社1989年版），介绍了大都的规划与布局、经济、政治、漕运、科技、宗教、文化、与世界各国文化交往等。中宣部组织的出版工程"民族精神史诗"中的《大都风采》（上海古籍出版社2010年版），由曹书杰、杨栋合著，介绍了元代与亚非欧的对话、海外贸易的发展、农业和工商业的发展、回族形成、藏传佛教、元代文学艺术重心的下移等。此外，还有徐苹芳的《辽金蒙古时期燕京史料编年·元大都创建史料编年》（北京联合出版公司2017年版）、郭超的《元大都的规划与复原》（中华书局2016年版）、孙勐的《元大都史话》（社会科学文献出版社2018年版）、张有信的《元大都》（北京燕山出版社2019年版）、诸葛净的《辽金元北京城市研究》（东南大学出版社2016年版）等。

对元代大都宫苑情况的研究有朱偰的《元大都宫殿图考》（北京

---

① 欧阳哲生：《欧洲与中国文明对话的新开端——以西人在元大都"汗八里"的经验为中心的考察》，《北京大学学报》（哲学社会科学版）2013年第5期。
② 耿波、刘双双：《恐惧与敬仰：蒙元时期西人游记中的中国形象》，《江苏行政学院学报》2016年第4期。
③ 田俊武、陈玉华：《东方乌托邦——欧洲中世纪旅行文学中的北京形象》，《外国语文》（双月刊）2018年第1期。

古籍出版社 1990 年版），考证了元大都的古城、元宫城之四至及诸宫的地点，以及对宫城诸门、大明殿、延春阁、玉德殿、御苑、万寿山、太液池、兴圣宫、隆福宫、西御苑、太庙等坛庙的说明。傅熹年的《元大都大内宫殿的复原研究》根据元人陶宗仪《南村辍耕录》、元末萧洵《故宫遗录》以及元代官式建筑的基本特点、现存的元代建筑测量数据，推算并复原出元代宫殿中的各个建筑物的基本结构和外观形象。[1] 相关研究还有薛磊的《元代宫廷史》、高墥的《元大内宫殿考证》、叶新民的《元上都宫殿楼阁考》、白翠琴的《元朝帝居仪规采撷》等。

总之，对元大都的研究集中于历史领域，以及中西文化交流背景下大都形象探究上。尤其是后者，对本节的写作具有较多的理论指导意义，对从 13—14 世纪中西方纪行文献中进一步挖掘大都形象大有裨益。

## 二 文本细读

作为元朝多方面资源最集中的国都，元大都城是全国乃至整个欧亚大陆时时关注的耀眼存在，它成了各民族文人政客、各国家商人探险者心中神往的圣地。对大都的书写也成了元代文学中独特且重要的存在，它从不同方面立体地展现了元大都的繁华富丽、大气磅礴，展现着少数民族所建国家的国都气象。

大都城是元朝的中心，四通八达的水陆交通网以它为交汇点辐射全国。元朝幅员极为辽阔，共分为辽阳、岭北、河南、陕西、甘肃、四川、云南、江浙、湖广、江西等 10 个行省，为方便中央管理，从每个行省省治都有通往大都的驿道，这些驿道构成了元代最主要的陆路交通网，再加上元代重新开凿疏浚的京杭大运河以及开辟的海运航道，都使得大都成了这庞大帝国的交通心脏，联络南北，向帝国的每一个角落传达来自皇城中心的震动，就如黄文仲《大都赋》所言："万方臣妾，罔不后先。犹北辰之朝列宿，东海之会百川。"[2] 并且，元朝与

---

[1] 傅熹年：《元大都大内宫殿的复原研究》，《考古学报》1993 年第 1 期。
[2] （元）黄文仲：《大都赋》，见李修生主编《全元文》第 46 册，第 131 页。

第七章　中外交流视角与 13—14 世纪纪行作品的深度解读·城市生活系列

中亚、西亚汗国之间友好关系的建立，使得欧洲到大都的路也畅通无阻，意大利商人马可·波罗便是从地中海岸出发，横跨亚欧大陆来到大都。是以大都城门日日人来人往、车马不息，"憧憧十一门，车马如云烟"①"辟门十一，四达憧憧"②，信息、金钱、货物、文化、艺术等在这里不断交汇。

为方便大都与全国各地的往来，元朝政府在各驿道上设立了站赤。元末人熊梦祥曾在《析津志》中列出了当时天下各地的站名，感慨"四方万里，使节往来，可计日而至者，驿马之力也"③。这些站赤的中心即是大都城，马可·波罗在记录站赤情况时就很注重这一点，《马可·波罗行纪》第九七章章名即是"从汗八里遣赴各地之使臣铺卒"，文中说：

> 应知有不少道路从此汗八里首途，通达不少州郡……行二十五哩，使臣即见有一驿，其名曰站（Iamb），一如吾人所称供给马匹之驿传也。每驿有一大而富丽之邸，使臣居宿于此，其房舍满布极富丽之卧榻，上陈绸被，凡使臣需要之物皆备。④

在马可·波罗笔下，这些站赤不仅数量繁多，遍布天下，能从大都通达诸多地方，而且能够为往来的使者提供高级的休憩之所和富足的补充物资，更加强了大都与地方之间的联系。这种耗费巨大的政府行为甚至让从地中海海畔来此的马可·波罗大为震撼，毫不吝惜对站赤制度的赞叹："是为最盛大之举，从未见有皇帝、国王、蕃主之殷富有如此者……其事之奇，其价之巨，非笔墨所能形容者也。"⑤虽然站赤制度的耗费令人心惊，但它所带来的效益也是显而易见的。摩洛

---

① （元）廼贤：《京城杂言六首》（其一），见杨镰主编《全元诗》第 48 册，第 23 页。
② （元）黄文仲：《大都赋》，见李修生主编《全元文》第 46 册，第 132 页。
③ （元）熊梦祥著，北京图书馆善本组辑：《析津志辑佚》，北京古籍出版社 1983 年版，第 120 页。
④ 《马可·波罗行纪》，第 246 页。
⑤ 《马可·波罗行纪》，第 247 页。

哥旅行家伊本·白图泰在游历北非、西亚、东非、东南亚等诸多国家和地区后,直言"在中国旅行是最安全不过的。中国是世界上最安定的国度。旅行者即使身怀巨款,单身行程九个月,也不会担惊受怕。那是因为在中国处处都设有驿站。驿站有驿令、骑兵和步卒驻防……从中国的穗城到汗八里克,站站如此"①,这里的"穗城"指今天的广州,已接近于元代疆域的最南端,但在伊本·白图泰的描述中,它到"汗八里克(大都)"的路途却仍如此安全和方便。难怪元人王礼也由衷地感慨道:"适千里者如在户庭,之万里者如出邻家。于是西域之仕于中朝,学于南夏,乐江湖而忘乡国者众矣。"②

　　站赤亦分陆站与水站,伊本·白图泰所言从广州前往大都的路程,其中大部分即需借助元朝开凿和疏浚的南北向京杭大运河。京杭运河的通航使得东南富庶地区的物资能够快速而低成本地运往大都,还方便了南北方人才的交流沟通,成了元代最主要的内陆河道。元代海运也同样发达,张昱在《辇下曲》中吟道:"国初海运自朱张,百万楼船渡大洋。"③ 这里的"朱""张"在陶宗仪的《南村辍耕录》中有解释,"国朝海运粮储,自朱清、张瑄始"④。这样,内陆河运加上海运,让南方的物资与人才能够源源不断地输入大都,维系着大都的运转。

　　元代文人黄文仲北上游览大都后,切身感受到了水运对大都的重要性,他在《大都赋》中写道:"乃辟东渠,登我漕运。凿潞河之垠堮,注天海之清润。延六十里,潴以九堰。自汴以北者挽河而输,自淮以南者帆海而进。"⑤ 元朝沿着皇城的东侧开凿了通惠河,并注入宫城北侧的积水潭,让南来的船只得以直接驶入大都的中心,是以"国不知匮,民不知困。遂使天下之旅,重可轻而远可近。扬波之橹,多于东溟之鱼;驰风之樯,繁于南山之笋。一水既道,万货如粪"⑥。四

---

① 《异境奇观——伊本·白图泰游记》,第542页。
② (元)王礼:《义冢记》,见李修生主编《全元文》第60册,第655页。
③ (元)张昱:《辇下曲》,辛梦霞点校:《张光弼诗集》卷一,第343页。
④ (元)陶宗仪撰,李梦生校点:《南村辍耕录》,上海古籍出版社2012年版,第133页。
⑤ (元)黄文仲:《大都赋》,见李修生主编《全元文》第46册,第133页。
⑥ (元)黄文仲:《大都赋》,见李修生主编《全元文》第46册,第133页。

通八达的水陆交通网将大都与大元帝国的每一个角落紧紧相连,让大都城成了整个东亚大陆上的核心点。

元大都也是当时世界上最繁华富丽的城市之一,全球各地的奇珍异宝都集聚在这里,商业也随之兴盛起来。并且,自宋代开始,城市中封闭式的里坊结构被摧毁,大量的商铺、茶馆、酒楼等直接出现在了街道两旁,至元代则更甚。再加上便利的交通网,更让整个东亚大陆,甚至是世界各地的药品、花草、果蔬、动物、酒类等都云集于大都,让时人不禁感慨"天生地产,鬼宝神爱,人造物化,山奇海怪。不求而自至,不集而自萃"①。

马可·波罗东行一路经历了突厥、波斯等诸多国家地区,想必更是游览过了各种各样热闹的城市,却还是深感大都城的繁华举世无双,他这样描写道:

> 外国巨价异物及百物之输入此城者,世界诸城无能与比……百物输入之众,有如川流之不息。仅丝一项,每日入城者计有千车……此汗八里大城之周围,约有城市二百,位置远近不等。每城皆有商人来此买卖货物,盖此城为商业繁盛之城也。②

马可·波罗在此深感大都城商品之丰富、商业之发达。先说大都丰富繁杂的物类。熊梦祥在《析津志》中就详细地记载了他所知的大都异土产贡,如"树㮈子,直北朔漠大山泽中""葡萄酒,出火州穷边极陲之地""枣酒,京南真定为之",等等③。这里讲到了许多种酒,元代盛行饮酒,还从海外传入了酒的蒸馏技术,让酒中酒精含量可以更高,元代文人朱德润曾专门为蒸馏酒作《轧赖机赋》,描述了制作蒸馏酒的过程,"火炽既盛,鼎沸为汤,包混沌于郁蒸,鼓元气于中央。薰陶渐渍,凝结为炀,渰渤若云,蒸而雨滴,霏微如雾,融而露

---

① (元)黄文仲:《大都赋》,见李修生主编《全元文》第46册,第134页。
② 《马可·波罗行纪》,第238页。
③ (元)熊梦祥著,北京图书馆善本组辑:《析津志辑佚》,北京古籍出版社1983年版,第239—240页。

瀼",还盛赞"当今之盛礼,莫盛于轧赖机"①。

关于大都城中具体的商业繁盛地,熊梦祥的《析津志》中有记载,"米市、面市,钟楼前十字街西南角。羊市、马市、牛市、骆驼市、驴骡市,以上七处市,俱在羊角市一带。其杂货并在十市口。北有柴草市,此地若集市"②,这里提到了大都城内的三大市场。其中"钟楼前十字街西南角"位置大致在大都城中央的斜街上,这是大都唯一一条西北—东南向的主街,南临京杭大运河的最北端积水潭,南来的货物直接在这里卸船,因此商业格外发达。还有文中提到的"羊角市",在大都南侧左边的城门顺承门内,除上述七处市外,还有穷汉市、人市、果市等,并且此地以南商为多。除这几个市场之外,黄文仲在其《大都赋》中称:

  文明为舳舻之津,丽正为衣冠之海。顺承为南商之薮,平则为西贾之派。③

文明门,又称"哈达门","哈达大王府在门内,因名之",地处在大都南侧右边的城门,邻近通惠河,因此船来船往十分热闹,"哈达门丁字街"有菜市,"文明门外一里"有猪市,"文明门外桥南一里"有鱼市,还有草市④;丽正门为大都城南侧中间的城门,各国各地的人从此门出入,络绎不绝,据《析津志》记载,丽正门附近有菜市、穷汉市等⑤。除上述专门市场外,《析津志》中还记录了段子市、皮帽市、帽子市、鹁鸽市、鹅鸭市、珠子市、省东市、文籍市、纸扎市、靴市、车市、拱木市、猪市、蒸饼市、铁器市等⑥,品类繁多,足可见大都的商业十分发达。

---

 ① (元)朱德润:《轧赖机赋》,朱德润:《存复斋文集》卷三,台湾学生书局1973年版,第79—81页。
 ② 《析津志辑佚》,第5—7页。
 ③ (元)黄文仲:《大都赋》,见李修生主编《全元文》第46册,第134页。
 ④ 《析津志辑佚》,第2—6页。
 ⑤ 《析津志辑佚》,第5页。
 ⑥ 《析津志辑佚》,第5—7页。

第七章　中外交流视角与13—14世纪纪行作品的深度解读·城市生活系列

　　大都城内的交通也十分便利，十一个城门之间均有宽阔的大道，大道之间又排列着胡同，"论其市廛则通衢交错，列巷纷纭。大可以并百蹄，小可以方八轮。街东之望街西，仿而见，佛而闻；城南之走城北，出而晨，归而昏。华区锦市，聚万国之珍异；歌棚舞榭，选九州之秾芬"①，如此便利的城内道路，更推动了大都城内商业的繁华发展。

　　此外，大都城中的文化生活亦极为丰富多元。元朝疆域辽阔、政治开放、交通顺畅，各种国家、民族的文化在元朝的土地上交流对话，大都作为元朝的中心，其文化交流繁荣之程度更甚。为了享受到大都城丰富的资源，各个国家、种族、宗教信仰的人云集大都。元末著名的文学家危素在勉励友人夏仲信时，就曾言明"京师众大之区，四方之士苟负其一艺之长、一才之善，远者万里，近者数百里，航川舆陆，自东西南北而至者，莫有为之限隔。人之生乎斯时，可谓大幸矣……言人人殊，况其习俗不同，趋向亦异"，感慨大都文化环境的复杂多元，甚至因此告诫夏仲信"修于家而坏于游者"有很多，勉励他要"杰然不没于流俗"。②

　　大都丰富多元的文化环境与元代皇帝对待不同民族、宗教文化的态度是密不可分的。马可·波罗在其行纪中记载："彼（大汗）对于基督教徒主要节庆，若复活节、诞生节等节，常遵例为之。对于回教徒、犹太教徒、偶像教徒之主要节庆，执礼亦同。"③ 在整个中国历史上，以如此开明的态度对待异族文化的朝代也是十分少见的。也因此，元大都流行着各种文化，被当时许多文人不自觉地记录下来。张昱在大都游历时所写的诗歌中，就有许多文化的痕迹，如高丽朝鲜文化：

　　　　玉德殿当清灏西，蹲龙碧瓦接橡题。卫兵学得高丽语，连臂低歌井即梨。④

---

① （元）黄文仲：《大都赋》，见李修生主编《全元文》第46册，第133页。
② （元）危素：《送夏仲信序》，见李修生主编《全元文》第48册，第171页。
③ 《马可·波罗行纪》，第192页。
④ （元）张昱：《辇下曲》，辛梦霞点校：《张光弼诗集》卷一，第348页。

这首诗描写了元朝宫廷内的卫兵向宫中的高丽人学说他们的语言，搭着手臂合唱高丽俗乐曲"井即梨"①的情景。这是一首舒缓、低沉的，表达思念的高丽民歌，因此才有了士兵们的"连臂低歌"。只不过在蒙古士兵的歌唱过程中发音有了错误，再加上张昱也不清楚高丽语，于是误记了。我们再看学唱高丽民歌的场景发生在哪里呢？根据历史学家朱偰对大都宫殿的考证，"清灏门外为玉德殿……皆大内延春阁西之偏殿也"②。其中的"延春阁"为宫城内的标志性建筑，与正殿大明殿南北呼应，规制陈设，大体上与大明殿相同，是皇帝举行宗教仪式和宴会之所。可见，玉德殿不仅仅是宫城中的建筑，它还是与帝国权力中心密切接触的宫殿。就是在这样的宫殿附近，竟然有许多元朝卫兵学习高丽语，学唱高丽俗乐，足可见高丽语的流传在元宫廷内是非常的普遍了。但是高丽远在朝鲜半岛，当地的民歌怎么会在大都的宫城内流行开来？这源于元朝时期，中国与高丽密切的"甥舅"外交关系。高丽不仅仅是元朝的附属国，两者之间的关系比"朝贡"还要紧密。就拿高丽贡女来说，"明确见于史书记载的贡女批次就达六七十次，其中有明确记载的人数就达1500人之多，何况这只是其中的一小部分而已"③，大都中的权贵富豪之家甚至以家中有善解人意、温柔机敏的高丽女子为傲，高丽女如顺帝皇后奇氏者，甚至进入元朝的统治阶层，影响到了国家的决策。在这样的背景下，大量的高丽人口迁移到大都居住，高丽的歌舞、服装、日常生活习惯等也被带到了元朝都城。"宫衣新尚高丽样，方领过腰半臂裁。连夜内家争借看，为曾着过御前来"④，写的是元廷宫女开始崇尚高丽的服装样式，"绯国宫人直女工，衾稠载得内门中。当番女伴能包袱，要学高丽顶入宫"⑤，写的是高丽人的生活习惯也开始熏染元人，用头顶物这一高丽

---

① 关于"井即梨"，参考了吴明微《高丽向元朝人口迁移中的音乐文化交流》[《福建师范大学学报》（哲学社会科学版）2015年第5期]。
② 朱偰：《元大都宫殿图考》，商务印书馆1936年版，第28页。
③ 喜蕾：《元朝宫廷中的高丽贡女》，《内蒙古大学学报》（人文社会科学版）2001年第3期。
④ （元）张昱：《宫中词》，辛梦霞点校：《张光弼诗集》卷一，第352页。
⑤ （元）张昱：《辇下曲》，辛梦霞点校：《张光弼诗集》卷一，第350页。

人特有的习俗为元人所接受。又如伊斯兰教文化,"花门齐候月生眉,白日不食夜饱之。缠头向西礼圈户,出浴升高叫阿弥"①。这里的"花门"即"回纥",也就是元人所说的"回回",描述的是大都城中伊斯兰教教徒封斋、礼拜、沐浴、诵经的情形。又如畏兀儿文化,"高昌之神戴殁首,仗剑骑羊势猛烈"②,元代畏兀儿人信奉多种宗教,这里描绘的是畏兀儿人受他们原来信奉的萨满教的影响,崇拜"戴殁首,仗剑骑羊"的高昌之神的现象。

藏传佛教对元代政治和宫廷的影响尤其令人注意。自八思巴起,元朝奉藏传佛教高僧为帝师,给予他们极高地位。陶宗仪《南村辍耕录》记载:"累朝皇帝于践祚之始,必布告天下,使咸知之。惟诏西番者,以粉书诏文于青缯,而绣以白绒,网以真珠,至御宝处,则用珊瑚,遣使赍至彼国,张于帝师所居处。"③可见元朝皇帝对藏传佛教极为礼遇。藏传佛教的天魔舞在元宫廷中也极为盛行,为元代上层统治者所喜爱,"西天法曲曼声长,璎珞垂衣称艳妆。大宴殿中歌舞上,华严海会庆君王""西方舞女即天人,玉手昙云满把青。舞唱天魔供奉曲,君王长在月宫听"④。在元帝崇佛行为的影响下,佛教(尤其是藏传佛教)在元大都民众中更受推崇了。"似将慧日破愚昏,向日如常下钓轩。男女倾城求受戒,法中秘密不能言"⑤,被文人们作诗讽刺。熊梦祥在《析津志》中记载了当时大量的佛寺及其在大都中的方位,可以说佛寺遍布整个大都。⑥甚至元朝最后灭亡也与元代皇帝对番僧的纵容有关。不仅是藏传佛教寺庙遍布大都城中的主要位置,其他宗教寺庙、殿宇也星罗棋布地出现在大都的主街巷,见证着元代对待多元文化兼容并包的态度,也正此成就了一个绚烂丰富、大气磅礴的大都。

---

① (元)张昱:《辇下曲》,辛梦霞点校:《张光弼诗集》卷一,第349页。
② (元)张昱:《辇下曲》,辛梦霞点校:《张光弼诗集》卷一,第349页。
③ (元)陶宗仪撰,李梦生校点:《南村辍耕录》,上海古籍出版社2012年版,第24页。
④ (元)张昱:《辇下曲》,辛梦霞点校:《张光弼诗集》卷一,第343—346页。
⑤ (元)张昱:《辇下曲》,辛梦霞点校:《张光弼诗集》卷一,第349页。
⑥ 《析津志辑佚》,第67—94页。

作为元代人口、信息、交通的汇集地,大都城展示着作为外来蒙古族征服者建立的都城的独特性。它熏染上草原民族自由奔放的天性,毫无芥蒂地容纳了整个亚欧大陆的物产与文化,成了13—14世纪全世界都城中最耀眼璀璨的明珠。同时,元大都也是整个元代政治、经济、文化的缩影,从中可以看到一个"北逾阴山,西极流沙,东尽辽左,南越海表"①的大中国。

### 三 文学史意义

在13—14世纪的广袤的亚欧大陆上,大都这座城市集中了最多的目光。南北中外的文人和旅行家们纷纷写诗作文歌赞它、记录它,各国作者的书籍因为共同描绘了这座城市而被聚集于一处供人探究。总的来说,与大都相关的纪行作品有以下几方面意义。

首先,这类作品有重要的史料价值。其中元人的大都纪行作品为我们了解元大都的宗教传播、宫阙制度、饮食服饰、语言文字等情况提供了线索,可以补史之阙,与史互证。其中外国人的大都纪行文学作品更可以为我们提供13—14世纪亚欧大陆的道路交通、国家关系等重要信息,尤其是还能够让我们了解当时的外来人是如何看待中国文化的,为我们研究中外文化差异提供了重要信息。

其次,这类作品描绘出的大都形象也是整个蒙元帝国的缩影。通过丰富的纪行作品,大都得以呈现出一个立体饱满的都城形象。它作为游牧民族建立在农业耕作地区的都城,本身就是在农牧文化激烈碰撞之下产生的,因此,它也容纳适应了更广阔的欧亚大陆上丰富多元的物产和文化,成为各类文化交融对话的地方。大都作为蒙元帝国的重要文化中心,其文化面貌也是整个国家文化面貌的集中展现。通过对大都的了解,我们也可以从中发现整个蒙元帝国的多元文化并存的特征。

再次,这类作品对大都形象的塑造丰富了古代的都城文化。大都作为中国历代都城中的特殊者,它通过中外纪行作品而呈现出来的都城形象是极具特色的。尤其是其中异邦旅行者、传教士对大都的描绘,

---

① 《元史》卷五十八《志第十·地理一》,第1345页。

是之前朝代的都城文化比较缺少的。因此，这一角度的都城描绘丰富和补充了古代的都城形象，从而也有助于我们探究文学创作与都城文化之间的关系。

总之，大都作为13—14世纪横跨欧亚大陆的蒙元帝国之中心，其地位和价值本就非凡。而围绕它展开的纪行文学作者群也是遍布元朝南北、亚欧东西，他们的纪行作品更是从各个角度对元大都形象作出各具特色的表达，应该成为众人关注之重心。

## 第四节　13—14世纪的国际城市之四：杭州

与和林、上都、大都三座以蒙古政权国都新兴的北方城市不同，13—14世纪蒙元时期的江南城市杭州有着更为复杂的变革面貌。这主要在于，伴随宋元政权的递嬗，杭州失去自南宋国祚以来一直保持的国家政治中心地位，而在元时期被设立为江浙行省省治，政治地位发生了重要变化，但在地理交通、商贸经济与城市文化等方面的发展，杭州显现的国际性，却甚有越迈前朝之势。换言之，自"吴越开镇，南宋启都"，杭州确立起"东南第一都会"的国内区域优势地位，但其据有"国际都会"的世界性地位，却当是在13—14世纪的蒙元时期。而此间值得我们侧目的是，在引证此种历史局面的文本文献中，数百年前涌现的一批涉及杭州游历经验书写的西方旅华纪行作品，据有独特而重要的位置。

这些西方旅华纪行作品，以已在东西交流史上据有伟大经典地位的《马可·波罗行记》最为瞩目。另有《鄂多立克东游录》《伊本·白图泰游记》《马黎诺里游记》三著，亦是相关的重要名著。这四部游记作品均涉及对元代杭州民物风情与城市生活的书写，并皆高度称扬了这座城市的繁荣富庶之美。如马可·波罗称杭州为"天城""世界上最富丽名贵之城"[1]，鄂多立克言"它是世上所有最大和最高贵的

---

[1] ［意］马可·波罗口述，［法］沙海昂注：《马可·波罗行记》中册，冯承钧译，中华书局1954年版，第570页。

城市"①，伊本·白图泰以杭州为其在中国所见到的最大的城市②，马黎诺里惊叹曰"今代地面上未有之大城"③。这些以杭州作为世界性大城市进行的描述与赞美，是迄今所知有文献可考的西方人对杭州的最初印象，实则也突破了此前东方文献中杭州书写的中国域内城市表述模式。相关具体内容，虽不乏夸张乃至失实的地方，甚至马可·波罗等人到过杭州的真实性迄今仍受到质疑。但无论如何，可以肯定的是，借由以《马可·波罗行记》为代表的西方旅华纪行作品，杭州以世界都会的面貌在13—14世纪进入了国际话语体系之中。

## 一 研究现状

晚近以来，在西方蒙古史学、内亚史学、东方学等多领域研究的推动，以及国内元史研究的兴起与发展下，13—14世纪的蒙元史研究已成为一门世界显学。就城市史的研究来看，和林、上都、大都这些直接与蒙古政权之建立息息相关的新兴北中国城市，在20世纪也确已吸引众多中西学者的讨论，产生了一批专门的研究成果④，而如杭州、泉州等即有南中国城市，东西学者在对《马可·波罗行记》等西方旅华纪行作品相关载述的译释中，亦打开了跨国际的研讨局面。近年来，应随学界对二城在蒙元时期交通与商贸地位的深入关注，尤其是全球史视野下国际特色及相关文献的逐步发掘，杭、泉二城更是显现出作为元代学术增长点的特质。其中，一批叙述13—14世纪杭州的多语史料文本，围绕马可·波罗与元代杭州、元代杭州的城市变革、元代杭州穆斯林三大焦点议题展开的相关成果，已初步确立起13—14世纪蒙元统治时期杭州的国际都会面貌及其在古代杭州城市发展史上具有的重要意义。

（一）马可·波罗与元代杭州研究

作为西方世界倾情书写杭州的"第一人"，我们不难理解马可·

---

① 《鄂多立克东游录》，何高济译，中华书局1981年版，第68页。
② ［摩洛哥］伊本·白图泰口述：《异境奇观——伊本·白图泰游记》，李光斌译，海洋出版社2008年版，第548页。
③ 张星烺编注：《中西交通史料汇编》（全1册），中华书局1977年版，第253页。
④ 详参本章第一、二、三节"研究现状"部分内容。

波罗及其行记成为元代杭州研究的一个重要视点。事实上，东西学界对元代杭州的关注，均是从《马可·波罗行记》而起。由于《马可·波罗行记》译释与研究体系的庞大，这里我们选择抛开庞杂零散的关联性研讨，主要就其中之专门探究成果来看。

西方学者的相关研究可追溯至文艺复兴时期意大利学者孔图吉的《行在考述》①，近代英国汉学家亨利·玉尔在其翻译的《马可·波罗行记》中的"行在"注（1875年），穆勒《马可·波罗行在所考》（1957年），伯希和在其巨著《马可·波罗游记诠释》中对杭州的专注，亦是西方早期相关成果的代表。国内对元代杭州的专门讨论，最早见于向达先生②。其后则至80年代，唐锡仁、陈得芝二位先生有所涉及③。90年代，龚缨晏《马可·波罗对杭州的记述》④立足文献学，通过《马可·波罗游记》的多种版本比较，澄清了一些关于马可·波罗及其行记的不正确说法，对现有中译本中关于杭州的记叙作了增补，为马可·波罗及元代杭州研究提供了一些新的文献基础。⑤

21世纪以来，国内出现了一批更为系统、精细的以马可·波罗游记观照元代杭州及马可·波罗之杭州书写意义的成果，鲍志成的专著《马可·波罗与杭州天城》（香港新风出版社2000年版）可为其中代表。该著分为上、中、下三编：上编梳理了马可·波罗之杭州叙述的地位、马可·波罗是否到过杭州的真实性确认等基本问题，指出马可·波罗是"向西方全面介绍杭州的第一人"，确认了马可·波罗杭

---

① 孔图吉的《行在考述》收录在1601年意大利出版的《政治宝典》（Thesoro politico）第二卷中。具体内容参见邬银兰《全球化的兴起与"行在"城的北移——文艺复兴时期意大利文献〈行在考述〉》，《宁波大学学报》（人文科学版）2021年第2期。

② 向达：《元代马哥孛罗诸外国人所见之杭州》，《东方杂志》1929年5月，第二十六卷十期。

③ 唐锡仁：《马可·波罗和他的游记》（商务印书馆1981年版），涉及对"马可·波罗的杭州纪游"的介绍；陈得芝《马可·波罗在中国的旅程及其年代》涉及对马可·波罗杭州之行的时间、路线等问题的考论。

④ 载《杭州大学学报》1998年第1期。

⑤ 20世纪中西学界有关马可·波罗与杭州的研究，可详参鲍志成《中外学者对马可·波罗与天堂杭州的研究》一文，是文刊载于邱树森、李治安主编《元史论丛·第八辑·"马可·波罗与十三世纪中国"国际学术研讨会论文集》，江西教育出版社2001年版，第70—77页。另收入氏著《沙舟集》，西泠印社2006年版，第117—135页。

州之旅的真实性，并通过"世界最大之城"这一共同论调的提炼，载录了包括马可·波罗、鄂多立克、伊本·白图泰、马黎诺里四位西方旅行家的杭州书写；中篇则充分利用西方旅行家的杭州书写及其他相关文献，从行政建置、人口民族、内外交通、都事经济、市容建筑、文化艺术、民情风俗、宗教流播等方面，系统论述了元代杭州非同于前的国际化面貌；下编具体考述了马可·波罗所述杭州之相关细节问题，创新性提出了马可·波罗多次来杭游历的观点。在此著基础上，鲍氏又发表《马可·波罗眼中的杭州》[①]一文，专门阐发了马可·波罗笔下商铺林立、鱼市繁盛、湖泊美丽、船舫考究、民情温雅、佛寺众多、巍峨皇城、宫殿森严的杭州都市生活图景。

黄时鉴《〈马可·波罗游记〉与欧洲古地图上的杭州》[②]亦是一篇重要的成果。该文利用一幅新近在法国巴黎发现的目前最早的世界古舆图，以古舆图上的"Quinsay"为线索，揭示了中世纪以来西方人对中国的认识从局部到整体的过程，并认为"杭州"可能是西方人所知道的最早的中国地名（城市），而这一状况的出现主要由于马可·波罗对杭州的记述流传到欧洲，由此显示杭州的世界意义。另龚缨晏《欧洲与杭州：相识之路》（杭州出版社 2004 年版）是专门攒合古代西方杭州记叙的专著，该著将杭州置于整个世界体系的格局中进行考察，对马可·波罗等西方世界的杭州记述进行了系统的介绍，既富文献价值，亦具学术启发意义。周鸿承《马可·波罗与东方饮食文化的传播及影响》[③]涉及对马可·波罗笔下杭州饮食生活与食品贸易的考察。邹银兰《全球化初期欧洲〈行在图〉源流考》[④]通过考论 16 世纪意大利人根据马可·波罗之杭州介绍画制的《行在图》，揭显了欧洲人对中国认识的曲折演变过程，同时也反映了马可·波罗在促进杭州进入国际视野这一历程中的巨大影响。

---

① 载《文化交流》2007 年第 3 期。
② 载李治安、宋涛主编《马可·波罗游历过的城市：元代杭州研究文集》，杭州出版社 2012 年版，第 1—19 页。
③ 载《地域文化研究》2017 年第 3 期。
④ 载《浙江学刊》2020 年第 6 期。

除马可·波罗之外，21世纪还出现了其他西方旅行家与元代杭州的相关研究。邱树森《摩洛哥旅行家伊本·白图泰的中国之行》[1]是较早对伊本·白图泰之中国纪行进行专述的论文，但尚未对杭州有所专门讨论。王永平《伊本·白图泰眼中的杭州绳技——一种从海上丝绸之路传来的印度魔术》[2]对《伊本·白图泰游记》中所记载的杭州绳技表演进行了专论。徐海松、张玲蓉《元代欧洲旅行家笔下的杭州及其影响——杭州在西方人眼中的最初印象》[3]融会马可·波罗、鄂多立克、马黎诺里三位旅行家的杭州记载，分析了他们勾勒杭州形象所广涉的杭州城市规模和地理环境、市政交通与生活设施、工商经济与封建赋税、市民风俗与宗教信仰等各大方面的具体内容，指出以《马可·波罗行记》为代表的元代欧洲旅行家的杭州书写深刻影响了明清时期的欧人，其不仅是15世纪欧洲航海家的目标指南，也是16世纪后入华欧洲传教士深入考察和研究中国的基础。杨晓春《元代西方旅行家笔下的杭州穆斯林状况辨析》[4]考察了鄂多立克和伊本·拔图塔关于杭州穆斯林记载的可靠性，指出这些记载在大体上与汉文文献等其他文献证实的元代杭州穆斯林的基本状况，如穆斯林人口较多、有聚居区、有清真寺等相吻合，但具体数目上有夸张乃至不实之处。

21世纪国外学者对马可·波罗的研究成果蔚为大观[5]，但专门聚焦杭州的论著并不多见。由意大利热路易吉·布雷桑编著的《西方人眼里的杭州：从马可·波罗到卫匡国》（姚建根译，学林出版社2010年版）是西方世界对西方杭州书写文献的一次专门整理，值得关注。德国学者傅汉思（Hans Ulrich Vogel）著《马可·波罗到过中国：货币、盐、税收方面的新证据》（*Marco Polo was in China: New Evidence from Currencies, Salts and Revenues*），在第六章中专论"杭州的赋税收

---

[1] 载《历史教学》2001年第5期。
[2] 载《山西大学学报》（哲学社会科学版）2016年第3期。
[3] 载《杭州师范学院学报》2000年第5期。
[4] 载《元史及民族与边疆研究集刊》第三十四辑，上海古籍出版社2018年版，第162—169页。
[5] 详参马晓林《马可·波罗研究史：20世纪后期至今》，《马可·波罗与元代中国》，中西书局2018年版，第28—60页。

入及其领域",通过13世纪欧亚大陆波斯、中国、威尼斯三大系统货币单位的换算关系,科学验证了马可·波罗所记杭州税收数字的可靠性。中国学者马晓林撰有专文评介此成果,认为"傅汉思教授以经济史的眼光,通过数据统计、汇率换算、数额计算,终于使马可·波罗记载的经济数字与汉文史料可以在同一平面上进行比较,为欧亚大陆贸易研究提供了重要的参照系,本身便是很重要的贡献。马可·波罗的记载与汉文史料的比较结果,也为我们证实,《马可·波罗行记》一书——至少在经济数字方面——是经得起检验的,可信度极高"[1]。

(二)城市研究范式下的元代杭州研究

比照于前朝历史,杭州在蒙元王朝发生的政治、交通、经济等多方面的地位变革,决定了其本身即是一个富有价值的研究主体。

20世纪八九十年代,国内已有学者在城市研究的范式下讨论元代杭州。王挺之《马可·波罗时代的杭州与佛罗伦萨城市比较》从城市规模、都市经济、市民生活三个方面比较了13—14世纪杭州与佛罗伦萨两座城市的发展面貌,指出在马可·波罗时代,即13—14世纪,以杭州为代表的中国城市在城市规模的发展上高于欧洲城市,在都市经济繁荣程度上,13世纪的杭州亦完全堪与佛罗伦萨匹敌,而在节庆、娱乐等社会活动中,杭州市民的社会生活观念更加开放与世俗化[2]。鲍志诚《元代杭州:一个国际性都会》首次从水陆海交通辐辏、亚欧非各族杂居、多民族文化交融三个方面综合论证了元代杭州的国际性,指出"在南宋都城基础上发展起来的元代杭州,成了东方文化迎接西方文化的一大窗口,是元以前的中国乃至在世界城市发展历史上也罕见的国际性都市"[3]。其后鲍氏又发表《元大都和杭州的国际性》[4]一文,以元大都和杭州并举,进一步讨论了杭州在元时期的国际化发展及其所显示的元代社会的开放特征。

---

[1] 参见马晓林《马可·波罗所记杭州税收数字的可靠性——元代江南经济史的新成果》,《马可·波罗与元代中国》,中西书局2018年版,第238—244页。
[2] 载《四川大学学报》(哲学社会科学版)1989年第4期。
[3] 载《杭州师范学院学报》1992年第4期。
[4] 载《大同高等专科学校学报》1998年第1期。

## 第七章　中外交流视角与13—14世纪纪行作品的深度解读·城市生活系列

进入21世纪，更多学人参与对元代杭州的讨论，而于2010年11月由杭州市政协主办，中国元史研究会、杭州文史研究会承办的"世界的天城——元代杭州研究论坛"，可以说是元代杭州研究的一个峰点。会议吸引了来自中国大陆、日本、英国等地近100位学者及杭州地方史研究人员的参加[①]。通过会议，"民族化与国际化是元代杭州的重要特征"成为学界共识[②]，会后出版了《马可·波罗游历过的城市：元代杭州研究文集》（杭州出版社2012年版）。相关会议论文：陈得芝《从"销金窝儿"到民族熔炉——元代杭州与蒙古色目人文化的演变》通过元代杭州蒙古色目人的文化演变，指出"元代杭州的发展程度并在宋代之下，其中最突出的是多元文化与各民族的融合"。高荣盛《元代杭州的历史地位》、鲍志成《论元代杭州的城市地位》二文均对元代杭州的地位进行了专门审视，前者主要从内外交通视角切入，后者则是作者在元代杭州研究上十数年研究经验的统合。姚建根《宋元变革时期的杭州》、何忠礼《元灭南宋及对杭州的影响》、徐吉军《元代杭州的"南宋遗风"》三文均涉及宋元杭州的承变问题探讨。其中，姚文将南宋末期及整个元代视作一个长时段的变革时期，即顺着南宋末期的轨迹，寻找元代杭州的发展路径，得出杭州在元时期依然获得了"相对繁荣"的发展面貌。其他若许铮《元代的杭州丝绸业之概貌》、杨印民《元代杭州及江浙酒业》、吴志坚《元代杭州：融合南北的文化之都》，以及日本学者向正树《从福州到杭州：元代初期江南行省官员忙兀台对南海贸易的影响》等，涉及元代杭州的物质生活、地域文化、海运贸易等多个维度的议题。这些成果，"印证了元代杭州的历史地位，厘清了元代杭州的发展脉络，掀起了元代杭州研究的热潮"[③]。

会议之后，元代杭州研究更见繁兴，议题愈趋多元，成果形态亦

---

[①] 参见张冰冰《"世界的天城——元代杭州研究论坛"综述》，《中国史研究动态》2011年第4期。

[②] 参见李玉《民族化、国际化是元代杭州的重要特征》，《中国社会科学报》2010年12月07日（005）。

[③] 参见《马可·波罗游历过的城市：元代杭州研究文集》，杭州出版社2012年版，第588页。

更多样。论文方面,林树建《元代钱塘江沿岸城市杭州的海外贸易》考察了元代杭州通过海道与海外各国贸易往来的情况,指出"元代杭州的海外贸易,贸易地域和交易规模仍保持宋代余势,且有所扩大;其外港澉浦、乍浦的繁盛,胜过前代;海外贸易对杭州经济发展,特别是市镇经济发展,起了一定的推进作用"①。朱明《佛罗伦萨与杭州:13世纪前后城市布局和空间的比较研究》② 从城市学的角度比对了13世纪前后杭州与佛罗伦萨二城的异同,认为佛罗伦萨和杭州表现出惊人相似的方面,同时也由不同的背景衍生出相异的城市空间,体现了东西方历史上城市化的不同特点。鲍志成《元代杭州中外文化的和谐交融》③ 从西域移民大量侨居杭州、西方旅行家笔下的国际性大都会、中外民间文化的广为交流、外来宗教的广为传播四个方面进一步探讨了元代杭州中外文化交融的盛况,指出"元代杭州的中外文化交融达到了前所未有的规模和深度"。唐云芝、吴志刚《13—14世纪丝路拓通背景下的日常生活书写——以杭州为探讨中心》④ 着眼于13—14世纪由东西作家共同参与的、以杭州为典型场域的中国日常生活书写,结合文学研究与日常生活史研究两种研究视角,论证出几种异质于传统形态的书写新变,通过对这些新变的细致辨析,展示了13—14世纪丝路拓通背景下以杭州为代表的城市生活的中外交流深度,同时也提示了这一时空背景对蒙元文学研究的重要启示意义。而除期刊论文外,一些学位论文的出现,显现了元代杭州研究的精细化。如朱春悦《元代杭州城市与社会生活研究二题》(南京大学2014年博士学位论文)从政府效能与官民实际生活两大视角,讨论了元代杭州在失去前朝国都地位之后的运作状况,发现蒙元政权下的杭州是一个合理地利用了南宋临安的资源,统治宽松,管理有序,民族与文化多元的繁华都市。

---

① 林树建:《元代钱塘江沿岸城市杭州的海外贸易》,《浙江学刊》2011年第5期。
② 载《中国名城》2012年第3期。
③ 载《中外关系史论丛第21辑——历史上中外文化的和谐与共生:中国中外关系史学会2013年学术研讨会论文集》,2013年。
④ 载《浙江学刊》2019年第5期。

第七章　中外交流视角与13—14世纪纪行作品的深度解读·城市生活系列

由宋涛主编的《元代杭州历史遗存》（杭州出版社2014年版）与《元代杭州研究文献》（杭州出版社2017年版），作为"元代杭州研究丛书"的首发成果，是专著方面的代表，也标志着元代杭州研究的体系化。《元代杭州历史遗存》主要是根据历史文化研究中获得的基本史料，对现存的元代杭州馆藏文物、地面文物和遗址、石刻造像、碑碣资料等进行梳理，为元代杭州研究提供实物参考，具体包括飞来峰造像及石刻、麻曷葛剌造像、杭州凤凰寺藏阿拉伯文墓碑、杭州孔庙藏元代碑石等。《元代杭州研究文献》主要收入中、日两国学者对元代时期杭州各方面的研究。中国学者有向达、赖天兵、陈高华、宿白、徐海松等，日本学者如藤田丰八、爱宕松南、樱井智美、北村高等，内容涵盖当时杭州的政治、经济、宗教、文化、建筑、社会生活、对外交流等各个方面。这些单篇论文大多着眼于某一方面或某一具体实物，元代杭州作为城市研究的研究主体性实则大多并未凸显，但攒集为一著，却有将元代杭州的独特历史面貌，尤其是其中外文化汇聚的城市面貌展列出来的效果。

（三）穆斯林与元代杭州研究

在《马可·波罗行记》之外，一批有关13—14世纪杭州穆斯林（即元代所称回回）或伊斯兰文化历史的文献资料，亦连接起东西学界对元代杭州的探究目光，在描述与证实元代杭州的国际性上，发挥了极大的推进作用。近年中，尤以一批聚焦元代杭州凤凰寺相关遗址发现的石刻文献研究，成效最为突出。

元代回回入居中原，以"江南尤多"[1]，凤凰寺即是元代杭州回回聚居区的中心地标，是中国东南地区最早的清真寺之一。[2] 元代回回

---

[1]　（宋）周密撰，王根林校点：《癸辛杂识》，上海古籍出版社2012年版，第75页。
[2]　自近代以来杭州凤凰寺即成为中外学者透视中国江南伊斯兰文化的重要"窗口"。有关杭州凤凰寺的研究可参见桑原六郎《礼拜寺巡り》，《东洋学报》第16卷第1号，1926年10月；纪思《杭州的伊斯兰教建筑凤凰寺》，《文物》1960年第1期；方豪《浙江之回教》，《方豪六十自定稿》（上册），台北：台湾学生书局1969年版，第505—514页；丁瑞华：《杭州凤凰寺与回民生活》，《浙江文史资料选辑》第16辑，浙江人民出版社1980年版，第154—164页；张敏杰《杭州真教寺始建于何时》，《浙江学刊》1983年第2期；杨新平《杭州真教寺创始、重建年代考》，《杭州师范学院学报》1987年第3期；郭成美《浙江清真寺的分布和建造年代》（转下页）

在杭州生活时期,留下了大量非汉语碑刻。现今凤凰寺中,即藏有20方阿拉伯文、波斯文碑铭。早在20世纪30年代中叶,白寿彝先生已关注到杭州出土的穆斯林墓碑,不仅刊布若干拓片,还明确指出这些碑铭对中国伊斯兰教研究具有的重要意义[①]。其后则至90年代初,陈达生先生对中国东南沿海古代阿拉伯、波斯文碑铭研究情况进行了全面介绍,详细梳理了在中国杭州、泉州、广州、扬州以及海南发现的伊斯兰教碑铭的学术史,指出在对杭州发现的伊斯兰教碑铭的释读上,西方学者走在前列,由此呼吁中国学者要重视相关领域的研究[②]。不久,郭成美、郭群美始致力于杭州阿拉伯文、波斯文碑铭研究,发表了数篇论文,对白寿彝先生所刊布的杭州阿拉伯文、波斯文碑铭拓片进行了专门的译读和考释[③]。郭氏的研究,"某种程度上可以说是开国内杭州阿拉伯文、波斯文古碑研究之先"[④]。其后郭成美又专门记述了浙江回族伊斯兰教碑刻的收集情况,并按寺碑、墓碑、杂类三个部分列出,对其年代、材质、数量、分布作有简单说明[⑤]。程彤对凤凰寺一方刻有波斯文和阿拉伯文混合的有关重建清真寺的纪念石碑进行考察,用中文转写了伊朗学者苏吐德教授的释译,并据此探讨了元代穆斯林在杭州活动的活跃程度。[⑥]

2008年,英国伦敦大学亚非学院伊朗学系学者莫尔顿(A. H.

---

(接上页)《再谈浙江清真寺的分布和建造年代》,《中国穆斯林》1990年第6期、1992年第3期;Nancy Shatzman Steinhard,"China's Earlist Mosques",*Journal of the Society of Architectural Historians*, Vol. 67, No. 3(September 2008);[英]乔治·兰恩《关于元代的杭州凤凰寺》,刘毓萱、刘迎胜译,《清华元史》第一辑,商务印书馆2011年版,第142—152页;王心喜《杭州凤凰寺始建年代考》,中国中外关系史研究会、华侨大学华人华侨研究院编《中外关系史论丛》第19辑《多元宗教文化视野下的中外关系史》,甘肃人民出版社2012年版,第97—100页。

① 白寿彝:《杭州出土伊斯兰教先贤墓碑拓片(一)(二)》,《禹贡》1936年第5卷第11期。
② 陈达生:《论中国东南沿海古代阿拉伯、波斯文碑铭之研究》,《回族研究》1991年第1期。
③ 参见郭成美、郭群美《杭州伊斯兰教历707年碑、730年碑考》,《回族研究》1993年第3期;《杭州伊斯兰教历707和730年墓碑考》,《中国穆斯林》1993年第5期;《杭州伊斯兰教阿拉伯文波斯文古墓碑考》,《回族研究》1997年第1期。
④ 参见马娟《元代杭州的穆斯林移民》,《民族研究》2018年第1期。
⑤ 郭成美:《浙江回族伊斯兰教碑刻概述》,《回族研究》2006年第3期。
⑥ 程彤:《杭州凤凰寺波斯文阿拉伯文碑铭——兼谈元代穆斯林在杭州的足迹》,《上海文博论丛》2006年第1期。

第七章　中外交流视角与13—14世纪纪行作品的深度解读·城市生活系列

Morton)、兰恩（George Lane）与杭州文史研究会展开合作，专门着手释读杭州凤凰寺的二十方阿拉伯文、波斯文碑铭。2010年的"元代杭州研究论坛"，二位学者均提交了相关论文。莫尔顿《波斯语诗歌中的元代杭州》[①]指出凤凰寺藏阿拉伯文碑铭中附有七首波斯语诗歌，这些诗歌显示了"元代杭州穆斯林艰难地维持着伊斯兰文学传统"，并且杭州穆斯林中有较高的波斯语和阿拉伯语文学教育水平，在13、14世纪中东产生的一些优秀的诗歌作品，也在此期传到了杭州。兰恩《聚景园穆斯林茔地的墓碑》在对元代伊斯兰文化进入杭州的历史溯源上，介绍了杭州聚景园茔地[②]上两座保存至今的墓地及其对蒙元这一全球化帝国特色有所呈现的碑刻信息，对凤凰寺所藏二十方伊斯兰墓碑的形制、语言、墓主身份、碑文内容等基本信息逐一进行了说明，并指出在元代，"杭州的穆斯林社区真正到来了"[③]。2011年，莫尔顿初步完成二十方古碑的英文释读，但未及出版，便即离世。其后，中国学者组成一支翻译团队接手手稿，着手翻译校注，并请伊朗学者校释。2012年，中译工作大体完成，杭州文史研究会牵头召开了成果评审会，评审专家包伟民先生根据初步转译释读出来的碑铭，指出杭州凤凰寺藏伊斯兰碑铭，从内容上看有着极高的思想性和文学性，它们"是中国文化、宗教发展史留下的重要物证，更是古代杭州国际化程度较高的最好证明。它证明在古代相当长的一段时间里，杭州是非常国际化的，其国际化程度与现代相比甚至有过之而无不及"，且"那是一种既保持某种共同的认同，又宽容而多元的'全球化'"[④]。2014年，由莫尔顿主导的杭州凤凰寺藏阿拉伯文、波斯文碑铭译注成果，终得由中华书局出版（莫尔顿释读、英译，周思成校注、中译《杭州凤凰寺藏阿拉伯文、波斯文碑铭释读译注》）。刘迎胜先生为该书作

---

[①] [英] 莫尔顿：《波斯语诗歌中的元代杭州》，刘砚月译，李治安、宋涛主编《马可·波罗游历过的城市：元代杭州研究论文集》，杭州出版社2012年版，第235—237页。
[②] 聚景园本为宋代皇家园林，元时期成为杭州回回的墓地。凤凰寺所藏碑铭，即出于此。
[③] [英] 乔治·兰恩：《聚景园穆斯林茔地的墓碑》，魏曙光译，李治安、宋涛主编《马可·波罗游历过的城市：元代杭州研究论文集》，杭州出版社2012年版，第239—251页。
[④] 孙钥：《释读杭州凤凰寺的甲骨文》，《文化交流》2012年第12期。

序，高度肯定了此项释读工作及相关碑铭的重要意义，其认为此书的出版本身即已具有国际水平，这项成果也有力地见证元代杭州从原来南宋中国半壁江山的首都变成了统一的元帝国的第一大都市，见证了杭州当时的国际化发展水平。[①]

围绕凤凰寺藏伊斯兰碑铭与元代杭州，尚有其他值得留意的重要成果。如马建春、徐虹利用杭州凤凰寺藏波斯文、阿拉伯文碑铭考察了杭州回回社区的人口结构、政治地位、经济活动、礼拜寺院、社会风俗和文化影响，揭示了杭州是元一统与多元社会的构建典型。[②] 杨晓春通过对凤凰寺创建于元代这一观点的证实，以及元代回回闻人阿老丁身份，聚居杭州的回回人口数量、居住区、墓地等问题的集合考订，从回回人入居杭州的历史论证了元代为古代杭州对外交往的高峰时期。[③] 马娟在详细梳理中外学者关于元代杭州穆斯林研究成果的基础上，从移民的角度出发，分析了元代穆斯林移民迁入杭州的历史背景，探讨了元代穆斯林移民的身份变化，指出穆斯林移民的迁入，为杭州注入了一抹不同的文化色彩，同时也显示出元代杭州这座国际性大都市接纳外来移民的开阔胸襟。[④]

从西方记载的解读，到城市历史本身的观照，再到外来文明的焦点透视，总体而言，围绕马可·波罗与元代杭州、城市研究范式下的元代杭州、穆斯林与元代杭州三个主要议题，学界对元代杭州的探讨已显著突破此前偏于消极的认定倾向。相关研究表明，13—14世纪蒙元统治下的杭州，具有前此不曾显现，甚至今天也无可与之匹敌的高度国际化特色。这种国际化特色无疑为彼时的社会历史解读提供了新的语境，亦为元代杭州文本文献的阐释带来了更多可能。而从前述三个方面的研究现状来看，学界实已初步完成对元代杭州历史地位的重

---

[①] 刘迎胜：《时代的见证——凤凰寺与元代杭州的色目人》，收入氏著《蒙元史考论》（上），兰州大学出版社2014年版，第284—285页。
[②] 马建春、徐虹：《元一统与地方多元社会的构建——基于杭州回回社区史料与碑铭的考察》，《暨南史学》第八辑，广西师范大学出版社2003年版，第223—248页。
[③] 杨晓春：《元代杭州凤凰寺、阿老瓦丁以及回回人在杭州的聚居——略论元代为古代杭州对外交往的高峰时期》，《杭州文史》2017年第三辑，杭州出版社2017年版，第29—47页。
[④] 马娟：《元代杭州的穆斯林移民》，《民族研究》2018年第1期。

新认定,亦初步建构起杭州在元代成为世界都会的话语秩序[①]。但也需指出的是,相关研究主要是在历史学的范畴下展开,相关文本解读工作亦多是落脚于史学与文献学,故相关议题亦尚具广阔的延展与深入空间。在此基础上,进一步的专深研讨,多元化的视角观照,以及更具历史融贯性的文本阐释,则可当为接下来的研究需要期待的方向。

## 二 文本细读

杭州以世界都会的面貌,在13—14世纪进入国际话语秩序之中,这与以《马可·波罗游记》为代表的西方旅华纪行作品对杭州都市生活的描绘有着直接关系。事实上,以《马可·波罗行记》为代表的西方旅华纪行作品,在世界视域的支配下极大程度地呈现了13—14世纪杭州的国际都会面貌。而若能仔细勾联其他文本文献,则可知以《马可·波罗行记》为代表的西方旅华纪行作品,在对杭州国际都会面貌的体现上,并非"孤音独唱",相反,在13—14世纪的东方文献中,我们并不难发现相近的论调与情境。进而言之,以《马可·波罗行记》为代表的一批西方旅华纪行作品,它们实与一些东方文本文献,因杭州这一城市空间的书写发生着密近的对话,并共同营构起13—14世纪东西不同文化视野下杭州作为一座国际大都会的繁华与开放面貌。其中,杭城关联内域海外的发达交通生活,汇集中外商旅的繁华商贸生活,以及开放包容的多元文化社会生活,是呈现得最为直观的三个方面。而由于学界对相关内容的史学与文献学探讨已有相当积累,本节则拟专从纪行文学书写的视角,注重挖掘纪行之"人"与行经之"城"的互动,同时关注东西文本的对话,尝试对此三个方面的内容进行相关阐解。

---

[①] 对此,近年中杭州城市史的书写变化可做一个示例。如早期杭州城市史书写一般呈现出"宋兴元衰"的叙述框架,此可以谢和耐《蒙元入侵前夜的南宋日常生活》(江苏人民出版社1995年版)为代表。2011年林正秋编写《杭州古代城市史》(浙江人民出版社),仍尚承此叙述脉络,故而其在叙述杭州古史的一章上,直接忽略了元代;书中虽专设"马可·波罗对杭州的评述"一节,但亦主要是着眼于证实南宋杭城的繁荣发展面貌。但2016年,翁卫平主编《杭州简史》(杭州出版社),已可显见对近年元代杭州前沿观点的广泛吸收,该著对元代杭州的国际化特征颇有强调与呈现。

### （一）西方旅华纪行作品中的杭城交通生活叙述

作为两浙地区最大河流钱塘江下游流经的城市，杭州的交通地位，自隋朝修凿运河以其为南端点，已显现要津的端倪。后经五代吴越国及两宋时期，两度作为都城的杭州，城市内外交通更是得到迅速发展。9—13世纪中叶的东方文人对此有不少相关描述。如"东晒巨浸，辏闽粤之舟橹；北倚郭邑，通商旅之宝货"[1]，是唐人对杭州东以海路接通闽广地区，北以内陆地理位置优势成为通商要地情形的记述；"舟楫辐辏，望之不见其首尾"[2]，"道通四方，海外诸国，物货丛居"[3]，是宋人对钱塘江繁忙水运交通及其接连的海外贸易写照；"杭之故封，左浙江，右具区，北大海，南天目，万川之所交会，万山之所重复……可导可疏，可航可桴，可跂可逾，可檋可车"[4]，虽是主述杭城山川形胜之辞，却道出其畅达密集的水陆交通网络。及至宋元鼎革，在蒙元王朝东西交通大辟、南北疆理一统的大背景下，杭城更是迎来"内接京畿，外控诸国"[5]的交通发展新格局，"舟航水塞，车马陆填""风帆雨舶，瞬息千里"[6]是元人对杭城水陆交通之盛的描画。而此交通盛况，亦在此期进入一批旅华西方人的探究视野，得到他们的关注与称许，并被诉诸西方世界。

马可·波罗是其中的代表。13世纪末，出生于意大利威尼斯商人世家的马可·波罗跟随家人从家乡出发，横穿西亚、中亚地区，翻过帕米尔高原、罗布泊沙漠，经行河西走廊，行逾万里，来到了中国大都，并在中国居留17年之久。在居留中国的时间里，其足迹踏至中国西南边疆地界，循着京杭大运河自北而南，也到过扬州、杭州、泉州

---

[1] （唐）罗隐：《杭州罗城记》，雍文华校辑：《罗隐集·杂著》，中华书局1983年版，第307页。

[2] （宋）薛居正等：《旧五代史》卷一三三《钱俶传》，中华书局1976年版，第1775页。

[3] （宋）蔡襄：《蔡襄集》卷二八《杭州新作双门记》，上海古籍出版社1996年版，第494页。

[4] （宋）祝穆撰，（宋）祝洙增订：《方舆胜览》卷一《浙西路·形胜》，中华书局2003年版，第2—3页。

[5] （元）贡师泰：《杭州新城碑》，《全元文》第45册，第304页。

[6] （元）贡师泰：《杭州新城碑》，《全元文》第45册，第304—305页。

第七章　中外交流视角与13—14世纪纪行作品的深度解读·城市生活系列

等东南沿海诸城。其中杭州城的美丽繁华，尤让其沉醉。这使得在《马可·波罗行记》中，有关杭州的叙述，成为此书中"最精彩、最重要的章节"①。杭城的交通生活书写即是其中的一个精彩之点。

如马可·波罗首先对杭州城里便捷的水陆交通作出的介绍：

> 城之位置，一面有一甘水湖，水极澄清，有一甚大河流。河流之水流入不少河渠，河渠大小不一，流经城内诸坊……。赖此河渠与夫街道，行人可以通行城中各地。街渠宽广，车船甚易往来，运载居民必需之食粮。人谓城中有大小桥梁一万二千座，然建于大渠而正对大道之桥拱甚高，船舶航行其下，可以不必下桅，而车马仍可经行桥上，盖其坡度适宜也。就事实言，如果桥梁不多，势难往来各处。②

城市交通是城市发展的基础，马可·波罗在进入杭州之后首先关注到这里的交通，很可能即是基于此种逻辑视角。借由马可·波罗的视角，我们可以看到，杭州城中一面有"一甘水湖"，一面有"一甚大河流"，另有不少"流经城内诸坊"的河渠。这里的"湖"与"河"，即是言杭州城西的西湖与城东的钱塘江。所言"流经城内诸坊""大小不一"的"河渠"，即杭州内河水运。这些湖、河、江构成了杭州城内发达的水系交通，加之宽广的街渠，数目众多的大小桥梁，杭州的城市交通水陆相连，不仅行人可以通行于城中各地，车船往来亦相当便捷。并且，这里的大桥梁建造得非常巧妙，因为其坡度适宜，车马经行于桥上之时，船舶亦可不必下桅而正常航行于其下。而关于城中宽广的"街渠"，马可·波罗实际也另有专述指出：杭城"一切道路皆铺砖石""任赴何地，泥土不致沾足"；杭城中有一条"通行全程之道，两旁铺有砖石，各宽十步，中道则铺细砂，下有阴沟

---

① 参见邬银兰《全球化的兴起与"行在"城的北移——文艺复兴时期意大利文献〈行在考述〉》，《宁波大学学报》（人文科学版）2021年第2期。
② 《马可·波罗行记》，第578页。

· 379 ·

宣泄雨水，流于诸渠中，所以中道永远干燥。在此大道之上，常见长车往来，车有棚垫，足容六人"①，此道即曾贯穿杭城中心南北约十里之长的御街。

　　西湖、钱塘江、内河水运、桥梁及市街道路，诚为杭城交通的五个重要方面。作为地标，西湖在杭州城市发展史上一直具有重要意义，且"西湖之利，上自运河，下及民田，亿万生聚，饮食所资，非只为游观之美"②。而"杭之为郡，枕带江海，远引瓯闽，近控吴越，商贾之所辐辏，舟航之所骈集"，又正是因钱塘江的地利。据13世纪中叶潜说友编写的《咸淳临安志》，13世纪的杭州城内外有包括茅山河、盐桥运河、小河、清湖河、龙山河、下塘河、外沙河、新开运河、子塘河、余杭塘河等在内的大小河流二十余条③，它们组成了杭州内外的水运网，保证了杭州城市航运的畅通与物资供应。而由于水系密布，杭州的桥梁修造数量确实很大，据悉，南宋末年临安全境共有桥梁570座，其中城内即有117座④，马可·波罗来至杭州时，当又有所增益。而一座城市拥有数以百计的桥梁，这个数目在当时本身已是很大，对于马可·波罗而言应该更是超乎其所能想象，故马可·波罗之述"一万二千座"的数目虽甚有夸张，但却似乎更为贴切地表达了其对杭城桥梁修造规模的震撼。至于市街道路，东方文献中亦有"杭城皆石板街道，非泥沙比"⑤的记载，关于城中御道，亦有"跸道平坦，走毂结轸，若流水行地上，经涂九轨"的描述。而比照这些东方文献中的书写来看，马可·波罗对于杭城交通的书写，尽管并不确切清楚相关湖、江、河、道等交通范畴的具体知识信息，如名称与数目等，甚至有所差误，但却仍然较为精准地道出了杭城交通的结构系统及一

---

① 《马可·波罗行记》，第307页。
② （宋）苏轼：《申三省起请开湖六条状》，《苏轼文集》卷三〇，中华书局2008年点校本，第869页。
③ （宋）潜说友纂：《咸淳临安志》卷一〇《山川·河》第2册，浙江古籍出版社2012年版，第1269—1292页。
④ （宋）潜说友纂：《咸淳临安志》卷二一《疆域·桥道》第2册，浙江古籍出版社2012年版，第821—822页。
⑤ （宋）吴自牧著，阚海娟校注：《梦粱录》卷十二《河舟》，巴蜀书社2015年版，第213页。

些相关细节,并且,因东西方文化视域的差异与隔阂,呈现出一种显著区别于东方文献的陌生化叙述效果。

不仅如此,马可·波罗对杭州通过钱塘江直联海港商埠澉浦的海上交通优势,亦有关注:

> 海洋距此有二十五哩,在一名澉浦(Ganfu)城之附近。其他有船舶甚众,运载种种商船往来印度及其他外国,因是此城价值愈增价值。有一大川自此行在城流至此海港而入海,由是船舶往来,随意载货。①

澉浦地处浙北杭嘉湖平原东缘,为钱塘江出口处,距杭州实际距离为85公里。澉浦的海外贸易,早在北宋初期已有所开展,南宋后期,凭借都城之需,甚至已发展到相当规模,以至有"小杭州"的美称。但元一统中国后,澉浦港的海外贸易又获得了进一步的发展。元世祖至元十四年(1277),元军取得浙、闽等地之后,便即积极经营海上贸易,不仅沿袭南宋旧有的市舶制度,在泉州、庆元、上海、澉浦四地设市舶司,还创建了前朝未有的"官本船"海上贸易新模式②。是故,在元时期,澉浦从南宋时期设立市舶场的临安外港一跃成为中央政府设立市舶司的全国四大贸易港口之一,不仅成为"远涉诸番,近通福、广商贾往来的要冲之地"(《元典章》卷五九《工部·造作》),往来澉浦贸易的国家也较此前有所扩增。可以看到,在往来澉浦贸易的诸国中,马可·波罗特别提到了"印度"。事实上,通过海上丝路往来的中印贸易在南宋时期已有一定规模地开展,但在元时期,其应已臻于一种极盛的面貌。因为在《马可·波罗行记》中,不乏中

---

① 《马可·波罗行记》,第572页。
② 官本船制度,顾名思义,即是由官方出钱出船,委托商人经营的一种官方商办海外贸易模式。这种制度于元世祖至元二十一年(1284)年颁布施行,到元英宗至治二年(1322)年废止。官本船制度实施的元前、中期,是元代海外贸易发展的高峰期,据称,元政府推行的这套由国家出财货,船商往海南贸易的官本船制度,取得了"贸易宝货,赢亿万计"的巨大成就。参见高荣盛《元代海外贸易研究》,四川人民出版社1998年版,第5—8页;喻常森《元代海外贸易制度》,西北大学出版社1994年版,第106—116页。

印贸易的相关记载。如在泉州港纪行中,马可·波罗也专门述及泉州港的中印贸易盛况:"印度一切船舶载运香料及其他一切贵重货物咸莅此港。是亦为一切蛮子商人常至此港,由是商货宝石珍珠输入之多竟至不可思议,然后由此港转贩蛮子境内。"① 在描述往来印度贸易的世界船舶中,马可·波罗曾言及其中"尤以蛮子国(即中国南部)来者为最多"。在接下来要解读的马可·波罗对杭州商品市集的记述中,我们亦可见印度这个南亚次大陆国家的身影。

(二) 西方旅华纪行作品中的杭城商贸生活书写

一个交通发达的城市,必然伴随商贸活动的繁荣,由此亦可想见13—14世纪的元朝统治时期杭城商贸生活之盛。而以《马可·波罗行记》为代表的西方旅华纪行作品,在这方面,亦确有突出呈现之效。其中《马可·波罗行记》中的杭州记述,由于马可·波罗本人作为商人的职业习性,13世纪元代杭州城中繁忙的商业生活更是成为此部分叙述内容的重点之重。借助马可·波罗的介绍,我们可得从一个新异的务实西方商人视角角度具体探照13世纪末杭州城中繁盛的商贸生活。

马可·波罗对杭州商贸生活予以大篇幅的铺排书写,其所描绘的元代杭州商业生活总体呈现为一种繁忙富丽的景象。这种繁忙富丽的景象,既有通过主观感受直接表达,亦有自然呈现于相关细节的如实刻绘之中。如马可·波罗首先注意到杭州城里人数甚众,生活富足的商贾,感叹他们"贸易之巨,无人能言其数"②。马可·波罗对杭州城中市集贸易与商品消费情况作出的巨细不遗的介绍,则以大量且又具实的细节铺排,让人仿佛亲临13世纪杭城的富丽繁华之中:

> 城中有大市十所,沿街小市无数,尚未计焉。大市方广每面各有半哩,大道通过其间。道宽四十步,自城此端达于彼端,经过桥梁甚众。此道每四哩必有大市一所,每市周围二哩,如上所

---

① 《马可·波罗行记》,第609页。
② 《马可·波罗行记》,第571页。

述。市后与此大道并行，有一宽渠，邻近渠岸有石建大厦，乃印度等国人挈其行李商货顿止之所，利其近市也。

每星期有三日为市集之日，有四五万人挈消费之百货来此贸易。由是种种食物甚丰，野味如獐鹿、花鹿、野兔、家兔，禽类如鹧鸪、野鸡、家鸡之属甚众，鸭、鹅之多，尤不可胜计，平时养之于湖上，其价甚贱，物搦齐亚城银钱一枚，可购鹅一对、鸭两对。复有屠场，屠宰大畜，如小牛、大牛、山羊之属，其肉乃供富人大官之食，至若下民，则食种种不洁之肉，毫无厌恶。

此种市场常有种种菜蔬果实，就中有大梨，每颗重至十磅，肉白如面，芬香可口。按季有黄桃、白桃，味皆甚佳。然此地不产葡萄，亦无葡萄酒，由他国输入干葡萄及葡萄酒，但士人习饮米酒，不喜饮葡萄酒。

每日从河之下流二十五哩之海洋，运来鱼类甚众，而湖中所产亦丰，时时皆见有渔人在湖中取鱼。湖鱼各种皆有，视季候而异，赖有城中排除之污秽，鱼甚丰肥。有见市中积鱼之多者，必以为难以脱售，其实只须数小时，鱼市即空，盖城人每餐皆食鱼肉也。

上述之十市场，周围建有高屋。屋之下则层则为商店，售卖种种货物，其中亦有香料、首饰、珠宝。有若干商店仅售香味米酒，不断酿造，其价甚贱。①

上述自城此端达于彼端之道，两旁皆有房屋宫殿，与夫园囿。然在道旁，则为匠人之房屋。道上往来行人之众，无人能信有如许食粮可供彼等之食，除非在市集之日，见买卖之人充满于中，车船运货络绎不绝，运来之货无不售者，始能信也。

---

① 《马可·波罗行记》第二卷第一五一（重）章《补述行在》，第579—578页。

兹取本城所食胡椒以例之，由是可知平常消耗其他物品若肉、酒、香料之属甚众。马可·波罗阁下曾闻大汗关吏言，行在城每日所食胡椒四十四担，而每担合二百二十三磅也。①

对于13世纪末叶的杭城市集的繁华，中国文人实亦有诸多载纪。譬如宋末元初时期，周密撰《武林旧事》，即记录有杭城药市、花市、珠子市、米市、肉市、菜市等十余市行名称②，此即当包含马可·波罗所言"大市十所"。吴自牧《梦粱录》中对杭州人口生息之繁、街市集贸之盛有比较形象的总体描绘："自高庙车驾自建康幸杭驻跸，几近二百余年，户口蕃息，近百万余家。杭城之外城，南西东北，各数十里，人烟生聚，民物阜蕃，市井巷陌，铺席骈盛，数日经行不尽，各可比外路一州郡，足见杭城繁盛耳。"③若《茶肆》《酒肆》《茶酒店》《面食店》《荤素从食店》《夜市》等饮馔内容，亦如马可·波罗般细致罗列有相关食饮商品的名称，对于一些日常生活习俗情景更多有特写式的展现。13世纪末期，元代曲家关汉卿从大都南下来至杭州，对杭州的富庶繁华谱有专曲，其中关涉市井生活之辞曰："普天下锦绣乡，寰海内风流地。大元朝新附国，亡宋家旧华夷。水秀山奇，一到处堪游戏。这答儿忒富贵，满城中绣幕风帘，一哄地人烟凑集。百十里街衢整齐，万余家楼阁参差，并无半答儿闲田地。……家家掩映渠流水，楼阁峥嵘出翠微。遥望西湖暮山势，看了这壁，觑了那壁，纵有丹青下不得笔。"④

---

① 《马可·波罗行记》第二卷第一五一（重）章《补述行在》，第581页。
② （宋）周密著，钱之江校注：《武林旧事》卷六《诸市》，浙江古籍出版社2011年版，第125页。按：周密（1232—1298），字公瑾，号草窗，吴兴（今浙江湖州）人。仕南宋，擅诗词，词与吴文英（号梦窗）齐名，时人称为"二窗"。流传有《草窗旧事》《萍洲渔笛谱》等诗词集。元灭南宋后，举家迁居杭州，在元至元二十七、八年间（1291—1292）接连撰有《齐东野语》《癸辛杂识》两部笔记体史学著作，《武林旧事》亦多被认为撰于此期间或其前后不久时间。
③ （宋）吴自牧著，阚海娟校注：《梦粱录新校注》卷十九《塌房》，巴蜀书社2015年版，第337页。按：吴自牧，生卒年、事迹不详，宋亡后追忆南宋都城钱塘盛况，仿孟元老《东京梦华录》作《梦粱录》二十卷。
④ （元）关汉卿：《关汉卿集校注·散曲·套数·【南吕】一枝花·杭州景》，中华书局2018年版，第1708—1709页。

## 第七章 中外交流视角与13—14世纪纪行作品的深度解读·城市生活系列

诚然，上述东方文献，亦足使13世纪末杭州地区的城市生活生动存留于历史的长河里。但若仔细比对，则可发现，在环游东西世界的丰富经验上，马可·波罗以商人特有的眼光与世界视域，捕捉到的相关商业经济信息与中外交流信息，而这些是很难于上述东方文献中直观获取的。商业经济信息如能够反映杭州市场规模之市街宽窄信息、市集开展频率、来至市集的商贩数目等，用来直观描述杭州商品销售情况的商品数量、规格大小、价值价格，乃至日消费量等。事实上，在素来"轻商"的古代社会，商业经济信息从来难得出现在中国知识精英的载道之文、言志之诗中。中外交流信息，如马可·波罗注意到在杭州市集街道后面设有专门安顿印度等其他外国商贩的建筑场所，又发现这里的士人习饮米酒，不喜葡萄酒，杭州也非葡萄与葡萄酒原产地，但由他国输入干葡萄与葡萄酒。[①] 而如马可·波罗对杭州城中胡椒日消费量的交代，更可视为元代杭州市集贸易中中外交流极盛的典例。

胡椒是一种主要产于印度的香料，可用于饮食与药物。据前引文，马可·波罗曾向关吏打听到，13世纪末杭州市民每日所食胡椒总量几近5吨。据悉，这个数量是当时整个欧洲的2倍，并且，在中世纪的欧洲，几经漂洋过海运至当地的胡椒，是人们可以用来比附财富的珍稀之物，甚至曾作为一种"硬通货"，激发了西方世界对海上胡椒贸易权的激烈竞争。[②] 而胡椒在中国宋代以前，亦为时之珍品，且主要被作为药物使用。唐代即有宰相元载贪渎胡椒八百石之事[③]，唐宋时

---

① 葡萄自汉代传入中原，主要在西域种植，及至唐宋时期，葡萄酒也仅见于边塞地带、宫廷富室及胡人酒肆之中。但蒙古宫廷以葡萄酒与马奶酒同为国酒，大力在中原地区发展葡萄生产与葡萄酒的酿制。从相关记载来看，江南地区在归附于元朝之后，葡萄及葡萄酒产业也即当迅速在此区域发展起来。因为在元中后期，葡萄与葡萄酒已成为江南人民的日常食饮内容，并大量融入当时的日常文学艺术创作之中。如杭州文人诗作中即有言"山僧惠我紫葡萄，个个匀圆带粉膏"（华幼武《楷上人送葡萄二首》），"芙蓉春帐，葡萄新酿，一声《金缕》尊前唱"（张可久《中吕·山坡羊·春日二首》）等。甚至，葡萄与葡萄酒在元中后期已成为江南本土能进行规模化生产的重要日常商品。元中后期文人成廷珪《高昌王所书画葡萄熊九皋藏》有云"今日江南池馆裹，万株联络水晶棚"，文人艾性夫《富阳出陆》有曰"行尽葡萄三十里，海山青处日初红"，这些诗句表明元代中后期的江南地区，如杭州的富阳，已有超大规模的葡萄种植基地。
② ［美］玛乔丽·谢弗：《胡椒的全球史》，顾淑馨译，上海三联书店2019年版，第1—6页。
③ （宋）欧阳修：《新唐书》卷一四五《元载传》，中华书局1975年版，第4714页。

期诗歌中常有"胡椒"意象的出现,也基本为用此典故。而据马可·波罗之述,显然胡椒在元代的消费体量与使用途径上,情况发生了很大变化。此即消费体量大增,且始广泛用于民众食饮。一般认为,这是因为元代杭州城里居住着大量喜食牛羊肉的蒙古人与回回,他们需要大量的胡椒调味,这当然不失为一个重要原因。但在当时一些由东方文人撰作的饮食典籍中,无论是宫廷蒙古族(一说回回)膳师所编《饮膳正要》,还是民间汉族文人所撰《饮食须知》《云林堂饮食制度集》《居家事类必用全集·饮食类》等,我们实际也皆可屡见胡椒的使用。此外,一位杭州布衣诗人曾有诗记其获朋友惠赠乳香与胡椒之事①。由此可见,13 世纪末的杭州城中,胡椒——这种被同期的欧洲市场与此前的中国社会均视作珍奇的方物,已成为一种无论是汉民族还是非汉民族民众都能够日常消费的饮食佐料,而其也同时折射出以胡椒消费为代表的元代杭州海外贸易与商品市集的极度发达。②

(三) 西方旅华纪行作品对杭城多元文化社会生活的呈现

发达的交通,带来"物"的流动,更促使"人"的聚合,而13—14 世纪蒙元统治时期的杭州,伴随更具中外联结特质的交通语境与"物"的流动,其"人"的汇聚,亦融合了更多的中外文明交流的要素,13—14 世纪的杭城社会生活亦从而体现出具有高度开放包容性的中外多元文化共生特征,元时期西方旅华纪行作品的产生,本身已是极佳的例证,究讨其相关书写,我们可有更为具体的把握。

西方旅华纪行作品对杭州多元文化社会生活的呈现,集中体现于伊本·白图泰的游记。伊本·白图泰生于摩洛哥丹吉尔城的一个穆斯

---

① 参见侯克中《杨招讨送乳香胡椒答以木瓜煎戏赠》,诗云:"熏陆番椒各有差,海南方物到贫家。自惭不及前人德,投我琼琚报木瓜。"(《全元诗》,第 9 册,第 72 页)按:乳香亦是一种进口香料,其自汉唐以来亦主要流行于上流社会,又名熏陆。

② 胡椒在唐以前主要由印度通过陆、海两道输入。9 世纪以后,随着东西陆上丝路的阻断及胡椒由中亚移植到南海地区,东南亚成为两宋时期主要的胡椒贸易地区。至 13 世纪蒙元对海、陆丝路的全面开放,中印胡椒贸易继兴,与东南亚诸国亦形成多条胡椒贸易路线,胡椒进口数量已数倍于前。元人有诗曰:"熏陆胡椒腽肭脐,明珠象齿骇鸡犀。世间莫作珍奇看,斛使英雄价尽低。"(宋本《舶上谣送伯庸以藩货事使闽浙》,《全元诗》,第 31 册,第 90 页)另参见殷小平《从印度到东南亚中古胡椒的种植与输入》,《农业考古》2013 年第 4 期。

## 第七章 中外交流视角与13—14世纪纪行作品的深度解读·城市生活系列

林家族。其一生曾四次出游，历时28年，行程近12万公里，足迹遍及当时非、亚、欧三洲30多个国家和地区，相关见闻悉见于由其口述的《伊本·白图泰游记》。伊本·白图泰出游中国是因在1342年受到德里苏丹国①的派遣，其约在1346年4月到达泉州，1347年1月再从泉州离开，在中国停留了9个月左右，游览了泉州、广州、鄱阳、杭州等诸城市。《伊本·白图泰游记》中有关中国的记载占比并不高，杭州书写更是只占全书的一小部分，但比较于其他诸多因充满"异端"与"野蛮"风习而让伊本·白图泰不时表达不适情绪的国家和地区，伊本·白图泰的中国见闻讲述却到处洋溢着赞美，杭州部分尤其饱注着伊本·白图泰的盛赞。而此固然同马可·波罗等西方旅华者的惊叹一般，与杭州的富丽繁华、民物丰饶以及文明开化有着莫大的关系，但作为一个时刻秉持强烈宗教信仰的穆斯林，杭州城里繁荣的伊斯兰文化与优越的穆斯林侨居生态，应该更是让其直接受用的地方。通过伊本·白图泰的杭州见闻讲述，我们也确实可以勾勒出一个伊斯兰文化深融于城市生活的中心，且多宗教、多元文化同生共荣的14世纪杭州社会生活图景。

伊本·白图泰从泉州登陆后，经行广州、鄱阳二城，即来到了杭州。与马可·波罗一样，伊本·白图泰亦用其家乡语言音译了杭州名称，称之为"汗沙城"，并说到这个名字与阿拉伯女诗人汉萨厄的名字相仿，且不知此城名来源于阿拉伯语，还是正好与阿拉伯语音巧合。汉萨厄是活跃于公元7世纪的阿拉伯女诗人，曾带领族人一起皈依伊斯兰教。而"汗沙"即"行在"之音译，其与"汉萨厄"发音相近，纯属巧合，但这个巧合，或许让伊本·白图泰对杭州的初印象即感亲切。在接下来由一批穆斯林要员为主导进行接引、招待与陪同游观杭城的体验中，伊本·白图泰对杭州的亲近感也可显见的一层层在加深。而正是在这种层层亲近的游观体验中，伊本·白图泰亦将13—14世纪杭州城内融会多种中外文明的多元文化社会生活娓娓道叙出来。

---

① 德里苏丹国（1206—1526）是阿富汗的古尔王朝（1148—1215）于1175年后占领和征服纳尔默达河以北的印度河平原和恒河平原之后的德里总督于1206年自立建立的伊斯兰王朝。

据《伊本·白图泰游记》，伊本·白图泰在到达杭州的当天即受到了杭州政府的盛大欢迎仪式。出城迎接的人员，既有穆斯林官员推事法赫尔丁及伊斯兰教教长，亦有一群穆斯林社会要员，他们均是一位叫作奥斯曼·本·阿凡·密思里的后裔。这位奥斯曼是一位埃及巨商，伊本·白图泰在后面对其有专述。迎接的队伍人人手持据称为白衣大食的标志白旗，一路鼓乐喧天，非常隆重。并且，杭州的"知府"，应即杭州路长官，应该是一位蒙古人，也亲自出城迎接了伊本·白图泰。

入城之后，伊本·白图泰在杭州政府的安排下，参观了城内多处地方。其中一处专门居住着"人数很多"的"犹太人、基督徒和崇拜太阳神的突厥人"的地方社区，社区的统领是中国人，很可能亦为一位蒙古人，伊本·白图泰当晚则留宿于这个社区的统领衙内。其后，伊本·白图泰重点参观了一个"居民全是穆斯林"的城区。这个城区"相当漂亮"，"市场的布局很像伊斯兰国家的市场布局"，城中还有宣礼员和许多座清真寺。此城区实即凤凰寺一带。伊本·白图泰入城时正值中午，刚好听到他们正在宣召作响礼①。在这个穆斯林城区，伊本·白图泰寄宿在埃及人士奥斯曼子孙的家中。据伊本·白图泰介绍，奥斯曼本是一位埃及商贾巨子，因为他很欣赏杭州这座城市，便在此定居下来，在当时很有名望，该城区也因此而出名。奥斯曼的子孙后代承袭了他的地位和名望，并且一如父辈怜贫济困。他们出资建造了一座扎维耶（道堂）②，定名为奥斯曼尼叶道堂。该道堂建筑精美，基金充裕，里边有一批苏菲派（伊斯兰教派之一）教徒。奥斯曼生前亦曾出资建有一座大清真寺。由于这是一个专门的穆斯林城区，穆斯林人数众多，伊本·白图泰在这边居留了十五天，并受到热情款待。据伊本·白图泰称，他不仅每天都受到邀请赴宴，宴会菜肴日日变化，而且每天都会有人陪同他们骑马游览杭州市容。

---

① 响礼是伊斯兰教每日五次礼拜的第二次，其他四次礼拜分别名为晨礼、晡礼、昏礼、宵礼。
② 道堂是中国伊斯兰教门宦对修道者修道传教的"宿舍""庄院"等的一种称谓。

第七章　中外交流视角与13—14世纪纪行作品的深度解读·城市生活系列

某天，伊本·白图泰进入一个为"王爷府所在地"的城区。此城区应即江浙行省政府所在地，王爷即当时江浙行省的长官，亦当为蒙古人。伊本·白图泰受到王爷的盛情款待。王爷不仅在私邸设宴，邀请城中要人出席陪同，并且专门请了穆斯林厨师宰牲和烹饪，还亲手给伊本·白图泰布菜。宴会后，又安排了精彩的幻术表演。伊本·白图泰在王爷府上客居了三日，一天夜里，得王爷之子陪同，于杭城内一海湾乘船听曲。

对于这次乘船听曲的体验，伊本·白图泰有非常细腻的追述，值得特别留意：

> 我们乘的是一艘形似火船的船只。王爷的公子乘坐另一艘。和他一起的还有乐师和歌手。他们用汉语、阿拉伯语和波斯语演唱各种歌曲。公子喜欢波斯歌曲。他们唱了一首波斯歌曲，公子要他们反复唱，以致我都记住了那首歌的歌词。他们的歌声优雅、节奏和谐、扣人心弦。歌云：
> "吾辈方坠苦恼兮，
> 复陷沉思之汪洋。
> 每当潜心祈祷时，
> 面对壁龛而坚强。"
> 海港里有无数大船，浩浩荡荡，颇为壮观。船上挂着五彩缤纷的篷帆，丝绸织成的华盖。他们的船只雕龙画凤，独具匠心。游船相遇时，人们相互投掷酸橙与柠檬为戏。晚上，我们回到王爷府进餐就宿。乐师和歌手又在府中演唱了各种美妙动人的歌曲。①

引文中展示的四行波斯语歌词，是13世纪著名波斯诗人撒迪·设拉子（1209—1291）的一首非常有名的抒情诗歌的开头几句诗歌。从诗歌内容可以看出，这是一首充满人文关怀的哲理诗歌，亦是一首极

---

① 《异境奇观——伊本·白图泰游记》，第548—549页。

具伊斯兰宗教色彩的诗歌。而这首诗歌在14世纪中叶的中国江南城市里被演唱，可见当时东西方世界文化交流的迅速。并且，这些诗歌不仅是被穆斯林接受，亦且受到其他民族人士的喜爱。而14世纪的杭州城里还有一支既能演唱汉语歌曲，亦能用波斯语、阿拉伯语演唱的多语乐队。他们的存在，显示了杭城外来文化的多元，亦反映了这些外来多元文化与汉文化的兼容，同时也不失为14世纪杭州城里一群出身不同族属、秉持不同文化，甚至来自不同国家乃至洲际的跨文化群体交流与相融的社会生活缩影。而值得补充探究的是，这种极具包容性的城市文化氛围，实则也深深影响了伊本·白图泰。事实上，在进入杭州之前，伊本·白图泰因所见中国民众不信回教，而"偏信异端"，曾有非常强烈的消极情绪表达："中国的美景没能引起我的兴趣，那是因为异教气味是那么浓厚，它压倒了一切，使我深感心绪不宁。我一出门就看到那么多的怪事。对此我感到惴惴不安。于是我宁可待在家中，不到万不得已绝不出门去。"① 但从上面展示的伊本·白图泰的游杭经历来看，这种消极情绪显然已荡然无存。相反，伊本·白图泰在进入杭州后，即能一面浸润于杭城繁荣优裕的伊斯兰社会文化环境之中，同时又毫不吝于对其他文化质素表示好奇、热情与赞美。如除穆斯林社区情况外，伊本·白图泰对其他杭州城内其他区域生活情貌亦均有耐心的介绍，对观看的绳技幻术予以专门叙述，以及在上引叙伊本·白图泰乘船听曲的文本中亦可看到，伊本·白图泰一面沉醉于来自自己宗教文化的波斯语歌曲，亦被杭州海港里浩浩荡荡、雕龙画凤的往来游船及船上游人的嬉戏所深深吸引。

14世纪元朝统治时期杭城伊斯兰文化的繁荣及其与城市中心阶层的亲密融合，以及杭城内汇聚多元文明、高度开放包容的社会生活情状的生成，实均具特定的历史背景。据了解，元时期来自域外的诸色人中，以回回为多，因而元朝政府专门设有对回回人进行管理的机构，称回回哈的司。回回哈的司从中央到地方均有建置，其职能沿袭唐宋蕃坊的制度，在每一有回回人居住的城市设哈的司，由伊斯兰教长总

---

① 《异境奇观——伊本·白图泰游记》，第547—548页。

管穆斯林宗教事务,另设法官一员,处理他们的刑名、户婚、词讼、大小公事等。但是,由于游牧民族统治的元朝视其统治范围之内的胡人、汉人、中亚人、西亚人等均为臣民,并明确规定:在元朝统辖范围内,不论是何种族,"见住处与民一体当差",元代的穆斯林和其他境外入华的种族,得以正式编入元朝户籍,成为元朝的臣民,唐宋时期"胡商""蕃客"这种带有明显族属区隔的称号从此再也不见了。回回人成为元朝"诸色人户"之一,不再是侨居中国的外国人。① 而回回入居中国,又尤以江南为多。彼时的东方文献有载,"今回回皆以中原为家,江南尤多"②,"元时内附者,又往往编管江、浙、闽、广之间,而杭州尤多"③。如此来看,伊本·白图泰的杭州纪行,不仅印证了历史,补充了具体的历史情境,亦用翔实细腻的文学笔触,丰润了历史中的杭城记忆。

### 三 文学史意义

13—14世纪的蒙元统治时期,马可·波罗等一批西方人士陆续来到中国,行经杭州,并留下自古迄今为世界瞩目的杭州书写篇章,显然并非个人偶然,而是13—14世纪东西交通大辟的时代使然。如果说13—14世纪蒙元统治时期东西交通大辟的时代语境,让元代杭州完成国际化的历史进程,那么这些由西方人士撰就的杭州书写篇章,则不止引证了这种历史进程,实则也同时刻绘了杭州在元时期作为国际都会的面貌,并使得杭州这一中国江南城市空间进入国际话语秩序之中。而其丰富的书写内容、全新的西方视域及其书写本身的特质,又实均具有独特的文学史意义。

首先,以《马可·波罗行记》为代表的西方旅华纪行作品中的杭

---

① 关于"回回哈的司"的叙述,参见邱树森《元"回回哈的司"研究》,《中国史研究》2001年第1期。
② (宋)周密撰,王根林校点:《癸辛杂识·续集》(上),上海古籍出版社2012年版,第76页。
③ (明)田汝成:《西湖游览志》卷十八《南山分脉城内胜迹》"真教寺"条,浙江人民出版社1980年版,第209页。

州书写,通过对杭城生活诸多方面的书写,构建了迄今最早的西方人对杭州的最初印象,开启了古代杭州书写史上的西方视角,贡献了杭州作为国际都会的文学形象,在中国文学史上具有重要的意义。其对杭州国际性都会面貌系统而精微的呈现,也展示了在世界视域及真实游观体验支配下的西方人士对杭州的独特认知倾向。

其次,以《马可·波罗行记》为代表的西方旅华纪行作品中的杭州书写,作为13—14世纪的城市书写文本,对西方文学亦产生了重要影响。一方面,其打开了西方人士书写中国江南城市空间的文学活动局面,并且,既是序章,亦是高潮,且为典型。在13—14世纪《马可·波罗行记》《鄂多立克东游录》《马黎诺里游记》《伊本·白图泰游记》等一批西方旅华纪行作品出现之后,西方世界有关杭州的纪行书写已是相隔两个世纪之后。公元16—17世纪,利玛窦(《利玛窦中国札记》)、乌戈·康图(《伟大的行在城与中国君王的关系》)、卫匡国(《中国新图志》)均有相关的杭州城市书写,但这些书写,实均以《马可·波罗行记》等13—14世纪的西方杭州书写为基础,在对杭城的刻画上,无论是国际形象的构塑,还是城市生活方面的系统展现,亦远未超逾《马可·波罗行记》等13—14世纪的西方杭州书写成效。另一方面,以《马可·波罗行记》的杭州书写为代表的中国城市空间书写,也极大激发了西方世界对中国的想象,而《马可·波罗行记》等一批西方旅华纪行作品中壮丽富饶的杭州城市形象,更是在此后很长一段时间代表了古代西方认知视域中的中国形象,直到16、17世纪中西"大分流"以后欧洲中心主义在西方世界席卷。

最后,作为一种跨文化的书写文本,以《马可·波罗行记》为代表的西方旅华纪行作品中的杭州书写,亦卓立于世界文学之林。其一方面作为13—14世纪东西文化交流的产物,是中西交通史、世界游记文学史上经典著作中的经典篇章;另一方面,其与东方文献因杭州这一城市空间的书写产生密近的对话,并形成某种共识与差异,深蕴的世界文学滥觞意义,更值得进一步的讨论。

# 代结语篇　13—14世纪丝路拓通背景中的跨文化书写
## ——以元人作品为中心

联结中西的丝路交通，在13—14世纪的蒙元时期实现了海、陆两条要道的全盛。于此背景中，以商贸往来、民族迁徙、跨国行旅等多种方式达成的东西经济与文化交流得到大幅拓展。13—14世纪的人们，也比以往有更多的机会亲历他者世界，或接触到其物质与文化载体，并因此而大量将其纳入本族文学书写的对象范畴。这种持具本族文化背景（其必要的显性特征为持具母语），对他者世界中的客观存在进行书写，即是为本文所欲探讨的"跨文化书写"。传统文学议题中，若异域书写、域外书写、异质书写等，皆涵括于这一范畴之内。以丝路为媒介，跨文化书写在河西走廊繁忙的汉唐两代，与海外贸易初兴的两宋，已不少见，但蒙元时期，却达至一种世界性的繁荣高度。在这一时期，不惟东亚汉语文化圈的跨文化书写一片繁盛，在中亚波斯语族、西亚与北非的阿拉伯语族，及欧洲拉丁语族等语族中，亦皆出现了跨文化书写的典范之作①。且较之以往，13—14世纪的跨文化书写体现出丝路全盛时代文学的独特魅力，从书写的场域、心理及笔法等方面，皆呈现出显著变化。限于识见，本文仅择以作为汉语文化

---

① 13—14世纪，波斯语族的跨文化书写以拉施特《史集》与志费尼《世界征服者史》为代表，摩洛哥旅行家伊本·白图泰所撰《伊本·白图泰游记》则是阿拉伯语族跨文化书写的代表，而若《马可·波罗行记》《鄂多立克东游录》《鲁布鲁克东行记》《柏朗嘉宾蒙古行记》等游记，皆是欧洲拉丁语族跨文化书写的名作。

圈书写代表的元人作品[1]为中心,对此议题展开初步讨论。

## 一 书写场域: 跨域与本土的双重繁兴

据书写场域的不同,本文将跨文化书写分为跨域的跨文化书写与本土的跨文化书写两类。具体而言,前者指涉通过走出本族文化圈,进入他族文化圈而进行的跨文化写作,域外纪行诗文与笔记为此类书写代表;后者则主要指在本族文化圈内,对进入其中的外来文化圈的物质与文化载体进行的书写,而在文学创作中吟咏或添加丝路质素,为其主要实现途径。在13世纪蒙古崛兴于北方以前,前类书写偶有见之,后类书写则一般散见于文人创作。而随着13—14世纪蒙古政权的东西征略,"将昔日阻塞未通之道途,尽开辟之,而使一切民族种姓,聚首相见"[2],"若夫北庭、回纥之部,白霫、高丽之族,吐蕃、河西之疆,天竺、大理之境,蜂屯蚁聚,俯伏内向,何可胜数"[3],及视海外,亦是"梯航必达,海宇会同"[4],"适千里者如在户庭,适万里者如出邻家"[5]。在不同民族人士的频繁往来与不同文化质素的极速流通中,此二类跨文化书写的创作规模可谓得以大开。

(一) 跨域的跨文化书写

在成吉思汗兵起朔漠,挥戈东西,以漠北草原为主要干线,重新打通中原与中亚的交通要道,及忽必烈逐鹿中原,建元一统,以陆、河、海运三线全面贯通南北的背景下,13—14世纪通过跨域而产生的跨文化写作,可以说展露井喷之势。据统计,"这一时期独立成卷的纪行作品计有百余种,其中汉文作品九十二种(含高丽、安南著作十

---

[1] 在元人作品中,有部分为持具汉语写作的少数民族文人所作,这些少数民族文人至少从祖上两代起即定居中土,"华化"深厚,当其以汉语作为母语进行表达与写作,已可视持具汉文化背景而无异。

[2] 李思纯、柯劭忞著,沈曾植注:《元史学 元朝秘史 新元史考证》,上海书店1996年版,第8页。

[3] (元) 苏天爵编:《元文类》卷四九《经世大典序录·帝号》,北京商务印书馆1936年版,第529页。

[4] 《元史》卷一○一《兵志四·站赤一》第9册,第2583页。

[5] (元) 王礼:《义冢记》,《全元文》第60册,第655页。

九种），外文作品三十六种，纪行诗文约三千余篇。其数量远超自汉至宋以来九个多世纪所有纪行创作数量的总和"[1]，而元人的汉文作品又占据其中之大宗。

具体言之，蒙元早期跨域的跨文化书写，主要以西域纪行诗文与笔记为主。1218年，耶律楚材应成吉思汗之召，自中原燕京启程，踏入蒙古行在所在的怯绿连河畔（今蒙古克鲁伦河）。次年，成吉思汗发动第一次西征，耶律楚材随军西行，翻越了金山（今阿尔泰山），至达也儿石河（今额尔齐斯河），复南下不剌城（今新疆境内），又过阴山，出松关，至阿里马城（即阿力麻里，今伊犁），渡伊犁河，经西辽故都虎思斡耳朵（今吉尔吉斯斯坦托克马克东南）、塔剌思（今哈萨克斯坦江布尔城），再渡锡尔河，至不花剌城（今乌兹别克斯坦布哈拉），终抵阿姆河左岸的撒麻耳干（今乌兹别克斯坦撒马尔罕）[2]。锡尔河以西、阿姆河以东，即当时称之为"河中"的中亚地区，耶律楚材于1220—1224年间便留驻于此。正是这一跨域西行与留驻的过程，开启了耶律楚材"创作欲最旺盛的时期"，以《西域河中十咏》为代表的西域纪行诗，"不但数量颇多，而且是他平生诗作的冠冕，也是元诗史的开篇"[3]。十数年后，已返归燕京的耶律楚材又著成《西游录》两卷，追记其西行路线、地理风貌及风土人情。

稍晚于耶律楚材，1222年，全真道士丘处机率其弟子，横贯蒙古高原，越杭爱山脉，经行额尔坤河、色楞格河流域、阿尔泰山间及回纥境内，亦从燕京来到了河中地区，觐见成吉思汗于大雪山（今阿富汗兴都库什山）。在河中待了约一年时间，丘处机及其弟子于1223年春东归中原。于这一漫长的西游东归途中，丘处机亦为异域之山川、风土与民情所吸引，发而为诗百数首，若《至阿里马城自金山至此以诗纪其行》《望大雪山而西山形与邪米干（即撒马尔罕）之南山相首

---

[1] 参见邱江宁《海、陆丝绸之路的拓通与蒙元时期的异域书写》，《文艺研究》2017年第8期。

[2] 此段所述主要据耶律楚材《西游录》上卷所记行程而录，并参见了刘晓《耶律楚材评传》，南京大学出版社2001年版，第63—73页。

[3] 杨镰：《元代文学编年史》，山西教育出版社2005年版，第9页。

尾复有诗》《至邪米思干大城因暇日出诗一篇》《过河中异其俗作诗以记其实》等作，无不流露出对迥异于中原的河中风貌的惊叹，如其诗言："我行万里慵开口，到此狂吟不胜情！"① 1228 年，随行弟子李志常，"掇其所历，而为之记"②，著成《长春真人西游记》两卷。

可加以补充的是，约与耶律楚材、丘处机同时期远赴西域觐见成吉思汗的，还有金朝使节乌古孙仲端，其东归后，将出使见闻说与刘祁，后者作《北使记》一文。1221 年，南宋使臣赵珙出使蒙古，后亦著《蒙鞑备录》记其见闻。1232—1236 年间，南宋官员彭大雅、徐霆先后出使蒙古，二人合著《黑鞑事略》一卷。1247 年，张德辉从中原北上忽必烈所驻和林城，撰《岭北纪行》一卷。忽必烈中统四年（1263），又有常德奉命西觐伊利汗国大汗旭烈兀，归国后口述其行程见闻，刘郁为之作《西使记》一卷。

上京纪行诗文是忽必烈建元一统以来贯穿整个元朝的跨域创作。元朝实行两都巡幸制。两都即上都与大都。上都建于中统四年（1263），原名开平，是一座草原城市，代表着蒙元统治者保持其游牧民族本性的实体政治空间与文化空间。后者建于至元九年（1272），为传统中原城邦，是蒙元王朝向汉地封建正统王朝转型的重要象征③。两都建立后，蒙元统治者"每岁大驾巡幸，后宫诸闱、宗藩戚畹、宰执从僚、百司庶府，皆扈从以行"④，这使得一大批浸习于农耕文明中的中原文人，得以跨域驰驱，大开视域，上京纪行诗文也由是而兴。有元一代，纪行诗创作数量惊人，参与作者不绝如缕，并且，这其中不但包括身处庙堂的馆阁文人，还有寄迹方外的释僧、道侣，甚至身份多样的下层民众，亦"怀着各种愿景、追随上京队伍"⑤，加持着上京纪

---

① （元）丘处机：《望大雪山而西山形与邪米干之南山相首尾复有诗》，《全元诗》第 1 册，第 53 页。
② （元）孙锡：《长春真人西游记序》，（元）李志常原著，党宝海译注：《长春真人西游记》，河北人民出版社 2001 年版，第 1 页。
③ 陈高华、史卫民：《元代大都上都研究》，中国人民大学出版社 2010 年版，第 156—157 页。
④ （明）王袆：《上京大宴诗序》，《全元文》第 55 册，第 292—293 页。
⑤ 邱江宁：《元代上京纪行诗论》，《文学评论》2011 年第 2 期。

行书写的热度。不少诗人有成集的上京纪行诗著,如馆阁文人王恽、袁桷、胡助、柳贯、周伯琦、杨允孚等。其中袁桷为创作上京纪行诗最多的文人,其《开平四集》,收其一生所作上京纪行诗228首。布衣诗人杨允孚更是"以一部孤作《滦京杂咏》(108首)鹤立于元末上京纪行诗诗坛"①。

除却西域、上京两大重镇,元人跨域的跨文化书写的笔触,在元朝西南陆上丝路的联通中及东南海路的开拓下,亦向东南亚、南亚乃至其他诸国延伸。若安南(今越南),使节徐明善、陈孚、文矩、傅若金、张以宁等先后奉使其地,并皆撰有安南纪行文集。周达观奉使真腊(今柬埔寨),著《真腊风土记》一卷。又有两度"附贾舶浮海,越数十国"②的民间航海家汪大渊,纪所闻见而撰《岛夷志略》一书。另据记载,元人赵良弼作有《日本纪行诗》,只惜今已不存。

以上所举尚难言全面,但已可窥斑见豹。在13—14世纪蒙元丝路拓通的背景下,大量中原定居民族得以跨域而行,跨域而书,且突破由政治驱动的出使机制及使节。如耶律楚材与丘处机的西行之旅,及文人扈从上京,虽皆是由政治促成的跨域,但其纪行创作却纯属个人行为。而像汪大渊《岛夷志略》的撰作,及部分布衣文人上京纪行诗的创作,则完全可视为自发而为的跨域与跨域写作。事实上,置身于蒙元辽阔的疆域中,元人对于跨域远行与写作本身即有着极高的自觉意识与自我要求。正如元人所云:"士生文轨混同之时,不能遐观远览以见于文辞,而怀居养安以没者独何人哉?"③又有:"昔之善赋咏者,必穷涉历之远,至于空岩隐士,其所讽拟,不过空林石涧,语近意短,又安能足以广耳目之奇、写胸臆之伟哉!"④。可见,陌生化的异域空间及其物质与文化载体,强烈吸引着元人的目光与脚步,也激发着他们记录的欲望与吟咏的灵感,而这些跨域的跨文化书写,亦大多成为其人乃至其时代文学创作中难能可贵的珍品。

---

① 刘宏英:《元代上京纪行诗研究》,中国经济出版社2016年版,第142页。
② (元)汪大渊原著,苏继庼校释:《岛夷志略校释》,中华书局1981年版,第391页。
③ (元)王沂:《熊石心诗序》,《全元文》第60册,第88页。
④ (元)袁桷:《书林东州诗集后》,《全元文》第23册,第340页。

(二) 本土的跨文化书写

蒙元时期丝路的拓通极大实现了元人向异域世界的输出，与之相对应的，则是异域世界向本土的物质与文化输入。对于本身即以少数的游牧民族统治着多民族的大一统蒙元王朝来说，强大的政治主导，已使得此前一直游离于汉文化圈外的游牧文化、西域文化，强势进入以"汉地"为中心的汉文化圈中，多族文化由此共融于统一政权之下。加之于对外海、陆丝路贸易的联结，来自亚、欧、非三洲的其他文化及其物质载体亦得以大量涌入且广泛流通于本土文化之中。所以，借由13—14世纪汉地文化圈中出现的多种文化的交流与碰撞，元人于本土展开的跨文化书写也无比繁荣。

在整体繁荣的局势中，丝路都会——大都与杭州，为13—14世纪元人实现本土的跨文化书写提供了南北两个中心。作为各族最上层精英与资源集萃的政治中心，大都是统治者民族蒙古所代表的游牧文化、内迁之色目族群中的西域文化，及汉民族所持有的农耕文化，交流与碰撞最为集中的地方。其次，作为元王朝海、陆两条丝路要道的起点与终点，大都也是元人目以为"东至于海，西逾于昆仑，南极交广，北抵穷发，舟车所通，货宝毕来"[①] 的北方商业中心。从威尼斯经中亚丝路至中国的意大利旅行家马可·波罗便称誉大都，"外国巨价异物及百物之输立此城者，世界诸城无能与比"[②]。比如，作为中亚丝路交通运输工具、象征着中西繁忙商贸的骆驼，在蒙元时期的大都城里成群而行，进入中土民众视域。元人吴元德即有诗曰："紫驼缥魄动秋云，白草微茫卧夕曛。中土向来惟见画，都门今日动成群。"[③] 作为运输工具的骆驼已是如此，由其负载而来的商贾、商品及其文化等，可想何其之盛。

相较大都的政治加持，作为南宋旧都的杭州，在入元后之所以继

---

① （元）程钜夫：《姚长者传》，张文澍校点：《程钜夫集》卷七，吉林文史出版社2009年版，第77页。
② [意] 马可·波罗：《马可·波罗行纪》，冯承钧译，上海书店出版社2001年版，第238页。
③ （元）傅若金：《骆驼图》，杨匡和校注：《傅与砺诗集校注》，云南大学出版社2015年版，第296页。

续保持其文化与商业之盛，更得益其于丝路交通上的便宜地位。一方面，作为元朝大运河南端，杭州是东西陆上丝路的一个内陆延伸点。另一方面，在蒙元王朝东西洋海上航线的开拓中，杭州不仅是蒙元初期所设七大市舶港口之一，更以作为江浙行省首府的政治优势与运河南端的地理优势，成了泉州、庆元、澉浦、温州、广州等其他南方海港通向帝都与腹地，以及帝都、腹地资源由各港口运往世界的重要接入与接出点。元人有言：（杭州）"岛屿外国珍奇诡异之物，莫不于是焉集，可谓甲于天下矣！"[1] 而作为丝路交通枢纽，杭州也因此是"五方之人，咸集于此"[2] 的国际化与多族化都市。仅以宗教类别来看，据自摩洛哥来到中国的旅行家伊本·白图泰所亲见，13—14世纪的杭州不仅有大量的穆斯林，还有着"人数很多"的犹太人、基督教人以及崇拜太阳的土耳其人[3]。而由诸如马可·波罗、伊本·白图泰、鄂多立克、马黎诺里等亲历过杭州的欧、非旅行家来看，在13—14世纪的东西丝路开放中，旅居来杭的异国人士数量，很可能相当可观。

以上以大都与杭州这两座元朝本土上最重要的丝路城市，揭显了元人于本土展开跨文化书写的极大可能性，亦即其现实基础。当然，元人本土的跨文化书写并不仅限于此，若港口城市泉州、庆元、广州，传统文化名城南京、苏州、扬州，乃至内陆的江西、湖广行省之中的小镇等，皆有本土的跨文化书写的生成。元人本土的跨文化书写主要表现为对丝路风物与异质文化的吟咏与记叙。若元代文人欧阳玄《渔家傲南词》、胡助《京华杂兴诗》、张昱《辇下曲》等，皆是以京师为书写对象，描述京师多族文化交融的综合性书写典范；浙江布衣文人陶宗仪撰《南村辍耕录》，记一代典章制度、艺文逸事、风情民俗，融杂了大量蒙古、色目民族质素，直可视为展现了13—14世纪多元文化社会，尤其是江南社会的一本浮世绘。而就吟咏与记叙的具体对象来说，若蒙古人的马奶酒与《白翎雀曲》，西域传入的葡萄酒与阿剌

---

[1] （元）舒頔：《送杨子成归钱塘序》，《全元文》第52册，第204页。
[2] （元）贡师泰：《杭州新城碑》，《全元文》第45册，第304页。
[3] ［摩洛哥］伊本·白图泰口述：《异境奇观——伊本·白图泰游记》，李光斌译，海洋出版社2008年版，第549页。

吉酒,是中土南北文人共享共书的几个热点,丝路远客贾胡也屡屡成为元人书写的对象。除此之外,还有从非洲草原东渡而来的斑马、鸵鸟,甚至"七度重洋"而至中国的欧洲"天马"。又如伊斯兰教、基督教等各种异族宗教习俗,亦往往可见之。更值得一提者,大批蒙古人、色目人士进入汉文碑志记叙,成为中国古典文学传记中多民族书写的重要篇章,此为元人本土跨文化写作中极具特色的一个部分。

**二 书写心理: 以正向的文化认同为主调**

13—14世纪丝路的拓通为元人跨文化书写的繁兴提供了客观的现实基础,而于主观因素上,个体是以何种心理或立场,选择了对异域世界或其物质与文化载体进行书写,无疑是值得进一步探究的问题。就书写本身的解读来说,此问题也可置换为:通过对异域世界或其物质与文化载体的书写,诗人表达了何种心理或体现了何种立场? 而依据书写心理的正负区分,可以看到的是,正向的跨文化书写是元人诗文中的主调,并且,这类书写充分体现出元人对流动于其视域中与生活中的异质文化的认同心理。

首先,以代表着游牧文明的统治者民族蒙古的习俗与文化为书写对象,在元人诗文中是最为常见的一种异质书写,这在元人的上京纪行诗中有最为集中与全面的体现。但这些习俗与文化并未被地域限制,其中不少传习于中土,并得到广泛汉民族人士的接受与歌咏。比如,蒙古人的国酒马奶酒,又称马酒、马潼,在蒙元时期大量传入中土,并被中土之人嘉称为"玄玉浆",大批文士饮兴而挥墨赋之。如耶律楚材尝作《寄贾抟霄乞马乳》一诗,向好友贾抟霄乞要马奶酒,并表达了自己对马奶酒的极致喜欢:"天马西来酿玉浆,革囊倾处酒微香。长沙莫吝西江水,文举休空北海觞。浅白痛思琼液冷,微甘酷爱蔗浆凉。茂陵要洒尘心渴,愿得朝朝赐我尝。"[1] 得赠酒后,在"肉食从容饮酪浆,茶酸滑腻更甘香"的满足中,复又作诗二首以慰朋友之惠赐[2]。马奶酒的

---

[1] (元)耶律楚材:《寄贾抟霄乞马乳》,《全元诗》第1册,第226页。
[2] (元)耶律楚材:《谢马乳复用韵二首》,《全元诗》第1册,第226页。

"甘香"让许多汉民族士人为其沉醉,若"马湩甘香久得名,饮余香绕齿牙生"①,"味似融甘露,香疑酿醴泉"②,"悬鞍有马酒,香泻革囊香"③ 等。诗人刘因亦有诗言"香来如面人如醉,力尽皮囊味始全"④,可以说深得蒙古马奶酒制作之要旨。

在草原文化中,有一种鸟的形象及模仿其鸣音而制的曲子在蒙元时期风行于中土南北,丰富着时人的视听世界。鸟即白翎雀(元人亦有写作白翎鹊),曲即《白翎雀曲》。白翎雀即今俗称的百灵鸟,为一种蒙古草原留鸟,其留守草原、"雄鸣雌随"⑤ 的习性,被蒙古人视为代表其民族本性及表达忠贞的"神鸟"。《白翎雀曲》为忽必烈感白翎雀之声情而命蒙古伶人硕德闾所制作,最开始为用"十四弦"弹奏的筝曲,流传开来后,既奏之于胡琴,也拨之于琵琶⑥。白翎雀与《白翎雀曲》频见于元人诗文。若北方文人王沂,南方文人虞集、李孝光、杨维桢、吴莱、张昱、张宪、王逢、王祎等,皆有缘曲而抒怀纪事之作,甚至出现了以《白翎雀》为主题的集咏⑦。于篇篇诗作中,由杨维桢《吴下竹枝歌》所绘"白翎鹊操手双弹"⑧ 情境,可知《白翎雀曲》已深入江南民间风俗;观王祎题《白翎雀图》诗,更可见其"传与江南士女听"的风靡程度,并且"南人听声未识形,画师更与图丹青"⑨,草原白翎雀的形象也牵引起江南人的多识之心;吴莱《客夜闻琵琶弹白翎鹊》则记录了一场精彩的琵琶版《白翎雀曲》演奏现场。现场时而高旋磅礴、时而低回紧张的旋律,让"白头汉士闻先拍,青眼胡儿听却啼",也让诗人不禁感慨:"君不见康昆仑、罗黑黑(均为唐代的两位琵琶演奏大家),开元绝艺倾一国。若还睹我白翎

---

① (元)侯克中:《马乳》,《全元诗》第 9 册,第 47 页。
② (元)许有壬:《上京十咏》,《全元诗》第 34 册,第 294 页。
③ (元)许有壬:《雨后桓州道中》,《全元诗》第 34 册,第 293 页。
④ (元)刘因:《黑马酒》,《全元诗》第 15 册,第 132 页。
⑤ (元)张昱:《白翎雀歌》,《全元诗》第 44 册,第 24 页。
⑥ 参见王汉民《蒙古族乐曲〈白翎雀〉探考》,《内蒙古大学学报》(哲学社会科学版)2018 年第 3 期。
⑦ (元)曹文晦:《题白翎雀手卷》,《全元诗》第 37 册,第 420 页。
⑧ (元)杨维桢:《吴下竹枝歌七首》(其五),《全元诗》第 39 册,第 79 页。
⑨ (明)王祎:《白翎雀图》,《全元诗》第 62 册,第 221—222 页。

辞,二十四弦弹不得!"① 这其中抒发的强烈的本朝文化自信中,不得不说,藏蕴着的是深深的汉蒙文化认同。

此外,西域文明作为丝路所传递于中土的文明中最古老的一种,在蒙元征并西域的大一统格局下,亦是元人跨文化书写中的重要版块。西域文明覆盖区域庞大,内容也包罗甚广,但西域文明中通过丝路对中国的一项最重要的输出,应即商业,所以,从元人对象征着西域商业文明的贾胡的书写,或许可对元人的西域文化书写心理有所把握。贾胡在唐宋诗中已多可见及,但很少有专题咏之。正如邵毅平所指出的,"中国文学表现商人的历史,虽说可以追溯至先秦时代,但可以说直到唐以前,商人都一直是文学中的'龙套',处于隐而未显的状态;在唐五代文学中,则由'龙套'上升为'配角',处于半隐半显的状态",这一情况在宋元以来随着商品经济的繁荣而有所改观②。但以宋元诗中的贾胡书写来看,宋元人对于贾胡的态度,笔者认为还是存在着显著区别的。首先,据笔者对"全宋诗分析系统"的检索,宋诗中并无专咏贾胡之诗,而元诗中若吴元德《观贾胡停车》、王沂《老胡卖药歌》、马祖常《河湟书事》等,皆直接以贾胡为书写对象。其次,就诗歌具体传达的贾胡形象及体现出的作者对贾胡的态度来看,又有正负之别。兹分别以南宋诗人陈造《定海四首》(其四)与吴元德《观贾胡停车》二诗为例来看:

《定海四首》(其四)　官廨盐烟外,居人杂贾胡。听言须画字,讨海倚输租。习俗何妨陋,鲜肥颇不无。已甘三载住,畴昔计乘桴。③

《观贾胡停车》　于阗大食几万里,踏雪何时离此邦。蕃妇驾车谙马性,庐儿把酒割羊腔。丝庞绳系金铃小,角鹘笼擎白羽双。却笑中原老翁媪,一生常守旧轩窗。④

---

① (元)吴莱:《客夜闻琵琶弹白翎鹊》,《全元诗》第40册,第28页。
② 邵毅平:《中国文学中的商人世界》,复旦大学出版社2016年版,第4页。
③ (宋)陈造:《江湖长翁集》卷十一《定海四首》(其四),明万历刻本。
④ (元)吴元德:《观贾胡停车》,《全元诗》第30册,第371页。

可以看到，陈诗以诗人自身为主角，书写了诗人宦居于当时新兴的海港城市定海的情况与心境，在这个主题之下，兼及了对"杂居"其中的贾胡的书写。首先"杂"的使用无疑已揭显了诗人对贾胡与本土居民是为对立族群的潜在观念，对于贾胡的活动，诗人也只突出了言语不通，需借画字进行交流的隔阂感与不适感。而在吴诗中，驾车的贾胡成为中心主角，诗人则隐匿于背后。对于在大都偶遇的来自大食的贾胡一家，诗人兴致勃勃地先是夸赞了蕃妇驾车的高超技术，复而好奇地观看了穆斯林人的屠宰习俗（放血杀羊），并不忘介绍贾胡马车上的金铃与白羽，最后还以中原翁媪常守轩窗，与贾胡万里经商、随遇而安的两种生活方式进行了对比，流露出的对贾胡的积极态度不言自明。王沂《老胡卖药歌》有曰"眼中万事不足论，流寓无如贾胡乐"[1]，亦是同样心理。

除却蒙古文化与西域文化，13—14世纪沿着畅达的东西南北丝路进入中国汉文化圈中的异国文化定然尚有许多，元人的跨文化书写中亦有不少踪迹可循。如王逢与沿着东海丝路游历江南的日本僧人进得中颇有交谊。进得中游历江南时，曾于王逢家留住旬日。据王逢与其交往的诗作来看，在这期间，进得中对王逢讲述了许多关于日本的故实民情。如"杜诗书法隐，毋惜授诸藤"中言及的"藤"之典故，王逢自注为"其国中著姓"[2]，即是对日本贵族大姓"藤原"的误作。进得中还与王逢讲述了一个关于日本平安时代非常著名的一位政治家与文学家管原道真的传说，即"飞梅"传说。这个传说主要是日本民众，借"飞梅"的灵性及其与管原道真的相惜，表达了对管原道真不幸结局的惋惜与慰藉。王逢听此传说颇有感触，遂作诗以叙"飞梅"传说的动人情韵[3]，管原道真这位日本平安时代文化标志性的历史人物，也由此飞洋渡海，进入中国14世纪的文学书写。

当然，元人的跨文化书写中也有一些负向的书写。如白珽《续演

---

[1] （元）王沂：《老胡卖药歌》，《全元诗》第33册，第42页。
[2] （元）王逢：《日本进上人将还乡国，为录予所注杜诗本义，留旬日，赠以八句》，《全元诗》第59册，第253页。
[3] （元）王逢：《寄题日本国飞梅有序》，《全元诗》第59册，第271页。

雅十诗》。《演雅》本是北宋诗人黄庭坚创作的一首动物讽喻诗，但后来多为世人仿效，从而成了以动物为对象进行讽喻的诗歌专体。在大批的《演雅》与《续演雅》诗中，白珽的《续演雅十诗》因其讽喻对象的选择而颇为独特。《续演雅十诗》主要以蒙古族的十种饮食风物与典故传说为讽喻对象，若其第八首讽蒙古八大特色饮食："八珍穀龙凤，此出龙凤外。荔枝配江鲢，徒夸有风味。"① "八珍"即醍醐、麈沆、野驼蹄、驼乳糜、鹿唇、天鹅炙、紫玉浆（葡萄酒）、玄玉浆（马奶酒），是蒙古族上层社会热衷的美味佳肴，但却被白珽认为是如水果荔枝配海鲜江鲢般奢侈但却并不适合的搭配，所以是"徒夸有风味"罢了。另据陶宗仪《南村辍耕录》中录有《嘲回回》一事，又可见元人对定居中土的西域贾胡亦有着复杂的认知心理。文云："杭州荐桥侧首，有高楼八间，俗谓八间楼，皆富实回回所居。一日，娶妇，其昏礼绝与中国殊，虽伯叔姊妹，有所不顾。街巷之人，肩摩踵接，咸来窥视，至有攀缘檐阑窗牖者，踏翻楼屋，宾主婿妇咸死，此亦一大怪事也。郡人王梅谷戏作下火文云：'……呜呼！守白头未及一朝，赏黄花却在半晌。移厨聚景园中，歇马飞来峰上，阿刺一声绝无闻，哀哉树倒猢狲散。'"② 不难看出，对于回回富商家娶妇时发生的不幸惨事，以文中言及的王梅谷为代表的汉族文人是带点幸灾乐祸的心理的，所以也就有了陶宗仪"嘲回回"一出。但需要注意的是，这些负向书写，于其根本上，并不是源于文化之差别，或针对文化的差异，而是更多源于贫富的差距，针对的是享受特权的阶层，而贫富、阶级差距所带来的矛盾，实乃从古至今即普遍存在的议题。

## 三 书写笔法：由虚构走向纪实

无论是跨域的还是本土的、正向的还是负向的，13—14世纪跨文化书写的繁盛，无疑直接得益于人们对域外世界及其物质与文化载体

---

① （元）白珽：《续演雅十诗》，《全元诗》第14册，第161页。
② （元）陶宗仪撰，李梦生标点：《南村辍耕录》卷二十八《嘲回回》，上海古籍出版社2012年版，第310—311页。

的亲历亲见,又与处于开放国情下的元人对各种文化包容的意识密切相关。这一有别于前时的现实基础与创作立场,不仅使13—14世纪的跨文化书写在规模与格局上区别于前时,亦更进一步地影响时人的书写笔法,由此前的简省、虚构,走向具体、繁复,且更趋近于对现实民众生活进行纪实。

这种纪实特征,首先可从元人记录异域地理与民俗风土力求详备的态度与实践中得到直观了解。如李志常撰《长春真人西游记》,"凡山川道里之险易,水土风气之差殊,与夫衣服、饮食、百草、果木、禽虫之别,粲然靡不举载"[1],汪大渊著《岛夷志略》,以专题记载的国家与地区达99个,所及国家与地名又达220余个,且"大半史所不载,即载者亦不及其亲见之详"[2]。而正是因如此详备的记载,使得前者成为现存汉文载籍中"记载十三世纪蒙古高原和中亚历史地理的一部最重要著作"[3],后者则为中外学者皆瞩目的"研究元代海外贸易和14世纪亚非各国史地的十分珍贵的材料"[4]。又如欧阳玄谱《渔家傲南词》十二阕,欲将"国家之典故,乘舆之兴居,与夫盛代之服食器用,神京之风俗方言,以及四方宾客宦游之况味","无不隐括概见于斯",观其词,以蒙古姬侍、海上红楼、河朔饮马、高昌家宴,及"霜菘雪韭冰芦菔""貂袖豹袪银鼠襐"[5]等诸多切实的异族文化质素铺就的一帧帧画卷,如在眼前。更有张昱"据事直书",不避"辞句鄙近"之嫌,作《辇下曲》百〇二首,"虽不足以上继风雅,然一代之典礼存焉"[6]。以其中讲述大都城内回民宗教习俗的一首具体来品:"花门齐候月生眉,白日不食夜饱之。缠头西向礼圈户,出浴升高叫

---

[1] (元)孙锡:《长春真人西游记序》,(元)李志常原著,党保海译注:《长春真人西游记》,河北人民出版社2001年版,第1页。

[2] (元)汪大渊原著,苏继庼校释:《岛夷志略校释》,中华书局1981年版,第390页。

[3] 陈得芝:《李志常和〈长春真人西游记〉——代校注前言》,(元)李志常原著,尚衍斌、黄太勇校注:《长春真人西游记校注》,中央民族大学出版社2016年版,第1页。

[4] 白寿彝总主编,陈得芝主编:《中国通史 13 第8卷 中古时期 元时期 上》,上海人民出版社2015年版,第16页。

[5] (元)欧阳玄:《渔家傲南词并序》,汤锐校点《欧阳玄全集·圭斋文集》卷之四,四川大学出版社2010年版,上册,第78—80页。

[6] (元)张昱:《辇下曲有序》,《全元诗》第44册,第48页。

阿弥。"① 寥寥几笔，即生动而又准确地将回民封斋与礼拜的两大习俗道白开来。而元人何以于异域书写中如此求实求备地去记录异域之地理山川与风土民俗？尝扈从上京的馆阁诗人周伯琦自序其上京纪行诗集，有云："因忝法曹，肃清毂下，遂得乘驿，行所未行，见所未见。每岁扈从，皆国族、大臣，及环卫有执事者。若文臣，仕至白首，或终身不能至其地也，实为旷遇。所至赋诗，以纪风物，得二十四首。惜笔力拙弱，不能尽述也。虽然，观此亦大略可知矣。"② 出自彼时主流文人的言说，或能对这股"热潮"作出一种典型性回答。

  对于异域人物形象的纪实则是元人跨文化书写中最为鲜活的篇章。仍以最具丝路风情的"贾胡"形象来探讨。作为贯穿整个古代丝路文学的丝路质素，文人笔下刻画的贾胡形象，自汉及元，发生了重大变化。在汉代司马迁的《史记》里，胡人形象的描述基本未出"高鼻深目"与"碧眼红发"二词的范畴，随着唐代丝路的扩大，大量贾胡入居中土，唐代文学中的贾胡形象相对丰富很多。像唐诗中出现了作为平民的贾胡与卖酒胡姬，但往往只是作为整首诗歌的幕景的点缀意象，如杜甫《滟滪》、李白《少年行》（其二）等，对贾胡形象的具体勾勒可以说非常有限。倒是唐传奇中出现了不少生动的贾胡形象，如已成为脸谱化形象的"识宝回回"与"重利回回"，但这些形象基本是以中土的理念，去理解与想象，甚至丑化、妖魔化西域文化③。至宋，通过前已述及的陈造诗，贾胡在宋代文学中的形象，依然是简省的、与中土文化对立的一种异域文明存在。那么元代呢？前已述及元诗中开始出现不少对贾胡的专咏之诗，通过引及的吴元德《观贾胡停车》一诗已可见元人与唐宋人创作贾胡的立场与心理区别所在，在此以王沂《老胡卖药歌》一诗对其书写笔法的差别再作详细说明：

    西域贾胡年八十，一生技能人不及。神农百草旧知名，久客

---

① （元）张昱：《辇下曲有序》，《全元诗》第44册，第53页。
② （元）周伯琦：《扈从集前序》，《全元文》第44册，第531页。
③ 参见倪红雨《唐传奇中的西域人物形象》，硕士学位论文，黑龙江大学，2003年。

江南是乡邑。朝来街北暮街东,闻掷铜铃竞来集。居人相见眼终青,不似当时答术丁。师心已解工名术,疗病何烦说《难经》。江南只今成乐土,异代繁华复亲睹。全家妻子得安居,箧里青蚨夜还数。灯前酌酒醉婆娑,痛疾疲癃易得瘥。金丝膏药熬较好,伤折近来人苦多。川船南通有新药,海上奇方效如昨。眼中万事不足论,流寓无如贾胡乐。①

由诗中传递的信息可知,名叫答术丁的"老胡"是一位久居江南的阿拉伯高龄卖药回回,医术高超,且以熬制金丝膏药专治跌打损伤为专长。每天清晨在街北摆摊卖药,午后则往街东。市民每天听到"老胡"的铜铃响即争相而来,久而久之,这位来自异域的"老胡"和大家相处得非常亲切与融洽,而不似初来时的陌生。每当结束了一天的摆摊,归家后则夜灯下小酌,醉眼蒙眬,看着妻子细数着一天的收入,日子过得甚是安乐。较之唐宋诗歌中简省的意象化形象与唐传奇中虚夸的传奇性形象,王沂赋长篇而专咏的这位"老胡"形象,无疑是于日常生活中经过了近距离、长时间观察与接触中的纪实形象,不仅亲切,还非常可敬,其中所展露的"老胡"一家及其与江南本土居民亲近、和谐的相处画面,亦充满浓浓的现实生活风趣。

于对异域地理山川与风土人情的单纯叙录性的纪实外,将某种丝路风物作为一种纪实性题材来反映广阔的社会存在,从而实现诗歌的现实功用,是元人于跨文化书写中运用纪实笔法的更深层面,于此层面,也可反观13—14世纪拓通的丝路对元人日常生活的强大影响力量。下录曹伯启《海夷贡花驴过兰溪书所见》进行详析:

当年老鹤快乘轩,犹逊花驴食万钱。昨夜灯前成独笑,痴儿方诵旅獒篇。

航海梯山事可疑,眼前今日看珍奇。布韦且莫怀孤愤,秋菊春兰自一时。

---

① (元)王沂:《老胡卖药歌》,《全元诗》第33册,第42页。

  天地精英及海隅，兽毛文彩号花驴。同来使者如乌鬼，还责中原礼法疏。

  行台飞檄敬未王，多少饥膏委路傍。忽见狂人鞭老骥，眼多成滴背成疮。①

花驴即斑马。至元二十六年（1289），马八儿国向元朝进贡斑马②。马八儿国是在元世祖时期与蒙元朝贡往来频繁的南亚国家，居印度半岛南端海岸，在蒙元通往波斯湾的西洋航线上占据重要位置。但值得注意的是南亚并不产斑马，斑马为非洲特产。可见，马八儿国是先从非洲买入斑马再进献给蒙元君主的。蒙元规定"远方以奇兽异宝来献者，依驿递"③，所以，贡物所经驿站，往往要耗费巨大的人力与财力去负责使团的接待与递运开销，《元史》中即载，"江浙杭州驿，半岁之间，使人过者千二百余，有桑兀、宝合丁等进狮、豹、鸦、鹘，留下二十有七日，人畜食肉千三百余斤"④。可见这种寄递制度让不少驿站所在地方部门深受其扰，甚至不堪重负。曹诗中的"花驴过兰溪"，即是此种情况。依据历史背景，此诗大致可拆分为大小两个主题来看。小的主题即由"航海梯山事可疑，眼前今日看珍奇"等语所传达的诗人对"梯山航海"之事从质疑到眼见为实的一段心路历程，由此主题可对蒙元丝路商贸的发达情况见之于一斑。大的主题即是以"花驴食万钱"与"饥膏委路傍"的对比，揭露统治者的奢靡，并表达对深处于饥馁之中的百姓的同情。经由这一主题，可以说，诗人借由海夷贡花驴这一丝路题材，实现了其以诗歌针砭时弊、关心民

---

  ① （元）曹伯启：《海夷贡花驴过兰溪书所见》，《全元诗》第17册，第382页。
  ② 《元史》中涉及入贡斑马事唯有马八儿国，又实载至元二十四年（1288）与二十六年（1289）马八儿国来进贡花驴。曹伯启于至元二十五年改任兰溪主簿，则推知其所记斑马当为马八儿国二十六年所贡，曹伯启参与了接待。参见《元史》卷十四《世祖本纪十二》、卷十五《世祖本纪十三》第2册，第297、329页；（元）曹鉴《大元故资善大夫陕西行御史台中丞赠体忠守宪功臣资政大夫河南江北等处行中书左丞上护军追封鲁郡公谥文贞曹公神道碑铭并序》，《全元文》第52册，第459页。
  ③ 《元史》卷二十三《本纪二三·武宗二》第2册，第511页。
  ④ 《元史》卷二十三《本纪二三·武宗二》第2册，第511页。

瘠的现实功用。

斑马进入元人诗文中,成为反映现实的纪实性题材,并不是偶然之特例。数十年后,绍兴诗人王冕在杭州遇见"有回回人牧花驴儿,能解人意,且能省识回人语。人多观之,回人以此多获利焉",亦作有《花驴儿》一诗。诗中同样以"百姓吞声苦饥苦,驴儿啖粟恬如故。江南子弟不晓事,掷金驰逐争先睹"[①]的现实境遇对比,反映了元末江南社会的灾荒、动乱以及统治者阶层的腐朽与奢靡。不同的是,王冕诗中的花驴已不是朝贡而来,而是私人贩运而来。安徽诗人舒頔为外夷"数千里外远来献"[②]的非洲鸵鸟所作的《骆驼鸡行》,亦是借丝路风物之吟咏反映社会现实的纪实性诗歌代表。而于这些反复出现的丝路纪实性诗歌背后,可探知者,乃13—14世纪广阔的世界性丝路背景及其所带来的物质文化交流,对其时的民众日常社会与生活正产生着普遍性的影响。

杨镰先生曾说:"至元初期诗人与诗走出大陆,亲历异域,毕竟是文学史大事。"[③] 借由上述三个方面的讨论,可知,元人跨域而行、跨域而作的这根时间轴可以往前拉得更早,且可补充的一个平行层面是,异域之物质与文化质素,在发达的丝路商贸中,大量而频繁地流动于中土,并进入中土文学书写,此亦为元代文学史上不可忽视的一件要事。二者联袂促成了元人跨文化书写的繁盛,也成为13—14世纪世界范围内兴起的跨文化书写活动中的大势。而此一论题,显然尚待更为丰富与深入的探讨。

---

① (元)王冕:《花驴儿》,《全元诗》第49册,第334页。
② (元)舒頔:《骆驼鸡行》,《全元诗》第43册,第367页。
③ 杨镰:《元代文学编年史》,第90页。

# 附录一　线上课程讲稿内容

## 西游纪行系列之一——《长春真人西游记》

大家好，今天我们要来讲讲13世纪西游纪行系列中的重要代表作《长春真人西游记》。

《长春真人西游记》又称《长春子西游记》《丘真人西游记》《长春子游记》《西游记》，是丘处机的弟子李志常叙录丘处机蒙古成吉思汗十五年（1220）至十六年（1221）西行见成吉思汗始末的著名游记地理著作。《长春真人西游记》刊刻于1228年，乾隆年间钱大昕从《道藏》中抄出，现流行较广的是王国维1926年校注本。《长春真人西游记》也是13—14世纪纪行文学创作中，西游纪行系列的重要代表作。

13世纪初，全真教掌门人丘处机道价鸿起，名满四方，金朝皇帝、南宋皇帝都派使者与丘处机沟通，期望合作，而远在西征途中的成吉思汗也派使者请丘处机前去给他讲道。李志常在《长春真人西游记》中交代：

> 成吉思皇帝遣侍臣刘仲禄，悬虎头金牌，其文曰："如朕亲行，便宜行事。"及蒙古人二十辈，传旨敦请。师踌躇间，仲禄曰："师名重四海，皇帝特诏，仲禄逾越山海，不限岁月，期必致之。"师曰："兵革以来，此疆彼界，公冒险至此，可谓劳矣。"

仲禄曰："钦奉君命，敢不竭力"。①

刘仲禄的话，软硬兼施，而丘处机在审慎考虑之后，公元 1221 年夏历二月八日，丘处机带着尹志平、李志常等十八名弟子，从山东宣德州出发西行。次年（1222）"四月二日，到达成吉思汗行在（位于兴都库什山北麓的塔里寒）；四月五日见到成吉思汗"，历行 14 个月，行程 35000 余里。途经斡辰大王驻地、和林行宫、鳖思马城（别石把）、轮台东、昌八剌城、阿里马城、大石林牙（虎司窝鲁朵）、塞蓝城、塔什干、邪米思干（寻思干）、碣石城、班里城等地，最后在今天位于阿富汗境内的兴都库什山北麓，八鲁湾的行宫见到了成吉思汗。

一行人所以能顺利到达，最重要的原因就在于成吉思汗所派的使臣刘仲禄"悬虎头金牌"，虎头金牌上写着："如朕亲行，便宜行事"②的字样。这里我们要稍稍介绍一下这虎头金牌对于丘处机一行人过驿站的作用。我们前面交代过，蒙古人在征略世界的过程中，很注意驿站的建设。波斯人志费尼在《世界征服者史》记载成吉思汗时期驿站建设的情形时写道：

> 他们的领土日广，重要事件时有发生，因此了解敌人的活动变得重要起来，而且把货物从西方运到东方，或从远东运到西方，也是必需的。为此，他们在国土上遍设驿站，给每处驿站的费用和供应做好安排，配给驿站一定数量的人和兽，以及食物、饮料等必需品。③

所以蒙古人建设驿站的目的是通报军事情报用的，其实并不是给普通人随便用的。因此通过驿站时，要使用蒙古人发的牌符。蒙古人制作的牌符有金虎符、金符、银符（皆长牌），还有海青符、圆符

---

① （元）李志常著，党宝海译注：《长春真人西游记》，河北人民出版社 2001 年版，第 4—6 页。
② 《长春真人西游记》卷上，第 5 页。
③ 《世界征服者史》第一部·第二章"成吉思汗制定的律令和他兴起后颁布的札撒"，上册，第 32 页。

(皆圆牌)，形制不同，可以区别官阶。《蒙鞑备录·官制》中曾对虎头金牌有过这样的描述：太师、元帅所配金牌，第一等巨贵，带两虎相向，曰"虎头金牌"，上以汉字刻："天赐，成吉思皇帝圣旨，疾"字样，其次是银牌，文字与金牌相同。刘仲禄手中拿的是虎头金牌，而且上面的文字还说"如朕亲行"，所以，丘处机等人的西行，一路上经过驿站时，享受的应该是跟成吉思汗出行一样的待遇。虽然说是大汗级别的待遇，但大家要注意一个重要的时间前提，那是13世纪初。大家要知道，东、西之间丝绸之路的畅通，从公元3世纪张骞凿空西域到蒙古人崛起的13世纪，这一千年中，中国方面先后有东晋时期的"五胡乱华"和唐朝中叶的"安史之乱"，与西域的道路就隔绝了，直到蒙古人的西征活动，才使得东西方的道路再次通畅，这才有了13世纪初围绕蒙古人的活动而产生的西游纪行系列作品，像李志常的《长春真人西游记》，耶律楚材的《西游录》，刘祁的《西使记》，等等，我们在下面的课里会讲到。好，今天的课就讲到这里，谢谢大家的听讲！

**【思考与问题】**

请查索资料描画丘处机他们的西行路线。

## 深度解读《长春真人西游记》选段

大家好，上一讲我们讲述了丘处机他们西行的背景和条件，这对于我们了解和细读《长春真人西游记》很有帮助。在上讲中我们说丘处机他们有成吉思汗的金牌，所以一路驿站给予的待遇都是与成吉思汗出行一样的待遇。实际情况怎样呢？当丘处机他们西行时，所经历的场景是这样的，丘处机的诗描述道：

金山东畔阴山西，千岩万壑横深溪。溪边乱石当道卧，古今不许通轮蹄。前年军兴二太子，修道架桥彻溪水。今年吾道欲西行，车马喧阗欲经此。银山铁壁千万重，争头竞角夸清雄。日出下观沧海近，月明上与天河通。参天松如笔管直，森森动有百余尺。万株相倚郁苍苍，一鸟不鸣空寂寂。羊肠孟门压太行，比斯大略犹寻常。双车上下苦敦撅，百骑前后多惊惶。天池海在山头上，百里镜空含万象。县车束马西下山，四十八桥低万丈。河南海北山无穷，千变万化规模同。未若兹山太奇绝，磊落峭拔如神功。我来时当八九月，半山已上皆为雪。山前草木暖如春，山后衣衾冷如铁。①

诗中所题"金山"，是蒙古人对肯特山的泛称"不儿罕·合勒敦"（Burhan Kaldun）。"合勒敦"，相当于突厥语 Altai（阿尔泰，黄金的意思）②，位于新疆准噶尔盆地的东北侧，因其盛产黄金，民谚有云"阿尔泰山七十二道沟，沟沟有黄金"，故名。耶律楚材在《西游录》中描写金山道：

> 时方盛夏，山峰飞雪，积冰千尺许。上命斫冰为道以度师。金山之泉无虑千百，松桧参天，花草弥谷。从山巅望之，群峰竞秀，乱壑争流，真雄观也。自金山而西，水皆西流，入于西海。③

1219 年，成吉思汗由阿尔泰山出发，率军对花剌子模国发动大规模军事行动，史称"蒙古第一次西征"，中原与中亚之间的驿路由此拓通。李志常《长春真人西游记》在丘处机诗句"前年军兴二太子，修道架桥彻溪水"下有注释云："三太子修金山，二太子修阴山"，指出拓通金山至西域驿路的指挥者乃三太子窝阔台；而阴山搭桥的则是二太子察合台。尽管驿路被修通了，但从丘处机的诗歌描述来看，依旧是人烟稀少，人迹罕至，道路极其险峻难行。丘处机说太行山

---

① （元）丘处机：《至阿里马城自金山至此以诗记其行》，见杨镰主编《全元诗》第 1 册，第 52 页。

② 林梅村：《成吉思汗史迹调查》，《大朝春秋：蒙元考古与艺术》，故宫出版社 2014 年版，第 74—75 页。

③ （元）耶律楚材著，向达校注：《西游录》，中华书局 2000 年版，第 10 页。

的羊肠小道在这里就是寻常道路了。根据李志常游记的叙录则能更加清晰地感受到蒙古人开拓金山、阴山一带道路的伟大，李志常的游记写道：

> 中秋日，抵金山东北，少驻复南行。其山高大，深谷长坂，车不可行，三太子出军，始辟其路。乃命百骑挽绳，悬辕以上，缚轮以下，约行四程，连度五岭，南出山前，临河止泊。从官连幕为营，因水草便，以待铺牛驿骑，数日乃行。①

从李志常的描述来看，即使是经过修拓的金山驿路，实际依旧高大深险，需要用人力挽绳，上下牵拉而翻越，所以丘处机的诗说"县车束马西下山，四十八桥低万丈"，是很真实而又准确的描述了。金山岭多，丘处机一行在有专人向导和护持的情况下，走了四天，连越五岭，才到达河岸边停息。如果说金山一带是山高岭深，那么阴山一带则有沙漠、雪山等恶劣的自然环境，艰险程度并不逊于金山。曾伴随成吉思汗西征的耶律楚材即亲见二太子察合台凿石通道为48座桥的情景，而其《过阴山和人韵》诗对阴山人迹罕至、风景绝佳、天气极奇特的赞述之外，最突出的一点，也是对蒙古人西征过程中超越自然环境影响力的叹服：

> 阴山千里横东西，秋声浩浩鸣秋溪。猿猱鸿鹄不能过，天兵百万驰霜蹄。万顷松风落松子，郁郁苍苍映流水。天丁何事夸神威，天台罗浮移到此。云霞掩翳山重重，峰峦突兀何雄雄。古来天险阻西域，人烟不与中原通。细路萦纡斜复宜，山角摩天不盈尺。溪风萧萧溪水寒，花落空山人影寂。四十八桥横雁行，胜游奇观真非常。临高俯视千万仞，令人凛凛生恐惶。百里镜湖山顶上，旦暮云烟浮气象。山南山北多幽绝，几派飞泉练千丈。大河西注波无穷，千溪万壑皆会同。君成绮语壮奇诞，造物缩手神无

---

① 《长春真人西游记》卷上，第40页。

功。山高四更才吐月，八月山峰半埋雪。遥思山外屯边兵，西风冷彻征衣铁。①

由阴山往西基本是沙漠。李志常的游记写道：

> 翌日，并阴山而西，约十程，又度沙场。其沙细，遇风则流，状如惊涛，乍聚乍散，寸草不萌，车陷马滞，一昼夜方出。盖白骨甸大沙分流也。南际阴山之麓，逾沙，又五日，宿阴山北。诘朝南行，长坂七八十里，抵暮乃宿。天甚寒，且无水。晨起，西南行约三十里，忽有大池，方圆几二百里，雪峰环之，倒影池中，师名之曰天池。沿池正南下，左右峰峦峭拔，松桦阴森，高逾百尺，自巅及麓，何啻万株。众流入峡，奔腾汹涌，曲折弯环，可六七十里。二太子扈从西征，始凿石理道，刊木为四十八桥，桥可并车。薄暮宿峡中，翌日方出。②

对于第一次见到沙漠的丘处机等中原汉人来说，细得遇风则流的沙能聚集成丘，而且能动，乍聚乍散，流动之际竟然能状如惊涛，甚至成为千军万马的死地，确实令人骇异。而在阴山一带，过了沙漠还有雪峰，还有大峡谷，等等，自然景观既迥异于中原，更重要的是不通人烟，绝无道路。正因为这样，蒙古人能在这样的条件下，翻山越岭，且设路搭桥，建立驿站，令人叹服。

拓通的驿路在蒙古人的征略大军过去之后，"开放给商人、传教士"，不仅"使东方和西方在经济上和精神上进行交流成为可能"③，也为元代写作空间的开拓提供了现实基础和环境。丘处机、李志常还有我们下次课要说到的耶律楚材等人，他们借此千载难逢的机会而得以超越时流，留下了其时最独特且最具时代性的纪行文字。孙锡为李

---

① （元）耶律楚材：《过阴山和人韵》，《全元诗》第1册，第200页。
② 《长春真人西游记》卷上，第50页。
③ 《出使蒙古记》，第29—30页。

志常的《长春真人西游记》写作的序言感叹道:

> 门人李志常,从行者也。掇其所历,而为之记。凡山川、道里之险易,水土、风气之差殊,与夫衣服、饮食,百果、草木、禽虫之别,粲然靡不毕载。目之曰《西游》,而征序于仆。夫以四海之大,万物之广,耳目未接,虽大智犹不能遍知而尽识也,况四海之外者乎?所可考者传记而已。仆谓是集之行,不独新好事者之闻见,又以见至人之出处。"①

正如孙锡的序言所云,《长春真人西游记》不仅叙录了西行道路的艰辛,还描述了迥异于中原的风土人情,让人们终于明白那个时代最了不起的人们的出处行踪,这也是我们今天学习《长春真人西游记》的重要原因。

【思考与问题】

请细读《长春真人西游记》,根据孙锡所云"水土、风气之差殊,与夫衣服、饮食,百果、草木、禽虫之别,粲然靡不毕载",选其中的一种,如水土,将其与中原的对应内容进行比较分析。

## 西游纪行系列之二——耶律楚材及其西行经历

大家好,今天我们接着讲13世纪的著名西游纪行系列作品。我们先来说说13世纪一位非常著名的人物——耶律楚材,之后我们再谈他的《西游录》和西域诗。

耶律楚材(1190—1244),出身于契丹贵族,是辽朝皇帝阿保机的九世孙,东丹王的八世孙,金朝耶律履之子。"楚材"这个名字,取自《左传》"楚虽有材,晋实用之"。据宋子贞《中书令耶律公神道碑》记载,耶律楚材出生时,精通占卜的父亲私底下对亲戚说:"吾

---

① 《长春真人西游记》,第1页。

年六十而得子，吾家千里驹也，他日必成伟器，且当为异国用"，耶律楚材的人生成就果然应验了他父亲的占卜。自贞祐二年（1214）蒙古南下侵略金朝，金朝就步入了倒计时。1218 年，耶律楚材与成吉思汗相遇了。《元史·耶律楚材传》记载说：

> 太祖定燕，闻其名，召见之。楚材身长八尺，美髯宏声。帝伟之，曰："辽、金世仇，朕为汝雪之。"对曰："臣父祖尝委质事之，既为之臣，敢仇君耶！"帝重其言，处之左右，遂呼楚材曰吾图撒合里而不名，吾图撒合里，盖国语长髯人也。①

据彭大雅、徐霆的《黑鞑事略》说，"楚材能天文，能诗，能琴，能参禅，颇多能。其髭髯极黑，垂至膝。常绾作角子。人物极魁梧"②，他们还说，"鞑人少髯，胡多必贵也"，就是说，蒙古人觉得胡子多的人一定有很多经验，是富贵人才有的。耶律楚材的胡子又长又漂亮，所以成吉思汗一见到他就很喜欢他，不呼其名，直呼其"长髯人"。不过，成吉思汗还是很傲慢地对耶律楚材说，辽朝与金朝是世仇，我现在帮你报了世仇。面对成吉思汗咄咄逼人的话，耶律楚材不亢不卑地回答道，我的父辈、祖辈都委身于金朝，成为金朝重臣，我怎么敢以君国为仇呢？成吉思汗听了非常敬重。大家要知道，在成吉思汗发迹崛起的过程中，最强调主从之间的忠诚，对奴仆背叛主人的行为，往往严惩不贷，所以耶律楚材的回答使得成吉思汗对他的欣赏又多了一重。

耶律楚材在归附成吉思汗不久，1219 年即作为谋臣参加成吉思汗亲自统帅的蒙古远征花剌子模军事行动，也即我们前面一再提到的蒙古第一次西征。作为亲历战争者，耶律楚材在《西游录》叙述西征缘由时称"苦盏西北五百里，有讹打剌城。附庸城十数。此城（讹答

---

① 《元史》卷一四六，第 3455—3466 页。
② （宋）彭大雅撰，徐霆疏证：《黑鞑事略》，王云五主编，商务印书馆 1937 年版，第 6 页。

刺）渠酋，尝杀命吏数人、商贾百数，尽掠其财货。西伐之举由此也"[1]。借助耶律楚材的这个描述以及其他史料的佐证，我们知道，1215年花剌子模派出一个外交使团到达正在中国北方的成吉思汗驻地，而成吉思汗热诚地表达了建立和平关系以及双方商业往来的愿望，并派出使团回访。使团是由450余名商人、500峰骆驼组成的商队。结果商队的人大多被花剌子模国讹打剌城的守将杀掉，货物全部被劫扣，知道消息后，成吉思汗极为愤怒，西征之举由此引发。

根据耶律楚材的《西游录》，我们知道蒙古西征大军的路线是，1219年盛夏从和林向西出发，先过金山（即阿尔泰山），越瀚海（阿尔泰山以南之大沙漠）。由别石把（又作别失八里，在今新疆吉木萨尔北面），经轮台（今新疆阜康西南）、和州（今新疆吐鲁番附近）、不剌（今新疆博乐），然后南下出阴山（即天山山脉，此指其西部婆罗科努山之一部），经圆池（即新疆之赛里木湖）而抵阿里马城（又作阿力麻里，今新疆霍城西北）。再西渡亦列河（即今伊犁河），抵虎司窝鲁朵（西辽国首都Gus ordo，在今吉尔吉斯斯坦境内）。又西数百里经塔剌思（Talas，唐朝称怛逻斯，在今吉尔吉斯斯坦境内）、苦盏Khojend（苏联列宁纳巴德Leninabad，今塔吉克斯坦北部城市）、八普（Pap，原苏联费尔干纳Fergana附近，位于乌兹别克斯坦、塔吉克斯坦和吉尔吉斯斯坦三国的交界地区）、可伞（Kasan，原苏联纳曼干Namanghhan西北）、芭榄（或谓在列宁纳巴德与费尔干纳间的Kangi-badam）诸城。又自苦盏西北五百里至讹打剌（Otrar，奥特拉尔，原苏联土耳其斯坦Turkestan东南，今位于哈萨克斯坦奇姆肯特市阿雷思河和锡尔河交汇处），其西即寻思干（即撒马尔罕Samarkand），又西为蒲华（即布哈拉Bokhara）。蒲华之西河名曰阿谋（即阿姆河Amu daria），河之西为五里犍城（又称玉里健、乌尔达赤、兀尔格赤、原名花剌子模城即花剌子模旧都玉龙杰赤，今库尼亚乌尔根奇Kunya-Urgench）。又南濒大河有斑城（今阿富汗之巴里黑Balkh），又西有搏城（或谓即Kerduan）。行程约计6万里。

---

[1]（元）耶律楚材著，向达校注：《西游录》，中华书局2000年版，第2页。

蒙军长驱直入中亚后，于 1220 年攻占了花剌子模的都城撒马尔罕。撒马尔罕在西辽时被称为"河中府"，在被花剌子模攻占之前，是附属于西辽的喀喇汗朝的首都，也是中亚两河流域政治、经济和文化的中心，交流频繁，繁华富庶。而耶律楚材的《西游录》以及西域诗就是成吉思汗第一次西征的最直接的见证与记录。1228 年，回到中原后，1229 年耶律楚材自行刊刻了一卷本《西游录》。《西游录》共上、下两篇。下篇是讨论教派正邪问题，我们关心的西游纪行内容主要在上篇。在上篇中记录了西行道路、山川、物产、城市等内容。好，这节课就到这里，我们下次再见，谢谢大家的听讲！

**【思考与问题】**
　　成吉思汗第一次西征的路线是怎样的？

## 耶律楚材《西游录》及西域诗选读

　　大家好，上一讲我们讲到耶律楚材随成吉思汗出征花剌子模国，并在 1220 年，蒙古人征服中亚著名城市撒马尔罕之后，也就是西辽国所称的河中府。之后耶律楚材在河中府待了七年，直到 1228 年才回到中原。回到中原后，1229 年耶律楚材自行刊刻了一卷本《西游录》。《西游录》分上、下两篇。下篇是讨论教派正邪问题，我们关心的西游纪行内容主要在上篇。在上篇中记录了西行道路、山川、物产、城市等内容。在西域的几年间，耶律楚材创作中亚纪行诗约 50 首，以撒马尔罕为中心对 13 世纪初中亚的气候、地理、风物、土产有较为生动的描述。

　　撒马尔罕，在《西游录》中也被称作"寻思干"。《西游录》这样写道："讹打剌西千余里，有大城曰寻思干"，讹打剌就是我们上节课说到的，引发第一次西征的地方，位于今天的哈萨克斯坦奇姆肯特市阿雷思河和锡尔河交汇处。撒马尔罕在 Otrar（奥特拉尔）的西边，耶律楚材在《西游录》中说，"寻思干者，西人云肥也，以地土肥饶故名之"，在耶律楚材前，中国传统书籍称"康居"，也说明这个地方宜

居,也难怪会成为中亚交通要道上的著名城市。耶律楚材给他的朋友高善长描述中亚的总体风貌写道:

> 西方好风土,大率无蚕桑。家家植木绵,是为垄种羊。年年旱作魃,未识舞鹝鹈。①

耶律楚材在诗里说,中原之西的中亚地区,气候土壤都不错,但没有蚕桑。这里的人们家家都种着木棉树,人们是用木棉的果实织布的。说到木棉,耶律楚材说,中亚的木棉,就是我们旧书中传说的西域"垄种羊"。据《旧唐书·西戎传·拂郎》关于西域"垄种羊"记载:

> 有羊羔生于土中,其国人候其欲萌,乃筑墙以院之,防外兽所食也。然其脐与地连,割之则死,唯人着甲走马及击鼓以骇之,其羔惊鸣而脐绝,便逐水草。②

就是说"垄种羊"的羊羔长在土里,西域人等它快要长出来的时候,就用院墙把它围起来,以防其他兽类吃它。不过"垄种羊"的脐带与土地相连,如果去割断它,"垄种羊"就会死掉。只有人穿上铠甲骑马击鼓来惊吓它,那羊羔才会惊慌鸣叫并咬断脐带,之后,羊羔就会逐水草活动了。耶律楚材的诗认真同时也非常直切地向中原的人们揭开一个谬传已久的古老传说的秘密,西方没有蚕桑,他们用木棉织布,而木棉果实的形状有些像披着肥厚毛发的绵羊,这是垄种羊说法的基础。耶律楚材在这首诗里还说,中亚地区非常干旱,几乎终年不下雨。旱魃是传说中造成旱灾的鬼怪,而鹝鹈,就是古代传说昭示下大雨的鸟,中亚地区几乎年年是旱魃作怪,难见鹝鹈起舞。尽管天气这么干旱,但中亚的风土人情还是非常有意思的。

---

① (元)耶律楚材:《赠高善长一百韵》,《全元诗》第1册,第318页。
② (后晋)刘昫等撰:《旧唐书》卷一九八,中华书局1975年版,第16册,第5314页。

耶律楚材还写道：

> 烂醉蒲萄酒，渴饮石榴浆。随分有弦管，巷陌杂优娼。佳人多碧髯，皎皎白衣裳。市井安丘坟，畎亩连城隍。钱货无孔郭，卖饭称斤量。甘瓜如马首，大者狐可藏。①

读上面的诗，我猜想大家和我一样被其中的一句"佳人多碧髯"给惊到了。其实耶律楚材也被惊到了，他在另外的诗里也说到了这个情况。在《赠蒲察元帅七首》其中第七首，他写道"素袖佳人学汉舞，碧髯官妓拨胡琴"；《戏作二首》有句："歌姝窈窕髯遮口，舞妓轻盈眼放光"。中亚这种与中原有极大差异的风俗习惯不仅让耶律楚材印象深刻，其他去过的人也记忆犹新，刘祁《西使记》、李志常的《长春真人西游记》中也有记录②。也不仅是佳人挂黑须，在中亚，城市中心竟然丘坟处处，而田亩就连着城郭，人们使用的钱币都不像中原的钱币一样有孔洞，卖饭用斤称，瓜大得像马头，甚至能盖住一只狐狸，等等，种种奇风异俗，都和中原风气差异极大。

当然，还有其中最典型的特点，那就是"烂醉蒲萄酒"。在西域，葡萄多，葡萄酒可以随便喝，管够。这是很刺激中原人们的神经的。据东汉赵岐《三辅决录》云："（孟）他（佗）又以蒲桃酒一斛遗让，即拜凉州刺史"③，这个典故是说孟佗把一斛葡萄酒送给独揽朝政大权的张让，张让竟激动得赐给孟佗凉州刺史的官位。汉朝的一斛相当于十斗，一斗为十升，一升约合现在的200毫升④，也就是说，孟佗凭

---

① （元）耶律楚材：《赠高善长一百韵》，《全元诗》第1册，第318页。
② 耶律楚材文集中涉及此项内容的有三首诗，分别是卷五《赠蒲察元帅七首》其中第七首有句"素袖佳人学汉舞，碧髯官妓拨胡琴"，卷六《戏作二首》有句："歌姝窈窕髯遮口，舞妓轻盈眼放光"，卷十二《赠高善长一百韵》："佳人多碧髯，皎皎白衣裳"，刘祁《北使记》："其妇人衣白，面赤衣，止外其目。间有髯者，并业歌舞音乐。"李志常《长春真人西游记》："妇人出嫁，夫贫则再嫁，远行逾三月，则亦听他适，异者或有须髯。"
③ （汉）赵岐撰，（晋）挚虞注，（清）张澍辑，陈晓捷注：《三辅决录》卷二，三秦出版社2006年版，第67页。
④ 林甘泉主编：《中国经济通史·秦汉经济史（上）》，湖南人民出版社2002年版。

借大约 26 瓶葡萄酒换得凉州刺史的官位,可见葡萄酒在中原的稀罕。其实,中原地区早从汉代开始就引进葡萄种植技术,但由于没有蒸馏技术,所以一直酿不出葡萄酒来。而在河中地区,像耶律楚材说的人们"葡萄亲酿酒""自酿蒲萄不纳官""旋借葡萄酿绿醑",葡萄酒不仅可以自己酿,随便喝而且无须纳税。大家都能种葡萄,都会酿葡萄酒,葡萄酒多得官府都不征税。蒙古人征服中亚后,蒸馏技术传进中国,葡萄酒在中原地区就变得很普遍了。此外,西域的水果很多,葡萄之外,还有西瓜、哈密瓜、苹果等。耶律楚材诗中提到的"渴饮石榴浆""甘瓜如马首,大者狐可藏",他在《西游录》中还记述道:"苦盎多石榴,其大如拱,甘而差酸,凡三五枚,绞汁得盂许,渴中之尤物也","八普城,西瓜大者重五十斤,可以容狐,长耳仅负二枚",如果不是亲见亲闻,在 13 世纪的中原人很难想象出石榴汁的甜美可口,西瓜大得像马头,形状都能遮藏住一只狐狸的样子。

  我们前面说了,耶律楚材在回到中原后就自行刊刻了《西游录》,为什么呢?他在《西游录序》中说:"戊子,驰传来京,里人问异域事,虑烦应对,遂著《西游录》以见予志",戊子年就是 1228 年,耶律楚材回到中原后,人们总是来问他西域的事情,他烦于应对,干脆就写了《西游录》,让大家自己去看。至于他的那些西域诗,早就有所流传了。而我们通过以上几首诗的几个细节的解读就能感受到,蒙古人的西征打通了中原与西域之间的道路,人们借助拓通的驿路实现了多种交流的可能,这不仅为人们写作空间的拓展提供了现实基础和环境,也能借此消除囿于地域之限而带来的师心自用、闭塞自大的毛病。向达在给《西游录》作时,认为"《西游录》《长春真人西游记》二书,"都是十三世纪记述天山以北和楚河、锡尔河、阿姆河之间历史、地理最早最重要的书。第八世纪中叶以后,关于天山以北以至于葱岭以西楚河、锡尔河、阿姆河一带,游历其地归而以汉文记载游踪的,绝无其人、其书"[①]。

---

[①] (元)耶律楚材著,向达校注:《西游录》,中华书局 2000 年版,"前言"第 5 页。

## 西游纪行系列之三——《黑鞑事略》选读

大家好，今天这讲我们来说说13—14世纪"西游纪行"系列的代表作之一《黑鞑事略》。

《黑鞑事略》，是南宋的彭大雅、徐霆完成的。"鞑靼"，原名为Tatar，本是居住在呼伦贝尔地区的蒙古语族部落之一，后来"鞑靼"一名成为汉人对蒙古族的俗称。宋人称蒙古为黑鞑靼，以区别于漠南的白鞑靼（即汪古部）。

南宋绍定六年（1233）六月，彭大雅（？—1245）跟随使者邹伸之出使蒙古。他们从襄阳启程，第二年，也就是宋端平元年（1234）二月抵达蒙古汗帐，见到元太宗窝阔台汗。随即返程，于1234年六月至汴（今河南开封），七月抵襄阳（今属湖北）。彭大雅作为书状官记录使北见闻。就在端平元年（1234）的十二月，宋廷再次派遣邹伸之等出使蒙古，徐霆随使，作《北征日记》①。南宋理宗嘉熙元年（1237）徐霆将彭大雅使北所记稿本与自己所作《北征日记》相互参照，编成《黑鞑事略》，这在徐霆的《黑鞑事略》的跋语中有交代：

> 霆初归自草地，尝编叙其土风习俗，及至鄂渚，与前纲书状官彭大雅解后，各出所编，以相参考，亦无大辽绝，遂用彭所编者为定本，间有不同，则霆复疏于下方，然此亦止述大略，其详则见之《北征日记》云。嘉熙丁酉孟夏朔，永嘉徐霆长孺书。②

《黑鞑事略》虽然只有一卷，但是涉及内容广泛，信息量非常大。王国维《黑鞑事略笺证》跋云："蒙史开创时，史料最少，此书所贡献，当不在《秘史》《亲征录》之下也。"③ 大家注意，在蒙古与南宋

---

① 武尚清：《〈黑鞑事略〉及其疏证笺证》，《史学史研究》1995年第2期。
② （宋）彭大雅撰，（宋）徐霆疏，许全胜校注：《黑鞑事略》，兰州大学出版社2014年版，第232页。
③ 《黑鞑事略》，第237页。

之间，一直横亘着大金国。金国既是蒙古的攻伐对象，又是其赖以吸取中原文化的直接与间接来源。当蒙古国力更加强大，并且灭掉金国之后，便应该是与南宋正面交锋之时。不过，窝阔台汗（1229—1241）时期，蒙、宋间在总体上处于相对和平时期，所以彭大雅、徐霆才会在1233—1236年间接踵随使北行，这才有了《黑鞑事略》的完成。①

我们在前面的讲述中已经多次说到，13—14世纪间，由于蒙古的崛起，整个欧亚格局都被发生了改变，而当时的各个王朝、部落政权也都非常密切地关注和探察蒙古人的各种情况，可以说人们都想知道蒙古人是依靠什么而迅速崛起，改变世界格局的。徐霆引用曾经跟随窝阔台征金的王檝的一段话这样解释道：

> 成吉思死，嗣主兀窟觪含哀云："金国牢守潼关、黄河，卒未可破。我思量凤翔通西川，西川投南，必有路可通黄河。"后来，遂自西川迤逦入金、房，出浮光，径造黄河之里，竟灭金国。盖鞑人专求马蹄实路，又使命临草地，楚材说与大使："你们只恃着大江，我朝马蹄所至，天上天上去，海里海里去。"②

兀窟觪即窝阔台。徐霆在这里借助王檝以及耶律楚材的话告诉南宋统治者以及世人，蒙古人是依靠马来征服世界的，耶律楚材转述蒙古人说的那句话，读起来非常富于文学色彩，很真切地摹画出蒙古人如虹的气势，如山的粗犷，如海一般的力量。在13世纪初崛起的蒙古人看来，只要马蹄能踏上的地方，无论是天上还是海里，他们都有本事征服它。为什么蒙古人这么自信呢？因为蒙古人对自己的马上功夫非常自信。关于这一点，彭大雅在《黑鞑事略》中有很仔细的观察与描述：

> 其骑射，则孩时绳束以板，络之马上，随母出入；三岁以索维之鞍，俾有所执，从众驰骋；四五岁或挟小弓、短矢；及其长

---

① 武尚清：《〈黑鞑事略〉及其疏证笺证》，《史学史研究》1995年第2期。
② 《黑鞑事略》，第221页。

也，四时业田猎。凡其奔骤也，跂立而不坐，故力在跗者八九，而在髀者一二。疾如飙至，劲如山压，左旋右折如飞翼，故能左顾而射右，不特抹鞦而已。①

据彭大雅的观察，蒙古人在孩提时期就被用绳子和夹板固定，缠捆在马背上，随母亲出入；三岁时候就随大人骑马驰骋，只是用绳索套在马鞍上，稍有抓手；四五岁时就开始用小弓短箭练习骑射；到大一些之后，就四季从事围猎工作了。当他们骑马奔跑时，是用脚踩在马镫上，而不是坐定于马背上，将八九分力量用在脚背上，只一二分在大腿上，时时如准备攻击的猎豹之势，所以劲捷如狂风之至，运力如山压之势；而且左右旋折如翅膀一般灵活，甚至能做到顾左而射右。大家要知道，骑射之术一般分三种，叫作分鬃射、对镫射和抹鞦射。所谓分鬃射，是由马头之上，向前射去；对镫射，转向左右射去；抹鞦射，鞦是指马屁股上的皮带，是指骑手在追兵追近时，反身向后射箭。不过，在这段描述中，彭大雅告诉人们，蒙古人骑马射箭技艺之精，已经可以在飞速的骑马过程中左顾右射，达到人、马与弓、箭浑然一体的境界。

通过彭大雅的这段描述，我们已经明白蒙古人善于骑马，马上功夫了得的根本原因就在于他们从小就骑马，是一个彪悍、名副其实的马上民族。当然，我们骑马功夫了得并不是蒙古人取胜的唯一因素，更重要的还有他们的战略战术，我们在接下来的一讲中再作分析。

**【思考与问题】**

请解释《黑鞑事略》一书的来历与名称意思。

## 深度解读《黑鞑事略》选段

大家好，上一讲我们讲到了《黑鞑事略》的出现背景，试图通过

---

① 《黑鞑事略》，第116页。

探查 13 世纪间蒙古人崛起的背景来理解那个时代纪行作品的写作重心与内容。我们上一节说到了蒙古人认为自己只要马蹄能踏到之处，就能征服它，我们也说了蒙古人从小骑马，所以骑马射箭技术极高。而蒙古人到底怎么骑马征服世界呢？彭大雅和徐霆在文中这样写道：

> 蒙古人其军，即民之年十五以上者，有骑士而无步卒，人二三骑，或六七骑，五十骑谓之一纠。①
>
> 霆往来草地，未尝见一人步行者，其出军头目，人骑一马，又有五六匹或三四匹马自随，常以准备缓急，无者亦须一二匹。②

蒙古人的军人就是平民，而且他们只有骑兵没有步兵，每个骑兵都有一匹以上的马跟着，多的甚至有六七匹。这样做，马可以不时得到轮换与休息，不至于疲困，而蒙古骑兵却能一直用健马奔跑作战，这同样也做到了人与马的最高效配合。当然，仅仅只有快马与骑兵并不能让蒙古人真正征服世界，更让人敬佩和赞叹的是他们的战术。彭大雅经过观察和思考，总结蒙古人的战术特点认为"其破敌，则登高眺远，先相地势，察敌情伪，专务乘乱"，非常到位，也就是蒙古人在作战中，战术千变万化，各种欺瞒诡诈之法，无所不用，但究其核心与要旨，就是专门伺察清楚敌情之后，趁乱快速出击，出奇制胜：

> 故交锋之始，每以骑队径突敌阵，一冲才动，则不论众寡，长驱直入。敌虽十万，亦不能支。不动则前队横过，次队再撞。再不能入，则后队如之。方其冲敌之时，乃迁延时刻，为布兵左右与后之计。兵既四合，则最后至者一声姑诡，四方八面响应齐力，一时俱撞。此计之外，或臂团牌，下马步射，一步中镝，则两旁必溃，溃则必乱，从乱疾入敌。或见便以骑蹙步，则步后驻队，驰敌迎击。敌或坚壁，百计不中，则必驱牛畜，或鞭生马，

---

① 《黑鞑事略》，第 129 页。
② 《黑鞑事略》，第 131 页。

以生搅敌阵,鲜有不败。敌或森戟外列拒马,绝其奔突,则环骑疏哨,时发一矢,使敌劳动。相持稍久,敌必绝食,或乏薪水,不容不动,则进兵相逼。或敌阵已动,故不遽击,待其疲困,然后冲入。或其兵寡,则先以土撒,后以木拖,使尘冲天,敌疑兵众,每每自溃;不溃则冲,其破可必。或驱降俘,听其战败,乘敌力竭,击以精锐。或才交刃,佯北而走,诡弃辎重,故掷黄白,敌或谓是诚败,逐北不止,冲其伏骑,往往全没。[①]

解读这段文字,我们始终要注意蒙古人是如何给敌军制造混乱的。大家请看,交战伊始,蒙古人便先派一对骑兵冲入敌营,顺利的话,就全军长驱直入;不成功的话,便前一队横开阵势,让后面的骑兵再冲撞而入,不行,再后面的队伍上来。大家注意,这并不是蒙古人在真正攻击,这只是他们在迁延时刻,搅乱敌营,等到最后一拨骑兵都布好位置之后,给出呼哨暗号,这个时候蒙古人才四面呼应,一齐发力冲撞。如果这样层层布局之势不能形成,那么蒙古人就会下马,把臂团着盾牌进行射击,一旦中间有头目被射中,两边必然溃乱,于是蒙古人趁乱迅速踏入敌阵。如果百计不能突破敌阵的布局,敌军也坚稳如石的话,那么蒙古人会驱使牛羊牲畜,或者鞭打没有受过训练的生马去闯敌营,令敌军阵脚大乱;或者将敌军包围在中,不时地打呼哨放冷箭,令敌军注意力分散,精神疲乏;或者撒土踏尘,制造尘灰混乱的局面;有时甚至会假装败走,把敌人引入包围圈;等等。总之,蒙古人在作战时,用尽各种巧计诈术,"只在乎彼纵此横之间"[②],其作战之法,一言以蔽之:"动静之间,知敌强弱;百骑环绕,可裹万众;千骑分张,可盈百里"[③],总是迂回包抄,短促突击,对于中原人来说,确"有古法之所未言者"[④]。大家还要注意,我们在刚才的那段文字中就指出,稍大一些的蒙古少年便已经整天四季地从事起围捕狩

---

[①] 《黑鞑事略》,第164—165页。
[②] 《黑鞑事略》,第165页。
[③] 《黑鞑事略》,第165页。
[④] 《黑鞑事略》,第165页。

猎的工作，这种围猎之术又被他们灵活地运用到战术之中。也就是说，蒙古的每个男孩从小被训练成骑兵，而长大后便每天在围猎之中，面对竭尽全力求生的野兽，进行各种战术配合的灵活训练，而不是像中原人一样，照本宣科式的排兵布阵，无怪乎蒙古人在战争中能够出神入化，战无不胜，攻无不克了。

《黑鞑事略》虽然只有一卷，但内容极为丰富，不仅详细探究和叙录了蒙古人征服世界的秘密，还仔细记载蒙古人的土风民俗、行止习惯以及所欢所惧，等等。作为及时记录的出使报告，这些内容皆来自彭大雅、徐霆的亲历闻见，都是据事直书，所以生动实际，活化出蒙古人早期社会历史场景①，大家有兴趣可以课后再习读探查。

**【思考与问题】**

请从多民族文化角度解读《黑鞑事略》中的一段见闻。

## 西游纪行系列之四——《西使记》

大家好，今天这讲我们来说说13—14世纪"西游纪行"系列的代表作之一《西使记》。《西使记》别称《常德西使记》，是由使臣常德口述、刘郁笔录的一部旅行记。最早收在元人王恽的《玉堂嘉话》中，记录了使臣常德奉蒙哥汗之命西行，前往波斯，觐见西征大军统帅旭烈兀的经历与见闻。常德在己未（1259）正月甲子，从和林出发，回来已是庚辛年（1260）的夏天，"往返凡一十四月"②。

根据《常德西使记》的记述，他从蒙古都城和林出发，经昏木辇（今蒙古国布尔根河）、龙骨河（今新疆阿勒泰乌伦古河）、乞则里八寺（今新疆福海西北布伦托海）、业瞒城（今新疆额敏境内）、孛罗城（今博尔塔拉蒙古自治州）、阿里麻里（今新疆霍城的阿脱诺克）、赤

---

① 武尚清：《〈黑鞑事略〉及其疏证笺证》，《史学史研究》1995年第2期。
② （元）常德口述，刘郁笔录，顾宏义、李文整理标校：《西使记》，《金元日记丛编》，上海书店出版社2013年版，第149页。

木儿城（应在阿里麻里附近）；再从塔剌寺（今吉尔吉斯斯坦塔拉斯）出发，经赛蓝城（哈萨克斯坦塔什干）、忽章河（今锡尔河）、寻思干（撒马尔罕）、暗不河（阿姆河）、里丑城（今土库曼斯坦列别帖克）、马兰城（今土库曼斯坦马里）、纳商城（今土库曼斯坦阿什哈巴德西）、殢扫儿城（今伊朗的沙布尔城）、木乃奚国（今伊朗北部）、担寒（今伊朗北部达姆甘）、阿剌丁城（在今伊朗北部阿莫勒附近）、袆咱答儿（今伊朗北部马赞达兰），到达报达（今伊拉克巴格达）。常德的步程所至，已到达今天的伊朗西北境，而在跟刘郁的口述中，还描述了印度、巴格达、埃及、罗马以及中亚等地的风土人情。《常德西使记》也因此成为人们研究蒙元史和中亚、西亚以及西域史的重要著作。

了解常德西使的经历以及见闻，我们需要稍稍再解释一下他的出使背景以及出使目的地。《常德西使记》的一开篇就这样交代："壬子岁，皇弟旭烈兀（Hülagü）统诸军，奉诏西征。凡六年，拓境几万里。己未正月甲子，常德驰驿西觐。"[①] 这句话包含了非常丰富的信息。就字面意思而言，是说壬子岁，皇帝弟弟旭烈兀作为主帅奉诏西征，六年间，开拓了几万里的疆域，己未正月甲子，使臣常德奉旨，借助驿站西行觐见旭烈兀。壬子岁，是1252年。大家知道，1251年，拖雷的长子蒙哥在拔都等人的推动下，成为新一任大汗，这意味着蒙古帝国的汗位体系从窝阔台家族转移到了拖雷家族。大汗体系转换的背后必然是无数杀戮与血腥清洗。为了平复蒙古贵族们的矛盾，蒙哥汗发动了第三次西征。西征目标是里海以南的木剌夷宗教国和巴格达的阿拔斯王朝，这些国家位于尚未纳贡称降于蒙古帝国的西亚地区。西征军在1252年7月由大将怯的不花领一万二千士兵先行出发，主帅旭烈兀率领的主力军在1253年出发渡过阿姆河西征波斯，大军走了近三年，在1256年攻破木剌夷国的阿拉木特堡。又经由哈马丹（Hamadān）包围阿拔斯王朝首都巴格达，于1258年攻陷巴格达城，灭亡阿拔斯王朝。常德出发的己未年正月是1259年初，所以，他是在旭烈兀的西征军拓境几万里，驿站畅通的背景下"驰驿西觐"的。

---

① 《西使记》，第145页。

大家要知道，1259年是蒙古帝国的重大转折年。这年农历七月，蒙哥汗在攻打南宋时，死于重庆钓鱼山。蒙哥之死不仅使得蒙古人的第三次西征军事活动戛然而止，而且蒙古帝国也发生了巨大分裂，从此再没有能力组织起大的军事征略行动。1260年四月，蒙哥的四弟阿里不哥在和林即汗位，五月，忽必烈在开平即汗位，争汗之战由此拉开，并在1264年以忽必烈的胜利而结束。与此同时，旭烈兀的军队在大肆劫掠巴格达后，进发叙利亚，1260年2月攻克阿勒颇，4月攻克大马士革，但在9月与马穆鲁克军队的阿音·扎鲁特（Aïn-Djalout）之战中失败。随后，旭烈兀返回马拉盖，建立伊尔汗国。大家注意，在争汗之战中，蒙古帝国所辖的各大汗国：金帐汗国、察合台汗国、窝阔台汗国、伊尔汗国，只有伊尔汗国支持忽必烈，所以，1264年，胜利的忽必烈封旭烈兀为"从阿母河起以迄叙利亚、密昔儿遥远边境的君王"，伊尔汗国正式建立。这也就意味着，常德所走的西行路线和驿站在元朝也是畅通的。而《常德西使记》中关于常德西行路线以及常德叙述中关于旭烈兀的西征活动及西域的民俗、风物等记载都因为切近史实而显得极为珍贵，《常德西使记》也因此成为研究西域古代史和中国与非洲、欧洲交通史的珍贵文献又作为研究蒙元史和中亚、西亚、西域史的重要著作。

**【思考与问题】**

请描述常德西使的路线与驿站。

## 深度解读《西使记》选段

大家好，上一讲我们讲述了《西使记》产生的一些背景原因，说到旭烈兀率领的蒙古第三次西征。我们知道《西使记》对西行路线、对旭烈兀西征事迹以及西域风土人情的描述因为切近史实，同时又非常生动，它因此成为13世纪非常重要的西游纪行著作。我们今天就来讲读其中的一段，当常德西行进入旭烈兀西征的主要征服目标——木乃奚国，他的讲述。文章这样记述道：

二十九日，[过]殢[tì]扫儿城。[满]山皆盐，如水晶状。近西南六七里，新得国曰木乃奚，牛皆驼峰，黑色。地无水，土人隔山岭凿井，相沿数十里，下通流以溉田。所属山城三百五十，已而皆下。惟担寒西一山城，名乞都不，孤峰峻绝，不能矢石。丙辰年（1256），王师至城下，城绝高险，仰视之，帽为坠。……其国，兵皆刺客。俗见男子勇壮者，以利诱之，令手刃父兄，然后充兵。醉酒，扶入窟室，娱以音乐、美女，纵其欲，数日复置故处。既醒，问其所见，教之能为刺客死，则享福如此。因授以经咒日诵，盖使蛊其心志，死无悔也。令潜使未服之国，必刺其主而后已。虽妇人亦然。其木乃奚，在西域中最为凶悍，威胁邻国，霸四十余年。王师既克诛之，无遗类。①

据常德口述，他在1259年的三月二十九日，过殢扫儿城，即今天伊朗的沙布尔城，这个地方在元代也被译作沙不儿、乃沙不耳、匿察不儿，这里满山都是状如水晶的盐。在殢扫儿城西南六七里外，就是木乃奚国。木乃奚又被译作木剌夷，是阿拉伯语 Mulāhid，即异端的音译。木剌夷国是伊斯兰阿萨辛派领袖，山中老人哈桑·本·萨巴赫（Hasan bn Sabbah），以阿拉木特堡（Alamūt，意为鹰巢）为中心建成，拥有三百五十座左右山城的伊玛目王朝（1090—1256），位于今天的伊朗北部海滨。伊玛目，英语音译为 Imam，指伊斯兰教中的领拜人，所以木剌夷国是一个宗教国家。山中老人以及阿萨辛派盘踞的鹰巢——据常德的观察，它建在极高、极陡峭的山上，据今天的考察知道，鹰巢位于伊朗厄尔布尔士山脉中，那里山势陡峭，海拔多在3000米以上，所以文章描述说"仰视之，帽为坠"，还是很生动的。

阿萨辛派在13世纪上半叶是西域丝路上最为凶悍的存在，经常劫掠往来商旅，刺杀别国首脑头目，大批十字军的基督教贵族和伊朗、阿拉伯的王公都死于阿萨辛派刺客之手，令蒙古人以及邻近的国家都

---

① 《西使记》，第146—147页。

非常头疼，这也是蒙哥即位之初，命令旭烈兀西征的重要原因。常德在这里很生动地解释了阿萨辛派的特点，那就是阿萨辛派在山中老人的组织和教唆下，整个教派的士兵都是暗杀者。这个组织寻访到勇敢、健壮的青年，便以利诱惑他们，命令他们杀掉自己的父兄，充入军队。然后将这些青年灌醉放入一个极乐花园中，整日用音乐、美食、美女来蛊乱他们的心智，很多天之后又将他们灌醉再放回原处。这些人醒后往往追忆之前的花园生活，而教主便不断教谕他们，说他们曾经去的是《古兰经》中的极乐世界，告诉他们只有成为刺客，死后才能回到那个极乐世界。而刺客一旦养成，就被派他们前往没有驯服的国家，一定要刺杀其主至死而后已。关于木剌夷的事迹，在《马可·波罗游记》的第二十章，用了相当的篇幅来描述。所以，大家也不要奇怪，英文中暗杀 assassin 一词，其词根即源自 Hashashin，阿萨辛。

　　大家要知道，"阿萨辛派"善于用恐怖、秘密的手段，他们的探子遍布各地，因此他们情报丰富、消息灵通，蒙古西征的情报，他们最早获悉，并最早将其通报欧洲。他们曾于 1238 年派遣使节去见法国和英国国王，建议基督教徒和伊斯兰教徒结成同盟来对付蒙古人的侵略，但当时西方却指望蒙古人和伊斯兰教徒互相残杀，因此没有响应呼吁，结果蒙古人的第二次西征让整个东欧都遭到蒙古铁骑的踩躏和践踏。话又要说回来，由于鹰巢阿拉木特城堡位于里海南岸与波斯高原之间的咽喉要道上，所以当蒙古人第一次西征灭了中亚大国花剌子模国，势力扩张到中亚河中地区后，西亚的木剌夷国迟早也会成为蒙古人的扩张和征略的目的。最终旭烈兀的军队借助火炮技术，攻破鹰巢。1256 年，末代"山中老人"鲁肯丁被迫率众出降。而蒙古人在解除了他们的武装之后，将所有城堡捣毁，鹰巢被夷平，"阿萨辛派"教徒全部被杀死，横行西亚一百七十余年的木剌夷国及其恐怖暗杀组织就此瓦解。

　　《西使记》中关于旭烈兀的西征活动及西域的民俗、风物等方面的记载非常丰富生动，诚如笔录者刘郁所感慨："其怪异等事，不可殚纪。"之所以会让人有怪异之叹，主要也是因为中原国家在张骞凿空西域之后，有许多个世纪没有互通往来，于是，各个地域、国家因为"世代浸远,国号变易"①,事迹、名号、风俗等就变得非常难以考索。就这一点而言,蒙古人征略世界,打通欧亚板块,令东、西方人们的交流往来再次畅通,其贡献可谓大矣,而《西使记》正是西亚世界被打通之后的著名纪行作品,其史料价值与文学价值都值得大家重视。好,今天的课就讲到这里,谢谢大家的听讲。再见!

**【思考与问题】**

请从中外文化交流角度解读《常德西使记》中的一段见闻。

## 西南纪行系列之一:云南纪行

大家好,今天我们要来说说13—14世纪西南丝绸之路上关于云南的纪行作品。在说到13—14世纪云南纪行作品的出现之前,我们很有必要先说说蒙古对大理国的征略。

关于蒙古灭大理的原因与理由,我们要知道,其目的是在南宋。蒙古与南宋合谋灭掉金朝之后,便一心想要突破南宋的长江天堑,灭掉南宋。对此,蒙古人"聚兵牧马,决意南来,一渡河洛,以窥江淮,一由唐、邓以窥襄、汉,一托秦、巩以窥四川。三道并入,众号百万。甚至修搭桥路,将带羊皮浮环,以为饮江之计"②,也就是说,从长江上游的四川、中游的襄阳、汉口以及下游的江淮,搭桥修路,三道并进,突破南宋的军事屏障。但因为南宋的严防死守,蒙古人虽然在1235—1239年间,对四川发动三次较大军事行动,均未能真正实现其军事突破。于是,蒙古人开始采取迂回战略,期望降服吐蕃,对西南大理国发动攻势,之后"借路云南",从而形成对南宋形成南北夹击的致命攻伐。而忽必烈便是蒙古大军征略大理的主帅。为什么从云南入手?这就是蒙古人最为著名的"斡腹之谋"。郝经曾经概述蒙

---

① 《西使记》,第149页。
② (宋)吴昌裔:《论三边备御状》,曾枣庄、刘琳主编《全宋文》卷七四一八,上海辞书出版社、安徽教育出版社2006年版,第323册,第108页。

古人"斡腹之谋"的特点这样描述道:

> 国家用兵,一以国俗为制,而不师古。不计师之众寡,地之险易,敌之强弱,必合围把槊,猎取之若禽兽然。聚如丘山,散如风雨,迅如雷电,捷如鹰鹘,鞭弭所属,指期约日,万里不忒,得兵家之诡道,而长于用奇。自浍河之战,乘胜下燕、云,遂遗兵而去,似无意于取者。既破回鹘,灭西夏,乃下兵关陕以败金师,然后知所以深取之,是长于用奇也。既而为斡腹之举,由金、房绕出潼关之背以攻汴;为捣虚之计,自西和径入石泉、威、茂以取蜀;为示远之谋,自临洮、吐番穿彻西南以平大理。皆用奇也。夫攻其无备,出其不意,而后可以用奇。①

根据郝经这段生动的解释,我们可以知道,蒙古人的战术有快、奇和斡腹之术三个特点和连环过程。这些战术特点的形成是蒙古人长期从事围猎活动的典型体现。它先是用"聚如丘山,散如风雨,迅如雷电,捷如鹰鹘"的快速攻击法使敌方阵脚被打乱,然后再使用各种诡计和奇术诱敌深入,进入自己的包围圈,形成围攻夹击之势,然后攻灭敌人。这些过程,其目的或者说最厉害的地方,实际就千方百计做成包围圈,使敌人深陷圈中,无路可逃。而蒙古人攻打大理,用的就是一场大斡腹之术,其战略战术便是先远远地从南宋的西南面攻下大理,再同时进攻安南(今越南),这样就把南宋整个南边都占领了。西边的土藩已经被他们收复,东边是大海。这样,蒙古人就等于把南宋四面八方包围起来。当然,对于南宋来说,大理国也是他们战马的重要来源。我们知道南宋偏安于江南,没有西北、北方少数民族乃至中原区域的马,剩下唯一的战马来源就是大理。如果大理被灭,南宋的骑兵就会遭受重创。1252年七月,忽必烈率远征军十万人从漠北出发。1253年夏,忽必烈率军抵达六盘山,开始沿着青藏高原边际行军。八月抵达甘肃南部的临洮。后又在八思巴的协助下越过藏区,到

---

① 《元史》卷一五七《郝经传》第12册,第3700—3701页。

达川西地区，直扑大理国。在蒙古军进入大理国前，需要渡过两道天险——大渡河和金沙江。蒙古军队来自大漠，不习水性，但出师之前，他们就已经对大理的地势做了全面的了解，因此早已为渡河做好了准备，带上了北方人渡河惯用的"革囊"（动物皮子缝合后做成的气囊）——也就是依靠著名的"马跨革囊"的方式，渡过了两道天险。现代歌曲中有一首由和志华作词、张新民作曲的《革囊渡的故事》就讲述了忽必烈凭借革囊渡江攻取大理，为一统大业打下基础的故事：

你还记得吗，奔腾的金沙江。在那很久很久以前，元世祖忽必烈啊，率十万雄兵，从北南下，横渡滔滔金沙江。金戈铁马驰骋万里，没有船儿没有桥，用那羊皮筏子越过金沙江，越过金沙江。天下一统大汗足迹，天下一统大汗足迹，从此留下革囊渡的故事，革囊渡的故事。

应该说，这首歌曲非常形象地讲述了忽必烈马跨革囊，渡过金沙江，最终攻克大理的过程。清代著名地理学家顾祖禹这样感慨蒙古人的这场远征大理之战说道："吾观从古用兵，出没恍惚，不可端倪者，无如蒙古忽必烈之灭大理也。自临洮经行山谷二千余里，自金沙江济，降摩荻，入大理，分兵收鄯阐（今昆明）诸部，又入吐蕃，悉降其众"[①]，大理被攻克，不仅为蒙古统一南宋打下了坚实的基础，也使得西南与中原之间的道路由此畅通，13—14 世纪西南丝路纪行创作的繁荣也由此而兴。

【思考与问题】

1. 请描述忽必烈攻灭大理的路线。
2. 请从多民族文化交流角度解读李京《云南志略》中的一段

---

[①] （清）顾祖禹：《读史方舆纪要》卷一百十三《云南方舆纪要序》第 10 册，中华书局 2005 年版，第 5026 页。

见闻。

## 深度解读：李京云南纪行诗《金沙江》

大家好，今天我们继续云南纪行系列的讲读。在上一讲中，我们讲到，蒙古人为了征服南宋而绕远攻打大理，最终攻克大理，开拓了西南丝绸之路，从而有了13—14世纪西南纪行创作的繁荣。今天我们来讲讲西南丝路纪行中的重要组成部分云南纪行系列，我们以李京的云南纪行诗《金沙江》作为案例来讲读。

《金沙江》是李京《鸠巢漫稿》中的一首，也是他奉命宣慰云南乌蛮时创作的一首非常典型的云南纪行诗。元朝大德五年（1301），李京奉命宣慰云南乌蛮。在云南的两年期间，李京"周履云南，悉其见闻"，写成元代建立云南行省后的第一部云南省志——《云南志略》四卷，对云南当地诸如乌蛮、六诏、金齿、白夷等族的风俗民物、气候生产以及人物山川等都有较为真切的表述。李京一生作诗数百篇，都收在诗集《鸠巢漫稿》中，其中他的那些关于云南的诗尤为世人所传颂，《金沙江》便是他云南诗作中最著名者之一。

据李京在《云南志略》中记载，1254年的春天，在大理只剩善阐未被攻破的情况下，忽必烈留下大将兀良合䚟专征云南，自己率部分军队东还漠南。兀良合䚟平定乌蛮部落三十七，而交趾、金齿、白夷、罗鬼缅中诸蛮相继纳款，于是云南平，列为郡县。但兀良合䚟回师之后，云南诸部往往复叛。直到1276年，忽必烈派平章赛典赤前往建立云南行省，对当地民众，"抚以威惠"，并"沿其俗而道之善利"[1]，云南终于"民情丕变，旧政一新"[2]。有了上一讲的背景铺垫，我们现在来解读李京的《金沙江》，会有情景如画的感觉：

---

[1] （元）虞集：《云南志序》，王珽点校：《虞集全集·道园类稿》卷一七，天津古籍出版社2007年版，上册，第483页。

[2] （元）李京：《云南志略·总叙》，王叔武校注：《大理行记校注 云南志略辑校》，云南民族出版社1986年版，第83页。

雨中夜过金沙江，五月渡泸即此地。两厓峻极若登天，下视此江如井里。三月头，九月尾，烟瘴拍天如雾起。我行适当六月末，王事役人安敢避。来从滇池至越巂，畏涂一千三百里。干戈浩荡豺虎穴，昼不遑宁夜无寐。忆昔先帝征南日，箪食壶浆竞臣妾。抚之以宽来以德，五十余年为乐国。一朝贼臣肆胸臆，生事邀功作边隙。可怜三十七部民，鱼肉岂能分玉石。君不见南诏安危在一人，莫道今无赛典赤。①

金沙江，位于长江的上游，因江中沙土呈黄色得名，又名绳水、淹水、泸水。诸葛亮《出师表》说自己南征是"五月渡泸"，就是指五月渡过金沙江南征。据诗歌所写，李京是在六月末，云南雨季时候的晚上，来到金沙江渡口，这让他想起当年诸葛亮五月渡泸南征时候的情景。江边两岸险峻极天，往下俯视金沙江，仿佛探视深井，这很能说明金沙江所处位置落差之大以及它险隘难行的程度。而李京在诗中借当地民谣描述云南天气道，从三月开始一直到九月底，山中瘴疠之气仿佛弥天的烟雾。从金沙江到滇池再到越巂，江行之路，艰难险阻，有一千三多里。越巂辖境相当于今天云南丽江及绥江两县间金沙江以东，以西的祥云大姚以北和四川木里、石棉、甘洛、雷波以南地区。正因为有金沙江这样的险峻要隘，所以云南土著也往往恃险而自强，在忽必烈军队征服之后，又每每复叛。云南的重要性以及忽必烈对云南这块自己亲自率军征服地方的独特感情，1274年，他派遣赛典赤经略云南。赛典赤，全名赛典赤·赡思丁·乌马儿（al-Sayyid Shams al-Din 'Umar），原籍中亚不花剌（今乌兹别克斯坦共和国布哈拉州首府布哈拉），是波斯著名贵族之后。赛典赤到云南之后，对当地的生产经济以及社会文化的发展都贡献极大。在他至元十六年（1279）去世时，当地上下都非常哀痛，《元史·赛典赤传》载："百姓巷哭，葬鄯阐北门。交趾王遣使者十二人，齐经为文致祭，其辞有'生我育

---

① （元）李京：《金沙江》，《全元诗》第18册，第303页。

我，慈父慈母'之语，使者号泣震野"①。李京作为宣慰副使来到乌蛮，两年间走遍云南各地，对于赛典赤在当地的宽仁德政，每有经历听闻，所以在诗里也深为感慨。当然，他也深有隐忧，以云南如此边鄙之地，一旦大臣自逞情绪，就很难说不会造成边境的不安了。

　　大家要知道，在元代，云南距离京师万里。在李京之前，诸如唐代樊绰的《云南志》，北宋乐史的《寰宇记》，元朝初期郭松年的《南诏纪行》，都每每因为不熟悉当地情况，记载了许多怪诞不经的传闻，而李京因为措办军储事务，几乎走遍云南乌蛮、六诏、金齿、白夷等地，对那一带的山川地理、土产、风俗，都亲历亲见，所以详细地记载了他们独特的地方②。就像元朝著名馆臣虞集评论所云："风气、服食之宜，人物、材力之愚智、勇怯，山川、形势之陀塞、要害"以及当年元世祖忽必烈征服云南的神威武略、赛典赤的宽政仁德，"概可想见"③，李京的《云南志略》以及云南纪行诗也因此成为元代西南纪行类的重要代表作。大家有兴趣可以带着李京的《云南志略》以及他的云南纪行诗行走当地，应该会有很不一样的感触。

**【思考与问题】**

　　请从多民族文化交流角度解读李京《云南志略》中的一段见闻。

## 西南纪行系列之二：安南纪行

　　大家好，今天我们来说说13—14世纪西南丝绸之路上关于安南的纪行作品。

　　安南，在汉朝作交趾郡。从汉朝到唐朝，交趾一直归中国中央朝廷直接管辖。在宋朝，始赐其国名为安南，从此安南成为宋朝藩属国。

---

　　① 《元史》第10册，第3063页。
　　② （元）李京：《云南志略·总叙》，王叔武校注：《大理行记校注　云南志略辑校》，云南民族出版社1986年版。
　　③ （元）虞集：《云南志序》，王珽点校：《虞集全集·道园类稿》卷一七，天津古籍出版社2007年版，上册，第483页。

在蒙古和元朝时期，中国与安南经历了先战后和的阶段。蒙哥汗时期，1257—1258年间，蒙古与安南发生第一次战争。虽然这次战争以蒙古军失败而告终，安南还是与蒙哥政府订下协议，规定安南每三年向蒙古进贡一次，并定为常例。之后，元朝与安南之间大规模的战争还有两次：一次在元世祖至元二十一年到至元二十二年，也就是1284—1285年间，还有一次是至元二十四年到至元二十五年，即1287—1288年间，两次战争都以元军失败而告终①。为什么在西征战场上所向披靡的蒙古军面对小小的安南国却没有了制胜之招了呢？安南国世子陈日烜给忽必烈写的降表里说出了重要原因。安南，其地在今越南北部，是沿海的热带季风气候国家。对于习惯干冷天气的蒙古人、马来说，安南天气潮湿闷热，热毒与瘴疠之气使得蒙古军队在作战中，病疫蔓延，无法发动有效的攻击。西方学者在探讨和总结蒙古军队失败的原因指出：第一次失败是因为"热不能堪，班师"②，因为天气太热，不能忍受，只好草草回师；第二次失败是"盛夏霖潦，军中疾作，死伤者众"③，因为盛夏多雨，军队发生瘟疫，死伤甚多，不能胜；第三次失败是因为"军中将士多被疫不能进"④，依旧是因为炎瘴实繁，水土不服而败。

不过，安南虽然取得了胜利，但毕竟国小人少，经不起这样的大阵仗，另外蒙古人"尽捕海道边民，大者杀之，小者虏去。至于悬缚解剖，身首异处。百姓逼死，辄兴鸟穷兽穷之祸"⑤，安南军民虽然依赖本土优势，彪悍善战，但也经不起蒙古人在撤军之际，用尽鸟穷兽穷之法，顺道尽捕沿海边民，对他们杀大虏小，并对俘虏使出各种残虐折磨之法，令人胆寒心摄。所以，1288年，安南国担心元军再次入侵，主动遣使求和，因此在元朝的中后期，元朝曾经27次派遣使者出使安南。

---

① 党宝海：《昔里吉大王与元越战争》，《西部蒙古论坛》2013年第4期。
② [瑞典]多桑：《多桑蒙古史》上册，陆峻岭译，商务印书馆2017年版，第324页。
③ 《多桑蒙古史》，第381页。
④ 《多桑蒙古史》，第382页。
⑤ （元）徐明善：《安南行记》，顾宏义、李文整理标校，上海书店出版社2013年版，第164页。

元朝到安南的路线先后有数条，以使臣李克忠的出使经历为例。灭宋以前，至元乙亥（1275），四月由云南到安南，"时江南未平，由临洮渡河源，经土蕃，涉丽水，过莎车，至牂牁（zāng kē，位于贵州境内），逾南诏、善鄯、金齿，水陆万余里，至其国"，李克忠直达至元丁丑，也就是1277年的夏天，才到达上京复命忽必烈"[①]；灭宋之后，李克忠出使安南，其时"江南已平，道广西，差近，至即得其要领，己卯三月达上京。寻命复往，庚辰四月挈其使黎仲佗奉表纳款，九月至京师，而使事竣矣"[②]，也就是说，李克忠在至元庚辰（1280）再出使安南，借由广西到安南，四月从上京出发，九月就完成使命，回到大都。

正如我们刚才就说到的，元朝曾27次派遣使者前往安南，诸如李思衍、徐明善、陈孚、智熙善、文矩、张立道等，他们都留下了安南纪行诗文。这些诗文不仅是元代中外文化交流繁荣的见证，而且在当时文坛也算得上是一道颇为独特的风景线，很值得我们探寻。

**【思考与问题】**
请描述安南与元朝的关系。

## 深度解读：傅若金安南纪行诗《陀览驿》

大家好，今天我们来读一首傅若金的安南纪行诗。我们在上一讲中说到，元朝自至元二十五年（1288）结束与安南的冲突之后，曾经27次派遣使者出使安南，傅若金就是其中一位使者，也是最后一次出使安南的使者之一[③]。

---

① （元）许有壬：《元故中顺大夫同知吉州路总管府事李公神道碑铭并序》，《全元文》，第38册，第457页。
② （元）许有壬：《元故中顺大夫同知吉州路总管府事李公神道碑铭并序》，《全元文》，第38册，第458页。
③ 据马明达《元代出使安南考》的统计，在中后期，元朝27次派遣使者出使安南，《明清之际中国和西方国家的文化交流——中国中外关系史学会第六次学术讨论会论文集》（1997年），第263—284页。

傅若金将出使安南所作的 100 首诗歌辑为《南征稿》，他在《南征稿序》中这样交代他的出行与写作过程：

> 元统三年，诏遣吏部尚书铁柱、礼部郎中智熙善使安南，而以若金为辅行。其年秋七月，辞京师，明年夏，还至阙下，往返万六千余里，道途所经，山川、城郭、宫室、墟墓、草木、禽虫、百物之状，风雨、寒暑、昼夜、明晦之气，古今之变，上下之宜，风土人物之异，凡所以感于心、郁于情、宣于声而成诗歌者，积百余篇。①

元统三年是元顺帝 1335 年，傅若金是作为两位使臣吏部尚书铁柱、礼部郎中智熙善的陪臣一同出使安南。而从傅若金的一组行路诗题来看：《延津渡河》《金竹道中书题桃花驿》《石塘驿》《蒲圻道》《港口晓行》《临湘》《平江道中》《桂林》《宾州》《仙弈山》《腊日入安南》，他经行的水陆驿站是：从河南延津渡口出发，沿途经过湖北位于赤壁的蒲圻道，再过位于湖南东北的临湘、平江驿道，进入广西，经由桂林、宾州、柳州仙弈山等驿站。傅若金一行从至元二年（1336）七月出发，在腊日到达安南，走了五个多月，应该走的是元朝到安南的道路中最便捷的驿路。我们且来看看傅若金安南出行诗中的一首题名《陀览驿》的诗：

> 日月低铜柱，云霄下玺书。山通汉使道，田绕马人居。
> 文字雕题后，衣裳断发余。槟榔杂鸡黍，相迓满郊墟。②

陀览驿应该是到达安南后所住的驿站。诗歌的第一句中，用了马援立铜柱于象林界的典故。这个"铜柱"典故可以说是全诗的诗

---

① （元）傅若金：《南征稿序》，史杰鹏、赵彧校点：《傅若金集》，吉林文史出版社 2010 年版，第 248 页。

② 《傅若金集》，第 84 页。

眼,理解清楚了它的内涵,全诗所要表达的主题与意义就豁然明朗了。大家要知道,安南的日南郡是当时最南之郡,象林县又是日南郡最南之县,过了日南象林界,就进到中国之境。据《旧唐书·地理志》记载:

> 后汉遣马援讨林邑蛮。援自交趾循海隅,开侧道以避海,从荡昌县至九真郡,自九真至其国。开陆路,至日南郡。又行四百余里,至林邑。又南行二千余里,有西屠夷国。铸二铜柱于象林南界,与西屠夷分境,以纪汉德之盛。其时有不能还者数十人,留于铜柱之下。至隋乃有三百余家,南蛮呼为"马留人"。其水路,自安南府南海行三千余里至林邑,计交趾至铜柱五千里。①

这段话是破解傅若金《陀览驿》的重要背景。文中所记乃东汉马援征讨林邑国之事。林邑在今越南南部顺化一带,马援征服林邑后,在林邑与东汉疆界最南交界的象林界南边立两根铜柱以区别国界。当元朝的傅若金来到象林界时,亲眼见到了马援立的铜柱,他说"日月低铜柱",既言铜柱之高,又赞马援对中越关系的伟大贡献。作为大一统元朝的使者来向总是不太顺服于元朝的安南国宣谕玺书时,傅若金等使者还是要表现出来自天朝的无上气势的,所以诗里说"云霄下玺书"。大家要注意,马援征服林邑后,将那些不能回汉朝的数十人留在当地,这些人被安南人称作"马留人"。他们在当地繁衍生息,至隋朝时已有三百余家。而傅若金到安南之后,所见到的情景便是"山通汉使路,田绕马人居",一派生齿繁荣、民物熙然的景象。在这民物熙然景象的背后,其实是汉文化对安南的输入与影响。大家顺着傅若金的视角可以看到,所谓"文字雕题后,衣裳断发余",即指汉文化的输入改变了安南断发文身,没有文字,不知礼仪的风俗习惯。

---

① (后晋)刘昫等撰:《旧唐书》卷四一《地理志四》第 5 册,中华书局 1975 年版,第 1755 页。

《礼记·王制》记载说："南方曰蛮，雕题交趾，有不火食者矣"，郑玄作注解释道："雕文，谓刻其肌以丹青涅（niè）之"，涅就是"染黑"的意思；孔颖达疏解道："雕谓刻也，题谓额也，谓以丹青雕刻其额，非惟雕额亦文身也"①；所以《春秋左传》里又说南方没有受中原文化影响之前，"断发文身，裸以为饰"②。安南文化作为南蛮文化的典型，在被马援征略之后，与中原王朝往来频繁，逐渐学习汉文字，熟悉中原礼仪。正因此，傅若金最后才以"槟榔杂鸡黍，相迓满郊墟"感慨结尾。在元朝时候，槟榔是非常典型的热带植物，不仅岭北鲜见，江南人也不多见，所以，陀览驿边，满目的槟榔树与稻田鸡舍相映成画，热情迎接远来的使者，不仅是情景写实，而且是呼应作者一直在表述的宗主国元朝与藩属国安南间深厚的渊源关系。

　　傅若金在他的《南征稿》序言中交代，他对自己这趟出使经历中，凡是山川道路、城郭宫室、草木禽鱼以及风土人物之异，都有表述。虽然这也确实因为山川风景迥异于平日见闻，更重要的原因是，元朝自忽必烈开始，开启了一种风气，统治者对出使或者来自异域的人，都喜欢亲自询问"所经山川地里、人物风土"③。像前面李克忠一行出使安南，归来后，忽必烈甚至对他在安南的日程以及与安南国主之间的问答内容都有仔细询问。所以元朝的文人对于异域见闻都会不厌其烦地叙录出来，不仅以文章著称的傅若金作《南征稿》，礼部郎中智熙善也曾作有纪行诗稿《越南行稿》一册④。这里需要指出的是，现今所存无论是傅若金还是智熙善的安南诗都非完稿，他们的安南见闻纪行不能窥其全貌，令人遗憾，所以我们对于留下来的作品要更仔细地解读，毕竟它们还是太来之不易了。

---

① （清）阮元校刻，郑玄注，孔颖达疏：《十三经注疏·礼记正义》卷一二《王制》，中华书局2009年版，第2896—2897页。
② （清）阮元校刻：《十三经注疏·春秋左传正义》卷五八·七年，中华书局2009年版，第4697页。
③ （元）许有壬：《元故中顺大夫同知吉州路总管府事李公神道碑铭并序》，《全元文》，第38册，第458页。
④ （元）许有壬：《智子元越南行稿序》，《全元文》，第38册，第93页。

### 【思考与问题】

请从多民族文化交流角度解读一首傅若金或者其他元朝使者的安南纪行诗。

## 草原丝路纪行系列之一：上都纪行

大家好，今天我们要讲的内容涉及 13—14 世纪草原丝绸之路的纪行文学，也是元朝最为典型突出的纪行现象——上都纪行诗文。

上都，位于今天内蒙古自治区锡林郭勒盟正蓝旗草原，本来叫作开平府，1264 年忽必烈将开平府改名为上都[①]，实行两都巡幸制，此后上都成为 13—14 世纪的人们向往和书写的重要对象。为什么说上都纪行创作是元朝最为典型突出的纪行内容呢？这个历史背景有些复杂，牵涉到蒙古帝国的分裂与元朝的建立问题。我们知道，1259 年农历七月，蒙哥在进攻南宋的过程中，死于重庆合州钓鱼山。1260 年 3 月，忽必烈回到开平，举行忽里勒台大会，即皇帝位。注意：《元史》记载说：同年四月"阿里不哥僭号于和林城西按坦河"[②]，于是忽必烈与阿里不哥兄弟之间爆发了长达五年的争汗之战（1260—1264），最终忽必烈虽然战胜阿里不哥，获得了汗位。不过，争汗战争形成的势力阵营还是使得蒙古帝国分裂的格局明朗化了，诸王们在选择支持不同阵营的同时，在自己的征服地区建立了钦察汗国、察合台汗国、伊利汗国和窝阔台汗国等实际上独立的政权。大家还要注意一个历史细节，据当时域外史料的记载，他们认为蒙古大汗的继承序列是贵由汗——蒙哥汗——阿里不哥，然后才是忽必烈[③]，所以，尽管忽必烈获得了汗位，但实际其汗位的正统性是存有疑问的。所以，在争汗之战后，

---

[①] 《元史》云："初，帝命秉忠相地于桓州东滦水北，建城郭于龙冈，三年而毕，名曰开平。继升为上都，而以燕为中都"，《元史》卷一五七《刘秉忠传》第 12 册，第 3693 页。

[②] 《元史》卷四《世祖本纪一》第 1 册，第 65 页。

[③] 其时埃及史家乌马里的《眼历诸国纪行》关于蒙古帝国大汗的序列，是这样记述的："然后是贵由汗，然后是蒙哥汗（成吉思汗——拖雷——蒙哥），然后是阿里不哥，然后是忽必烈"，转引自刘迎胜《蒙元帝国与 13—15 世纪的世界》"元初朝廷与西北诸王关系考略"，生活·读书·新知三联书店 2013 年版，第 40 页。

一方面忽必烈将征服与统治重心转向汉地及南宋,以中原区域为中心建立元朝;另一方面为了控制中原,忽必烈放弃蒙古旧都和林,选最接近开平和蒙古的大都作为首都,并将开平府改名上都,从1264年开始实行两都巡幸制。"两都"是指大都和上都,"自世祖皇帝统一区夏,定都于燕,复采古者两京之制度,关而北即滦阳为上都,每岁大驾巡幸",直至十八年(1358),红巾军攻陷上都,"因上都宫阙尽废,大驾不复时巡"①。

上都又被称作开平、上京、滦京,所以上京纪行、开平纪行、滦京纪行都可以称作上都纪行诗文。

元朝制定两都巡幸制,首先是游牧民族"逐水草而居"生活习惯的政治体现,蒙古人怕热,每年要前往上都度夏,同时也进行他们习惯的围猎活动;其次两都巡幸制也是辽、金捺钵制度的延续,捺钵,是契丹语的译音,意思是辽帝的行营,从辽朝开始,游牧统治者往往在围猎期间进行政治的活动;再次,这项制度的执行也是元朝统治者为加强与西北宗王的联系而固定下来的。大家要知道,上都作为忽必烈潜邸据地,其时是忽必烈发家的地方,它保留了蒙古传统的行宫和四时营地,也是忽必烈联系蒙古本部的中心②,从某种程度上来说,上都也算是元朝统治者的精神家园与政治文化基地。在每年的巡幸活动中,除了清暑、狩猎等游牧民族必须进行的大事之外,大肆宴飨、赏赐以联结诸王藩戚是最核心的内容,这就是所谓的"昭等威,均福庆,合君臣之欢,通上下之情者也"③,显示君王与诸王同享权力,均有福泽,君臣上下合欢同情的意思。

在上都大型的宴飨、狩猎的气氛里,所谓"国家之典故、乘舆之兴居,与夫盛代之服食、器用,神京之风俗、方言,以及四方宾客宦

---

① 《元史》卷四五《顺帝本纪八》第4册,第949页。
② 陈高华、史卫民:《中国政治制度通史》第八卷·元代,人民出版社1996年版,第141页。
③ (元)王祎:《上京大宴诗序》,颜庆余点校:《王祎集·王忠文公文集》卷六,浙江古籍出版社2016年版,上册,第162页。

游之况味"①，一应俱全，空前绝后，那些亲见亲闻亲历的人们如果再将它们记录下来，的确具有"使人心动神竦"②的魅力与影响，也正是这样，上京纪行诗文堪称元代文学的典型内容。由于元朝实行"两都巡幸制"，皇帝每年一般是夏历二月或三月从大都出发，八月或九月返回大都，有几乎半年时间都带着"后宫诸闱、宗藩戚畹、宰执从寮、百司庶府"③在上都度过，所以13—14世纪间，包括元朝大臣、馆阁文人、中外僧侣、商贩以及投机者往来于前往上都的"草原丝路"，留下大量上京纪行诗文，它们也因此成为元代文学研究的重要组成部分。

【思考与问题】

请简要概括上京纪行诗文繁荣的背景原因。

## 上都路线纪行——周伯琦《扈从集前序》选读

大家好，上一讲我们讲到了元代上京纪行诗文大量产生的重要历史背景和创作条件，从深入了解与研究的角度来说，前往上都的路线是必须知道的。事实上，凡是有机会前往上都并能够记录的人们，都会对路上的经历、驿站有所描述。在所有留下来的上京纪行诗文中，关于大都前往上都路线，写得最详细、最独特的莫过于周伯琦的《扈从前集序》。

下面我们来细读元代馆臣周伯琦前往上都的纪行作品《扈从前集序》中的部分内容。

> 至正十二年，岁次壬辰，四月，予由翰林直学士、兵部侍郎拜监察御史。视事之第三日，实四月二十六日，大驾北巡上京，例当扈从。是日启行，至大口，留信宿。历皇后店、皂角，至龙

---

① （元）欧阳玄:《渔家傲南词并序》,《欧阳玄集·圭斋文集》卷四,第44—45页。
② （元）柳贯:《上京纪行诗序》,魏崇武、钟彦飞点校:《柳贯集》卷一六,浙江古籍出版社2014年版,下册,第445页。
③ （元）王袆:《上京大宴诗序》,《王袆集·王忠文公文集》卷六,上册,第162页。

虎台，皆巴纳也。国语曰巴纳者，犹汉言宿顿所也。……以是月十九日抵上京，历巴纳凡十有八，为里七百五十有奇，为日二十四。大抵两都相望，不满千里，往来者有四道焉：曰驿路，曰东路二，曰西路。东路二者，一由黑谷，一由古北口。古北口路，东道御史按行处也。予往年职馆阁，虽屡分署上京，但由驿路而已，黑谷辇路未之前行也。因忝法曹，肃清毂下，遂得乘驿，行所未行，见所未见。每岁扈从，皆国族、大臣，及环卫有执事者。若文臣，仕至白首，或终身不能至其地也，实为旷遇。①

据周伯琦序言这段内容交代，至正十二年，也就是1352年，四月二十三，他刚由翰林直学士、兵部侍郎升任监察御史，三天后就跟随皇帝前往上都。皇帝的出巡队伍从四月二十六日出发，五月十九日到达上都的行宫，一路经停了十八个巴纳，走了二十四天。巴纳是蒙古语，是汉语所谓住宿歇脚的地方。而据周伯琦的解释，从大都到上都，往来一共有四条道路：曰驿路，中路二，曰西路。据陈高华先生的考察，从大都到上都的驿路，有800余里，要经过1. 健德门，2. 昌平，3. 新店，4. 南口、居庸关、北口，5. 居庸关过街塔，6. 榆林驿，7. 怀来县，8. 统墓店，9. 洪赞，10. 枪杆岭，11. 李老谷、尖帽山，12. 龙门站，13. 赤城站，14. 云州，15. 独石口站，16. 偏岭、檐子洼，17. 牛群头驿，18. 察罕脑儿，19. 李陵台驿，20. 桓州，21. 望都铺，22. 滦河，一共22站，驿路是人们从大都前往上都通行的道路。

周伯琦说的"中路二"，他在序言中也有解释，就是东路。"东路二者，一由黑谷，一由古北口"；因为做了监察御史，所以周伯琦跟随皇帝走了御道，也就是他说的两条"中路"中的一条，从黑谷走，叫黑谷东道，俗称"辇路"，这条路750余里，18处捺钵，它们是1. 大口，2. 黄垭店，3. 皂角，4. 龙虎台，5. 棒槌店，6. 官山，7. 车坊，8. 黑谷，9. 色泽岭，10. 程子头，11. 颉家营，12. 沙岭，13. 失八儿秃，14. 郑谷店，15. 泥河儿，16. 双庙儿，17. 六十里店，18. 南

---

① （元）周伯琦：《扈从集前序（至正十二）》，《全元文》，第44册，第530—531页。

坡店。捺钵就是皇帝停顿歇脚的地方。这就是御道。而周伯琦说的中路的另一条路是从古北口出发，是御史按行之路，监察官员和军队专用的道路①，它的第一站是顺州，全程大约870里。而不论是辇路还是御史按行之路，都被元廷定为"禁路"，一般人不可以走。所以周伯琦在序言里说："每岁扈从，皆国族、大臣，及环卫有执事者。若文臣，仕至白首，或终身不能至其地也，实为旷遇"②，也就是说，能跟随皇帝一起走的只有蒙古贵族、大臣以及护卫，而一般的文臣，哪怕当一辈子官，每年都前往上都，也没有机会踏上御道。至于西路，所谓"东出西还"，是指皇帝一行返回大都的路，全长1095里，24处捺钵。

我们都知道元朝有四等人制，分蒙古人、色目人、汉人、南人。一般汉人和南人很难在元朝谋得权要职位，而周伯琦作为南人，竟然由于元顺帝的信任而当上了兵部侍郎和监察御史，而且还跟着皇亲贵胄一起走御道前往上都，这的确是元朝南人以及普通文臣终身都难有的旷遇，所以，周伯琦非常得意也非常用心地记录了他一路的行程，从而为人们留下了极为宝贵详细的西都巡幸路线记录。

**【思考与问题】**

请细读《扈从集前序》，翻译全文。

## 上都风物：贡师泰《上都诈马大宴》诗选读

大家好，今天我们继续讲元朝最为典型突出的纪行现象——上都纪行诗文。上两讲我们讲了上都纪行诗文产生的背景原因以及大都前往上都的路线，今天这讲我们将以贡师泰的《上京大宴诗》为例来具体感受人们在上都的见闻。

如前一讲所指出，忽必烈在当初争夺汗位时虽然打败了阿里不哥，成为蒙古大汗，但他的地位并没有得到全体宗亲的承认，所以他将统

---

① 陈高华、史卫民：《元上都》，吉林教育出版社1988年版，第32—44页。
② （元）周伯琦：《扈从集前序（至正十二）》，《全元文》，第44册，第530页。

治重心南移到汉地，以大都为首都，同时实行两都巡幸制。正因为这一点，所以上都纪行诗文中，尤其记载得多且生动，而且也特别能彰显出蒙古风情的作品就是关于在上都进行的各种名目的宴飨场景，其中规模最大的当属诈马宴，又叫质孙宴，贡师泰诗歌就仔细赋咏了他所见到的诈马大宴场景。王祎给贡师泰的《上都诈马大宴》写序这样记述道：

> 至正九年夏五月，天子时巡上京。乃六月二十有八日，大宴失剌斡尔朵，越三日而竣事，遵彝典也。盖自世祖皇帝统一区夏，定都于燕，复采古者两京之制度，关而北即滦阳为上都，每岁大驾巡幸，后宫诸闱、宗藩戚畹、宰执从寮、百司庶府，皆扈从以行。既驻跸，则张大宴，所以昭等威、均福庆，合君臣之欢，通上下之情者也。然而朝廷之礼，主乎严肃，不严不肃，则无以耸遐迩之瞻视，故凡预宴者，必同冠服，异鞍马，穷极华丽，振耀仪采，而后就列，世因称曰"爹马宴"，又曰"只孙宴"。"爹马"者，俗言其马饰之矜衔也；"只孙"者，译言其服色之齐一也。①

写序之人王祎并没有去过上都，所以他的这些表述都是通过贡师泰等亲见亲闻诈马宴盛会的人们的描述所得。借助序言，我们知道，诈马宴，六月二十八日在失剌斡耳朵举行，一共三天。"失剌"也作"昔剌"，蒙古语"黄色"一词的音译，"斡耳朵"是"帐殿"的意思，所以失剌斡耳朵指的是"黄色帐殿"。王祎在这里说，为了使宴会显得严肃、层次高和豪奢，让远近前来观礼的人们崇敬，凡是参加宴会的人要求穿同样的衣服和戴同样的帽子，但马匹要配华丽的鞍饰，所谓诈马，就是夸马，炫耀马的装饰；所谓质孙，翻译成汉语就是一种颜色的衣服。我们来看贡师泰的《上都诈马大宴诗》：

> 紫云扶日上璇题，万骑来朝队仗齐。织翠繁长攒孔雀，镂金

---

① （元）王祎：《上京大宴诗序》，《王祎集·王忠文公文集》卷六，上册，第162页。

鞍重嵌文犀。行迎御辇争先避，立近天墀不敢嘶。十二街头人聚看，传言丞相过沙堤。

梭间别殿拥仙曹，宝盖沉沉御座高。丹凤啣珠装腰褭，玉龙蟠瓮注葡萄。百年典礼威仪盛，一代衣冠意气豪。中使传宣卷珠箔，日华偏照郁金袍。

卿云弄彩日重晖，一色金沙接翠微。野韭露肥黄鼠出，地椒风软白翎飞。水精殿上开珠扇，云母屏中见衮衣。走马何人偏醉甚，锦韝赐得海青归。①

贡师泰的《上都诈马大宴诗》一共五首。上述三首描述了大宴进行的过程。第一首诗是描述参会的蒙古贵族入场的情景。在太阳升起的时候，人们骑着装饰奢华富贵的马，声势浩大地出现在失剌斡耳朵。大家注意在第一首中，据贡师泰的诗交代，诈马宴举行之际，周围挤满了观看的人群。

第二首诗是描述皇帝和贵族们进入宴会厅里的情形。大家要知道，忽必烈在上都专门建造了失剌斡耳朵，也被称作棕殿或棕毛殿，大约可以容纳数千人。他们的骏马用黄金与宝珠装饰着。腰褭（yǎo niǎo），是骏马的意思。为宴会准备的酒坛中装满了葡萄酒。在开宴前，帝师要先念经祈祷。可以说，13—14世纪最有权势的人们都集中在这里，共襄盛举，君臣同欢了。

第三首诗是描述宴会结束时的情景。傍晚时分，彩霞漫天，黄沙接着青山，晚风习习地吹着，草原上的黄鼠从野韭丛中钻出来，白翎雀也在地椒草丛中翻飞。大家要知道，因为失剌斡耳朵用竹子作支架，柱子上雕琢着金龙，用涂着金泥的瓦片盖着大殿，彩色的绳子牵牢固定，还有珠帘做门，云母屏风遮挡，所以也被称作水晶殿。宴席结束时，醉醺醺的人们带着他们的赏赐从里面出来，赏赐的是什么东西呢？他们锦韝上停着的海东青。韝，就是豢鹰的人特用的皮臂套。我们知道，游牧民族日常生活以及最喜爱的运动就是围猎，而猎人除了好马

---

① （元）贡师泰：《上都诈马大宴诗》，《全元诗》第40册，第284页。

外，还有就是猎鹰，海东青可是猎鹰中的极品。所以，醉归的人们，在他们的手臂上停着新赏赐的海东青，是非常荣耀的事。

我们前面交代过，上都纪行诗文是元代诗文创作中的典型内容，那我们为什么要选读贡师泰的上京大宴诗呢？在上一讲中，我们说到，周伯琦作为南人竟然在1352年以翰林直学士做到了兵部侍郎和监察御史，无独有偶，与他同一天授任为监察御史的还有另外一位南人，那就是贡师泰，一时间，整个南方都把这两人视作南方士绅的荣耀和希望。贡师泰曾经多次往来上都，作有不少上京纪行诗，而至正九年（1349），他亲历现场，并赋诗，然后他又将自己的上京纪行诗文在僚属和求进的年轻文人中传诵，并邀同唱和，所以才有了王祎写的《上京大宴诗序》，贡师泰的创作行为也让我们更加深信，上京纪行诗在整个元代文人心中的崇高地位与深远影响，这是我们特意用他的诗来举例讲解的原因。

【思考与问题】

请在课外找到周伯琦的《诈马行》进行解读。

# 海上丝路纪行系列之一：东海纪行之一：高丽—中国纪行

大家好，今天这讲我们来说说13—14世纪海上丝绸之路上东海的纪行系列之一，高丽与中国之间的往来纪行创作。

在开始解读作品之前，我们还是要先了解一下13—14世纪间的元与高丽的关系。高丽与元朝的关系原委要追溯到1216年的蒙古时期。其时，已降附成吉思汗的东辽国耶律留哥的弟弟耶律厮不造反，在澄州（今辽宁海城）登基，建立后辽国。后辽军队在蒙古人的攻势下，退入高丽境内，并在1218年占领高丽重镇江华城，这严重威胁到了高丽王都的安危。所以高丽国期望蒙古军"领兵来救，一扫其类"[①]。结

---

① [高丽]郑麟趾：《高丽史》卷二三《世家二三》，明景泰二年朝鲜活字本。

果后辽国被平定，1219年高丽与蒙古之间订定"两国约为兄弟，万世子孙无忘今日"的盟约，从此蒙古年年遣使向高丽索要各种物品。关于索要物品，我们要交代一句，蒙古人的确比较过分，他们从毛皮、绸缎到笔墨纸砚，无一不要，大家要想想，高丽那样的弹丸岛国，哪里能禁得起蒙古人这样勒索折腾，这导致了蒙古与高丽之间的矛盾逐渐升级。此后，从1231年到1259年，蒙古军队6次大规模进入高丽。1259年，蒙古与高丽达成和解协议，蒙古军撤出高丽，高丽朝廷迁出江华岛移居陆地，并派王子入朝蒙古，两国战争状态结束。高丽与蒙古高层关系发生最大转机的时间是在1260年。《高丽史》这样记载道：

> 至六盘山，宪宗皇帝晏驾，而阿里孛哥阻兵朔野。诸侯虞疑，罔知所从。时皇弟忽必烈观兵江南，王遂南辕，间关至梁楚之郊。皇弟适在襄阳，班师北上。王服软角，乌纱蹼头，广袖紫罗袍，犀鞓象笏，奉币迎谒道左，肩目如画，周旋可则。群僚皆以品服排班于后，皇弟惊喜曰："高丽万里之国，自唐太宗亲征而不能服。今其世子自来归我，此天意也。"大加褒奖，与俱至开平府。本国以高宗薨告，乃命达鲁花赤束里大等护其行归国。江淮宣抚使赵良弼言于皇弟曰："高丽虽名小国，依阻山海，国家用兵二十余年，尚未臣附。前岁太子倎来朝，适銮舆西征，留滞者二年矣。供张疏薄，无以怀辑其心。一旦得归，将不复来，宜厚其馆谷，待以藩王之礼。今闻其父已死，诚能立倎为王，遣送还国，必感恩戴德，愿修臣职，是不劳一卒而得一国也。"陕西宣抚使廉希宪亦言之，皇弟然之。即日改馆，顾遇有加。①

根据这段文字记载知道，起初，在蒙古汗国做质子的高丽世子王倎（tiǎn）打算前往钓鱼山觐见与南宋会战的蒙哥汗。在到达六盘山时，得知蒙哥已去世，而忽必烈与阿里不哥间的争汗之战即将爆发。这时，各路势力都在观望之中，而王倎却及时前往投靠忽必烈。忽必

---

① ［高丽］郑麟趾：《高丽史》卷二五《世家二五》，明景泰二年朝鲜活字本。

烈有些受宠若惊，说："高丽万里之国，自唐太宗亲征而不能服。今其世子自来归我，此天意也"①，觉得这是天意眷顾的征兆，所以对王倎大加褒奖。正好高丽老国王去世，于是忽必烈派护卫护送回国。而忽必烈的谋臣赵良弼认为国家对高丽用兵二十余年，尚不能使其臣服，不如厚待并扶持王倎即位，使高丽成为元朝的藩属国，忽必烈觉得可行。王倎即位之后，请求与元朝联姻，从此以后元朝皇帝或王室成员之女嫁予高丽国王便成为一种例制。以后，历任高丽国王都是元朝的女婿，高丽国王与元公主所生之子又被立为世子，日后再成为高丽国王。高丽与元朝之间的往来由此变得频繁而平常。

说到这里，我们要特别指出的是，蒙古人虽然多次对高丽发动大的军事行动，但高丽却是蒙古诸多侵略国家中唯一的宗藩国，而且与元朝统治者结为甥舅之盟，始终保持频密的往来。据统计，从1218年至1367年，高丽向蒙古以及元朝派遣使节479次，蒙元向高丽派使节277次，这大大增强了高丽对元朝的认同感。而且双方之间往来频繁，实际给文化传播创造了极为有利的条件。大家知道，高丽需要向元朝进贡女子，从1275到1347年，高丽共向元朝贡献处女16次，1307年，高丽王廷甚至下令，全国13岁以上16岁以下的女子，不得擅自出嫁。而"高丽女婉媚，善事人，至则立见夺宠"，到元朝末年，"宫中给事使令，大半为高丽女，以故四方衣服靴帽，大抵皆依高丽矣"②，宫廷内外都掀起浓郁的高丽风。高丽方面，为表示对蒙古的效忠，高丽忠烈王四年（1278）二月，下令"境内皆服上国衣冠"③，从上到下鼓励和推行蒙古风。无论是元朝的高丽风还是高丽的蒙古风，都很能说明文化交流中影响的相互性，而高丽文人的纪行诗则更是当时文化交流中的典型内容，是元代文学研究的重要组成部分。

---

① 李修生：《全元文》卷一一五五，李齐贤：《有元赠敦信明义保节贞亮济美翊顺功臣太师开府仪同三司尚书右丞相上柱国忠宪王世家》，凤凰出版社2005年版。
② （明）权衡：《庚申闻见录》，清雍正六年鱼元传钞本。
③ ［高丽］郑麟趾：《高丽史》卷二八《世家二八》，明景泰二年朝鲜活字本。

【思考与问题】

1. 请简要描述元朝与高丽的关系以及高丽—中国纪行诗形成的背景原因。

2. 请从中外文化交流角度解读一首李穑或者其他高丽文人的中国纪行诗。

## 东海纪行系列之一：高丽文人李穑的中国纪行诗《天寿节日臣穑从本国进表陪臣入观大明殿》讲读

大家好，今天我们接着上一讲的内容来讲13—14世纪海上丝路纪行系列中的东海丝路纪行。我们以高丽文人李穑的中国纪行诗《天寿节日臣穑从本国进表陪臣入观大明殿》来进行讲读。

在上一讲中，我们说忽必烈建立元朝之后，中国与高丽之间的相互交流往来非常频繁，这固然有政治的背景原因，更重要的还是交通便利。从大都通往朝鲜半岛的驿路，航行只用3天，从元朝初年到元朝末年，没有大的变化。从大都出发，东行两千多里，即可到达朝鲜半岛。而除了通往朝鲜半岛的驿路之外，还有滨海道。一般驿路被称作北路，滨海道被称作南路。据李穑的纪行诗知道，当时走南路的人要远远多于走北路的人。李穑的纪行诗题描述南路的大致路线写道：《出凤城》《通州早发》《早行》《渔阳县》《玉田途中》《马上逢乡人王桂进士》《望道者山》《晚宿榆林关》《过盐场》《南新店》《瑞州》《晓发海滨》《晨行望海》《板桥》《海州》《过石壁寨》《西江》《渡鸭绿江》。李穑纪行诗题以及诗歌告诉人们，从大都到永平这一段，他走的是元朝驿路。从永平开始，脱离开驿路，沿海而行。过"板桥江"以后，又转向东南，经三岔河到海州。然后，再从海州东北行，翻越东八站和分水岭，最后过鸭绿江，到达朝鲜半岛[1]。好了，我们现在来解读一首李穑的中国纪行诗《天寿节日臣穑从本国进表陪臣入观大明殿》：

---

[1] 张士尊：《元末明初中朝交通路线考》，《鞍山师范学院学报》2008年第5期。

大辟明堂晓色寒，旌旗高拂玉阑干。云开宝座闻天语，春满金卮奉圣欢。六合一家尧日月，三呼万岁汉衣冠。不知身世今安在，恐是青冥控紫鸾。①

李穑是高丽著名文人，一生曾多次往返于高丽与元朝之间，并在元朝为官居留数年，留下大量的中国纪行诗文，收在他的作品集《牧隐集》中，这首诗也是他往来中国纪行诗文中的一首代表作品。天寿节是指皇帝的生日。据《元史·礼乐志》记载说："元之有国，肇兴朔漠，朝会燕飨之礼，多从本俗。太祖元年，大会诸侯王于阿难河，即皇帝位，始建九斿白旗。世祖至元八年，命刘秉忠、许衡始制朝仪。自是，皇帝即位、元正、天寿节，及诸王、外国来朝，册立皇后、皇太子，群臣上尊号，进太皇太后、皇太后册宝，暨郊庙礼成、群臣朝贺，皆如朝会之仪，而大飨宗亲、锡宴大臣，犹用本俗之礼为多。"②蒙古兴起于西北朔漠之间，本来没有太多礼仪。在忽必烈建立元朝之后，多用汉法，至元八年（1271），由刘秉忠等人制定了一套游牧民族与中原民族多元交融的朝会礼仪制度。制度规定，凡是皇帝即位、元旦、皇帝生日以及外国使臣朝见、册立等仪式用中原朝会之仪，而蒙古统治者宴飨宗亲、赐宴大臣则多用蒙古民族的风俗礼仪。大明殿，是元朝皇帝举行朝会礼仪的正殿，有"十一间，东西二百尺，深一百二十尺，高九十尺"③。据陈高华先生解释，元朝宫城的南墙有三门，中央是崇天门，左右为星拱门和云从门。正门为崇天门，有五个门洞，崇天门前有金水河，河上有周桥，过周桥两百步，为崇天门。元朝朝廷发布诏书，常在崇天门举行仪式。

　　清晨时候，李穑他们就到了大明殿，看见宫殿前面的玉阑干上插满了各种旌旗。等到云开太阳升起之后，皇帝到殿前来发表致辞，在

---

① ［高丽］李穑：《天寿节日臣穑从本国进表陪臣入观大明殿》，《牧隐稿》卷二，《国译牧隐集》第 1 册，韩国民族文化推进会 2000 年版，第 63 页。
② 《元史》卷六七《礼乐志一》第 6 册，第 1664 页。
③ （元）陶宗仪：《南村辍耕录》卷二一"宫阙制度"，上海古籍出版社 2012 年版，第 230 页。

场的人们纷纷斟满酒举觞向皇帝表示庆祝。这里我们要知道，元顺帝出生于延祐七年四月丙寅[1]，李穑的《天寿节日臣穑从本国进表陪臣入观大明殿》诗创作于至正八年（1348）。李穑出生于1328年，1348年三月间刚随其时任元朝中瑞司典薄的父亲，著名文人李穀来到大都，竟然能在四月里，陪同高丽使团入觐上国皇帝于大明殿，亲历亲见寿诞庆典的仪式。这不仅对于年仅二十岁的李穑个人来说是极为荣耀的事情，对高丽所有的人来说也是一件非常值得夸耀的事情，所以当他看着眼前彩旗飘飘、六合一家、万国衣冠，三呼万岁，同行汉礼的情景，心中充满了自豪感与认同感，有种仿佛乘坐着神鸟，飞翔于天界，飘然欲仙的感觉。

很有意思的是，李穑的父亲李穀的中国纪行作品中也有一首写到了崇天门的观礼情形。其《癸未元日崇天门下》写道：

> 正朝大辟大明宫，万国衣冠此会同。虎豹守关严内外，鸳鸯分序肃西东。寿觞滟滟浮春色，仙帐搅搅立晓风。袍笏昔曾陪俊彦，天门翘首思难穷。[2]

癸未是至正三年（1343），比李穑的作品要早五年。不过场景是一样的，都在大明宫的崇天门，从诗歌的内容来看，李穀观礼的也是天寿节仪式。这正好可以呼应补充李穑的描述。李穑说现场是"六合一家尧日月"，他的父亲说"万国衣冠此会同"；李穑说"旌旗高拂玉阑干""春满金卮奉圣欢"，父亲说"寿觞滟滟浮春色，仙帐（仗）搅搅立晓风"，都可以说是异曲同工，相互补充。

其实对于元朝的高丽士绅来说，前往天朝上国观礼学习、参加科举考试，是非常荣耀的事情，就像元朝馆臣陈旅所指出的那样高丽士人认为能考上元朝的科举比本朝科仕更荣耀："今高丽得自官人，而

---

[1] 《元史》卷三八《顺帝本纪一》第3册，第815页。
[2] （元）李穀：《癸未元日崇天门下》，《稼亭集》卷一六，《高丽名贤集》第三册，韩国：成钧馆大学校大东文化研究院1986年版，第105页。

其秀民往往已用所设科仕其国矣，顾复不远数千里来试京师者，盖以得于其国者，不若得诸朝廷者之为荣。故虽得末第冗官，亦甚荣于其国，况擢高科、官华近，为天下之所共荣者乎？"[1] 高丽上层士绅的这种文化认可情结是高丽文人中国纪行诗创作繁荣的重要现实与心理基础，也刺激了大量高丽文人的中国纪行诗文创作，值得大家研究元代文学时特别关注。

【思考与问题】

请从中外文化交流角度解读一首李穑或者其他高丽文人的中国纪行诗。

## 深度解读：海上丝路纪行系列之二：东海纪行系列之二：日本纪行

大家好，今天这讲我们来说说13—14世纪东海丝绸之路上关于日本与中国之间的纪行作品。

今天这讲的内容与元朝东征日本战争很有关系。元世祖忽必烈于至元十一年（1274年）和至元十八年（1281年），先后两次发动了东征日本的战争。因为第一次东征发生在日本后龟山天皇文永十一年，故日本史称"文永之役"，第二次东征发生在日本后宇多天皇弘安四年，故日本史称"弘安之役"，两次东征被日本合称为"蒙古袭来"或"元寇"。

据《元史·日本传》记载：至元十一年（1274年）三月，忽必烈派"木速塔八、撒木合持诏使高丽签军五千六百人助征日本"[2]，又"命凤州经略使忻都、高丽军民总管洪茶丘，以千料舟、拔都鲁轻疾舟、汲水小舟各三百，共九百艘，载士卒一万五千，期以七月征日本"[3]，而据《高丽史》记载东征军"以蒙汉军二万五千，我军八千，

---

[1] （元）陈旅：《送李中父使征东行省序》，《全元文》，第37册，第231页。
[2] 《元史》卷二〇八《外夷一·高丽》第15册，第4619页。
[3] 《元史》卷二〇八《外夷一·日本》第15册，第4628页。

梢工引海水手六千七百，战舰九百余艘，征日本"①，日本学者考证认为元军总兵力一共32300人，艄公、水手6700人，战船900艘②。所谓千料舟，应该是运载将士的主力战船；拔都鲁轻疾舟，"拔都鲁"，是蒙古语勇士之意思，拔都鲁轻疾舟，相当于主力战舰周围警戒、巡逻以及抢滩登陆的小型快船；而"汲水小舟"，则是配合海上作战的供给船。东征军由高丽合浦（今镇海湾马山浦附近）出发进攻日本，在冬天十月到达日本。起初元军打败了日军，史料记载细节说："忽敦等与日本战于博多，诸将凭高鸣鼓，指挥兵士，进退应鼓声。敌有陷阵者，则围而击之。又发铁炮，歼敌兵无算"③，尽管如此，由于左副元帅刘复亨受伤甚重，更兼当晚遇上大风雨，蒙古官军战船多触崖石撞坏，最后的结果却是东征军溃乱而归，《元史》记载说："官军不整，又矢尽，惟虏掠四境而归"④，而"军不还者，无虑万三千五百余人"⑤，损失过半。

大家知道"日本国在东海之东"，而且以当时的距离来看，"日本为国，去中土殊远，又隔大海"⑥，对于包括蒙古人在内的元朝上下军民来说，他们对日本知道得极少。而在蒙古东征军出发之前，在至元初，元朝曾经多次遣使与日本沟通，但"卒不得要领"⑦，没有什么实质的情报反馈。至元七年（1270）赵良弼请行，1273年六月回到大都之后，赵良弼"具以日本君臣爵号、州郡名数、风俗土宜来上"⑧，忽必烈征询赵良弼东征日本的意见，他这样说道：

> 臣居日本岁余，睹其民俗，狠勇嗜杀，不知有父子之亲、上下之礼。其地多山水，无耕桑之利，得其人不可役，得其地不加富。况舟师渡海，海风无期，祸害莫测。是谓以有用之民力，填

---

① ［高丽］郑麟趾：《高丽史》卷二八《世家》，明景泰二年朝鲜活字本。
② 周思成：《大汗之怒：元朝征伐日本小史》，山西人民出版社2019年版，第81页。
③ （清）《新元史》卷二五〇《外国传二》第10册，第4744页。
④ 《元史》卷二〇八《外夷一·日本》第15册，第4628页。
⑤ 《高丽史》卷二八《世家》，明景泰二年朝鲜活字本。
⑥ 《元史》卷二〇八《外夷一·日本》第15册，第4625页。
⑦ 《元史》卷一五九《赵良弼传》第12册，第3745页。
⑧ 《元史》卷八《世祖本纪五》第1册，第150页。

无穷之巨鳖也,臣谓勿击便。①

由赵良弼的出使经历和回答来看,他并不主张东征日本,他分析不能出征的原因有三:其一,日本民众狠勇嗜杀,不易征服;其二,日本乃海岛之国,地多山水,无利可图;其三,这可能是最危险的一个因素,那就是,海风无期,倘若出征的话,风险与灾难难以估测。忽必烈没有听进赵良弼的谏言,第一次东征在险胜的情况下,因为不定期的海风,东征军还是溃乱败归。忽必烈不甘心,发动了对日本的第二次东征。至元十八年(1281)正月,"命日本行省右丞相阿剌罕、右丞范文虎及忻都、洪茶丘等率十万人征日本"②,这就是著名的元、日"弘安之役"。不过,第二次东征的军队在日本志贺岛附近的毗兰上,赶上了罕见的海上风暴。据日本学者研究,这场风暴瞬时风速达到每秒55.6米,掀起的浪高达19米③,当时目击者回忆说八月一日,"夜半忽大风暴作,诸船皆击撞而碎,四千余舟存二百而已。全军十五万人,归者不能五之一,凡弃粮五十万石,衣甲器械称是。是夕之风,木大数围者皆拔,或中折"④,最终元军再次以惨败。

整个元朝,元、日两国在官方没有交往,但民间的交流还是较为活跃的,诚如浙东的吴莱所说的那样:"自庆元航海而来,艨艟数十,戈矛剑戟莫不毕具,铦锋淬锷天下无利铁。出其重货,公然贸易。即不满所欲,燔爇城郭,抄掠居民"⑤,情况虽有些激烈,实际说明元、日之间这种不受官方保护和鼓励的贸易往来非常频繁,其情形甚至超过唐宋,木宫泰彦甚至认为:"元末六七十年间,恐怕是日本各个时代中,商船开往中国最盛的时代"⑥,而相关的纪行创作还是非常值得人们关注的。

---

① 《元史》卷一五九《赵良弼传》第12册,第3746页。
② 《元史》卷二〇八《外夷一·日本》第15册,第4628页。
③ 周思成:《大汗之怒:元朝征伐日本小史》,第187页。
④ 周密根据其时随军的令史李顺的回忆记录了元军至元十八年东征遇见风暴的情景。参见周密著,吴企明点校《癸辛杂识·续集下》"征日本",中华书局1988年版,第191页。
⑤ (元)吴莱:《论倭》,《全元文》,第44册,第96页。
⑥ [日]木宫泰彦:《日中文化交流史》,胡锡年译,商务印书馆1980年版,第394页。

【思考与问题】

请概要描写元朝与日本两次著名战役。

## 东海纪行系列之二：日本纪行：王恽《泛海小录》选读

大家好，今天我们继续上一讲的话题，日本纪行系列的作品选读。我们在上一讲中讲到，元朝曾对日本发动"文永之役""弘安之役"两次大的东征，最终均以失败告终。

大家在感慨之余，可能会有一个很直观的问题，为什么蒙古人要去征略世界呢？三次西征以后，出兵南宋、占城、安南、日本等，那些二十四史中记录到的外国，基本被蒙古人出兵过，我们只能说这是游牧民族的本性使然，他们必须通过劫掠定居农耕民族的社会财富才能维系他们不够稳定的游牧经济。不过，值得注意的是，蒙古人虽然擅长征伐，但实际上他们是陆地之王，对于海洋并不熟悉，在对沿海或者海岛国家的征略中，却从来没有真正胜利过，而与日本的战争则可以说是最为惨烈的。

有意思的是，元朝馆阁文人王恽的《泛海小录》根据征东军士兵的描述，较细致地描述了元军第二次东征军的路线：

> 十七年己卯冬十一月，我师东伐。明年夏四月，次合浦县西岸，入海东行约二百里，过拒济岛。又千三百里，至吐剌忽苦，倭俗呼岛为苦。又二千七里，抵对马岛。又六百里，踰一岐岛。又四百里，入容甫口。又二百七十里，至三神山。……又东行二百里，舣志贺岛下，与日本兵遇。……自志贺东岸前去太宰府三百里，捷则一舍而近，自此皆陆地，无事舟楫，若大兵长驱，足成破竹之举，惜哉！志贺西岸不百里有岛曰"毗兰"，俗呼为"髑髅"，即我大军连泊遇风处也。大小船舰多为波浪揣触而碎，唯勾丽船坚得全。遂班师西还，是年八月五日也，往返凡十月。①

---

① （元）王恽：《泛海小录》，杨亮、钟彦飞点校：《王恽全集汇校》卷四〇，中华书局 2013 年版，第 1956 页。

关于蒙古第二次东征的人马，还是《高丽史》交代得详细些。据《高丽史》记载说："茶丘、忻都率蒙、丽、汉四万军发合浦。范文虎率蛮军十万发江南，俱会日本壹岐岛，两军毕集，直抵日本"①，洪茶丘、忻都率领的蒙、丽、汉军也称东路军，范文虎率领的又称江南军，前者从高丽合浦出发，后者从宁波庆元出发。王恽这里叙录的内容即根据东路军士兵的经历写成的。元廷在至元十七年（1280）决定二次东征日本，十一月从京师集结军队，次年（1281）四月到达高丽合浦。从合浦港入海东行，经过拒济岛、吐剌忽苦、对马岛到达壹岐岛。然后再过容甫口、三神山，再东行，停船于志贺岛，与日本兵相遇。也就是说从合浦到达东征军汇合的壹岐岛有 4100 余里。而从壹岐岛到达能与日本兵相接的志贺岛还有 870 里，这样往返需要大约 10 个月。且不论，蒙古东征军一路跨海东行的艰辛，最糟糕的是，蒙古东征军出行的时间在七、八月间，正是海上航行最须警惕的台风多发季节，正如我们前面引用的赵良弼说的话那样"海风无期，祸害莫测"②，而王恽这段文字说八月五日，风暴之后，东征军被迫回师。据这场元、日战争活着逃回来的士兵于闾说：

> 官军六月入海，七月至平壶岛，移五龙山。八月一日，风破舟。五日，文虎等诸将各自择坚好船乘之，弃士卒十余万于山下。众议推张百户者为主帅，号之曰张总管，听其约束。方伐木作舟欲还，七日，日本人来战，尽死。余二三万为其虏去。九日，至八角岛，尽杀蒙古、高丽、汉人，谓新附军为唐人，不杀而奴之。③

元军是在 1281 年的六月出海东征的，七月到达平壶岛（实为日本肥前国沿岸的平户岛），后来又移师五龙山。八月一日，他们碰上了

---

① 《高丽史》卷二九《世家》，明景泰二年朝鲜活字本。
② 《元史》卷一五九《赵良弼传》第 12 册，第 3746 页。
③ 《元史》卷二〇八《外夷一·日本》第 15 册，第 4629 页。

巨大的飓风，船毁人亡。八月五日，江南军的主帅范文虎扔下十万士兵逃回。八月七日，日本兵前来扫荡，东征军大多战死，有二三万被日本人俘虏。八月九日，日本人在八角岛尽杀蒙古、高丽以及北方汉军，只留下江南新附军也就是范文虎率领的江南军作为奴隶，于闾就是作为奴隶留下，之后逃回的。总体算下来，蒙古第二次东征日本损失在10万以上，可谓最为惨烈的一场败仗。

多年之后，当年曾经参与第二次东征的宋无写了一首题为《公无渡河》诗，诗歌这样写道：

> 九龙争珠战渊底，洪涛万丈涌山起。鳄鱼张口奋灵齿，含沙射人毒如矢，宁登高山莫涉水。公无渡河，公不可止。河伯娶妇蛟龙宅，公无白璧献河伯，恐公身为泣珠客。公无渡河公不然，忧公老命沉黄泉。公沉黄泉，公勿怨天。[1]

诗歌很形象地描述了1281年那场恐怖骇人的风暴，作为亲历那场灾难，并且眼见无数人顷刻之间丧命的场景，劫后余生的宋无即使若干年之后也依然心有余悸，并在诗中一再说不要渡河，不要涉水。

当然，作为统治者的忽必烈并不这样想，第二次东征之后，他一直都企图发动第三次东征，只不过心有余而力不足，1286年，忽必烈下诏称"日本未尝相侵，今交趾犯边，宜置日本，专事交趾"[2]，最终因为其他战争的牵制而放弃征日，而日本与元朝也没有官方的往来，就丝路纪行来说，没有了战争打通道路，也没有商业的和平往来，还是有较大的影响，元代日本方向的丝路纪行远不如高丽方向的繁荣。

**【思考与问题】**

请从中外文化交流角度解读宋无的日本纪行诗。

---

[1] （元）宋无：《公无渡河》，《全元诗》第19册，第360—361页。
[2] 《元史》卷二〇八《日本传》第15册，第4630页。

## 海上纪行系列之三:《真腊风土记》选读

大家好,今天这讲我们来说说海上纪行系列中的代表作——周达观的《真腊风土记》。《真腊风土记》是元代周达观在跟随使团出行真腊之后写下的一部纪行作品,也是现存唯一记录13世纪后期作者吴哥文明的著作。

元成宗元贞元年(1295),浙江温州人周达观奉命随使团出行真腊。据周达观《真腊风土记》"总叙"记载:

> 自温州开洋,行丁未针,历闽、广海外诸州港口,过七洲洋,经交趾洋,到占城。又自占城顺风,可半月到真蒲,乃其境也。又自真蒲行坤申针,过昆仑洋入港,港凡数十,惟第四港可入,其余悉以沙浅故,不通巨舟。然而弥望皆修藤古木,黄沙白苇,仓卒未易辨认,故舟人以寻港为难事。[①]

据《真腊风土记》的这段记载知道,使团取海路出发,并在航行过程中,使用了指南针。我们知道,从北宋时期开始,人们便在航海中使用罗盘来指导航向。盘的分度袭用古地盘的二十四向,加上两方位之间的缝针,合而为四十八向。海船使用罗盘导航时,每条航线都是由许多针位点连接起来的,这就是"针路"。周达观这里所谓的"行丁未针""行坤申针",是指按照罗盘指向"丁未"与"坤申"的针位开始航行。使团的航行路线是先从温州开洋,经七洲洋,占城、真蒲、查南、半路村、佛村(菩提萨州),横渡淡洋至吴哥国登岸。

周达观在真腊逗留约一年,因此对真腊有了较为深入的了解,就像周达观自己说的那样"其风土国事之详,虽不能尽知,然其大略亦可见矣"[②]。据史料记载可知,真腊的前身本是扶南国(Funan)。扶南

---

[①] (元)周达观,夏鼐校注:《真腊风土记》,中华书局1981年版,第15页。
[②] 《真腊风土记》,第15页。

国统治当地达400余年,在6世纪时,被一分支真腊(Chenla)消灭,接手管治了200多年。公元802年,阇(shé)耶跋摩二世(Jayavarman II)建立吴哥王朝,"吴哥"一词,源于梵语,意为"都市"。吴哥王朝在阇耶跋摩七世(Jayavarman VII)时期,发展至最高峰,版图包括现今的整个柬埔寨、部分泰国、老挝、缅甸及越南,对当时中南半岛的其他国家都曾有着重大影响。这也可能正是元王朝派使团前往真腊的重要原因。而周达观正好成为吴哥灿烂文明是最直接的见证者和记录者。周达观在纪行文字一开篇的"城郭"一则,就用细致具体的文字表现了吴哥文明的辉煌:

> 州城周围可二十里,有五门。门各两重,惟东向开二门,余向皆一门。城之外巨濠,濠之外皆通衢大桥。桥之两傍各有石神五十四枚,如石将军之状,甚巨而狞,五门皆相似。桥之阑皆石,为之凿为蛇形,蛇皆九头,五十四神皆以手拔蛇,有不容其走逸之势。城门之上有大石佛头,五面向西方,中置其一,饰之以金,门之两傍凿石为象形。城皆叠石为之,可二丈,石甚周密坚固,且不生繁草,却无女墙。城之上,间或种桄榔木,比比皆空屋其内,向如坡子,厚可十余丈。坡上皆有大门,夜闭早开,亦有监门者,惟狗不许入门。①

我们前面刚刚通过周达观的文字知道,初踏入真腊境域的人们,一眼望去,会觉得那里"皆修藤古木,黄沙白苇,仓卒未易辨认",读到这一段,大家才知道,在茂密无路的森林深处竟然隐藏着一座繁荣而又神秘的王城。而借助周达观的文字描述,我们也应该能深切体会到四库馆臣为什么评价《真腊风土记》记述"颇为赅赡"本末详具","是固宜存备参订",确实是记载得仔细、具体而且详备啊。作者对城郭的具体方位,城郭的壮观景象、精致神秘的雕刻艺术以及整座建筑的框架和空间面积、距离等都有细致入微,精确到里数的描述。

---

① 《真腊风土记》,第43—44页。

尤其是城外壕沟的通衢大桥上的雕塑,有五十四个石神,每座神都一副凶悍狰狞的样子,而且,他们都用手死死地控制着手中的九头蛇,仿佛防范其逃逸的意思。当然,对于周达观来说,他或许不能明白那些石将军神像以及蛇形雕塑实际与真腊国上下浓郁的佛教印度教信仰密切相关,所以他在行纪接下来的"宫室"一则中再次叙录这座城与蛇的关系写道:

> 国宫及官舍府第皆面东。国宫在金塔、金桥之北,近门周围可五六里。……其内中金塔国主,夜则卧其上。土人皆谓塔之中有九头蛇精,乃一国之土地主也。系女身,每夜(则)见国主则先与之同寝交媾,虽其妻亦不敢入。二鼓乃出,方可与妻妾同睡。若此精一夜不见,则番王死期至矣;若番王一夜不往,则必获灾祸。①

关于蛇精的当地传说应该是来自印度教信仰。而读周达观的这段关于真腊宫室的叙述,我们一方面对他的仔细认真敬佩不已,另一方面,周达观把那些他不理解的信仰、传说也认真记录的客观务实态度也很令人感慨。文化总有差异,对待差异,能如实客观地记述就非常了不起。

周达观在元大德元年(1297)七月回国,并将他在真腊的所见所闻叙录出来,取名为《真腊风土记》。全书共四十一则,约8500字,不仅记述了真腊那些神秘伟大壮观的建筑群和雕刻艺术,还详细叙录了13世纪末的真腊风土民情,当地山川、物产、经济状况以及居民语言文化、生活习俗等内容。所以当周达观把写好的《真腊风土记》送给朋友吾丘衍看后,吾丘衍连赠三首诗,写道:"异域闻周化,奇观及壮年。扬雄好风俗,一一问张骞";"异俗书能记,夷音孰解操。相看十年外,回首兴滔滔"②,表达了自己对周达观能涉笔海外,叙录异风异俗的人生经历,无比的推崇与叹羡之意。19世纪以来,《真

---

① 《真腊风土记》,第64—65页。
② (元)吾丘衍:《周达可随奉使过真腊国作书纪风俗因赠三首》,见杨镰主编《全元诗》第22册,第193页。

腊风土记》在法国汉学家、探险家、考古学家们的推动下,已成显学,我们可以循着这些先贤的足迹和笔墨与《真腊风土记》更切近地相遇。

【思考与问题】

真腊是现在的哪个国家?请从中外交流角度解读《真腊风土记》中的一则描述。

## 海上纪行系列之四:《岛夷志略》

大家好,今天这讲我们来说说13—14世纪海上丝绸之路纪行代表作,汪大渊的《岛夷志略》。

《岛夷志略》是汪大渊两次出海经历的结果。在至顺元年(1330)前后,汪大渊首次出海,从泉州出发,元统二年(1334)返回泉州,浮海出行五年;在至元三年(1337),汪大渊再次由泉州出海,至元五年(1339)返回泉州。《岛夷志略》的完成是应清源人吴鉴之请。据汪大渊本人在《岛夷志后序》中交代:"至正己丑冬,大渊过泉南,适监郡偰侯命三山吴鉴明之续《清源郡志》,顾以清源舶司所在,诸番辐辏之所,宜记录不鄙。谓余方知外事,属《岛夷志》附于郡志之后,非徒以广士大夫之异闻,盖以表国朝威德如是之大且远也。"① 至正九年(1349)泉州路达鲁花赤偰玉立命令吴鉴续写《清源郡志》。达鲁花赤,又作"达噜噶齐",是蒙古语,原意为"掌印者",在元朝是地方各级的最高长官。清源是泉州的古称,泉州自南宋到元朝,已跃升为全国第一大港,市舶司是古代掌管海外贸易的机构,相当于今天的海关。吴鉴认为泉州作为市舶司,海外贸易繁荣,是海外各国人与物的聚集之地,应当对各国风土人情有所记录,所以请汪大渊把他两次海外的经历叙录出来,附在《清源续志》之后,这样就有了这本著名的《岛夷志略》的面世。《岛夷志略》本作《岛夷志》,附在

---

① (元)汪大渊:《岛夷志后序》,苏继庼校释:《岛夷志略校释》,第385页。

《清源续志》后面作《岛夷志略》,但在次年(1350),汪大渊又以《岛夷志》的名字,再次刊行。

汪大渊第一次往返航行时间大约五年,航行区域以印度洋为主,他从泉州出发,从西南方向到海南岛,沿海南岛东北穿过西沙经占城,到达昆仑(今越南昆仑岛)。再西北转,从柬埔寨西南沿海到泰国的苏邦,经泰国湾,经马来半岛向南到达马来西亚的吉兰丹,再经丁加卢(瓜拉丁加奴)、彭坑(北干)、古里地闷(潮满岛)、东西竺(奥尔岛),到达新加坡及啸喷(今林加群岛中的塞班加岛(Sebangka I.),岛上有港名 Sebang,即啸喷的对音)。再西北向经印尼须文答剌(苏门答腊)的东北进入急水湾(马六甲海峡),绕苏门答腊的西北沿海、喃巫哩(位于今印度尼西亚苏门答腊岛与斯里兰卡之间的南孟加拉湾)和马来半岛的马六甲、西部的日丽(今马来西亚的太平)等地,向马来半岛西岸北溯至安达漫海(今缅甸海)的针路(今缅甸的丹老群岛),再经缅甸濒莫塔马湾沿海一带的孟族聚居地,到达朋加剌(今孟加拉国)。然后西南到印度半岛东北部的大乌爹〔今印度拉贾斯坦邦的乌代普尔(Udai-pur)或中央邦的乌贾因(Ujjain)〕,再继续西南向经印度半岛东南部的沙里八丹〔今印度东部马苏利帕特南(Masulipat-nam)〕、马都拉、土塔(今印度纳加帕蒂南西北)、古里佛(今印度西南沿海的卡利卡特一带)和马八儿屿(今马八儿苏丹国)。再绕过马纳尔海岸(位于斯里兰卡),到印度西南岸的喀拉拉邦。沿印度半岛海岸北向,经下里(在今柯钦附近),东淡邈(今印度半岛西岸之果阿)以及苏门答腊港。再西北航行经过印度古吉拉特邦的卡提阿瓦半岛西南岸的华罗古港和曼陀郎〔今印度卡奇湾北岸的蒙德拉(Mundra)一带〕沿海,进入巴基斯坦海域。经过天竺(今巴基斯坦信德省)卡拉奇等主要港口,继续向西到波斯(伊朗),过阿曼湾,经甘埋里(霍尔木兹海峡)进入波斯湾,抵达伊朗法尔斯海岸的塔黑里(撒那威港)。再向西北航行,到阿巴斯和伊拉克的波斯离(巴士拉)。再沿底格里斯河北溯至西北部的麻呵斯离(摩苏尔)和伊郎西部的马鲁涧(马腊格)。然后返航波斯湾,沿阿拉伯半岛北岸向东出波斯湾,南下到也门的哩伽塔(亚丁),经亚丁湾进入红海,到沙特阿拉伯的伊斯兰教圣地天堂（麦加）。再航经埃及的阿思里（库赛），出红海到曼德海峡，绕过索马里的哈丰角，南航至索马里与肯尼亚之间的麻那里（马林迪），再经肯尼亚到坦桑尼亚的加将门里（达累斯萨拉姆）层摇罗（桑给巴尔岛）。然后沿原线返航到印度半岛西南岸的安金戈。继续南航到北溜（马尔代夫群岛），折向东北达僧加利（斯里兰卡）的高郎步（科伦坡），横渡锡兰海峡到罗婆斯（尼科巴群岛），航至苏门答腊的龙涎屿（亚齐）、花班卒、花面（多巴湖与帕尼河区域）。绕过该岛西南岸到东岸的淡洋（塔米昂），再向东北抵廖内群岛。又向西北沿马来半岛东岸上溯来时航路，直到元统三年（1335），返回泉州，历时5年。①

三年之后，1337年汪大渊再次从泉州港出海，航行的重点区域是南海诸国，他历游南洋群岛、阿拉伯海、波斯湾、红海、地中海、莫桑比克海峡及澳洲各地，在至元五年（1339）夏秋间返回泉州②。

有学者曾经这样评论汪大渊《岛夷志略》的意义道："倘若说马可·波罗把中国介绍给了世界，那么汪大渊则把世界介绍给了中国"③，所以这样评价，是因为汪大渊曾经两次出海，航程数万里、"足迹几半天下"④，他的《岛夷志略》叙录了14世纪99个国家和地方，提及地名达220个，遍布东南亚、南亚、西亚，甚至远达东非，深刻地见证了13—14世纪间，元朝梯航万里，"适千里者如在户庭，之万里者如出邻家"⑤，与世界交流的畅通与频繁。《岛夷志略》堪称是中古时期关于太平洋西岸、印度洋北岸区域最杰出者的纪行著作。

**【思考与问题】**

请描述汪大渊两次海外出行的路线。

---

① 吴远鹏、洪泓：《汪大渊与海洋文化——纪念航海游历家汪大渊诞辰700周年》，《炎黄纵横》2011年第12期。
② 朱虹、方志远：《江西历史文化通览》，二十一世纪出版社2017年版，第210—211页。
③ 戴和杰、何剑芳：《元代航海家汪大渊》，《中国纪检监察报》2017年第6版，第1页。
④ （元）吴鉴：《岛夷志略序》，苏继顾校释：《岛夷志略校释》，第5页。
⑤ （元）王礼：《义塚记》，《全元文》，第60册，第655页。

## 深度解读《岛夷志略》选段

　　大家好，上一讲中，我们讲了《岛夷志略》一书的产生缘由以及汪大渊的出海路线，对他长达八年的海外经行之地都略有了解。我们铺叙了那么多内容，是努力想告诉大家汪大渊曾经怎样地通过亲身经历把世界介绍给了中国，当然我们更想细切地知道汪大渊眼中的世界到底是怎样的。今天这一讲，我们选讲《岛夷志略》中的《龙涎屿》一则来稍事探究，汪大渊这样描述龙涎屿：

> 屿方而平，延袤荒野，上如云坞之盘，绝无田产之利。每值天清气和，风作浪涌，群龙游戏，出没海滨，时吐涎沫于其屿之上，故以得名。涎之色或黑于乌香，或类于浮石，闻之微有腥气。然用之合诸香，则味尤清远，虽茄蓝木、梅花脑、檀、麝、栀子花、沉速木、蔷薇水众香，必待此以发之。此地前代无人居之，间有他番之人，用完木凿舟，驾使以拾之，转鬻于他国。货用金银之属博之。①

　　读过这一段，首先我们会感兴趣的是龙涎屿是个什么地方，它位于哪里。这也是我们为什么说汪大渊把世界介绍给了我们的重要原因。大家要知道，在汪大渊之前，还没有哪部中国典籍记载过龙涎屿，汪大渊是最早记载这个地方的人。据学者们的考察，龙涎屿应该是 Rondo，位于今天马来西亚苏门答腊岛北部的三马朗加港。龙涎屿又方又平，却一片荒野，仿佛乌云盘踞的地带，没有任何地方适宜耕种。那么问题来了，既然是这么一个乌糟糟的岛屿，汪大渊为什么要叙录它呢？汪大渊说，龙涎屿神奇的地方在于，每当天气晴好、风浪涌起的时候，就会有一群一群的鲸鱼出没海滨，把它们的唾沫吐在岛屿上，所以这座岛便因龙涎而得名。我们现在知道汪大渊说的龙，就是抹香

---

① （元）汪大渊：《龙涎屿》，苏继庼校释：《岛夷志略校释》，第43—44页。

鲸，它们总是成群出没。而令人更加兴味不已的是，如果说龙涎就像汪大渊说的是龙的唾沫，它有什么作用呢？大家要知道，龙涎香虽然据说是中国人最早发现，但龙涎香主要产于南亚海域，被阿拉伯商人传入中国后，一直是王室、上层贵族追捧的香料。就像汪大渊在这里说的，龙涎本身不好看，闻着也有些腥气，但是它却是非常重要的合香香料，用龙涎香与茄蓝木、梅花脑、檀、麝、栀子花、沉速木、蔷薇水之类的香料合成，它能激发其他香料的香气，并且使其他香料的气味更加悠远、持久而且更加清香，所以龙涎香是中国人尤其自宋代以来人们追捧的高阶奢侈品，价格远超黄金。这样说来，龙涎屿这个地方虽然不宜人居，但它能产如此名贵的香料，就难怪会有人断木凿舟，不计艰辛地来到这座岛上采集龙涎香，转卖他国了。

在《岛夷志略》中，像龙涎屿之类的记录不胜枚举，正因为有这将近八年的出海经历，所以汪大渊敢在《岛夷志》后序里敢自得地说："大渊少年尝附舶以浮于海。所过之地，窃尝赋诗以记其山川、土俗、风景、物产之诡异，与夫可怪可愕可鄙可笑之事，皆身所游览，耳目所亲见。传说之事，则不载焉"①，给汪大渊《岛夷志略》写序的元朝著名馆臣张翥这样评述该书：

> 汉唐而后，于诸岛夷力所可到，利所可到，班班史传，固有其名矣。然考于见闻，多袭旧书，未有身游目识，而能详记其实者，犹未尽之征也。西江汪君焕章，当冠年，尝两附舶东西洋，所过辄采录其山川、风土、物产之诡异，居室、饮食、衣服之好尚，与夫贸易费用之所宜，非其亲见不书，则信乎其可征也。与予言，海中自多钜鱼，若蛟龙鲸鲵之属，群出游，鼓涛拒风，莫可名数。舟人燔鸡毛以触之，则远游而没。一岛屿间或广袤数千里，岛人浩穰。其君长所居，多明珠、丽玉、犀角、象牙，香木为饰。桥梁或凳以金银，若珊瑚、琅玕、玳瑁，人不以为奇也。所言尤有可观，则骀衍皆不诞，焉知是志之外，焕章之所未历，

---

① （元）汪大渊：《岛夷志后序》，苏继庼校释：《岛夷志略校释》，第385页。

不有瑰怪广大又逾此为国者欤!①

由张翥的评述可以看出汪大渊《岛夷志略》一书的巨大价值。他认为,自汉唐以后,人们对于海外的认知非常匮乏,基本是沿袭旧说,以讹传讹,没有谁能以身游目识的经历来传述确凿、真实的海外经历,但汪大渊的书不一样。他书中的内容都是非亲见不书,所以可信,而且汪大渊每到一处,对当地奇特的山川风土以及独特的物产习俗以及居室饮食和可以交易商贸的东西都认真记载,所以有用;此外一些格外的见闻,比如海中蛟龙鲸鲵乘风破浪的情形;岛上酋长的房屋用以明珠、丽玉、象牙、香木装饰,人们用珊瑚、玳瑁等东西来修葺房梁或墙壁,等等,这些见闻记录下来会让人大长见识。也正像张翥所感慨的那样,在读过《岛夷志略》之后,我们会想还有多少瑰怪广大的世界是汪大渊以及我们所没有亲见亲闻的呢!这同样是《岛夷志略》带给我们的意义。最后我们还是用汪大渊自己在序言中说的那句话来证明这部纪行创作的了不起和那个时代的丰富多彩:"皇元混一声教,无远弗届,区宇之广,旷古所未闻。海外岛夷无虑数千国,莫不执玉贡琛,以修民职;梯山航海,以通互市。中国之往复商贩于殊庭异域之中者,如东西州焉。"②

【思考与问题】

请从中外交流角度解读《岛夷志略》中的一段内容。

## 西方东游纪行系列之一:《出使蒙古记》

大家好,今天这讲我们来说说13—14世纪"东游纪行"系列的代表作之一《出使蒙古记》。

《出使蒙古记》,原名《蒙古史》,是意大利主教士约翰·普兰

---

① (元)张翥:《岛夷志略原序》,苏继庼校释:《岛夷志略校释》,第1页。
② (元)汪大渊:《岛夷志后序》,苏继庼校释:《岛夷志略校释》,第385页。

诺·柏朗嘉宾（John of Plano Carpini）向教皇提交的出使蒙古的报告。作为欧洲人最早记述有关蒙古人情况的报告，《出使蒙古记》对当时和后世都意义重大。

柏朗嘉宾回到里昂作为欧洲第一位出使蒙古并留下记录的传教士，有关他的出使背景我们很有必要稍作了解。一方面，在柏朗嘉宾出使蒙古之前，在1228年，由神圣罗马帝国的皇帝腓特烈二世发动了夺回耶路撒冷的第六次十字军东征（1228—1229）。虽然在1229年收复耶路撒冷，但在1244年，也就是柏朗嘉宾出使蒙古的前一年，被因为蒙古灭国而流亡的花剌子模穆斯林占领。欧洲自身无法左右逐渐强大的伊斯兰势力，因此，欧洲急于寻找可以合作的盟友，而强大的蒙古帝国是他们试图期待的盟友。另一方面，在欧洲的第五次十字军东征（1217—1221）期间，蒙古人在成吉思汗的率领下发动了对花剌子模的战争，也就是著名的第一次西征。接着，在窝阔台即位后，蒙古人又于1235年发动了第二次西征，征讨钦察、斡罗斯等未服诸国。蒙古军队的西征非常顺利。1241年，北路蒙军在波兰西南部的利格尼兹（Legnica），大破波兰与日耳曼的联军。拔都亲率蒙军主力由中路进入匈牙利，大获全胜，其前锋直趋意大利的威尼斯。这让欧洲深深地感受到了蒙古人的威胁。尽管如此，他们还是抱有一丝希望。当时，欧洲开始流传起这样一个传说：在远东有一个叫约翰的长老王，他是虔诚的基督教徒，他的国家十分富饶，他曾想率兵援助地中海的十字军。在知道成吉思汗攻打花剌子模时，很多欧洲人都认为成吉思汗就是约翰长老的儿子。

这些背景下，罗马教廷和西欧君主们既想知道蒙古人的进一步军事行动，又备感寻找约翰长老部众的迫切。他们不仅希望借助基督上帝的威严和感化力，来阻遏蒙古人对西方的入侵，还希望基督教在富庶的东方广泛传播，甚至希望与蒙古人联手攻击伊斯兰世界，夺回穆斯林控制下的基督教圣地耶路撒冷。于是一批批穿黑袍的教士，怀揣教皇或国王谕书，不畏艰险地踏上东来旅程。六十三岁的柏朗嘉宾便是那群黑袍教士中最早率团到达蒙古地区的人。

1245年4月16日，意大利主教普兰诺·柏朗嘉宾奉教皇英诺森四世之命，从法国里昂启程前往蒙古人活动的区域。根据柏朗嘉宾的记述，他的行程经波希米亚、波兰到基辅，渡第聂伯河、顿河到伏尔加河畔的萨莱。而萨莱的统治者拔都此时正和窝阔台家族发生激烈矛盾，于是将柏朗嘉宾等人送往蒙古帝国的中央权力所在地哈剌和林（Caracorom）。正是依靠拔都建立的军事驿站，柏朗嘉宾一行由拔都的骑兵一路引领过锡尔河下游的养吉干（今哈萨克斯坦卡札林斯克南），南下至讹答剌（今哈萨克斯坦奇姆肯特西北齐穆尔），过阿拉湖沿岸至叶密力，再经额尔齐斯河下游或乌伦古河，东越阿尔泰山到和林，最终于1246年7月到达和林。

尽管，柏朗嘉宾一行出使蒙古的目的是期望劝说蒙古君主接受洗礼，并与基督教国家建立邦盟关系，这一目的并没有成功，但作为最早出使蒙古的欧洲人，柏朗嘉宾《出使蒙古记》中关于蒙古以及中亚的许多记录，也是首次传到欧洲，作为欧洲"有关蒙古人的第一部拉丁文著作"，其"可靠性和明确程度在一段相当长的时间内一直是首屈一指和无可媲美的"[1]，是西方世界第一份关于远东地区完整的文字记载。以柏朗嘉宾的出使为标志，西欧利用宗教积极打开了与蒙古交流的窗口，也让当时世界上最为强大的文明开始了交流与往来。

【思考与问题】

请课外查找资料补充叙述柏朗嘉宾一行出使蒙古的历史背景。

## 深度解读：柏朗嘉宾《出使蒙古记》选段

大家好，在上一讲中，我们讲述了柏朗嘉宾作为西方第一位率团出使蒙古的欧洲人，出使前的复杂历史背景。今天这讲，我们要接着上讲的内容来选读柏朗嘉宾《出使蒙古记》中的一段，通过柏朗嘉宾的视角来感触13世纪上半叶蒙古人的世界。

---

[1] ［意］柏朗嘉宾、［法］鲁不鲁克：《柏朗嘉宾蒙古行纪　鲁不鲁克东行纪》，耿昇、何高济译，中华书局1985年版，第13页。

# 中外交流与 13—14 世纪丝路纪行文学研究

在上一讲中我们已指出，柏朗嘉宾一行 1245 年 4 月 16 日从法国里昂出发，于 1246 年 7 月到达蒙古的政治中心和林，竟然赶上了蒙古的大忽里台——贵由汗的即位典礼。忽里台又称忽里勒台，是蒙古语聚会、会议的意思。它是古代蒙古的政治及军事议会，除了决定、策划和分析军事行动以外，还负责推举部落的首长及可汗。蒙古帝国的所有大汗，都需要经过忽里台推选出来。大家要知道，无论一个忽里勒台是小还是大，都必须要有部落里的长老出席，这些人同时也是军事行动的负责人。因此，在 1241 年窝阔台汗及 1259 年蒙哥汗两位大汗去世时，蒙古军队都要立即从当时的战场维也纳及叙利亚撤兵，返回蒙古举行忽里勒台，这就使得著名的蒙古第二次西征和第三次西征戛然而止。柏朗嘉宾报告他所见到的忽里台写道：

> 在那里，正在举行庄严的大会。在我们到那里时，已经树立了一座用白天鹅绒制成的大帐幕，照我的估计，它是如此巨大，足可容二千多人。在帐幕四周树立了一道木栅，在木栅上画了各种各样的图案。第二天或第三天，我们同被指定照管我们的鞑靼人一道来到帐幕跟前，看到所有的首领们都集合在那里，每一个首领骑着马，带着他的随行人员，这些人分布在帐幕周围的小山和平地上，排成一个圆圈。第一天，他们都穿白天鹅绒的衣服，第二天——那一天贵由来到帐幕——穿红天鹅绒的衣服，第三天，他们都穿蓝天鹅绒的衣服，第四天，穿最好的织锦衣服。……我估计，贵族们所骑的马都放在距帐幕约二箭射程之处。首领们在各处走来走去，他们的若干随从全副武装跟随在后。但是，除非他们的十人小队是完整的，没有一个人能走到停放马匹的地方去。的确，那些企图这样做的人都遭到痛打。据我估计，有许多匹马的马衔、胸带、马鞍、马鞯上所饰黄金，约值二十马克。①

根据我们之前讲述上京纪行的内容，我们知道柏朗嘉宾在蒙古人

---

① 道森编：《出使蒙古记》，第 60 页。

的忽里台上亲眼见识了聚会过程中的典型场景——质孙宴。质孙是蒙古语（jisun）颜色的音译，据作为兵部侍郎亲自赴宴的周伯琦记载：

> 国家之制，乘舆北幸上京，岁以六月吉日（和柏朗嘉宾说的时间略有区别，柏朗嘉宾说的是公历，周伯琦说的是农历），命宿卫大臣及近侍服所赐只孙，珠翠金宝、衣冠腰带、盛饰名马。清晨，自城外各持彩杖，列队驰入禁中。于是，上盛服御殿临观，乃大张宴为乐。惟宗王戚里、宿卫大臣，前列行酒。余各以所职叙坐合饮。诸坊奏大乐，陈百戏，如是者凡三日而罢。其佩服，日一易。太官用羊二千，嗷马三百匹，它费称是。名之曰只孙宴。只孙，华言一色衣也，俗呼曰诈马筵。①

所以质孙宴俗称诈马宴，它源于窝阔台时期的选汗大会。参会的贵族都穿着同一种颜色的衣服，就像周伯琦指出的那样，质孙是汉语一色衣的意思，而据柏朗嘉宾亲眼所见来看，贵族们第一天都穿白色天鹅绒衣服，第二天因为大汗到场，都穿红色天鹅绒衣服，第三是蓝色天鹅绒，第四天是织锦衣服。大家要知道，柏朗嘉宾说的织锦衣服是13—14世纪蒙古贵族们都非常喜欢的纳失失，纳失失是波斯文Nasij的译音，顾名思义，这种织法与风格来自波斯，是用金线（以金箔拈成的线）与丝线在丝织布上交织而成的一种加金艺术为主要表现的丝织物。周伯琦描述贵族们的质孙服说"明珠络翠光茏葱，文缯缕金纡晴虹"②，柏朗嘉宾说是最好的织锦衣服，结合两者的描述，我们可以想见柏朗嘉宾所见质孙服的华彩和炫目。质孙宴既然俗名诈马宴，它实际还包含着贵族们骑着装饰富丽的名马赴宴炫耀的意思。柏朗嘉宾说，马身上装饰的黄金约值二十马克，应该是柏朗嘉宾认为的非常值钱了。我们知道蒙古人除了会养马、打猎和侵略之外，他们并不善于生产和管理，可是，在柏朗嘉宾的眼里，却看到了一个13世纪上半

---

① （元）周伯琦：《诈马行有序》，《全元诗》第40册，第345页
② （元）周伯琦：《诈马行有序》，《全元诗》第40册，第345页。

叶最强大、富有的国家的样子。在贵由汗的即位典礼上，柏朗嘉宾遇见了来自斡罗斯、契丹、高丽、谷儿只以及十几个穆斯林国家派来的有4000多位使者，而聚会帐幕中堆积着13世纪能见到的最好的东西：丝绸、锦绣、天鹅绒、织锦、饰以黄金的丝制腰带、珍贵的皮毛以及骆驼、骡子等，展示出世界多元交融、聚首的盛景。

　　柏朗嘉宾一行在贵由汗安排的帐营居住了四个月，于1246年11月开始返回，并在1247年秋天到达里昂。柏朗嘉宾向罗马教皇呈献了贵由汗的回信，和自己见闻的详细报告。报告介绍了蒙古帝国的地理位置和气候条件、蒙古人的外貌以及他们的日常生活状况，蒙古人对于神的崇拜以及他们认为是罪恶的事，蒙古人的性格、蒙古帝国中的忽里台和大汗选举以及首领的统治权，蒙古人如何作战和他们的武器，等等，记录可以说是详尽到位的，其"可靠性和明确程度在一段相当长的时间内一直是首屈一指和无可媲美的"①，是西方世界第一份关于远东地区完整的文字记载，意义极为深远。

**【思考与问题】**
　　请从中外交流角度解读《出使蒙古记》中的一段见闻。

## 东游纪行系列之二：《鲁不鲁乞东游记》选读

　　大家好，今天这讲我们来说说13—14世纪"东游纪行"系列的代表作之一《鲁不鲁乞东游记》。

　　在1246—1250年之间，鲁不鲁乞曾参加由法国路易九世发动的第七次十字军东征，并同路易九世留在巴勒斯坦的阿克拉城，直到1252年底。然后从阿克拉城出发，于1253年经过君士坦丁堡（在这里有一个他买的少年尼古拉加入使团），先到达克里米亚，后经过伏尔加河下游，来到拔都之子撒儿塔的营帐，后来……路过拔都的营地，到了

---

①　［意］柏朗嘉宾、［法］鲁不鲁克：《柏朗嘉宾蒙古行纪　鲁不鲁克东行纪》，耿昇、何高济译，中华书局1985年版，第13页。

蒙哥大汗所在的哈喇和林。"① 鲁不鲁乞在蒙古停留了约两年时间，在多次请求留蒙传教遭到拒绝之后，于1255年无奈返回，到达塞浦路斯的尼科西亚。之后，前往阿拉克教授神学，并在当地将其出使蒙古地区的报告写成长信，随蒙哥的复函一起派人转呈给路易九世。这些内容经后人整理汇编成册，成为《东游记》的前身。

现在我们来跟着鲁不鲁乞的视角，来探寻一下大家都非常关注的蒙古人的饮食情况。鲁不鲁乞写道，"至于他们的食物，我必须告诉您，他们不加区别地吃一切死了的动物，而那么多的羊群牛群，必然有很多牲口死去。然而，在夏季，只要他们还有忽迷思即马奶的话，他们就不关心任何其他食物"②。注意，鲁不鲁乞这里的描述非常有重点。他说，蒙古人特别能吃苦，几乎能接受一切食物并且决不浪费任何食物，但是，夏天的忽迷思却是他们的最爱。于是，鲁不鲁乞开始用他如画一般的笔致进行描述了：

  忽迷思即马奶，是用这种方法酿造的：他们在地上拉一根长绳，绳的两端系在插入土中的两根桩上。在九点钟前后，他们把准备挤奶的那些母马的小马捆在这根绳上。然后那些母马站在靠近他们小马的地方，安静地让人挤奶。如果其中有任何母马太不安静，就有一个人把它的小马放到它腹下，让小马吮一些奶，然后他又把小马拿开，而由挤奶的人取代小马的位置。就这样，当他们收集了大量的马奶时——马奶在新鲜时同牛奶一样的甜——就把奶倒进一只大皮囊里，然后用一根特制的棒搅拌，这种棒的下端象人头那样粗大，并且是挖空了的。当他们很快地搅拌时，马扔开始发出气泡，象新酿的葡萄酒一样，并且变酸和发酵。他们继续搅拌，直至他们能提取奶油。这时他们尝一下马奶的味道，当它相当辣时，他们就可以喝它了。人在喝马奶时，感到像喝醋一样刺痛舌头；喝完以后，在舌头上留有杏仁汁液的味道，并使

---

① ［苏联］M. И. 戈尔曼：《西方的蒙古史研究》，《蒙古学资料与情报》1989年第1期。
② 道森编：《出使蒙古记》，第115页。

胃感到极为舒服。它甚至使那些不具备一个非常好的头脑的人喝醉了。它也非常利尿。为了供贵族们饮用,他们也用这种方法酿造哈剌忽迷思,即黑忽迷思。……他们酿造黑忽迷思时,搅拌马奶,直至奶中所有的固体部分下沉到底部,像葡萄酒的渣滓那样,而纯净的部分留在上面,像乳清或白色的发酵前的葡萄汁那样。渣滓很白,这是给奴隶们吃的,而且确实是很有效力。①

13世纪蒙古人的崛起让欧亚世界的人们都极其震惊的同时又非常好奇,那些好奇的内容中就包括蒙古人的食物。而忽迷思作为蒙古人夏季最爱喝的饮料,在他们的生活扮演着极为重要的地位,是他们祭祀祖先、招待宾客以及日常食用的上佳食物。在鲁不鲁乞的游记中,他用了一个章节来描述忽迷思也就是马奶的做法,他的描述从挤马奶的现场到撞马奶的过程以及马奶做成后的标志、味道和功效,全都具有体验式的表达,真切而有趣。其实不止鲁不鲁乞,在13—14世纪间,几乎所有深入蒙古人生活区域、并留下文字的人们都有关于马奶的记述。比如我们前面讲到的《黑鞑事略》,彭大雅就叙录马奶的制作方法和味道写道:

> 初无拘于日与夜。沸之之法,先令驹子啜教乳路来,即赶了驹子,人自用手沸,下皮桶中,却又倾入皮袋撞之,寻常人只数宿便饮。初到金帐,鞑主饮以马奶,色清而味甜,与寻常色白而浊、味酸而膻者大不同,名曰"黑马奶",盖清黑则似黑,问之,则云此实撞之七八日,撞多则气清,清则气不膻。只此一处得饮,他处更不曾见玉食之奉如此。②

对照鲁不鲁乞和彭大雅的叙述,会发现他们异曲同工,虽然详略有些不同,但说的过程和味道大体相近。有意思的是,他们两个都提

---

① 《出使蒙古记》,第116—117页。
② 《黑鞑事略》,第145—146页。

到了马奶中的上品——黑马奶，也即哈剌忽迷思。哈剌是蒙古语"qara"（黑色）的意思，蒙古人崇拜黑色，把高贵的东西叫作哈剌，所以哈剌忽迷思是最优质的马奶。蒙古人祭祀以及蒙古黄金家族所饮用的马乳即为黑马奶，比起一般的马奶，就像鲁不鲁乞、彭大雅亲见且细品过的结论那样，它的色泽更清纯，味道更甘甜。由于蒙古人离不开马奶，黄金家族们要喝黑马奶，所以勇敢彪悍且擅长牧马和撞出上佳的黑马奶的钦察人在蒙古统治者那里极受器重。就这一点而言，鲁不鲁乞的游记可谓抓住核心、切中要旨了。

现今比较完整的《东游记》共有38章，内容包括蒙古民族的风情礼俗、婚丧嫁娶、饮食服饰、宗教信仰、法律禁忌、狩猎生产等方面的详细内容。他的描写具体精准，文字记载中很少有夸大的说法。诚如他自己所说："事实上，如果我知道怎样绘画就好了，那我就可以为您（指圣路易）画出每一事物的图画"，因为这种客观追求，所以鲁布鲁乞的《东游纪》不论是描述蒙古地区的风土人情，或是展现自己在草原帝国的见闻与经历，都以其"明晰的真实性、独特性和栩栩如画的价值"，远远超过柏朗嘉宾的《蒙古行记》，也堪与后来的《马可·波罗游记》相媲美"[1]。

**【思考与问题】**

1. 请描述一下鲁不鲁乞往来中国的路线。
2. 请从中外交流角度解读《鲁不鲁乞东游记》中的一段见闻。

## 东游纪行系列之三:《马可·波罗游记》

大家好，今天这讲我们来说说13—14世纪"东游纪行"系列最著名的代表作《马可·波罗游记》。

《马可·波罗游记》是1298年，由马可·波罗口述，鲁思梯谦笔

---

[1] 钱林森著，钱林森、周宁主编：《中外文学交流史 中国—法国卷》，山东教育出版社2015年版，第10页。

录完成的纪行作品。对此，我们需要先作一些解释。马可·波罗出生于威尼斯的商业世家，父亲和叔叔常年往来于里海北岸的商业城市经商。大家知道，十三世纪是蒙古人征略世界的时代。1260年初，马可兄弟在里海北岸走动时，正遇上钦察汗国与伊利汗国间的战争，由于担心回家的路途被阻，他们选择继续前行，盘留于锡尔和阿姆河之间的不花剌（Bokhara，即今乌兹别克斯坦布哈拉）等地，后来又随旭烈兀派到元朝的使臣一起到达了上都，这个时间大约在1265年前后。据说在他们回国的时候，马可兄弟把元朝的一封国书带到了罗马教廷。此后，在1271年，马可兄弟受到了教皇格里高利一世的接见，并受命将教皇写给忽必烈汗的信函带去中国。这一次中国行，马可兄弟带上了17岁的马可·波罗。父子叔侄一行从威尼斯出发向南穿过地中海，再横渡黑海，经幼发拉底河和底格里斯河两河流域到达巴格达，又从波斯湾经过霍尔木兹海峡岸穿过伊朗大沙漠到阿富汗，翻过帕米尔高原到达喀什，再从敦煌经玉门关，过河西走廊，最终于1275年到达上都。之后，马可一家在元朝中国停留了十七年。其间，马可·波罗因大汗之命，先后到过新疆、甘肃、内蒙古、山西、陕西、四川、云南、山东、江苏、浙江、福建等地，也曾出使越南、缅甸、苏门答腊等地，每到一处，马可·波罗都要考察当地的风俗人情、地理环境以及市场行情。1290年，因为元世祖忽必烈下令将卜鲁罕部女子阔阔真赐婚于伊儿汗国的大汗阿鲁浑，马可一家奉命因此护送阔阔真公主前往伊儿汗国。一行人于1291年春天由泉州出发，先到达爪哇，从爪哇继续航行，渡过印度洋，抵达伊儿汗国港口忽里模子（古代波斯的重要港口，在今伊朗南部海滨、霍尔木兹海峡以北），以水路经印度洋，总共航行了两年零两个月。1294年，马可·波罗三人回塔布里斯，逗留9个月，最终于1295年回到了威尼斯。总体来看，马可·波罗一家来往中国的路线，跨越海洋、穿行沙漠，基本需要穿越其时连接欧亚大陆的海、陆丝路才能到达目的地。1296年，马可·波罗在一次威尼斯和热那亚之间的海战中被俘，在监狱里口述旅行经历，由狱友鲁斯蒂谦笔录，完成这部世界名著《马可·波罗游记》。

《马可·波罗游记》共分为四卷。第一卷记载了马可·波罗等人东来时所经过的一些国家和地区的情况以及沿途的所见所闻，包括亚美尼亚、两河流域、波斯、中亚、帕米尔高原、天山南北等地。

第二卷记载了元朝前期的整治情况以及蒙古大汗忽必烈，同时也记载了许多中国城市的丰富物产和繁荣昌盛情况，包括当时的宫殿、都城、朝廷、政府、节庆、游猎等，以及北京、西安、开封、南京、镇江、扬州、苏州、杭州、福州等名城的繁华；自大都南行至杭州，福州，泉州及东地沿岸及诸海诸洲等事。

第三卷记载了中国近邻，如日本、越南、缅甸、老挝、爪哇、苏门答腊、印度斯里兰卡以及印度洋沿岸及岛屿等国家和地区的情况，此外还提到非洲的阿比西尼亚（埃塞俄比亚）、桑给巴尔、马达加斯加等。

第四卷记载的是成吉思汗之后的蒙古诸王之间的战争和俄罗斯的情况。

欧美学者们很早之前就开始了对马可·波罗的学术研究。19世纪以来，先后有英国的学者亨利·玉尔，法国著名的东方学家伯希和、沙海昂和鲍梯，德国学者傅海波。他们对马可·波罗的研究对后来的世界性研究产生了很大的推动作用。确定了马可·波罗在中国时的身份，确认了马可·波罗所通晓的语言，也肯定了《马可·波罗游记》的真实性。但是关于马可·波罗到底是否到过中国的争议却一直未平息。对此问题的怀疑是伴随着《马可·波罗游记》的诞生随之而来的。近代以前的欧洲人大多把《马可·波罗游记》看成天方夜谭，随着地理大发现和西方人对东方历史和地理的逐渐了解，19世纪以后的人们开始正视这本书，但对书中所记载内容的看法却并不一致。1995年，英国不列颠图书馆中国部主任弗兰西丝·伍德（汉名吴芳思）博士出版的《马可·波罗到过中国吗?》成了否定论和怀疑论的集大成者，迄今已刊行十余版，被翻译成法、德、日、中等文字，引起了较大的争论。

不论如何，"马可·波罗留给后世的，除了他所提供的资料外，最主要的还是他所激发的好奇心。十五世纪时，西方印刷术逐渐发达，到了1480年代，马可·波罗早期的手稿开始印刷成册，传入读者手中。在这些早期版本的读者中，就包括克里斯托弗·哥伦布，他还在书中作了注解。到了1540年代，受哥伦布地理发现影响，葡萄牙人将触角伸到澳门，西班牙人则到了菲律宾[①]，"他的书为西方人对完全是另一个世界的含混、笼统的了解提供了一线光芒"[②]。诚如西方研究马可·波罗的学者莫里斯·科利思（Maurice Collis）所指出，《马可·波罗游记》"不是一部单纯的游记，而是启蒙式作品，对于闭塞的欧洲人来说，无疑是振聋发聩，为欧洲人展示了全新的知识领域和视野，这本书的意义在于它导致了欧洲人文的广泛复兴"[③]。

【思考与问题】

1. 请描述一下马可·波罗往来中国的路线。
2. 请从中外交流角度解读《马可·波罗游记》中的一段纪行。

## 深度解读《马可·波罗游记》选段

　　大家好，上一讲我们讲述了《马可·波罗游记》出现的背景以及马可·波罗的旅行路线，我们知道全书共有229章，每章叙述一个地方的情况或者一件史事，基本是一部关于亚洲的游记，它向欧洲人介绍了中亚、西亚、东南亚等地区的许多国家的情况，其中关于中国的叙述最为丰富，在第二卷，共82章。

　　在马可·波罗的描述里，上都、大都以及杭州等元朝著名城市都是无比富饶、美丽的。他描述上都的察罕诺尔：

> 骑行三天路程，就到达一座称为察罕脑儿（Changanor）的城市，意思是指白色的湖。大汗在这里建有一座富丽堂皇的行宫，

---

[①] [美] 史景迁：《大汗之国：西方眼中的中国》，阮叔梅译，广西师范大学出版社2013年版，"导论"第2页。

[②] 中国国际文化书院编：《中西文化交流的先驱——马可·波罗》，商务印书馆1995年版，第8页。

[③] 余前帆译注：《马可·波罗游记》，中国书籍出版社2009年版，"译者前言"第6页。

因为他非常喜欢来这里巡幸。这里被湖泊与溪流环绕，有很多天鹅在水中嬉戏、滑翔。此外还有一片美丽的草甸，栖息着大量的鹤、雉、松鸡和其他飞禽。这里的野味十分丰富，大汗常带着海青和猎鹰来这里享受行猎之乐。①

马可·波罗说的察罕脑儿是上都的行宫嘉亨殿所在地，是汉人对蒙古语"Tsaghan Nuur"（囫囵淖儿）的译名。据元朝馆臣周伯琦说察罕脑儿的意思"犹汉言白海"。其实察罕诺尔只是被大片沼泽地包围着的湖泊。在元朝，"南方流水通呼为江，北方流水通呼为河；南方止水深阔，通谓之湖，北方止水深阔通谓之海子"②。而蒙古统治者前往上都巡幸的夏、秋时节，察罕诺尔正好水天相连，一片汪洋，所以周伯琦赞美它"汪洋而深不可测，下有灵物，气皆白雾"③，对于从欧洲远道而来的马可·波罗来说，草原上建起一座如此美丽的宫殿，宫殿周围百鸟翔集，大汗在这里用鹰隼捕猎，其富丽奢华的场景无疑是非常新鲜而刺激的。

马可·波罗眼中大汗居住的地方——大都，更是繁荣无比，"各民族、各个国家、不同语言系统与宗教信仰的人们远道而来"④，"所有稀世珍贵之物都能在这座城市里找到"⑤，人们在大都城中或宦或商，或居或游，各形各色，令大都仿佛一座人们合力建造的"通天的巴比塔"，上帝可能也要为之惊叹。至于杭州，马可·波罗倾情地赞述道：

> 这座城市以它的完美久负盛名，它的宏伟和秀丽举世无双，它的魅力使人仿佛置身于天堂之中。……按照一般估计，这座城市方圆约有一百英里，城中街道宽阔，河渠纵横，并且有许多广

---

① 《马可·波罗游记》，第139页。
② 王充耘：《读书管见》卷上，纪昀等编：《四库全书》第62册，商务印书馆1986年版，第459页。
③ 周伯琦：《扈从集前序（至正十二）》，《全元文》卷一三八七，第44册，第530—531页。
④ 洪烛：《马可·波罗与元大都》，〔长沙〕《书屋》2004年第9期。
⑤ 余前帆译注：《马可·波罗游记》，第218页。

场或集贸市场。市场上经常人海如潮，摩肩接踵，景象十分壮观。这座城市介于一个清如明镜的湖泊和一条宽广无边的大河之间。水流通过许多大大小小的运河流经全城各坊，并将所有生活污水带入湖中，最终泻入大海，从而净化了空气。除了陆路交通外，这里的水路交通也很便利，可以通往城市各处。运河和街道都十分宽阔，为居民运送生活日用品的船只和车辆可以各自在运河中和街道上顺畅通行。①

在马可·波罗的描述中，杭州城干净、美丽，还有一个大的湖泊，也就是西湖，位于城中心。作为威尼斯土生土长的商人，马可·波罗把杭州的魅力与运河的便利以及海、陆丝绸之路的畅通衔连在一起的。在马可·波罗的观察中，因为城市宏伟、交通便利，街道宽阔畅通，人海如潮，市场上充满着远至印度以及其他地方的商品，而且由于城中的人口实在太多，以至于一周三天的大型交易日，总有四五万人来参与交易，那些货物也从来都不愁销路，总是能很快卖光。而且杭州城的主干道两侧有许多深宅大院和私家花园，围绕这些深宅大院和私家花园，附近还住着各行各业的工匠。不仅如此，杭州城还有许多像马可·波罗一样的外来流动人口，就像陈旅在其诗《用吴彦晖韵送扬州张教授还汴梁》所写的那样："花边细马蹄轻尘，柳外移舟水满津。莫向春风动归兴，杭人半是汴京人"②，美丽繁荣的杭州城中充满移舟而来的流动人口，人们大可将杭城视作自己的故乡，而不必急于归去。

元朝大汗时期的中国，不仅有诸如杭州、大都、上都那样的繁荣城市，还有富丽宏伟的宫殿、惊人的人口与财富，人们用石头做燃料，用桑皮制品做货币，用驿站组成官方交通网络，以及遍地黄金、珍禽异兽、奇风异俗、多元信仰，等等，对于当时闭塞的欧洲人来说，马可·波罗所描述的一切都是匪夷所思、无法想象的。所以，《马可·波罗游记》一边被人们大量传抄，一边又被人们极度怀疑。1324 年 1

---

① 余前帆译注：《马可·波罗游记》，第 331—332 页。
② （元）陈旅：《用吴彦晖韵送扬州张教授还汴梁》，《全元诗》第 35 册，第 26 页。

月 8 日，当久病的马可·波罗即将去世时，他的朋友为了他的灵魂可以上天国，让他取消游记那些难以置信的说法，但马可·波罗却说："我所说的，还不及我见到的一半。"

的确，马可·波罗在 13—14 世纪间的旅游经历以及见闻不仅对他自己所处时代的欧洲世界来说，极为陌生，对今天的人们来说也是非常悠远甚至隔阂的，为此，2010 年，北京大学国际汉学家研修基地开始一项"马可·波罗研究计划"，希望将《行纪》重新翻译并做详细注释，这个计划集合北大和部分北京地区研究中外关系史、蒙元史、伊朗学的专家学者和研究生，在北京大学定期举行《行纪》读书班，也邀请海外学者参与其中，这个计划的完成，一定会给我们还原一个丰富多彩且异彩纷呈的中外交流世界。

【思考与问题】

请从中外交流角度解读《马可·波罗游记》中的一段纪行。

## 东游纪行系列之四:《伊本·白图泰游记》选读

大家好，今天这一讲我们要说说北非旅行家伊本·白图泰的游记。《伊本·白图泰游记》详细记述了北非、中亚、南亚、东亚诸国的风土人情，其中还包含对中国民俗和景象的记载。《伊本·白图泰游记》的存世意味着在 13—14 世纪中，与元朝往来的国家和区域里，最远及于北非的摩洛哥。

伊本·白图泰，全名很长，叫阿布·阿布杜拉·穆罕默德·伊本·阿布杜拉·伊本·穆罕默德·伊本·伊布拉欣·赖瓦蒂·团智·伊本·白图泰，他的名字中多次出现穆罕默德，说明他的家族是虔诚的伊斯兰信仰。的确，1304 年伊本·白图泰出生于摩洛哥首都丹吉尔的伊斯兰教法学世家。

这里我们要稍说一下丹吉尔（Tangier），它是摩洛哥北部古城、海港，位于直布罗陀海峡的丹吉尔湾口，地处北纬 35.7 度，西经 5.9 度，距亚欧大陆仅 11—15 公里，坐落在世界交通的十字路口。东进地

· 485 ·

中海和西出大西洋的船只，都要从这里经过或停泊，大西洋东岸南来北往的船只，也要在这里调整航向。丹吉尔是世界最早的城市之一。

伊本·白图泰作为虔诚的伊斯兰教徒，他在22岁时决定去麦加朝圣，不想竟因此开启了他一发不可收的旅行生涯。此后，他用了28年的时间，大约有四次大的旅行：第一次：北非西亚天方行；第二次远东中国行；第三次安达卢西亚行；第四次非洲之行，行程总计约12万公里，涉及当时的30多个国家和地区，相当于今天的44个国家。可以说，伊本·白图泰是14世纪，"第一位足迹遍及亚、非、欧三大洲的中世纪阿拉伯旅行家"[1]。

1342年伊本·白图泰受德里苏丹的派遣，出使中国，于1346年4月到达泉州，1347年1月再从泉州离开，在中国大约停留了9个多月。其间伊本·白图泰三过泉州（刺桐）、南下广州（穗城）、北上元大都北京（汗八里克），途中经过镇江、杭州（行在），并通过大运河北上。作为伊斯兰教徒，"伊本·白图泰进入中国后，每至一地即有当地穆斯林接待，同时拜访或会见当地穆斯林教长、法官或商人"[2]。那么伊本·白图泰这位虔诚的伊斯兰教徒会怎么看中国呢？他在游记中这样表述：

> 中国的美景没能引起我的兴趣，那是因为异教气味是那么浓厚，它压倒了一切，使我深感心绪不安。我一出门就看到那么多的怪事。对此我感到惴惴不安。于是我宁可呆在家中，不到万不得已绝不出门。但一遇见穆斯林，就仿佛他乡遇故知，见到了我的亲人。[3]

作为虔诚的伊斯兰教徒，当伊本·白图泰走在13—14世纪世界最

---

[1] 李光斌：《伊本·白图泰中国纪行考》，海洋出版社2009年版，第14页。
[2] 邱树森：《摩洛哥旅行家伊本·白图泰的中国之行》，《历史教学》2001年第5期。
[3] ［摩洛哥］伊本·白图泰口述，［摩洛哥］伊本·朱甾笔录，［摩洛哥］阿卜杜勒·哈迪·塔奇校注：《异境奇观——伊本·白图泰游记（全译本）》，李光斌翻译，马贤审校，海洋出版社2008年版，第547—548页。

繁荣的城市——杭州城里，他其实并不适应，满城的异教徒的气息令他压抑、烦闷。但尽管如此，中国热闹、繁荣的世俗生活还是引起了他的注意：

> 他还派他的儿子陪我们去海湾玩耍。我们乘的是一艘形似火船的船只。王爷的公子乘坐另一艘。和他一起的还有乐师和歌手。他们用汉语、阿拉伯语和波斯语演唱各种歌曲。公子喜欢波斯歌曲。他们演唱一首波斯歌曲，公子要他们反复唱，以致我都记住了那首歌的歌词。他们的歌声优雅、节奏和谐、扣人心弦。歌云："抱怨中泛起柔情，心潮如波涛汹涌。恭立祈祷，壁龛中时时浮现你的面影"。
>
> 海港里有无数大船，浩浩荡荡，颇为壮观。船上挂着五彩缤纷的篷帆，丝绸织成的华盖。他们的船只雕龙画凤，独具匠心。游船相遇时，人们相互投掷酸橙和柠檬为戏。①

借助伊本·白图泰的游记，我们知道当时杭州西湖的一艘艘游船上原来有许多的西域穆斯林在其间游赏，湖上时时飘荡着波斯、阿拉伯等语言的吟唱歌声。大家注意啊，伊本·白图泰当时在西湖游船上听到的是13世纪正流行的波斯诗人萨迪·设拉子的一首著名的抒情诗，由此可以想见当时杭州城中的国际氛围与这座城市的多元包容气象。

伊本·白图泰的游记内容极为丰富，书中提到过的各国人物有1483位，各国地名961个，部落、家族等231个，各种工具183种，各种武器39类，各种香料35种，奇风异俗144类，等等，包罗万象，奇妙斑斓，令人应接不暇。对于中国，伊本·白图泰说："中国地区辽阔，资源丰富，各种五谷、水果、金银矿产，都是世界各地所不能

---

① 李光斌译文的原文是"吾辈方坠苦恼兮，复陷沉思之汪洋。每当潜心祈祷时，面对壁龛而坚强"，文中所引乃李光斌在注释中所引时光的译文，《异域奇观——伊本·白图泰游记》第十五章，海洋出版社2008年版，第550页。

与它相比拟的","中国人是各民族中最精于工艺者,这是远近驰名的"[①]。此外,他的游记还记述了中国各地的山川河海、地形地貌、林木物产、动物植物以及社会制度、交通设施、民居特色、风俗习惯、城市建筑、宗教信仰等,为人们呈现了一幅生动的中国元朝画面。

1356 年,伊本·白图泰回到家乡丹吉尔,摩洛哥苏丹阿布·伊南·法里斯听完他的汇报,派了一位学者伊本·朱甾将伊本·白图泰口述的旅途各国奇风异俗的珍闻记录下来,编辑成书,这就是百科全书式的鸿篇巨制《异境奇观——伊本·白图泰游记》(*Rihla ibn Battuta*),它不仅是 14 世纪各国奇风异俗的珍闻宝典,也是 14 世纪海、陆丝绸之路畅通的纪行代表作,在今天的海、陆丝路文化与文学研究中具有不可低估的巨大意义。

**【思考与问题】**

请从中外交流角度解读《伊本·白图泰游记》中的一段见闻。

---

[①] 楚汉:《伊本·白图泰的中国之行》,《文史杂志》1996 年第 3 期。

# 附录二　13—14世纪丝路纪行作品目录提要

**1214年后，陈澕以书状官使金，有燕行诗。**

按：陈澕，号梅湖，高丽洪州人。高丽神宗三年（1200）登进士第，以书状官出使金国，归国后选直翰林院，知制诰兼正言补阙。陈澕使金所作诗歌《奉使入金》有"西华已萧索，北寨尚昏蒙"句，"西华"指南宋，"北寨"指女真、蒙古，已涉及蒙古、金朝事迹，"女真虽麿，而蒙古继炙，所谓北寨蒙昏，盖并指两国也"（《梅湖遗稿》，《高丽名贤集2》，（韩）成均馆大学校，大东文化研究院发行1986年版，见《奉使入金》一诗的评论部分）。当在贞祐二年（1214）蒙古南下攻金之后。（舒健、张建松《韩国现存元史相关文献资料的整理与研究》，上海大学出版社2015年版，第4页）

又按：陈澕使金有《奉使入金》《游五台山》《使金通州九日》诗三首，陈澕所作诗文编为《梅湖集》。《梅湖集》自高丽末年刊行后失传，后经南泰普、崔粹翁及陈氏十五世孙陈墇等人从《补闲集》《东文选》及诗话诸书中广事搜集，编成《梅湖遗集》，收录陈澕诗凡48题59首，于1784年刊刻，《高丽名贤集》据此影印。《韩国文集中的蒙元史料》及《燕行录全编》收录。

**1221年，赵珙作《蒙鞑备录》。**

按：《蒙鞑备录》是南宋宁宗嘉定十四年（1221）写成。1234年，宋朝与蒙古两面夹击金国，大将孟珙率领宋蒙联军攻入蔡州，金主完颜守绪被迫自尽，金国灭亡。这一仗之后，南宋虽然报了世仇，但领土直接与蒙古帝国接壤，陷入了空前的孤立境地。为了解这个新兴的邻国，赵珙将随军过程中的所见编写成《蒙鞑备录》，上奏朝廷。该著记叙蒙古帝国历史、风俗、官职、兵制等情况，代表了彼时南宋人对蒙古的认识水平。全书分立国、鞑主始起、国号年号、太子诸王、诸将功臣、任相、军政、马政、粮食、征伐、官制、风俗、军装器械、奉使、祭祀、妇女、燕聚舞乐共17目。

**1223年，刘祁根据金朝使者乌古孙仲端出使蒙古经历，作《北使记》。**

按："北使"实为"西使"，以蒙古在金朝看来为北人，故出使蒙古为北使北朝，而实际成吉思汗当时驻跸于西域回鹘国塔里寒寨。塔里寒，又作塔里干，在今阿富汗西北迈马纳西南，乌古孙仲端的出使，当为"西使"。据《金史》载："乌古孙仲端，本名卜吉，字子正。承安二年策论进士。宣宗时，累官礼部侍郎。与翰林待制安延珍奉使乞和于大元，谒见太师国王木华黎，于是安延珍留止，仲端独往。并大夏，涉流沙，逾葱岭，至西域，进见太祖皇帝，致其使事乃还。自兴定四年七月启行，明年十二月还至。朝廷嘉其有奉使劳，进官两阶，延珍进一阶。历裕州刺史。正大元年，召为御史中丞，奉诏安抚陕西。及归，权参知政事"（《金史》卷一二四，中华书局1975年版，第2701页），此次出使始于1220年7月，乌古孙仲端与翰林待制安延珍为正副使从汴京（今河南开封）出发，他们一行先拜见了蒙古太师国王木华黎，表明了乞和目的，但木华黎无权对此事做主，因此安延珍留在木华黎处，乌古孙仲端独自前往西域晋见大汗。然而，成吉思汗拒绝了他的乞和，乌古孙仲端只能悻悻东归。之后，乌古孙仲端将其西使见闻口述于刘祁，刘祁写成《北使记》。

又按：刘祁《归潜志》记载："吾古孙参政，仲端，字子正，女真进士也。为人谨厚，莅官以宽静称。兴定间，由礼部侍郎使北朝，从入西域，二年始归。为陈州防御使。迁御史中丞，为参知政事，人望甚隆。天兴东狩，罢为翰林学士承旨。知时事不可支，家居一室，陈平生玩好，日与夫人宴饮为欢。癸巳正月下旬，忽闭户自缢，其夫人亦从死。明日，有崔立之变，若先知者。金国亡，大臣中全节义者一人。公使归时，备谈西北所见，属赵闲闲（赵秉文）记之，赵以属屏山（李纯甫），屏山以属余（刘祁），余为录其事，赵书以石，迄今传世间也"（刘祁《归潜志》卷六，中华书局1983年版，第60—61页）。

**1225年，赵汝适撰成《诸蕃志》。**

按：《诸蕃志》由南宋赵汝适（1170—1231）撰写成书于宝庆元年（1225）。主要以海外国家和地区为记述对象，对中国国内的很少（琉求除外），载各国的地理、交通、物产、风俗、国际贸易等，基本反映了宋代海上丝绸之路的盛况，是一部纯粹的异域志书。全志前有自序，后有附录，下两卷。上卷《志国》，设46个，分别介绍57个海外国家和地区的地理、交通、物产、风俗、国际贸易等。国家和地区分别是交趾国、占城国、宾瞳龙国、真腊国、登流眉国、蒲甘国、三佛齐国、单马令国、凌牙斯加国、佛啰安国、新拖国、监篦国、兰无里国、细兰国、阇婆国、苏吉丹、南毗国、故临国、胡茶辣国、麻啰华国、注辇国、鹏茄啰国、南尼华啰国、大秦国、天竺国、大食国、麻嘉国、层拔国、弼琶啰国、勿拔国、中理国、瓮蛮国、记施国、白达国、弼斯啰国、吉慈尼国、勿厮离国、芦眉国、木兰皮国、勿斯里国、遏根陀国、晏陀蛮国、昆仑曾期国、沙华公国、女人国、波斯国、茶弼沙国、斯加里野国、默伽猎国、渤泥国、麻逸国、三屿、蒲哩噜、流求国、毗舍耶、新罗国、倭国。下卷《志物》，设48个目，分别介绍从各国贸易至中国泉州的大宗商品近50种，附记海岛之地理与物货，即脑子、乳香、没药、血碣、金颜香、笃耨香、苏合香油、安息香、栀子花、蔷薇水、沉香、笺香、速暂香、黄熟香、生香、檀香、丁香、肉豆蔻、降真香、麝香木、菠萝蜜、槟榔、椰子、没石子、吉贝、乌楠木、苏木、吉贝、椰心簟、木香、白豆蔻、胡椒、荜澄茄、阿魏、芦荟、珊瑚树、琉璃、猫儿睛、珠子、砗磲、象牙、犀角、腽肭脐、翠毛、鹦鹉、龙涎、瑋瑁、黄蜡等。

又按：赵汝适《诸蕃志序》载："《禹贡》载岛夷卉服，厥篚织贝。蛮夷通财于中国古矣，由汉而后，贡珍不绝。至唐市舶有使招徕，悬迁之道自是益广。国朝列圣相传，以仁俭为宝，声教所暨，累译奉琛，于是置官于泉广，以司互市，盖欲宽民力而助国朝，其与贵异物穷侈心者乌可同日而语。汝适被命此来,暇日阅诸蕃图,有所谓石床、长沙之险,交洋、竺屿之限,问其志则无有焉。乃询诸贾胡,俾列其国名,道其风土,与夫道里之联属,山泽之蓄产,译以华言,删其秽渫,存其事实,名曰《诸蕃志》。海外环水而国者以万数,南金象犀珠香瑇瑁珍异之产,市于中国者,大略见于此矣。噫!山海有经,博物有志,一物不知,君子所耻,是志之作,良有以夫。宝庆元年九月日。朝散大夫提举福建路市舶赵汝适序。"(杨博文《诸蕃志校释》,中华书局2000年版,第1页)

**1228年,李志常著《长春真人西游记》2卷成书。**

按:孙锡为《长春真人西游记》作序于1228年,故定此书至晚成书于此年。序云:"长春真人盖有道之士。中年以来,意此老人固已飞升变化,侣云将而友鸿濛久矣,恨其不可得而见也。己卯之冬,流闻师在海上,被安车之征。明年春,果次于燕,驻车玉虚观。始得一识其面,尸居而柴立,雷动而风行,真异人也。与之言,又知博物洽闻,于书无所不读,由是日益敬。闻其风而愿执弟子礼者,不可胜计。自二、三遗老且乐与之游,其余可知也。居无何,有龙阳之行。及使者再至,始启途而西。将别道众,请还期,语以三载。时辛巳夹钟之月也。迨甲申孟陬,师至自西域,果如其旨,识者叹异之。自是月七日入居燕京大天长观,从疏请也。噫,今人将事行役,出门徬徨有离别可怜之色。师之是行也,崎岖数万里之远,际版图之所不载,雨露之所弗霈。虽其所以礼遇之者不为不厚,然劳愈亦甚矣。所至辄徜徉容与,以乐山水之胜。赋诗谈笑,视死生若寒暑。于其胸中曾不蒂芥,非有道者能如是乎。门人李志常,从行者也。掇其所历,而为之记。凡山川、道里之险易,水土、风气之差殊,与夫衣服、饮食,百果、草木、禽虫之别,粲然靡不毕载。目之曰《西游》,而征序于仆。夫以四海之大,万物之广,耳目未接,虽大智犹不能遍知而尽识也,况四海之外者乎?所可考者传记而已。仆谓是集之行,不独新好事者之闻见,又以见至人之出处,无可无不可,随时之义云。戊子秋后二日,西溪居士孙锡序。"(党宝海译注《长春真人西游记》,河北人民出版社2001年版,第1页)

· 492 ·

**1228 年，雅谷特·阿尔·哈马维完成《地理辞典》。**

按：《地理辞典》（简称雅库特书），是一部文学地理传记，写于1224—1228 年间，记录了几乎所有的中世纪的地理知识，包括阿拉伯文学故事中提到的地方，也介绍了相关地方的历史、民族志和传说轶事等。为创作《地理辞典》，雅谷特曾旅行至波斯、阿拉伯世界、伊拉克和古埃及收集资料，他也借鉴了其他历史学家、地理学家和旅行家的作品。作为地理著作，《地理辞典》中的地方以字母顺序进行排序，并且标注了相关地名的发音以及是否为外来词汇。雅古特还记录了这些地方的地理位置、边界，以及山脉、水域、沙漠、岛屿的分布情况。除地理学外，《地理辞典》还讲述了涉及地方受穆斯林入侵的历史，也记录了当时各城市的官员。此外，《地理辞典》的还包含各地方的建筑石刻，著名居民的传奇轶事以及有趣的现象等内容。

**1229 年，耶律楚材著《西游录》1 卷成书，有自序。**

按：耶律楚材《西游录序》云："古君子南逾大岭，西出阳关，虽壮夫志士，不无销黯。予奉诏西行数万里，确乎不动心者，无他术焉，盖汪洋法海涵养之效也。故述《辨邪论》以斥糠麸，少答佛恩。戊子，驰传来京，里人问异域事，虑烦应对，遂著《西游录》以见予志。其间颇涉三圣人教正邪之辨。有讥予之好辨者，予应之曰：'鲁语有云："必也正名乎！"又云："思无邪。"'是正邪之辨不可废也！夫杨朱、墨翟、田骈、许行之术，孔氏之邪也；西域九十六种，此方毗卢、糠、瓢、白经、香会之徒，释氏之邪也；全真、大道、混元、太乙、三张左道之术，老氏之邪也。至于黄白金丹导引服饵之属，是皆方技之异端，亦非伯阳之正道。畴昔禁断，明著典常。第以国家创业，崇尚宽仁，是致伪妄滋彰，未及辨正耳。古者嬴秦焚经坑儒，唐之韩氏排斥释老，辨之邪也；孟子辟杨、墨，予之黜糠、丘，辨之正也。予将刊行之，虽三圣人复生，必不易此说矣。己丑元日，湛然居士漆水耶律楚材晋卿序。"（向达校注《西游录》，见中外交通史籍丛刊《真腊风土记校注 西游录 异域志》，中华书局2000 年版，第 1 页）

**1237 年，徐霆完成《黑鞑事略》。**

按：《黑鞑事略》，是南宋的彭大雅、徐霆完成的。"鞑靼"，原名为 Tatar，本是居住在呼伦贝尔地区的蒙古语族部落之一，后来"鞑靼"一名成为汉人对蒙古族的俗称。宋人称蒙古为黑鞑靼，以区别于漠南的白鞑靼（即汪古部）。南宋绍定六年（1233）六月，彭大雅（？—1245）跟随使者邹伸之出使蒙古。他们从襄阳启程，第二年，也就是宋端平元年（1234）二月抵达蒙古汗帐，见到元太宗窝阔台汗。随即返程，于1234年六月至开封，七月抵襄阳。彭大雅作为书状官记录使北见闻。就在端平元年（1234）的十二月，宋廷再次派遣邹伸之等出使蒙古，徐霆随使，作《北征日记》，南宋理宗嘉熙元年（1237）徐霆将彭大雅使北所记稿本与自己所作《北征日记》相互参照，编成《黑鞑事略》。《黑鞑事略》一书叙述了蒙古立国、地理、物产、语言、风俗、赋敛、贾贩、官制、法令、骑射等事，详备简要。

又按：徐霆题跋叙录著作原委云："霆初归自草地，尝编叙其土风习俗。及至鄂渚，与前纲书状官彭大雅解后，各出所编，以相参考，亦无大辽绝，遂用彭所编者为定本。间有不同，则霆复疏于下方，然此亦只述大略，其详则见之北征日记云。嘉熙丁酉孟夏朔，永嘉徐霆长孺书"（沈曾植《黑鞑事略笺注》，许全胜编《沈曾植史地著作辑考》，中华书局2019年版，第295页）

**1240年，《蒙古秘史》约于此年成书。**

按：《蒙古秘史》原文作"忙豁勒"。《蒙古秘史》原书为畏兀儿蒙古文，是十三世纪蒙古语的典范文献，保存了大量古蒙古语语词，以及古蒙古语特有的语法。今已佚失。十四世纪末、明洪武年间就完成了《秘史》的汉字音写、旁译、总译本，即《元朝秘史》。蒙元时并无《蒙古秘史》这个书名。《蒙古秘史》这个蒙文书名及其汉译书名《元朝秘史》均系明翰林译员于明初所加。《蒙古秘史》实为蒙元宫廷官修史书《脱卜赤颜》（Tobiyan）的成吉思汗纪、窝阔台汗纪部分。该书以编年史的体裁，具体记载了十二、十三世纪的多次战争，为研究者提供了研究以成吉思汗为主要研究对象的游牧狩猎人作战的战略、战术合战斗方式的丰富资料，也提供了研究当时的军事组织、军事制度、军令军法、武器装备、军事后勤供应等丰富资料。同时，《秘史》也记叙了十二、十三世纪蒙古地区游牧狩猎人的生产生活方式、风俗习惯。

**元初,察罕作《圣武亲征录》。**

按:又名《圣武亲征记》。书作于至元年间,全书共一卷,记事起于元太祖成吉思汗出生之时,迄辛丑年(1241)元太宗窝阔台汗去世之日。对成吉思汗早年事迹及统一蒙古各部,向西发动军事征讨、南下攻金和窝阔台汗灭金、建立和林都城等事均有载记,与《元朝秘史》相比,有同有异,但较《蒙古秘史》简略。作者佚名。有说法认为《圣武亲征录》即察罕据《脱必赤颜》译出。但王国维考证认为,察罕译书在元仁宗时(1312—1320),此书则成于元世祖忽必烈(1294)时,其中成吉思汗事迹,系从元廷宫中所藏蒙文《脱卜赤颜》译出,与波斯史家拉施特《史集·成吉思汗纪》所据史源《阿勒坛·迭卜帖儿》(金册)相近,内容多同。而"太宗朝事,则别取《平金始末》等书以益之"(王国维《圣武亲征录校注序》)所记有些为《蒙古秘史》和《元史》所无,且年月较详明。中统三年(1262),元世祖忽必烈曾下令王鹗等商榷史事,王鹗等延访了成吉思汗事迹,故而《四库全书总目提要》及部分研究者认为此书可能是王鹗等人撰修的。

又按:王国维《圣武亲征录校注序》:"《圣武亲征录》一书,乾隆间修《四库书》时,以其序述无法,词颇蹇涩,译语互异,未著于录,仅存其目于史部杂史类中。钱竹汀先生始表章其书,为之跋尾。道光以后,学者颇治辽金元三史及西北地理,此书亦渐重于世。张石洲、何愿船二先生始为之校勘,而何氏治之尤勤。其殁后,稿本流传京师。光绪朝士,若顺德李仲约侍郎、萍乡文道希学士、嘉兴沈子培先生,递有增益。岁在甲午,桐庐袁重黎太常刊之于芜湖,是为此书有刊本之始。顾张、何二家所据本,虽云出竹汀先生家,然辗转传钞,谬误百出。石洲仅得翁覃溪学士家藏本一校之,无大悬绝也。余前在海上,于嘉兴沈先生座上见其所校《说郛》本《亲征录》,为明弘治旧钞,与何本异同甚多。先生晚岁不甚谈元史事,然于《说郛》本犹郑重手校。未几,先生归道山,其校本遂不可见。比来京师,胶州柯凤孙学士为余言,元太祖初起时之十三翼,今本《亲征录》不具,《说郛》本独多一翼,乃益梦想《说郛》本。旋知其本藏江安傅君沅叔所。乙丑季冬，乃从沅叔借校。沅叔并言尚有万历抄《说郭》本，在武进陶氏。丙寅正月赴天津，复从陶氏假之，其佳处与傅本略同。又江南图书馆有汪鱼亭家钞本，亦移书影钞得之。合三本互校，知汪本与何氏祖本同出一源，而字句较胜，夺误亦较少；《说郭》本尤胜，实为今日最古最备之本。因思具录其异同，为校记以饷学者。顾是书有今本之误，有明钞本之误，有原本之误，三者非一一理董，犹未易遽读也。幸而此书之祖祢之《秘史》，与其兄弟之拉施特书，其子姓之《元史》及当时文献，尚可参验，因复取以比勘，存其异同，并略疏其事实，为《校注》一卷。昔吴县洪文卿侍郎译拉施特书，并为《秘史》及此《录》作注，而遗稿不传，其说略见《元史译文证补》中。武进屠敬山撰《蒙兀儿史记》，于是《录》探索尤勤。近复有仁和丁益甫考证地理，亦非无一二可采。兹复剟取其说，其有瑕颣，间加辨正，虽不敢视为定本，然视何氏校本，则差可读矣。当有元成宗之世，西域人拉施特撰《蒙古全史》，其《太祖纪》一种，除所载宗室世系及西域战事详于此《录》外，余大都与此《录》符同，故学者多谓此《录》出于蒙古《脱卜赤颜》。往读《元史·察罕传》言，仁宗命译《脱必赤颜》，名曰《圣武开天记》，及《纪年纂要》《太宗平金始末》等书，俱付史馆云云。案明修《元史》，其太祖、太宗二《纪》，大半取材此《录》，而明《文渊阁书目》乃有《圣武开天记》而无《圣武亲征录》，颇疑《亲征录》即《开天记》，顾《开天记》译于仁宗时，而此《录》之成，确在世祖之世。今本癸亥年王罕部下有原注云：今爱不花驸马丞相白达达是也。考阎复《高唐忠献王碑》及《元史·阿剌兀思剔吉忽里传》，爱不花当中统之初已总军事。又，其子阔里吉思，成宗即位封高唐王，则爱不花之卒必在世祖时。而此《录》成时，爱不花尚存，则非察罕所译之《开天记》明矣。又此《录》虽冠以"圣武"之名，实兼备英、文之事。且太祖事止记岁名，而太宗事则详及月日，盖所取材本自不同。疑太祖朝事出《脱卜赤颜》，与《开天记》同源，太宗朝事则别取《平金始末》等书以益之。且作者于蒙古文字未能深造，证以《秘史》，踳驳不一而足，故仁宗朝复令察罕重译。今拉施特书幸存，而察罕书不传，殊令人有遗憾已。

丙寅二月清明日，海宁王国维。"（王国维《圣武亲征录校注序》，方麟选编《王国维文存》，江苏人民出版社2014年版，第657—658页）

又按：贾敬颜："《圣武亲征录》有关成吉思汗、窝阔台时期蒙古历史的重要史籍。又名《圣武亲征记》。书作于至元年间，作者佚名。中统三年（1262），元世祖忽必烈曾下令王鹗等商榷史事，王鹗等延访了成吉思汗事迹，故而《四库全书总目提要》和某些研究者认为这部书可能是王鹗等人撰修的。书中记载成吉思汗一生主要事迹，兼及窝阔台汗一朝历史。与《元朝秘史》相比，有同有异，对同一事件的记载也常有详略之差。研究这一时期蒙古历史，需对照这两部书。出自《元太祖实录》的《元史·太祖本纪》与《圣武亲征录》多有共同处，可知《实录》当是出自此书，并加增补修订而成。根据《金册》（Altan Debter）撰修的拉施都丁《史集》第一卷中的《成吉思汗纪》，除西征部分外，内容几乎与《圣武亲征录》相同，所以《圣武亲征录》很可能是《金册》的蓝本。现存版本中，《说郛》本是最早的，近人王国维校注本质量较好。国外有日人那珂通世增注本。法国伯希和的法文译注本学术水平很高，但只完成了全书的三分之一，他去世后由其学生韩百诗整理出版。"（《中国大百科全书 中国历史》，中国大百科全书出版社1994年版，第587页）

**高丽文人金坵以书状官出使蒙古，作纪行诗四首。**

按：金坵（1211—1278），字次山，号止浦，高丽扶安人，系出新罗国姓。嘉熙四年庚子，公以权直翰林，充书状官如元。有《分水岭途中》《北征录》《西京》《铁州》《出塞》等诗。

**1241年，奈撒维写成《札兰丁传》。**

按：札兰丁·明布尔努（Jalāl al-Dīn Menguberdī, ?—1231），阿拉丁·摩诃末之子，花剌子模的末代沙阿与苏丹。阿拉乌丁·摩诃末长子，受封于古尔（今阿富汗哈扎里斯坦）及哥疾宁（今阿富汗喀布尔西南的加兹尼）之地。1219年秋季，成吉思汗率领蒙古军大举侵入花剌子模，摩诃末退驻阿姆河南，并且准备逃往西境以避蒙古兵锋；扎兰丁力谏，并自请统兵于阿尔泰河迎战，摩诃末不纳。1220年春季，蒙古军相继占领不花剌、撒马尔罕。成吉思汗遣哲别、速不台追击摩诃末,扎兰丁随父西逃,躲入里海中一岛。年终,摩诃末病死,死前传位扎兰丁。《札兰丁传》(Sirat al-Sultan Jalal d-Din Mangubirti)作者奈撒维(Shihab al—Din Muhammad al—Nasawi),是呼罗珊之奈撒人,与花剌子模高官有交往,因能熟知其国事,且目睹蒙古之入侵。1223年蒙古军班师东还后,花剌子模算端札兰丁从逃亡地印度返回波斯,复兴破败之故国,奈撒维被任为书记,自此追随札兰丁直到他败亡(1231)。此书著于1241年,从花剌子模算端摩诃末在位后期写到札兰丁之死,所载多亲身见闻,尤详于呼罗珊地区情况,是记述蒙古攻灭花剌子模的主要史料。(陈得芝《蒙元史研究导论》,南京大学出版社2012年版,第94—95页)

**1247年后,意大利方济各主教加宾尼(柏朗嘉宾)完成《蒙古史》。**

按:1245年4月,加宾尼受教皇英诺森四世(Innocentius Ⅳ, 1243—1254在位)派遣,前往出使蒙古汗廷,他们从法国里昂出发,经捷克、波兰、俄罗斯,沿第聂伯河、黑海,于1246年夏抵蒙古鄂尔浑河边的都城喀拉库伦。正值新君贵由汗(即元定宗)嗣立,觐递教皇文书,参加新君登极大典。同年冬携定宗复书返欧,于1247年抵里昂复命。加宾尼归来写成报告《蒙古史》。《蒙古史》也称《柏朗嘉宾蒙古行纪》《普兰·迦儿宾行记》,依照中国学者的习惯被译作《柏朗嘉宾蒙古行纪》(贝凯、韩百诗译注,耿昇译《柏朗嘉宾蒙古行记》中华书局1985年版,第7页)。而《蒙古史》(Ystoria Mongalorum)全名为"我们称为鞑靼的蒙古人的历史"(Historia Mongalorum quos nos Tartaros appellamus),又译《鞑靼蒙古史》,全书分九章,前八章分别记述蒙古的地理、人民、宗教、习俗、国家、战争、被征服国家、对付蒙古人的方法,第九章叙述其往返路程和在蒙古宫廷的情况。法国著名东方学家韩百诗评论说,这部"有关蒙古人的第一部拉丁文著作于可靠性和明确程度方面在一段相当长的时间内一直是首屈一指和无可媲美的"(贝凯、韩百诗译注《柏朗嘉宾蒙古行记》,耿昇译,中华书局1985年版,第13页)。英国学者克里斯朵夫·道森则认为它是中世纪最流行的百科全书式的著作之一,"写下了西方基督教世界和远东之间第一次接触的第一手绝对可信的记载"（道森、吕浦译《出使蒙古记》，中国社会科学出版社 1983 年版，第 1 页）这份报告最初用拉丁文写成，是一册被柏朗嘉宾称作《小史》（Libellus historicus）的书，是欧洲人最早记述蒙古人情况的一部著作，此书将有关蒙古及中亚的许多新情况首次传入欧洲，几乎是当时欧洲人了解蒙古的唯一读物。

**1248 年，张德辉完成《岭北纪行》。**

按：《岭北纪行》（又名《塞北纪行》《边堠纪行》），据张德辉文章记载，他"丁未夏六月初吉，赴召北上，发自镇阳"，"戊申夏六月望日太原"完成此纪，张德辉云："仆自始至迨归，游于王庭者凡十阅月，每遇燕见，必以礼接之。至于供帐、衾褥、衣服、食饮、药饵，无一不致其曲，则眷顾之诚可知矣。自度衰朽不才，何以得此哉？原王之意，出于好善忘势，为吾夫子之道而设，抑欲以致天下之贤士也。德辉何足以当之，后必有贤于隗者至焉。因纪行李之本末，故备志之。戊申（定宗三年）夏六月望日，太原张德辉谨志"（沈曾植笺注《塞北纪行笺注》，许全胜编《沈曾植史地著作辑考》，中华书局 2019 年版，第 299 页）。与丘处机、耶律楚材等人的西游记一样，《岭北纪行》记述了元定宗二年（1247）张德辉受忽必烈之邀前往漠北王庭牙帐时，沿途所经过地区的州县城邑、地理环境、交通往来以及当地风土民情、生活状况，也叙述了当年蒙古诸王忽必烈驻居和林的情形。

**1254 年，亚美尼亚国王海屯一世前往和林朝觐蒙哥汗，随员乞剌可思·刚扎克赛作《海屯行纪》。**

按：早在海屯一世国王赴蒙古前夕，1251 年，亚美尼亚最高主教康斯坦丁曾发布特别文告，文告中请求大亚美尼亚居民"不要起事反对蒙古地方官吏及其士兵"（[苏] А. Г. 加尔斯特扬撰《论有关蒙古人的亚美尼亚文史料》，陈弘法译，《蒙古学资料与情报》1986 年第 2 期），1254 年奉拔都之命入朝，由其都城息思（今土耳其南部科赞）先抵拔都宫廷。再受遣东行，渡押亦河（今乌拉尔河）、也儿的石河（今额尔齐斯河），进入蒙古，谒见蒙哥汗于和林。11 月，西还，经别失八里、阿力麻里、塔剌思河、撒麻耳干、途思、帖必力思等地，历时 8 个月，返抵本国。所述行程及见闻，由同时代亚美尼亚史学家乞剌可思·刚扎克赛（Ki-rakos Ganjakeci，曾为海屯的随员）载入所著《亚美尼亚史》中。是书虽然字数不多，但记有回程所经历的 59 个地名，其中多数可以考证出来，因而受到高度重视。原文为亚美尼亚文，19 世纪中被译成俄、法、英文。1964 年，英国学者波伊勒据新刊乞剌可思书原文精校本重译为英文，发表于《中亚杂志》同年 9 月号上，全名是《小亚美尼亚国王海屯一世出使大汗蒙哥宫廷行纪》，并对中亚史地部分作了详细考释。1981 年中华书局出版了何高济中译本，书名为《海屯行纪》。

**1255 年，鲁不鲁乞回到法国，写成《东游记》。**

按：1253 年初，圣方济各教士鲁不鲁乞奉路易九世之命前往蒙古地区传教和了解情况，1253 年 5 月 7 日，鲁不鲁乞从君士坦丁堡启程前往蒙古国。他先到达钦察汗国拜会了拔都，并跟随其一道前往哈剌和林，于 1254 年觐见蒙哥汗。鲁不鲁乞期望留在蒙古治下区域传教布道的请求遭到大汗的婉拒，仅仅允许其留居两月以避严冬。事实上，鲁不鲁乞在蒙哥处一直滞留了八个多月，这使他可以较为从容地搜集、记录蒙古的宫廷、节日以及一切令他着迷的东方风物。1254 年 7 月，鲁不鲁乞带着蒙哥汗答复路易九世的国书，经过伏尔加河，于 1255 年回到地中海东岸。一年后，他用拉丁文将沿途各族风土人情、山川地理写成了给路易九世的出使报告，也即他所撰写的《鲁不鲁乞东游记》（又译为《鲁布鲁克东行记》《鲁布鲁克行纪》《威廉·鲁布鲁克蒙古游记》）。它生动具体地记述了 13 世纪蒙古人的衣食住行、风俗习惯、宗教、文化等情况，有些章节中所描述的内容较其姊妹篇《出使蒙古记》更为具体丰富。

**1261 年，王恽作《开平纪行》。**

按：据王恽《飞豹行》序言载："中统二年冬十有一月，大驾北狩，（时在鱼儿泊），诏平章塔察以虎符发兵于燕。既集，取道居庸，合围于汤山之东，逐飞豹取兽获焉。时予以事东走幕府，驻马顾盼，亦有一嚼之快。因作此歌，以见从兽无荒之乐也。（予时为左司都事）"则王恽是年为左司都事。又据王恽《中秋吟》序言云："中统二年，予客上都，馆于太医使王宜之家。其客上都，馆于太医使王宜之家"。故王恽有开平扈从之行，其《开平纪行》内容含于王恽《中堂事记》中，今人贾敬颜由《中堂事记》中辑录出，并作笺注。其文交代，中统二年二月五日出发北上，"（中统二年）二月癸巳朔。五日丁酉，行省官奉旨北上。后三日，恽与偕行者周定夫"，约八月三十日回到燕京（时大都尚未建成）"是晚（八月二十八），宿新店。又二日，至燕"。（贾敬颜《五代宋金元人边疆行记十三种疏证稿》，中华书局2004年版，第312—332页）

**1263年，刘郁根据常德出使西亚经历写成《（常德）西使记》。**

按：《西使记》记录了使臣常德奉蒙哥汗之命西行，前往波斯，觐见西征大军统帅旭烈兀的经历与见闻。常德在己未（1259年）正月甲子，从和林出发，回来已是庚辛年（1260）夏天，文章记载云"壬子岁（1252），皇弟旭烈统诸军，奉诏西征。凡六年，拓境几万里。己未（1259）正月甲子，常德（字仁卿）驰驲西觐""其怪异等事，不可（弹）[殚] 纪。""往返凡一十四月。郁叹曰：西域之开，始自张骞，其土地山川固在也。然世代浸远，国号变易，事亦难考。今之所谓瀚海者，即古金山也。印毒，即汉身毒也。曰驼鸟者，即安息所产大马爵也。密昔儿，即唐拂菻地也。观其土产风俗可知巳。又《新唐[书]》载：'拂菻，去京师肆万里，在西海上。'所产珍异之物，与今日地里正同，盖无疑也。中统四年三月，浑源刘郁记。"（刘郁著，顾宏义、李文标校《西使记》，上海书店出版社2013年版，第144、149页）常德的步程所至，已到达今天的伊朗西北境，而在跟刘郁的口述中，还描述了印度、巴格达、埃及、罗马以及中亚等地的风土人情。

**1276年，刘敏中参修《诸国臣服传记》。**

按：至元十三年（1276），元朝一统江南，诏修《诸国臣服传记》，刘敏中参与修撰。

**1279年，汪梦斗北上大都，作《北游集》。**

按：汪梦斗，南宋度宗咸淳间为史馆编校，以事弃官归。宋亡，元世祖特召赴京，至元十六年（1279），汪梦斗北上大都，不受官而南还。《北游集》即梦斗北游纪行之作。

1281年，忽必烈发动对日的第二次东征，日本称"弘安之役"，王恽《泛海小录》即记此次东征行程及事迹。

按：元世祖忽必烈于至元十一年（1274）和至元十八年（1281），先后两次发动了东征日本的战争。因为第一次东征发生在日本后龟山天皇文永十一年，故日本史称"文永之役"，第二次东征发生在日本后宇多天皇弘安四年，故日本史称"弘安之役"，两次东征被日本合称为"蒙古袭来"。王恽的《泛海小录》根据征东军士兵的描述，叙述了元军第二次东征军的路线及战争的相关细节，文章写道：

日本盖倭之别种，恶其名不雅，乃改今号。其国在洋海之东，所属州六十有八，居近日出，故曰日本。国王一姓，宋雍熙初已传六十四世，中多女主，今所立某氏云。大元至元九年，上遣秘监赵良弼通好两国，次对马岛，拒而不纳。十七年己卯冬十一月，我师东伐。明年夏四月，次合浦县西岸，入海东行约二百里，过拒济岛。又千三百里，至吐剌忽苫，倭俗呼岛为苫。又二千七里，抵对马岛。又六百里，逾壹岐岛。又四百里，入容甫口。又二百七十里，至三神山。其山峻削，群峰环绕，海心望之，郁然为碧芙蓉也。上无杂木，惟梅竹、灵药、松桧、桫椤等树。其俗多徐姓者，自云皆君房之后。海中诸屿，此最秀丽方广。《十洲记》所谓"海东北岸，扶桑、蓬丘、瀛洲周方千里"者也，又说："洋中之物，莫巨于鱼。其背矗矗然山立，弥亘不尽，所经海波两坼不合者数日。"又东行二百里，叙志贺岛下，与日本兵遇。彼大势结阵不动，旋出千人逆战数十合者凡两月。我师既捷，转战而前，呼声勇气，海山震荡，所杀获十余万人，擒太宰滕原、少卿弟宗资，盖前宋时朝献僧然后也。兵仗有弓、刀、甲，而无戈、矛，骑兵结束殊精。甲往往以黄金为之，络珠琲者甚众。刀制长，极犀锐，洞物而过。但弓以木为之，矢虽长，不能远。人则勇敢，视死不畏。自志贺东岸前去太宰府三百里，捷则一舍而近，自此皆陆地，无事舟楫，若大兵长驱，足成破竹之举，惜哉！志贺西岸不百里有岛曰"毗兰"，俗呼为"髑髅"，即我大军连泊遇风处也。大小船舰多为波浪摘触而碎，唯勾丽船坚得全。遂班师西还，是年八月五日也，往返凡十月。省大帅欣都，副察忒、次李都帅牢山、次宋降将范殿帅文虎,总二十三,南一十三,隋唐以来,出师之盛,未之见也。(杨亮、钟彦飞点校《王恽全集汇校》卷四〇,中华书局2013年版,第1956页)

**1287年,列班·扫马奉伊利汗(伊儿汗)阿鲁浑之命出使欧洲,著有游记。**

按:列班·扫马与马古思由大都到达巴格达之后,曾留居于圣米哈尔修道院,不久被巴格达景教总主教邓哈(Mar Denha)派往伊儿汗阿八哈宫廷。1280年,邓哈任命马古思为中国教区主教,扫马为巡察总监。1287年,扫马奉伊儿汗阿鲁浑以及马古思之命出使欧洲,欲结欧洲基督教势力以对付巴勒斯坦和叙利亚的穆斯林。在抵君士坦丁堡后,扫马一行先后到了那不勒斯、罗马、热那亚、巴黎、波尔铎等地,沿途谒见了东罗马皇帝、教皇、法王、英王等。于1288年与法王的大使和热那亚的银行家返回伊儿汗国。历访波斯西部、亚美尼亚、格鲁吉亚,因是时叙利亚北部常有战乱,交通受阻,经耶路撒冷计划未能实现,返回巴格达。1294年卒于巴格达。著有游记叙其见闻,原书已佚,其主要内容摘译于叙利亚文的《摩鲁·亚巴拉哈三世历史》一书。

**1289年,徐明善作《安南行记》(又名《天南行记》)。**

按:元世祖至元二十五年(1288)十一月,徐明善随辽东道按察司刘廷直、礼部侍郎李思衍等出使安南,归来作《天南纪行》。全文3000余字,主要内容包括至元二十五年安南上元世祖表;元世祖诏谕安南世子文;徐明善等人由元大都前往安南的行程,一行人至元二十五年十一月二十六日始出顺城门,至元二十六年己丑二月二十八日,至安南国门。之外还附有安南世子给元世祖所上《国表》《进方物狀》及《进皇后笺》《进方物狀》等。

**1290年,高丽文人李承休作《宾王录》。**

按:至元十年(1273),元世祖忽必烈册立皇后察必、皇太子真金,高丽遣皇子顺安侯王悰为使,入元进贺,李承休为随行书状官,次年高丽元宗王禃薨,承休又以书状官从使者入元告哀,并奉上王禃遗表,请以尚在元廷的高丽世子王愖回国即位。李承休将入元所撰表章、诗文稿本及途中日记编为《宾王录》，至元二十七年（1290）十月编就。《宾王录》是现存的第一部《燕行录》，其中表、诗前多有小序，详细记载了高丽使团从高丽王京到达元大都的途程，以及朝见元世祖和皇后、皇太子的日期、地点及朝会情况，《宾王录》有关行程的记载虽然不完整，但所行路线大抵明确：从朝鲜王京北上，过大同江（过江处当在西京即平壤附近）、分水岭（1240年高丽金坵出使蒙古的纪行诗亦有《分水岭途中》和《西京》篇），经辽阳、沈阳、崖头站、神山县［站］、黄崖等地至燕京。其回程记载为：九月初七日中书省传旨命其还国，初八日，顺安侯王惊以谢衣对表请馆伴使侯友贤传奏，上马登途；是月二十五日还及鸭绿江；十月初二日行至兴义驿；初三日抵王京。

又按：李承休《宾王录自序》载："至元十年，癸酉，春三月，上国册立皇后皇大子，而普告天下。上命爱子顺安侯某为贺进使，其从行官属，则知枢密院事御史大夫上将军宋公松礼、尚书尤丞李汾成、精勇将军郑仁卿、内侍户部员外廉承益、内侍保胜别将金义光、译语行首郎将金富允、指谕别将赵珹、精勇散员池瑄、伴行使上朝千户中郎将金甫成，皆朝廷之选也。至于内厢给事，莫不精抡而委之。其书状官，则两府点望，而上辄敕改望者至三。诸相令都堂执事闵萱奏曰：'参外文儒之有才望者，皆已举尽。唯前式目录事李承休，以身天官守，不敢望介。'上曰：'但以才举，何关职散！'于是诸相欣然承命，即便奏下，以国衔表笺状等盘缠什物委予。予诣阙辞以才劣身衰，又见欹奏，未堪应副。上令内将军金子廷敕曰：'朕于庚午年出都之际，见汝忠勤，书汝姓名于砚匣，至今犹在。今兹被罪，罪有所归，而汝自不明，以义枉受，朕悉知之。（自注：是年正旦前一日，领政无功者超拜，而三官当迁，皆不得除。朝贺之次，汹汹然相语不如自欷士也。因成辞状，将进呈去。予多方以止之，莫之听也。取见其状，訛訛执政以受赂。予乃曰："虽呈辞状，语不应尔。"其辈去受赂字，改书呈似，便罢散。其后相府论其不逊之罪，其辈要逃其罪，指予为草状云云。相府以草状为罪根，深论而奏。上令右承宪洪子藩宪问曰："状意与傍闻相返，何耶？穷核以闻者。"诸相呼予问之，予曰："业已为之，事不须明。且两府之状，上所信也。如我实陈，恐后不信。一介微物误蒙可矣，不可使两府之状论事有不精之失也。"卒以义不明而受罪。今失宣敕，岂天高听卑之谓乎！）以故命汝，汝其毋让．'敕入常在房，赐酒果，仍以白金三斤予之曰：'闻汝家贫，以此腾装．'敕以闰六月初九日登途。会天淫雨，跋涉淹延，艰难得达。皇帝自巡守开平府，入御广寒宫，受贺赐宴。其明日，俟邸上表陈谢宣美，（避国讳以"美"字代之）使甫罗达传译奏之。帝曰：'事甚具悉，汉文格式如何？'诸令史奏曰：'文格称尔．'时有自本朝入为宣使姜守衡者，走报俟邸曰：'自我国臣事以来，未有如是盛事云云．'一行庆抃，而华人或有求看其草者尔。后俟邸出入三觐，而辄以表谢馆伴使翰林学士侯友贤。贺于俟邸，曰：'凡所上表章，三省郎吏，无不称美之．'由是，宋相国往往谓曰：'文章感中华国者，子之谓矣．'比及还朝，上大悦，唤一行内殿赐宴。自宰臣下及打军，颁玉粲。有差册侯邸为特进守大师开府仪同三司上柱国顺安公，敕入表草而览之。拜予为杂职署令兼都兵马录事，因此滥得虚名。岂以才为，盖天幸也！其明年甲戌六月，上升遐，相府令又奉宝诏之都表，奔告于上国而传。顾□□□□。今陛下行在之所，其草昧出宣入告枢机之务。时无可寄，悉委非才，故于扈从行中，粗有微功，不数年间，历扬清要，岂逢年遇合，片善必达之幸欤！至至元十七年庚辰夏六月，以言事见废，投梓乡，看海藏，屏余事，送残生。一日，因搜闲箧，偶得往时诗表遗草并途中日记而读之，两代君臣际会之期，一身出处升沈之迹，宛然如昨，使人有感，不能自弃。编为一部，名之曰《宾王录》，不敢烦于世眼，聊以示承家子孙而已。"（张欣整理，参见《韩国文集中的蒙元史料》；陈得芝《读高丽李承休〈宾王录〉》，见《蒙元史与中华多元文化论集》，上海古籍出版社2013年版）

**1297年，周达观完成《真腊风土记》。**

按：真腊（kmir），又名占腊，为中南半岛古国，其境在今柬埔寨境内，是中国古代史书对中南半岛吉蔑王国的称呼。真腊国很早就出现在中国古代史书的记载之中，远及秦汉，《后汉书》便有记载，当时称为究不事，后至隋唐，始称真腊（音译自暹粒 Siem Reap），《唐书》改称为吉蔑、阁蔑（音译自 Khmer），宋承隋代亦称真腊（又作真里富），元朝则又称"甘勃智"，明前期称"甘武者"，明万历后称"柬埔寨"。周达观于元贞元年（1295）随使臣赴真腊，三年（1297）回国，以所见所闻著成此书。周达观在真腊逗留约一年，因此对真腊有较为深入的了解，全书共四十一则，约8500字，记载了真腊地理、风俗、历史及中国商人在真腊的活动等。

又按：周达观《真腊风土记总叙》载："真腊国或称占腊，其国自称曰甘孛智。今圣朝按西番经，名其国曰澉浦只，盖亦甘孛智之近音也。自温州开洋，行丁未针。历闽、广海外诸州港口，过七洲洋，经交趾洋到占城。又自占城顺风可半月到真蒲，乃其境也。又自真蒲行坤申针，过昆仑洋，入港。港凡数十，惟第四港可入，其余悉以沙浅，故不通巨舟。然而弥望皆修藤古木，黄沙白苇，仓卒未易辨认，故舟人以寻港为难事。自港口北行，顺水可半月，抵其地曰查南，乃其属郡也。又自查南换小舟，顺水可十余日，过半路村、佛村，渡淡洋，可抵其地曰干傍，取城五十里。按《诸番志》称其地广七千里。其国北抵占城半月路，西南距暹罗半月程，南距番禺十日程，其东则大海也。旧为通商来往之国。圣朝诞膺天命，奄有四海。唆都元帅之置省占城也，尝遣一虎符万户，一金牌千户，同到本国，竟为拘执不返。元贞之乙未六月，圣天子遣使招谕，俾余从行。以次年丙申二月离明州，二十日自温州港口开洋，三月十五日抵占城。中途逆风不利，秋七月始至，遂得臣服。至大德丁酉六月回舟，八月十二日抵四明泊岸。其风土国事之详，虽不能尽知，然其大略亦可见矣。"（夏鼐校注《真腊风土记校注》，中华书局2000年版，第15—16页）

**1298年，《马可·波罗游记》完成。**

按：《马可·波罗游记》是由马可·波罗口述，鲁思梯谦笔录，于1298年完成的纪行作品。1254年，马可·波罗出生于威尼斯的商业世家，父亲和叔叔常年往来于里海北岸的商业城市经商。如所周知，十三世纪是蒙古人掀开征略世界进程的时代。1260年初，马可兄弟在里海北岸走动时，正遇上钦察汗国与伊利汗国间的战争，由于担心回家的路途被阻，他们选择继续前行，盘留于锡尔和阿姆河之间的不花剌（Bokhara，即今乌兹别克斯坦布哈拉）等地，后来又随伊利汗国的汗王旭烈兀派到元朝的使臣一起到达了上都，这个时间大约在1265年前后。据说在他们回国的时候，马可兄弟把元朝的一封国书带到了罗马教廷。此后，在1271年，马可兄弟受到了教皇格里高利一世的接见，并受命将教皇写给忽必烈汗的信函带去中国。这一次中国行，马可兄弟带上了17岁的马可·波罗。父子叔侄一行从威尼斯出发向南穿过地中海，再横渡黑海，经幼发拉底河和底格里斯河两河流域到达巴格达，又从波斯湾经过霍尔木兹海峡岸穿过伊朗大沙漠到阿富汗，翻过帕米尔高原到达喀什，再从敦煌经玉门关，过河西走廊，最终于1275年到达上都。之后，马可一家在元朝中国停留了十七年。其间，马可·波罗因忽必烈大汗之命，先后到过新疆、甘肃、内蒙古、山西、陕西、四川、云南、山东、江苏、浙江、福建等地，也曾出使越南、缅甸、苏门答腊等地，每到一处，马可·波罗都要考察当地的风俗人情、地理环境以及市场行情。1290年，因为忽必烈大汗下令将卜鲁罕部女子阔阔真赐婚于伊儿汗国的汗王阿鲁浑，马可一家奉命护送阔阔真公主前往伊儿汗国。一行人于1291年春天由泉州出发，先到达爪哇，从爪哇继续航行，渡过印度洋，抵达伊儿汗国港口忽里模子（古代波斯的重要港口，在今伊朗南部海滨、霍尔木兹海峡以北），以水路经印度洋，总共航行了两年零两个月。1294年，马可·波罗三人回塔布里斯，逗留9个月，最终于1295年回到了威尼斯。总体来看，马可·波罗一家来往中国的路线，跨越海洋、穿行沙漠，基本需要穿越其时连接欧亚大陆的海、陆丝路才能到达目的地。1296年，马可·波罗在一次威尼斯和热那亚之间的海战中被俘，在监狱里口述旅行经历，由狱友鲁斯蒂谦笔录，完成这部世界名著《马可·波罗游记》。

又按：《马可·波罗游记》有四卷，包括引言共计200章［余前帆译注本为200章（中国书籍出版社2009年版）；冯承钧译本为229章（商务印书馆2015年版）；另外冯承钧译，党宝海新注本为235章（河北人民出版社1999年版）］。第一卷，55章记载了马可·波罗等人东来时所进过的一些国家和地区的情况以及沿途的所见见闻，包括亚美尼亚、两河流域、波斯、中亚、帕米尔高原、天山南北等地。第二卷，82章，记载了元朝中国的情况前期的整治情况以及蒙古大汗忽必烈，同时也记载了许多中国城市的丰富物产和繁荣昌盛情况。第三卷，42章，记载了中国近邻，日本、越南、缅甸、老挝、爪哇、苏门答腊、印度斯里兰卡以及印度洋沿岸及岛屿等国家和地区的情况，此外还提到非洲的阿比西尼亚（埃塞俄比亚）、桑给巴尔、马达加斯加等。第四卷，14章，记载的是成吉思汗之后的蒙古诸王之间的战争和俄罗斯的情况。从《马可·波罗游记》的篇幅分布来看，关于中国记述的第二卷篇幅最多，游记以热情洋溢的口吻描述了元朝的驿站、汗八里的宫殿、街道，上都的美丽、忽必烈大汗举行寿辰庆祝的情景、行猎生活等，也讲述了许多珍禽异兽、奇风异俗、独特信仰方面的内容，还讲述了西安、开封、南京、镇江、扬州、苏州、杭州、福州等名城的繁华以及从大都南行至杭州，福州，泉州及东地沿岸及诸海诸洲一路的行程及见闻，等等。可以说，《马可·波罗游记》中有关中国的天文、地理、驿站、货币、治丝、制盐、造纸、建筑桥梁和宫殿的艺术、城市规划、市政管理、社会救济等方面的成就和经验甚至面条、糖等诸般风物人情的描述，激起了西方人对东方和中国的无限向往和巨大热情，以至于在马可·波罗死后掀起了西方人探索东方的热潮，从而开启了西方的大航海时代。

**1301年，《皇元征缅录》约成于此年之后。**

按：《皇元征缅录》一卷，又称《元朝征缅录》或误称为《至元征缅录》。所载为至元至大德年间元军数次征缅甸之事。此书内容本在《经世大典·政典》中"征伐"一类，《元史·列传·缅》内容多与其相同。《皇元征缅录》正文（包括前面的概述）3800多字，所述为至元八年（1271）到大德五年（1301）元朝与缅的关系。这三十年中，两国之间虽有往来，但更有多次战争。元朝于至元十四年（1277）三月、至元十四年（1277）十月、至元二十年（1283）、至元二十四年（1287）、大德四年（1300）先后五次出兵征缅。本书主要记录此五次征缅之事，尤其大德四年（1300）出兵这次为详，全书六成以上的篇幅与此次征缅有关。

又按：据《至元征缅录》载："朝廷以至元十年（1273）始遣使

招缅，不至。十四年（1277）春，缅人犯边，偏将忽都、土官信苴日辈大败之。十月，行省遣纳速剌丁破其三百余寨，然皆方面疆场之事。二十年（1283），始诏宗玉相吾答儿往征，破其江头城。二十二年（1285），乃议纳款，贡方物。既〔而，〕其王为庶子不速速古里所囚。大德二年（1298），其臣阿散哥也复擅废立。四年（1300），命宗王阔阔、云南省平章政事薛超兀儿、忙兀都鲁迷失等率师问罪，功不就而还。臣作政典，见高丽有林衍、承化公、金通精之乱，今缅亦似之。皆蕞尔国而屡有弗靖，至烦朝廷兵镇抚，可怜哉。"（余定邦、黄重言编《中国古籍有关缅甸资料汇编》，中华书局2002年版，第64页）

**1301年，李京奉命宣慰云南乌蛮，归来完成《云南志略》。**

按：元朝大德五年（1301），李京奉命宣慰云南乌蛮。在云南的两年期间，李京"周履云南，悉其见闻"，之后，写成《云南志略》四卷。该著对云南当地诸如乌蛮、六诏、金齿、白夷等族的风俗民物、气候生产以及人物山川等都有较为真切的表述。

又按：李京《云南总叙》载："云南，上世无可稽考。按《华阳国志》，楚威王遣庄蹻略地巴、黔，伐夜郎，植牂牁，西至滇池。会秦夺楚黔中地，不得归，遂留王滇池，云南通中国自此始。……子兴智立，改元天定，是岁壬子。越明年，钦遇我世祖皇帝由吐蕃丽江入，兴智举国出奔至鄯阐，被擒。段氏自思平至兴智，共二十二主，合三百一十六年。甲寅春，大驾东还，命大将兀良吉专行征伐三十七部，及金齿、交趾，举皆内附，云南悉平。兀良吉回师之后，委任非人，政令屡变，天庭高远，不相闻知，边鄙之民，往往复叛。迨至至元甲戌，以平章政事赛天赤行省云南。下车之日，立州县，均赋役，兴水利，置屯田，擢廉能，黜污滥，明赏罚，恤孤贫，秉政六年，民情丕变，旧政一新，而民不知扰。及薨之日，遐迩闻知，如丧父母。于时，公于内廷眷顾甚重，凡属职除授，及南方便宜，无不俞允。而公亦开诚布公，宽大廉简，故能上下感戴，声名洋溢。后之继者，虽有善政，莫能及也。呜呼！云南于古为蛮獠之域，秦、汉以来，虽略通道，然不过发一将军，遣一使者，以镇遏其相残，慰喻其祁恩而已。所任得人，则乞怜效顺，任非其人，则相率以叛，羁縻苟且，以暨于唐，王师屡覆,而南诏始盛矣。天宝以后,值中原多故,不暇及。五季扰乱,而郑、赵、杨氏亦复攘据。宋兴,介于辽下,未遑远略,故蒙、段二姓,与唐、宋相终始。天运勃兴,文轨混一,钦惟世祖皇帝天戈一指,尽六诏之地皆为郡县,迄今吏治文化,侔于中州,非圣化溥博,何以臻此?而其地风物未至,纪录实为阙典。今撮其古今兴废,其人物山川草木,类为一编,甚惧未能周知悉览,然其大略,亦足以提挈一方之要领云。"(《全元文》第 36 册,第 307 页)

又按:虞集《云南志序》载:"京师西南,行万里为云南。云南之地方,广盖万里。在宪宗时,世祖帅师伐而取之,守者弗能定。既即位,奠海内,使省臣赛典赤往,抚以威惠。沿其俗而道之善利,镇以亲王贵人者四十年。方是时,治平日臻,士大夫多材能,乐事朝廷,不乐外官。天子闵远人之失牧也,常简法增秩,优以命吏。而为吏者,多徼幸器名亡治术,亡惠安遐荒之心。禽兽其人,而渔食之。亡以宣布德泽称旨意,甚者启事造衅,以毒害贼杀。其人故暴悍,素不知教,冤愤窃发,势则使然。不然舍生乐死,夫岂其情也哉?嗟夫!箪壶迎俟之民,日以老死,且尽。生者格于贪吏虐卒,以自远于恩化。其吏士之见知者,亡所建白,驭于中者,不识察其情状。一隅之地,常以为中国忧,而论治者卒未究其故,不亦悲乎!河间李侯京,繇枢廷奉使宣慰乌蛮。乌蛮,云南一部也。始下车,未及有所施,会群蛮不靖,巡行调发,馈给镇抚。周履云南,悉其见闻,为略志四卷,因报政上之。集尝按而读之,考其生产、风气、服食之宜,人物、材力之愚智、勇怯,山川、形势之陿塞、要害。而世祖皇帝之神威圣略,概可想见,未尝不俯伏而感叹也。其志曰:张乔斩奸猾长吏九十余人,而三十六部尽降。诸葛孔明用其豪杰,而财赋足以给军国。史万岁贪赂,随服随叛。梁毗一金不取,酋长感悦。李知古以重赋僇尸,张虔陀以淫虐致乱,死者至二十余万,中国卒不能有之。此于事至较著明白者也,其术不甚简易乎?有志之士,尚有所鉴观焉。至读其纪行诸诗,必有悲其立志者矣。"(王趣点校《虞集全集》,天津古籍出版社 2017 年版,第 482—483 页)

**1304年，陈大震、吕桂孙共同编成《南海志》。**

按：《南海志》乃陈大震、吕桂孙共同编撰而成，因其成书于元成宗大德八年（1304），故今又名《大德南海志》。《南海志》综记元广州路所属七县事，举凡历史之沿革，山川之广袤，户口之登耗，田畴之芜治，物产之丰盛，舶货之品类，诸蕃之国名，社稷之变迁，以及税课，书院，科第，学租，兵防等。是较早同时提及东、西洋的一部重要古籍，书中记有东洋、大东洋、小东洋、西洋、小西洋等名。对研究中外交通史具有很大参考价值。

**1314年起，李齐贤入元陪侍高丽忠宣王，其间所作诗文，录为《奉使录》。**

按：李齐贤（1287—1367），字仲思，号益斋，亦以栎翁自称，高丽庆州（今韩国庆尚北道庆州市）人。李穑《鸡林府院君谥文忠李公墓志铭》载："忠宣王佐仁宗定内难，迎立武宗，故于两朝宠遇无对，遂请传国于忠肃。以太尉留京师邸构万卷堂，考究以自娱。因曰：京师文学之士皆天下之选，吾府中未有其人，是吾羞也。……召至都，实延祐甲寅正月也（《益斋乱稿》附录，《韩国文集丛刊》第2册，第612页）。"至治三年（1323）离开元朝，此后又每每短暂入元。据《益斋乱稿》记载，李齐贤在中国有三次远行。第一次是在延祐三年（1316）夏末，李齐贤奉忠宣王之命前往成都峨眉山进香；第二次是延祐六年（1319）陪同忠宣王到江南降香；第三次较为含混，应是李齐贤前往朵思麻（青海）拜访流放中的忠宣王，所作纪行与交游诗文，收录于《奉使录》中。

又按：李齐贤成都行。延祐三年（1316）夏末，李齐贤奉命代忠宣王至成都、峨嵋进香，年底返回。李齐贤《栎翁稗说·后编》云："延祐丙辰，予奉使祠峨嵋山，道赵魏周秦之地，抵岐山之南，逾大散关，过褒城驿，登栈道，入剑门以至成都。又舟行七日，方到所谓峨嵋山者。"（蔡美花、赵季《韩国诗话全编校注》，人民文学出版社2012年版，第147页）有诗作28首，词19首：《定兴路上》《过中山府感仓唐事》《井陉》《过祁县感祁奚事》《汾河》《豫让桥》《黄河》《张希孟侍郎见示江湖长短句一编以诗奉谢》《张侍郎诗附》《奉和元复初学士赠别》《元学士诗附》《蜀道》《八月十七日放舟向峨眉山》《诸葛孔明祠堂》《阻友符文镇》《登峨眉山》《雷洞平》《眉州》《思归》《上滩》《促织》《听寒道士弹秋风》《路上》《函谷关》《渑池》《二陵早发》《赵学士诗附》《渡孟津》《比干墓》《燕都送朴忠佐少卿东归》《和呈赵学士子昂》《松都送朴少卿忠佐北上》《沁园春·将之成都》《江神子·七夕冒雨到九店》《水调歌头·过大散关》《巫山一段云·潇湘八景》《玉漏迟·蜀中中秋值雨》《人月圆·马嵬效吴彦高》《洞仙歌·杜子美草堂》《满江红·相如驷马桥》《蝶恋花·汉虎帝茂陵》《望华山》《菩萨蛮·舟中夜宿》《菩萨蛮·舟次青神》《木兰花慢·长安怀古》《大常引·暮行》《浣溪沙·早行》《大江东去·过华阴》《鹧鸪天·过新乐县》《鹧鸪天九月八日寄松京故旧追录》。

其江南行：延祐六年（1319）秋，李齐贤陪忠宣王到扬州、镇江、杭州一带拜佛，"王每遇楼台佳致，寄兴遣怀，曰：此间不可无李生也"。李齐贤有18首诗作及词2首：《舟中和一斋权宰相》《金山寺》《焦山》《多景楼陪权一斋用古人韵同赋》《吴江又陪一斋用东坡韵作》《姑苏台和权一斋用李太白韵》《高亭山》《宿临安海会寺》《冷泉亭》《游道场山陪一斋用东坡韵》《虎丘寺十月北上重游》《多景楼雪后》《淮阴漂母墓》《雪》《雪用前韵》《北上》《西都留别邢通宪君绍》《扬州平山堂今为八哈师所居》《鹤林寺》。

其青海行：至治三年（1323）初夏，为了拜谒遭到流放的忠宣王，李齐贤由大都出发，前往青海朵思麻，依据其作品留下的线索，一路是经过涿郡、白沟、邺城、覃怀、孟津、洛阳、新安、崤陵、函谷关、华州等地，沿途留诗43首，文3篇：《北上》《寄远》《雪》《忙古塔》《雪用前韵》《次韵白文举尚书见赠》《感怀》《冬至》《十一月十五日》《在上都奉呈柳政丞吴赞》《至治癸亥四月二十日发京师》《涿郡》《白沟》《马上》《相州夜发》《邺城》《又》《端午》《覃怀》《孟津记事》《王祥碑》《新安站》《崤陵行》《函关行》《题华州逆旅》《题长安逆旅》《郑庄公墓》《许文贞公墓》《道见月支使者献马归国》《关龙逢墓》《汉武帝望思台》《则天陵》《唐肃宗陵》《邠州》《泾州道中》《泾州》《朝那》《饮麦酒其法不篘不压插竹筒瓮中座客以次就而吸之,傍置杯水量所饮多少挹注其中,酒若不尽其味不渝》《黄帝铸鼎原》《书李将军家壁》《在大都上中书都堂书》《上伯住丞相书》《同崔松坡赠元郎中书》《上征东省书》《大都南城兴福寺碣》。(据徐建顺《李齐贤在中国行迹考》,《延边大学学报》2005 年第 4 期;张欣整理《奉使录》,以《燕行录全编》收录李齐贤《奉使录》为底本)

**1315 年,潘昂霄根据都实黄河考察经历作《河源志》。**

按:河源即黄河之源,有关黄河之源,在潘昂霄之前虽有记载,却语焉不详。至元十七年(1280)十月,忽必烈派遣都实等人求黄河源,既还,图其形势,履其发源之地,纪其分流伏脉甚详。潘昂霄《河源志》是他延祐时期任翰林侍读学士时根据时任翰林学士承旨的阔阔出的讲述写成。阔阔出乃都实之弟,曾亲随兄长"抵西国,穷河源",故而文章得以详细叙述都实等人考察河源的缘由、行走路线以及当地地理情况等。

又按:元统元年(1333),柯九思曾应潘昂霄之子潘诩之请作《河源志序》,序言围绕河源的叙述、探究,作简要辩明,并述元朝考察河源之始末及潘昂霄作《河源志》的意义,其文云:"河源有志,自本朝始。前乎此,曷为未有?志河源者,道路辽阻,所传闻异辞,莫能究河之源也。《山经》曰:'敦薨之水西流,注于泑泽,出于昆仑之东北陬,实惟河源。'而《水经》载:'河出昆仑,经十余国乃至泑泽。'《山经》又称:'阳纡之山,河出其中。'《穆天子传》亦云:'阳纡之山,河伯冯夷所居,是惟河宗。'考释氏《西域志》称:'阿耨达大山上有大渊水',即昆仑山也。《地里志》亦称'昆仑山在临羌西',而《汉书》载:'河出两源'。或称有,或称无,河源所著异同,况世殊代易,名地亦异,终莫能有究之者。我太祖皇帝二十有一年春正月,征西夏。夏,取甘肃等城。秋,取西凉府。遂过沙陀,至黄河九渡。按昆仑当九渡下流,则昆仑固已归我职方氏矣。宪宗皇帝二年,命皇太弟实喇帅诸部军征西域,凡六年,辟封疆四万里。于是,河源及所注枝出者尽在封域之内。当时在行,有能记其说,皆得于目击,非妄也。逮世祖皇帝功成治定,天下殷富,遂命臣都实置郡河源,故翰林侍读学士潘公得

· 513 ·

究其详实,搜源析派,而作斯志。乃知更昆仑行一月,始穷河源。于戏!当四海混一之盛,闻广见核,致数千载莫能究者,俾后世有考而传信焉,岂斯文之光,实邦家无疆之休也。公之子诩能不坠其先业,增光而润色之。至顺间,以同知嘉定州事来吴,将刊是书行于世,属九思叙其说于篇端。元统元年冬十有一月日南至,奎章阁学士院鉴书博士、文林郎柯九思序。"(《全元文》第51册,第379—380页)

**1320年,柳贯以国子助教前往上京,作系列上京纪行诗。**

按:柳贯延祐七年(1320)以国子助教分教上都,作系列上京纪行诗。至治三年(1323)柳贯作《上京纪行诗序》云:"延祐七年,贯以国子助教分教北都生。始出居庸,逾长城,临滦水之阳,而次止焉。自夏涉秋,更二时,乃复计其关途览历之雄,宫籥物仪之盛,凡接之于前者,皆足以使人心动神竦。而吾情之所触,或亦肆口成咏,第而录之,总三十二首。噫!置窭家之子于通都万货之区,珍怪溢目,收揽一二而遗其千百,虽欲多取悉致,力何可得哉?贯西越之鄙人,少长累遭家难,学殖荒落,志念迂疏。顾父师之箴言在耳,尝惄焉弗胜,乃兹幸以章句训故,间厕西廱之武,以窃陪从臣之末。龙光炳焕,照耀后先,山川闳奇,振发左右,则夫纪载而铺张之,有不得以其言语之芜拙而并废也。今朝夕俟汰,庶几退藏田里,以安迟暮。而诸诗在稿,惧久亡去,吾友薛君宗海雅善正书,探囊中得旧纸数板,因请宗海为作小楷,联为卷。岂直归夸田夫野老,以侈幸遇之万一,而顾瞻鼎湖,薄天万里,遗弓之痛,有概于心,尚何时而可已耶!后三年,至治三年十一月五日柳贯自序。"(《全元文》第25册,第138页)

**1321年,袁桷作《拜住元帅出使事实》。**

按:皇庆二年(1313),仁宗皇帝以金印赐丞相孛罗,令拜住陪同前往哈儿班答王驻扎之地议事,而中途遇上也先不花。据载,在至大三年(1310)召集的忽里台大会上,也先不花被推举为可汗。由此,也先不花和元朝的关系开始和谐,后来因为边界问题,再与元朝和伊利儿汗国(伊儿王朝)发生冲突,受到仁宗朝和伊利汗国完者都的夹击。拜住以此被也先不花王怀疑为间谍,有以启边衅,遂被夺去虎符和丞相金印扣押。直至延祐七年(1320),也先不花去世,其弟怯别复位，缓和了也先不花时代和元朝、伊利儿汗国的紧张关系，怯别也遣使收兵四境，并将拜住等放回。1321年冬，袁桷奉旨作《拜住元帅出使事实》，记录拜住出使事实。

**1322年，袁桷完成《开平四集》。**

按：袁桷于延祐元年（1314）五月随仁宗至开平，其间作《开平第一集（甲寅）》，计诗作26首。延祐六年（1319）再随仁宗至开平，作《开平第二集（己未）》，计诗作41首。至治元年（1321）四月，随英宗入开平，八月十五日，回大都。其间诗文结成《开平第三集（辛酉）》集，共计诗作62首。袁桷《开平第三集（辛酉）》序言交代："至治元年二月庚戌，至京城。壬子，入礼闱，考进士。三月甲戌朔，入集贤院供职。四月甲子，扈跸开平，与东平王继学待制、陈景仁都事同行，不任鞍马，八日始达。留开平一百有五日，继学同邸。八月甲寅还大都，得诗凡六十二首。道途良劳，心思凋落，故录以记出处耳。是岁八月，袁桷序。"（李军校注《袁桷集》，吉林文史出版2012年版，第262页）袁桷至治二年（1322）四月二十八赴上都，此次在开平停留105天，作诗100首，题为《开平第四集》。《开平第四集（壬戌）》序言载："至治二年三月甲戌，改除翰林直学士。四月乙丑，出健德门，买小车卧行，八日，至开平，舍于崇真宫。有旨，道士免扈从，宫中阒无人声。车驾五月中旬始至。书诏简绝，仅为祝文十三道（已入内制）。悲愉感发一寓于诗，而同院亦寡倡和，率意为题得一百篇。闰五月，上幸五台山，以实录未毕，趣史院官属咸还京。是月丁巳发，癸亥还寓舍。五月，滦阳大寒。闰月，道中大暑。观是诗者，亦足知夫驰驱之为劳，隐逸之为可慕也。六月丁卯朔（初一），桷叙。"（李军校注《袁桷集》，吉林文史出版2012年版，第271页）

**1324年，释梵琦完成《北游诗》数百首。**

按：元至治三年（1323）二月，英宗诏写金字大藏经，梵琦因而应选入京。下诏征擅书高僧到大都金书《大藏经》，楚石因善于书法而为赵孟頫、邓文原等举荐而参与其中。四月从杭州启程，六月抵达大都。八月，发生"南坡之变"，元英宗被弑，泰定帝即位。泰定元年（1324），楚石扈从至上京，参与上京佛事活动。梵琦北游大都、上都期间，作诗数百首，录为《北游诗》，自大都至上都，游踪所至，山川人物，朝觐礼仪，风俗人物，形之于诗。

又按：卞胜《楚石大师北游诗序》："桑门能诗者，四明楚石师为今湖海称首。余尝访之于秦溪别墅，得所示《北游诗集》，凡绝句、五七言律弥三百余首。盖在昔至治癸亥、甲子之岁，北留京都时所作也。故凡京华之事，燕滦之风物，囊收稿积，莫非佳咏。今观其什，则浑雄而苍古，渊泳而典雅。厌饫百家，淬砺杜氏。炜炜乎若埋丰城之宝剑，而光有不能掩焉者也。虽古有贯休、齐己、灵澈、道潜之徒，恐莫能窥其奥。盖以师之高明敏达，穷书赡学，其于是游也，则又历览乎泰山之高，黄河之深，长江大海之宗会，而气秀毓蕴，纳乎胸中。及抵于京师，则其耳目之接，固又极其大者，可知已夫！京师乃天下之大都会，天子之居在焉。宫城之伟，冠乎四海；人物之殊，聚乎万国。而朝廷之上，礼乐仪卫之盛，宗庙之美，百官之富，乃天下之极观者也，是以日益乎所见。凡所与交接谈论，又皆王公缙绅，文章道德之士，日益乎所闻。故其词章气象，奋然杰出。为大朝之风雅，而相于时合盛者焉。或曰：师之宗以禅默为道，而乃从事于声律，得无外驰乎？予曰：禅默其入定之事，为道之方也。而师之定力精确，触境洞然，莫非妙道。盖存心而为禅，发言而为诗，非二理也。然其所以访览今古，吟赏风月，乃其游嬉三昧尔，奚可与不知者道哉！师平生所为诗文若干卷，已流于世。此北游之集，盖以观光胜事，故特为首末以记。予因读其集，叹其为人，而其言可服。若此，予之言虽不足为世重轻，然古人有儿童诵君实，走卒知司马，盖公论也。请为师诵之，以书于卷首。金囡卞胜谨序。"（吴定中、鲍翔麟校注《楚石北游集》，浙江古籍出版社2010年版，第8—9页）

**1330年，胡助扈从上京，作系列上京纪行诗。**

按：胡助《上京纪行诗序》云："至顺元年夏五月，大驾清暑滦阳，翰林诸僚佐扈从，而助亦在行中。会微疾差后至。六月下澣始与检阅官吕仲实偕行。仲实权从游于升学者也。今又同在史馆，故乐与之偕。沿途马上览观山水之盛也，日以吟诗为事。比至上都，官署寓于视草堂之西偏，文翰闲暇，吟哦亦不废。是时，学士虞先生乘传赴召，先生至于堂上留数十日，日侍诲言。先生属以目疾惮书，凡有所作，往往口占，而助辄从傍执笔书焉。助或一诗成，必正于先生，而先生亦为之忻然，其所以启迪者多矣，兹非幸欤？南还之日，又与翰林经历张秦山、应奉孟道源及仲实同行，亦日有所赋。若睹夫巨丽，虽不能形容其万一，而羁旅之思，鞍马之劳，山川之胜，风土之异，亦略见焉。至京师辄录为一卷，凡得诗总五十首，以俟夫同志删云。其年八月吉日自序。"（《全元文》第31册，第501页）

**1330年，鄂多立克口述完成《鄂多立克东游录》。**

按：鄂多立克是意大利圣方济各教士，大约于1314年从威尼斯起航，开始其东方之旅。《东游录》共有52节，其中1—27节讲述的是鄂多立克在西亚国家的游历，26—49节为鄂多立克在中国游历，最后的三节内容分别为作者对自己所述为真的发誓、笔录僧侣补充的一段鄂多立克东游趣事及记鄂多立克升天。其书中的1/3记录的是鄂多立克在中国，即文中所记契丹和蛮子省的所见所闻。在《鄂多立克东游录》中译版的序言中，作者列出了据亨利·玉尔（H. Yule）等人研究后，鄂多立克东游的大致路线：从威尼斯乘船渡黑海至特拉布松（位于黑海南岸，中世纪著名通商口岸），再到埃尔祖鲁姆、讨来思（今伊朗阿塞拜疆之大不里士，中世纪欧亚贸易重镇）、孙丹尼牙（伊利汗阿鲁浑所建）。从孙丹尼亚他来到柯伤（今伊朗卡香）、耶兹德，然后从百泄玻里（波斯古都）改道，可能经设拉子，或库尔德斯坦的部分地区，抵巴格达。从巴格达他再行抵波斯湾，在忽里模子（中世纪东西方贸易的重要港口）乘船赴印度西海岸的塔纳。由此到无力拔、梵答剌亦纳、僧忽里、故临，再抵今斯里兰卡。从斯里兰卡乘船航抵苏门答腊，遍访南洋诸岛，经爪哇、加里曼丹、越南而抵中国的广州。由此东行至福建的泉州、福州，北上经三省交界之仙霞岭，至杭州和南京。再从扬州沿大运河北上，经山东的临清等地，最后到达元朝的都城汗八里（北京）。在北京居留三年之后，鄂多立克西行经天德军（今河套）、陕西、甘肃等地，抵西藏及其首府拉萨，然后经中亚、波斯，返回意大利。

**1331年，黄溍以太史属官扈从上京，作系列上京纪行诗。**

按：黄溍是年夏与苏天爵同为太史属官前往上京，作上京纪行诗12首，苏天爵、虞集、吴师道等有题跋，之后黄溍上京纪行诗卷为廼贤所得，贡师泰据以题跋。

又按：苏天爵《题黄应奉上京纪行诗后》写道："至顺二年夏，予与晋卿偕为太史属，扈行上京。览山河之形势，宫阙之壮丽，云烟草木之变化，晋卿辄低回顾恋若有深沈之思者，予固知其能赋矣。既而果得《纪行诗》若干首。古者诸侯卿大夫交接邻国，以微言相感，必称诗以谕其志，盖以别贤不肖而观盛衰焉。今天下一家，朝野清晏，士多材知深美，非宣著于文辞，曷以表其所蕴乎！晋卿宋故儒家，自应乡荐，以《太极赋》名海内。困于州县几二十年，今枢密马公在中书日，始自选调拔置史馆。未几，丁外艰去官。昔欧阳子以梅圣俞身穷而辞愈工，尝曰：'世谓诗人少达而多穷，盖非诗能穷人，穷者而后工也。'晋卿之诗缜密而思清，岂天固欲穷之俾工其辞耶！"[（元）苏天爵，陈高华、孟敏繁清点校《滋溪文稿》，中华书局2007年版，第474—475页]

又按：虞集《题黄晋卿上京道中纪行诗后》写道："少陵入蜀路崎岖，故有凄凉五字诗。应奉为官随翠辇，固应同调不同辞。"（《黄溍全集》，第866页）吴师道《题黄晋卿应奉上京纪行诗后》："居庸北上一千里，供奉南归十二诗，纪实全依太史法，怀亲仍写使臣悲。牛羊野涧低风草，龙虎台高树羽旗。奇绝兹游陪禁从，不才能勿愧栖迟。"（邱居里、邢新欣校点《吴师道集》，吉林文史出版社2008年版，第129页）贡师泰《题黄太史上京诗稿后》记载："黄太史文名天下，而上京道中诸诗尤为杰作。葛逻禄易之得其稿以传，且谒诸君为之题，其知太史亦深矣。易之尚善保之。"（王颋点校《黄溍全集》，天津古籍出版社2008年版，第827页）

**1336年，傅若金将出使安南所作百首诗歌辑成《南征稿》。**

按：元统三年（1335），傅若金作为两位吏部尚书铁柱、礼部郎中智熙善的陪臣一同出使安南。一行从至元二年（1336）七月出发，在腊日到达安南，走了五个多月，傅若金在出使安南过程中凡是山川道路、城郭宫室、草木禽鱼以及风土人物之异，都有表述，并将其出使时所作100首诗歌辑为《南征稿》。

又按：傅若金《南征稿序》写道："元统三年，诏遣吏部尚书铁柱，礼部郎中智熙善使安南，而以若金为辅行。其年秋七月，辞京师，明年夏，还至阙下，往返万六千余里，道途所经，山川、城郭、宫室、墟墓、草木、禽虫、百物之状，风雨、寒暑、昼夜、明晦之气，古今之变，上下之宜，风土人物之异，凡所以感于心、郁于情、宣于声，而成诗歌者，积百余篇。内弟孙宗玉见而录之，其意若将惧其零落，而欲久其存者。嗟夫！古之《皇华》遣使，《杕杜》劳还，《采薇》歌戍役之苦，《黍离》闵宗周之旧，斯皆原情所生，而诗由作也。今人之情岂异于古哉？余惟不能禁余之情，而达诸辞耳，恶能保其必存以久也。自古之诗零落亦多矣，矧后之人所作乎？余独有感于行迹之远，而悯夫宗玉之志之勤，于是叙而存之。"（《傅与砺文集》卷四，史傑鹏、赵彧校点《傅若金集》，吉林文史出版社2010年版，第248页）

**1340年，裴哥罗梯《通商指南》约成书于此年。**

按：裴哥罗梯（Francesco Balducci Pegolotti），意大利人。"尝充佛罗伦斯市（Florence）巴尔底公司（Company of the Bardi）之经理。一三一五年（元仁宗延祐二年）至一三一七年（延祐四年）间，充驻比利时安忒维泊港（Antwerp）该公司之经理。后调伦敦。一三二四（元泰定帝元年）五月起，至一三二七年（泰定帝四年）八月止，又充该公司驻锡勃洛斯岛（Cyprus）之经理。裴歌罗梯之书约于一三四〇年时著成。其东方之记事，则闻之他人。德人李透（Ritter）著《地理学》（Erdkunde, II. P. 404）谓裴尝亲至契丹，实全无根据。（见亨利玉尔《古代中国闻见录》第三卷第138—140页）裴哥罗梯之《通商指南》最可证明当时中欧通商之盛。氏虽未亲至东方，然确闻诸曾至东方商人。吾人读其书，可悉当时欧亚二洲陆道通商所经之道途及情况若何也。"（张星烺编注，朱杰勤校订《中西交通史料汇编》第1册，中华书局1977年版，第310—311页）

**1342年，意大利人圣方济各会会士马黎诺里一行抵达上都，马黎诺里回国后作《波西米亚史》。**

按：后至元二年（1336），元顺帝妥欢贴睦尔遣拂朗人（Frank，元人对欧洲人的称呼）安德烈及其他十五人出使欧洲，致书罗马教皇；元朝阿速族显贵、知枢密院事福定和左阿速卫都指挥使香山等人也代表教徒上书教皇，报告大主教孟特戈维诺已去世八年，请求速派才高德隆的继任者前来主持教务。至元四年（1338），使团抵教皇驻地阿维尼翁（在法国南部，罗马教皇于1308年迁驻于此地）。教皇本笃十二世优厚款待元朝使者，使游历欧洲各地，并决定派遣马黎诺里等率领数十人的庞大使团出使元朝和蒙古诸汗国。至元四年年底，马黎诺里一行从阿维尼翁启程，会齐元朝来使，先至钦察汗国都城萨莱（今俄罗斯伏尔加格勒附近）谒见月即别汗；继续沿商路东行，经察合台汗国都城阿力麻里，于至正二年（1342）七月抵达上都，谒见元顺帝，进呈教皇复信并献骏马一匹。马长一丈一尺三寸，高六尺四寸，昂高八尺三寸，色漆黑，仅两后蹄纯白，曲项昂首，神俊超逸，被誉为"天马"。元至正六年（1346）使团由泉州启程从海道回到欧洲。使团应顺帝要求，进献欧洲良马一，时人称之为"天马"，轰动元廷。使团成员中意大利佛罗伦萨人、圣方济各会会士、约翰·马黎诺里回国后亦曾撰游记《波希米亚史》，为元际至中国且留有记录之最后欧洲传教士。

又按：朱德润作《异域说笺注》叙述马黎诺里来华事迹，其文载："至正丁亥冬，寓京口乾元宫之宝俭斋，适毗陵监郡岳忽难、平阳同知散笁台偕来访。自言在延祐间忝宿卫近侍时，有佛月（当作"朗"）国使来朝，备言其域当日没之处，土地甚广，有七十二酋长。地有水银海，周围可四五十里。国人取之之法，先于近海十里掘坑井数十，然后使健夫骏马驰骤可逐飞鹰者，人马皆贴以金薄，迤逦行近海。日照金光晃曜，则水银滚沸，如潮而来，势若粘里（裹）。其人即回马疾驰，水银随后赶至，行稍迟缓，则人马俱为水银扑没。马既回速，于是水银之势渐远，力渐微，却复奔回，遇坑井，则水银流积其中，然后其国人旋取之。用香草同煎，皆花银也。其地又能捻毛为布，谓之"梭福"，用密昔丹叶染成沉绿，浣之不淡。其余毡罽锦叠，皆常产也。至正壬午间，献黑马，高九尺余，发尾垂地七尺，即其地所产。来使四年至乞失密，又四年至中州，过七度海，方抵京师焉。

岳监郡、笠同知既别去,仆书而记其说。是岁十一月十九日也。"(许全胜《沈曾植史地著作辑考》,中华书局2019年版,第302页)

**1345年,高丽文人李榖北幸上都,作《滦京纪行》组诗。**

按:至正五年(1345),李榖扈驾元顺帝北幸上都,作《滦京纪行》组诗,描绘大都至上都途中景物,其组诗题为《居庸关》《途中》《李陵台》《滦京二首》《棂殿大会》《滦京送别一首用闵及庵诗韵》《发滦京》《早行失道》等八首。

**1348年,高丽文人李穑入学大都国子监,此后十年间三次往返大都、高丽,作30余首纪行诗。**

按:李穑于至正八年(1348)被选入国子监来大都入学,十年回国省亲;十三年(1353)为参加会试再度来京,就便充任高丽使团书状官,次年考中殿试进士第二甲第二名,授应奉翰林文字兼国史院编修官,回本国候缺;十五年入朝礼任,仍兼充任使团书状官,一年后又辞归国,任征东行省儒学提举。三度来大都,往返所作纪行诗30余首,收在其《牧隐诗集》(《高丽名贤集》第三册)卷二、卷三。其作品有:《出凤城》《燕山歌》《通州早发》《早行》《官柳吟》《午凉》《渔阳县》《天宝歌过蓟门有感而作》《玉田途中》《马上逢乡人王桂进士》《望道者山》《晚宿榆林关》《贞观吟榆林关作》《过盐场》《南新店》《午晴》《瑞州》《晓发海滨》《晨行望海》《板桥》《海州》《过石壁寨二首》《村家》《西江》《渡鸭绿江》《自京师东归途中作》《山驿吟》《北京》《途中》《辽阳路》《开州站》《婆娑府》《良册驿》等。

又按:上引李穑诗中所说的"官路"就是元朝所设的驿道。根据李穑诗,他从大都出发,东行两千多里,回到朝鲜半岛。从大都到永平这一段,他走的是元朝驿路。从永平开始,脱离开驿路,沿海而行。过"板桥江"以后,又转向东南,经三岔河到海州。然后,再从海州东北行,翻越东八站和分水岭,最后过鸭绿江。根据《析津志》中"天下站名"所记驿站,大略可以整理出通往朝鲜半岛的路线如下:大都(东40里)—通州(60里)—夏店(120里)—蓟州。然后从蓟州分两路到北京大宁,即大明城。第一条路:蓟州(东北80里)—遵化(90里)—滦阳(60里)—富民(120里)—宽河(100里)—神山

（100里）—富峪—大宁。这条路是辽金时期从南京（北京）通往中京（大宁）的故道，即从今蓟县出发，途经遵化、滦河、喜峰口、宽城、平泉、富峪，到大明城。第二条路：蓟州（东60里）—玉田（80里）—丰润（80里）—永平（北50里）—建昌（40里）—上滦（80里）—大姑（90里）—新店（70里）—木思（60里）—甜水（60里）—家店（70里）—城子（80里）—大部落—大宁。这条路从今蓟县出发，途经玉田、丰润、滦河、凌源、建平，到大明城。再从北京大宁出发，东行（100里）—岔道（110里）—西部落（75里）—桥子站（东南70里）—鹿窖（120里）—柳树部落（120里）—驿安（南120里）—懿州熊山（110里）—驿昌（100里）—崖头（东120里）—彰义（60里）—沈州（南120里）—东京（东南60里）—头馆（60里）—甜水（65里）—连山（65里）—龙凤（70里）—斜烈（70里）—开州（70里）—阳站（40里）—驿昌站—谊州。这条路是从大宁出发，途经建平、朝阳、北票、阜新、沈阳、辽阳，到达鸭绿江左岸的义州。（张士尊《元末明初中朝交通路线考》，《鞍山师范学院学报》2008年第5期）

**1349年，汪大渊《岛夷志略》完成。**

按：《岛夷志略》又名《岛夷志》，全书所载，有99个国家和地方，提及地名达220个，远胜此前周去非《岭外代答》、赵汝适《诸蕃志》及此后马欢《瀛涯胜览》、黄信《星槎胜览》诸书。汪大渊作后序曰："皇元混一声教，无远弗届，区宇之广，旷古所未闻。海外岛夷无虑数千国，莫不执玉贡琛，以修民职；梯山航海，以通互市。中国之往复商贩于殊庭异域之中者，如东西州焉。大渊少年尝附舶以浮于海，所过之地，窃尝赋诗以记其山川、土俗、风景、物产之诡异，与夫可怪可愕可鄙可笑之事，皆身所游览，耳目所亲见，传说之事，则不载焉。至正己丑冬，大渊过泉南，适监郡偰侯命三山吴鉴明之续《清源郡志》，顾以清源舶司所在，诸番辐辏之所，宜记录不鄙，谓余方知外事，属《岛夷志》附于郡志之后，非徒以广士大夫之异闻，盖以表国朝威德如是之大且远也。"（苏继庼校释《岛夷志略校释》，中华书局1981年版，第385页）

又按：马欢《瀛涯胜览序》："余昔观《岛夷志》，载天时气候之别，地理人物之异，慨然叹曰：普天下何若是之不同耶！永乐十一年癸巳，太宗文皇帝敕命正使太监郑和，统领宝船往西洋诸番开读赏赐。余以通译番书，悉被使末。随其所至，鲸波浩渺，不知其几千万里。历涉诸邦，其天时、气候、地理、人物，目击而身履之，然后知《岛夷志》所著者不诬。"（苏继庼校释《岛夷志略校释》，中华书局1981年版，第387页）

**1352年，周伯琦作《扈从集前序》。**

按："扈从前集"是周伯琦扈从元顺帝前往上都经历的诗文集，由大都前往上都的路线有三条，而周伯琦作为顺帝信从的南人官员，第一次跟随顺帝由黑谷辇路到达上都，经历尤其令人稀罕。在周伯琦的序言中，详细交代了扈从时间、历程、行走路线、行止驿站以及道途所见风景、风俗、气候等，是后代研究上都路线及上都风土人情的重要文献。四库馆臣说：《扈从诗》是周伯琦"至正十二年壬辰由翰林直学士、兵部侍郎拜监察御史扈从上京之作也"。而"读其诗者，想见一时遇合之盛，而朝廷掌故、边塞风土纪载详明，尤足以资考证焉"。

又按：周伯琦《扈从集前序》曰："至正十二年，岁次壬辰，四月，予由翰林直学士、兵部侍郎拜监察御史。视事之第三日，实四月二十六日，大驾北巡上京，例当扈从。是日启行，至大口，留信宿。历皇后店、皂角，至龙虎台，皆巴纳也。国语曰巴纳者，犹汉言宿顿所也。龙虎台在昌平县境又名新店，距京师仅百里。五月一日，过居庸关而北，遂自东路至瓮山。明日至鸡坊，在缙山县之东。缙山，轩辕缙云氏山，山下地沃衍宜粟，粒甚大，岁供内膳。今名龙庆州者，仁庙降诞其地故也。州前有涧，名芗水，风物可爱。又明日入黑谷，过色珍岭，其山高峻，曲折而上凡十八盘而即平地。遂历龙门及黑石头，过黄土岭，至程子头。又过穆尔岭，至颉家营，历拜达勒，至沙岭。自车坊、黑谷至此，凡三百一十里，皆山路崎岖，两岸悬崖峭壁，深林复谷，中则乱石荦确，涧水合流，淙淙终日。关有桥，浅处马涉颇艰。人烟并村坞僻处，二三十家，各成聚落，种蓻自养。山路将尽，两山尤奇，耸高出云表，如洞门然。林木茂郁，多巨材。近沙岭则土山连亘，堆阜连络，惟青草而已。地皆白沙，深没马足，故岭以是名。过此则朔漠，平川如掌，天气陡凉，风物大不同矣。遂历哈扎尔至什巴尔台，其地多泥淖，以国语名，又名牛群头。其地有驿，有邮亭，有巡检司，阛阓甚盛，居者三千余家。驿路至此相合而北，皆刍牧之地，无树木，遍生地椒、野茴香、葱、韭，芳气袭人。草多异花五色，有名金莲者，绝似荷花，而黄尤异。至察罕诺尔，云然者，犹汉言白海也。其地有水泺，汪洋而深不可测，下有灵物，气皆白雾。其地有行在宫，曰亨嘉殿，阙廷如上京而杀焉。置云需总管府，秩三品，以掌之。沙井水甚甘洁，酿酒以供上用。居人可二百余家。又作土屋养鹰，名鹰房，云需府宫多鹰人也。驻跸于是，秋必猎校焉。此去巴纳曰郑谷店，曰明安驿泥河儿，曰李陵台驿双庙儿，遂至桓州，曰六十里店，桓州即乌九地也。前至南坡店，去上京止一舍耳。以是月十九日抵上京，历巴纳凡十有八，为里七百五十有奇，为日二十四。大抵两都相望，不满千里，往来者有四道焉：曰驿路，曰东路二，曰西路。东路二者，一由黑谷，一由古北口路东道御史按行处也。予往年职馆阁，虽屡分署上京，但由驿路而已，黑谷辇路未之前行也。因忝法曹，肃清毂下，遂得乘驿，行所未行，见所未见，每岁扈从，皆国族、大臣，及环卫有执事者。若文臣，仕至白首，或终身不能至其地也，实为旷遇。所至赋诗，以纪风物，得二十四首。惜笔力拙弱，不能尽述也。虽然，观此亦大略可知矣。鄱阳周伯琦自叙。"（《全元文》第44册，第530—532页）

又按：《扈从集后序》曰："车驾既幸上都，以是年六月十四日大宴宗亲、世臣、环卫官于西内楑殿，凡三日。七月九日，望祭园陵。竣事，属车辕皆南向，彝典也。遂以二十二日发上都而南。是日，宿六十里店巴纳。明日，过桓州，至李陵台驿双庙儿。又明日，至明安驿泥河儿。翼旦，至察汗诺尔，由此转西，至辉图诺尔，犹汉言后海也。曰平陀儿，曰石顶河儿，土人名为鸳鸯泺。其地南北皆水泺，势如湖海，水禽集育其中。以其两水，故名曰鸳鸯。或云水禽惟鸳鸯最多。国语名其地曰哲呼哈喇巴纳，犹汉言远望则黑也。两水之间，壤土隆阜，广袤百余里。居者三百余家，区脱相比，诸部与汉人杂处，颇类市井，因商而致富者甚多，有市酒家赀至巨万而连姻贵戚者，地气厚完可见也。俗亦饲牛力穑，粟麦不外求而赡。凡一饲五牛，名曰一日，耕地五六顷，收粟可二百斛。问其农事多少，则曰牛几具。察汗诺尔至此百余里，皆云需府境也。界是而西，则属兴和路矣。巴纳曰苦水河儿，曰回回柴，国语名和尔图，汉言有水冹也，隶属州保昌。曰呼察图，犹汉言有山羊处也。地饶水草，野兔最多，鹰人善捕，岁资为食。又西二十里，则兴和路者，世皇所创置也。岁北巡，东出西还，故置有司为供亿之所。城郭周完，阛阓丛伙，可三千家。市中佛阁颇雄伟，盖河东宪司所按部也。西抵太原千余里，郡多太原人。郊圻地陂陀窊隰，便种菽。路置二监一守，余同他上郡。东界则宣德府境，上都属郡也。府之西南名新城，武宗筑行宫其地，故又名曰中都。栋宇今多颓圮，盖大驾久不临矣。由兴和行三十里，过野狐岭，岭上为巴纳，地甚高，风寒凛栗不可留。山石荦确，中央深涧，夏秋多水。东南盘折而下平地，则天气即暄，至此无不减衣者。前至得胜口，宣德宣平县境也。地宜树木，园林连属，宛然燕南。有御花园，杂植诸果，中置行宫。果有名平坡者，似来禽而大，红如朱砂，甘酸。又有名呼喇巴者，比平坡又大，味甘松。相传种自西域来，故又名之曰回回果，皆殊品也。得胜口南至宣平县十四里，小邑也。去邑三十里，有山出玛瑙石，可器。至沙岭，沙深，车马涉者甚艰。又五十里至顺宁府，本宣德府也，往年因地震改今名。原地沃衍，多农民，植宜蓝淀草，颇有业染者，亦善地也。南过鄂勒岭，路多乱石，下临深涧，险阻可畏。涧黄流浩汗，东南数百里，穿居庸关，流至京城南卢沟，合众水，埶甚大，名为浑河。每岁都水监专其事，否则为患不小。岭路参互四十里，至鸡鸣山，迭嶂排空，绵亘二十余里。有小寺在山巅，旁有榷木，泉所经也，望之如在半天边，山隘迫尤甚。又南二十里乃平地，曰雷家驿。之西北十里，巴纳曰丰乐。丰乐二十里，阻车巴纳。又二十里，至统幕，则与中路驿程相合，而南历狼居西山，至怀来县。县，唐所置也，山水环抱流注，市有长桥，水名妫川，郡有碑可考。县南二里，巴纳也，凡官署留京师者，皆盛具牲酒果核，于此候迎大驾，仍张大宴，庆北还也。南则榆林驿，即汉史《卫青传》所谓榆溪旧塞者。自怀来行五十五里，至妫头。又十里，至居庸关。关南至昌平龙虎台，又南则皇后店、皂角、大口焉。遂以八月十三日至京师。凡历巴纳二十有四，为里一千九十又五，此辇路西还之所经也。北自上都至白海，南自居庸至大口，已见前序，故得而略，独详其所未经者耳。国制，凡官署之幕职掾曹当扈从者，东西出还，甲乙番次，多不能兼，惟监察御史扈从，与国人、世臣、环卫者同，东西之行，得兼历而悉览焉。昔司马迁游齐、鲁、吴、越、梁、楚之间，周遍山川，遂奋发于文章，焜耀后世。今予所历，又在上谷、渔阳、重关大漠之北千余里，皆古时骑置之所不至，辙迹之罕及者。非我元统一之大，治平之久，则吾党逢掖章甫之流，安得传招建节，拥侍乘舆，优游上下于其间哉！既赋五言古诗十，首以纪其实，复为后序以着其概，不惟使观者得以扩闻见，抑以志吾生之多幸也欤！鄱阳周伯琦述。"（《全元文》第44册，第532—534页）

**1354年，李穑东归高丽，有组诗纪行。**

按：李穑此次东归与至正十一年（1351）东归心情截然不同，彼时为奔丧，此时则为衣锦还乡。（张士尊《元末明初中朝交通路线考》，《鞍山师范学院学报》2008年第5期）

**1357年，《伊本·白图泰游记》完成。**

按：《伊本·白图泰游记》由伊本·白图泰口述，伊本·朱甾笔录完成，游记详细记述了北非、中亚、南亚、东亚诸国的风土人情，其中还包含对中国民俗和景象的记载。伊本·白图泰是虔诚的伊斯兰教徒，在22岁时决定去麦加朝圣，此后，他用28年时间进行了四次大的旅行：第一次：北非西亚天方行；第二次远东中国行；第三次安达卢西亚行；第四次非洲之行，行程总计约12万公里，涉及当时的30多个国家和地区，相当于今天的44个国家。1342年伊本·白图泰受德里苏丹的派遣，出使中国，于1346年4月到达泉州，1347年1月再从泉州离开，在中国停留了9个多月。游记记述了中国各地的山川河海、地形地貌、林木物产、动物植物以及社会制度、交通设施、民居特色、风俗习惯、城市建筑、宗教信仰等，为人们呈现了一幅生动的中国元朝画面。

**1357 年,《曼德维尔游记》问世。**

按：作者约翰·曼德维尔自称于 1356 年从欧洲出发赴中亚及中国西部旅行,经过希腊、塞浦路斯、推罗、埃及、巴比伦、麦加、耶路撒冷、亚历山大港、迩勒底、波斯、印度、占婆、靴靼地区、蛮子地区、契丹、库曼、突厥斯坦、约翰长老国等地区,见识各种圣迹、奇风异俗并对每个地区都有详细记载。学界认为《曼德维尔游记》是在马可·波罗、鄂多立克等人的游记基础上创作的,游行归来的 1357 年也很有可能是编造的时间。《曼德维尔游记》是欧洲中世纪一部极富想象力的散文体虚构游记。作为游记文学,它展现给基督徒们以许多陌生世界的生动图画；作为地理资料,它使欧洲的探险者坚信环球旅行的可能性和必要性,与《马可·波罗行纪》一起首次真正激发了欧洲人对东方中国持久而浓厚的兴趣。对于中世纪的欧洲来说,是一部了解遥远东方中国的经典之作。

**1363 年,迺贤作《河朔访古记》。**

按：《河朔访古记》是元代记录和考订古代遗迹、碑刻的著作。元顺帝至正五年（1345）,作者从浙江出发,渡过淮河,在黄河流域和北方各地寻访古迹。历尽齐、鲁、陈、蔡、晋、魏、燕、赵的古遗址。凭吊山川人物,搜集文献故事,考订金宋疆场,尤其注重对古代城郭、宫苑、寺观、陵墓等遗迹的考察,搜求古刻名碑,并结合实地调查,寻访故老旧家的流风遗俗,核验图籍地志等文献,加以考订,终于在至正二十三年（1363）编就《河朔访古记》一书。

又按：刘仁本《河朔访古记序》载："今翰林国史院编修官果啰罗氏纳新易之,自其先世徙居鄞越,则既为南方之学者矣。而其远游壮志常落落于怀,将以驰骋也。乃至正五年,挈行李出浙度淮,溯大河而济,历齐鲁、陈蔡、晋魏、燕赵之墟,吊古山川城郭、丘陵宫室、王霸人物、衣冠文献、陈迹故事,暨近代金宋战争疆场更变者,或得于图经地志,或闻诸故老旧家,流风遗俗,一皆考订,夜还旅邸,笔之于书。又以其感触兴怀,慷慨激烈,成诗歌者继之,总而名曰《河朔访古记》,凡一十六卷。其博雅哉！征序于缙绅先生,若许安阳、黄金华、危临川、余武威诸公者论说尽矣,复以示余。余南产也,于河朔古今巨迹曾未之见，间有所闻，而又未为之得，不敢妄有指摘。然独爱其书于京都国家之典礼，宫署城池，庙庭祭享，朝班卤簿，圣德臣功，文武士庶，一代威仪制作，尤加详备，非惟后日可应史氏采撷，将百世损益，殆有所据焉。於戏！吾谂其游览之时，及归之日，黄河南北已有贾鲁畚锸之扰，而民俗稍为骚动矣。然其所载，则皆追述盛时之事，不以少变而废也。昔太史公周游天下，历览名山大川，绸金匮石室之藏，故其文章雄深奇伟。今观易之之作，庶几有焉。其应馆阁之召而为史官也，不亦宜乎？至正二十有三禩，昭阳单阏之岁，蕤宾节日，奉直大夫、温州路总管管内劝农防御事天台刘仁本序。"（《全元文》第60册，第293页）

又按：王祎《河朔访古记序》载："《河朔访古记》二卷，合鲁君易之所纂，予为之序曰：合鲁实葛逻禄，本西域名国，而易之之先由南阳迁浙东已三世。易之少力学，工为文辞。既壮，肆志远游，乃绝淮入颍，经陈、蔡以抵南阳，由南阳浮临汝，而西至于雒阳。由雒阳过龙门，还许昌，而至于大梁。历郑、卫、赵、魏、中山之郊，而北达于幽、燕。于是大河南北，古今帝王之都邑，足迹几徧。凡河山城郭，宫室塔庙，陵墓残碣，断碑故基，遗迹所至，必低回访问，或按诸图牒，或讯诸父老，考其盛衰兴废之故，而见之于纪载。至于抚时触物，悲喜感慨之意，则一皆形之于咏歌。既乃裒其所纪载，及咏歌之什，以成此书。夫古之言地理者，有图必有志，图以著山川形势所在，而志则以验言语土俗，博古久远之事。古之言《诗》者，有雅颂，复有风。雅颂以道政事，美盛德，而风则以验风俗政治之得失。故成周之制，职方氏既掌天下之图，而邦国四方之志，则小史、外史实领之。太师既掌六诗，而列国之风则观风之使实采之。所以然者，盖志之所见，王道存焉；风之所形，王化系焉。故设以官守，达诸朝廷，所以考一代之政教，岂徒取为虚文也哉。然则易之此书，其所纪载犹古之志，其所咏歌，犹古之风欤？惜乎今日小史、外史之职阙，而观风之使不行，此书不得达于朝廷之上，以备纂录，广而传之，徒以资学士大夫之泛览而已。抑予闻之，古之志，领之固有其职，古之风，采之固有其官，而其为之者，类皆博闻多识、怀道秉德之士，故曰：'诵其诗，读其书，不知其人，可乎？'然则学士大夫观乎此书，其亦可以知吾易之之为人矣。易之名廼贤，其北游岁月，具见篇中，兹不著。"（《全元文》第55册，第274—275页）

**1364年，安轴《谨斋集》刊行。**

按：安轴（1283—1348），字当之，号谨斋，高丽福州兴宁人。《谨斋集》为安轴诗文集，全书共四卷。该集卷一为"序""诗""记""跋"，颇叙安轴往来元朝事迹。"序"有李齐贤作"谨斋先生集序"。尤其是"诗"，收录多首安轴往来元朝的纪行作品如《天历三年五月受江陵道存抚使之命是月三十日发松京宿白岭驿夜半雨作有怀》《过铁岭》《六月三日入铁岭关望和州作》《次和州本营诗韵》《次襄州公馆诗韵》《次安昌驿亭许正言诗韵》《次兴富驿亭诗韵》以及一组至顺元年自和州赴京师沿途所作纪行诗，记载沿途所经驿站的情况《至顺元年十月始八日承王命赴京发和州马上偶作》《是日过孤山驿》《是日过铁岭》《宿银溪驿》《九日过多林驿》《过松涧驿》《十日宿林丹驿》《过枫林驿》《宿龙潭驿》《十一日过王溪驿》《过澄波渡》《宿白岭驿》《过桃源驿》《除夜》《元日》《次通州客舍诗韵》《海棠》《题灌木驿亭》《永郎浦泛舟》《游云岩县亭》《次韵寄题张秀才幽居》《五月二十五日自和州南行中途遇雨马上有作》《是日阻雨留宿歙谷》《次歙谷客馆诗韵阻雨留通州雨晴向高城有作赠太守》《是日马上即事》《瓮迁路》《次高城客馆诗韵》《三日浦诗 并序》《又次三日浦诗韵》《二十九日马上即事》《次韵杆城客馆诗》。"记"有"镜浦新亭记""襄阳新学记""翠云亭记""临瀛公馆墨竹屏记"等四篇。"跋"有崔瀣作"关东录后题"及郑良生至正二十四年作谨慎斋集跋。（参见黄纯艳《高丽史史籍概要》，甘肃人民出版社2007年版，第123页，张欣整理安轴《谨斋集》）

**1366年，李至刚完成《耽罗志略》。**

按：耽罗是朝鲜半岛南部海域之济州岛的古称，它隔济州海峡与朝鲜半岛相望，距朝鲜半岛最南端约85公里，东面与日本的对马岛及长崎县隔海相对，西面与中国的上海隔海相离，此岛"幅员四百余里"，是韩国最大的岛屿，"北枕巨海，南对崇岳"。山川秀美，号称

· 529 ·

形胜,且盛产柑橘和马匹,所谓"家家桔柚,处处骅骝"。是今天韩国济州特别自治道的所在地。至正二十五年(1365)李至刚作为枢密院掾曹跟随特穆尔布哈前往耽罗,次年回京后,将出使所见山川地势、民风土产记录成文,题为《耽罗志略》,共三卷。贝琼有序。

又按:贝琼《耽罗志略序》载:"耽罗距中国万里,而不载于史,盖以荒远略之也。至正二十五年,枢密院掾曹永嘉、李至刚从副使特穆尔布哈公往守其地,明年奉诏还京师。至刚以疾不得俱,乃留松江,因记所历山川形势、民风土产,编而成集,厘为三卷,题曰《耽罗志略》。将锓梓,铁崖杨公既为叙其端矣,复求余说。余伏而读之,因抚卷叹曰:'炎汉之兴,张骞以郎应募出陇西,留匈奴中十年,后亡至大宛,为发导驿,抵康居,传月氏,从月氏至大夏,竟不得其要领。岁余归汉,为天子言之,未能有如耽罗之为详也。司马相如之通西南夷,至用兵而克之,邛筰冉駹斯榆之君,虽请内属,而长老且言其不为用者。由是观之,国朝受命百年,四方万国,咸在天光日华之下,虽遐陬僻壤,穷山绝岛,亦不得而外焉。故至刚得与大臣涉海万里而镇抚其民,未始顿一兵、遗一镞,为国家病,则视历代之盛,实有过之者。而是编尤足补纪录之缺,使列之舆地,中国之士,不待身经目识,而已悉海内之境,若过鸭绿窥扶桑也。于是乎书。"(《全元文》第44册,第286页)

**1370年,刘佶作《北巡私记》。**

按:《北巡私记》是刘佶所撰日记体史书。作为当事人,刘佶详载明军破大都后顺帝一行的北奔,及此后大约17个月间蒙古朝廷内外诸多史事,其中包括顺帝北逃路线、朝中官员关于南下收复大都与北幸和林之议、地方诸将与北元中央的关系、北元朝廷与高丽的关系,等等。

**元末,熊梦祥作《析津志》。**

按:析津,本古冀州之地。五代时后晋高祖石敬瑭,认为辽对他有援立之劳,于是割山前、代北等燕云十六州给契丹人,遂成辽之属地。辽太宗时将此地升为南京,又称燕京。至辽圣宗耶律隆绪开泰元年(1012),取古人以星位划分地域的办法,以燕分野旅寅,为析木之津，故又改称南京为析津府。析津府是辽开泰元年至金贞元元年对北京地区的称呼，熊梦祥以此为名为北京纂志。原书于元末成书。《析津志》，又名《析津志典》《燕京志》，是现存最早的私家编写、忠实记述北京史地的一部专门地方地理志书。《析津志》记叙内容不限于辽代，包括金代，而以元代最多，搜集、整理和保存了大都的重要史料。

**元末，周致中作《异域志》。**

按：《异域志》原名《赢虫录》，"赢虫"最初的意思是指身上没有羽毛鳞甲的动物。《异域志》中著录了210个国家和民族，编成157条。《赢虫录》记录了作者亲身见闻的人物、民族以及国家，除了记载我国古代边疆一些少数民族外，所记东起朝鲜、日本，西抵西亚、非洲，南至东南亚、南亚诸国，地域之广为明以前地理书所稀见。书中内容涉及物产、风俗、建筑、宗教、交通贸易、政治制度等多个方面。《异域志》分上下卷，上卷叙述扶桑国、朝鲜国、日本国、木兰皮国、黑契丹、大罗国、回鹘、土蕃、于阗国、龟兹国、焉耆国、斯伽里野国、暹罗国、真腊国、天竺国等八十二国。卷下叙述撒母耳干、眉路骨国（或说即君士坦丁堡或罗马都城，或说即巴尔赫）、勿斯里国、顿逊国、白达国、吉慈尼国、单马令国、佛罗安国、三佛齐国、大食国、大秦国、波斯国、宾童龙国、赤土国、女人国、阿丹、乌孙国、弥舍国、黑间国等一百二十三国。（陆峻岭校注《异域志》，中华书局2000年版，"前言"第1页）

又按：《四库全书总目提要》载："异域志一卷，浙江范懋柱家天一阁藏本。不著撰人名氏。篇首胡惟庸序曰："《赢虫录》者，予自吴元年丁未出镇江陵，有处士周致中者，前元之知院也，持是录献于军门。"则此书初名《赢虫录》，为周致中所作。又开济跋曰："是书吾兄得之青宫，乃国初之故物，今吾兄重编，更其名曰《异域志》。"则此书名《异域志》乃开济之兄所更定。然考明太祖于元至正二十四年甲辰建国号曰吴，丁未当称吴三年，不得称元年。又济跋题壬午长至，为惠帝建文四年，其时济被诛已久，不应作跋，疑皆出于依托也。其书中杂论诸国风俗物产土地，语甚简略，颇与金铣所刻《异域图志》

相似，无足采录。"(《四库全书总目提要》卷七八史部地理类存目七，见陆峻岭校注《异域志》，中华书局2000年版，第71页)

又按："《异域志》一册，写本。右元知院周致中撰。致中奉使外番者六，熟知四夷人物风俗，因作此。原名《嬴虫录》，其书明初始流传，后有重编之者，改题今名，见静明子序。"(《浙江采集遗书总录》戌集，见陆峻岭校注《异域志》，中华书局2000年版，第72页)

**元末，佚名作《辽东志略》。**

按：《辽东志略》不署撰者名氏。乃记载辽东历史地理、民族分布、变迁的专书，陶宗仪《说郛》第六十二局中收有此书。"《辽东志略》虽主要为摘抄而成，如若作为现存东北最早的志书，尤其是元代保存下来的唯一的东北志书，是有很高价值的。"[孙文良、李向军《〈辽东志略〉校理》，《辽宁大学学报》(哲学社会科学版)1986年第5期]

**元末，张昱作《辇下曲》百首。**

按：张昱《辇下曲序》云："昱备员宣政院判官，以僧省事简，搜索旧文稿于囊中。曩在京师时，有所闻见辄赋诗，有《宫中词》《塞上谣》共若干首，合而目曰《辇下曲》。其据事直书，辞句鄙近，虽不足以上继风雅，然一代之典礼存焉。"(杨镰主编《全元诗》第44册，中华书局2013年版，第48页)

**元末明初，杨允孚作《滦京杂咏》百首。**

按：杨允孚，元顺帝时曾为上都尝食供奉之官，有《滦京杂咏》传于世。《四库全书总目提要》云："《滦京杂咏》一卷、浙江鲍士恭家藏本、元杨允孚撰。允孚字和吉、吉水人。其始末未详。惟集后罗大已跋称、杨君以布衣幨被、岁走万里、穷西北之胜。凡山川物产典章风俗、无不以咏歌记之。则允孚似未登仕版者。然第四十九首注称、每汤羊一膳具数十六、餐余必赐左右大臣、日以为常、予尝职赐、故悉其详云云。则亦顺帝时尚食供奉之官、非游士矣。又末数首中、一则曰宫监何年百念消、冠簪惊见鬓萧萧、挑灯细说前朝事、客子朱颜一夕凋。一则曰强欲浇愁酒一卮、解鞍闲看古祠碑、居庸千载兴亡事、惟有中天月色知。一则曰试将往事记从头、老鬓征衫总是愁、天上人闲今又昔、滦河珍重水长流。则是集盖作于入明之后。故罗大已序有兵燹所过、莽为邱墟、回视曩游、慨然永叹语也。其诗凡一百八首。题曰百咏、盖举成数。其曰滦京者、以滦河径上都城南，故元时亦有此称。诗中所记元一代避暑行幸之典、多史所未详。其诗下自注、亦皆赅悉。盖其体本王建宫词、而故宫禾黍之感、则与孟元老之《东京梦华录》、吴自牧之《梦粱录》、周密之《武林旧事》同一用意矣。"(《四库全书总目》卷一六八，中华书局1965年版，第1458页)

又按：罗大已《滦京杂咏跋》：世所贵于能言者，非以其能自为言也，穹壤之大，古今之异，生物之情态，殆万变而无穷，能者言之，如水之监物，烛之取影，如传神写照，短长肥瘦，老壮勇怯，其神情意度，邪正丑好，或得之一览之间，或索诸冥搜之表，要各有以极其趣而后已焉。夫岂有穷乎哉？百年以来，海宇混一，往所谓勒燕然封狼居胥，以为旷世希有之遇者，单车掉臂，若在庭户。其疆宇所至，尽日之所出，与日之所没，可谓盛哉。杨君以布衣从当世贤士大夫游，褦被出门，岁走万里，耳目所及，穷西北之胜。其江山人物之形状，殊产异俗之瑰怪，朝廷礼乐之伟丽，与凡奇节诡行之可警世厉俗者，尤喜以咏歌记之，使人诵之，虽不出井里，恍然不自知其道齐鲁、历燕赵，以出于阴山之阴、蹛林之北，身履而目击，真予所谓能言者乎？予索居乡间，闻见甚狭，间独窃爱中台马公祖常、奎章虞公集、翰林柳公贯，时能以雄辞妙笔，写其一二。今得杨君是集，又为增益所未见。俯仰今昔，又一时矣。君其尚有可言者乎？而君固已杜门裹足，归老故山，方日与田夫野叟相尔汝，求以自狎。兵燹所过，莽为丘墟，回视曩游，跬步千里，吾知君颓檐败壁之下，涤瓦榼、倒邻酿，取旧编与知己者，时一讽咏，未必不为之慨然以永叹，悠然而遐思。岁在玄黓，困敦里诸生罗大已敬书于其集之末云。(《边疆史地文献初编》第1辑第1册，中央编译出版社2011年版，第395页)

又按：郭钰《题杨和吉滦京诗集》：钰也不识滦京路，送君几向滦京去。滦京才俊纷往来，好景惟君独能赋。太平自是多佳句，况逢虞揭论心素。金鱼换酒谪仙狂，彩舟弹瑟湘灵助。岂知归去烟尘惊，山中闭门华发生。云气蓬莱心未已，梦中犹在东华行。贞元朝士几人

在，少年诗史千载名。西云亭上何日到，为君舞剑歌滦京。(《全元诗》第57册，第525页)

又按：罗璟志云：《滦京杂咏》百首，元杨允孚所赋。读之，当时，事宛然如见，亦可谓善赋者矣。杨文贞家有录本，璟尝借录于表叔司务公，录时草草，此本则舍弟璋为予重录者。允孚字和吉，出吉水湿塘，盖文贞公故族云。成化十三年丁酉春三月望，罗璟志(《边疆史地文献初编》第1辑第1册，中央编译出版社2011年版，第396页)。

**元末明初，殷奎作《关外纪行》四十韵。**

按：殷奎(1331—1376)，字孝章，一字孝伯，明代吕巷人。"一下东吴船，久留中立县。故人致殷勤，行役成迁延。忽惊月破腊，况喜雪见晛。游壮乏厚装，期愆畏多谴。俛俛渡长淮，迤逦违近甸。云来芒砀青，树带隋堤茜。睢水觅忠魂，梁园吊文彦。饮马石涧冰，射兔沙田霰。嶔岩陵交嶒，潒荡渠饯泫。虎牢郑险失，龙门禹功夐。太行西北来，少室东南见。幽寻互明灭，奇观争绕旋。缘河剧凌兢，仰关增畏懦。窍一浑沌凿，场百髑髅战。形势启舆图，踪迹征史传。翻思所跋涉，抚己犹掉颤。垢面色霉黧，皲手肤卷脔。足茧黶迷胼，须冰白张片。露食觇虚锅，风衣结断线。腻衾烘虱蚁，血弗贯獐豜。夜户伐棘遮，寒毡抱蒿荐。浴坎惭伧偋，卧炕哂蛮僻。涉患情靡欢，怀安意徒恋。亲知为留连，伴侣相挽牵。历历堠迎涂，亭亭邮带传。蹭蹬苦厄塞，轩豁慊平衍。巫心或先驱，涩步仍后殿。喋口吹弃灰，困身踞停转。劳矜南士乍，饥阻西值荐。敢谓生不辰，所嗟命非戬。鸣呼穹壤大，局蹐尘埃贱。儿嬉忘归荣，亲省借梦便。策竹当仆僮，枕书侪属眷。胡为支离公，何等文学掾。不饫群马刍，希餐孤凤楝。利器匪青蘋，良材虚赤箭。区区徒自珍，落落竟谁唁。题诗哦暗灯，把笔呵冻砚。纪行已稠迭，撮实聊贯穿。传观代戏剧，归用诧闻见。"(杨镰主编《全元诗》第64册，第80页)

# 参考文献

［苏联］C. B. 谢吉列夫：《古代蒙古城市》，商务印书馆2016年版。

Jan Bemmann, *Susanne Reichert*: *Karakorum, The First Capital of the Mongol World Empire: An Imperial City in a Non-urban Society*, Asian Archaeology, 2020.

Shirin, A., *Khanmohamadi*: *In Light of Another's Word: European Ethnography in the Middle Ages*, Philadelphia, University of Pennsylvania Press, 2014.

艾周昌、沐涛：《中非关系史》，华东师范大学出版社1996年版。

《安南志原》，法国远东学院订刊，河内西历1931年发行。

傲日格勒：《蒙元时期汗位继承问题研究》，博士学位论文，内蒙古大学，2017年。

白承锡：《高丽大儒李穑及其辞赋学之成就》，《古典文学知识》2013年第6期。

白寿彝总主编，陈得芝主编：《中国通史 13 第8卷 中古时期 元时期 上》，上海人民出版社2015年版。

［意］柏朗嘉宾、［法］鲁布鲁克：《柏朗嘉宾蒙古行纪 鲁布鲁克东行纪》，耿昇、何高济译，中华书局1985年版。

鲍志成：《马可·波罗眼中的杭州》，《文化交流》2007年第3期。

鲍志成：《马可·波罗与杭州天城》，香港新风出版社2000年版。

鲍志成：《沙舟集》，西泠印社2006年版。

［法］贝凯、韩百诗译注：《柏朗嘉宾蒙古行记》，耿昇译，中华书局

1985年版。

[法]伯希和：《蒙古与教廷》，冯承钧译，中华书局2008年版。

蔡美彪：《试论马可·波罗在中国》，《中国社会科学》1992年第2期。

蔡乾：《思想史语境中的17、18世纪英国汉学研究》，博士学位论文，福建师范大学，2017年。

曹萌、金利杰：《郑和与马可·波罗的中国文化传播》，《吉林师范大学学报》（人文社会科学版）2016年第6期。

曹顺庆：《比较文学学》，四川大学出版社2005年版。

（元）常德口述，刘郁笔录，顾宏义、李文整理标校：《西使记》，《金元日记丛编》，上海书店出版社2013年版。

陈得芝：《刘郁〈（常德）西使记〉校注》，《中华文史论丛》2015年第1期。

陈得芝：《蒙元史研究丛稿》，人民出版社2005年版。

陈东亮：《〈岛夷志略〉的历史文化价值与作者汪大渊生平与交往略考》，《深圳职业技术学院学报》2019年第2期。

陈高华、史卫民：《元代大都上都研究》，中国人民大学出版社2010年版。

陈高华、史卫民：《元上都》，吉林教育出版社1988年版。

陈高华、史卫民：《中国政治制度通史》第八卷·元代，人民出版社1996年版。

陈高华、史卫民：《中国风俗通史·元代卷》，上海文艺出版社2011年版。

陈光照：《东西方两位大旅行家笔下的中国——徐霞客与马可·波罗游记之比较》，《徐霞客在浙江·续三——徐霞客与丽水旅游文化研讨会论文集》，中国大地出版社2005年版。

陈雷：《法国作家笔下的蒙古人形象研究》，硕士学位论文，内蒙古大学，2011年。

陈庆江：《元代云南通四川、湖广驿路的变迁》，《中国历史地理论丛》2003年第6期。

陈延杭：《〈马可·波罗游记〉中刺桐海船的探讨》，《海交史研究》

1992年第2期。

陈垣编纂：《道家金石略》，文物出版社1988年版。

（宋）陈造：《江湖长翁集》，明万历刻本。

陈正祥：《中国游记选注》，香港商务印书馆1979年版。

［越］陈重金：《越南通史》，戴可来译，商务印书馆2020年版。

（元）程钜夫著，张文澍校点：《程钜夫集》，吉林文史出版社2009年版。

程千帆、孙望选评：《日本汉诗选评》，东方出版中心2020年版。

程彤：《杭州凤凰寺波斯文阿拉伯文碑铭——兼谈元代穆斯林在杭州的足迹》，《上海文博论丛》2006年第1期。

楚汉：《伊本·白图泰的中国之行》，《文史杂志》1996年第3期。

［日］村冈伦：《从〈和林兵马刘公去思碑〉谈起——元代和林地区行政机构管窥》，宫海峰译，《江海学刊》2016年第3期。

党宝海：《马可·波罗眼中的中国》，中华书局2010年版。

［日］道端良秀：《日中佛教友好二千年史》，徐明译，商务印书馆1992年版。

［英］道森编：《出使蒙古记》，吕浦译，周良霄注，中国社会科学出版社1983年版。

邓文宽：《中国古代历日文化对柬埔寨的影响》，《中华文史论丛》2007年第2期。

丁谦：《长春真人西游记地理考证》，民国4年（1915）浙江图书馆校刊。

杜成辉：《〈西使记〉作者刘郁事迹考》，《北方文物》2009年第4期。

杜玉亭：《忽必烈与云南》，《云南社会科学》1982年第1期。

渡边索：《元朝时期中国日本的划时代交流》，《世界宗教文化》2013年第1期。

段立生：《关于〈真腊风土记〉的作者周达观》，《学术研究》1985年第1期。

段立生：《〈真腊风土记校注〉之补注》，《世界历史》2002年第2期。

［意］鄂多立克：《鄂多立克东游录》，何高济译，中华书局1981年版。

樊保良：《耶律楚材及其〈西游录〉杂议》，《新疆社会科学》1985 年第 6 期。

樊一泽：《雪村友梅〈岷峨集〉中的中国风景研究》，《名作欣赏》2021 年第 12 期。

樊运景、王旭：《试论金末元初文人的蒙古之行及创作》，《内蒙古大学学报》2014 年第 4 期。

范锐超、刘珊：《沧海遗珠：管窥李京及〈云南志略〉》，《黑龙江史志》2015 年第 1 期。

范维伟：《五山文学中的山茶诗与山茶画》，《日语学习与研究》2018 年第 5 期。

方国瑜：《李京〈云南志略〉概说》，《思想战线》1981 年第 1 期。

方国瑜、林超民：《〈马可·波罗行记〉云南史地丛考》，民族出版社 1994 年版。

方国瑜：《云南史料丛刊》，云南大学出版社 1998 年版。

方国瑜：《云南史料目录概说》，中华书局 1984 年版。

方铁：《唐宋元明清的治边方略与云南通道变迁》，《中国边疆史地研究》2009 年第 1 期。

方志远等点校：《大明一统志》，巴蜀书社 2017 年版。

冯承钧：《西域南海史地考证译丛》五编，商务印书馆 1995 年版。

［苏联］符拉基米尔佐夫：《蒙古社会制度史》，刘荣焌译，中国社会科学出版社 1980 年版。

（元）傅若金著，杨匡和校注：《傅与砺诗集校注》，云南大学出版社 2015 年版。

盖建民：《丘处机与〈长春真人西游记〉的地理学价值》，《昆嵛山与全真道——全真道与齐鲁文化国际学术研讨会论文集》，宗教文化出版社 2006 年版。

干红强：《中世纪西方对蒙古人认知的演变》，硕士学位论文，兰州大学，2020 年。

高贝：《雪村友梅汉诗与中国文化的关联——以〈岷峨集〉为中心》，《日语学习与研究》2017 年第 2 期。

高建新：《大野连山沙作堆，白沙平处见楼台——草原都城元上都》，《名作欣赏》2013年第7期。

高荣盛：《元代海外贸易研究》，四川人民出版社1998年版。

耿光华、段军：《从上京纪行诗观张垣地区独特的物候民风》，《河北北方学院学报》（社会科学版）2010年第4期。

耿昇：《方济各会士出使蒙元帝国，中法关系的肇始》，《西部蒙古论坛》2015年第1期。

耿昇：《中法早期关系史：柏朗嘉宾与鲁布鲁克出使蒙元帝国》，《北方民族大学学报》（哲学社会科学版）2014年第3期。

龚缨晏：《马可·波罗对杭州的记述》，《杭州大学学报》（哲学社会科学版）1998年第1期。

龚缨晏：《欧洲与杭州：相识之路》，杭州出版社2004年版。

辜承尧：《日本五山文学中的西湖题材作品考察》，硕士学位论文，浙江工商大学，2013年。

顾宏义：《金元方志考》，上海古籍出版社2012年版。

（清）顾嗣立：《元诗选》，中华书局1987年版。

郭成美：《浙江回族伊斯兰教碑刻概述》，《回族研究》2006年第3期。

郭建梅：《李白诗歌对高丽朝时期文学创作的影响——以"李奎报、李齐贤"诗词为中心》，硕士学位论文，延边大学，2013年。

郭小转：《多元文化背景中元代边塞诗的发展》，博士学位论文，中央民族大学，2012年。

国晖、张晓希：《中日古代流散汉诗及其特点——以唐诗及五山文学汉诗为例》，《东方丛刊》2010年第3期。

韩华：《蒙元时期传教士与中西交通》，《西南民族大学学报》（人文社会科学版）2010年第10期。

韩振书：《曲阳问匠》，北京燕山出版社2010年版。

何高济、陆峻岭：《元代回教人物牙老瓦赤和赛典赤》，《元史论丛》第二辑，中华书局1983年版。

何高济、陆峻岭：《域外集——元史、中外关系史论丛》，中华书局2013年版。

何永波:《高丽李齐贤与性理学的传播》,《理论界》2010年第6期。

何永波:《李齐贤汉诗创作研究》,博士学位论文,中央民族大学,2007年。

洪源编写:《赛典赤》,中华书局1962年版。

侯松:《〈真腊风土记〉两百年翻译传播及其世界性意义》,《中国翻译》2020年第6期。

胡树森:《朝鲜李齐贤和他的诗》,《河北大学学报》1985年第2期。

花志红:《李京"纪行诸诗"述略》,《文教资料》2016年第18期。

黄二宁:《〈安南即事〉:元代域外纪行的一首奇诗》,《古典文学知识》2020年第1期。

黄二宁:《论元代安南纪行诗的书写特征与诗史意义》,《南开学报》2016年第5期。

黄二宁:《蒙元前期丘处机的西域游历与行旅诗创作》,《中北大学学报》2019年第4期。

黄时鉴:《关于马可·波罗的三个年代问题》,《中外关系史学会·中外关系史论丛(第一辑)》,世界知识出版社1981年版。

黄郁晴:《山川何处异乾坤:入元日僧雪村友梅及其〈岷峨集〉析论》,《域外汉籍研究集刊》2014年第1期。

(晋)嵇含:《南方草木状》,中华书局1985年版。

纪流:《成吉思汗封赏长春真人之谜》,中国旅游出版社1988年版。

冀强:《赛里斯:一个称谓的文化史》,硕士学位论文,南京大学,2011年。

贾二强:《〈马可·波罗游记〉中的陕西地名及陕情记载》,《陕西师大学报》(哲学社会科学版)1986年第3期。

江静:《元代文人与来华日僧交往初探——以元人冯子振"与无隐元晦诗"为例》,《文献》2006年第3期。

江静:《日藏宋元禅林赠与日僧墨迹考》,《文献》2011年第3期。

江鑫:《关于中岩圆月〈东海一沤集〉之研究》,硕士学位论文,浙江工商大学,2013年。

姜剑云:《儒释相非久,谁知我独亲——略说高丽大儒李穑之亲佛》,

《兰州学刊》2015 年第 11 期。

蒋岱:《〈利玛窦中国札记〉与〈马可·波罗行记〉的跨文化想象的异同——两个意大利人的文本的中国形象的比较》,《东方丛刊》2006 年第 4 期。

金文京:《日本五山僧中岩圆月在元事迹考》,邵毅平编:《东亚汉诗文交流唱酬研究》,上海古籍出版社 2011 年版。

金贤珠、金瑛美:《李齐贤的中国纪行词考察》,第四届中国文学地理学年会 2014 年版。

[波斯] 拉斯特:《史集》,余大均、周建奇译,商务印书馆 1986 年版。

《真腊风土记》《Description du royaume de Cambodge》,[法] 雷慕沙(A. Remusat)译,载于 1819 年巴黎出版的《旅行新志》第三册,1829 年,此书收入巴黎出版《新亚洲论丛》上册。

[法] 雷纳·格鲁塞:《蒙古帝国史》,龚钺译,商务印书馆 2005 年版。

黎明:《蒙元时期窝阔台家族研究》,硕士学位论文,内蒙古大学,2005 年。

[越] 黎崱:《安南志略》,武尚清点校,中华书局 2000 年版。

李宝龙、高云龙:《李齐贤在朝鲜词史上的地位和影响》,《辽东学院学报》(社会科学版)2009 年第 4 期。

李宝龙:《论李齐贤词的多重渊源》,《东疆学刊》2011 年第 1 期。

李博:《忽必烈时期元上都纪行诗发展的动因》,《前沿》2015 年第 5 期。

李朝军:《19 世纪西方来华游历者视域中的中国形象》,博士学位论文,湖南师范大学,2015 年。

李光斌:《论伊本·白图泰和他的旅途各国奇风异俗珍闻记》,《海交史研究》2003 年第 1 期。

李光斌:《蒲松龄是书写〈偷桃〉故事的第一人吗?》,《蒲松龄研究》2012 年第 3 期。

李光斌:《未完之旅——伊本·白图泰游记与元末中印关系》,《文史知识》2013 年第 5 期。

李光斌：《伊本·白图泰中国纪行考》，海洋出版社 2009 年版。

李鸿章：《杜甫与李穑诗歌的比较研究》，硕士学位论文，延边大学，2016 年。

李嘉瑜：《〈交州稿〉中的安南书写》，《汉学研究》2016 年第 4 期。

李建超：《终南山翠微寺与日僧雪村友梅》，《碑林集刊》2006 年。

（元）李京：《云南志略·总叙》，王叔武校注：《大理行记校注 云南志略辑校》，云南民族出版社 1986 年版。

（元）李京撰，王叔武校注：《云南志略辑校》，云南民族出版社 1986 年版。

李军：《论元代的上京纪行诗》，《民族文学研究》2005 年第 2 期。

李军：《元世祖朝出使安南使交书论略》，《民族文学研究》2020 年第 3 期。

李岭：《〈牧隐稿诗稿〉所见元明之际的中朝关系》，《内蒙古社会科学》（汉文版）2015 年第 5 期。

李凌云：《〈入唐求法巡礼行记〉与〈马可·波罗游记〉比较研究》，《日本研究》2013 年第 1 期。

李宁宁：《一个儒士眼中的南国风情——试论〈真腊风土记〉的文化误读与作者心态》，《九江学院学报》（社会科学版）2013 年第 2 期。

［韩］李齐贤：《益斋乱稿》，载《韩国文集丛刊（2）》，民族文化促进会 1970 年版。

李慎仪：《耶律楚材评传》，《史学月刊》1981 年第 4 期。

李思纯、柯劭忞著，沈曾植注：《元史学 元朝秘史 新元史考证》，上海书店 1996 年版。

李甦平：《朱子学在高丽时代的传播与发展》，《南昌大学学报》（人文社会科学版）2013 年第 1 期。

李素娥：《〈马可·波罗行纪〉所载元代音乐史料钩沉》，《中国音乐学》2008 年第 1 期。

李晓标：《蒙元时期西方人眼中的蒙古》，《兰台世界》2014 年第 33 期。

李晓标：《晚清西方人眼中的蒙古》，博士学位论文，内蒙古大学，

2014 年。

李修生主编:《全元文》,凤凰出版社 2004 年版。

李一新:《蒙古贵由汗时期对外战争简析》,《贵州师范大学学报》(社会科学版)1994 年第 2 期。

李一新:《蒙古西征后与欧洲的关系》,《贵州师范大学学报》(社会科学版)1998 年第 3 期。

李寅生、[日]宇野直人编:《中日历代名诗选·东瀛篇》,上海古籍出版社 2016 年版。

李正春:《传统文化视阈下的元代扈从文人心态》,《内蒙古大学学报》(哲学社会科学版)2016 年第 4 期。

(元)李志常:《长春真人西游记》,中华书局 1985 年版。

(元)李志常著,党保海译注:《长春真人西游记》,河北人民出版社 2001 年版。

(元)李志常著,尚衍斌、黄太勇校注:《长春真人西游记校注》,中央民族大学出版社 2016 年版。

李治安、宋涛主编:《马可·波罗游历过的城市:元代杭州研究文集》,杭州出版社 2012 年版。

李治安、薛磊著,周振鹤主编:《中国行政区划通史·元代卷》(修订本),复旦大学出版社 2017 年版。

梁英华:《蒙元时期高丽国王入朝述论》,《韩国学论文集》2007 年第 2 期。

梁永佳:《"西南他者"与〈云南志略〉》,《中国人类学评论》第 3 辑,世界图书出版公司 2007 年版。

廖大珂:《〈岛夷志〉非汪大渊撰〈岛夷志略〉辨》,《中国史研究》2001 年第 4 期。

林树建:《元代钱塘江沿岸城市杭州的海外贸易》,《浙江学刊》2011 年第 5 期。

(明)凌迪知:《万姓统谱》,上海古籍出版社 1994 年版。

刘迪南:《13 世纪至 14 世纪欧洲人游记中的蒙古人形象》,《西北民族大学学报》(哲学社会科学版)2011 年第 5 期。

· 543 ·

刘刚、潘越：《李穑入华考》，《黑龙江史志》2013年第23期。

刘宏英：《元代上京纪行诗研究》，中国经济出版社2016年版。

刘晓：《耶律楚材评传》，南京大学出版社2011年版。

刘孝严：《中华百体文选》，中国文史出版社1998年版。

刘迎胜：《时代的见证——凤凰寺与元代杭州的色目人》，《蒙元史考论》（上），兰州大学出版社2014年版。

刘迎胜：《汪大渊两次出洋初考》，《"郑和与海洋"学术研讨会论文集》，中国农业出版社1988年版。

刘玉珺：《中国使节文集考述——越南篇》，《首都师范大学学报》（社会科学版）2007年第3期。

龙达瑞：《〈马可·波罗行纪〉中所涉及的宗教问题研究》，《宗教学研究》1990年第Z1期。

卢飞鹰、黄伟：《长安翠微寺与雪村友梅》，《文博》2001年第1期。

陆韧：《云南地方的古代历史记载与史学》，《史学史研究》2004年第3期。

路景天、王艳丽、林杨：《浅析元上都的历史影响》，《才智》2018年第36期。

罗鹭：《五山时代前期的元日文学交流》，《四川大学学报》（哲学社会科学版）2015年第3期。

罗贤佑：《西方教士出使蒙古之目的浅析》，《西部蒙古论坛》2014年第3期。

罗贤佑：《元代云南地区的民族实录——〈云南志略〉》，《民族研究》1993年第3期。

罗新：《从大都到上都：在古道上重新发现中国》，新星出版社2018年版。

马奥远：《元代扈从诗视野下的龙虎台及其诗作》，《广播电视大学学报》（哲学社会科学版）2016年第1期。

马蕙颖：《五山汉诗中的禅意》，《日语学习与研究》2017年第1期。

马建春、徐虹：《元一统与地方多元社会的构建——基于杭州回回社区史料与碑铭的考察》，《暨南史学》第八辑，广西师范大学出版社 2003 年版。

马娟：《元代杭州的穆斯林移民》，《民族研究》2018 年第 1 期。

［意］马可·波罗口述，［法］沙海昂注：《马可·波罗行纪》，冯承钧译，中华书局 1954 年版。

［意］马可·波罗口述，鲁斯蒂谦诺笔录，余前帆译注：《马可·波罗游记》，中国书籍出版社提供版本，意大利对外贸易委员会特别印制 2010 年版。

［意］马可·波罗：《马可·波罗行记》，冯承钧译，上海书店出版社 2001 年版。

马明达：《元代出使安南考》，《明清之际中国和西方国家的文化交流——中国中外关系史学会第六次学术讨论会论文集》，大象出版社 1997 年版。

马淑兰：《蒙哥汗研究》，硕士学位论文，西北师范大学，2017 年。

马晓林：《马可·波罗所记杭州税收数字的可靠性——元代江南经济史的新成果》，《马可·波罗与元代中国》，中西书局 2018 年版。

马晓林：《马可·波罗研究史：20 世纪后期至今》，《马可·波罗与元代中国》，中西书局 2018 年版。

马晓林：《马可·波罗研究在欧洲》，《历史教学（下半月刊）》2019 年第 6 期。

［美］玛乔丽·谢弗：《胡椒的全球史》，顾淑馨译，上海三联书店 2019 年版。

毛建雷、范维伟：《日本中世禅僧的华言习得问题考论——以五山文学别集材料为中心》，《东疆学刊》2020 年第 3 期。

毛建雷：《日僧中岩圆月的萨都剌记述考》，《佳木斯大学社会科学学报》2016 年第 3 期。

《蒙古秘史》，河北人民出版社 2001 年版。

孟古托力：《蒙元与高丽关系述论》，《北方文物》2000 年第 4 期。

孟华：《比较文学形象学》，北京大学出版社 2001 年版。

米彦青：《元代草原丝绸之路上的上都书写》，《西北民族研究》2021 年第 1 期。

木戈:《塔齐博士和伊本·白图泰游记》,《阿拉伯世界》1995 年第 4 期。

[日]木宫泰彦:《日中文化交流史》,胡锡年译,商务印书馆 1980 年版。

纳古单夫:《蒙古马与古代蒙古骑兵作战艺术》,《内蒙古社会科学》1994 年第 4 期。

纳古单夫:《蒙古诈马宴之新释——对韩儒林师"诈马"研究之补正》,《内蒙古社会科学》1989 年第 4 期。

倪红雨:《唐传奇中的西域人物形象》,硕士学位论文,黑龙江大学,2003 年。

聂德宁:《元代泉州港海外贸易商品初探》,《南洋问题研究》2000 年第 3 期。

聂友军主编:《取醇集:日本五山文学研究》,上海交通大学出版社 2015 年版。

(元)欧阳玄:《欧阳玄全集》,汤锐校点,四川大学出版社 2010 年版。

(宋)彭大雅:《黑鞑事略》,徐霆疏证,王云五主编,商务印书馆 1937 年版。

(宋)彭大雅撰,(宋)徐霆疏,许全胜校注:《黑鞑事略》,兰州大学出版社 2014 年版。

彭海:《关于马可·波罗在扬州的时间》,《历史研究》1980 年第 2 期。

朴延华、朱红华:《试论元丽两国政治联姻关系》,《延边大学学报》(社会科学版)2004 年第 1 期。

朴哲希:《朝鲜高丽朝文人李齐贤对宋诗及江西诗派的文学选择》,《辽东学院学报》(社会科学版)2016 年第 6 期。

钱林森:《中外交流史 中国—法国卷》,山东教育出版社 2015 年版。

乔磊:《清拙正澄〈禅居集〉研究》,硕士学位论文,浙江工商大学,2011 年。

邱江宁:《元代北游风尚与上京纪行诗的繁兴》,《文史知识》2015 年第 11 期。

邱江宁:《元代上京纪行诗论》,《文学评论》2011 年第 2 期。

邱江宁：《海、陆"丝路"的畅通与蒙元时期的异域书写》，《文艺研究》2017 年第 8 期。

邱江宁：《论 13—14 世纪"中国形象"的西方表达维度》，《浙江师范大学学报》（社会科学版）2019 年第 3 期。

邱捷、夏沃编，［意］苏尔迪著：《陌生人马可·意大利与中国的古今丝路》，广西师范大学出版社 2021 年版。

邱树森：《元代伊斯兰教与基督教之争》，《回族研究》2001 年第 3 期。

邱树森：《元"回回哈的司"研究》，《中国史研究》2001 年第 1 期。

邱树森：《摩洛哥旅行家伊本·白图泰的中国之行》，《地域文化研究》2017 年第 3 期。

邱树森：《摩洛哥旅行家伊本·白图泰的中国之行》，《历史教学》2001 年第 5 期。

邱树森：《伊本·白图泰眼里的中国穆斯林》，《西北第二民族学院学报》（哲学社会科学版）1993 年第 1 期。

邱轶皓：《蒙古帝国视野下的元史与东西文化交流》，上海古籍出版社 2019 年版。

［意］热路易吉·布雷桑编著：《西方人眼里的杭州：从马可·波罗到卫匡国》，姚建根译，学林出版社 2010 年版。

任继愈：《道教提要》，中国社会科学出版社 1991 年版。

芮传明：《蒙古征服时期的基督教和东西文化交流》，《铁道师院学报》1985 年第 00 期。

（元）萨都剌：《雁门集》，上海古籍出版社 1982 年版。

萨日娜：《基督教传教士眼中的蒙古——以〈柏朗嘉宾蒙古行纪 鲁布鲁克东行纪〉为例》，《内蒙古民族大学学报》（社会科学版）2019 年第 45 卷第 1 期。

［伊朗］沙西里、刘振玉：《也论刘郁〈西使记〉不明地理问题》，《西域研究》2018 年第 4 期。

山藤夏郎：《越境的诗人群——探索明极楚俊、竺仙梵仙、天岸慧的东行的路径》，《淡江日本论丛》2018 年第 38 期。

［日］上村观光主编：《五山文学全集》（全五卷），思文阁 1992 年版。

邵毅平：《中国文学中的商人世界》，复旦大学出版社 2016 年版。
沈福伟：《简论汪大渊对印度洋区域贸易的考察——古里佛、甘埋里、麻呵斯离、麻那里札记》，《中国史研究》2004 年第 2 期。
沈福伟：《中国与非洲——中非关系二千年》，中华书局 1990 年版。
史杰鹏、赵彧校点：《傅若金集》，吉林文史出版社 2010 年版。
（元）释行迈：《大元至元辨伪录》，国家图书馆出版社 2003 年版。
舒健：《也谈〈柏朗嘉宾蒙古行纪〉所记高丽王子》，《中国边疆史地研究》2008 年第 3 期。
（汉）司马迁：《史记》（点校本二十四史修订本），中华书局 2013 年版。
（明）宋濂等：《元史》，中华书局 1976 年版。
宋涛主编：《元代杭州历史遗存》，杭州出版社 2014 年版。
宋涛主编：《元代杭州研究文献》，杭州出版社 2017 年版。
宋晓念：《〈西游录〉中耶律楚材的三教思想辨析》，《大连民族学院学报》2015 年第 4 期。
宋永平：《〈云南方志考〉述论》，《中国边疆史地研究》1994 年第 1 期。
（元）苏天爵编：《元文类》，商务印书馆 1936 年版。
孙东临：《东渡日本的宋元僧侣及其在日本文学史上的贡献》，《日本问题》1987 年第 1 期。
孙光圻：《〈马可·波罗游记〉中的中国古代造船文明与航海文明》，《海交史研究》1992 年第 2 期。
孙红梅：《元朝与高丽"舅甥之好"及两国文化交流》，硕士学位论文，吉林大学，2006 年。
孙晓明：《试论〈安南志略〉的史料价值》，《东南亚》1987 年第 3 期。
谭渊：《丝绸之国与希望之乡——中世纪德国文学中的中国形象探析》，《德国研究》2014 年第 2 期。
（唐）樊绰著，向达校注：《蛮书校注》，中华书局 1962 年版。
唐明邦：《一言止杀，功垂万代——读〈长春真人西游记〉》，《宗教学研究》2004 年第 1 期。
唐锡仁：《马可·波罗和他的游记》，商务印书馆 1981 年版。
唐云芝、吴志刚：《13—14 世纪丝路拓通背景下的日常生活书写——

以杭州为探讨中心》,《浙江学刊》2019 年第 5 期。

（元）陶宗仪撰，李梦生校点：《南村辍耕录》，上海古籍出版社 2012 年版。

［日］藤家礼之助：《日中交流二千年》，张俊彦、卞立强译，北京大学出版社 1982 年版。

田明伟：《〈真腊风土记〉的文献价值》，《图书馆学刊》2020 年第 6 期。

田明伟：《周达观〈真腊风土记〉考略》，《兰台世界》2020 年第 12 期。

童振藻辑：《云南方志考》，杭州图书馆 1992 年版。

图力古日：《〈黑鞑事略〉中的蒙古族古代养马知识研究》，《农业考古》2014 年第 1 期。

（元）汪大渊著，苏继庼校注：《岛夷志略校释》，中华书局 1981 年版。

汪徐莹：《日僧雪村友梅的西蜀"放逐"叙述及其放逐语言》，《日语学习与研究》2016 年第 3 期。

汪徐莹：《一山一宁的身份认同与日本建构的"中国"》，《日语学习与研究》2017 年第 4 期。

王大方、马晓丽：《马可·波罗纪念铜像在元上都所在地正蓝旗建立》，《中国长城博物馆》2011 年第 3 期。

王方：《高丽诗人李穑汉诗中儒家风范研究》，硕士学位论文，中央民族大学，2012 年。

王国彪：《李穑与〈论语〉在高丽末期的传播》，《当代韩国》2013 年第 2 期。

王国维著，谢伟扬、房鑫亮主编：《王国维全集》，浙江教育出版社 2009 年版。

王国维著，方麟选编：《王国维文存》，江苏人民出版社 2014 年版。

王汉民：《蒙古族乐曲〈白翎雀〉探考》，《内蒙古大学学报》（哲学社会科学版）2018 年第 3 期。

王辉：《早期日本五山禅林的中国文艺接受管窥：以诗僧天岸慧广〈送笔〉诗为例》，《兰州学刊》2012 年第 3 期。

王健：《积淀与记忆：古代西方旅行家书写大运河》，《江南大学学报》（人文社会科学版）2017 年第 1 期。

王珏、马小林：《〈西使记笺〉序》，《四川师范大学学报》（社会科学版）2009年第4期。

王敏、张利宝：《〈黑鞑事略〉"撒花"考》，《广播电视大学学报》（哲学社会科学版）2011年第3期。

王元明、[日]增田朋洲主编：《中日友好千家诗》，学林出版社1993年版。

王娜：《对〈马可·波罗行纪〉的传播框架研究》，硕士学位论文，陕西师范大学，2015年。

王汝良：《李齐贤笔下的中国形象》，《延边大学学报》（社会科学版）2007年第1期。

王寿南：《从〈安南志略〉论唐朝政府对安南的经营》，《"国立"政治大学历史学报》1990年第7期。

王挺之：《马可·波罗时代的杭州与佛罗伦萨城市比较》，《四川大学学报》（哲学社会科学版）1989年第4期。

王文光、曾亮：《〈安南志略〉与相关民族历史问题浅论》，《思想战线》2015年第3期。

王贤淼：《千年通好和谐柬华——〈真腊风土记〉所载华人状况及其思考》，《九江学院学报》（社会科学版）2013年第2期。

王英：《元朝与安南之关系》，硕士学位论文，暨南大学，2000年。

王永平：《伊本·白图泰眼中的杭州绳技——一种从海上丝绸之路传来的印度魔术》，《山西大学学报》（哲学社会科学版）2016年第3期。

王月珽：《论耶律楚材的宗儒重禅》，《内蒙古大学学报》（哲学社会科学版）1990年第4期。

（元）王恽撰，杨晓春点校：《玉堂嘉话》，中华书局2006年版。

王桢：《从地理实体到文学意象——论元诗中居庸关意象的生成与转化》，《广播电视大学学报》（哲学社会科学版）2016年第1期。

魏超：《越南陈朝地方管理模式的流域结构——以黎崱〈安南志略〉为中心的考察》，《黑龙江社会科学》2017年第5期。

魏曙光：《论忽必烈远征云南的目的》，《贵州文史论丛》2012年第

4期。

温兆海：《李齐贤诗美理论探微》，《延边大学学报》（社会科学版）2000年第4期。

闻漱：《成吉思汗祖孙的西征与柏朗嘉宾教士、鲁布鲁克教士的东游》，《中国典籍与文化》1996年第2期。

翁国珍：《马哥·波罗及其福建之行》，《海交史研究》1980年第00期。

翁敏华、回达强：《东亚戏剧互动史》，上海古籍出版社2014年版。

乌云高娃：《高丽与元朝政治联姻及文化交流》，《暨南学报》（哲学社会科学版）2016年第10期。

邬银兰：《全球化的兴起与"行在"城的北移——文艺复兴时期意大利文献〈行在考述〉》，《宁波大学学报》（人文科学版）2021年第2期。

吴春燕：《日本五山诗僧笔下的"虎溪三笑"》，《河南师范大学学报》（哲学社会科学版）2020年第4期。

吴光旭：《李穑汉诗研究——以中国古代文学的关联为中心》，博士学位论文，延边大学，2015年。

吴倩华：《16—18世纪入华耶稣会士中国地理研究考述》，博士学位论文，浙江大学，2013年。

吴远鹏：《航海游历家汪大渊〈岛夷志略〉》，《中国港口》2018年第1期。

吴远鹏、洪泓：《汪大渊与海洋文化——纪念航海游历家汪大渊诞辰700周年》，《炎黄纵横》2011年第12期。

伍沙：《20世纪以来柬埔寨吴哥建筑研究及保护》，博士学位论文，天津大学，2014年。

武尚清：《〈安南志略〉在中国——成书、版本及传藏》，《史学史研究》1988年第1期。

武尚清：《〈黑鞑事略〉极其疏证笺证》，《史学史研究》1995年第2期。

向达：《元代马哥·孛罗诸外国人所见之杭州》，《东方杂志》1929年第10期。

向达：《唐代长安与西域文明》，商务印书馆2017年版。

肖瑞玲：《元上都的历史地位》，《内蒙古师大学报》（哲学社会科学版）1998年第5期。

熊程、夏荣林：《〈岛夷志略〉的版本述略》，《牡丹江师范学院学报》（哲学社会科学版）2015年第1期。

（元）熊梦祥著，北京图书馆善本组辑：《析津志辑佚》，北京古籍出版社1983年版。

徐海松、张玲蓉：《元代欧洲旅行家笔下的杭州及其影响——杭州在西方人眼中的最初印象》，《杭州师范学院学报》2000年第5期。

徐健顺：《李齐贤词作的意义、成因与考辨》，《文学前沿》2002年第1期。

徐健顺：《李齐贤在中国行迹考》，《延边大学学报》（社会科学版）2005年第4期。

徐希平：《再拜杜鹃少陵翁，遗芳腾馥大雅堂——从高丽诗人李穑的一首诗作看杜诗与巴蜀文化之海外影响》，《中国文学研究》2017年第1期。

许全胜：《〈西游录〉与〈黑鞑事略〉的版本及研究——兼论中日典籍交流及新见沈曾植笺注本》，《复旦学报》（社会科学版）2009年第2期。

许永璋：《汪大渊生平考辨三题》，《海交史研究》1997年第2期。

许永璋：《伊本·白图泰访华若干问题探讨》，《黄河科技大学学报》2003年第2期。

许永璋：《伊本·白图泰与泉州》，《阿拉伯世界》2002年第1期。

薛克翘：《从〈伊本·白图泰游记〉看印回文化融合》，《南亚研究》1994年第3期。

阎福玲：《论元代边塞诗创作及特色》，《内蒙古社会科学》1998年第6期。

颜培建：《蒙元与高丽人员交往探讨——以高丽使臣身份为中心》，博士学位论文，南京大学，2011年。

（汉）杨孚撰，吴永章编：《异物志辑佚校注》，广东人民出版社2010年版。

杨福泉主编，杜娟、李吉星副主编：《元代滇诗辑注》，云南科技出版社2013年版。

杨富有：《元上都扈从诗人及其诗作的社会历史价值探析》，《赤峰学院学报》（汉文哲学社会科学版）2007年第2期。

杨富有：《元上都咏史诗的内容及其意义分析》，《内蒙古民族大学学报》（社会科学版）2012年第3期。

杨建新：《古西行记》，宁夏人民出版社1987年版。

杨军：《"回回"名源辨》，《回族研究》2005年第1期。

杨镰：《元代文学编年史》，山西教育出版社2005年版。

杨镰：《元诗史》，人民文学出版社2003年版。

杨镰主编：《全元诗》第1册，中华书局2013年版。

杨民康：《从〈真腊风土记〉看古代柬埔寨与云南少数民族佛教乐舞》，《南京艺术学院学报》（音乐与表演版）2009年第3期。

杨庆存：《宋代散文体裁样式的开拓与创新》，《中国社会科学》1995年第6期。

杨晓春：《元代杭州凤凰寺、阿老瓦丁以及回回人在杭州的聚居——略论元代为古代杭州对外交往的高峰时期》，《杭州文史》2017年第三辑，杭州出版社2017年版。

杨晓春：《元代南海贸易中的商品与货币问题——〈岛夷志略〉相关记载的归纳与讨论》，《元史及民族与边疆研究集刊》2018年第2期。

杨晓春：《元代西方旅行家笔下的杭州穆斯林状况辨析》，《元史及民族与边疆研究集刊》第三十四辑，上海古籍出版社2018年版。

杨晓春：《蒙古时代欧洲对于中国地理的新认识（1245—1355）》，《浙江师范大学学报》（社会科学版）2019年第3期。

杨晓春：《蒙·元时期马奶酒考》，《西北民族研究》1999年第1期。

杨星宇：《元上都遗存科技应用研究》，博士学位论文，内蒙古师范大学，2014年。

杨雅琪：《高丽诗人李齐贤对苏轼诗学的接受》，硕士学位论文，延边大学，2019年。

杨永福、何廷明:《论元明时期的"入湖广道"与滇、黔政治中心的变迁》,《贵州民族研究》2011年第5期。

杨志玖:《百年来我国对〈马可·波罗游记〉的介绍与研究》,《天津社会科学》1996年第1期。

么书仪:《面对佛道二教的耶律楚材》,《文学评论》2000年第2期。

姚斌:《鲁布鲁克出使蒙古的翻译问题研究》,《国际汉学》2017年第2期。

姚建根:《宋元变革时期的杭州》,《浙江社会科学》2011年第1期。

(元)耶律楚材著,向达校注:《西游录》,中华书局2000年版。

(元)耶律楚材著,谢方点校:《湛然居士文集》,中华书局1986年版。

叶宪允:《蒙元前期都城"哈剌和林"城的北少林寺考》,《世界宗教研究》2014年第2期。

叶新民:《从元人咏上都诗看滦阳风情》,《内蒙古大学学报》(哲学社会科学版)1984年第1期。

[摩洛哥]伊本·白图泰口述,伊本·朱甾笔录,阿卜杜勒·哈迪·塔奇校订:《异域奇观——伊本·白图泰游记》,李光斌翻译,马贤审校,海洋出版社2008年版。

[摩洛哥]伊本·白图泰:《伊本·白图泰游记》,马金鹏译,宁夏人民出版社1985年版。

殷小平:《从印度到东南亚中古胡椒的种植与输入》,《农业考古》2013年第4期。

殷燕:《中岩圆月〈东海一沤集〉研究:以诗集为中心》,硕士学位论文,浙江工商大学,2012年。

尹自先:《元代察罕脑儿行宫及明安驿故址辨》,《河北师范学报》1984年第4期。

尤伟琼:《云南民族识别研究》,民族出版社2013年版。

尤中:《李京〈云南志略〉》,载《尤中文集·第5卷·文史拾零》(上编),云南大学出版社2009年版。

[法]于格夫妇:《海市蜃楼中的帝国》,耿昇译,中国藏学出版社2013年版。

余大钧:《十三世纪的两部蒙古行记——〈普兰·迦儿宾行记〉和〈鲁布鲁克行记〉》,《内蒙古社会科学》1984年第1期。

余大钧:《最早来到蒙古高原的罗马教皇使节普兰·迦儿宾和他所写的〈蒙古史〉》,《内蒙古大学学报》(哲学社会科学版)1981年第1期。

余冬林:《试论〈真腊风土记〉中的女性形象》,《九江学院学报》(社会科学版)2013年第2期。

余年生:《建省元勋 赛典赤·赡思丁》,云南人民出版社2019年版。

余士雄:《〈马可·波罗游记〉的外文版本和中文译本》,《江西师范大学学报》1989年第4期。

(元)虞集著,王颋校点:《虞集全集》,天津古籍出版社2007年版。

[日]玉树竹二整理:《五山文学新集》,东京大学出版社1967—1972年版。

喻常森:《元代海外贸易制度》,西北大学出版社1994年版。

袁冀:《元代宫廷大宴考》,载齐木德道尔吉主编《蒙古史研究》第8辑,内蒙古大学出版社2005年版。

(元)袁桷著,杨亮校注:《袁桷集校注》,中华书局2012年版。

张春海:《"中国"之心归何处——元明鼎革之际李穑的认同困境》,《外国文学评论》2020年第2期。

张广达、王小甫:《刘郁〈西使记〉不明地理考》,《中亚学刊》1990年第3辑。

张建伟:《元朝时期的安南诗人群体》,《世界文学评论》(高教版)2018年第2期。

张建伟:《从元代安南纪行诗看中越文化交流》,《西南边疆民族研究》(第十九辑)2016年第1期。

张金莲:《略论元代的中越交通》,《兰州学刊》2006年第3期。

张景明:《元上都与大都城址的平面布局》,《内蒙古文物考古》1999年第2期。

张敬钰:《元末明初高丽李穑中国纪行诗研究》,硕士学位论文,河北大学,2020年。

张俊彦：《古代中国与西亚非洲的海上往来》，海洋出版社 2009 年版。

张琴：《马可·波罗的演绎：中华文化国际影响力的思考》，《福建论坛》（人文社会科学版）2015 年第 5 期。

张士尊：《元末明初中朝交通路线考》，《鞍山师范学院学报》2008 年第 5 期。

张铁生：《中非交通史初探》，生活·读书·新知三联书店 1965 年版。

张文勋主编：《云南历代诗词选》，云南人民出版社 2002 年版。

张西平：《蒙古帝国时代西方对中国的认识》，《寻根》2008 年第 5 期。

张西平：《评〈欧美汉学史研究的历史与现状〉》，《世界汉学》2006 年第 1 期。

张西平：《西方游记汉学的奠基之作——〈马可·波罗游记〉的历史价值》，《社会科学论坛》2017 年第 8 期。

张锡禄：《元代大理段氏总管》，云南人民出版社 2015 年版。

张晓晴：《李齐贤词研究》，硕士学位论文，青岛大学，2019 年。

张晓希等：《五山文学与中国文学》，中央编译出版社 2014 年版。

张星烺编注，朱杰勤校订：《中西交通史料汇编》，中华书局 1978 年版。

（元）张昱撰，辛梦霞点校：《张光弼诗集》，北京师范大学出版社 2016 年版。

张跃铭：《〈马可·波罗游记〉在中国的翻译与研究》，《江淮论坛》1981 年第 3 期。

张哲俊：《卧游：中日潇湘八景诗的山水描写与地理信息》，《外国文学评论》2019 年第 3 期。

赵尔安：《元日交通的变化——以赴日使节为中心》，《牡丹江大学学报》2015 年第 6 期。

赵欢：《元代上京纪行诗的游记价值》，《青年文学家》2018 年第 2 期。

赵维江：《汉文化域外扩散与高丽李齐贤词》，《民族文学研究》2010 年第 2 期。

赵延花：《从元代上都扈从诗看滦阳民俗》，《北方论丛》2012 年第 6 期。

赵延花：《元代诗歌中的草原民俗书写与士人心态》，《内蒙古大学学报》(哲学社会科学版) 2019 年第 5 期。

赵延花、米彦青:《元诗中的李陵台》,《内蒙古大学学报》(哲学社会科学版) 2014 年第 3 期。

《正统道藏》列入《洞真部·谱录类》,艺文版《正统道藏》。

郑叶凡、乌云高娃:《高丽文臣李齐贤元代江南之行》,《元史及民族与边疆研究集刊》2016 年第 1 期。

[伊朗] 志费尼:《世界征服者史》,何高济译,商务印书馆 2004 年版。

《中韩学者研讨牧隐李穑学术思想》,《光明日报》2005 年 11 月 29 日第 9 版。

钟婴:《长春真人西游记述评》,《杭州师范学院学报》1995 年第 1 期。

(元) 周达观著,夏鼐校注:《真腊风土记校注》,中华书局 2000 年版。

周鸿承:《马可·波罗与东方饮食文化的传播及影响》,《地域文化研究》2017 年第 3 期。

周良霄:《元代旅华的西方人——兼答马可·波罗到过中国吗?》,《历史研究》2001 年第 3 期。

周宁:《跨文化的文本形象研究》,《江苏社会科学》1999 年第 1 期。

周宁:《跨文化形象学的观念与方法——以西方的中国形象研究为例》,《东南学术》2011 年第 5 期。

周宁:《2000 年西方看中国》(上),团结出版社 1999 年版。

周少川:《元朝的开放意识与域外史研究》,《河北学刊》2008 年第 5 期。

周少川:《元代史学的世界性意识》,《史学集刊》2008 年第 3 期。

周思成:《大汗之怒:元朝征伐日本小史》,山西人民出版社 2019 年版。

周思成:《元人诗歌中的安南出使与南国奇景》,《文史知识》2015 年第 11 期。

周思成:《诗人、使臣集一身——元代安南纪行诗人群体研究》,硕士学位论文,北京师范大学,2009 年。

周思成:《早期蒙古习俗钩沉——蒙元时代东西史料的互证三题》,《北京师范大学学报》(社会科学版) 2017 年第 4 期。

周运中:《〈岛夷志略〉地名与汪大渊行程新考》,《元史及民族与边疆研究集刊》2014年第1期。

朱春悦：《元代杭州城市与社会生活研究二题》，博士学位论文，南京大学，2014年。

（元）朱德润：《存复斋文集》，台湾学生书局1973年版。

朱凡：《〈伊本·白图泰游记〉版本介绍》，《西亚非洲》1988年第4期。

庄芳：《伊本·白图泰和马可·波罗眼中的中国形象比较研究》，硕士学位论文，上海外国语大学，2018年。

邹雅艳：《13—18世纪西方中国形象演变》，博士学位论文，南开大学，2012年。

左茗：《日僧天岸慧广的〈东归集〉之研究》，硕士学位论文，浙江工商大学，2013年。